Melanie Schmidt ist seit 1991 in der IT-Branche tätig. Sie arbeitet freiberuflich als Business Consultant mit den Schwerpunkten Microsoft 365 und SharePoint für zahlreiche IT-Dienstleister und Kunden. Außerdem verfasst Melanie Schmidt anwenderspezifische Fachbücher und Videotrainings für Microsoft-Produkte, in denen sie ihr Praxiswissen an alle Anwendergruppen weitergibt.

Microsoft 365 – Das Praxisbuch für Anwenderinnen & Anwender

Melanie Schmidt

Microsoft 365 – Das Praxisbuch für Anwenderinnen & Anwender

Die Zusammenarbeit mit Teams, SharePoint Online, OneDrive for Business, Planner und Co.

3., aktualisierte und erweiterte Auflage

O'REILLY®

Wir hoffen, dass Sie Freude an diesem Buch haben und sich Ihre Erwartungen erfüllen. Falls Sie Anregungen, Wünsche und Kommentare haben, lassen Sie es uns wissen: **service@rheinwerk-verlag.de**.

Informationen zu unserem Verlag und Kontaktmöglichkeiten finden Sie auf unserer Verlagswebsite **www.dpunkt.de**. Dort können Sie sich auch umfassend über unser aktuelles Programm informieren und unsere Bücher und E-Books bestellen.

Autorin: Melanie Schmidt
Lektorat: Sandra Bollenbacher
Buchmanagement: Julia Griebel, Friederike Demmig
Copy-Editing: Petra Heubach-Erdmann, Düsseldorf
Satz: Gerhard Alfes, mediaService, Siegen, *www.mediaservice.tv*
Herstellung: Stefanie Weidner, Frank Heidt
Covergestaltung: Michael Oréal, *www.oreal.de*
Bildnachweis: Stock-Fotografie-ID: 2159294819, Autor: nd3000
Druck: BELTZ Grafische Betriebe GmbH, Bad Langensalza

Dieses Buch wurde mit mineralölfreien Farben auf FSC®-zertifiziertem Papier aus nachhaltiger Waldwirtschaft gedruckt. Der Umwelt zuliebe verzichten wir zusätzlich auf die Einschweißfolie. Hergestellt in Deutschland.

Bibliografische Information der Deutschen Nationalbibliothek:
Die Deutsche Nationalbibliothek verzeichnet diese Publikation in der Deutschen Nationalbibliografie; detaillierte bibliografische Daten sind im Internet über *http://dnb.dnb.de* abrufbar.

ISBN Print: 978-3-96009-261-2
ISBN PDF: 978-3-96010-943-3
ISBN ePub: 978-3-96010-944-0

3., aktualisierte und erweiterte Auflage 2026

Dieses Buch erscheint in Kooperation mit O'Reilly Media, Inc. unter dem Imprint »O'REILLY«. O'REILLY ist ein Markenzeichen und eine eingetragene Marke von O'Reilly Media, Inc. und wird mit Einwilligung des Eigentümers verwendet.

Rheinwerk Verlag GmbH • Rheinwerkallee 4 • 53227 Bonn
service@rheinwerk-verlag.de

Inhaltsverzeichnis

Vorwort

Liebe Leserin, lieber Leser,

der digitale Arbeitsplatz ist aus der Berufswelt nicht mehr wegzudenken. Mit den Microsoft 365-Produkten und -Technologien es uns ermöglicht, flexibel und von fast jedem Ort der Welt und fast jedem Gerät aus über das Internet vernetzt zusammenzuarbeiten und zu kommunizieren. Mit fast jedem Gerät haben Sie über Ihr Microsoft-Konto darauf Zugriff, auch wenn Sie sich nicht im Büro befinden. Wir sind also flexibler in der Arbeitszeitgestaltung und der Umgebung, in der wir unseren täglichen Aufgaben nachkommen.

Durch die Bereitstellung von Microsoft 365 im Unternehmen werden uns Möglichkeiten an die Hand gegeben, die uns viele Kommunikationskanäle zu unseren Kollegen, Geschäftspartnern und Kunden eröffnen. Damit erhalten wir die Chance, uns alleine und in der Gemeinschaft zu organisieren und uns schneller auszutauschen. Das sorgt wiederum dafür, dass alte Firmenstrukturen aufbrechen und neue innovative Ideen in unsere Unternehmen einfließen können.

Durch die Übertragung von Verantwortlichkeiten ändern sich auch technisch gesehen viele Rollen. Einige Aufgaben, die bislang nur vom IT-Administrator oder von ausgebildeten Programmierern durchgeführt werden durften, werden zum Teil wissentlich oder unwissentlich an uns übertragen, was für uns Vor- und Nachteile haben kann.

Dieses Buch soll Ihnen dabei helfen, den richtigen Einstieg in die umfangreiche Welt von Microsoft 365 im Unternehmen zu finden. Mein Anliegen mit diesem Buch besteht nicht darin, Ihnen alle Funktionen von Microsoft 365 zu vermitteln, sondern ich würde mich sehr freuen, wenn Sie die eine oder andere App für sich entdecken, die Sie in Ihrem Alltag unterstützen kann. Auch wenn Sie Ihren Aufgaben außerhalb des Büros nachgehen und einmal in einer Anwendung nicht weiterwissen, soll Ihnen dieses Buch als praktisches Nachschlagewerk zur Seite stehen. Microsoft setzt bei den Produkten und Technologien auf die sogenannte »Evergreen Technologien«. Damit werden immer wieder neue Updates und Änderungen innerhalb der Microsoft 365-Welt hinzugefügt. Selbst wenn es Änderungen gibt, soll Ihnen das Buch immer die grundlegenden Informationen liefern, damit Sie Ihre Aufgaben auch bewältigen können, wenn sich einmal eine Schaltfläche nicht direkt dort befindet, wie ich es beschrieben habe, weil Microsoft sie verschoben hat.

Mein Bestreben liegt darin, Sie zu motivieren, die in Ihrem Unternehmen eingeführten Microsoft 365-Produkte und -Technologien zu erforschen und effektiv zu nutzen, auch ohne technisches Hintergrundwissen oder Programmierkenntnisse. Mit diesem Buch lernen Sie Schritt für Schritt die grundlegenden Anwendungen und die Verbindungen der einzelnen Microsoft 365-Apps und -Dienste zueinander kennen. Alle fachlichen Begriffe habe ich so beschrieben, dass es Ihnen nicht schwerfallen wird, die einzelnen Anwendungen zu verstehen und die für Sie richtigen Apps auszuwählen.

Sollten Sie Fragen oder Anregungen zu diesem Buch haben, nehmen Sie gerne Kontakt zu mir auf. Aus beruflichen Gründen kann es jedoch ein paar Tage dauern, bis ich Ihnen antworten kann.

Sie erreichen mich unter *mschmidt@msittraining.de.*

Ich wünsche Ihnen viel Erfolg mit Microsoft 365!

Melanie Schmidt

Support und Feedback

Mit Anmerkungen, Fragen oder Verbesserungsvorschlägen zu diesem Buch können Sie sich gerne auch an den Verlag wenden:

hallo@dpunkt.de

Bitte beachten Sie, dass über unsere E-Mail-Adresse kein Softwaresupport angeboten wird. Für Supportinformationen bezüglich der hier verwendeten Microsoft-Produkte besuchen Sie bitte die Microsoft-Website:

https://support.microsoft.com

Technische Umgebung

Für die Abbildungen in diesem Buch habe ich Microsoft Office 365 im E3-Plan verwendet sowie einen Laptop mit Windows 11, ein MacBook, ein iPhone und ein iPad.

Es kann vorkommen, dass Bezeichnungen und Screenshots in diesem Buch etwas abweichen können, da Microsoft ständig Änderungen in den einzelnen Apps durchführt. Das Buch ist so aufgebaut, dass Sie trotz kleiner Änderungen von Schaltflächen oder Bezeichnungen die Beispiele und Arbeitsabläufe nachvollziehen können.

An wen richtet sich dieses Buch und wie ist es aufgebaut?

Dieses Buch richtet sich an alle Microsoft 365-Anwender und es ist so aufgebaut, dass Sie zunächst die einzelnen Apps erkunden und die grundlegenden Verwendungsmöglichkeiten kennenlernen. Sie können das Buch auch als Nachschlagewerk verwenden. Beim Schreiben habe ich sowohl Windows- als auch Mac-Benutzer berücksichtigt. Wenn ich nicht speziell auf Mac oder Windows hinweise, gibt es keine Unterschiede in der vorgestellten App.

Konventionen

Dieses Symbol kennzeichnet einen allgemeinen Hinweis.

Dieses Symbol kennzeichnet einen hilfreichen Tipp.

Dieses Symbol kennzeichnet eine Warnung oder Vorsichtsmaßnahme.

Danksagung

Mein Dank geht an meine liebe Familie und meine Freunde, die mir die Geduld und Zeit gegeben haben, mich meinem Buchprojekt zu widmen.

Meinem Administrator und guten Freund Björn Strausmann kann ich gar nicht genug danken. Du bist mir immer eine sehr große Hilfe bei der technischen Unterstützung und der Administration.

Sandra Bollenbacher, meiner lieben Lektorin, spreche ich meinen besonderen Dank aus. Sie bringt unsere Ideen voran und meistert unsere Buchprojekte so unkompliziert wie gewissenhaft.

Mein Dank gilt Petra Heubach-Erdmann und Annette Schwarz für das Korrektorat, Gerhard Alfes für den Satz und Dr. Michael Barabas für die langjährige Zusammenarbeit.

Dieses Buch widme ich Luka!

Kapitel 1

Einleitung

1.1 Mehr als nur eine Anwendung für die Zusammenarbeit

Durch meine Arbeit als Beraterin habe ich die Erfahrung gemacht, dass ein Microsoft 365-Projekt unter Berücksichtigung bestimmter Voraussetzungen erfolgreich sein kann. Deshalb möchte ich in diesem Abschnitt einige Punkte aufführen, die Sie bei der Verwendung von Microsoft 365-Produkten im Unternehmen berücksichtigen sollten.

Sammeln Sie mit Ihrem Team Ideen und legen Sie den Rahmen gemeinsam fest.

Mit der Einführung von Microsoft 365 im Unternehmen stehen Ihnen nicht nur die bekannten Office-Programme wie Word, Excel, PowerPoint und Outlook zur Verfügung, sondern auch Anwendungen, die mindestens ein Basiswissen voraussetzen, was ich mit diesem Buch vermitteln möchte. So können Sie und Ihre Kolleginnen und Kollegen, jeder für sich, mit den Standardeinstellungen von Microsoft 365 viele eigene, individuelle Ideen mit unterschiedlichen Funktionen umsetzen, die unter Umständen andere gut funktionierende Geschäftsprozesse lahmlegen. Es bringt also nichts, funktionierende Prozesse in eine App zu verschieben, wenn diese Änderungen Ihren Aufgaben nicht gerecht werden.

1.2 Die richtigen Tools für die Zusammenarbeit

Machen Sie eine Bestandsanalyse.

Die technischen Voraussetzungen müssen den Anwendungsanforderungen eines Teams entsprechen. Das bedeutet, dass ein Tool, das weder den Anforderungen noch der Teamkultur entspricht, ein Risiko in der Akzeptanz und Verwendung bei allen Beteiligten darstellt. Testen Sie mit Ihrem Team die Tools für die Zusammenarbeit. Nur so können Sie feststellen, ob das eingesetzte Tool auch in einigen Monaten noch die richtige Anwendung für Ihr Vorhaben ist.

1.3 Wer ist im Team beteiligt und welche Informationen dürfen geteilt werden?

Kommunizieren Sie von Beginn an, um alle beteiligten Personen ins Boot zu holen.

Die Zusammenarbeit im Team setzt voraus, dass alle Teammitglieder über ihre Möglichkeiten der Zusammenarbeit mit Microsoft 365 informiert sind. Anforderungen sollten immer zusammen mit dem Team abgestimmt werden. Jedes Teammitglied muss wissen, welche Informationen wo bereitgestellt und abgerufen werden. Zusätzlich sollten Sie im Team abstimmen, wie die Kommunikation zum Beispiel innerhalb von Chatnachrichten und Beiträgen erfolgen darf. Gibt es bestimmte Vereinbarungen, die Sie treffen möchten, gerade wenn externe Personen Zugriffsrechte erhalten und sie interne Chatnachrichten und Beiträge sehen und aktiv teilnehmen können? Stellen Sie auch für sich sicher, welche Informationen in den ausgewählten Microsoft 365-Apps dargestellt werden dürfen und welche die Sicherheitsbestimmungen Ihres Unternehmens verletzen würden.

1.4 Verantwortung im Team übernehmen

Schränken Sie Ihre Kolleginnen und Kollegen nicht zu sehr ein, legen Sie lieber Regeln fest.

Ihnen und Ihren Teammitgliedern muss klar sein, dass es innerhalb der Microsoft 365-Zusammenarbeits-Apps die Benutzerrollen *Besitzer* und *Mitglieder* gibt. Die Mitgliederrechte sind sehr umfangreich und lassen Ihnen und Ihren Kolleginnen und Kollegen die Möglichkeit, innerhalb der Microsoft 365-Anwendungen Änderungen oder auch Löschungen durchzuführen, die sich immer auf die ganze Anwendung auswirken. So können beispielsweise Mitglieder einer SharePoint Online-Teamwebsite die Website selbst oder die darin verwendeten Listen beliebig ändern, was sich dann auf die Teamwebsite oder Liste für das gesamte Team auswirkt, nicht nur auf die Benutzeroberfläche des jeweiligen Teammitglieds. Schaffen Sie also klare Vereinbarungen und Verantwortlichkeiten. Fehlende Mitgliederrechte innerhalb einer Microsoft 365-Anwendung führen zu Frust und dem Gefühl der Ausgrenzung. Berechtigen Sie also rechtzeitig alle Beteiligten für ihre Microsoft 365-Zusammenarbeitsbereiche. Klären Sie grundsätzlich die Sicherheitsbestimmungen für den Zugang von unternehmensexternen Personen in Ihrer Microsoft 365-Umgebung mit Ihrer IT-Abteilung. Um Wildwuchs innerhalb Ihres Microsoft 365-Portals zu vermeiden, sollten Sie zunächst überlegen, ob das Team oder die SharePoint-Website, die Sie anlegen möchten, wirklich benötigt wird. Prüfen Sie, ob die Informationen, die Sie bereitstellen möchten, gegebenenfalls in einem bestehenden Team oder einer vorhandenen SharePoint-Website untergebracht werden können.

1.5 Planen Sie Schulungen oder Workshops

Auch wenn behauptet wird, dass für die Anwendungen in Microsoft 365 keine Präsenzschulungen mehr benötigt werden, sollten Sie sich dennoch nicht davon abbringen lassen, Unterstützung durch Schulungen oder Workshops in Anspruch zu nehmen. Es gibt immer wieder Anwendungsfälle, die nicht ohne Konzept und ausreichende Aufklärung umgesetzt und in ein bestehendes Team eingebracht werden können. Da Microsoft die einzelnen Anwendungen immer wieder aktualisiert und Änderungen in die jeweiligen Apps einbringt, sollten Sie regelmäßig – auch kurzweilige – Veranstaltungen mit Inhalten über die Neuheiten anbieten und gemeinsam darüber sprechen.

Kapitel 2

Microsoft 365 im Überblick

2.1 Microsoft 365 unterstützt den modernen Arbeitsplatz

Onlinebanking, Online-Abonnements für Musik, Videostreaming und viele andere Online-Produkte haben in den letzten Jahren Einzug in unsere privaten Haushalte gehalten. Wir nutzen unsere Playlists auf dem Smartphone oder streamen die geliebte Serie über eine Online-Plattform auf dem Tablet oder dem Fernseher. Dabei unterscheiden sich die buchbaren Lizenzen, die wir für eine oder mehrere Personen erwerben können und für die wir monatlich oder jährlich einen Beitrag zahlen. Nicht anders verhält es sich mit dem Abonnementdienst von Microsoft. Microsoft 365-Produktlizenzen können für den privaten Haushalt oder für das Unternehmen direkt von Microsoft, über Online-Marktplätze oder bei Microsoft-Partnern abonniert und lizenziert werden. Der Microsoft 365-Abonnementdienst unterscheidet sich im Umfang und von privaten Haushalten, kleinen und mittelständischen bis hin zu großen Unternehmen oder Institutionen. Aber auch für Schulen, Schüler und Studenten sowie gemeinnützige Organisationen stellt Microsoft teilweise sogar kostenlose oder kostengünstige Abonnements zur Verfügung. Während wir privat eher auf das Office-Paket mit den Programmen wie Word, Excel, PowerPoint oder dem Online-Speicher OneDrive für private oder schulische Aktivitäten zurückgreifen und die Programme, die auch als Apps bezeichnet werden, auf unseren verschiedenen Geräten wie Laptop, MacBook, Tablet oder dem Smartphone digital verwenden möchten, wollen Unternehmen und Institutionen zusätzlich zu den Office-Paketen moderne Zusammenarbeitsbereiche für die Mitarbeiterinnen und Mitarbeiter schaffen.

Die im Internet bereitgestellten Inhalte von Banken und Online-Plattformen werden in Rechenzentren gespeichert und bereitgestellt.

Die Zusammenarbeitsbereiche sollen von allen Mitarbeitern aus allen Ebenen gemeinsam genutzt werden, um sämtliche Informationen zu einzelnen Geschäftsfällen einfach zu teilen und automatisiert weiterzuverarbeiten. Damit das gelingt, wird immer mehr auf den Einsatz von mobilen Geräten gesetzt, die wir aus den privaten Bereichen kennen. Das wiederum macht es möglich, dass wir ortsunabhängig, also auch außerhalb des Unternehmens auf Informationen zugreifen oder Informationen für unsere Kollegen bereitstellen können. Aber auch die Nachfrage für eine engere Vernetzung von Mitarbeitern und unternehmensexternen Personen wie Kunden, Partnern und Lieferanten, um beispielsweise gemeinsam an Projekten zu arbeiten, ist in den letzten Jahren enorm gestiegen. Die Herausforderung an die bestehenden IT-Landschaften und die damit verbundenen Technologien im Unternehmen sind sehr groß, sodass für die Verwendung der bereitgestellten IT-Lösungen auch die Anforderungen an das unternehmensinterne Netzwerk immer komplexer werden.

Online-Plattformen werden auch als Cloud bezeichnet.

Microsoft hat sich diesen Herausforderungen bereits seit Jahren gestellt und erweiterte Produkte und Technologien für Unternehmen entwickelt. Microsoft stellt diese Entwicklungen unter den Namen *Microsoft 365 Business* und *Enterprise* zur Verfügung, die sich jeweils im Umfang der verwendeten Produkte und Technologien unterscheiden. Mit Microsoft 365 werden zusätzlich zu den Office-Anwendungen sogenannte Serverdienste und ein Sicherheitspaket, das Windows-Betriebssystem, angeboten. Der Unterschied zu den lokalen Servern, die im unternehmensinternen Netzwerk bereitgestellt und betrieben werden, besteht darin, dass die Microsoft 365- und Office-Produkte und -Technologien als Cloud-Dienste in einem der streng zertifizierten Rechenzentren, die von Microsoft weltweit betrieben werden, also in der Microsoft-Cloud, außerhalb des jeweiligen Unternehmens und über das Internet abrufbar sind. Die in Europa betriebenen Rechenzentren unterliegen den gesetzlichen Sicherheits- und Datenschutzbestimmungen der Europäischen Union. Weitere Informationen zu den Sicherheits- und Datenschutzbestimmungen finden Sie im Internet unter *https://www.microsoft.com/de-de/microsoft-365/business/data-security-privacy-germany*. Beachten Sie, dass nicht alle Microsoft 365-Produkte, die Sie in Deutschland verwenden, automatisch in einem deutschen oder europäischen Rechenzentrum betrieben werden. Prüfen Sie, wo die gewünschten Dienste und Apps bereitgestellt werden. Eine Übersicht finden Sie hier: *https://products.office.com/de-de/where-is-your-data-located*.

Softwareupdates werden automatisiert über die Cloud verteilt, sodass wir immer mit den aktuellen Versionen arbeiten können.

Microsoft setzt bei den Entwicklungen der 365-Produkte und -Technologien auf eine Update-Strategie, die auch als Evergreen-Strategie bezeichnet wird. Damit verfolgt Microsoft die Absicht, auch zukünftige Anforderungen immer weiterzuentwickeln, sodass alle 365-Produkte auf dem neuesten Stand der eingesetzten Geräte sind und unseren privaten und geschäftlichen Anforderungen entsprechen. Somit werden Neuerungen in Microsoft 365 sehr schnell zur Verfügung gestellt und bieten uns Anwenderinnen und Anwendern die Möglichkeit, immer mit den aktuellen auf dem Markt verfügbaren Office- und Serverdiensten zu arbeiten, während die Microsoft-Server- und -Office-Produkte, die lokal als Einzelprodukte in den Versionen wie beispielsweise Office 2019, 2021 oder 2024 benutzt und erworben werden, erst später mit Updates versorgt und für jede neue Version als Einzelkauf erworben werden müssen.

2.2 Microsoft 365-Produkte

Microsoft 365 besteht aus verschiedenen Anwendungen und Serverdiensten, und diese werden je nach Ausstattung und Anzahl der Benutzer in sogenannte Pläne unterteilt. So werden Pläne für kleine und mittelständische Unternehmen als Business- und für große Unternehmen, die eine sehr große Anzahl von Benutzerinnen und Benutzern und umfangreichere Sicherheits-, Rechte- und regelkonforme Anforderungen sicherstellen müssen, als Enterprise-Pläne bezeichnet. Auch spezielle Pläne für Bildungseinrichtungen und gemeinnützige Organisationen stellt Microsoft, teilweise kostenlos – dann etwas eingeschränkt – zur Verfügung. Die Preise für die Pläne richten sich nach den verwendeten Anwendungen und Diensten, die pro Benutzer berechnet werden. Je nach Unternehmensgröße und Anforderungen werden die Business- und Enterprise-Pläne weiter unterteilt.

2.2.1 Office-Desktop-Apps für Windows und Mac

Lokal installierte Programme wie Word, Excel, OneNote, PowerPoint und Outlook werden als Desktop-Apps bezeichnet. Die Desktop-Apps stehen in einigen Microsoft 365-Business- oder -Enterprise-Plänen in der aktuellen Office-Version für den jeweiligen Benutzenden zur Verfügung und werden auf dem Windows- oder Mac-System installiert. In der Windows-Desktop-App werden zusätzlich die Programme Access und Publisher (der Support für Publisher soll laut Microsoft im Oktober 2026 enden) angeboten. Wo Sie aus Ihrem Microsoft 365-Portal das Office-Paket installieren können, beschreibe ich in Abschnitt 2.6.3.

Anwendungen, die fest auf dem Computer installiert sind, werden als Desktop-Apps bezeichnet.

OneNote ist als App Bestandteil von allen unterstützten Windows-Versionen und kann über die Windows-Benutzeroberfläche geöffnet werden. Die Desktop-App in der Version 2016 wurde von Microsoft ursprünglich abgekündigt. Microsoft hat sich aber umentschieden und OneNote 2016 beibehalten. Es fand hierzu jedoch die Umbenennung in den Namen »OneNote« ohne Versionsnummer statt. Der Funktionsumfang von OneNote wird von Microsoft weiterentwickelt und ist nicht mehr begrenzter als die OneNote 2016-Desktop-App. Die Speicherung der OneNote-Notizen aus OneNote folgt über OneDrive und nicht wie in der 2016-Desktop-App lokal auf dem Computer. In Kapitel 6 erfahren Sie mehr über OneNote.

2.2.2 Microsoft 365 für das Web

Es müssen keine Desktop-Apps installiert sein, um an Dokumenten zu arbeiten.

Microsoft 365 für das Web ist ein Dienst, mit dem Office-Dokumente über den jeweiligen Webbrowser wie beispielsweise Edge, Chrome, Firefox oder Safari erstellt und bearbeitet werden. Die einzelnen Office-Programme, auch als Office-Web-Apps bezeichnet – Word, Excel, OneNote, PowerPoint und Outlook –, sind teilweise im Funktionsumfang begrenzter als die Desktop-Apps. Diese Apps werden aber zukünftig im Funktionsumfang um einiges erweitert, da sie ständig weiterentwickelt werden. Microsoft 365 für das Web kann privat mit einem Microsoft-Konto und in allen Business- und Enterprise-Plänen genutzt werden. Einen Einblick in die Online-Apps erhalten Sie in Kapitel 5.

2.2.3 Die Microsoft 365 Mobile-App und einzelne Office-Apps

Sie können im Google Play bzw. App Store viele Microsoft 365-Apps laden.

Mit der Microsoft 365 Mobile-App können Sie in nur einer App Office-Anwendungen wie Word, Excel, OneNote und PowerPoint auf dem Tablet oder Smartphone nutzen und auf Ihren OneDrive-Speicher zugreifen. Außerdem können Sie Dateien scannen und diese direkt in der App in eine PDF-Datei umwandeln. Auch das Öffnen anderer Microsoft 365-Apps ist aus der App heraus möglich. Für Dienste wie OneDrive for Business, Teams, Planner, SharePoint Online oder Forms gibt es einzelne Mobile-Apps. Beachten Sie, dass Sie die Apps gegebenenfalls nur mit einem unternehmenseigenen Smartphone oder Tablet, also nicht mit Ihrem privaten Gerät, verwenden können. Fragen Sie hierzu Ihre IT- oder Support-Abteilung.

Nachfolgend eine Übersicht der derzeit verwendeten Office-Anwendungen in den jeweiligen Clients (siehe Tabelle 2.1).

Tab. 2.1 Microsoft Office-Anwendungen, die in den folgenden Clients bereitgestellt werden

Anwendung	Windows-Desktop-Client (Download)	macOS-Client (Download)	Microsoft 365 für das Web Online-Client	Einzelne Office Mobile-App (Download)
Access	X	–	–	–
Excel	X	X	X	X
OneNote	X	X	X	X
Outlook	X	X	X	X
PowerPoint	X	X	X	X
Word	X	X	X	X

2.3 Die Microsoft 365-Dienste und -Apps

Sobald Sie mit Ihrem Computer auf die web- oder desktopbasierte Microsoft 365 Copilot-App zugreifen und in Ihrem Unternehmen die Standardeinstellungen von Microsoft übernommen wurden, können Sie die Copilot-App und den Copilot-Chat nutzen, um sich von der künstlichen Intelligenz bei Ihrer täglichen Arbeit unterstützen zu lassen. Sie können über die Schaltfläche *Suche* innerhalb der Microsoft 365-Umgebung nach relevanten Informationen und Inhalten suchen. Zusätzlich erhalten Sie im Bereich *Suche* eine Übersicht über die von Ihnen zuletzt verwendeten, geteilten und favorisierten Dokumente und Listen, sodass Sie schnell auf diese Inhalte zugreifen können. Sie finden in der Microsoft 365 Copilot-App auch die für Sie bereitgestellten Apps und Dienste. In diesem Abschnitt möchte ich kurz auf einige Apps eingehen, damit Sie einschätzen können, welche Apps und Dienste für Sie nützlich sein könnten. Beachten Sie, dass abhängig davon, über welche Microsoft 365-Lizenz Sie verfügen, mehr oder weniger Apps zur Verfügung stehen.

Die Microsoft 365 Copilot-App kann auch über die Desktop-App geöffnet werden.

2.3.1 OneDrive for Business: Von fast jedem Gerät auf Ihre Dateien zugreifen

OneDrive unterstützt Sie dabei, von jedem Ort und jedem internetfähigen Gerät aus auf Ihre Dateien im Microsoft 365 Copilot-Unternehmensportal zuzugreifen. Ihnen wird mit OneDrive ein Cloud-Speicher von mindestens 1 TB pro Benutzerin und Benutzer zur Verfügung gestellt. Mit OneDrive können Sie Dateien speichern und auf dem PC, Mac sowie auf mobilen Geräten synchronisieren, abrufen und bearbeiten. Die Dateien können mit OneDrive lokal und in die Cloud synchronisiert werden, sodass Sie auch im Offline-Modus auf Ihre Dateien zugreifen können. Benötigen Sie Ihre Dateien nicht lokal, können Sie die Dateien auch nur im Cloud-Speicher ablegen und damit Speicherplatz auf Ihrem Gerät freigeben. Diese Dateien liegen dann im Online-Modus für Sie bereit und Sie können jederzeit mit einer Onlineverbindung darauf zugreifen. Sie können Dateien für bestimmte Personen freigeben und gemeinsam mit anderen zeitgleich an einzelnen Dateien arbeiten. OneDrive for Business ist in allen Business- und Enterprise-Plänen enthalten. In diesem Buch werde ich OneDrive for Business abkürzen und es OneDrive nennen, gemeint ist dabei immer die Businessversion.

OneDrive ist der Ersatz für die Festplatte oder das persönliche Netzlaufwerk.

2.3.1.1 Wichtig für Ihre Arbeit mit Microsoft 365

Microsoft OneDrive ist Ihr persönlicher, arbeitsrelevanter Speicherort in der Microsoft 365-Cloud für Ihr Unternehmen. Ihre Ordner und Dateien werden gesichert und Sie können, falls Ihr PC, Smartphone oder Tablet ausfallen sollte, mit einem anderen Gerät auf Ihre Daten zugreifen. Das Teilen, also das Freigeben von Ordnern und Dateien erspart Ihnen das Senden von Kopien in E-Mail-

Anhängen, sodass Sie sowie unternehmensinterne und -externe Personen immer mit derselben Datei arbeiten. Der zeitgleiche Zugriff ermöglicht die Echtzeitzusammenarbeit in den Office-Dateien.

2.3.1.2 Funktionen

- Sicheres Speichern und leichter Zugriff von fast jedem Gerät und jedem Standort aus
- Sicheres Teilen von Ordnern und Dateien mit unternehmensinternen und -externen Personen. Sie entscheiden, wer Zugriff auf bestimmte Ordner und Dateien erhalten soll.
- Zeitgleiches Arbeiten innerhalb von Dateien mit internen und externen Personen
- Synchronisation mit dem PC, Smartphone und Tablet
- Versionierung von Dateien, sodass Sie auf ältere Arbeitsstände zurückgreifen können

2.3.1.3 Hinweis

Es können Probleme bei der Synchronisation mit Ihrem Datei-Explorer/Finder bei sehr großen Datenmengen und umfangreichen Orderstrukturen auftreten. Lange Ordner- und Dateinamen können ebenfalls zu Synchronisationsproblemen führen. Das zeitgleiche Arbeiten in Dateien mit mehreren Personen, während Sie im Offlinemodus sind, führt zu Synchronisationsproblemen, da die bearbeiteten Inhalte nicht zusammengeführt werden können. Sie benötigen eine stabile Internetverbindung, um auf Dateien, die online verfügbar sind, zuzugreifen.

2.3.1.4 Zugriffsoptionen

OneDrive kann mit der Desktop-App, dem sogenannten Synchronisations-Client, in der Web- und den mobilen Apps verwendet werden. Auch in der Teams-Benutzeroberfläche ist OneDrive integriert.

Mehr zur Verwendung von OneDrive for Business finden Sie in Kapitel 3.

2.3.2 SharePoint Online: Zusammenarbeit in der Cloud

SharePoint Online ist der Ersatz für einzelne Netz- und Gruppenlaufwerke.

Mit SharePoint Online steht Ihnen ein sehr umfangreicher, webbasierter Zusammenarbeitsbereich oder eine moderne Intranetlösung zur Verfügung. Sie können Teamwebsites für sämtliche Informationen als Beiträge, Dateien oder in Listen für Ihre Kolleginnen und Kollegen nutzen. Die Teamwebsite in Microsoft 365 wird auch als gemeinsamer Speicherort für Ihr Team in Teams oder Ihre Arbeitsgruppe verwendet. Die Synchronisation von Ordnern und Dateien auf den PC und den mobilen Geräten ist möglich. Über SharePoint können Sie Dokumentenmanagement-Anforderungen schnell lösen. Mithilfe der sogenannten Kommunikationswebsites lassen sich auf einfache Weise Informationen aus Abteilungen oder Organisationsbereichen bereitstellen und für alle Mitarbeiterinnen und Mitarbeiter veröffentlichen. Durch die Verwendung von SharePoint Hub-Sites können Informationen automatisiert an zentraler Stelle dargestellt werden und als Intranetlösung dienen. SharePoint Online wird in den Microsoft 365 Business- und Enterprise-Plänen bereitgestellt.

2.3.2.1 Wichtig für die Arbeit in Microsoft 365

SharePoint Online ist im Microsoft 365-Portal ein zentraler Bestandteil und für die Speicherung von Ordnern, Dateien, Listen und Seiten innerhalb von Arbeits-, Projekt- und Organisationsteams Voraussetzung. OneDrive setzt auf die SharePoint-Technologien auf, sodass OneDrive nicht ohne SharePoint funktioniert.

2.3.2.2 Funktionen

- Dokumentenmanagement für die zentrale Speicherung von Ordnern und Dateien, die einfache Versionierung oder die Versionierung mit Haupt- und Nebenversionen. SharePoint ermöglicht das zeitgleiche Arbeiten mit Kolleginnen und Kollegen. Verwenden Sie Metadaten statt umfangreicher Ordnerstrukturen, um zu filtern und so Ihre Inhalte schneller zu finden.
- Erstellen von Listen aus Vorlagen oder von benutzerdefinierten Listen, um diese nach Ihren Wünschen anzupassen. In Listen können Sie ebenfalls zeitgleich mit Ihren Kolleginnen und Kollegen zusammenarbeiten.
- Die Microsoft Office-Desktop- und Webversionen sind mit SharePoint verbunden, sodass Sie innerhalb der jeweiligen Apps auf die Office-Anwendungen zugreifen können.
- Intranetlösung
- Sie können Inhalte der SharePoint-Website automatisieren und Workflows hinzufügen. Hierzu sollten Sie jedoch immer das Wissen von Experten mit einbeziehen.
- Umfangreiche Zugriffsberechtigungen können auf reinen SharePoint-Websites eingerichtet werden.

2.3.2.3 Hinweis

SharePoint ist ein sehr umfangreiches System, das sehr viele Funktionen beinhaltet, was uns Anwenderinnen und Anwendern vor große Herausforderungen stellen kann. Starten Sie deshalb immer in kleinen Schritten und machen Sie Ihre Anwendungsfälle in SharePoint zu Teilprojekten.

2.3.2.4 Zugriffsoptionen

SharePoint ist ein webbasiertes System, deshalb können Sie über den Webbrowser auf die einzelnen SharePoint-Websites zugreifen. Wenn Sie Bibliotheken mit Ihrem PC synchronisieren, können Sie mit dem OneDrive Synchronisations-Client auf Ihre Ordner und Dateien im Datei-Explorer zugreifen. Es gibt keine Desktop-App, mit der Sie Ihre SharePoint-Websites öffnen können. Durch die Integration in Teams lassen sich die Bibliotheken, Listen und Websites auch in Teams-Kanälen integrieren. Für die mobile Nutzung können Sie die mobilen Apps installieren und dort auf SharePoint und die Inhalte sowie Ihre Websites zugreifen.

In Kapitel 4 gehe ich genauer auf SharePoint Online ein.

2.3.3 Exchange Online: E-Mail, Kontakte und Kalender

Exchange Online sorgt dafür, dass wir E-Mails senden und empfangen und die Kalender synchronisiert werden.

Mit Exchange Online wird Ihnen ein E-Mail-Serverdienst bereitgestellt. E-Mails lassen sich damit auf dem PC, Mac, in der Web-App und auf mobilen Geräten synchronisieren. Sie können die E-Mails abrufen und bearbeiten. Auch die Kalenderfunktionen können Sie für sich oder gemeinsam mit Ihren Mitarbeiterinnen und Mitarbeiter in der Gruppe verwenden. In Exchange Online ist ein Viren- und Spamschutz enthalten. In Abschnitt 7.2 gehe ich näher auf das Postfach und den Kalender ein.

2.3.4 To Do: Organisieren Sie Ihre persönlichen Aufgaben

Organisieren Sie Ihren Tag mit Ihren persönlichen Aufgaben in der To Do-App.

To Do ist Ihre persönliche Aufgaben-App, in der Sie eigene und Ihnen zugewiesene Aufgaben organisieren können. To Do kann Sie dabei unterstützen, immer den Überblick über alle anfallenden Aufgaben zu behalten. Wichtige E-Mails können Sie zur Nachverfolgung als Aufgabe kennzeichnen, damit sie nicht vergessen werden, und Ihren Aufgaben Erinnerungen hinzufügen, damit Sie daran erinnert werden. Umfangreichere Aufgaben können Sie in Schritte aufteilen, um sie besser zu strukturieren. Zusätzlich können Sie eigene Aufgabenlisten erstellen und mit einer anderen Person teilen. Aufgaben, die Ihnen in Microsoft Planner zugewiesen werden, werden ebenfalls in To Do angezeigt und können dort bearbeitet werden.

2.3.4.1 Ideen aus der Praxis

- Nicht erledigte Aufgaben werden Ihnen täglich in einer Vorschlagsliste zur Auswahl angeboten, sodass Sie den aktuellen Tag planen können.
- Verwenden Sie, wenn möglich, sowohl die To Do-Desktop- als auch die mobile App, sodass Sie Ihre Aufgaben etwa morgens beim Kaffee auf dem Smartphone planen und am Schreibtisch mit der Desktop-App weiterarbeiten. Die Aufgaben werden in allen Apps synchronisiert.

- Erstellen Sie keine Termine, um sich an Aufgaben erinnern zu lassen. Fügen Sie stattdessen eine Aufgabe zu To Do hinzu und stellen Sie die Erinnerungs- und Fälligkeitsfunktion ein, damit wichtige Nachrichten oder Fristen nicht vergessen werden.
- Erstellen Sie eigene Aufgabenlisten und geben Sie diese für Ihre Kollegin oder Ihren Kollegen frei, damit Sie zu zweit in der Liste arbeiten können. So können Sie sich gegenseitig Aufgaben zuweisen.

2.3.4.2 Zugriffsoptionen

To Do kann in der Desktop- und in der Web-App sowie in den mobilen Apps genutzt werden. To Do ist in Outlook und im Planner-Hub integriert und wenn Sie den Planner-Hub in Teams nutzen, können Sie auch in Teams auf Ihre Aufgaben zugreifen.

Mehr zu To Do erfahren Sie in Abschnitt 7.9.

2.3.5 OneNote: Das digitale Notizbuch

Erfassen Sie Ihre Notizen in OneNote und greifen Sie mit allen Geräten darauf zu.

OneNote ist eine gute Alternative zum herkömmlichen Papiernotizbuch und zu Haftnotizen am Bildschirm. Sie können mit OneNote Ideen sammeln, indem Sie Texte, Links, Bilder, Tabellen und weitere Inhalte in einzelnen Abschnitten organisieren und darin Seiten hinzufügen, auf denen Sie Ihre Inhalte ablegen. Durch die Synchronisation in die Microsoft-Cloud können Sie im Homeoffice und im Büro von verschiedenen Geräten aus auf Ihre Notizbücher zugreifen. Sie können in den OneNote-Notizbüchern auch einen digitalen Stift mit einem Touchscreen verwenden und damit Freihandnotizen aufschreiben. Für die Zusammenarbeit können Sie Gruppen-Notizbücher verwenden und gemeinsam mit Ihrem Team darin arbeiten. Die einzelnen Notizen und Inhalte werden in sogenannten Containern erfasst, die Sie beliebig auf der Notizseite verschieben können.

2.3.5.1 Ideen für die Praxis

- Nutzen Sie OneNote für Ideensammlungen, Skizzen, Urlaubsplanungen und Reisetagebücher.
- Notieren Sie in Ihrem persönlichen oder dem Gruppennotizbuch Arbeitsabläufe, Vorgehensweisen und Anweisungen Ihrer Abteilung oder Ihres Organisationsbereichs.
- Schreiben Sie wichtige Inhalte in Workshops und Schulungen im OneNote-Notizbuch mit.
- Protokollieren Sie Gespräche, Teammeetings und Besprechungen.

- Halten Sie Aufgaben, Terminpläne und sämtliche Informationen zu Ihrem Projekt oder Ihrem Vorhaben in einem Gruppennotizbuch zusammen, sodass alle beteiligten Personen informiert sind und bleiben. Durch die Suchfunktion in OneNote können Notizbücher, Abschnitte und Seiten durchsucht werden.
- Synchronisieren Sie Ihre Notizbücher auf dem PC und den mobilen Geräten, so können Sie von überall schnell auf die Notizen zugreifen.
- Verwenden Sie den OneNote-Feed, um kleine Handnotizen zu erstellen, die Sie als Haftnotiz auf dem Bildschirm organisieren. Greifen Sie auf diese kleinen Notizen auch in Outlook oder der Windows-App *Kurznotizen* zu.

2.3.5.2 Achtung

Das zeitgleiche Arbeiten auf einer OneNote-Seite mit mehreren Personen in einem Gruppennotizbuch sollten Sie vermeiden, da die Synchronisation in OneNote nicht der anderen Office-Anwendungen entspricht und es zu Containerüberlagerungen in der Notizseite kommen kann.

2.3.5.3 Zugriffsoptionen

Sie können die OneNote-App auf dem PC installieren und zusätzlich die Web- und die mobile App nutzen.

In Kapitel 6 lernen Sie OneNote genauer kennen.

2.3.6 Microsoft 365-Gruppen: Anwendungen und Serverdienste kombinieren

Eine Microsoft 365-Gruppe besteht aus mehreren Apps, die die Basis für die Zusammenarbeit bilden.

Würden Serverdienste wie SharePoint-Online oder Exchange nur einzeln bereitgestellt werden, könnten sie nicht untereinander kommunizieren und wir Anwenderinnen und Anwender müssten mit Apps wie Outlook, SharePoint und Office separat arbeiten. Durch die Kombination, also eine Verknüpfung der einzelnen Serverdienste, können innerhalb der jeweiligen Apps mehrere Dienste zusammen genutzt werden. In den Microsoft 365-Business- und -Enterprise-Plänen werden Ihnen sogenannte Microsoft 365-Gruppen bereitgestellt. Hierbei können Serverdienste wie Exchange und SharePoint sowie die Teams-Kommunikationstechnologien untereinander kommunizieren. Weitere Microsoft-Apps wie Planner und Office werden derzeit integriert. So können Sie die Exchange-Funktionalitäten wie gemeinsame Gruppenpostfächer und Gruppenkalender, Datei- und Informationsaustausch in einer SharePoint Online-Teamwebsite sowie chat-, audio- und videobasierte Kommunikation betreiben und die integrierten Anwendungen wie das OneNote-Notizbuch sowie Aufgaben über Planner nutzen. Sobald eine Microsoft 365-Gruppe erstellt wird, werden im Hintergrund eine SharePoint-Teamwebsite, eine Gruppen-E-Mail-Adresse, ein Gruppenkalender, ein OneNote-Notizbuch und ein Plan in Planner bereitgestellt. Microsoft 365-Gruppen können öffentlich für das gesamte Unternehmen oder für einen bestimmten Personenkreis von unternehmensinternen und -externen Personen freigegeben werden. Den Personen innerhalb einer Gruppe werden die Benutzerrollen *Gruppenbesitzer* oder *Gruppenmitglieder* zugewiesen. Der jeweilige Gruppenname wird auf alle der einzelnen Dienste und Apps übertragen. So können Sie das Team in Teams, die Teamwebsite, den Gruppenkalender oder das OneNote-Notizbuch immer über den Gruppennamen wiederfinden.

Weitere Informationen zu Microsoft 365-Gruppen finden Sie in Kapitel 8.

2.3.7 Planner: Team- oder Projektaufgabenplanung

Planen Sie das nächste Vorhaben im Team mit dem Aufgabenplan in Planner.

Mit Planner können Sie zusammen mit Ihrem Team Aufgaben und Ressourcen innerhalb Ihres Arbeitsteams oder kleineren Projekten organisieren und managen. Planner kann Sie dabei unterstützen, Aufgaben für ein Vorhaben oder ein kleines Projekt zu strukturieren und übersichtlich darzustellen. Aufgabendetails wie der Status, die Priorität und Fälligkeiten helfen Ihnen, den Fortschritt des Projekts im Blick zu behalten. Zuweisungen von Aufgaben an die Team- und Projektmitglieder lassen Ihre Kolleginnen und Kollegen wissen, für welche Aufgaben sie gerade zuständig sind.

2.3.7.1 Ideen für die Praxis

- Planen Sie Aufgaben für kleine Projekte, Firmen-Events, Kampagnen oder Ihre täglichen Arbeitsabläufe mit Ihrem Team.
- Erfassen Sie Aufgaben und weisen Sie diese sich selbst und/oder Ihren Kolleginnen und Kollegen zu.
- Behalten Sie dabei immer den Überblick durch die einfache, aber übersichtliche Darstellung im Board mit Buckets und den vorgegebenen Diagrammen.

2.3.7.2 Hinweis

Das Festlegen der Planstruktur sollte von nur einer Person vorgenommen werden. Das Team sollte nichts an der Struktur ändern. Sie können in der Planner Basic-Lizenz keine Abhängigkeiten für Aufgaben festlegen oder ein Gantt-Diagramm verwenden. Microsoft bietet eine kostenpflichtige Premiumlizenz an, die mehr Funktionen bietet. Eine Gegenüberstellung der Lizenzen finden Sie hier: *https://support.microsoft.com/de-de/office/vergleich-von-microsoft-planner-basic-und-premium-pl%C3%A4nen-5e351170-4ed5-43dc-bf30-d6762f5a6968*. Sprechen Sie mit Ihrer IT-Abteilung bezüglich der Lizenzierung Ihrer Microsoft 365 Copilot-Plattform. In diesem Buch gehe ich auf die Basic-Lizenz ein.

2.3.7.3 Zugriffsoptionen

Sie können Planner in der Web- und der mobilen App nutzen. Wenn Sie den Planner-Hub in Teams integrieren oder den Plan einem Team-Kanal hinzufügen, können Sie auch in Teams auf alle Ihre Pläne oder Ihren Gruppen-Plan zugreifen.

Wie Sie Planner in der Basic-Lizenz verwenden, lesen Sie in Kapitel 10.

2.3.8 Teams: Kommunikation und Zusammenarbeit

Die Kommunikationstechnologien in Microsoft 365 werden in Teams bereitgestellt.

Mit Teams werden sämtliche Microsoft 365-Serverdienste und Apps in einer App und für uns Anwenderinnen und Anwender in einer Benutzeroberfläche bereitgestellt. Teams kann man auch als eine Erweiterung einer Microsoft 365-Gruppe sehen. Zusätzlich zu SharePoint und Exchange Online bietet Ihnen Teams zu den zwei Serverdiensten die Möglichkeit, zentral in der Benutzeroberfläche 1:1- oder Gruppenchats-, Video- und Audiogespräche und Onlinebesprechungen zu führen. Damit kann Teams für die reine Kommunikation genutzt werden. Die Zusammenarbeit in Fachbereichen, Abteilungen, in Projekten oder bestimmten Geschäftsfällen kann ebenfalls in Teams stattfinden. Beim Anlegen eines Teams für die Zusammenarbeit wird im Hintergrund eine Microsoft 365-Gruppe erstellt und die damit verbundenen Anwendungen und Serverdienste werden somit automatisch integriert. So stehen Ihnen in einem in Teams erstellten Team die Exchange-Kalender- und Kontaktfunktionen, eine Gruppen-E-Mail-Adresse, eine SharePoint Online-Teamwebsite, die Teams-Kommunikationstechnologien, OneNote und Planner zur Verfügung. Zusätzlich lassen sich weitere Apps durch Registerkarten im Teams-Kanal hinzufügen wie unter anderem ein Loop-Arbeitsbereich. Ein Team kann für unterschiedliche Themen in sogenannte Kanäle unterteilt werden.

2.3.8.1 Ideen für die Praxis

- Nutzen Sie den Teams-Chat alternativ zur E-Mail-Nachricht oder den Audio- und Videoanruf, um sich kurz mit Kolleginnen, Kollegen und, wenn es Ihnen gestattet ist, mit unternehmensexternen Personen auszutauschen.
- Durch die Integration des Outlook-Kalenders in Teams können Sie Termine und Besprechungen direkt in Teams planen und verwalten, ohne zu Outlook zu wechseln.
- Erstellen oder beantragen Sie kurzfristig eine zentrale Arbeitsumgebung (ein Team) für Ihre Abteilung, Organisationseinheit, Projekt oder Vorhaben, um dort mit internen oder externen Personen sämtliche Informationen zentral an einem Ort auszutauschen und zusammenzuarbeiten. Kommunizieren Sie im dazugehörigen Teams-Kanal über Beiträge und sparen Sie sich dadurch einen überfüllten Posteingang in Outlook.
- Greifen Sie in Echtzeit mit Ihren Kolleginnen und Kollegen in einem Team auf Ihre gemeinsamen Dokumente zu und arbeiten Sie zusammen in der Datei.

2.3.8.2 Hinweis

Der Gruppenchat ist als persönliche Unterhaltung gedacht, während ein Team in Teams der Zusammenarbeit dient. Beginnen Sie also nicht damit, viele Gruppenchats für den Kommunikations- und Dateiaustausch einzelner Abteilungen, Projekte oder Organisationsbereiche anzulegen. Auch für die Zusammenarbeit in einem Team und den Informationsaustausch bedarf es unbedingt klarer Absprachen mit allen Teammitgliedern. Durch das Anlegen eines Teams in der Teams-Oberfläche wird Ihnen in Outlook weder der Gruppenkalender noch das Gruppenpostfach angezeigt. Legen Sie besser eine SharePoint-Teamwebsite an und integrieren Sie zusätzlich das Microsoft-Team.

2.3.8.3 Zugriffsoptionen

Sie können Teams mit der Desktop-, Web- und der mobilen App nutzen. Prüfen Sie für sich, wenn Sie ein Tablet verwenden, ob Sie anstelle der mobilen App lieber die Web-App benutzen. Für die Nutzung von Teams auf dem Smartphone verwenden Sie die angebotenen mobilen Apps.

In Kapitel 9 können Sie mehr über Teams erfahren.

2.3.9 Forms: Umfragen erstellen und bereitstellen

Mit Forms können Sie schnell und auf leichte Art Umfragen, Quiz oder Prüfungen erstellen und für interne oder externe Personen als Links oder in den Microsoft 365-Apps freigeben.

2.3.9.1 Ideen für die Praxis

- Prüfen Sie mit Umfragen in Forms die Zufriedenheit Ihrer Kundinnen, Kunden, Partnerinnen und Partner.
- Nutzen Sie Forms für Umfragen und werten Sie sie in Excel aus.
- Prüfen Sie mit einem Quiz den Wissensstand Ihrer Kolleginnen und Kollegen oder erstellen Sie Bewertungs- und Feedbackbögen zu Veranstaltungen, Schulungen und Workshops mit einer Umfrage.
- Nutzen Sie Forms für die Formularerstellung in umfangreichen Dokumentenbibliotheken oder Listen. So können Sie unterschiedliche Formulare für verschiedene Zielgruppen in einer Dokumentenbibliothek oder Liste bereitstellen.

2.3.9.2 Hinweis

Forms ist ein einfaches Umfragen-Tool, das Ihnen unterschiedliche Fragentypen und Verzweigungslogiken bietet. Das Design lässt sich in den Formularen nicht großartig anpassen, sodass die CI (Corporate Identity) gegebenenfalls überhaupt nicht Ihren Anforderungen entspricht. Bei Umfragen und Quiz beachten Sie unbedingt die Sicherheits- und Datenschutzbestimmungen persönlicher und personenbezogener Daten.

2.3.9.3 Zugriffsoptionen

Forms kann über die Desktop- und Web-App geöffnet und verwendet werden.

In Kapitel 11 finden Sie weitere Informationen zu Forms.

2.3.10 Loop: KI-unterstütztes Arbeiten in dynamischen Elementen

Mit der interaktiven Loop-Plattform können Sie mit dynamischen Elementen wie Text, Tabellen und Listen Informationen in Echtzeit zusammen mit anderen Personen in Loop-Arbeitsbereichen (Seiten) zusammentragen. Durch die Integration in den Microsoft 365-Apps können Sie die Loop-Komponenten auch in Anwendungen wie zum Beispiel Teams oder OneNote nutzen. Loop kann Sie durch einfaches Hinzufügen der einzelnen Komponenten in Ihren Projekten und Arbeitsabläufen unterstützen. So können Sie zum Beispiel in Ihrem Teams-Kanal Abstimmungstabellen in Beiträgen erstellen und mit Ihrem Team teilen, damit Sie schnell Entscheidungen treffen können. Sie können in Besprechungen die Besprechungsnotizen öffnen und Aufgaben, die sich in der Besprechung ergeben, direkt in der Aufgabenliste festhalten. Dabei werden die Aufgaben, die an Besprechungsteilnehmende zugewiesen werden, in der To Do-App der Benutzerin oder des Benutzers übernommen. Arbeiten Sie mit Ihrem Team zeitgleich in den Listen und Tabellen.

2.3.10.1 Funktionen

- Erstellen Sie Loop-Arbeitsbereiche für verschiedene Anwendungsfälle und Projekte für sich allein oder in Ihrem Teams-Kanal.
- Gestalten und nutzen Sie die Loop-Seiten, um Informationen gebündelt zu erfassen und weiterzuverarbeiten.
- Verwenden Sie die Loop-Komponenten dynamische Elemente wie Tabellen, Listen oder Textbereiche z. B. für Notizen.

2.3.10.2 Hinweis

Da in Loop der KI-Assistent Copilot (künstliche Intelligenz) integriert ist, sollten mit Loop keine personenbezogenen, Kunden- oder vertraulichen Informationen verarbeitet werden.

2.3.10.3 Zugriffsoptionen

Loop können Sie als Desktop-App installieren oder auch die Web- und die mobilen Apps nutzen.

Mehr Informationen zu Loop finden Sie in Kapitel 11.

2.4 Microsoft 365-Business- und -Enterprise-Pläne

Die Pläne für die Microsoft 365-Plattformen werden in Microsoft 365 Business- und Enterprise-Plänen unterteilt. Während die Business-Pläne eher für kleine und mittlere Unternehmen geeignet sind, nutzen große Unternehmen und Konzerne die Enterprise-Pläne. Innerhalb der Business- und Enterprise-Pläne unterscheiden sich diese wiederum in den bereitgestellten Diensten und Apps. Sie finden die Informationen zu den Business-Unternehmensplänen unter *https://www.microsoft.com/de-de/microsoft-365?market=de*.

Ein Microsoft 365-Plan wird auch als Tenant bezeichnet und ist eine abgesicherte Umgebung innerhalb der gesamten Microsoft-Welt.

2.5 Anmelden am Microsoft 365-Portal

Das Microsoft 365-Portal wird auch als Microsoft 365 Copilot-App bezeichnet und lässt sich im Webbrowser oder über die Desktop-App öffnen. Sie können innerhalb des Portals Ihre persönlichen Einstellungen vornehmen, Office herunterladen, die Office im Web-Apps öffnen oder als Administratorin oder Administrator das Microsoft 365 Admin-Center öffnen.

Suchen Sie in Ihrem Intranet, ob Sie Informationen zur Anmeldung finden.

Zum Schutz Ihrer Anmeldedaten wie E-Mail-Adresse und Kennwort ist es heutzutage überall (auch im privaten Bereich) ratsam, zusätzlich eine weitere Authentifizierung vorzunehmen und somit einen sichereren Zugang zu gewährleisten. Mithilfe der sogenannten mehrstufigen Authentifizierung (MFA) müssen Sie zusätzlich zu Ihren Anmeldedaten mit einem vom System automatisierten, aber dynamischen Code, den Sie per SMS, über die Microsoft- oder eine andere Authenticator-App erhalten, die Anmeldung bestätigen. Die Microsoft Authenticator-App können Sie im jeweiligen App-Store laden. Prüfen Sie, ob Ihre IT-Abteilung Informationen bezüglich der MFA-Authentifizierung für Sie im Intranet bereitgestellt hat.

2.5.1 Microsoft Authenticator auf dem mobilen Gerät herunterladen

So können Sie vorgehen, wenn keine Anweisungen ihrer IT-Abteilung vorliegen:

1. Installieren Sie sich zunächst die Microsoft Authenticator-App auf Ihrem Smartphone. Sie können das über den jeweiligen App-Store vornehmen oder dafür den Link *https://support.microsoft.com/de-de/account-billing/microsoft-authenticator-herunterladen-351498fc-850a-45da-b7b6-27e523b8702a* verwenden.
2. Wenn Sie den Link verwenden, wählen Sie auf der Microsoft-Website das Register *iOS* oder *Android* für Ihr Smartphone aus.
3. Öffnen Sie auf dem Smartphone die Kamera und scannen Sie den Code. Sie landen im jeweiligen Store und können die App installieren.

2.5.2 Anmeldung in der Microsoft Authenticator-App

Gehen Sie folgende Schritte, um sich in der Microsoft 365-App mit der mehrstufigen Authentifizierung anzumelden:

1. Geben Sie in Ihrem Browser folgende URL ein: *https://aka.ms/mfasetup*.
2. Geben Sie Ihre E-Mail-Adresse ein und bestätigen Sie mit *Weiter*.
3. Es folgt die Aufforderung, Ihr Kennwort einzugeben. Geben Sie das Kennwort für Ihr Microsoft-Konto ein.
4. Es erscheint die Meldung *Aktion erforderlich* (siehe Abbildung 2.1). Bestätigen Sie mit *Weiter*.

Abb. 2.1 Weitere Aktionen sind erforderlich, wenn bei Ihnen die MFA-Authentifizierung von der IT-Abteilung aktiviert wurde.

5. Im nächsten Schritt hätten Sie auch hier die Möglichkeit, die Authenticator-App runterzuladen. Da Sie die App auf dem Smartphone verwenden, klicken Sie auf die Schaltfläche *Weiter*.
6. Klicken Sie im nächsten Schritt auf *Weiter*. Ihnen wird ein QR-Code angezeigt.
7. Öffnen Sie nun die Authenticator-App auf dem Smartphone.
8. Tippen Sie oben im Smartphone-Display auf das *Pluszeichen* (siehe Abbildung 2.2).

Abb. 2.2 Über das Pluszeichen oben im Display lassen sich Microsoft-Konten hinzufügen.

9. Achten Sie darauf, dass Sie den Eintrag *Geschäfts- oder Schulkonto* durch Tippen auswählen.
10. Im unteren Bereich tippen Sie auf *QR-Code scannen*.

11. Scannen Sie den QR-Code, der Ihnen am Bildschirm Ihres PC angezeigt wird. Das Microsoft-Konto wird mit Ihrem Smartphone verbunden.
12. Klicken Sie am Bildschirm auf die Schaltfläche *Weiter*.
13. Ihnen wird ein Code auf dem Bildschirm Ihres PC angezeigt und die Authenticator-App meldet eine Freigabeaufforderung. Tippen Sie auf dem Smartphone auf diese Aufforderung und geben Sie den Code ein.
14. Nach erfolgreicher Authentifizierung erhalten Sie eine Meldung auf Ihrem PC (siehe Abbildung 2.3). Bestätigen Sie mit einem Klick auf die Schaltfläche *Weiter* oder *Fertig*. Sie werden zur Microsoft 365-Copilot-Startseite (siehe Abbildung 2.7) weitergeleitet. Bleiben Sie im Fenster.

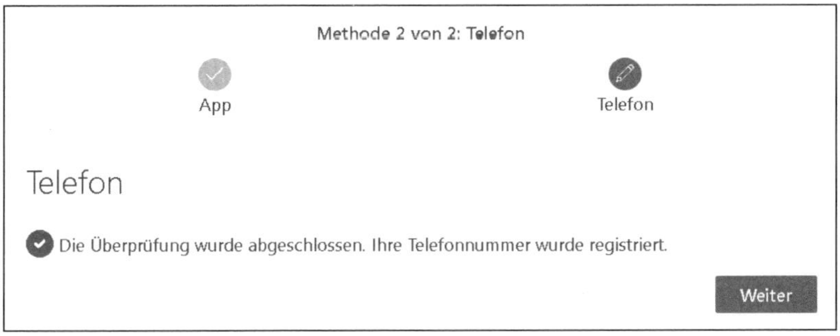

Abb. 2.3 Die Authentifizierung ist erfolgreich genehmigt worden. Diese Meldung kann bei Ihnen etwas anders aussehen.

2.5.3 Eine zweite Multifaktor-Option hinzufügen

Für den Fall, dass das Smartphone verloren geht, defekt ist oder ausgetauscht wird, sollten Sie unbedingt einen weiteren Multifaktor festlegen. Dafür stehen Ihnen verschiedene Optionen zur Verfügung. Damit Sie sich im Notfall oder beim Austausch des Smartphones erneut mit Ihrem Microsoft-Konto anmelden können, fügen Sie wie folgt eine weitere Option hinzu. Verwenden Sie dafür Ihre dienstliche Mobilfunk- oder Festnetznummer:

1. Klicken Sie auf den Link *+ Anmeldemethode hinzufügen* (siehe Abbildung 2.4).

Abb. 2.4 Sie können weitere Anmeldemethoden hinzufügen.

2. Wählen Sie die Option *Telefon (Anruf oder SMS verwenden, um sich mit einem Code anzumelden)* (siehe Abbildung 2.5). Falls Ihnen diese Option nicht angezeigt wird, fragen Sie Ihre IT-Abteilung und wählen Sie dann eine andere Methode.

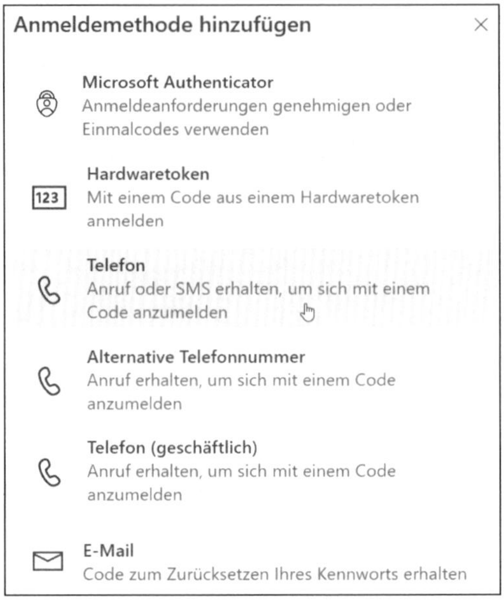

Abb. 2.5 Die Auswahl der Anmeldemethoden für einen weiteren Multifaktor

3. Wählen Sie Ihre Länderkennung aus und geben direkt dahinter Ihre Rufnummer ohne führende Null ein.

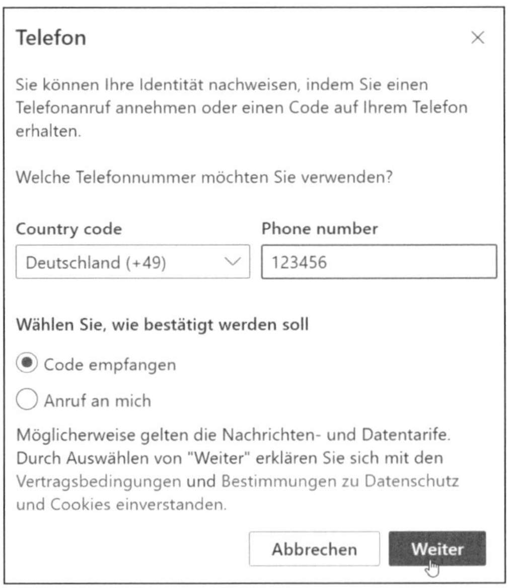

Abb. 2.6 Die Länderkennung auswählen, die Rufnummer eingeben und die Option *Code empfangen* auswählen

4. Wählen Sie die Option, ob Sie einen Code per SMS auf das Smartphone oder einen Anruf an Ihre Festnetznummer oder Ihr Smartphone erhalten möchten, und klicken Sie auf *Weiter* (siehe Abbildung 2.6).
5. Sie erhalten dann entsprechend Ihrer Auswahl einen Anruf von einem Sprachcomputer/Audioservice, dessen Anweisungen Sie folgen, einen Code per SMS, den Sie im Browser eingeben und bestätigen.
6. Anschließend erhalten Sie im Browser eine Bestätigungsmeldung, dass die Rufnummer erfolgreich hinterlegt wurde. Die Seite wird aktualisiert und die von Ihnen hinterlegte Rufnummer wird jetzt zusätzlich im Bereich *Sicherheitsinformationen* angezeigt.
7. Um jetzt zu der Microsoft 365 Copilot-Startseite (siehe Abbildung 2.7) zu navigieren, geben Sie im Browser *m365.cloud.microsoft* ein.

Abb. 2.7 Die Microsoft 365 Copilot-App geöffnet im Edge-Browser auf einem Windows-PC

2.6 Die Microsoft 365 Copilot-Startseite im Web

Die Microsoft 365 Copilot-Startseite ist in verschiedene Bereiche unterteilt. Sie können von hier unterschiedliche Aktionen ausführen und in die angebotenen Anwendungen navigieren.

Beachten Sie, dass in der Microsoft 365 Copilot-App abhängig von Ihren Berechtigungen, Ihrer Anmeldung als Administratorin oder Administrator oder als Anwenderin oder Anwender sowie dem eingesetzten Microsoft 365-Business- und -Enterprise-Plan mehr oder weniger Anwendungen angezeigt werden und meine Bildausschnitte sich von Ihren unterscheiden können.

Je nach Konfiguration der Copilot-Startseite wird Ihnen der Chat bzw. das Prompt-Eingabefeld des KI-Assistenten angeboten. Darüber können Sie sich durch Fragen oder direkte Anweisungen von der KI bei der Arbeit unterstützen lassen. Falls bei Ihnen dieses Prompt-Feld nicht angezeigt wird, werden Sie in den Bereich *Suche* weitergeleitet. Das liegt dann daran, dass von Ihrer IT-Abteilung die Einstellungen so vorgenommen wurden.

Auf der linken Seite des Browserfensters können Sie in die einzelnen Bereiche navigieren, unter anderem in die Suche. Hier können Sie im gesamten Microsoft 365-Portal nach Personen, Dateien und weiteren Informationen suchen (siehe auch Abschnitt 2.6.2). Unterhalb der Sucheingabeleiste finden Sie den Bereich *Empfohlen*. Dieser wird Ihnen nur dann angezeigt, wenn Sie oder Ihre Kolleginnen und Kollegen aus Ihrer Gruppe ein Dokument erstellt oder bearbeitet haben. Auch Besprechungen, die Sie organisiert oder zugesagt haben, oder E-Mail-Anhänge von unternehmensinternen und externen Personen werden Ihnen im Bereich *Empfohlen* angezeigt. Unterhalb der empfohlenen Inhalte finden Sie den Bereich *Schnellzugriff* (siehe Abbildung 2.8) mit einzelnen Filter-Schaltflächen, womit Sie schnell auf Ihre zuletzt verwendeten, im Microsoft 365-Portal gespeicherten Dateien zugreifen können.

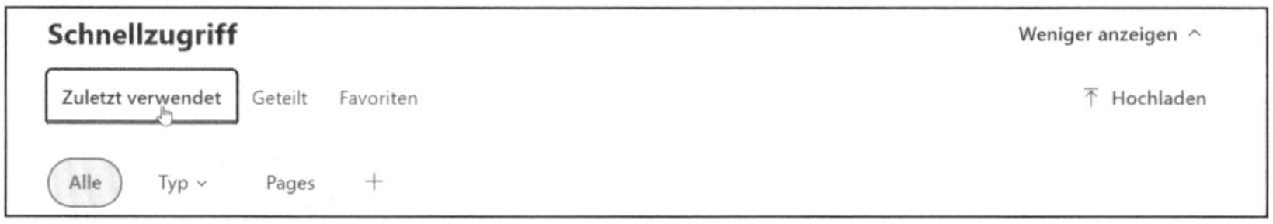

Abb. 2.8 Der Bereich *Schnellzugriff* ist in Schaltflächen unterteilt, damit Sie Ihre eigenen, geteilten oder favorisierten Dokumente filtern können.

- Die Schaltfläche *Alle* zeigt Ihnen Ihre und die von Ihren Kolleginnen und Kollegen zuletzt geöffneten oder bearbeiteten Dokumente an.
- Die Schaltfläche *Zuletzt verwendet* zeigt Ihnen Ihre zuletzt geöffnete Websites, Whiteboards, Listen, Planner-Pläne, Dokumente und weitere Apps.
- Über die Schaltfläche *Geteilt* finden Sie alle Inhalte aus dem Microsoft 365-Portal oder E-Mail-Anhänge, die für Sie von anderen Personen freigegeben oder als E-Mail an Sie gesandt wurden.
- Die Schaltfläche *Favoriten* zeigt Ihnen Ihre Ordner, Dokumente, Listen und andere Inhalte, die Sie mit dem Sternsymbol favorisiert haben. Wenn Sie auf ein Office-Dokument zeigen und über das *Weitere*-Menü, dargestellt mit den drei Punkten, favorisieren, wird das Dokument zukünftig in Ihrer Office-Desktop-App über *Datei/Öffnen/Favoriten* angezeigt.
- Die Schaltfläche *Pages* hilft Ihnen, SharePoint- oder OneNote-Seiten, die Sie erstellt oder bearbeitet haben, aufzufinden.
- Über das Pluszeichen *Inhaltsfilter hinzufügen* (siehe Abbildung 2.8) können Sie sich eigene Filter für den Bereich *Schnellzugriff* erstellen.

2.6.1 Weitere Bereiche im Microsoft 365-Portal

2.6.1.1 Die Schaltfläche »Erstellen«

Sie können direkt im Browser neue Dokumente erstellen.

Auf der linken Seite des Bildschirms finden Sie weitere Navigationsschaltflächen. Die Schaltfläche *Erstellen* verwenden Sie, wenn Sie von der Startseite aus neue Office-Dokumente erstellen möchten, die dann automatisch in Ihrem persönlichen OneDrive gespeichert werden (siehe Abbildung 2.9). Über die Schaltfläche *M365 Copilot* gelangen Sie zurück auf die Start- oder Suchseite der Microsoft 365 Copilot-App.

Abb. 2.9
Über die Schaltfläche *Erstellen*, links in der Navigation, können neue Office-Dateien erstellt werden.

2.6.1.2 Die Schaltfläche »Apps«

Möchten Sie von der M365 Copilot-Startseite andere Microsoft-Apps öffnen, können Sie das über die Schaltfläche *Apps* tun. Sie können Apps, die Sie über die Startseite häufig verwenden, anheften oder, wenn Sie sie doch nicht mehr verwenden möchten, von der Startseite lösen.

Alternativ können Sie die einzelnen Apps über die App-URL öffnen.

- Microsoft Planner: *https://planner.cloud.microsoft*
- Microsoft Outlook: *https://outlook.cloud.microsoft*
- Microsoft OneNote: *https://onenote.cloud.microsoft*
- Microsoft Teams: *https://teams.cloud.microsoft*

Zum aktuellen Stand (Februar 2026) können noch nicht alle Apps mit der jeweiligen URL geöffnet werden. Probieren Sie es einfach aus, ob Sie weitere Apps direkt mithilfe der URL öffnen können.

Sie können über die Schaltfläche *Apps* in der linken Navigation Ihren persönlichen OneDrive-Cloud-Speicher öffnen. Verwenden Sie dafür im Bereich *Apps* die Schaltfläche *OneDrive*. Sie können auf der Schaltfläche das *Weitere*-Menü, dargestellt mit den drei Punkten, nutzen, um die OneDrive-App links in der Navigation anzuheften und wieder zu lösen. Sie können somit alle Apps, die für Sie wichtig sind, auf der Startseite anheften und so schnell darauf zugreifen. Über die Schaltfläche *Alle Apps* gelangen Sie in einen Bereich, wo Ihnen alle verfügbaren Apps angezeigt werden, die Sie nutzen können.

Im oberen linken Bereich einiger geöffneten Apps finden Sie das sogenannte *App-Startfeld*, auch Waffel-Menü (siehe Abbildung 2.10) genannt. Über dieses Menü können Sie nach Apps suchen, ebenfalls auf die verfügbaren Apps zugreifen oder von hier aus neue Office-Dokumente erstellen. Die Schaltfläche *Microsoft 365* führt Sie zurück zur Startseite.

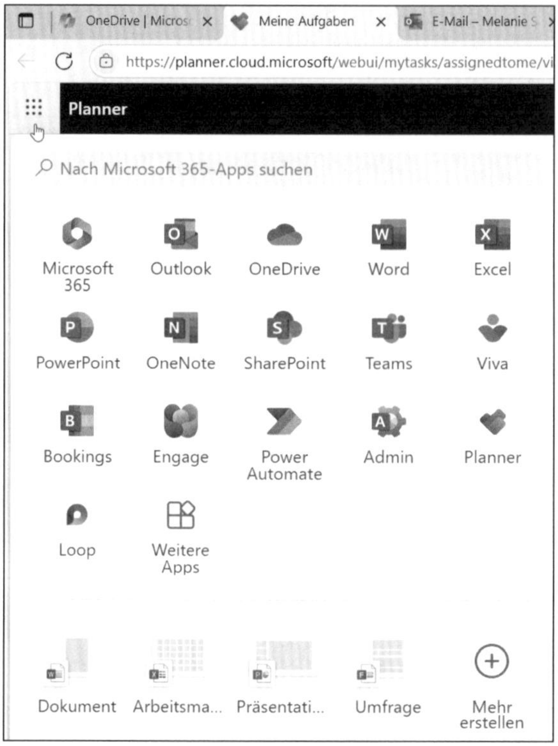

Abb. 2.10 Das App-Startfeld oben links hier in der geöffneten Planner-App im Webbrowser

2.6.1.3 Die Schaltfläche »Admin«

Als Administratorin oder Administrator steht Ihnen die Schaltfläche *Admin* zur Verfügung, damit Sie von der Startseite aus direkt in das Admin-Center navigieren können.

2.6.2 Die Suche in der Microsoft 365 Copilot-App

Es handelt sich in der Microsoft 365-Umgebung um eine Volltextsuche.

Sobald Sie auf die Schaltfläche *Suchen* links oben in der Microsoft 365 Copilot-Startseite klicken, erscheint im mittleren Bereich eine Sucheingabeleiste (siehe Abbildung 2.11), über die Sie innerhalb des gesamten Microsoft 365-Portals suchen können. Es werden Ihnen jedoch nur Suchergebnisse angezeigt, deren Inhalte Sie lesen oder bearbeiten dürfen. Informationen, die nicht für Sie freigegeben sind, werden Ihnen in den Suchergebnissen nicht angezeigt. Sie können beispielsweise nach Ordnernamen, Dateinamen oder auch nach Wörtern innerhalb von Office- und PDF-Dateien suchen. Die Suche kann Texte in Bildern erkennen, sodass Sie auch Bilddateien ausfindig machen können, deren Dateinamen Sie nicht kennen.

Wenn in Ihrem Unternehmen die Pflege des eigenen Benutzerprofils gestattet ist und die Mitarbeitenden Informationen zur eigenen Person wie beispielsweise Qualifikationen, Zertifikate und Fragen, mit denen man auf sie zukommen kann, angeben dürfen, können Sie auch nach danach suchen und Ihnen werden diese Personen in den Suchergebnissen angezeigt.

Wenn Sie in die Suchleiste klicken, werden Ihnen Vorschläge für Apps, Ihre zuletzt verwendeten Dokumente, Personen, mit denen Sie in einer Gruppe zusammenarbeiten, oder auch SharePoint-Websites angezeigt, auf denen Sie zuletzt unterwegs waren.

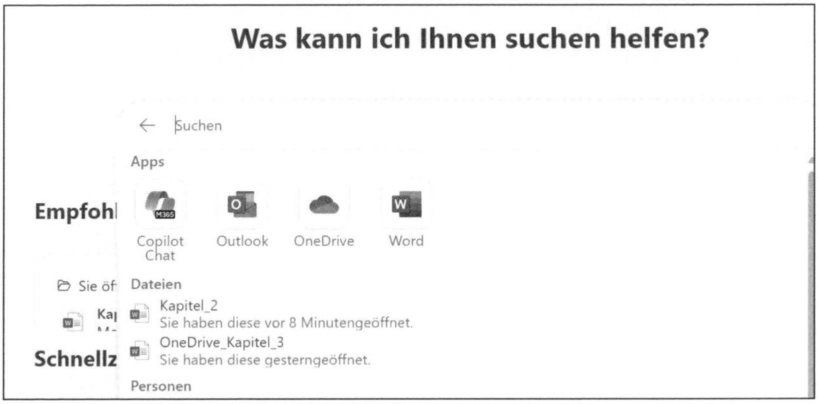

Abb. 2.11 Das Suchfeld und die Vorschläge, die automatisch vom System angeboten werden

2.6.3 Die Microsoft 365-Einstellungen

Sie können die Microsoft 365 Copilot-App personalisieren. Sie finden die Einstellungen für Ihr Microsoft 365-Portal über das *Weitere*-Menü, dargestellt mit den drei Punkten, unten auf der Microsoft 365 Copilot-Startseite, direkt hinter Ihrem Namen (siehe Abbildung 2.12).

In fast jeder Microsoft App, wie Teams, Office und SharePoint, werden Sie eigene Einstellungen finden.

Abb. 2.12 Die Microsoft 365-Einstellungen können über die drei Punkte geöffnet werden.

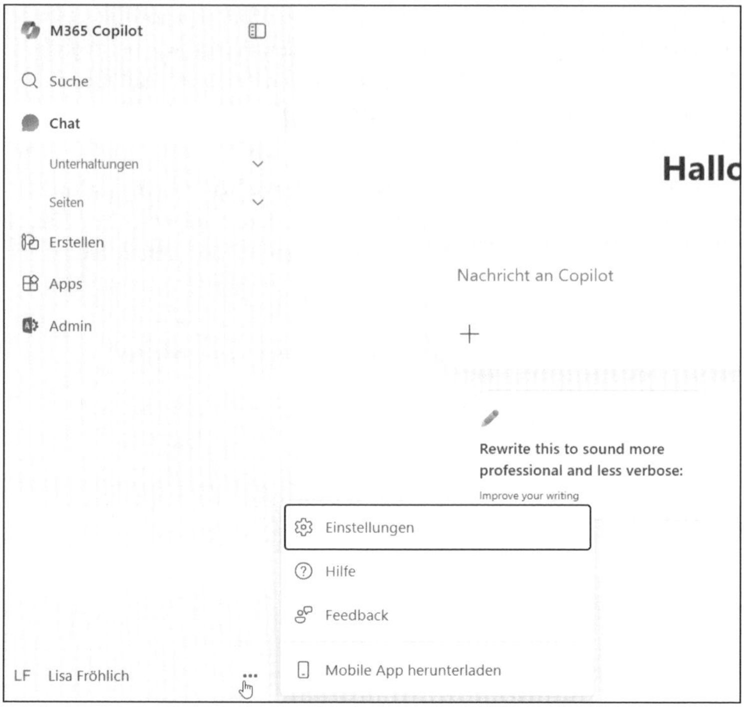

Das *Weitere*-Menü oder das Zahnrad-Symbol hat in den einzelnen Apps andere Einstellungen. Achten Sie also immer darauf, wo im Microsoft 365-Portal Sie sich gerade befinden.

2.6.3.1 Dunkler oder leichter Modus

Aktivieren Sie die Schaltfläche *Dunkel*, wenn Sie sämtliche Seiten und Bereiche in der Microsoft 365 Copilot-App im dunklen Modus angezeigt bekommen möchten. Möchten Sie ein helleres Design nutzen, aktivieren Sie die Schaltfläche *Leicht*. Verwenden Sie die Schaltfläche *Systemeinstellungen verwenden*, wenn Sie die Standardeinstellungen wieder herstellen möchten.

Je nachdem, ob Sie auf die *Kontoeinstellungen* zugreifen können, haben Sie dort die Möglichkeit, Ihre Installationen von Office-Desktop und Mac zu überprüfen. Ihnen werden zusätzlich in den Kontoeinstellungen Ihre persönlichen Informationen, die vom Microsoft 365-Administrator festgelegt wurden, und die für Sie freigegebenen Abonnements angezeigt. Sie können in den Kontoeinstellungen die Sprache und Zeitzone für das Portal festlegen oder Ihr Kennwort ändern, sofern Sie dazu berechtigt sind. Um in die Kontoeinstellungen zu gelangen, klicken Sie auf der M365 Copilot-Startseite unten links auf Ihre Initialen und wählen dort den Link *View account/Mein Konto/Office auf dem Windows- oder Mac-Client installieren.*

Sofern Sie berechtigt und lizenziert wurden, können Sie direkt über die Microsoft 365 Copilot-Startseite, im Bereich *Apps, Alle Apps* Office mit den Desktop-Anwendungen wie Word, Excel, PowerPoint und Outlook auf dem PC oder Mac installieren. Sie finden oben rechts im Bereich *Apps* die Schaltfläche *Apps installieren* (siehe Abbildung 2.13). Wenn Ihnen diese Schaltfläche fehlt, sind Sie nicht berechtigt, auf dem von Ihnen verwendeten Gerät eine Installation durchzuführen.

Die Office-Anwendungen werden nach der Installation automatisch aktualisiert.

Abb. 2.13 Die Schaltfläche *Apps installieren* oben rechts im Bereich *Apps*

Um die Office-Anwendungen auf dem Computer oder Mac zu installieren, klicken Sie auf die erste Auswahl *Microsoft 365-Apps Word, Excel, PowerPoint und mehr installieren*. Sie werden in Ihre Kontoeinstellungen weitergeleitet. Klicken Sie dort auf die Schaltfläche *Office installieren* und lassen Sie danach die Installation auf dem PC oder Mac ausführen.

In den Kontoeinstellungen können Sie die Office-Anwendungen für Ihr Smartphone oder Tablet abrufen. Alternativ können Sie die mobilen Apps auch im jeweiligen Store laden und verwenden.

2.7 Das eigene Microsoft 365-Profil

Mit Ihrem Microsoft 365-Profil steht Ihnen Ihre persönliche Profilseite zur Verfügung. Diese Website speichert Ihre Informationen und die Sichtbarkeitseinstellungen, die Sie zusätzlich zu den von der IT-Abteilung festgelegten Kontaktdaten eingeben können. Im Microsoft 365-Portal werden die Informationen in einer Suchergebniswebsite als erweiterte Profilkarte dargestellt. Auf dieser Website werden Ihnen Ihre relevanten Dokumente, Nachrichten aus Outlook, OneNote-Notizen sowie die Organisationsstruktur in einem Organigramm angezeigt. Sie können Ihr persönliches Profil anpassen, sodass unternehmensinterne Benutzer Sie anhand Ihrer freiwilligen Angaben zu Ihren Fähigkeiten und Interessen finden können. Vielleicht kennen Sie bereits andere Netzwerke, wo Sie Ihr persönliches Profil verwenden, wie zum Beispiel Xing oder LinkedIn. Auf sogenannten Profil- oder auch Visitenkarten werden diese Informationen innerhalb der Microsoft 365-Umgebung und in den Apps angezeigt, wenn auf den Namen, die Initialen oder das Profilbild gezeigt wird.

Aufgrund von Datenschutzrichtlinien in den Unternehmen kann es vorkommen, dass Sie Ihr Profil nicht anpassen dürfen und Ihre persönliche Website nicht zum Einsatz kommt. Sprechen Sie gegebenenfalls mit Ihrer IT-Abteilung, ob Sie Ihr Profil im Unternehmen anpassen dürfen. Die jeweiligen Profilinformationen können sehr nützlich sein, wenn die Mitarbeiterprofile regelmäßig gepflegt und aktualisiert werden. So können Personen mit bestimmten Fähigkeiten, die gerade benötigt werden, schnell ausfindig gemacht werden.

2.7.1 Die eigene Microsoft 365-Profilwebsite erkunden

Halten Sie Ihr Profil immer aktuell.

Wenn es Ihnen erlaubt ist, die Profilwebsite zu verwenden, können Sie dort Ihr Profil anpassen. Zunächst gehe ich in diesem Abschnitt auf die Benutzeroberfläche der Website ein.

1. Öffnen Sie die Microsoft 365 Copilot-Startseite und klicken Sie in der Navigation auf die Schaltfläche *Suche*.
2. Geben Sie Ihren Namen in die Suchleiste ein und klicken Sie in der Vorschlagsliste auf Ihren Namen. Sie werden zu Ihrer Profilseite weitergeleitet (siehe Abbildung 2.14).

Wenn Sie in Outlook oder Teams nach Ihrem Namen suchen und auf Ihren Namen klicken, können Sie auch dort Ihr Profil öffnen und bearbeiten. Zusätzlich bietet Outlook und Teams die Möglichkeit, die Aussprache Ihres Namens in der Profilkarte als Audio-Datei aufzunehmen. So können Personen, die nicht genau wissen, wie Ihr Name ausgesprochen wird, die Aufzeichnung anhören, bevor sie Kontakt mit Ihnen aufnehmen.

Abb. 2.14 Die Profilseite mit Informationen zu Ihrer Person

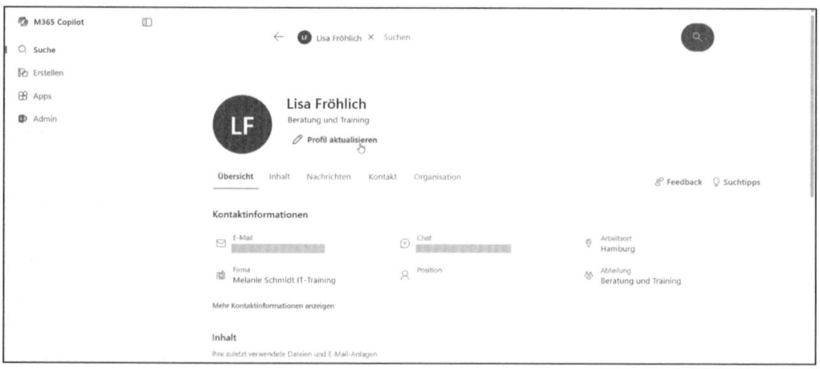

2.7.1.1 Die Benutzeroberfläche Ihres Profils

Die angezeigten Dokumente können Sie durch einen Klick direkt öffnen.

Die Benutzeroberfläche der Profilseite wird oben in unterschiedliche Register aufgeteilt, damit Sie schnell bestimmte Informationen filtern können. Im Register *Übersicht* werden alle Informationen untereinander dargestellt. Ihre eigenen Kontaktinformationen, die von der IT-Abteilung festgelegt wurden, Ihre zuletzt verwendeten Dateien und E-Mail-Anlagen und Nachrichten, die Sie zuletzt aus Teams oder Outlook erreicht oder die Sie selbst verfasst haben. Ganz unten in der Übersicht finden Sie den Bereich *Organisation*, wo Ihnen die Organisationsstruktur Ihres Unternehmens angezeigt wird, sofern diese von der IT-Abteilung gepflegt und freigegeben ist.

Sie können für die Filterung der Informationen oben die einzelnen Register *Inhalt*, *Nachrichten*, *Kontakt* und *Organisation* anklicken. Innerhalb der Register *Inhalt* und *Nachrichten* stehen Ihnen weitere Filtermöglichkeiten zur Verfügung. So können Sie im Register *Inhalt*, wo Ihnen relevante Dateien angezeigt werden, einen weiteren Filter verwenden, der Ihnen den Dateityp wie z.B. Word-, Excel- oder auch PDF-Dateien aus der Menge an Dateien rausfiltert. Im Register *Nachrichten* können Sie Nachrichten vom Typ *Outlook* oder *Teams* filtern und zusätzlich einen bestimmten Zeitraum festlegen.

2.7.1.2 Weitere Optionen zu einem Dokument

Sie haben die Möglichkeit, ein Dokument direkt in der Desktop-App zu öffnen, das Dokument herunterzuladen oder einen Link zum Dokument abzurufen. Der Befehl *Teilen* gibt Ihnen die Möglichkeit, ein Dokument von hier aus für andere freizugeben. Verwenden Sie dafür die Schaltfläche *Weitere Optionen*, dargestellt mit den drei Punkten, hinter einem Dokument (siehe Abbildung 2.15).

In vielen Apps finden Sie weitere Optionen über die drei Punkte.

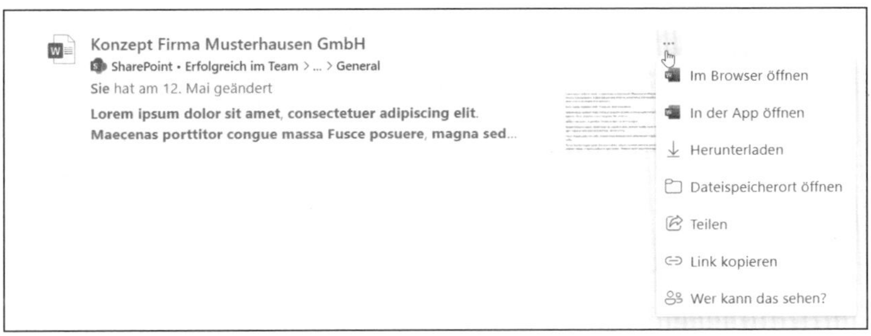

Abb. 2.15 Mithilfe der drei Punkte hinter einem Dokument können Sie weitere Befehle abrufen.

2.7.2 Das persönliche Profil anpassen

Halten Sie Ihr Profil immer aktuell.

Möchten Sie zusätzlich zu den vorhandenen Kontaktinformationen weitere Informationen wie beispielsweise eine kurze Beschreibung Ihrer Person, bestimmte Fähigkeiten oder Projekte, für die Sie aktuell oder in der Vergangenheit tätig sind oder waren, zu Ihrer Person bekannt geben, können Sie das Profil wie folgt anpassen:

Klicken Sie auf Ihrer Profilwebsite unterhalb Ihres Namens auf die Schaltfläche *Profil aktualisieren* (siehe Abbildung 2.16). Es öffnet sich das Dialogfenster *Ihr Profil bearbeiten* und Sie befinden sich in der Kategorie *Allgemein* (siehe Abbildung 2.17). Sie können im oberen linken Bereich des Dialogs weitere Kategorien anklicken. Möchten Sie ein Profilbild hinzufügen, klicken Sie im Bereich *Profilbild* auf das Stift-Symbol und laden Sie ein Foto von sich hoch.

Abb. 2.16 Die Schaltfläche *Profil aktualisieren* unterhalb Ihres Namens im oberen Bereich Ihrer Profilwebsite

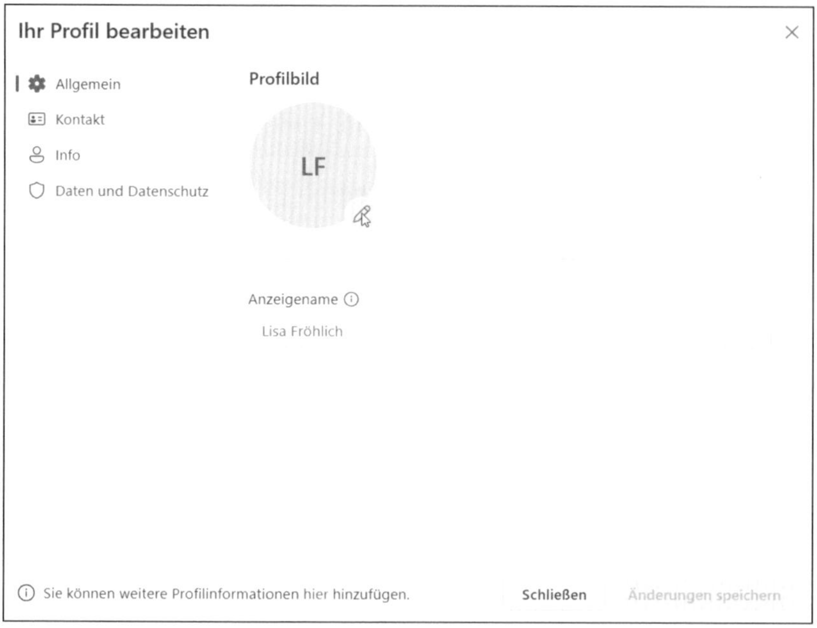

Abb. 2.17 Oben links im Dialogfenster finden Sie die einzelnen Kategorien. Über die angezeigten Initialen können Sie ein Profilbild hinzufügen.

2.7.3 Persönliche Informationen

Nicht jede Person im Unternehmen muss Ihre private Telefonnummer oder Ihr Geburtsdatum kennen.

Beachten Sie, dass Sie nur Informationen über sich freigeben, die für die Arbeit relevant sind. Die Eingaben, die Sie vornehmen, werden grundsätzlich von allen Mitarbeiterinnen und Mitarbeitern, aber auch Schulungsaccounts oder von externen Personen, die in Ihrem Unternehmen ein Microsoft-Konto besitzen, gesehen. Die Informationen können in den verschiedenen Apps wie Outlook, Teams oder auch in SharePoint betrachtet werden, fast überall dort, wo auf einen Namen oder ein Profilbild bzw. der Initialen gezeigt werden kann. Die Profilinformationen werden in den Profilkarten (siehe Abbildung 2.18) angezeigt. Wenn Sie beispielsweise in Outlook auf eine E-Mail-Adresse einer Kollegin zeigen, können Sie in der Profilkarte über den Link *Mehr anzeigen* die Profilinformationen sehen, die die Person eingegeben hat.

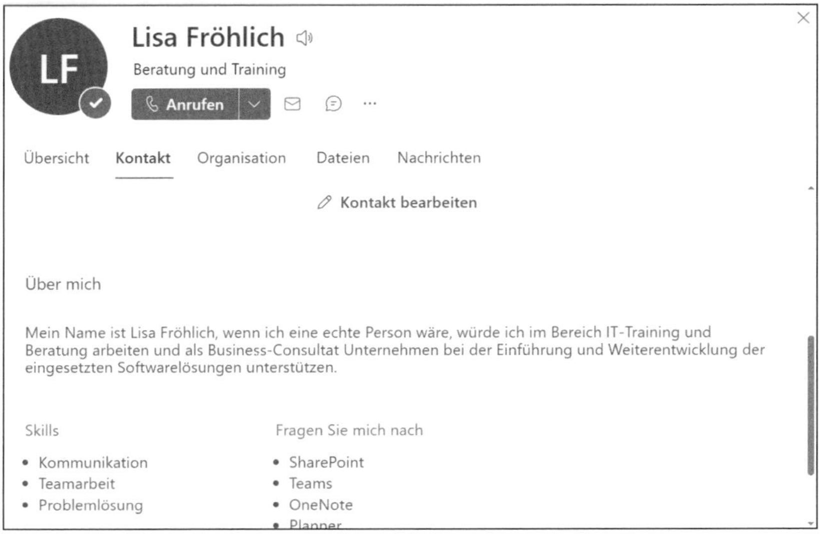

Abb. 2.18 Die zusätzlichen Profilinformationen werden im unteren Bereich einer Profilkarte in Outlook angezeigt.

Um eigene Informationen zur Biografie, Skills, Projekten einzugeben, wählen Sie die Kategorie *Info* aus.

2.7.3.1 Biografie – Über mich

Im Eingabefeld *Biografie* können Sie sich anderen Benutzern vorstellen. Diese Information wird oben in der Profilkarte bei *Über mich* angezeigt (siehe ebenfalls Abbildung 2.18). Beschreiben Sie kurz Ihre Position und in welchem Team oder in welcher Abteilung Sie arbeiten.

2.7.3.2 Skills – Kompetenzen und Kenntnisse

Verwenden Sie das Eingabefeld *Skills*, um Ihre Kompetenzen und Kenntnisse einzugeben, die Sie im Berufsalltag benötigen, um Ihren Tätigkeiten nachzukommen.

2.7.3.3 Sie können mich auch dazu fragen – Qualifikationen und Fachkenntnisse

Fügen Sie einzelne Qualifikationen und Fachkenntnisse im Eingabefeld *Fragen Sie mich nach* hinzu. Schreiben Sie, mit welchen Fragen Ihre Kollegen auf Sie zukommen können, weil Sie bereits über sehr gute Erfahrungen auf diesen Fachgebieten verfügen. Lassen Sie zum Beispiel andere wissen, dass Sie eine Fremdsprache besonders gut sprechen oder in welchen Abteilungen und Teams Sie bereits mitgewirkt haben.

2.7.3.4 Interessen und Hobbys

Im Feld *Interessen und Hobbys* können Sie Ihre privaten Hobbys und persönlichen Interessen eingeben. Mit diesen Angaben können Interessengemeinschaften entstehen, und vielleicht finden Sie darüber Kollegen, die die gleichen Hobbys haben wie Sie.

2.7.3.5 Projekte

Geben Sie im Bereich *Projekte* an, in welchen Projekten Sie bereits mitgewirkt haben. So geben Sie anderen die Möglichkeit, bei ähnlichen Projekten und Aufgaben auf Sie zuzukommen.

2.7.3.6 Bildung

Sie können im Feld *Bildung* eingeben, welche Schulen Sie besucht und welche Ausbildungen Sie durchlaufen haben.

2.7.3.7 Geburtstag

Im Feld *Geburtstag* können Sie Ihren Geburtsmonat und -tag auswählen.

Wenn Sie die Informationen eingegeben haben, speichern Sie diese Änderungen und lassen das Dialogfenster geöffnet. Die Informationen werden in Ihre Profilkarte übernommen und sind für andere Personen im Unternehmen beim Aufruf Ihrer Profilkarte sichtbar. Es kann jedoch bis zu 24 Stunden andauern, bis die Informationen in der Profilkarte angezeigt werden.

2.7.3.8 Kontaktinformationen

Es werden grundsätzlich Informationen durch Ihre IT-Abteilung über die Microsoft-Administration eingepflegt. Das sind die Informationen, die Sie im Register *Übersicht* finden. Dazu gehören unter anderem Ihre Position, Ihr Name, Ihre E-Mail-Adresse, Ihre Chat-Adresse, Ihre geschäftliche Telefonnummer und Ihr Bürostandort. Weitere Angaben können Sie selbst in der Kategorie *Kontakt* festlegen.

Über die Kategorie *Kontakt* können Sie derzeit nur eine Mobilfunk-, eine Faxnummer oder Ihre Geschäftsadresse eingeben. Weitere Informationen wie beispielsweise Ihre private Festnetznummer können Sie nur auf der SharePoint *My Site* eingeben:

1. Klicken Sie im unteren linken Bereich des Dialogs auf den Link *hier* bei *Sie können weitere Profilinformationen hier hinzufügen* (siehe ebenfalls Abbildung 2.17).
2. Auf der persönlichen My Site (siehe Abbildung 2.19) klicken Sie oben auf das Register *Kontaktinformationen*, um weitere Rufnummern, den Bürostandort, Ihre Assistenz einzugeben. Möchten Sie prüfen, wer welche Informatio-

nen sehen kann, die Sie bereits im vorherigen Dialogfenster eingegeben haben, klicken Sie in das Register *Details* (siehe ebenfalls Abbildung 2.19).

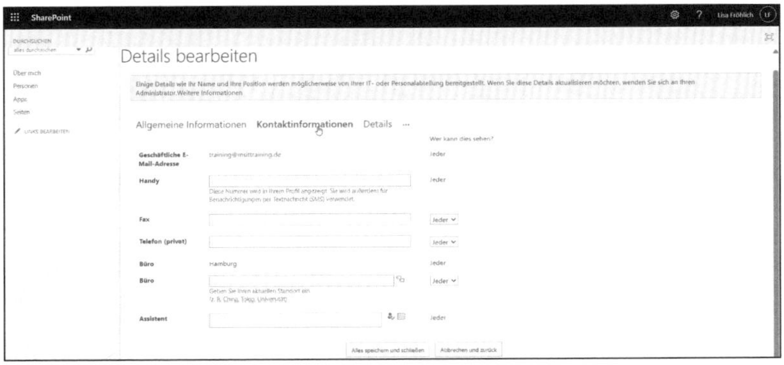

Abb. 2.19 Die Register *Kontaktinformationen* und *Details* mit den zusätzlichen Eingabefeldern für weitere Informationen

3. Hinter einigen Informationen können Sie über den Drop-down-Pfeil festlegen, ob sie von allen Benutzern Ihres Unternehmens gesehen werden dürfen oder nur von Ihnen selbst. Standardmäßig ist hier die Voreinstellung auf *Jeder* eingestellt, was bedeutet, dass jede Mitarbeiterin und jeder Mitarbeiter Ihres Unternehmens bei einem Besuch auf Ihrem Profil die von Ihnen freigegebenen Informationen zu Gesicht bekommt. Ändern Sie diese Einstellungen bei Bedarf und geben Sie nur die Informationen für jeden frei, die Sie freigeben möchten.
4. Nach Eingabe Ihrer Informationen bestätigen Sie mit einem Klick auf die Schaltfläche *Alles speichern und schließen*.

2.8 Eine Spielwiese für die Beispiele im Buch erstellen

Sie können für die Beispiele in diesem Buch eine SharePoint-Teamwebsite in Verbindung mit Microsoft Teams erstellen oder beantragen und damit die Praxisbeispiele direkt umsetzen und ausprobieren. Diese Umgebung nutzen wir für die Beispiele in diesem Buch und sie kann später von einer Administratorin oder einem Administrator gelöscht werden. Das Anlegen einer SharePoint-Teamwebsite ist davon abhängig, ob Sie berechtigt sind, eigene SharePoint-Websites zu erstellen. Prüfen Sie im nächsten Abschnitt, ob Sie die Schritte durchführen können. Auf das Thema SharePoint gehe ich in Kapitel 4 noch genauer ein. Hier geht es nun darum, erst einmal eine Umgebung zum Üben und Ausprobieren zu schaffen.

1. Öffnen Sie den Webbrowser, navigieren Sie zur Microsoft 365 Copilot-Startseite und wechseln Sie in den Bereich *Suche*.
2. Tippen Sie in der Suchleiste *SharePoint* ein (siehe Abbildung 2.20). Die Groß- und Kleinschreibung spielt dabei keine Rolle.

3. Klicken Sie auf die Kachel *SharePoint*. Sie werden auf die SharePoint-Startseite weitergeleitet.

Abb. 2.20
Verwenden Sie das Suchfeld, um auch nach Apps zu suchen und sie zu öffnen.

4. Wenn Sie berechtigt sind, eine SharePoint-Website zu erstellen, sehen Sie oben links unterhalb der Titelleiste die Schaltfläche + *Website erstellen* (siehe Abbildung 2.21).

Abb. 2.21
Oben links sehen Sie die Schaltfläche + *Website erstellen*, wenn Sie berechtigt sind.

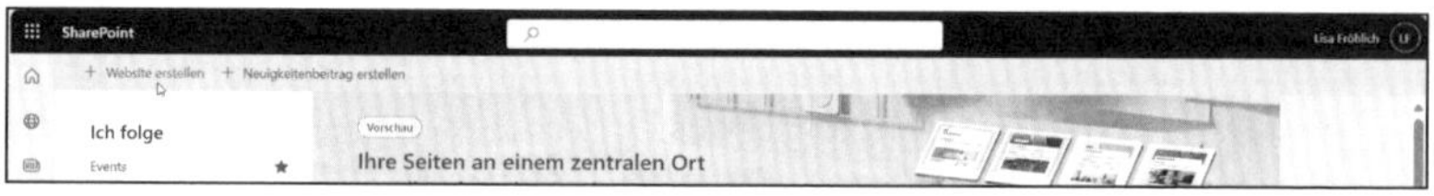

5. Falls Ihnen die Schaltfläche nicht angezeigt wird, fehlen Ihnen die Berechtigungen. In diesem Fall wenden Sie sich an Ihre IT-Abteilung und bitten Sie darum, dass Ihnen eine SharePoint-Teamwebsite über den hier beschriebenen Weg erstellt wird. Bitten Sie auch darum, dass, wie hier beschrieben, ein Team in Teams angelegt wird. Lassen Sie die Teamwebsite mit dem Namen *Das Erfolgsteam* benennen. Ich gehe im gesamten Buch auf diese Website ein.
6. Wenn Sie berechtigt sind, klicken Sie auf die Schaltfläche + *Website erstellen*.
7. Klicken Sie links in den Bereich *Teamwebsite* (siehe Abbildung 2.22).

Abb. 2.22
Achten Sie unbedingt darauf, dass Sie die Teamwebsite auswählen und in den linken Bereich klicken.

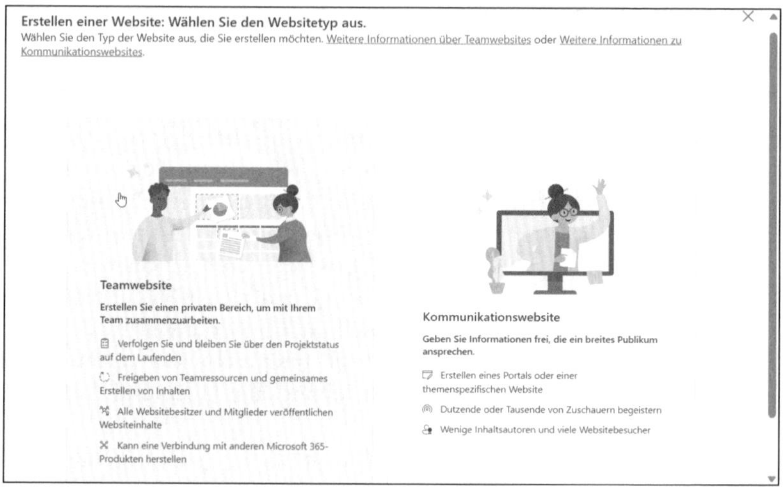

8. Damit Ihr Bildschirminhalt während der Arbeit mit diesem Buch fast identisch mit den Abbildungen im Buch aussieht, wählen Sie die Vorlage *Standardteam* aus.

9. Im Vorschaufenster klicken Sie unten rechts auf die Schaltfläche *Vorlage verwenden* (siehe Abbildung 2.23).

Abb. 2.23
Das Vorschaufenster der Vorlage *Standardteam*

10. Im nächsten Schritt vergeben Sie einen Namen für die Teamwebsite. Benennen Sie die Website mit *Das Erfolgsteam* (siehe Abbildung 2.24). Ich gehe in den jeweiligen Kapiteln immer wieder auf diesen Namen ein.
11. Im Bereich *Websitebeschreibung* schreiben Sie *Diese Website dient als Spielwiese, um Microsoft 365 besser kennenzulernen. Löschen bitte erst nach Rücksprache.*
12. Die Gruppen-E-Mail-Adresse und die Websiteadresse werden automatisch vergeben. Bestätigen Sie Ihre Eingaben mit einem Klick auf die Schaltfläche *Weiter*.

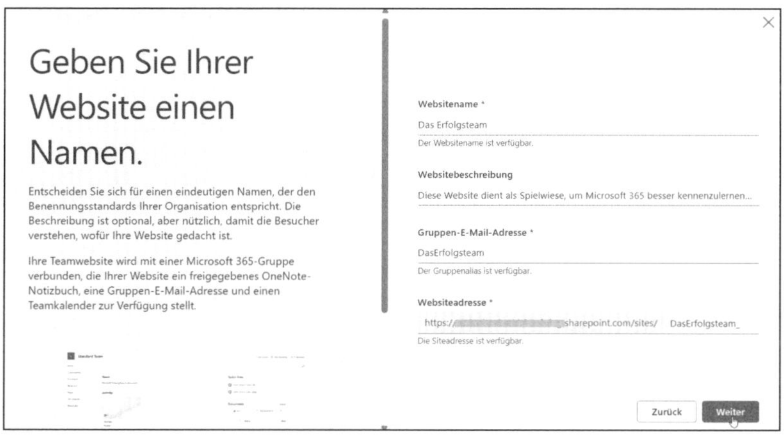

Abb. 2.24
Eine Website benötigt immer einen Namen und eine Beschreibung, damit diese später in Teams und SharePoint schnell wiederzufinden ist.

13. Im nächsten Schritt (siehe Abbildung 2.25) belassen Sie die Privatsphäre-Einstellung *Privat – nur Mitglieder haben Zugriff auf diese Website.*
14. Wählen Sie als Sprache *Deutsch* aus.

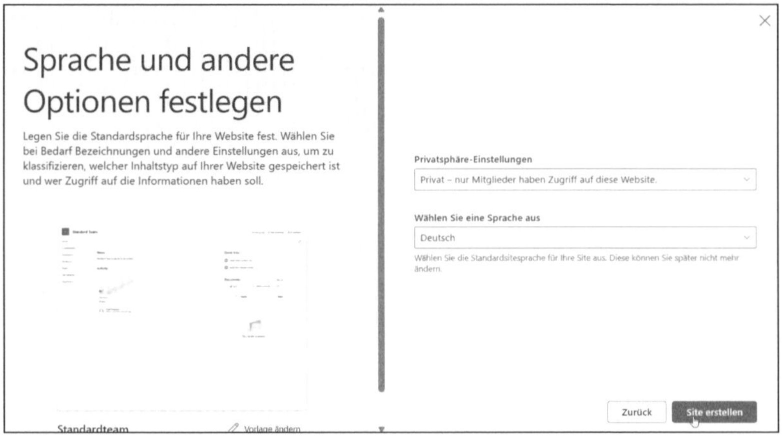

Abb. 2.25
Durch die Privatsphäre-Einstellung *Privat* wird festgelegt, dass nur Sie berechtigt sind, bis Sie weitere Personen für die Zusammenarbeit einladen.

15. Klicken Sie auf *Site erstellen*.
16. Im letzten Schritt könnten Sie bereits Kolleginnen und Kollegen zur Teamwebsite einladen, also berechtigen. Im späteren Verlauf dieses Buches gehe ich auf die Berechtigungen ein. Deshalb überspringen Sie hier diesen Schritt und klicken Sie auf die Schaltfläche *Site erstellen*.
17. Nachdem Sie nun auf Ihre neue Teamwebsite weitergeleitet wurden, wird auf der rechten Seite des Fensters der Bereich *Nächste Schritte* angezeigt.
18. Navigieren Sie etwas nach unten und wählen Sie bei *Echtzeitchat hinzufügen* (siehe Abbildung 2.26) den Link *Option anzeigen*. Klicken Sie auf die Schaltflächen *Mit Teams verbinden*. Das ist wichtig, damit wir in Kapitel 9 die App *Teams* erkunden können.

Abb. 2.26
Über die Schaltfläche *Nächste Schritte*, dargestellt mit dem Megaphon-Symbol, kann die Verbindung zu Teams hergestellt werden.

19. Bestätigen Sie auch das nachfolgende Fenster mit einem Klick auf die Schaltfläche *Teams hinzufügen*. Im weiteren Verlauf des Buches gehe ich auf die SharePoint-Website und das Team in Teams näher ein.

Da nur Sie Berechtigungen auf der Teamwebsite besitzen, wird die Website und auch das Team in Teams nur für Sie sichtbar sein. Erst wenn Sie Kolleginnen und Kollegen als Besitzerin, Besitzer oder als Mitglied hinzufügen, können auch andere Personen die Teamwebsite und das Team in Teams sehen und dort mitarbeiten.

2.9 Zusammenfassung

Microsoft stellt mit Microsoft 365 und Office 365 bekannte Serverdienste und Anwendungen – Apps – über das Internet bereit. Je nachdem, welche 365-Produkte ein Unternehmen lizenzieren möchte, kann zwischen den Microsoft 365-Plänen für kleine, mittelständische und große Unternehmen ausgewählt werden. Benutzerinnen und Benutzer erhalten damit die Möglichkeit, Office-Anwendungen auf dem Windows-PC, Mac oder auf mobilen Geräten oder auch online über den Webbrowser zu nutzen. Durch die Bereitstellung der Serverdienste in der Microsoft-Cloud können Benutzer ortsunabhängig mit einem Internetzugang von fast jedem Ort auf der Welt und von fast jedem Gerät aus zusammenarbeiten. Die Anmeldung der Benutzerinnen und Benutzer am Microsoft 365-Portal kann über einen beliebigen Webbrowser erfolgen. Damit ist der zusätzliche Zugriff auf die bereitgestellten Online-Apps möglich.

Kapitel 3

OneDrive for Business

3.1 Ihr persönlicher Speicherplatz

Mit OneDrive for Business steht Ihnen ein sicherer, geräteunabhängiger Speicherplatz in der Microsoft 365-Welt zur Verfügung. OneDrive ist somit ein wichtiges Thema für Ihre tägliche Arbeit mit den jeweiligen Microsoft-Apps.

3.1.1 Ausgangssituation

Wo genau speichern Sie aktuell Ihre persönlichen Dateien?

Wenn wir Dateien erstellen, speichern wir diese auf der Festplatte des Computers oder im Firmennetzwerk in einem für uns persönlich freigegebenen Netzlaufwerksordner. Die Dateien auf der Festplatte oder dem Gerätespeicher werden jedoch nicht wie die Dateien in einem Firmennetzwerk über ein Backup von der Administration gesichert. Wenn es zu einem Defekt der jeweiligen Festplatte oder einem Totalausfall des Systems kommt, sind die Dateien schwer oder gar nicht wiederherstellbar. Möchten wir die Dateien also sicher ablegen, stehen uns im Unternehmen die Netzlaufwerke und freigegebenen Ordner zur Verfügung. Der Zugang auf die Laufwerksordner mit einem anderen Gerät oder von außerhalb des Unternehmens kann sich manchmal als umständlich erweisen. Um die Dateien auch auf anderen Geräten nutzen zu können, verwenden wir, sofern es die Sicherheitsstandards des Unternehmens zulassen, USB-Sticks, externe Festplatten oder wir senden eine E-Mail mit der gewünschten Datei direkt an uns selbst.

Wie teilen Sie Dateien, damit Sie mit anderen Personen daran arbeiten können?

So können wir über die externe Hardware oder unseren E-Mail-Account auf einem anderen Gerät auf die Datei zugreifen. Bearbeiten wir die Datei auf dem anderen Gerät, entsteht eine geänderte Kopie und die Datei ist dann zweimal vorhanden. Ebenso umständlich ist es, wenn mehrere Personen eine Datei bearbeiten möchten. Wir reichen die Datei gegebenenfalls per E-Mail weiter, damit die Kolleginnen und Kollegen nacheinander die eigenen Inhalte einbringen können. Am Ende entstehen sehr viele E-Mails durch das Hin- und Hersenden der Datei, und wenn wir nicht genau aufpassen, können dadurch falsche oder unfertige Dateien in Umlauf gebracht werden. Fotos, die wir mit dem Smartphone erstellen, landen meistens auf den eh zu geringen Gerätespeichern. Das Weiterleiten von Fotos, die wir auf dem Smartphone erstellt haben und die zu einem Geschäftsfall gehören, erfolgt, wenn nicht gerade über WhatsApp, ebenfalls per E-Mail. Gerade dann, wenn Sie beispielsweise ganz schnell bestimmte Dokumente scannen und an Ihr Unternehmen oder jemand anders senden müssen, kommen heutzutage oft die Smartphones oder Tablets zum Einsatz, um die Dateien abzufotografieren und über den Chat wie beispielsweise mit WhatsApp oder per E-Mail zu senden. Damit erzeugen Sie viele E-Mails mit Dateianhängen oder Dateien, die den Gerätespeicher belegen.

3.1.2 Der Einsatz von OneDrive for Business

OneDrive ist Ihr persönlicher Cloud-Speicher.

Mit OneDrive for Business können Sie persönliche, arbeitsrelevante Dateien zentral ablegen und darauf orts- und geräteunabhängig zugreifen. Es steht Ihnen mit OneDrive for Business ein Cloud-Speicher zum Ablegen und Freigeben Ihrer persönlichen Dateien innerhalb Ihres Microsoft 365-Plans zur Verfügung. OneDrive for Business können Sie auf verschiedenen Endgeräten wie dem PC und auf mobilen Geräten und in verschiedenen Apps verwenden, sodass Sie über einen Webbrowser wie Edge oder Safari im Internet über die Microsoft Teams-Benutzeroberfläche oder die OneDrive-App auf Ihre Dateien zugreifen können. Mit OneDrive for Business können persönliche, arbeitsrelevante Inhalte jeweils auf verschiedenen Geräten synchronisiert werden und Sie können Ihre Dateien über den Windows-Datei-Explorer oder Mac-Finder öffnen.

Microsoft unterscheidet OneDrive für den privaten und OneDrive for Business für den geschäftlichen Gebrauch. Der Unterschied liegt darin, dass bei der Business-Variante die Administratoren Ihres Unternehmens für die Bereitstellung und Sicherung in der Cloud verantwortlich sind. Für die private Nutzung benötigen Sie lediglich ein Microsoft-Konto. Auch in einigen Windows-Versionen wie Windows 11 ist OneDrive bereits enthalten. Während OneDrive für den privaten Bereich in der Microsoft-Cloud in Verbindung mit Azure-Komponenten gespeichert wird, setzt OneDrive for Business auf SharePoint Online auf. Standardmäßig wird in einem Microsoft 365-Business- oder -Enterprise-Plan jeweils eine Speicherkapazität von 1 TB pro OneDrive for Business-Benutzer angeboten. Für den privaten Bereich stellt Microsoft kostenlos eine Speicherkapazität von 5 GB zur Verfügung. Man kann jedoch auch ein Abo für 1 bis 6 TB abschließen. Informationen für die private Nutzung von OneDrive finden Sie unter *https://www.microsoft.com/de-de/microsoft-365/OneDrive/free-online-cloud-storage?market=de*.

Scannen Sie Dokumente und speichern Sie sie direkt am richtigen Ort.

Mit der mobilen OneDrive-App können Sie Dokumente abfotografieren, scannen und direkt in OneDrive for Business oder einem Zusammenarbeitsbereich in SharePoint Online hochladen. Außerdem lassen sich daraus PDF-Dateien generieren. Je nachdem, wie die Sicherheitsvorkehrungen in Ihrem Unternehmen getroffen wurden, kann es sein, dass Sie nur mit unternehmenseigenen Computern und mobilen Geräten auf die Inhalte in OneDrive for Business zugreifen dürfen und können. Sprechen Sie in diesem Fall mit Ihrer IT-Abteilung über die Bereitstellung auf unternehmensfremden Geräten. Über die jeweiligen Benutzeroberflächen von OneDrive for Business können Sie auf alle Dateien, die Sie zuletzt in Ihrem Microsoft 365-Portal geöffnet oder bearbeitet haben, oder auf SharePoint Online-Bibliotheken, die für Sie freigegeben sind, zugreifen.

Sie sollten mit den aktuellen Betriebssystemen arbeiten oder die aktuelle OneDrive-App herunterladen und installieren, damit Ihnen alle Funktionen von OneDrive zur Verfügung stehen. Auf Ihren mobilen Geräten können Sie die jeweilige OneDrive-App im Store herunterladen, sodass Sie auch über ein Smartphone und ein Tablet jederzeit auf Ihre Dateien zugreifen können.

Je nach Konfiguration in Ihrem Unternehmen können Administratorinnen und Administratoren auf Ihren OneDrive for Business-Speicher zugreifen. Dies sollte Ihnen mitgeteilt werden. Der persönliche OneDrive-Speicher sollte nur Ihnen zur Verfügung stehen, und Sie sollten die Zugriffsrechte besitzen. Sprechen Sie mit Ihrer IT-Abteilung oder mit den verantwortlichen Personen, wie dies bei Ihnen festgelegt wurde. Sie allein sollten entscheiden, ob Sie einige Ihrer persönlichen Inhalte wie Ordner oder Dateien mit anderen teilen und damit freigeben möchten oder nicht. Durch das Teilen von Dateien für ganz bestimmte Personen besteht die Möglichkeit, dass Sie ortsunabhängig, aber zeitgleich mit ihnen daran arbeiten können.

Eine SharePoint-Bibliothek ist ein Ablageort für die Zusammenarbeit mit mehreren Personen.

Die SharePoint-Bibliotheken hingegen, die Sie in OneDrive for Business öffnen können, werden von allen Team- oder Gruppenmitgliedern und Besitzern der SharePoint-Website gleichermaßen verwendet, und je nach Einstellungen und Berechtigungen innerhalb der SharePoint-Bibliotheken kann auch dort ortsunabhängig und zeitgleich an Dateien gearbeitet werden. OneDrive for Business zeigt im Webbrowser oder in der jeweiligen App die persönliche OneDrive-Bibliothek und die SharePoint-Bibliotheken an, die auch aus den Microsoft 365-Gruppen stammen können, auf denen Sie berechtigt sind. Diese SharePoint-Bibliotheken können Sie mit einem Gruppenlaufwerk vergleichen. OneDrive for Business bietet durch die Sicherung der Inhalte über die SharePoint Online- und -Cloud-Technologien eine gute Alternative zu Ihrem derzeitigen Festplatten- und Gerätespeicherort. Sie können auf Dateien in OneDrive for Business bei Bedarf zugreifen, ohne sie lokal auf dem Computer oder dem mobilen Gerät zu speichern. Dennoch können Sie Dateien, die Sie im Offline-Modus bearbeiten möchten, lokal ablegen und bearbeiten. Sobald wieder eine Internetverbindung besteht, werden die Dateien durch die automatische Synchronisation abgeglichen und zu einer Datei aktualisiert. Benötigen Sie die Datei anschließend nicht mehr lokal auf der Festplatte oder dem Gerätespeicher, kann sie über die jeweilige OneDrive-App in der Cloud gespeichert werden und dadurch Speicherplatz auf der Festplatte oder dem Gerätespeicher freigegeben werden.

Auf dem PC oder mobilen Gerät muss kein Office-Paket installiert sein, um an Dateien zu arbeiten.

Durch die Verbindung mit Office Online haben Sie die Möglichkeit, direkt in der OneDrive- oder einer SharePoint-Bibliothek neue Dokumente zu erstellen oder vorhandene Dokumente zu bearbeiten. Sie benötigen dazu keine Office-Desktop-App, sondern können direkt mit Office Online über den Webbrowser arbeiten. Beachten Sie, dass die Online-Apps wie beispielsweise Word oder Excel gegebenenfalls für Ihre Anforderungen an den Bearbeitungsfunktionen eingeschränkter sind als die Desktop-Apps. OneDrive for Business wird für die mobilen Geräte wie Smartphone und Tablet als eigenständige App im jeweiligen Store zum Download bereitgestellt. Die Apps unterscheiden sich teilweise in den Anwendungen von den Desktop-Apps oder dem Webbrowser. So können Sie über zusätzliche Funktionen mit der mobilen App über das Smartphone oder Tablet Dateien scannen, direkt in der persönlichen OneDrive- oder einer SharePoint-Bibliothek speichern und am PC weiterverarbeiten. Des Weiteren bieten alle OneDrive-Apps die Möglichkeit, Inhalte mit einem Link zur jeweiligen Datei freizugeben und zu teilen. Damit bleiben die Dateien an diesem Speicherort bestehen, und diejenigen, denen Sie die Freigabe erteilen, erhalten lediglich eine E-Mail-Nachricht mit einem Link zur Datei. Die Datei wird also nicht als separate Kopie in einer E-Mail angehängt.

Durch Ihren alleinigen Zugriff auf Ihre persönliche OneDrive for Business-Bibliothek können keine Teammitglieder oder andere Kollegen auf diese Dateien zugreifen, deshalb sollte das Speichern in Ihrer persönlichen Bibliothek grundsätzlich nicht für Dateien, die für das Team oder unternehmensinterne Personen wichtig sind, verwendet werden. Dafür verwenden Sie dann die jeweilige SharePoint-Bibliothek Ihrer Teamwebsite.

Durch administrative Einstellungen kann festgelegt werden, dass nach Ihrem Austritt aus dem Unternehmen jemand anders auf Ihren OneDrive-Speicher eine Zugriffsberechtigung erhält. So ist gewährleistet, dass auch nach Ihrem Ausscheiden an Ihren Dateien weitergearbeitet werden kann. Werden keine Einstellungen vorgenommen, werden Ihre Kolleginnen und Kollegen nach Ihrem Austritt aus dem Unternehmen keine Zugriffsrechte mehr auf die von Ihnen freigegebenen Dateien besitzen und können Ihre Dateien nicht mehr öffnen. Hierzu befragen Sie Ihre IT-Administratoren, wie die Einstellungen in Ihrem Unternehmen vorgenommen wurden.

Wenn Sie zukünftig mit den Microsoft 365-Apps arbeiten, ist es für Sie wichtig, den persönlichen, arbeitsrelevanten Speicherort innerhalb des M365-Portals zu kennen. Sie sollten wissen, wie Sie Ihre persönlichen Dokumente, Notizbücher, Bilder und eigene Ordner in OneDrive for Business speichern und organisieren. Ebenso wichtig ist es für Sie zu erfahren, wie Sie Dateien und Ordner für andere Personen freigeben können, damit Sie keine Dateien mehr per E-Mail versenden und dadurch viele Datei-Kopien im Postfach erzeugen. Auch das Entfernen von Freigaben sollten Sie kennen. Da OneDrive for Business in vielen Fällen automatisiert in Windows enthalten ist und automatisch mit Ihrem PC und dem Datei-Explorer synchronisiert wird, müssen Sie wissen, wie Sie die Synchronisation überwachen und was der jeweilige Synchronisationsstatus zu bedeuten hat. Als iOS-Anwenderin oder -Anwender können Sie OneDrive for Business mit Ihrem Mac-Finder verbinden und die Dateien und Ordner synchronisieren, sodass Sie auch über den Finder auf Ihre in der Microsoft-Cloud gespeicherten Dateien zugreifen können.

3.1.3 Starten von OneDrive for Business im Web

OneDrive for Business können Sie über das Internet aufrufen. Verwenden Sie dafür einfach Ihren Webbrowser wie beispielsweise Edge, Chrome oder Safari. Ist Ihr Computer einmal defekt, können Sie so auch von einem anderen Gerät aus auf Ihre Daten zugreifen.

Über das Web können Sie auch mit einem anderen PC auf Ihre Daten zugreifen.

1. Öffnen Sie Ihren Browser und navigieren Sie zu Ihrem Microsoft 365-Portal (*https://m365.cloud.microsoft*).
2. Melden Sie sich mit Ihrer Microsoft 365-E-Mail-Adresse und Ihrem aktuellen Kennwort an, falls Sie danach gefragt werden.
3. Gegebenenfalls folgt die Authentifizierungsmethode, die ich in Abschnitt 2.5 erklärt habe.

   Sie werden in die Microsoft 365 Copilot-App weitergeleitet und können in der Navigation auf der linken Seite (siehe Abbildung 3.1) über die Schaltfläche *Apps* OneDrive öffnen.

Wenn OneDrive in der Copilot-App geöffnet wird, können Sie keine Einstellungen in OneDrive vornehmen oder OneDrive, falls noch nicht geschehen, mit Ihrem PC verbinden sowie Inhalte synchronisieren. Deshalb ist es ratsam, die OneDrive-Online-App zu öffnen.

---

4. Klicken Sie links in der Navigation auf die Schaltfläche *Suche* und geben Sie in der Suchleiste *OneDrive* ein. Klicken Sie auf das OneDrive-Icon.

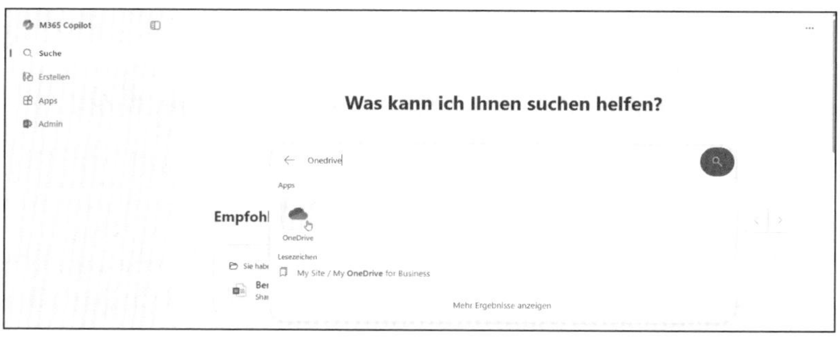

Abb. 3.1 In der linken Navigation finden Sie das OneDrive-Icon.

Sie werden in die Startseite Ihrer OneDrive-Website weitergeleitet (siehe Abbildung 3.2).

Abb. 3.2 Die Startseite von OneDrive im geöffneten Webbrowser

3.1.4 Starten von OneDrive for Business in Microsoft Teams

Auch in Teams wird die OneDrive for Business-Bibliothek synchronisiert dargestellt.

Wenn auf Ihrem System Microsoft Teams installiert ist, können Sie OneDrive for Business in der Teams-App öffnen und auch dort Ihre Ordner organisieren und auf Ihre persönlichen Inhalte zugreifen.

1. Öffnen Sie Ihre Microsoft Teams-App.
2. Klicken Sie links in der Navigation auf die Schaltfläche *OneDrive* (siehe Abbildung 3.3).

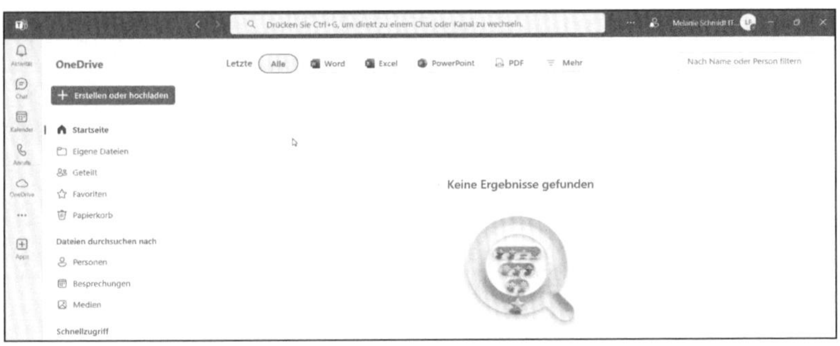

Abb. 3.3 OneDrive in der Teams-App

3.1.5 Die OneDrive for Business-Benutzeroberfläche

3.1.5.1 »Die Startseite«

Die Benutzeroberfläche ist in Microsoft Teams und dem Web in der Anwendung identisch.

Die Startseite von OneDrive for Business finden Sie links in der Navigation. Sie besteht aus einer Übersicht Ihrer zuletzt geöffneten oder bearbeiteten Inhalte, die entweder in Ihrer persönlichen OneDrive- oder in einer SharePoint Online-Bibliothek gespeichert sind. Wenn bei Ihnen bereits Inhalte aufgelistet werden, sehen Sie den Datei-, Ordner- oder Listennamen und direkt darunter den Speicherort. Bei Ihren Dateien und Ordnern, die Sie in OneDrive abgelegt haben, wird der Speicherort *Eigene Dateien* oder *Meine Listen* angezeigt (siehe Abbildung 3.4). Inhalte, die in einer SharePoint-Website abgelegt wurden, werden mit dem Namen der jeweiligen Website angezeigt.

Abb. 3.4 Der Speicherort wird unterhalb des Dateinamens angezeigt. Hier *Eigene Dateien* und eine SharePoint-Teamwebsite mit dem Namen *Events*, die ich erstellt habe.

Sie können oberhalb der aufgelisteten Inhalte über die einzelnen Schaltflächen jeweils nach Word-, Excel-, PowerPoint- und PDF-Dateien filtern. Über die Schaltfläche *Mehr* können Sie Inhalte anderer Apps filtern. Um alle Inhalte anzeigen zu lassen, klicken Sie auf die Schaltfläche *Alle*.

Oben rechts im Fenster können Sie im Eingabefeld nach Dateinamen oder Personen filtern, denen Sie Freigaben für bestimmte Inhalte erteilt oder die mit Ihnen Inhalte geteilt haben.

3.1.5.2 Der Navigationsbereich in OneDrive for Business

Im linken Bereich des OneDrive-Fensters, unterhalb der Schaltfläche + *Hinzufügen*, finden Sie den Navigationsbereich. Dieser ist in drei Bereiche unterteilt: Im oberen Bereich finden Sie persönliche Ansichten, die Ihnen Ihre Ordner und Dateien aus OneDrive for Business in der Bibliothek *Eigene Dateien* aufzeigen oder beispielsweise unter *Favoriten* alle Ordner und Dateien filtert, die Sie im Microsoft 365-Portal mit dem Sternsymbol favorisiert haben. Im mittleren Bereich *Dateien durchsuchen nach* können Sie Dateien nach Personen, Besprechungen oder Medien durchsuchen, wenn Sie beispielsweise die Datei, die in einer Teams-Besprechung, an der Sie teilgenommen haben, hochgeladen wurde, wiederfinden möchten. Im unteren Bereich *Schnellzugriff* finden Sie die Namen der SharePoint-Websites, für die Sie Zugriffsrechte besitzen. Hier können Sie also aus OneDrive heraus direkt in die Bibliotheken, die aus Ihren SharePoint-Websites stammen, zugreifen.

Verwechseln Sie nicht die Teams- oder die Microsoft 365 Copilot-Navigation mit der OneDrive-Navigation.

3.1.5.3 Die Bibliothek »Eigene Dateien«

Links in der Navigation finden Sie die Bibliothek *Eigene Dateien*. Diese Bibliothek ist Ihr persönlicher Speicherort. Sie können mithilfe der Schaltfläche + *Erstellen oder Hochladen*, oben links im Fenster, eigene Office-Dokumente und Ordner erstellen, hochladen und organisieren.

3.1.5.4 Die Dateienliste

In den jeweiligen Ansichten unterscheidet sich die Dateienliste. Es werden unterschiedliche Spalten und somit Filtermöglichkeiten angeboten.

Die Auflistung im Bereich *Eigene Dateien* zeigt Ihnen Ihre Ordner und Dokumente, die Sie derzeit in OneDrive for Business gespeichert haben. Diese Liste verfügt über voreingestellte Spalten wie *Name*, *Geändert*, *Geändert von*, *Dateigröße*, *Freigabe* und *Aktivität*. Über die Spaltennamen können Sie Ihre Dateien in der Dateienliste filtern und sortieren. Verwenden Sie dafür den Drop-down-Pfeil, der hinter dem Spaltennamen angezeigt wird. Sobald Sie erstmalig in einem Teams-Einzel-, Gruppen- oder Besprechungschat Dateien in einer Nachricht gesandt haben, wird vom System automatisch der Ordner *Microsoft Teams-Chatdateien* angelegt. Die von Ihnen im Chat gesandte Datei wird dann in diesem Ordner abgelegt und für die Chat-Partnerin oder den Chat-Partner freigegeben. Falls dieser Ordner bei Ihnen angezeigt wird, haben Sie bereits in einem Chat Dateianhänge geschickt und somit über OneDrive for Business freigegeben. Sie werden im Laufe der Zeit weitere Ordner sehen, die vom System automatisiert angelegt werden, damit andere App-Inhalte wie Loop-Komponenten, Whiteboards etc. dort gespeichert werden können.

Sie können diese Dateiliste als kompakte Liste oder als Kacheln darstellen, verwenden Sie dafür oben rechts im Fenster die Schaltflächen *Sortieren* und *Ansichtsoptionen wechseln*. Die Schaltfläche *Details* öffnet ganz rechts einen Fensterbereich und zeigt Ihnen Änderungen innerhalb Ihrer Bibliothek *Eigene Dateien*. Sobald Sie einen Ordner oder eine Datei in der Dateiliste auswählen, indem Sie darauf zeigen und dann das Optionsfeld davor anklicken, werden Ihnen die Befehle angezeigt, die Sie für den ausgewählten Ordner oder für die Datei anwenden können (siehe Abbildung 3.5). Sie können über die Schaltfläche *Details* auf der Symbolleiste den Detailbereich einblenden. Ihnen werden Informationen zum ausgewählten Ordner oder der Datei angezeigt, also entweder Informationen zur Bibliothek oder zum ausgewählten Inhalt. Verwenden Sie auch die Bildlaufleiste nach unten, um weitere Details anzeigen zu lassen.

Abb. 3.5 Der Detailbereich einer ausgewählten Datei

3.1.5.5 Der Bereich »Geteilt«

Während der Arbeit mit Microsoft 365 wird es vorkommen, dass andere Personen Dateien, Ordner oder andere Inhalte für Sie freigeben. Sie erhalten dann eine E-Mail mit dem Link zum freigegebenen Inhalt. Damit Sie später nicht ständig nach diesen E-Mails suchen müssen, können Sie in OneDrive for Business die Ansicht *Geteilt* nutzen. Diese Ansicht besitzt oben zwei Register, *Mit Ihnen* und *Von Ihnen* (siehe Abbildung 3.6). So können Sie schnell feststellen, welche Dateien andere für Sie oder welche Dateien Sie in Ihrem OneDrive for Business für andere freigegeben haben. Gerade wenn Sie Zugriffe überprüfen möchten, können Sie über das Register *Von Ihnen* einen schnellen Überblick Ihrer persönlich freigegebenen Dateien und Ordner erhalten.

Suchen Sie nicht in Ihren E-Mails oder im Chat, wenn Ihnen Ordner oder Dateien von anderen Personen freigegeben wurden.

Abb. 3.6 Links wurde die Ansicht *Geteilt* ausgewählt und oben finden Sie die Register *Mit Ihnen* und *Von Ihnen*.

Auch in den Office-Desktop-Anwendungen wie Word, Excel und PowerPoint werden Ihnen die geteilten Dateien angezeigt, wenn Sie in der jeweiligen Anwendung auf das Register *Datei* klicken. Im Bereich *Startseite* finden Sie die zuletzt verwendeten und die mit Ihnen geteilten Dokumente.

3.1.5.6 Der Bereich »Favoriten«

Sie können Ordner, Dateien und Listen als Favoriten kennzeichnen und diese in der Ansicht *Favoriten* wiederfinden. Sobald Sie Office-Dateien im Microsoft 365-Portal mit dem Sternsymbol favorisiert haben, werden sie Ihnen im Bereich *Favoriten* sowie beim Öffnen eines neuen Dokuments in der Desktop-App von Word, Excel und PowerPoint als angeheftete Dateien angeboten. Favorisierte Listen werden Ihnen in der Lists-App angezeigt.

Favorisierte Dokumente können Sie in der Office-Desktop-App schneller wiederfinden.

3.1.5.7 Der Papierkorb

Über den *Papierkorb* werden Ihnen alle Ordner, Dateien und Listen angezeigt, die Sie in Ihrem OneDrive for Business gelöscht haben. Sie können über den Papierkorb die jeweiligen Inhalte wiederherstellen oder auch endgültig löschen. Die Aufbewahrungszeit gelöschter Dateien, Ordner und Listen im OneDrive for Business beträgt standardmäßig 93 Tage. Innerhalb dieser Frist können Sie Inhalte wiederherstellen. Fragen Sie Ihre IT-Administratoren, ob es bei Ihnen weitere Aufbewahrungsrichtlinien gibt.

Um Inhalte wiederherzustellen, muss der Inhalt markiert/ausgewählt sein, damit Sie den Link *Wiederherstellen* anklicken können.

3.1.5.8 Der Bereich »Dateien durchsuchen nach«

Verwenden Sie diesen Bereich, um schneller zu filtern.

Personen

In diesem Bereich filtert OneDrive for Business Inhalte von Personen, die Ihnen Freigaben auf Inhalte ihres eigenen OneDrive for Business gewährt haben. In diesem Abschnitt können Sie oben rechts im Fenster nach Personen filtern und die Dateien anklicken, um diese zu öffnen.

Besprechungen

Wenn Sie an einer Teams-Besprechung teilgenommen haben und vor, während oder nach der Besprechung Dateien hinzugefügt wurden, können Sie diese im Bereich *Besprechungen* wiederfinden. Oben rechts im Fenster können Sie den Besprechungsnamen eingeben und die Dateien filtern.

Medien

Sobald Sie Bilder- und Videodateien in OneDrive for Business speichern, werden Ihnen diese im Bereich *Medien* angezeigt. Sie können oben im Fenster ein anderes Layout, die Kompaktansicht und den Zoom für die Bilddateien einstellen.

3.1.5.9 Der Bereich »Schnellzugriff«

Ihnen werden hier Inhalte angezeigt, die mit SharePoint und Teams in Verbindung stehen.

In OneDrive for Business können Sie zu Bibliotheken Ihrer Websites navigieren, auf die Sie Zugriffsrechte besitzen und die Sie häufig aufsuchen. Sie können auf den Websitenamen klicken und die Inhalte der jeweiligen Bibliotheken der Website öffnen oder neue Inhalte hinzufügen. Bibliotheken, die Sie im Schnellzugriff halten möchten, können Sie anpinnen. Zeigen Sie dafür auf einen Namen der SharePoint-Website und klicken Sie dann auf die angezeigte Pinnnadel. Die Website wird im Schnellzugriff festgepinnt. Zum Lösen zeigen Sie auf die eben gepinnte Website und klicken erneut auf die Pinnadel.

3.1.5.10 Das Suchfeld

Nutzen Sie die Volltextsuche.

Wenn Sie OneDrive for Business geöffnet haben, können Sie in den jeweiligen Bereichen in der Titelleiste das Suchfeld nutzen, um nach bestimmten Wörtern, Dateien, Texten in Bildern oder Dateien von bestimmten Personen zu suchen. Sie können auch nach Begriffen innerhalb der Datei suchen, dessen Dateinamen Sie vergessen haben. Verwenden Sie das Suchfeld auch, um innerhalb von SharePoint-Bibliotheken nach Dateien oder Texten, die sich in den Dateien befinden, zu suchen. Die Suche ist sehr umfangreich und wird ständig von Microsoft verbessert. Alternativ nutzen Sie die Suche im Microsoft 365-Portal.

3.2 Praktische Anwendung

3.2.1 Dokumente und Ordner in OneDrive erstellen und verwalten

Organisieren Sie Ihre eigene Ablagestruktur.

Sie können in der OneDrive for Business-Bibliothek neue Dateien und Ordner erstellen, verschieben, löschen und wiederherstellen. Sie haben die Möglichkeit, Dokumente und Ordner für andere freizugeben, um Inhalte zu teilen. In diesem Abschnitt möchte ich Ihnen die jeweiligen Vorgehensweisen zeigen. Die meisten Schritte, die hier aufgeführt werden, können Sie auch in anderen Bibliotheken Ihres Microsoft 365-Portals durchführen.

Bevor Sie Dateien und Ordner erstellen, beachten Sie, dass die Pfadlänge der Ordner, Unterordner und des Dateinamens zusammen nicht mehr als 400 Zeichen in SharePoint und somit auch in OneDrive for Business besitzen dürfen. Falls Sie OneDrive for Business mit Ihrem Mac oder PC synchronisieren, dürfen die Pfadlängen 250 beziehungsweise 256 Zeichen nicht überschreiten, da die Betriebssysteme das nicht zulassen.

Befragen Sie hier Ihren Administrator, ob es bei Ihnen bestimmte Richtlinien gibt. Vermeiden Sie Leerschritte am Anfang oder am Ende eines Datei- und Ordnernamens sowie folgende Sonderzeichen: " „ : < > ? / \ # *.

3.2.1.1 Ein Dokument in der OneDrive for Business-Bibliothek erstellen

In einer OneDrive-Bibliothek können Sie direkt neue Dokumente erstellen, Sie müssen nicht erst in die Anwendungen wie Word oder Excel wechseln.

1. Klicken Sie in der OneDrive for Business-Bibliothek auf die Schaltfläche + *Erstellen oder hochladen* (siehe Abbildung 3.7).

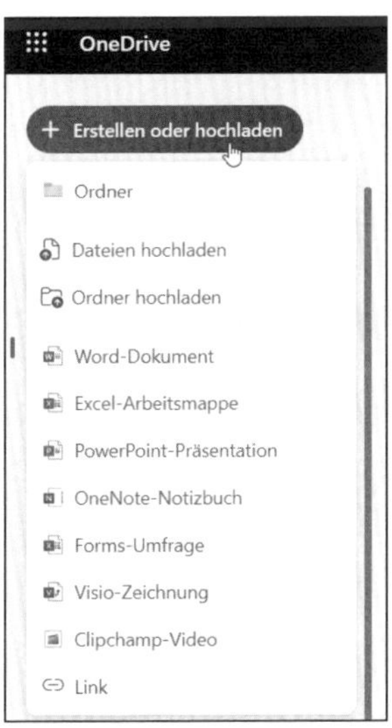

Abb. 3.7
Über die Schaltfläche + *Erstellen oder hochladen* in der OneDrive-Bibliothek lassen sich neue Dokumente erstellen.

2. Wählen Sie Word aus, um ein neues Dokument anzulegen.
3. Vergeben Sie den Namen *Mein erstes Dokument* für die Datei.
4. Bestätigen Sie die Eingabe des Namens und klicken Sie auf die Schaltfläche *Erstellen*. Das Dokument wird nun erstellt und es wird automatisch mit dem von Ihnen festgelegten Dateinamen in OneDrive for Business gespeichert. Wenn Sie das Dokument über das Hauptfenster *OneDrive* in Teams erstellt haben, wird es in Teams geöffnet und Sie können es dort bearbeiten. Wenn Sie das Dokument in der OneDrive for Business-Weboberfläche geöffnet haben, öffnet es sich im Webbrowser in einem neuen Tab.
5. Geben Sie für dieses Beispiel einen kleinen Text in die Datei ein und schließen Sie sie, indem Sie den Tab im Webbrowser schließen oder in Teams oben rechts im Fenster auf die Schaltfläche *Schließen* klicken. Sämtliche Eingaben werden automatisch gespeichert.

Das automatische Speichern von Dokumenten ist standardmäßig in den Office Online- und Desktop-Apps aktiviert. Damit vermeiden Sie, dass gerade, wenn Sie zeitgleich mit anderen an Dokumenten arbeiten, sämtliche Änderungen zu spät oder gar nicht angezeigt werden und es zu Speicherkonflikten kommt. Auch für die Synchronisation der Bibliotheksinhalte auf andere Geräte ist das sofortige Speichern wichtig. Deshalb belassen Sie die Funktion *Automatisches Speichern* in den Desktop-Apps aktiviert. Die Funktion für automatisches Speichern können Sie über den Regler in der Titelleiste der Word-, Excel- oder PowerPoint-Desktop-Anwendung de- oder aktivieren.

Verwenden Sie nicht im Webbrowser die Schaltfläche *Schließen*. Damit schließen Sie den Webbrowser und nicht das Office Online-Dokument.

3.2.1.2 Ein vorhandenes Dokument unter einem anderen Namen speichern

Änderungen an einem Dokument werden automatisch gespeichert.

In der Vergangenheit haben Sie vorhandene Dokumente geöffnet, Änderungen daran vorgenommen und unter einem anderen Namen gespeichert. In Microsoft 365 müssen Sie die Vorgehensweise ändern, da Sie sonst das vorhandene Dokument und den Dateinamen überschreiben.

1. Klicken Sie im Register *Datei* auf den Befehl *Eine Kopie erstellen* und wählen Sie dann den Befehl *Kopie online erstellen* (siehe Abbildung 3.8).
2. Vergeben Sie den Namen *Mein zweites Dokument* und betätigen Sie die Schaltfläche *Eine Kopie erstellen*.
3. Nun können Sie das Dokument ändern, ohne das ursprüngliche zu überschreiben.

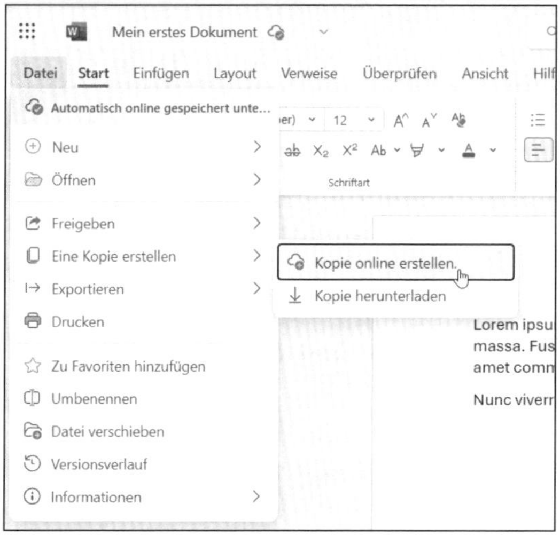

Abb. 3.8
Über das Register *Datei* können Sie eine Kopie des Dokuments online erstellen.

4. Schließen Sie den Browser-Tab.

3.2.1.3 Ein Dokument zur Bearbeitung in der Desktop-App öffnen

Sie können in der OneDrive for Business-Bibliothek ein Dokument direkt in der Desktop-App öffnen. Dafür stehen mehrere Möglichkeiten zur Verfügung. Beachten Sie, dass die Desktop-App auf Ihrem System installiert sein muss, damit sie auch geöffnet werden kann.

Die Office-Desktop-Apps müssen installiert sein.

1. Wechseln Sie in OneDrive for Business in den Bereich *Eigene Dateien*. Wählen Sie das Dokument *Mein erstes Dokument* aus, indem Sie vor das Dokument klicken.
2. Klicken Sie oben in der Menüleiste auf das Drop-down-Menü *Öffnen*.
3. Wählen Sie den Befehl *In der App öffnen*.
4. Alternativ klicken Sie in der OneDrive for Business-Bibliothek mit der rechten Maustaste auf den Dateinamen des Dokuments.
5. Wählen Sie im Kontextmenü den Befehl *Öffnen* und dann im Untermenü *In der App öffnen*.
6. Öffnen Sie das Dokument und ergänzen Sie den Text.
7. Nachdem Sie das Dokument in der Desktop-App geöffnet und bearbeitet haben, können Sie es über die Schaltfläche *Schließen* beenden.

Wenn Sie das Dokument in der Online-App bereits geöffnet haben, klicken Sie unterhalb der Titelleiste auf die Schaltfläche *Bearbeiten* und dann auf den Befehl *In der Desktopversion öffnen* (siehe Abbildung 3.9).

Abb. 3.9 Das Office-Dokument kann in der Desktop-App geöffnet werden (hier die Schaltfläche *Bearbeiten* und der Befehl *In der Desktop-version öffnen* in der Web-Oberfläche).

3.2.1.4 Ein Dokument aus der Windows-Desktop-App öffnen

Auch in Excel und PowerPoint können Sie zuletzt verwendete oder favorisierte Dokumente öffnen.

Wenn Sie das Dokument als Favorit gespeichert oder es bereits einmal in der Desktop-App geöffnet haben, können Sie es direkt in der Desktop-App öffnen. Beachten Sie, dass Sie über die aktuellen M365-Office-Desktop-Apps verfügen müssen, damit Ihnen die Dokumente hier angezeigt werden.

1. Öffnen Sie Word.
2. Klicken Sie oben auf das Register *Datei*.
3. Im Bereich *Startseite* (siehe Abbildung 3.10) werden Ihnen Ihre zuletzt geöffneten oder bearbeiteten Dokumente angezeigt. Im mittleren Bereich können Sie Ihr Dokument unterhalb des Registers *Zuletzt verwendet* wiederfinden. Falls Sie das Dokument als Favorit mit dem Sternsymbol in Ihrer OneDrive for Business-Bibliothek gekennzeichnet haben, wird Ihnen das Dokument auch im Register *Angeheftet* angezeigt.

Auch wenn Sie mit Kolleginnen und Kollegen gemeinsam an Dokumenten in einem Team oder in einer SharePoint Online-Website zusammenarbeiten, werden Ihnen in den jeweiligen Desktop-Apps diese Dokumente beim Öffnen vorgeschlagen, wenn Sie sie zuvor einmal geöffnet oder bearbeitet haben.

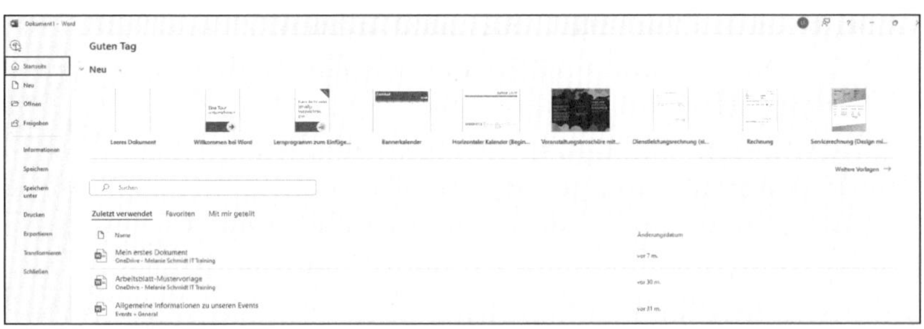

Abb. 3.10 Im Bereich *Startseite* können Sie auf Ihre Dokumente zugreifen, die Sie in der Microsoft 365-Welt zuletzt geöffnet oder bearbeitet haben.

3.2.1.5 Ein Dokument in der Vorschau öffnen

In einer Bibliothek haben Sie die Möglichkeit, ein Dokument in der Vorschau zu öffnen, um es damit im Lesemodus und schreibgeschützt zu öffnen. Über diese Vorschau können Sie das Dokument lesen, ohne versehentlich Änderungen daran vorzunehmen. Dennoch lässt sich das Dokument an dieser Stelle zum Bearbeiten öffnen. Sie können es für andere freigeben oder durch weitere Dokumente innerhalb der Bibliothek navigieren. Sie können die Vorschau über das Kontextmenü öffnen.

Möchten Sie keine Änderungen im Dokument vornehmen, öffnen Sie es in der Vorschau.

1. Klicken Sie mit der rechten Maustaste auf den Dateinamen *Mein erstes Dokument* oder klicken Sie auf das erweiterte Menü, dargestellt mit den drei Punkten.
2. Wählen Sie den Menüpunkt *Vorschau*. Sie werden in die Vorschau weitergeleitet. Verwenden Sie die Symbolleiste im oberen Bereich, um Aktionen wie das Öffnen, Teilen oder Schließen des Dokuments durchzuführen.

3.2.1.6 Einen Ordner in der OneDrive-Bibliothek erstellen

Während Sie in einer SharePoint-Bibliothek vielleicht mit sogenannten Metadaten, also Eigenschaften der Dateien, arbeiten, um Informationen strukturiert abzulegen und zu filtern, können Sie in Ihrer OneDrive-Bibliothek Ordner anlegen, um Dateien geordnet abzulegen. Andernfalls können Sie die Spaltenüberschriften verwenden, um Dateien nach bestimmten Eigenschaften zu filtern oder zu sortieren. Derzeit lassen sich in OneDrive for Business keine zusätzlichen Spalten anlegen, sodass Sie für bestimmte Anwendungsfälle Ordner benötigen. Ein Anwendungsfall wäre es, wenn Sie bestimmte Dateien wie beispielsweise Fotos für einige Kollegen über OneDrive for Business freigeben möchten. Durch die Freigabe des OneDrive-Ordners können Ihre Kolleginnen und Kollegen darauf zugreifen und die Dateien herunterladen oder auch weitere Bilder hinzufügen, sodass also ein Austausch der Dateien zentral über einen OneDrive-Ordner erfolgt. Sie vermeiden dadurch das Versenden von umfangreichen E-Mails mit großen Dateianhängen. Um einen Ordner anzulegen, gehen Sie folgendermaßen vor:

Legen Sie Ihre persönlichen Ordner an und benennen Sie sie mit kurzen Namen.

1. Öffnen Sie OneDrive for Business und wechseln in den Bereich *Eigene Dateien*.
2. Klicken Sie in der Symbolleiste auf die Schaltfläche *Neu*.
3. Wählen Sie den Befehl *Neuer Ordner* aus, um einen Ordner anzulegen.
4. Vergeben Sie den Ordnernamen *Austausch mit Kollegen*.
5. Wählen Sie eine Farbe aus, die Sie dem Ordner geben möchten, und bestätigen Sie mit einem Klick auf die Schaltfläche *Erstellen*.

3.2.1.7 Ein Dokument verschieben

Verschieben Sie Ihr persönliches Dokument in einen gemeinsamen Arbeitsbereich, wenn es für das Team relevant ist.

Sie können ein Dokument, das Sie in OneDrive for Business erstellt oder gespeichert haben, an einen anderen Speicherort innerhalb von OneDrive oder einer SharePoint-Website verschieben. Beachten Sie, dass aufgrund bestimmter Einstellungen von SharePoint-Bibliotheken gegebenenfalls Pflichtfelder in der Zielbibliothek ausgefüllt werden müssen. Diese Pflichtfelder dürfen nicht leer sein, da die Dateien ausgecheckt, für Sie reserviert gespeichert und für Sie sichtbar sind. Andere Benutzer können die Dateien nicht sehen, bevor Sie sie einchecken. Das Einchecken funktioniert jedoch erst, wenn Sie alle Pflichtfelder ausgefüllt haben. Weitere Informationen zum Auschecken von Dateien finden Sie in Abschnitt 4.17.

1. Wechseln Sie zu OneDrive for Business in den Bereich *Eigene Dateien*.
2. Wählen Sie das Dokument *Mein erstes Dokument* aus, indem Sie davor klicken.
3. Klicken Sie in der Menüleiste auf die Schaltfläche *Verschieben nach*. Falls dieser Befehl nicht angezeigt wird, klicken Sie auf das *Weitere Menü*, dargestellt mit den drei Punkten.
4. Wählen Sie den Ordner »Austausch mit Kollegen« aus.
5. Bestätigen Sie mit einem Klick auf die Schaltfläche *Hierher verschieben*. Sobald das Dokument verschoben wurde, erhalten Sie im unteren Bereich des Bildschirms den Hinweis, wohin es verschoben wurde (siehe Abbildung 3.11). Der Name der Zielbibliothek besteht aus einem Link, über den Sie dorthin navigieren können.
6. Alternativ können Sie per Drag & Drop Dateien in Ordner verschieben.

Abb. 3.11
Über den Hinweis gelangt man zur Zielbibliothek.

3.2.1.8 Einen Ordner oder ein Dokument in die OneDrive-Bibliothek hochladen

Speichern Sie in OneDrive, um auch im Homeoffice auf Ihre Ordner und Dateien zuzugreifen.

Möchten Sie einen vorhandenen Ordner oder eine Datei vom Netzlaufwerk oder der Festplatte hochladen, können Sie das direkt in der Bibliothek vornehmen.

1. Öffnen Sie OneDrive for Business und wechseln in den Bereich *Eigene Dateien*.
2. Klicken Sie in der Symbolleiste auf die Schaltfläche *Hochladen*.
3. Wählen Sie *Datei* oder *Ordner* im Menü aus.
4. Sie werden in den Datei-Explorer weitergeleitet. Wählen Sie den gewünschten Ordner oder die gewünschte Datei aus, die Sie hochladen möchten.
5. Bestätigen Sie Ihre Auswahl mit einem Klick auf die Schaltfläche *Öffnen* oder *Auswählen*. Die Datei oder der Ordner wird hochgeladen.

Alternativ können Sie den Datei-Explorer beziehungsweise Mac-Finder öffnen und Dateien und Ordner per Drag & Drop in die OneDrive for Business-Bibliothek hineinziehen.

Beachten Sie, dass die Ordner oder Dateien kopiert werden und nach dem Hinzufügen zur OneDrive- oder SharePoint-Bibliothek zweimal vorhanden sind: einmal auf dem Netz- oder Festplattenlaufwerk und einmal in OneDrive for Business beziehungsweise in der SharePoint-Bibliothek. Überlegen Sie immer gut, ob Sie die Ordner und Dateien doppelt aufbewahren möchten. Vermeiden Sie grundsätzlich redundante Dokumente.

3.2.1.9 Ein neues Dokument über die Office-Desktop-App in OneDrive speichern

Sie können direkt aus Word, Excel und PowerPoint in OneDrive speichern.

Wenn Sie die OneDrive for Business-App auf Ihrem PC installiert haben, können Sie Dateien, die Sie über die Office-Anwendungen auf Ihrem Computer erstellen, direkt in OneDrive for Business speichern. Sie müssen eine Datei also nicht auf Ihrem Gerät zwischenspeichern und dann in OneDrive hochladen.

1. Öffnen Sie ein neues, leeres Word-Dokument in der Desktop-App.
2. Klicken Sie in Word auf das Register *Datei*.
3. Wählen Sie danach den Befehl *Speichern unter*.
4. Wählen Sie den Speicherort *OneDrive* und wählen Sie den Ordner *Austausch mit Kollegen* aus, den Sie zuvor erstellt haben.
5. Geben Sie oben einen Datei-Namen ein: *Beispieldatei_Word*.
6. Bestätigen Sie den Speichervorgang.
7. Schließen Sie das Dokument, navigieren Sie zu Teams, öffnen Sie dort in der Navigation OneDrive und klicken Sie in der Ansicht *Eigene Dateien* auf den Ordner *Austausch mit Kollegen*. Ihre Datei wurde direkt synchronisiert.

3.2.1.10 Einen Ordner oder ein Dokument in der OneDrive-Bibliothek löschen

Gelöschte Inhalte landen im Papierkorb von OneDrive.

Sobald Sie einen Ordner oder ein Dokument löschen, wird dieser bzw. dieses in den Papierkorb verschoben.

1. Öffnen Sie OneDrive for Business und wechseln in den Bereich *Eigene Dateien*.
2. Wählen Sie das Dokument *Mein zweites Dokument* aus.
3. Klicken Sie in der Symbolleiste auf die Schaltfläche *Löschen*.
4. Bestätigen Sie die Sicherheitsabfrage erneut mit einem Klick auf die Schaltfläche *Löschen*.
5. Wählen Sie nun den Ordner *Austausch mit Kollegen* aus.
6. Klicken Sie in der Symbolleiste auf die Schaltfläche *Löschen*.
7. Bestätigen Sie die Sicherheitsabfrage erneut mit einem Klick auf die Schaltfläche *Löschen*. Die von Ihnen gelöschte Datei und der gelöschte Ordner mit den Dateien wurden in den Papierkorb von OneDrive for Business verschoben. Sie können Inhalte bis 93 Tage nach dem Löschen wiederherstellen.

3.2.1.11 Einen gelöschten Ordner oder ein gelöschtes Dokument in der OneDrive-Bibliothek wiederherstellen

Die Schaltfläche *Wiederherstellen* wird nur angezeigt, wenn Sie den Inhalt ausgewählt haben.

Möchten Sie einen gelöschten Ordner oder eine gelöschte Datei wiederherstellen, haben Sie dafür 93 Tage Zeit. Fragen Sie Ihre IT-Abteilung, ob es bei Ihnen andere Aufbewahrungszeiträume für gelöschte Inhalte gibt.

1. Öffnen Sie OneDrive for Business.
2. Wählen Sie links in der Navigation die Ansicht *Papierkorb*.
3. Wählen Sie das Dokument *Mein zweites Dokument* und den Ordner *Austausch mit Kollegen* aus, indem Sie vor das Dokument und den Ordner klicken.
4. Klicken Sie oben in der Menüleiste auf die Schaltfläche *Wiederherstellen*. Das Dokument und der Ordner werden direkt am ursprünglichen Speicherort wiederhergestellt.

3.2.1.12 Teilen und Freigeben von Ordnern und Dokumenten

Umfangreiche Dateien müssen nicht per E-Mail versendet werden.

Wenn Sie innerhalb einer OneDrive for Business- oder SharePoint-Bibliothek ein Dokument oder einen Ordner mit anderen teilen, erhalten diese Personen eine Freigabe zum Bearbeiten oder zum Lesen des jeweiligen Inhalts. Sie erteilen somit entweder Lese- oder Bearbeitungsrechte auf die Inhalte. Die Person oder der Personenkreis, die bzw. den Sie für die Freigabe einladen, erhält jedoch eine E-Mail, in der keine Datei und kein Ordner als Anhang angefügt wird, sondern einen Einladungslink, über den man die Datei oder den Ordner im Webbrowser öffnen kann. Somit brauchen Sie zukünftig keine umfangreichen E-Mails zu verfassen und zig Dateien als Anhang anzufügen. Die E-Mail mit dem jeweiligen Einladungslink wird automatisch vom System erzeugt und an die jeweilige Person bzw. die Personen gesandt.

Beachten Sie unbedingt bei Freigaben von Inhalten aus SharePoint- oder Microsoft 365-Gruppen, dass sie nur an Berechtigte, ob unternehmensintern oder -extern, erteilt werden können. Wer grundsätzlich keine Berechtigungen innerhalb der SharePoint-Teamwebsite oder der Microsoft 365-Gruppe besitzt, kann zwar den Einladungslink in der E-Mail anklicken und wird über den Webbrowser weitergeleitet, erhält dann jedoch die Meldung, dass der Zugriff verweigert wurde. Je nach Konfiguration und Sicherheitseinstellungen für Freigaben und das Teilen von Informationen können die vorhandenen Linkeinstellungen unterschiedlich sein. Ebenso ist es möglich, dass in Ihrem Unternehmen die Sicherheitseinstellungen so festgelegt wurden, dass Sie gar keine Möglichkeit haben, Inhalte mit Unternehmensexternen zu teilen, oder dass die jeweiligen Freigaben nur für einen bestimmten Zeitraum Gültigkeit haben und danach automatisch wieder entzogen werden. Die Linkeinstellungen können also je nach Sicherheitseinstellungen und Konfigurationen in jedem Unternehmen unterschiedlich festgelegt werden.

Sobald Sie ein Dokument oder einen Ordner teilen möchten, gelangen Sie in die Linkeinstellungen mit den unterschiedlichen Linkfreigabeeinstellungen. Die nachfolgenden Optionen sollten Sie kennen, bevor Sie Dateien und Ordner teilen und somit für andere freigeben (siehe Tabelle 3.1).

Tab. 3.1 Freigaben und Linkeinstellungen für Dateien und Ordner innerhalb von OneDrive- und SharePoint-Bibliotheken

Linkeinstellung	Bedeutung
Personen in Ihrem Unternehmen	Jeder aus Ihrem Unternehmen, der den Link besitzt, zum Beispiel durch eine E-Mail-Weiterleitung, kann auf die von Ihnen geteilten Dateien und Ordner zugreifen und sie bearbeiten.
Nur Personen mit vorhandenem Zugriff	Diese Linkoption verwenden Sie, wenn Sie jemandem bereits Zugriff erteilt haben, er jedoch den Link nicht auffinden kann. Erklären Sie der Person, dass auch sie in OneDrive die Ansicht *Geteilt* öffnen kann und dort Ihre Datei bzw. Ordner wiederfinden wird.
Von Ihnen ausgewählte Personen (Standardeinstellung)	Diese Linkoptionen können Sie verwenden, wenn Sie bestimmten unternehmensinternen und -externen Personen die Freigabe auf Ihre Datei oder Ihren Ordner gewähren möchten. Der Link bezieht sich auf die von Ihnen angegebene E-Mail-Adresse und kann nicht von Fremden verwendet werden.

Es können in Ihrem Unternehmen über die Administration bestimmte Freigaberegeln festgelegt worden sein, sodass Sie Dateien mit vertraulichen, also schützenswerten Inhalten, die bestimmt wurden, nicht freigeben können. Dann werden die Linkoptionen ausgegraut dargestellt.

Gehen Sie folgendermaßen vor, um Dokumente oder Ordner für andere zum Lesen oder Bearbeiten freizugeben:

1. Öffnen Sie OneDrive for Business in Teams oder im Webbrowser und anschließend den Bereich *Eigene Dateien*.
2. Wählen Sie den Ordner *Austausch mit Kollegen* und das Dokument *Mein zweites Dokument* aus, klicken Sie dafür vor das Dokument.
3. Klicken Sie oben in der Menüleiste auf die Schaltfläche *Teilen*.
4. Es öffnet sich ein Dialogfenster. Geben Sie den Namen einer Person ein, mit der Sie eng zusammenarbeiten, und wählen Sie sie mit einem Klick aus. An dieser Stelle könnten Sie auch eine E-Mail-Adresse einer externen Person oder Namen für weitere Personen eingeben, um die Freigabe für mehrere Personen festzulegen.
5. Schreiben Sie direkt darunter eine persönliche Nachricht, wie »Hallo [Name], ich probiere gerade das Teilen von Dokumenten aus, damit wir zukünftig gemeinsam an Dateien arbeiten können. Beste Grüße [Ihr Name]«.
6. Standardmäßig sind die Optionen so eingestellt, dass Personen Ihres Unternehmens, die Sie für die Freigabe bestimmen, das Dokument oder den Ordner bearbeiten können. Möchten Sie die Bearbeitung einschränken oder ändern, klicken Sie oben auf das Symbol mit dem Stift-Symbol (siehe Abbildung 3.12).

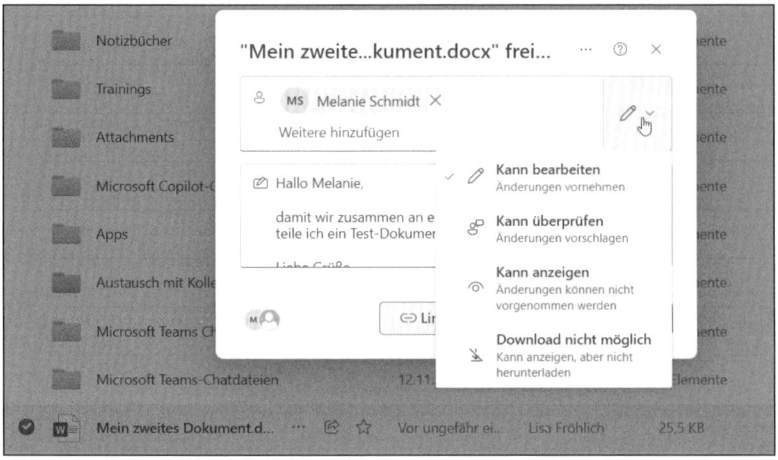

Abb. 3.12
Über die Schaltfläche mit dem Stift-Symbol kann die Bearbeitung am Dokument oder Ordner eingeschränkt werden.

- Wählen Sie die Option *Kann überprüfen*, wenn Sie nicht möchten, dass Ihr Dokument bearbeitet wird, jedoch wünschen, dass die Person Bereiche in Ihrem Dokument kommentieren darf, also Kommentare einfügen kann.
- Wählen Sie die Option *Kann anzeigen*, wenn Sie einer Person nur Leserechte am Dokument erteilen möchten. Die Person kann das Dokument nur im Lesemodus öffnen und hat keine Möglichkeit, Änderungen vorzunehmen oder Kommentare hinzuzufügen.

7. Legen Sie bei Bedarf fest, dass der Download blockiert ist, damit die Datei nicht heruntergeladen werden kann. Klicken Sie dazu bei *Download nicht möglich*.
8. Für dieses Beispiel belassen Sie die Standardeinstellungen *Kann bearbeiten*.

Beachten Sie, dass Personen, denen Sie die Freigabe erteilen, die Datei oder den Ordner lokal herunterladen oder einen Screenshot des Inhalts machen können.

9. Sie können ein Ablaufdatum festlegen, bis wann genau die von Ihnen ausgewählte Person auf das Dokument zugreifen darf. Schauen Sie sich die Linkeinstellungen an. Klicken Sie dafür auf das Zahnradsymbol unten im Dialogfenster.
10. Es öffnet sich der Dialog und im oberen Bereich sehen Sie die Linkeinstellungen. Standardmäßig ist die Einstellung *Von Ihnen ausgewählte Personen* ausgewählt. Belassen Sie diese Einstellung.
11. Im unteren Bereich können Sie ein Ablaufdatum festlegen. Klicken Sie dafür in das Feld *Ablaufdatum festlegen (DD.MM.YYYY)* (siehe Abbildung 3.13) und wählen Sie ein Datum aus, bis wann die Freigabe gültig sein soll. Verwenden Sie den Pfeil nach unten, um in kommende Monate zu navigieren.

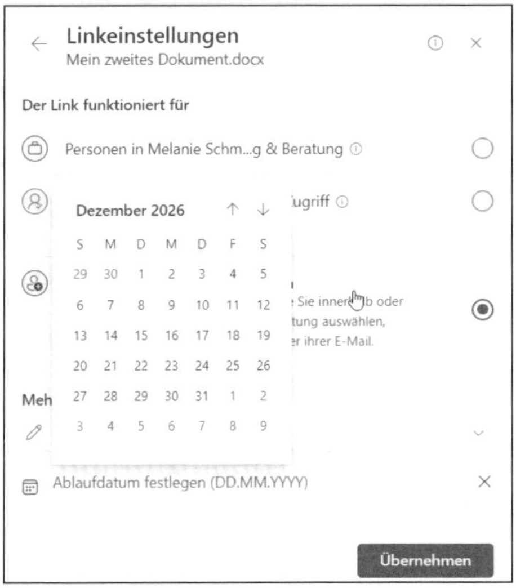

Abb. 3.13
Wenn das Ablaufdatum eintritt, wird die Freigabe sofort aufgehoben und die Person kann nicht mehr auf das Dokument zugreifen.

12. Klicken Sie auf die Schaltfläche *Übernehmen*.
13. Prüfen Sie Ihre Personenauswahl und Ihre Nachricht und klicken Sie dann auf die Schaltfläche *Senden*.
14. Die von Ihnen gewählte Person erhält nun eine E-Mail (siehe Abbildung 3.14) mit dem Freigabelink. Sie können in Outlook in Ihre gesendeten Nachrichten schauen. Dort werden Sie die E-Mail finden, die das System für Sie gesandt hat.

Abb. 3.14
Die E-Mail an die Person, für die die Freigabe erteilt wurde

Wechseln Sie in OneDrive for Business in den Bereich *Geteilt* und klicken Sie oben in das Register *Von Ihnen*. Auch hier sehen Sie die Ordner und Dateien, die Sie mit anderen Personen geteilt haben.

Externe Personen müssen sich beim Öffnen einer von Ihnen geteilten Datei oder eines Ordners authentifizieren und erhalten dann per E-Mail einen Code, den Sie zum Öffnen verwenden müssen.

Wenn Sie sich gerade in einem Office-Dokument wie Excel, PowerPoint oder Word befinden, können Sie auch direkt aus der Anwendung heraus die Freigabe erteilen. Klicken Sie dafür in der Office-App oben rechts auf die Schaltfläche *Freigeben* und dann auf *Freigeben/Teilen*. Über den Dialog können Sie alle Einstellungen vornehmen, wie in Abschnitt 3.2.1.12 erklärt. Auch die Zugriffsrechte können Sie direkt in der App und über die Schaltfläche *Freigeben* öffnen, ändern oder entziehen.

3.2.1.13 Freigaben für einen Ordner oder ein Dokument in der OneDrive-Bibliothek ändern oder entfernen

Entfernen Sie jederzeit die Zugriffsrechte auf Ihre Inhalte.

Möchten Sie Freigaben, die Sie auf einen Ordner oder eine Datei festgelegt haben, ändern oder aufheben, können Sie das wie folgt tun:

1. Öffnen Sie OneDrive for Business und navigieren in den Bereich *Eigene Dateien*.
2. Hier können Sie in der Spalte *Freigabe* sehen, welche Dateien und Ordner Sie freigegeben haben. Klicken Sie hinter der Datei *Mein zweites Dokument* oder dem Ordner, für die/den Sie die Freigabe ändern oder entziehen möchten, in der Spalte *Freigabe* auf den Eintrag *Freigegeben*. Es öffnet sich das Dialogfenster *Zugriff verwalten* (siehe Abbildung 3.15).

Abb. 3.15
Über den Link *Nicht mehr teilen* heben Sie die Berechtigungen am Dokument auf.

3. Möchten Sie die Berechtigung ganz entziehen, klicken Sie oben auf die Schaltfläche *Nicht mehr teilen*.
4. Bestätigen Sie die Sicherheitsabfrage mit einem Klick auf die Schaltfläche *Nicht mehr teilen*. Die Freigabe wird entzogen und in der Spalte *Freigabe* wird der Eintrag von *Freigegeben* automatisch auf *Privat* gesetzt, das kann einen Augenblick dauern.
5. Möchten Sie der Person zum Beispiel nur die Bearbeitungsrechte entziehen, klicken Sie auf den Namen der Person.

6. Klicken Sie bei *Direkter Zugriff:* auf *Ansicht möglich/Bearbeitung möglich* (siehe Abbildung 3.16), wählen Sie eine andere Berechtigung aus und bestätigen Sie mit einem Klick auf die Schaltfläche *Anwenden*.

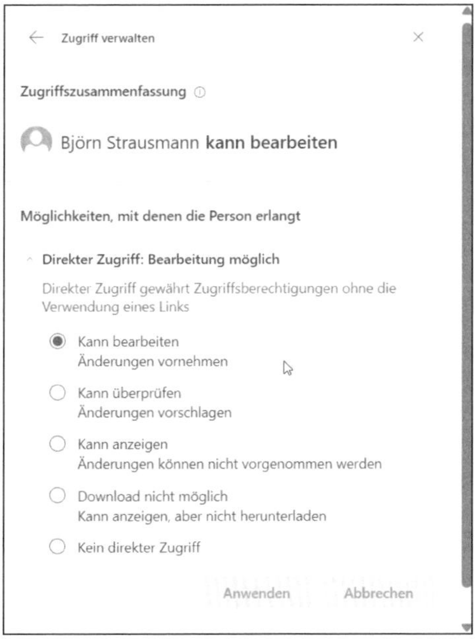

Abb. 3.16
Sie können die Berechtigungen ändern oder auch hier entfernen.

3.2.1.14 Benachrichtigungseinstellungen in OneDrive for Business im Web

Sie können Benachrichtigungseinstellungen festlegen, damit Sie informiert werden, wenn beispielsweise OneDrive for Business erkennt, dass aus Ihrer OneDrive-Bibliothek zu viele Dateien gelöscht werden.

1. Öffnen Sie Ihre OneDrive for Business-Bibliothek in Ihrem Browser.
2. Klicken Sie auf die Schaltfläche *Einstellungen*, dargestellt mit dem Zahnrad-Symbol oben rechts im Bildschirm.
3. Klicken Sie oben in der Kategorie *OneDrive* auf den Link *OneDrive-Einstellungen*.
4. Wählen Sie, falls nicht bereits ausgewählt, die Einstellung *Mitteilung*, die Sie in der linken Navigation auswählen können.
5. Aktivieren oder deaktivieren Sie die Benachrichtigungen, die für Sie relevant bzw. irrelevant sind.
6. Falls Sie weitere Einstellungen vornehmen sollten, schreiben Sie sich die Änderungen an den Einstellungen auf, damit Sie diese Änderungen später zurücksetzen können, da es zu Fehlern der Anwendung mit OneDrive for Business kommen kann.
7. Um wieder in die OneDrive-Bibliothek zu navigieren, klicken Sie oben in der Titelleiste auf *OneDrive*. Sie werden zurück in die OneDrive-Bibliothek geleitet.

3.3 Die OneDrive for Business-Desktop-Apps

Die Desktop-App ist ein Synchronisations-Client, der auch SharePoint-Bibliotheken mit Ihrem Computer synchronisieren kann.

Mit der jeweiligen Desktop-App können Sie vom PC aus auf Ihre Ordner und Dateien, die Sie in OneDrive for Business gespeichert haben, zugreifen und sie synchronisieren. Sie können auch direkt aus der Desktop-App Ordner erstellen oder Dokumente, die Sie über den PC erstellen, ebenfalls in OneDrive for Business speichern. Während Sie die Ordner und Dateien in OneDrive for Business im Web direkt in SharePoint Online verwenden, können Sie in der jeweiligen Desktop-App zusätzlich die Ordner und Dateien auf Ihre Systeme synchronisieren, sodass sie also auch im Offline-Modus lokal für Sie bereitstehen. Sobald eine Internetverbindung besteht, werden die Ordner und Dateien von der Desktop-App in das Web in die Microsoft-Cloud synchronisiert und umgekehrt.

Es besteht auch die Möglichkeit, Dateien im Web abzulegen und nur bei Bedarf mit dem System zu synchronisieren, also nur dann, wenn Sie die Datei tatsächlich benötigen. In dem Fall werden die Dateien in der Desktop-App angezeigt und können geöffnet und bearbeitet werden; sie werden jedoch nicht auf dem lokalen System gespeichert, sodass sie nur auf Abruf gehalten werden. Das hat wiederum den Vorteil, dass die Dateien keinen Speicherplatz auf dem jeweiligen Computer belegen. Sie können selbst entscheiden, welche Inhalte aus OneDrive for Business auch lokal und somit für den Offline-Modus gespeichert werden sollen. Ebenso können Sie auch Festplatteninhalte, die Sie derzeit nur lokal auf Ihrem System gespeichert haben, in die OneDrive-Cloud speichern. Bedenken Sie dabei jedoch immer, was Sie in OneDrive synchronisieren möchten.

Über die Desktop-App können Sie mehrere Microsoft-Konten der jeweiligen App hinzufügen. So ist es möglich, dass Sie Ihr privates OneDrive- und das geschäftliche OneDrive for Business-Konto auf demselben Computer verwenden und synchronisieren können. In den Desktop-Anwendungen wie beispielsweise Word können Sie dann über das Register *Datei* und den Befehl *Speichern unter OneDrive privat* oder *OneDrive for Business* den Speicherort auswählen.

3.3.1 OneDrive for Business nutzen

Das Wolkensymbol in der Infoleiste ist die OneDrive-App.

Wenn Sie über die aktuelle Windows und/oder die neueste Office-Version mit den aktuellen Updates verfügen, können Sie den OneDrive for Business-Client wie jede andere App direkt über die Windows-Start-Schaltfläche öffnen. Falls Sie über eine ältere Windows-Version verfügen oder mit dem Mac arbeiten, können Sie die aktuelle OneDrive-App über den Webclient im Microsoft 365-Portal herunterladen und auf Ihrem System installieren.

3.3.1.1 OneDrive über das Microsoft 365-Portal installieren

Wird bei Ihnen OneDrive nicht angeboten, können Sie OneDrive über das Microsoft 365-Portal herunterladen und installieren.

1. Öffnen Sie Ihr Microsoft 365-Portal über den Webbrowser: *https://m365.cloud.microsoft*.
2. Zum aktuellen Zeitpunkt (Stand Februar 2026) können die OneDrive-Einstellungen nur direkt in der Onlineversion vorgenommen werden. Öffnen Sie die Suche und geben Sie OneDrive in das Suchfeld ein. Klicken Sie auf das OneDrive-Ikon.
3. Klicken Sie oben rechts in der Titelleiste von OneDrive auf die *Einstellungen*, dargestellt mit dem Zahnradsymbol.
4. Klicken Sie im Bereich *OneDrive* auf den Link *OneDrive-Apps herunterladen* (siehe Abbildung 3.17). Sie werden zur Microsoft Download-Seite weitergeleitet.
5. Klicken Sie auf die Schaltfläche *OneDrive-Apps herunterladen*.
6. Öffnen Sie oben im Bildschirm die heruntergeladene Datei.
7. Gegebenenfalls müssen Sie Ihre geschäftliche Microsoft 365-E-Mail-Adresse und Ihr aktuelles Kennwort eingeben.

Abb. 3.17
Über die Onlineversion von OneDrive können Sie die Windows-App herunterladen.

8. Nachdem OneDrive for Business heruntergeladen und installiert wurde, sehen Sie in der Informationsleiste unten rechts im Fenster das blaue One-Drive-Cloud-Symbol (siehe Abbildung 3.18).

Abb. 3.18
Das OneDrive-Cloud-Symbol

3.3.1.2 Den OneDrive-Synchronisations-Client öffnen

Die Synchronisation müssen Sie nicht jedes Mal neu starten.

Sobald OneDrive for Business installiert wurde, können Sie nun über den Datei-Explorer auf Ihre Dateien zugreifen.

1. Klicken Sie unten in der Taskleiste auf das OneDrive-Cloud-Symbol, um die App zu öffnen. Falls diese bei Ihnen grau angezeigt wird, klicken Sie auf die Schaltfläche und melden sich einmalig an.
2. Klicken Sie unten in der App auf die Schaltfläche *Ordner öffnen* (siehe Abbildung 3.19). Damit öffnen Sie den Datei-Explorer (siehe Abbildung 3.20). Sie sehen im Datei-Explorer in der Dateiliste die Spalte *Status*. Über diese Spalte sehen Sie die Verfügbarkeit Ihrer Dateien und Ordner.

Abb. 3.19 Der OneDrive for Business-Ordner im Datei-Explorer lässt sich über die Schaltfläche *Ordner öffnen* anzeigen.

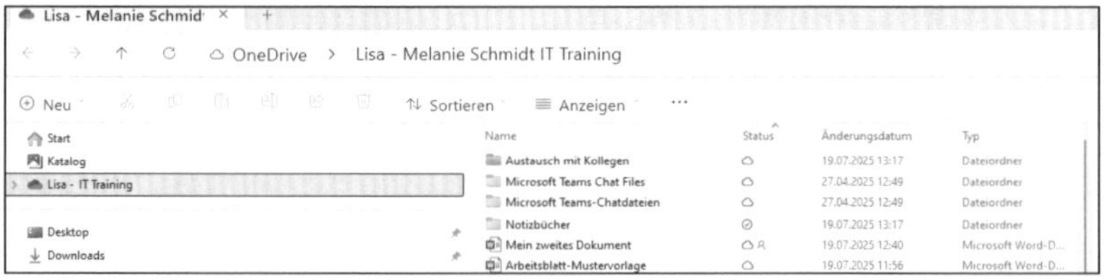

Abb. 3.20 OneDrive for Business dargestellt im Datei-Explorer

Alternativ können Sie auch die Tastenkombination Win+E verwenden, um in den Datei-Explorer zu gelangen.

3.3.2 Die Bedeutung des Verfügbarkeitsstatus bei Ordnern und Dokumenten

Dateien und Ordner erhalten durch die Aktivierung der Funktion *Dateien auf Abruf* bzw. *Files On-Demand* einen Verfügbarkeitsstatus. Diese Funktion ist unter Windows bereits aktiviert. Sie können den Status jeweils im Windows-Datei-Explorer sehen. In den mobilen Apps auf dem Smartphone oder dem Tablet wird derzeit nur der Verfügbarkeitsstatus angezeigt, wenn Sie eine Datei auf dem jeweiligen Gerät offline verfügbar machen. Nachfolgend erhalten Sie eine Übersicht des jeweiligen Status (siehe Tabelle 3.2).

Im Windows-Datei-Explorer wird der Verfügbarkeitsstatus hinter dem Inhalt angezeigt.

Tab. 3.2 Synchronisationsstatus im Datei-Explorer unter OneDrive for Business

Symbol	Bedeutung
Verfügbar, wenn online	Das Dokument wird in der Cloud gespeichert. Es wird nicht lokal auf dem Computer oder mobilen Gerät gespeichert. Zu seiner Verwendung wird eine Online-Verbindung benötigt.
Auf diesem Gerät verfügbar	Das Dokument ist in der Cloud gespeichert und befindet sich nach dem Öffnen als lokal verfügbare Datei auf dem Computer. Wenn Sie eine Datei bearbeiten, wird diese automatisch synchronisiert, und bei ihrem Schließen ist das Dokument in der Cloud und auf dem Computer verfügbar. Wenn Sie die Datei nicht mehr lokal verfügbar benötigen, können Sie den Speicherplatz freigeben. Wie das funktioniert, beschreibe ich in Abschnitt 3.3.5.
Inhalt auf diesem Gerät verfügbar	Das Dokument ist in der Cloud und immer lokal auf dem Computer verfügbar. Sie können das Dokument auch im Offline-Modus bearbeiten. Es wird automatisch im Online-Modus synchronisiert und aktualisiert. Möchten Sie die Datei nicht mehr als lokal verfügbare Datei auf dem Computer speichern, können Sie den Speicherplatz freigeben. In Abschnitt 3.3.5 gehe ich darauf ein.
Wird aktualisiert	Das Dokument und die Verfügbarkeit werden aktualisiert. Dieses Symbol wird auch angezeigt, wenn gerade andere Personen im Dokument arbeiten.
Verfügbar, wenn online; Verknüpfung	Sobald Sie einen Ordner oder eine Datei aus Ihren geteilten Inhalten in OneDrive oder aus SharePoint-Bibliotheken bzw. Teams-Kanälen mit Ihrem OneDrive verknüpfen, wird das Verknüpfungssymbol hinter dem jeweiligen Status angezeigt.
Verfügbar, wenn online; geteilt	Das Dokument wird in der Cloud gespeichert und ist für andere freigegeben/geteilt.
Aktualisierung/Synchronisation fehlgeschlagen	Die Synchronisation ist fehlgeschlagen.

Beachten Sie jedoch, wenn Sie Dateien im Offline-Modus bearbeiten, dass beim zeitgleichen Bearbeiten der Datei durch mehrere Personen das Speichern im Online-Modus Vorrang hat und Ihre Arbeit im Offline-Modus möglicherweise überschrieben und nicht aktualisiert wird. In diesem Fall kommt es zu einer Fehlermeldung, dass ein Speicherkonflikt vorliegt. Besprechen Sie unbedingt mit den Personen, die am selben Dokument arbeiten, wie Sie die Offline- und Online-Arbeit regeln wollen.

3.3.3 OneDrive-Cloud-Symbole

Behalten Sie das Cloud-Symbol im Auge.

Während der Arbeit mit OneDrive empfehle ich Ihnen, das Cloud-Symbol in der Informationsleiste zwischendurch zu überprüfen. Sobald es Probleme mit der Synchronisation gibt, können Sie reagieren und die Fehler beheben. Folgende Meldungen können auftreten:

Tab. 3.3 Mögliche OneDrive-Meldungen

Symbol	Bedeutung
  Überprüfen Sie die Synchronisation.	Wird Ihnen ein Warnschild mit Ausrufezeichen oder der rote Kreis mit dem *X* auf dem OneDrive-Cloud-Symbol angezeigt, klicken Sie auf das Cloud-Symbol in der Informationsleiste. Im oberen Bereich der OneDrive-App wird Ihnen die Fehlermeldung angezeigt. Wenn der Dateiname zu lang ist, ändern Sie ihn und ggf. den Ordnernamen am Speicherort. Synchronisationsprobleme können auftreten, wenn zeitgleich an einem Dokument gearbeitet wird und Sie über keine oder eine schlechte Internetverbindung verfügen. Microsoft bietet Ihnen in den meisten Fällen direkt im Fenster Lösungsvorschläge an. Falls sich ein Problem nicht lösen lässt, sollte Ihnen die IT-Abteilung weiterhelfen.
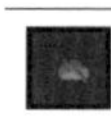 Sie sind nicht angemeldet oder die Internetverbindung ist unterbrochen.	Wird Ihnen die OneDrive-Cloud durchgestrichen oder grau angezeigt, sind Sie bei OneDrive nicht angemeldet oder Ihre Internetverbindung ist unterbrochen. Prüfen Sie, ob Ihre Internetverbindung funktioniert. Besteht eine Verbindung zum Internet, klicken Sie auf das Cloud-Symbol und melden Sie sich im nächsten Schritt an.
 Inhalte werden synchronisiert.	Der Aktualisierungspfeil zeigt an, dass Ihre Ordner und Dateien gerade synchronisiert werden.
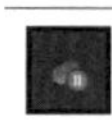 OneDrive wurde angehalten.	Wenn Sie erst auf das OneDrive-Cloud-Symbol und dann auf das Zahnradsymbol klicken, können Sie die Synchronisation anhalten und fortsetzen.

3.3.4 Ein Dokument in der Cloud und lokal verfügbar machen

Möchten Sie bestimmte Dokumente oder Ordner zusätzlich lokal auf Ihrem PC oder Mac speichern, damit Sie auch im Offline-Modus auf die Inhalte zugreifen können, gehen Sie folgendermaßen vor:

Nicht alle Inhalte sind relevant. Wählen Sie bedacht aus, was auf der Festplatte gespeichert werden soll.

1. Öffnen Sie den OneDrive-Ordner im Datei-Explorer.
2. Klicken Sie mit der rechten Maustaste auf den gewünschten Ordner *Austausch mit Kollegen* oder die Datei *Mein zweites Dokument* (siehe Abbildung 3.21).
3. Wählen Sie im Kontextmenü den Befehl *Immer auf diesem Gerät beibehalten* aus.
4. Der Status des Ordners oder des Dokuments wird nun mit dem grünen Symbol *Immer auf diesem Gerät verfügbar* angezeigt. Zeigen Sie auf das Symbol, erhalten Sie eine kleine Quick-Information mit der Beschreibung des Status angezeigt.
5. Bleiben Sie im Fenster für den nächsten Abschnitt.

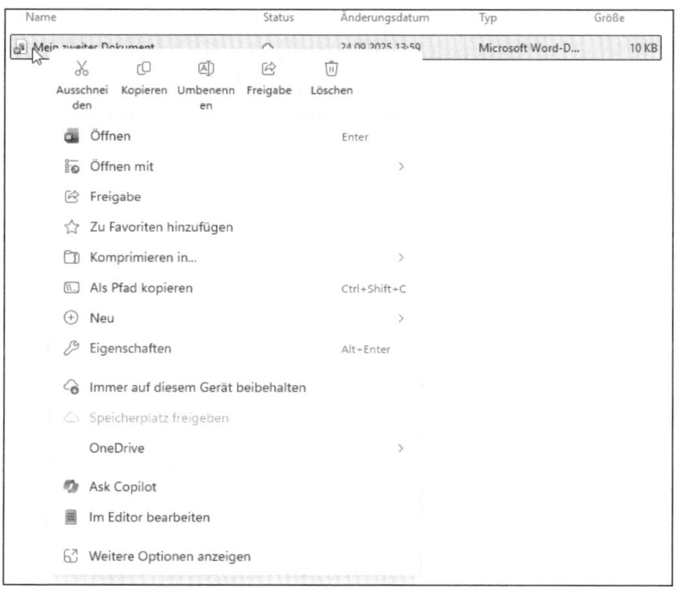

Abb. 3.21
Mit einem Rechtsklick auf einen Ordner oder eine Datei können Sie die OneDrive-Befehle im Datei-Explorer aufrufen und durchführen.

3.3.5 Speicherplatz auf dem PC freigeben und ein Dokument nur in der Cloud speichern

Benötigen Sie bestimmte Ordner und Dateien nicht im Offline-Modus, können Sie diese in der Cloud speichern und damit Speicherplatz auf Ihrem Computer freigeben.

Geben Sie Speicherplatz frei, um Platz auf der Festplatte zu schaffen.

1. Wenn Sie sich nicht bereits in Ihrem OneDrive for Business-Ordner im Datei-Explorer befinden, öffnen Sie ihn.
2. Klicken Sie mit der rechten Maustaste auf den gewünschten Ordner oder die Datei.
3. Wählen Sie den Befehl *Speicherplatz freigeben* aus. Die Datei erhält nun den Status *Verfügbar, wenn online* mit dem Wolken-Symbol.

3.3.6 Ein Dokument oder einen Ordner über die Windows-App freigeben

Teilen Sie Inhalte, statt umfangreiche Inhalte per E-Mail zu senden.

Sie können über den Datei-Explorer Dokumente und Ordner für andere freigeben, um gemeinsam darauf zuzugreifen. Sie legen fest, ob die Person das Dokument oder den Ordner bearbeiten oder lesen darf. Beachten Sie, dass die Sicherheitseinstellungen in Ihrem Unternehmen von den Standardeinstellungen abweichen können. Sprechen Sie gegebenenfalls mit Ihrer IT-Abteilung.

1. Navigieren Sie über das OneDrive-Cloud-Symbol in den OneDrive-Ordner.
2. Klicken Sie mit der rechten Maustaste auf das Dokument oder den Ordner, den Sie für andere freigeben möchten.
3. Wählen Sie im Kontextmenü *OneDrive* und dann den Befehl *Teilen*.
4. Es öffnet sich ein Dialogfenster. Geben Sie die E-Mail-Adresse oder den Namen der Person ein, der Sie den Ordner oder die Datei freigeben möchten, und wählen Sie diese unterhalb Ihrer Eingabe aus den Vorschlägen durch einen Klick aus. Wiederholen Sie diesen Schritt für weitere Personen, falls Sie die Freigabe für mehrere festlegen möchten.
5. Schreiben Sie direkt unterhalb der E-Mail-Adresse oder des Namens eine persönliche Nachricht, die die Person zusammen mit dem Freigabelink per E-Mail erhalten soll.
6. Möchten Sie die Bearbeitungsrechte ändern, klicken Sie hinter den hinzugefügten Namen beziehungsweise oberhalb der hinzugefügten E-Mail-Adresse auf die Schaltfläche *Kann bearbeiten*, dargestellt mit dem Bleistift-Symbol.
7. Wählen Sie eine andere Linkoption aus, wenn Sie den Ordner oder die Datei für alle Personen im Unternehmen freigeben möchten. Klicken Sie dafür auf das Zahnradsymbol.
8. Prüfen Sie die Einstellungen und bestätigen Sie mit einem Klick auf die Schaltfläche *Senden*. Die von Ihnen ausgewählte Person wird nun über die Freigabe per E-Mail benachrichtigt und kann über den Link in der E-Mail auf Ihren Ordner oder Ihre Datei zugreifen.

3.3.7 Freigaben für einen Ordner oder ein Dokument über die Windows-App ändern oder entfernen

Möchten Sie Freigaben, die Sie auf einen Ordner oder ein Dokument festgelegt haben, ändern oder aufheben, können Sie das wie folgt tun:

1. Wechseln Sie in den OneDrive for Business-Ordner im Datei-Explorer.
2. In der Spalte *Status* sehen Sie nun das Personen-Symbol hinter dem Status-Symbol. Klicken Sie mit der rechten Maustaste auf den Datei- oder Ordnernamen und wählen Sie im Kontextmenü *OneDrive* und dann den Befehl *Zugriff verwalten*.
3. Zum Ändern der Bearbeitungsrechte klicken Sie im unteren Bereich auf die Person, deren Rechte Sie ändern möchten.
4. Klicken Sie dann bei *Direkter Zugriff:* auf die versteckte Schaltfläche *Bearbeitung möglich* oder *Anzeigen möglich*.
5. Wählen Sie die Rechte aus, die Sie ändern möchten, oder wählen Sie den Befehl *Kein direkter Zugriff* und bestätigen Sie unten mit einem Klick auf die Schaltfläche *Anwenden*.
6. Wenn Sie den direkten Zugriff aufheben, öffnet sich ein Dialogfenster. Bestätigen Sie die Schaltfläche *Entfernen*.

Sie können gelöschte Dokumente im Papierkorb über den Webclient von OneDrive for Business oder über OneDrive in Teams wiederherstellen (siehe Abschnitt 3.2.1.11). Gelöschte Elemente bleiben 93 Tage im OneDrive-Papierkorb erhalten.

3.3.8 Hinzufügen eines weiteren Microsoft-Kontos zu OneDrive

Zum Hinzufügen eines weiteren geschäftlichen oder privaten Microsoft-Kontos können Sie über das OneDrive-Cloud-Symbol in der Informationsleiste Ihres Systems in die Kontoeinstellungen navigieren.

Überlegen Sie gut, ob Sie Ihr privates Konto auf dem Firmengerät oder ein Firmenkonto auf dem privaten Gerät nutzen möchten.

1. Klicken Sie auf das OneDrive-Cloud-Symbol und klicken Sie auf das Zahnradsymbol und dann auf *Einstellungen*.
2. Im Dialogfenster öffnen Sie links das Register *Konto* und klicken dort auf die Schaltfläche *Konto hinzufügen* (siehe Abbildung 3.22).
3. Geben Sie hier Ihre aktuelle private oder geschäftliche Microsoft-E-Mail-Adresse und das Kennwort ein, mit dem Sie sich an dem jeweiligen Heim- oder Geschäftscomputer anmelden.

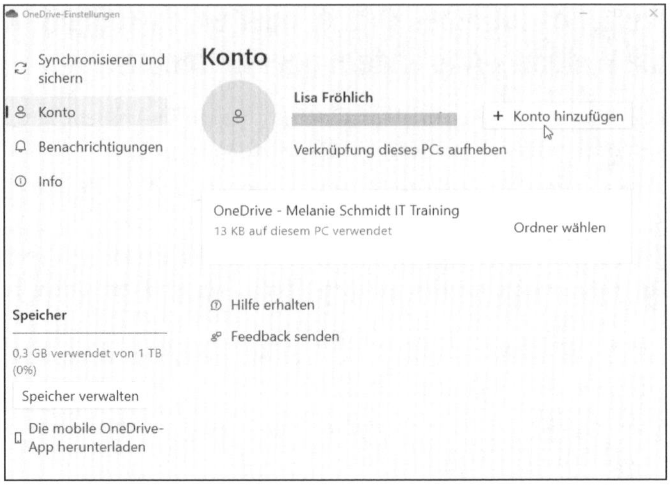

Abb. 3.22 Über das Register *Konto* und über die Schaltfläche *Konto hinzufügen* können Sie weitere Microsoft-Konten hinzufügen.

Sobald ein privates und geschäftliches Microsoft-Konto hinzugefügt wurde, werden in der Informationsleiste unten rechts im Fenster jeweils zwei OneDrive-Cloud-Symbole angezeigt. Das blaue Symbol links betrifft OneDrive for Business in Verbindung mit dem Geschäftskonto, das weiße Symbol OneDrive rechts steht in Verbindung mit einem privaten Microsoft-Konto (siehe Abbildung 3.23). Zeigen Sie mit der Maus auf eines der Symbole, erhalten Sie die Information, um welches OneDrive es sich jeweils handelt.

Abb. 3.23 Die OneDrive-Cloud-Symbole

Falls die OneDrive-Cloud-Symbole nicht in der Informationsleiste Ihres Windows-Systems erscheinen, können Sie OneDrive über das Windows-Startmenü neu öffnen. Klicken Sie dafür auf die Windows-Startschaltfläche und geben Sie direkt *OneDrive* ein. Wählen Sie *OneDrive öffnen* aus. Das Cloud-Symbol sollte dann in der Informationsleiste erscheinen.

3.3.9 Synchronisation anhalten

Halten Sie nur in Ausnahmefällen die Synchronisation an.

Sie können die Synchronisation von OneDrive auf Ihrem PC für einen Zeitraum von zwei, acht oder 24 Stunden anhalten.

1. Klicken Sie auf das OneDrive-Cloud-Symbol und auf das Zahnradsymbol.
2. Klicken Sie im Kontextmenü auf den Befehl *Synchronisation anhalten*.
3. Wählen Sie den Zeitraum aus, in dem die Synchronisation angehalten werden soll. Die Synchronisation wird von dem Moment an pausiert und nach Ablauf des gewählten Zeitraums fortgesetzt.

Möchten Sie die Synchronisation vorzeitig wieder einschalten, klicken Sie auf das OneDrive-Cloud-Symbol und klicken Sie ganz oben auf die *Pause*-Schaltfläche, die Ihnen in der OneDrive-App angezeigt wird; die Synchronisation wird direkt gestartet.

3.3.10 Einen Teams-Kanal-Ordner mit dem Datei-Explorer synchronisieren

Synchronisieren Sie nur relevante Kanal-Ordner.

Sie können ganze SharePoint-Bibliotheken oder einzelne Kanal-Ordner in Teams mit Ihrem Datei-Explorer synchronisieren. Somit stehen Ihnen die Ordner und Dateien, die für Sie wichtig sind, ebenfalls im Datei-Explorer zur Verfügung. Beachten Sie jedoch, dass verwendete Eigenschaften beim Verschieben von Dateien im Datei-Explorer verloren gehen können.

1. Öffnen Sie Teams und klicken Sie in der Navigation auf die Schaltfläche *Chat*.
2. Filtern Sie oben Ihre Kanäle, indem Sie oberhalb der Chatliste auf die Schaltfläche *Kanäle* klicken.
3. Wir hatten zu Beginn eine SharePoint-Teamwebsite und damit ein Team in Teams angelegt. Öffnen Sie den Kanal *Allgemein* des Teams *Das Erfolgsteam*.
4. Auch wenn noch keine Dokumente vorhanden sind, klicken Sie oben in das Register *Freigegeben* (siehe Abbildung 3.24).
5. Klicken Sie in der Menüleiste auf das weitere Menü, dargestellt mit den drei Punkten, wählen Sie dort den Befehl *Synchronisieren* und bestätigen Sie die Synchronisation.

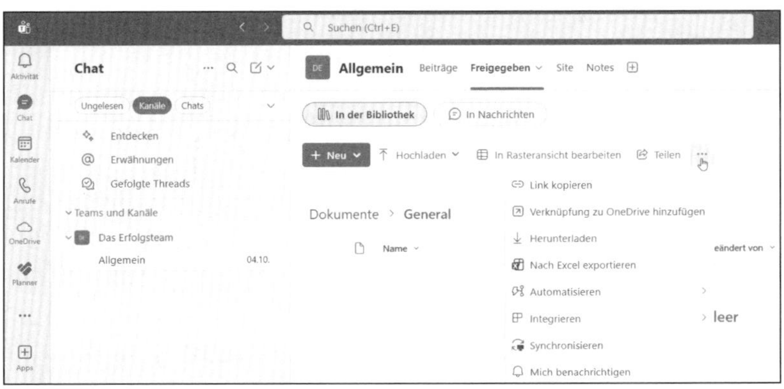

Abb. 3.24 Der Kanal *Allgemein* und das Register *Freigegeben* sind geöffnet. Der Befehl *Synchronisieren* befindet sich im weiteren Menü.

6. Wechseln Sie in Ihren Datei-Explorer. Ihnen wird nun zusätzlich zu Ihrem persönlichen OneDrive-Speicher mit dem blauen Wolken-Symbol auch der SharePoint-Speicher mit dem blauen Gebäude-Symbol angezeigt (siehe Abbildung 3.25). Sie können also auch mit Ordnern und Dateien im Datei-Explorer arbeiten.

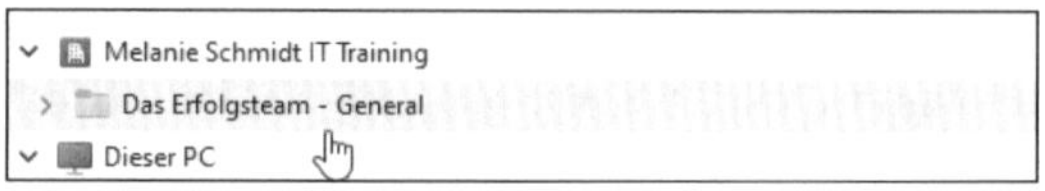

Abb. 3.25
Der SharePoint-Speicherort mit dem Kanalordner

3.3.11 OneDrive-Synchronisation richtig beenden

Nach dem Beenden bleibt die Kontoverknüpfung zum PC weiter bestehen.

Es kommt vor, dass Sie Inhalte synchronisieren, für die Sie in der Vergangenheit zuständig waren. Wenn Sie für die Inhalte nicht mehr verantwortlich sind, sollten Sie die Synchronisation beenden. Möchten Sie beispielsweise eine bestehende Synchronisation einer SharePoint Online-Bibliothek oder eines Kanal-Ordners beenden, gehen Sie dafür folgendermaßen vor:

1. Klicken Sie auf das Cloud-Symbol Ihrer Infoleiste.
2. Öffnen Sie die *Einstellungen* über das Zahnradsymbol.
3. Wählen Sie das Register *Konto* (siehe Abbildung 3.26). Sie sehen nun alle Speicherorte, die Sie synchronisieren.
4. Klicken Sie bei der Bibliothek, deren Synchronisation Sie aufheben möchten, auf die Schaltfläche *Synchronisierung beenden* unterhalb Ihres OneDrive-Speichers.
5. Bestätigen Sie die Beendigung erneut. Die Synchronisation ist beendet und wird hier und im Datei-Explorer nicht mehr angezeigt.

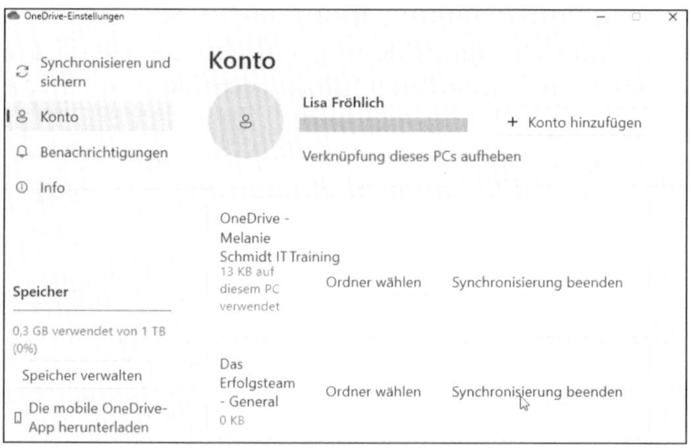

Abb. 3.26
Hier werden die OneDrive-Bibliothek und ein Kanal-Ordner synchronisiert.

3.3.12 OneDrive-Konto-Verknüpfung des PC aufheben

Steht bei Ihnen ein Computeraustausch an, sollten Sie alle wichtigen Ordner und Dateien in Ihrer OneDrive-Bibliothek sichern. So haben Sie die Möglichkeit, auch nach dem Geräteaustausch OneDrive auf dem neuen Gerät zu nutzen und auf alle Ihre gespeicherten Inhalte zuzugreifen. Erst danach sollten Sie die Kontoverknüpfung löschen. Auch wenn Sie ein privates OneDrive-Konto auf dem geschäftlichen Computer nutzen dürfen, können Sie die Kontoverknüpfung löschen.

1. Klicken Sie auf das Cloud-Symbol Ihrer Infoleiste.
2. Öffnen Sie die *Einstellungen* über das Zahnradsymbol.
3. Wählen Sie das Register *Konto*.
4. Klicken Sie auf die Schaltfläche *Verknüpfung dieses PCs aufheben*. Sie finden die Schaltfläche direkt unterhalb Ihres Namens und Ihrer E-Mail-Adresse (siehe ebenfalls oben in Abbildung 3.26).
5. Bestätigen Sie danach noch einmal die Schaltfläche *Kontoverknüpfung aufheben*.
6. Es besteht jetzt keine Kontoverknüpfung mehr und Sie müssten sich bei OneDrive for Business erst wieder anmelden, um es auf diesem PC zu nutzen.

3.3.13 Einen für Sie freigegebenen Ordner mit OneDrive verknüpfen

Für freigegebene Ordner stellen Sie eine verknüpfte Synchronisation mit Ihrem OneDrive her.

Wenn eine Kollegin oder ein Kollege einen Ordner für den gemeinsamen Austausch mit Ihnen teilt und somit für die Zusammenarbeit für Sie freigibt, können Sie für die Bearbeitung der darin liegenden Dateien zu der OneDrive for Business-Web-App oder in Teams in die OneDrive-App navigieren und dort in der Ansicht *Geteilt* auf den Ordner und die Dateien zugreifen. Alternativ können Sie den für Sie freigegebenen Ordner in Ihrem Datei-Explorer in Ihrem persönlichen OneDrive-Speicher anzeigen lassen und dort auf die Dateien zugreifen. Um dies auszuprobieren, fragen Sie eine Kollegin oder einen Kollegen, ob diese Person einen Ordner in ihrem OneDrive erstellen und für Sie freigeben kann.

1. Öffnen Sie OneDrive for Business in der Web- oder Teams-App.
2. Wechseln Sie in die Ansicht *Geteilt*.
3. Klicken Sie vor den Ordner, der für Sie freigegeben wurde, damit Sie ihn auswählen.
4. Klicken Sie oben im Menüband auf die Schaltfläche *Verknüpfung zu „Meine Dateien“ hinzufügen* (siehe Abbildung 3.27). Falls die Schaltfläche nicht angezeigt wird, klicken Sie auf das Menü *Weitere Optionen*, dargestellt mit den drei Punkten.

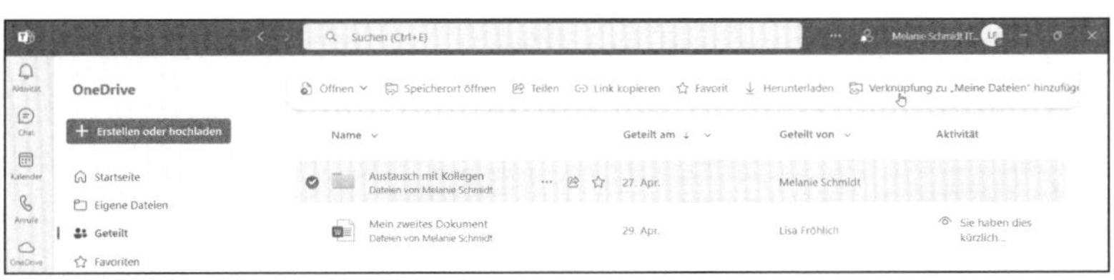

Abb. 3.27 Der Ordner ist ausgewählt und der Befehl *Verknüpfung zu „Meine Dateien“ hinzufügen* wird über das Menü *Weitere Optionen* angezeigt.

5. Wechseln Sie in Ihren Datei-Explorer und klicken Sie oben auf Ihren OneDrive-Speicher.
6. Der Ordner wird Ihnen nun im Datei-Explorer angezeigt (siehe Abbildung 3.28). Auf dem Ordner und hinter dem Status finden Sie das Verknüpfungssymbol. Die Ordner und Dateien, die eher nicht teamrelevant sind, finden

Sie dann in Ihrem persönlichen Speicherort, während Sie teamrelevante Ordner und Dateien im SharePoint-Speicherort wiederfinden.

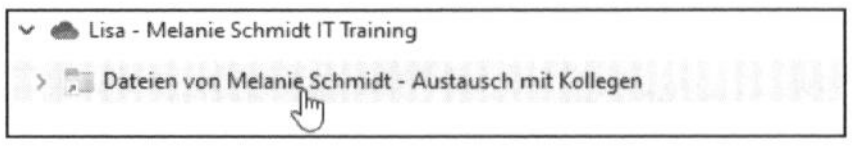

Abb. 3.28
Der Ordner im Datei-Explorer mit dem Verknüpfungssymbol

3.3.14 Eine verknüpfte Synchronisation entfernen

Anders als bei dem Synchronisieren von Teams-Kanal-Ordnern oder ganzen SharePoint-Bibliotheken können verknüpfte Synchronisationen leicht entfernt werden. Nehmen Sie diese Schritte nur für verknüpfte Synchronisationen vor, achten Sie also immer darauf, ob der Ordner ein Verknüpfungssymbol besitzt. Handelt es sich um die Synchronisation eines Kanal-Ordners oder einer SharePoint-Bibliothek, müssen Sie die Synchronisation richtig beenden (siehe Abschnitt 3.3.11). Zum Aufheben der verknüpften Synchronisierung gehen Sie folgendermaßen vor:

1. Öffnen Sie Ihren Datei-Explorer und klicken Sie oben auf Ihren persönlichen OneDrive-Speicher.
2. Klicken Sie mit der rechten Maustaste auf den verknüpften Ordner und wählen Sie im Kontextmenü (siehe Abbildung 3.29) *OneDrive* und klicken Sie dann auf den Befehl *Verknüpfung entfernen*. Die Verknüpfung wird aufgehoben. Wenn Sie in die OneDrive-App in Teams oder über den Webbrowser navigieren, können Sie den Ordner weiterhin in der Ansicht *Geteilt, Mit Ihnen geteilt* sehen und darauf zugreifen.

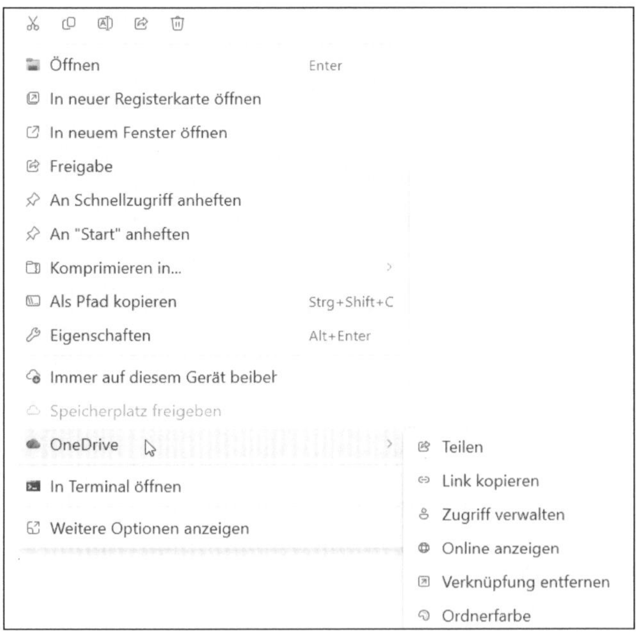

Abb. 3.29
Mit dem Rechtsklick auf den Ordner im Datei-Explorer können Sie die Verknüpfung entfernen.

Wenn Sie in die OneDrive-App wechseln und dort einen verknüpften Ordner in Ihrem Bereich *Eigene Dateien* auswählen, indem Sie vor den Ordner klicken, können Sie über das Menü *Weitere Optionen*, dargestellt mit den drei Punkten, den Befehl *Entfernen* nutzen, um die Verknüpfung ebenfalls aufzuheben.

3.4 OneDrive for Business mobil

Ihr persönlicher Cloud-Speicher auf dem Smartphone oder Tablet.

Die OneDrive-App für mobile Geräte unterscheidet sich im Aussehen und in den Anwendungen von den bisher gezeigten Clients. Sie können die mobile App verwenden, um beispielsweise Bilder oder Dokumente hochzuladen. Sie können Bilder und Dokumente scannen, daraus PDFs erstellen und in der OneDrive for Business- oder in einer SharePoint-Bibliothek speichern. Nutzen Sie die mobile App, um ein Foto oder Video zu erstellen und in OneDrive for Business abzulegen. Sie können über die Mobile-App ebenfalls Dateien in Word, Excel und PowerPoint sowie Ordner erstellen und freigeben. Die App können Sie in den jeweiligen Stores herunterladen und auf den mobilen Geräten installieren. Durch die Anmeldung mit Ihrem Benutzernamen und Ihrem Kennwort findet die Zuordnung zu Ihrem Microsoft 365-Portal statt. Sie können dann auf Ihre Ordner und Dateien ebenso zugreifen wie über den Webclient oder die Desktop-App. In diesem Abschnitt verwende ich die OneDrive-App auf dem iPad und dem iPhone.

3.4.1 Anmelden an OneDrive mobil

Die Anmeldung unterscheidet sich fast nicht von der am PC.

Wenn Sie OneDrive das erste Mal auf dem Smartphone oder dem Tablet verwenden, müssen Sie sich mit Ihrem Microsoft-Konto, also der aktuellen Firmen-E-Mail-Adresse, und Ihrem Kennwort anmelden, das Sie für das Microsoft 365-Portal und am Arbeitsplatz verwenden.

1. Sobald Sie die mobile OneDrive-App im jeweiligen Store heruntergeladen haben und sie öffnen, folgt der Anmeldedialog (siehe Abbildung 3.30). Geben Sie zuerst Ihre E-Mail-Adresse für das Microsoft-Konto ein.

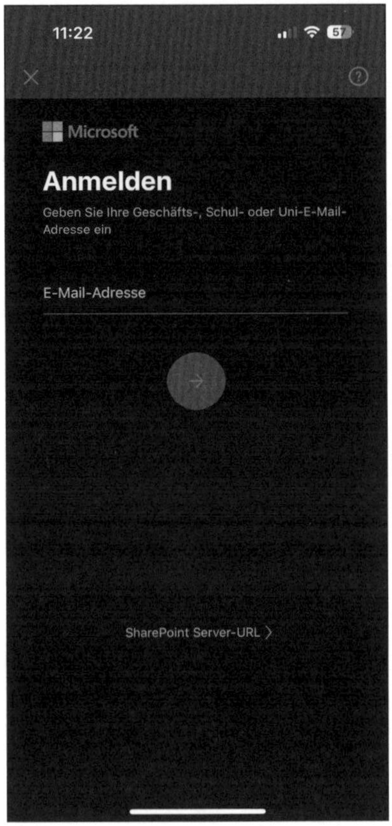

Abb. 3.30 Die Anmeldung an der OneDrive-App über das iPhone

2. Betätigen Sie die Pfeil-Taste, um in die Kennwortabfrage zu gelangen. Geben Sie Ihr Kennwort ein, das Sie am Arbeitsplatz verwenden.
3. Wenn bei Ihnen die Multi-Faktor-Authentifizierung eingerichtet ist, sollte sich die Microsoft Authenticator-App öffnen und Sie können die Abfrage mit einem Code bestätigen. Dies kann einen Augenblick dauern. Sie werden auf die Startseite in Ihrer OneDrive-App weitergeleitet (siehe Abbildung 3.31). Wie Sie die Microsoft Authenticator-App einrichten, habe ich in Abschnitt 2.5 beschrieben.

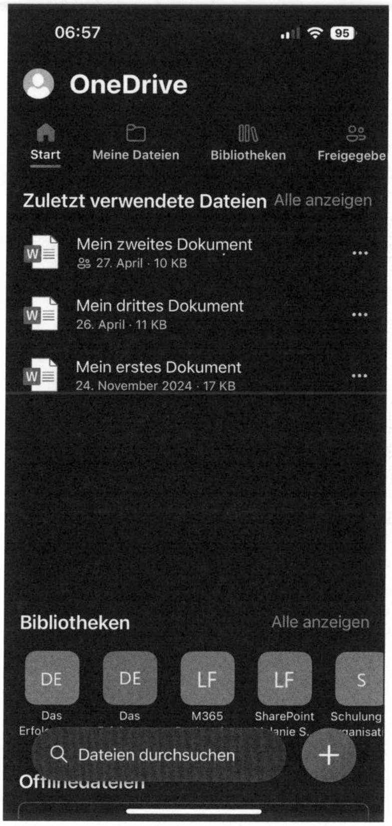

Abb. 3.31 Die Startseite der OneDrive-App auf dem iPhone

3.4.2 Navigation und Ansichten in der mobilen App

Sie können über Ihr Profilbild oder Ihre Initialen in die *Einstellungen* (siehe Abbildung 3.32) oder in den *Papierkorb* von OneDrive for Business navigieren. Über die Navigationsschaltflächen am oberen Displayrand gelangen Sie in verschiedene Ansichten und Bereiche, wie *Meine Dateien*, *Bibliotheken*, *Freigegeben*, *Medien* und *Offline* (siehe ebenfalls Abbildung 3.31 oben). Wischen Sie die Schaltflächen nach links oder rechts. Ganz unten im Display finden Sie immer das Suchfeld, mit dem Sie innerhalb Ihres gesamten OneDrive-Speicherorts nach Inhalten suchen können. Über die Schaltfläche mit dem Plus-Symbol können Sie direkt neue Ordner und Word-, Excel- oder PowerPoint-Dateien erstellen, den Scan öffnen oder Elemente hochladen (siehe Abbildung 3.33).

Abb. 3.32
Die Einstellungen und der Zugang zum Papierkorb in der mobilen OneDrive-App

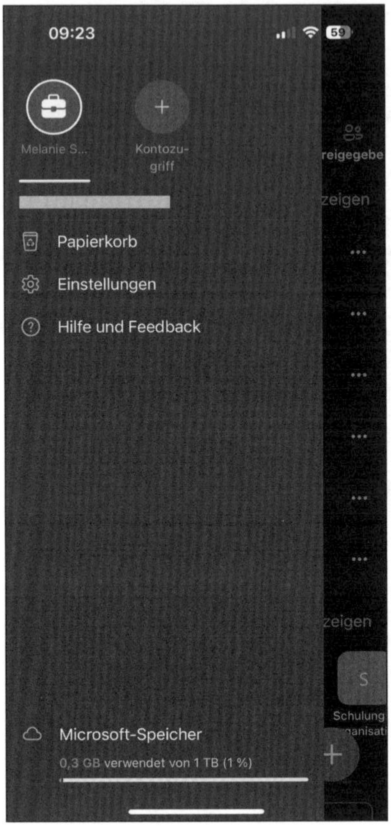

- Der Bereich *Start* zeigt Ihnen Ihre zuletzt geöffneten oder bearbeiteten Dateien an, auch solche, die in Ordnern abgelegt wurden. Lassen Sie sich alle Dateien anzeigen, tippen Sie dafür auf die Schaltfläche *Alle anzeigen*. Sie können im unteren Bereich des Displays Ihre Bibliotheken, die Sie in SharePoint und somit auch in Teams verwenden, öffnen, um auf teambezogene Ordner und Dateien zuzugreifen. Blättern Sie ganz nach unten und Ihnen werden Dateien angezeigt, die Sie für das Offlinearbeiten auf dem Gerät festgelegt haben.
- Im Bereich *Meine Dateien* werden Ihre Ordner und Dateien aufgelistet, die Sie derzeit in OneDrive for Business angelegt und gespeichert haben. Sie finden hier die Dateienliste, in der die Ordner und Dateien untereinander angezeigt werden. Oberhalb der Dateienliste können Sie die Sortierung ändern. Verwenden Sie die Schaltfläche *Einstellungen*, die Sie am Ende in der Spaltenzeile antippen, um die Ansicht von Liste zu Raster oder umgekehrt zu ändern.
- Über den Bereich *Bibliotheken* können Sie auf die Inhalte Ihrer häufig aufgesuchten und favorisierten Bibliotheken der SharePoint-Websites navigieren, für die Sie als Mitglied oder Besitzer berechtigt sind oder die als öffentlich für alle Mitarbeiter zugänglich sind. Auch hier können Sie die Schaltfläche *Alle Anzeigen* antippen, um alle Bibliotheken in der Auflistung darzustellen.

- Der Bereich *Freigegeben* zeigt Ihnen die Inhalte an, die von anderen Personen für Sie oder die Sie für andere Personen freigegeben haben. Sie können unterhalb des Ordner- oder Dateinamens sehen, wer das jeweilige Element freigegeben hat. Im oberen Bereich können Sie über die Spalten sortieren und filtern. Verwenden Sie die Schaltfläche *Einstellungen*, die Sie am Ende in der Spaltenzeile antippen, um die Ansicht von Liste zu Raster oder umgekehrt zu ändern.
- Im Bereich *Medien* finden Sie Ihre Bilder- und Videodateien, die Sie in OneDrive gespeichert haben.
- Haben Sie Dateien offline auf dem Smartphone oder dem Tablet gespeichert, können Sie *Offline* antippen und auf diese Dateien zugreifen.

Abb. 3.33
Über die Schaltfläche *Neu hinzufügen*, dargestellt mit dem Plus-Symbol, können Sie neue Office-Dateien erstellen, Elemente hinzufügen, Elemente über die Schaltfläche *Erfassen* scannen oder Elemente hochladen.

3.4.3 Dateien offline verfügbar machen

Machen Sie nur Dateien offline verfügbar, die Sie in den kommenden Stunden benötigen.

Gerade auf Geschäftsreisen oder wenn Sie unterwegs sind, kommt es vor, dass Sie bestimmte Dateien auf dem Tablet verwenden möchten. Aufgrund fehlender oder schlechter Internetverbindungen ist es von Vorteil, wenn Sie vor Reisebeginn die gewünschten Dokumente offline verfügbar machen. Die Ordner und Dateien, die über OneDrive mobil synchronisiert werden, stehen Ihnen standardmäßig nur im Online-Modus zum Abruf bereit. Stellen Sie also am besten vor Beginn der Reise sicher, dass Sie die Dateien, die Sie unterwegs benötigen, auch im Offline-Modus öffnen und bearbeiten können. Beachten Sie jedoch, dass die Datei nur auf diesem mobilen Gerät als offline verfügbar gespeichert wird, nicht zum Beispiel auch auf dem Laptop. Sie müssen sich also entscheiden, ob Sie die Datei auf dem Tablet oder am Laptop bearbeiten werden. Beachten Sie, wenn Sie zeitgleich an unterschiedlichen Geräten oder mit anderen Personen an einem Dokument arbeiten, dass die Online-Bearbeitung beim Speichern vorrangig behandelt wird und es dadurch zu Speicherkonflikten führen kann. Besprechen Sie deshalb vor der Reise mit Ihren Kollegen den Ablauf.

1. Stellen Sie sicher, dass Sie online sind.
2. Öffnen Sie die OneDrive-App auf Ihrem mobilen Gerät.
3. Öffnen Sie den Startbereich oder eine Bibliothek, wo sich die Datei befindet, die Sie auf Ihrem mobilen Gerät offline verfügbar machen möchten. Tippen Sie auf die drei Punkte hinter dem Dateinamen, um weitere Befehle einzublenden (siehe Abbildung 3.34).

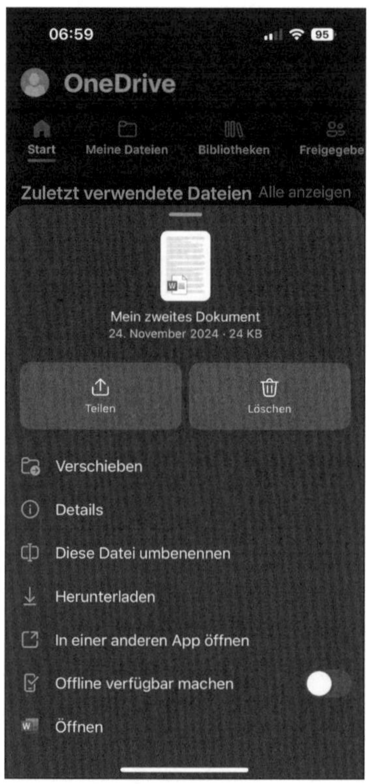

Abb. 3.34 Hinter jedem Dokument befindet sich ein weiteres Menü, dargestellt mit den drei Punkten. Darüber lässt sich das Kontextmenü mit weiteren Befehlen öffnen.

4. Aktivieren Sie die Schaltfläche *Offline verfügbar machen*. Die Datei wird nun auf der Startseite unten bei *Offlinedateien* und oben im Display im Bereich *Offline* angezeigt.

Die Datei wird nun lokal auf dem mobilen Gerät und im Cloud-Speicher synchronisiert und besitzt den Status *Auf diesem Gerät verfügbar*. Falls Sie keine Internetverbindung herstellen können, steht Ihnen das Dokument offline zur Verfügung. Sobald Sie wieder eine Verbindung zum Internet herstellen, wird Ihr Arbeitsstand synchronisiert.

3.4.4 Speicherplatz auf einem mobilen Gerät freigeben

Dateien, die Sie für den Offline-Modus verfügbar gemacht haben, nehmen Speicherplatz auf den mobilen Geräten in Anspruch. Sobald Sie bestimmte Dateien nicht mehr im Offline-Modus benötigen, können Sie den Speicherplatz freigeben, indem Sie die Inhalte nicht mehr auf dem Gerät zur Verfügung stellen und nur bei Bedarf aus der Cloud abrufen.

Geben Sie Speicherplatz frei, wenn Sie die Dateien nicht mehr benötigen.

1. Stellen Sie sicher, dass eine Internetverbindung besteht.
2. Öffnen Sie OneDrive auf Ihrem mobilen Gerät.
3. Tippen Sie auf das Startsymbol.
4. Scrollen Sie in den unteren Bereich *Offlinedateien*, damit Ihnen die Dateien angezeigt werden, die Sie für den Offline-Modus auf dem mobilen Gerät abgelegt haben.
5. Tippen Sie hinter dem jeweiligen Dokument auf das Menü *Weitere Optionen* und deaktivieren Sie die Schaltfläche *Offline verfügbar machen* (siehe Abbildung 3.35). Die Datei wird jetzt in der Cloud gespeichert und Sie können sie bei Bedarf erneut öffnen.

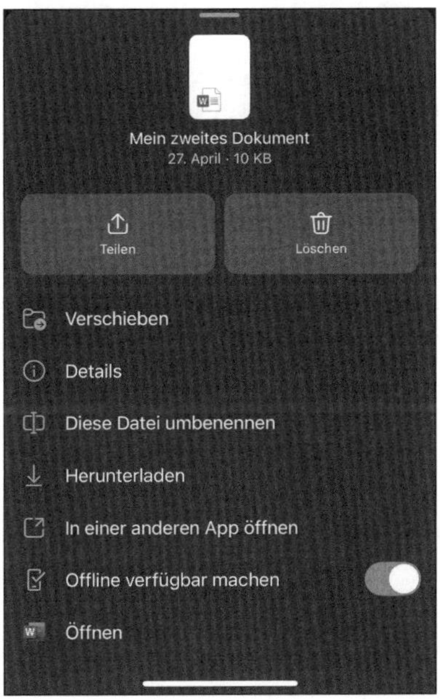

Abb. 3.35
Die Schaltfläche *Offline verfügbar machen* ist aktiviert.

3.4.5 Scannen und Speichern einer Datei

Mit der mobilen App von OneDrive in Verbindung mit der Kamera Ihres Smartphones oder Tablets können Sie Dokumente, Bilder, Whiteboards und Visitenkarten scannen und in Ihrer OneDrive- oder SharePoint-Bibliothek als PDF-Datei speichern.

Unterwegs Dokumente und Bilder fotografieren und am richtigen Ort speichern

1. Öffnen Sie die OneDrive-App.
2. Tippen Sie auf die Schaltfläche mit dem *Pluszeichen* (siehe Abbildung 3.36).

Abb. 3.36 Zum Scannen tippen Sie zuerst auf die Schaltfläche +.

3. Tippen Sie auf die Schaltfläche *Erfassen*.
4. Wischen Sie unterhalb des Auslöseknopfs nach rechts und wählen Sie eines der Formate *Dokument*, *Video*, *Whiteboard*, *Visitenkarte* oder *Foto* aus.
5. Scannen Sie das Dokument, das Whiteboard, die Visitenkarte oder das Foto und tippen Sie auf den Auslöser.
6. Sie können den gescannten Inhalt bearbeiten. Tippen Sie dazu auf die Schaltfläche *Überprüfen und bearbeiten* und wählen Sie dazu die Werkzeuge, die Ihnen nach dem Scannen am rechten Bildschirm angeboten werden. Schneiden oder drehen Sie falls erforderlich den Ausschnitt.
7. Tippen Sie unten im Bildschirm auf die Schaltfläche *Beenden*, um den Scan zu beenden.
8. Prüfen Sie, ob der Speicherort richtig ausgewählt ist. Wählen Sie oben entweder die Schaltfläche *Meine Dateien*, um den Scan in Ihrem OneDrive-Ordner zu speichern, oder wählen Sie die Schaltfläche *Bibliotheken*, um einen SharePoint-Speicherplatz auszuwählen. Wählen Sie innerhalb einer SharePoint-Website die entsprechende Bibliothek, die hier als Ordner angezeigt wird.
9. Tippen Sie oben auf die Schaltfläche *Umbenennen* und vergeben Sie einen Dateinamen (siehe Abbildung 3.37), sonst wird die Datei automatisch mit »Scan vom YYYY.MM.DD« und der Uhrzeit als Dateinamen gespeichert. Diesen können Sie direkt antippen und überschreiben. Nennen Sie die Datei *Mein erster Scan*.
10. Tippen Sie auf die Schaltfläche *Bestätigen*, um den Namen zu übernehmen.
11. Tippen Sie unten auf die Schaltfläche *Speichern*, damit Ihr Scan gespeichert wird.

Abb. 3.37
Oben im Bereich *Standort speichern* kann der Dateiname geändert werden.

3.4.6 Scannen einer mehrseitigen Datei

Sie können mehrseitige Dokumente oder verschiedene Seiten eines Whiteboards, die Sie mit der Kamera scannen, zu einer Datei zusammenfassen, sodass daraus ein mehrseitiges PDF entsteht.

Unterwegs kann der Vertrag gescannt und direkt in der Bibliothek des Abteilungs- oder Projektteams gespeichert werden.

1. Öffnen Sie die OneDrive-App.
2. Tippen Sie auf die Schaltfläche mit dem *Pluszeichen* und tippen Sie auf die Schaltfläche *Erfassen*.
3. Wählen Sie unterhalb des Auslösers das Format *Dokument* aus, um ein mehrseitiges Dokument zu scannen.
4. Fotografieren Sie die erste Seite. Tippen Sie danach im Bildschirm auf die Schaltfläche *Hinzufügen* mit dem Kamera- und Pluszeichen-Symbol, um weitere Seiten zu scannen.
5. Tippen Sie auf die Schaltfläche *Überprüfen und bearbeiten*. Verwenden Sie die Werkzeuge, um den Scan zu bearbeiten.
6. Tippen Sie auf die Schaltfläche *Weitere hinzufügen*, um eine weitere Seite abzufotografieren.

7. Wiederholen Sie den fünften und sechsten Schritt, bis Sie alle Elemente, die Sie zusammenfassen möchten, gescannt haben.
8. Blättern Sie in den Seiten nach links und rechts, um die Seiten einzeln zu prüfen und ggf. zu bearbeiten.
9. Tippen Sie dann auf die Schaltfläche *Beenden*.
10. Wählen Sie einen Speicherort aus.
11. Tippen Sie oben auf die Schaltfläche *Umbenennen* und vergeben Sie einen Dateinamen. Bestätigen Sie diesen, indem Sie auf die Schaltfläche *Bestätigen* tippen.
12. Tippen Sie auf die Schaltfläche *Speichern*.
13. Ihr mehrseitiger Scan wird nun als PDF-Datei an dem von Ihnen ausgewählten Speicherort angezeigt. Öffnen Sie die Datei.

3.4.7 Ein Dokument freigeben

Geben Sie nur Ihre persönlichen Dokumente frei.

Auch über die mobile App von OneDrive können Sie Dateien für andere freigeben. Bedenken Sie dabei immer, dass die SharePoint-Bibliotheken eigene Berechtigungen besitzen und Sie eventuell keine Dokumente freigeben beziehungsweise teilen dürfen.

1. Öffnen Sie die OneDrive-App.
2. Wechseln Sie in die Ansicht *Meine Dateien*.
3. Öffnen Sie den Ordner, in dem sich die Datei befindet, die Sie freigeben möchten.
4. Tippen Sie hinter die Datei, die Sie freigeben möchten, auf das Menü *Weitere Optionen*, dargestellt mit den drei Punkten.
5. Tippen Sie im Kontextmenü auf die Schaltfläche *Teilen*. Es öffnet sich ein Dialogfenster. Geben Sie eine oder mehrere E-Mail-Adressen oder Namen desjenigen ein, für den Sie den Ordner oder die Datei freigeben möchten.
6. Schreiben Sie direkt darunter eine persönliche Nachricht, die die Person mit dem Freigabelink per E-Mail erhalten soll.
7. Möchten Sie die Bearbeitungsrechte ändern, tippen Sie auf das Stift-Symbol hinter dem hinzugefügten Namen beziehungsweise der hinzugefügten E-Mail-Adresse.
8. Möchten Sie die Linkoptionen ändern, tippen Sie auf das Zahnrad-Symbol und wählen die Option aus, die Sie wünschen, und tippen Sie auf die Schaltfläche *Übernehmen*.
9. Tippen Sie auf die Schaltfläche *Senden*. Der Freigabelink wird mit Ihrer persönlichen Nachricht per E-Mail gesendet.

3.4.8 Gelöschte Dateien und Ordner in der mobilen App wiederherstellen

Um gelöschte Dokument oder Ordner in der mobilen App von OneDrive wiederherzustellen, gehen Sie folgendermaßen vor:

Alle gelöschten Inhalte werden im Papierkorb der jeweiligen App angezeigt.

1. Tippen Sie auf das Benutzersymbol mit Ihren Initialen oder dem Profilbild oben links im Bildschirm.
2. Wählen Sie dort den Papierkorb aus. Ihnen werden alle von Ihnen gelöschten Dateien und Ordner angezeigt.
3. Tippen Sie auf die drei Punkte hinter dem Ordner oder der Datei, die Sie wiederherstellen möchten.
4. Tippen Sie auf den Befehl *Wiederherstellen*. Der Ordner oder die Datei wird an dem Ursprungsort wieder angezeigt.

3.4.9 Ein weiteres Microsoft-Konto zur mobilen OneDrive-App hinzufügen

Wenn Sie über ein geschäftliches und ein privates Microsoft-Konto verfügen, können Sie in der OneDrive-App diese Konten hinzufügen und zwischen ihnen wechseln. Befragen Sie jedoch vorher Ihre IT-Abteilung, ob Sie ein privates Konto auf dem Firmengerät hinzufügen dürfen.

Überlegen Sie, ob Sie geschäftliche und private Inhalte auf dem Smartphone sehen möchten.

1. Um ein weiteres Microsoft-Konto der OneDrive-App hinzuzufügen, tippen Sie oben links im Display auf das Benutzer-Symbol mit Ihren Initialen oder dem Profilbild.
2. Wählen Sie die Schaltfläche + *Kontozugriff*.
3. Geben Sie Ihre E-Mail-Adresse für das Microsoft-Konto und das Kennwort in den nachfolgenden Dialogen ein.
4. Wenn bei Ihnen die Multi-Faktor-Authentifizierung abgefragt wird, sollte sich die Microsoft Authenticator-App öffnen und Sie können die Abfrage mit einem Code bestätigen. Dies kann einen Augenblick dauern. Sie werden auf die Startseite in Ihrer OneDrive-App weitergeleitet.
5. Nach der erfolgreichen Einrichtung der Konten können Sie über das Benutzersymbol zwischen den verschiedenen Microsoft-Konten hin- und herwechseln (siehe Abbildung 3.38).

Abb. 3.38 Sie können auf dem mobilen Gerät zwischen den jeweiligen Konten hin- und herwechseln und auch weitere Konten hinzufügen.

3.4.10 OneDrive mobil vom Gerät löschen

Melden Sie sich immer erst aus einer App ab, bevor Sie sie löschen.

Sie können OneDrive mobil von Ihrem mobilen Gerät entfernen. Vorher sollten Sie jedoch die Synchronisation zu OneDrive beenden oder schließen.

1. Tippen Sie oben links auf das Benutzersymbol mit Ihren Initialen oder dem Profilbild.
2. Tippen Sie auf *Einstellungen*.
3. Wählen Sie das Konto mit der E-Mail-Adresse aus, das Sie nicht mehr synchronisieren möchten, und tippen Sie dahinter auf den Pfeil nach rechts.
4. Tippen Sie auf die Schaltfläche *Abmelden*.
5. Bestätigen Sie im nachfolgenden Dialog, dass Sie sich vom Konto abmelden möchten.
6. Wiederholen Sie den Vorgang, falls Sie mehrere Konten verwenden.
7. Erst dann sollten Sie die mobile App von Ihrem Gerät deinstallieren.

3.5 Zusammenfassung

Mithilfe von OneDrive for Business können Sie ortsunabhängig persönliche, arbeitsrelevante Dateien aus Ihrem persönlichen OneDrive-Speicher sowie teambezogene Dateien aus den SharePoint-Bibliotheken Ihres Microsoft 365-Portals mit Ihrem Computer und den mobilen Geräten synchronisieren und auf relevante Dateien zugreifen. Durch Freigaben und das Teilen von persönlichen Dateien besteht für Sie und andere die Möglichkeit, zeitgleich und gemeinsam an Dokumenten zu arbeiten, ohne sie als Dateianhänge per E-Mail-Nachricht hin- und herschicken zu müssen und dadurch viele Kopien der Dateien zu erzeugen. Für die Freigaben der Dateien versendet das System jeweils einen Freigabelink per E-Mail, der zum Öffnen der jeweiligen Dateien benötigt wird. Durch die Integration von Office für das Web lassen sich auf allen Geräten neue Dateien erstellen und am Speicherort bearbeiten und ablegen, ohne dass auf dem System die jeweilige Desktop-App installiert und lizenziert sein muss. Zusätzlich können Sie Ihren privaten OneDrive-Cloud-Speicher in die mobilen Geräte integrieren, sodass Sie alle OneDrive-Anwendungen als zentralen Ablageort sowohl für private als auch für geschäftliche Dateien und Ordner verwenden können.

Sofern Sie Dateien im Offline-Modus benötigen, können Sie sie auf dem Gerät verfügbar machen. Das alleinige Speichern in der Microsoft-Cloud ermöglicht es Ihnen, Speicherplatz auf dem jeweiligen Computer oder mobilen Gerät freizugeben. Die Möglichkeit, unterwegs mit dem Smartphone oder Tablet Informationen einzuscannen, weiterzuleiten oder direkt in die jeweilige OneDrive- oder auch SharePoint-Bibliothek zu speichern, erleichtert ebenfalls die Bereitstellung von Informationen für Sie selbst oder für andere. OneDrive for Business bietet also weitaus mehr als nur einen Online-Speicher im Microsoft 365-Portal.

Kapitel 4

SharePoint Online

4.1 Ihr gemeinsamer Speicherplatz und mehr

Während Sie OneDrive for Business für Ihre persönlichen, arbeitsrelevanten Dateien als Cloud-Speicher verwenden, nutzen Sie in der Microsoft 365-Welt SharePoint Online als Cloud-Speicher für die Dateien, die Sie zusammen mit Ihrem Team oder mit anderen unternehmensinternen oder -externen Personen gemeinsam benötigen.

4.2 Ausgangssituation

Wo befindet sich die Präsentation, die wir nächste Woche benötigen?

Durch den Einsatz vieler unterschiedlicher Technologien und Systeme im Büroalltag innerhalb eines Unternehmens und die Bereitstellung von Netzlaufwerken und freigegebenen Ordnern ist es oftmals sehr mühsam, Informationen für die Teammitglieder oder die jeweilige Abteilung zentral bereitzustellen oder zu finden. Informationen liegen verstreut in den Systemen, Netzlaufwerken oder in den E-Mail-Postfächern, handschriftliche Notizen landen in der Schreibtischschublade. Wichtige Informationen und Dateien, die das Team oder die ganze Abteilung betreffen, werden häufig per E-Mail versandt und das Mailen von Dateianhängen sorgt zusätzlich dafür, dass Dateien doppelt oder gar dreifach im Umlauf sind, was leicht zu hohen Fehlerquoten in der Aktualität der Dokumente führt: Welches ist die aktuelle Version? Sind darin alle Änderungen von allen Personen enthalten? Alternativ werden wichtige Dokumente wie etwa Excel-Listen mit Informationen, die alle Team- oder Abteilungsmitglieder betreffen, auf dem Netzlaufwerk gespeichert, was jedoch die zeitgleiche Bearbeitung der Datei unmöglich macht. Die zentrale Bereitstellung sämtlicher Informationen für ein Team oder eine Abteilung ist so nicht gegeben. Durch SharePoint Online können Sie bei diesem Problem Abhilfe schaffen.

4.3 Der Einsatz von SharePoint Online

SharePoint ist mehr als nur ein gemeinsamer Cloud-Speicher.

Microsoft SharePoint wird seit vielen Jahren in Unternehmen für unterschiedliche Geschäftsanforderungen eingesetzt. So kommt es als internes Zusammenarbeitsportal und damit als Intranetlösung zum Einsatz. Mit SharePoint Online in den Microsoft 365-Business- und -Enterprise-Plänen erstellen Sie virtuelle, moderne Arbeitsumgebungen für die einzelnen Abteilungen oder Teams, die über den Webbrowser geöffnet und als Websites bezeichnet werden.

Auf einer SharePoint Online-Website haben Sie verschiedene Möglichkeiten, mit Ihren Kollegen die unterschiedlichsten Informationen auszutauschen:

- Bei der Erstellung eines Plans in Microsoft Planner oder eines Teams in Microsoft Teams wird im Hintergrund immer eine Microsoft 365-Gruppe und somit auch eine **SharePoint-Teamwebsite** erstellt. Mit der Teamwebsite nutzen Sie die **Dokumentenbibliothek**, in der Sie innerhalb von Teams, Planner oder der Microsoft 365-Gruppe Dateien zentral ablegen können. Neben der Dokumentenbibliothek zum Ablegen von Dateien können Sie weitere Elemente der Website nutzen, um nicht nur Dateien, sondern auch Listenelemente bereitzustellen oder abzurufen.
- Sie können **Listen-Apps** erstellen und mit Ihren Team- und Abteilungsmitgliedern zusammen verwenden. Diese Listen-Apps entsprechen jeweils einer Datenbanktabelle, in der Sie zeitgleich mit Ihren Kollegen Einträge vornehmen können.
- Zusätzlich zur vorhandenen Dokumentenbibliothek können Sie weitere **Bibliotheken** erstellen, um deren Inhalte zu versionieren, und mit der Ein- und Auscheckfunktion schreibgeschützte Entwürfe speichern oder die Dokumente als eine aktuelle Hauptversion in der SharePoint-Bibliothek veröffentlichen. So können Sie die Änderungen an einem Dokument nachverfolgen und gegebenenfalls auf eine ältere Version zurückgreifen. Die Funktion für das zeitgleiche Arbeiten an einem Dokument mit mehreren Personen ist in jeder SharePoint-Bibliothek verfügbar.
- SharePoint Online liefert unter anderem weitere **Bibliotheks-**, **Listen-** und **Websitevorlagen**, um Informationen und den Wissensaustausch zentral auf einer Teamwebsite zu steuern.
- Durch das Hinzufügen von eigenen **Spalten** in einer Liste oder Bibliothek sowie die Zuordnung der Eigenschaften innerhalb einer Spalte erfolgt eine strukturierte Ablage von Dateien und Listen-Elementen. Durch das Erstellen von sogenannten **Ansichten** in der jeweiligen Bibliothek oder Liste lassen sich gewünschte Informationen filtern und dadurch schnell auffinden.
- Zusätzlich können sogenannte **Webparts** einer Website hinzugefügt werden. Webparts sind Steuerelemente und dienen der Anzeige von gefilterten Informationen, die vom System geliefert werden oder aus einer Bibliothek oder Liste stammen.

- Des Weiteren gibt es Funktionen wie beispielsweise **Dokumentenmappen**, die dafür sorgen, dass Dokumente gebündelt mit mehreren Eigenschaften in einer Mappe strukturiert abgelegt werden können.
- Auf einer Website können Sie Nachrichten als **News** bereitstellen, damit Sie Ihre Team- und Abteilungsmitglieder mit wichtigen Informationen auf dem Laufenden halten.

Mit den Microsoft 365-Business- und -Enterprise-Plänen für Unternehmen werden Sie SharePoint Online in Kombination einer **Microsoft 365-Gruppe** verwenden, sodass Ihnen zusätzlich zu den SharePoint-Funktionen die durch die Gruppe bereitgestellten Dienste zur Verfügung stehen. So können Team- und Abteilungsmitglieder auf einen gemeinsamen **Kalender** und ein **Gruppenpostfach** zugreifen, Planner nutzen, um **gemeinsam Aufgaben** zu managen, oder als Ergänzung die **Kommunikationsmöglichkeiten** von Microsoft Teams verwenden. Die Berechtigungsstruktur dieser SharePoint Online-Websites in Verbindung mit einer Microsoft 365-Gruppe beschränkt sich jedoch immer auf die Berechtigungen der Microsoft 365-Gruppe. Somit stehen hier die Benutzerrollen *Besitzer* und *Mitglieder* zur Verfügung. Werden die zusätzlichen Dienste einer Microsoft 365-Gruppe nicht benötigt, können reine SharePoint-Websitesammlungen erstellt werden, die nicht in Verbindung mit einer Microsoft 365-Gruppe stehen und damit ein umfangreicheres Berechtigungskonzept liefern. Jedoch besteht dann nicht die Möglichkeit, die weiteren Microsoft 365-Dienste wie die aus Exchange Online, Planner oder Microsoft Teams für die Website zu nutzen oder zu einem späteren Zeitpunkt hinzuzufügen. Diese SharePoint Online-Website steht Ihnen dann mit den reinen SharePoint-Funktionen und den umfangreichen Berechtigungen zur Verfügung.

4.4 Websitesammlungen und Websites

Verschachtelte Strukturen können zu unübersichtlichen Abhängigkeiten in den Berechtigungen führen.

Durch das Anlegen einzelner SharePoint-Websites auch in Verbindung mit einer Microsoft 365-Gruppe werden sogenannte Websitesammlungen im Hintergrund angelegt. Eine Websitesammlung besteht aus einer Website der obersten Ebene, die mit bestimmten Inhalten ausgestattet ist. Berechtigungen, die beim Anlegen einer Website oder Gruppe und der damit verbundenen Websitesammlung vergeben werden, vererben sich direkt auf alle Inhalte dieser Websitesammlung. In der Standardkonfiguration von Microsoft 365 dürfen Besitzer einer Websitesammlung sogenannte Unterwebsites anlegen. Diese Unterwebsites sind dann ebenfalls mit weiteren Bibliotheken und Listen sowie Inhalten bestückt. Daher auch der Name Websitesammlung: Sie umfasst eine Sammlung von Websites. Es ist jedoch unbedingt vom Anlegen einer oder vieler Unterwebsites (siehe Abbildung 4.1) dringend abzuraten, da bei einer organisatorischen Umstrukturierung in einem Unternehmen keine Trennung der einzelnen Websites möglich ist. Ich weise an dieser Stelle darauf hin, da die Standardkonfiguration des jeweiligen Microsoft 365-Portals es zulässt, dass Unterwebsites grundsätzlich erstellt werden können. In den meisten Unternehmen ist das Erstellen von Unterwebsites nicht gewünscht, und sollte unbedingt zuvor mit der IT-Abteilung besprochen werden.

Abb. 4.1
Eine verschachtelte Websitesammlung

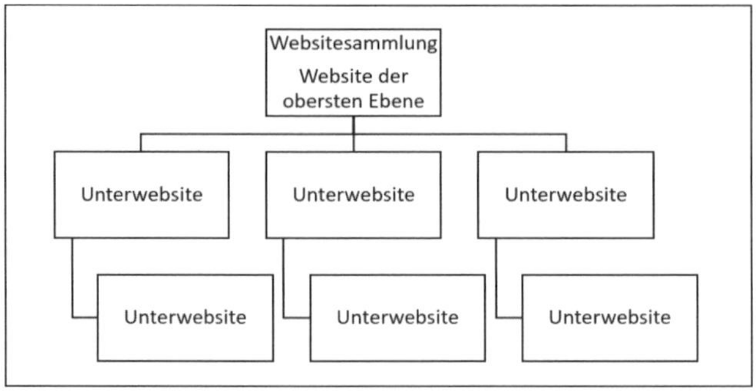

Wenn Sie also eine Website in SharePoint Online oder ein Team in Teams oder eine Gruppe in Outlook erstellen, wird automatisch im Hintergrund immer auch eine Websitesammlung bestehend aus einer einzelnen Teamwebsite für Sie bereitgestellt.

4.5 Berechtigungen in SharePoint Online

Auch externe Personen können als Gäste berechtigt werden, wenn die IT-Abteilung sie aufgenommen hat.

Die Berechtigungen in SharePoint Online sind von der jeweiligen Website, die Sie anlegen, und dem jeweiligen Microsoft-Produkt abhängig, das Sie einsetzen. Beim Erstellen von Teamwebsites in Verbindung mit einer Microsoft 365-Gruppe wird jeweils eine neue Websitesammlung und eine Microsoft 365-Gruppe erstellt. Diese Websites verwenden die Benutzerrollen *Besitzer* und *Mitglieder*. Wenn Sie eine Teamwebsite anlegen oder beantragen, wird Ihnen die Benutzerrolle *Besitzer* zugeordnet und Sie können weitere Besitzer der Microsoft 365-Gruppe hinzufügen und Mitglieder für die Zusammenarbeit einladen. Diejenigen, die Sie als Besitzer hinzufügen oder als Mitglieder einladen, erhalten automatisch Ihre Inhalte auf der gesamten Website sowie die jeweiligen Berechtigungen auf die Microsoft 365-Gruppenressourcen. Auch wenn Sie die Website mit weiteren Bibliotheken, Listen und Apps ausstatten, haben alle, die Sie eingeladen haben, automatisch Zugriff auf die jeweiligen Inhalte.

Bei der Freigabe von SharePoint-Teamwebsites über die Website selbst können Sie auswählen, ob Sie die Benutzer für die gesamte Microsoft 365-Gruppe oder nur für die SharePoint-Teamwebsite berechtigen möchten, dann stehen diesen Benutzern jedoch nicht die Microsoft 365-Gruppenressourcen zur Verfügung. Wenn Sie sich dazu entscheiden, Personen nur für die Website zu berechtigen, können Sie ihnen auch reinen Lesezugriff gewähren. Der Lesezugriff beschränkt sich dann auf die SharePoint-Website, alle Bibliotheken und Listen und auf das Notizbuch. Die Benutzer können jedoch nicht auf das Gruppenpostfach, den Gruppenkalender oder auf den Plan der Website zugreifen, wenn Sie ihnen keine Aufgaben im Plan zugewiesen haben. Benutzer mit Lesezugriff können eine Beitrittsanfrage an Sie stellen, die Sie genehmigen oder ablehnen können.

Bei Websites, die nicht in Kombination mit einer Microsoft 365-Gruppe bereitgestellt werden, wie es standardmäßig bei der Kommunikationswebsite der Fall ist, steht Ihnen das SharePoint-Berechtigungskonzept zur Verfügung. Auch wenn Sie einen reinen SharePoint Online-Plan 1 oder 2 oder die Servervariante von SharePoint verwenden, der Ihnen nur die reinen SharePoint-Funktionen zur Verfügung stellt, können Sie die Berechtigungen über sogenannte Berechtigungsstufen und SharePoint-Gruppen steuern. In diesem Fall werden beim Anlegen einer Websitesammlung automatisch drei SharePoint-Gruppen mit den Rollen *Besitzer*, *Mitglieder* und *Besucher* erstellt. Diese SharePoint-Gruppen liegen im Hintergrund der Websitesammlung. Durch das Hinzufügen von Personen zu einer SharePoint-Gruppe haben diese Benutzer volle, mitwirkende oder lesende Zugriffsrechte auf der Website und ihren Inhalten, dazu gehört auch das Notizbuch, das Sie eventuell nur mit Ihren Teammitgliedern verwenden möchten. Zusätzlich ist es möglich, weitere Berechtigungsstufen und SharePoint-Gruppen für individuelle Anforderungen zu erstellen.

Individuelle Berechtigungsgruppen können auf reinen SharePoint-Websites gesteuert werden.

4.6 SharePoint Online-Websites

Über SharePoint Online können Sie verschiedene Websites für unterschiedliche Anwendungsfälle verwenden. Beim Anlegen einer Teamwebsite wird im Hintergrund eine Microsoft 365-Gruppe erstellt und die damit verbundenen Dienste werden integriert. Ihr Administrator kann Websites für Sie bereitstellen, die auch nur die reinen SharePoint-Funktionen innerhalb der SharePoint-Website anbieten, sodass hier keine Verbindung zu einer Microsoft 365-Gruppe und die damit verbundenen Dienste und Gruppenberechtigungen bestehen. Die Berechtigungen beziehen sich dann auf die drei SharePoint-Gruppen *Besitzer*, *Mitglieder* und *Besucher* mit den jeweiligen Berechtigungsstufen *Vollzugriff*, *Mitwirken* und *Lesen*. Auch individuelle SharePoint-Gruppen und die damit verbundenen Berechtigungen lassen sich damit steuern.

Unterschiedliche Websites für unterschiedliche Anwendungsfälle

4.6.1 Die Website »Teamwebsite«

Eine Teamwebsite (siehe Abbildung 4.2) wird für die Zusammenarbeit verwendet, um in der Abteilung, Arbeitsgruppe, in einem Fachbereich oder in einem Projekt mit einem bestimmten Personenkreis zusammen an Dokumenten, Listen und am Informationsaustausch zu arbeiten. Ihnen stehen standardmäßig folgende Werkzeuge in Kombination mit einer Microsoft 365-Gruppe über diese Website zur Verfügung:

Arbeiten Sie gemeinsam mit Ihrem Team an Dokumenten und Listen.

- ein Gruppenpostfach und -kalender
- ein Gruppennotizbuch
- Planner
- Teams, wenn Sie diese Verbindung aktiviert haben

Die Bezeichnung *private* oder *öffentliche Gruppe* ganz oben rechts unterhalb der Titelleiste zeigt an, ob es sich um eine Website handelt, die für alle Benutzer, die über einen Unternehmensaccount verfügen, zugänglich ist, oder nur für ausgewählte Personen. Gruppenbesitzer und -mitglieder haben Vollzugriff- und Bearbeitungsrechte. Die Gruppen-Teamwebsite kann jedoch auch für bestimmte Personen mit Lesezugriff freigegeben werden, ohne dass diese für die gesamte Microsoft 365-Gruppe berechtigt werden. Diese Benutzer können dann zwar die Inhalte der Website sowie die des Notizbuchs sehen, sie können jedoch nicht auf das Gruppenpostfach oder den -kalender der Website zugreifen. Eine Beitrittsanfrage zur Aufnahme als Mitglied können sie allerdings stellen. Einer Teamwebsite können Websitevorlagen hinzugefügt werden. Diese Vorlagen bestehen aus vorgefertigten Designs und liefern bereits weitere integrierte Listen und Bibliotheken. Deshalb können die Teamwebsites unterschiedlich aussehen.

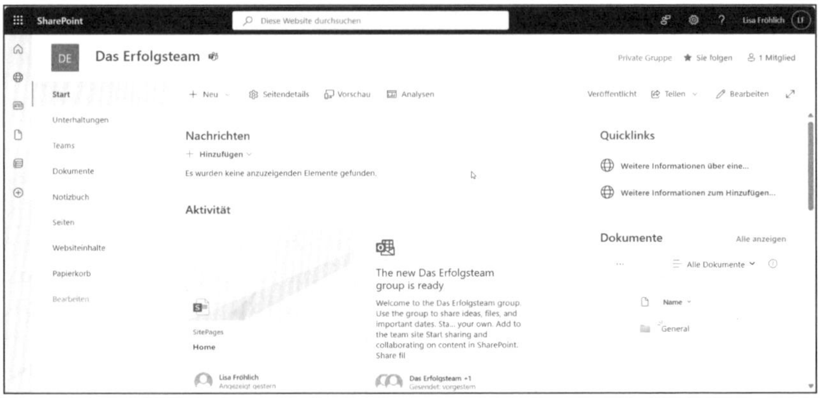

Abb. 4.2 Die Teamwebsite in SharePoint Online, kombiniert mit einer Microsoft 365-Gruppe

4.6.2 Die Website »Kommunikationswebsite«

Informieren Sie die Belegschaft mit Informationen aus dem Unternehmen oder der Abteilung.

Die *Kommunikationswebsite* (siehe Abbildung 4.3) eignet sich für die Bereitstellung von reinen Informationen zu verschiedenen Themen, die bestimmte Organisationseinheiten oder das gesamte Unternehmen betreffen. Kommunikationswebsites werden meistens von einem redaktionellen Team betreut. Für die Bereitstellung von Dateien steht eine SharePoint-Bibliothek zur Verfügung. Informationen und Inhalte werden in SharePoint-Webseiten verfasst und veröffentlicht. Dieser Website kann eine Websitevorlage mit Designs und bestehenden Bibliotheken zugeordnet werden oder sie kann von Grund auf mit eigenen Bibliotheken und Listen ausgestattet werden.

Bei dieser Website handelt es sich um eine reine SharePoint Online-Website, die nicht in Verbindung mit einer Microsoft 365-Gruppe steht. Die Berechtigungsvergaben erfolgen bei der Freigabe über die vorhandenen SharePoint-Gruppen *Besitzer*, *Mitglieder* und *Besucher* und den Berechtigungsstufen *Vollzugriff*, *Mitwirken* und *Lesen*. Auch hier lassen sich eigene SharePoint-Gruppen und die dazugehörigen Berechtigungen erstellen.

Abb. 4.3 Die Kommunikationswebsite für die Bereitstellung reiner Informationen für die gesamte Belegschaft. Es besteht keine Verbindung zu einer Microsoft 365-Gruppe.

4.6.3 Die Website »SharePoint Hub-Websites«

Informationen aus vielen Bereichen des Unternehmens auf einer Seite sichtbar machen

Für die Bereitstellung einer Intranet-Startseite werden in Unternehmen sogenannte SharePoint Hub-Websites verwendet. Diese Websites können einen strukturierten, globalen Navigationsbereich unterhalb der Titel- und Suchleiste darstellen. Die Seiteninhalte können direkt auf der Hub-Website eingebracht oder als Neuigkeitenbeiträge auf einer Teamwebsite der jeweiligen Abteilungen, Standorte oder Projektteams gepostet werden. Die Teamwebsite muss jedoch mit der Hub-Website verbunden sein. Mit der Hub-Website finden Mitarbeiter schneller bestimmte SharePoint Online-Websites und eingebundene Inhalte. Hub-Websites können nur mit administrativen Rechten über die Administrationsoberfläche oder per PowerShell-Script registriert oder erstellt werden.

Eine Hub-Website kann mithilfe der Kommunikationswebsite erstellt werden. Je nach Größe eines Unternehmens können auch mehrere Hub-Websites zum Einsatz kommen, um Informationen aus vielen Websitesammlungen in einer Hub-Website übersichtlich darzustellen. Über die jeweiligen Navigationslinks und den Seiteninhalt der Hub-Website werden ihre Informationen für andere Mitarbeiter zugänglich gemacht. Die Zuordnung, also die Verbindung Ihrer SharePoint-Website zu einer Hub-Website, können Sie beziehungsweise Ihre Administratorin oder Ihr Administrator beim Anlegen der Website oder auch zu einem späteren Zeitpunkt vornehmen. Eine Zuordnung einer Website kann derzeit nur auf einer Hub-Website erfolgen. Sie können also Ihre Website nicht mehreren Hub-Websites zuordnen. Werden in Ihrem Unternehmen SharePoint Hub-Websites verwendet, müssen die Benutzer berechtigt sein, um diese auszuwählen und darauf zuzugreifen. Bei fehlenden Berechtigungen können Inhalte im Microsoft 365-Portal nicht aufgerufen und auch nicht über die Suche gefunden werden.

4.7 Bibliotheken, Listen und Apps

Bibliothek und Listen lassen sich in Teams einbinden.

SharePoint-Websites eignen sich ideal als moderne Intranetlösungen oder als Informationsaustausch innerhalb von Gruppen, Abteilungen und Teams. Dennoch ist es zunächst wichtig, zu erfahren, welche Werkzeuge Ihnen für Ihren Informationsaustausch zur Verfügung stehen. So können über die Websites die unterschiedlichen Informationen als freie Texte, als Links, Dateien und Listen bereitgestellt und von den Teammitgliedern oder der gesamten Belegschaft zentral an einem Ort wiedergefunden und bearbeitet werden. Die SharePoint-Websites liefern bereits bestimmte Bibliotheken, Listen und Anwendungen, die Sie sofort verwenden können, dennoch lassen sich die Websites mit weiteren Bibliotheken, Listen und Apps ausstatten.

4.7.1 Bibliotheken

Sie können für unterschiedliche Anwendungsfälle einzelne Bibliotheken anlegen.

Eine Bibliothek in SharePoint ist ein Ort zur Ablage und zum Speichern von Dateien. Innerhalb einer Bibliothek können je nach Berechtigung Ordner und Dateien erstellt, hochgeladen, geöffnet, aktualisiert und gelöscht werden. Eine Bibliothek ist als eine Liste anzusehen, in der die einzelnen Ordner oder Dateien untereinander aufgeführt werden. Jede Bibliothek besitzt Spaltenüberschriften, die als Eigenschaften oder auch Metadaten bezeichnet werden. Über diese Metadaten lassen sich die Dateien leicht filtern und sortieren. Durch das moderne Design auf Teamwebsites kann der Einsatz einer einzigen Bibliothek gegebenenfalls bei Ihnen schon ausreichend sein.

Die Dokumentenbibliothek (siehe Abbildung 4.4) bietet sich an, wenn Sie Dateien zentral speichern möchten. Auf jeder Websitesammlung, ob in SharePoint oder Microsoft Teams, wird automatisch diese Bibliothek mit dem Namen *Dokumente* bereitgestellt. Sie können die Bibliothek nach Ihren Wünschen anpassen. Sie können unter anderem weitere Spalten hinzufügen, um damit eine strukturierte Dateiablage festzulegen, die Versionierung konfigurieren oder andere Einstellungen vornehmen. Die Bibliothek verfügt über verschiedene Ansichten, sodass Sie die gespeicherten Ordner und Dateien als Liste oder auch als Kacheln anzeigen lassen können. Wenn Ihre SharePoint-Teamwebsite in Verbindung mit Teams steht, wird diese Bibliothek für die Kanalordner verwendet. Erstellen Sie für Ihren Anwendungsfall besser eine neue Dokumentenbibliothek auf der SharePoint-Teamwebsite und konfigurieren Sie sie dann nach Ihren Wünschen. Sie können die zusätzliche Bibliothek über ein Register in Teams anzeigen lassen, sodass ein schneller Zugriff darauf auch in Microsoft Teams gegeben ist (siehe Abschnitt 9.18.8).

Abb. 4.4 Eine Dokumentenbibliothek mit der einfachen Listenansicht und hinzugefügten Metadaten

4.7.2 Listen

Statt Excel können Sie auch Listen verwenden.

Auch wenn Bibliotheken als Listen bezeichnet werden, so unterscheiden sich in SharePoint die Bibliotheken von den Listen darin, welche Informationen gespeichert werden. Während Sie einer Bibliothek Dateien hinzufügen, werden innerhalb von Listen Einträge als Elemente hinzugefügt. Ein Listen-Element kann in einem Formular direkt über den Browser ausgefüllt und gespeichert werden. Einem Listen-Element wiederum können Dateien angehängt werden. Auch innerhalb von SharePoint-Listen können Sie eigene Spalten hinzufügen, um darüber schnell zu filtern. Die einfache Versionierung von Elementen ist ebenfalls möglich. SharePoint liefert Ihnen verschiedene Listenvorlagen, die bereits verschiedene Ansichten und Metadaten enthalten.

Mit der Listen-App können moderne Listen erstellt und einer Microsoft 365-Gruppe zugeordnet werden. Dabei werden die Listen auf der SharePoint-Website gespeichert. Wenn Sie persönliche Listen über die Listen-App erstellen, werden sie in Ihrem persönlichen OneDrive for Business-Speicher abgelegt. Sie können die persönlichen Listen jedoch nur in der Listen-App oder die zuletzt verwendeten Listen auf der Startseite der OneDrive for Business Online-App sehen, nicht im Bereich *Eigene Dateien*.

- **Leere/Benutzerdefinierte Liste**
  Eine leere oder benutzerdefinierte Liste können Sie für eigene, individuelle Listen verwenden. SharePoint bietet beispielsweise keine Vorlage für eine Inventarliste. Einer leeren bzw. benutzerdefinierten Liste müssen Sie jedoch Spaltenüberschriften, also Metadaten, zuweisen. Zusätzlich bietet die Liste die Möglichkeit, beispielsweise ein Excel-Tabellenblatt zu importieren, sodass daraus eine SharePoint-Liste entsteht.
- **Problemverfolgung**
  Die Liste *Problemverfolgung* hilft Ihnen, Problemfälle innerhalb eines Auftrags oder eines Projekts nachzuverfolgen. Jedem erfassten Problem kann eine Person zugewiesen werden, sodass diese eine Aufgabe zu dem jeweiligen Problem erhält. Über den Status können Sie den Fortschritt zur Behebung des Problems verfolgen. Durch das Kommentieren des Problemfalls kann eine einfache Dokumentation erfolgen. Für eine grafische Auswertung können Sie diese Liste mit dem Programm Excel verbinden.

- **Mitarbeiter-Onboarding**
  Sie können die Liste *Mitarbeiter-Onboarding* für den Einarbeitungsprozess neuer Mitarbeiter verwenden. Erstellen Sie einen Einarbeitungsplan mit einzelnen Tätigkeiten, die Sie kurz beschreiben und denen Sie Mentoren hinzufügen, an die sich die neuen Mitarbeiter wenden können.
- **Ereignisablaufplan**
  Mit dieser Liste können Sie die Eventabläufe und die einzelnen Details für Veranstaltungen planen und festlegen. Erfassen Sie die Abläufe von der Begrüßung, den einzelnen Vorträgen und Rednern über die Pausen bis hin zu den jeweiligen Zeitabschnitten, die Sie planen.
- **Ressourcenverwalter**
  Die Listenvorlage *Ressourcenverwalter* unterstützt Sie und Ihr Team dabei, alle Computer und Geräte, die Sie an Ihre Mitarbeiter rausgeben, zu verwalten. Verwenden Sie diese Liste als Inventarliste.
- **Personalbeschaffungstracker**
  Diese Liste kann dazu verwendet werden, Notizen und Bewerberinformationen in Vorstellungsgesprächen zu erfassen und festzuhalten. Zusätzlich können weitere Informationen zum Bewerber eingegeben oder hochgeladen werden. Bei dieser Liste sollten Sie die Datenschutzbestimmungen Ihres Unternehmens und die Datenschutzgrundverordnung unbedingt berücksichtigen. Nehmen Sie zunächst Kontakt zu Ihrem Datenschutzbeauftragten auf, ob Sie diese Liste verwenden dürfen. Informieren Sie auch den jeweiligen Bewerber, welche Daten hier erfasst und welchen Personen in Ihrem Unternehmen bereitgestellt werden.
- **Reiseanfragen**
  Wenn Sie für die Reiseplanungen Ihrer Mitarbeiter zuständig sind, können Sie mithilfe dieser Liste die einzelnen Reiseanträge erfassen und die Ausgaben überwachen.
- **Reiseanfragen mit Genehmigung**
  Diese Liste ist aufgebaut wie die Liste *Reiseanfragen*. Sie beinhaltet zusätzlich die integrierte Genehmigungsspalte, die es ermöglicht, einen Workflow zu starten, um eine Genehmigung von Vorgesetzten einzuholen. Zusätzlich lässt sich die Liste automatisieren, wenn die Genehmigung konfiguriert wurde.
- **Arbeitsstatus-Tracker**
  Möchten Sie für bestimmte Vorhaben einzelne Arbeitsschritte überwachen, können Sie diese Listenvorlage verwenden. Diese Liste hilft Ihnen dabei, die Fertigstellung der priorisierten Tätigkeitsschritte und deren Status im Blick zu behalten.
- **Inhaltsplaner**
  Diese Listenvorlage eignet sich für Personen, deren Aufgabe es ist, Inhalte wie Artikel, Blogbeiträge etc. zu planen und zu veröffentlichen. Sie können Informationen für Ihr Vorhaben wie Entwurfsabgabetermine und den Status erfassen.

- **Inhaltsplaner mit Genehmigung**
  Die Liste *Inhaltsplaner* beinhaltet zusätzlich die integrierte Genehmigungsspalte, die es ermöglicht, einen Workflow zu starten, um eine Genehmigung von Vorgesetzten einzuholen. Zusätzlich lässt sich die Liste automatisieren, wenn die Genehmigung konfiguriert wurde.

Microsoft ergänzt die Listen-Vorlagen immer wieder, sodass bei Ihnen weitere Listen zur Auswahl stehen können. Sie können die Listen und Bibliotheken auf Ihrer Website über die Schaltfläche *Neu* in der Symbolleiste der Website und den Befehl *Liste* die Auswahl öffnen. Wenn Sie eine Vorlage anklicken, können Sie eine Vorschau öffnen und weitere Informationen zu den Vorlagen erfahren oder eine neue Liste erstellen.

4.8 Eine SharePoint Online-Teamwebsite erstellen und bearbeiten

Viele Unternehmen haben sich dazu entschieden, dass es einen Beantragungsprozess für neue Websites (Team- oder Kommunikationswebsites) gibt und dass dieser eingehalten werden muss. Falls dies in Ihrem Unternehmen der Fall ist, stellt Ihnen Ihre IT-Abteilung oder Ihr Microsoft 365-Beauftragter einen Link zu einem Antragsformular bereit. Nachfolgend beschreibe ich den Standardprozess, wie Sie über das Microsoft 365-Portal Websites erstellen. In Abschnitt 2.8 haben wir bereits eine Teamwebsite *Das Erfolgsteam* eingerichtet. Falls Sie diese bereits erstellt haben, müssen Sie für das Ausprobieren und für die Beispiele im Buch keine weitere Teamwebsite erstellen. Gehen Sie dann zu Abschnitt 4.8.2 weiter.

Suchen Sie im Microsoft 365-Portal nach Informationen zum Anlegen einer Teamwebsite.

4.8.1 Erstellen einer Teamwebsite

1. Wechseln Sie in das Microsoft 365-Portal M365 Copilot.
2. Klicken Sie in das Suchfeld und geben Sie *SharePoint* ein (siehe Abbildung 4.5).
3. Klicken Sie auf das SharePoint-Icon, um die SharePoint-Startseite zu öffnen.

Abb. 4.5 Die SharePoint-Startseite kann über die Suche geöffnet werden.

4. Klicken Sie im oberen Fensterbereich auf den Link *Website erstellen* (siehe Abbildung 4.6).

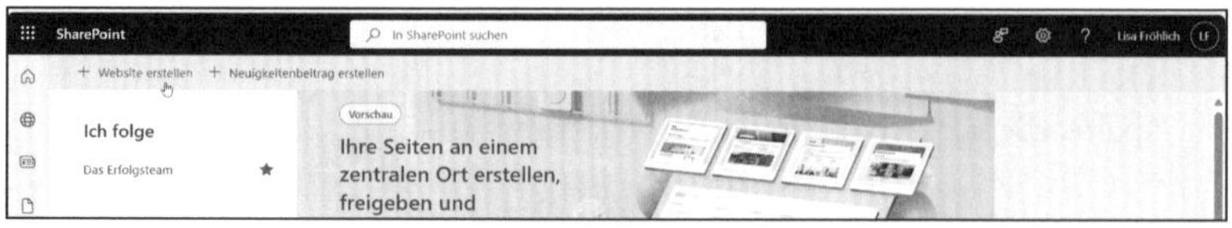

Abb. 4.6 Über den Link *Website erstellen* können Sie Team- und Kommunikationswebsites erstellen.

5. Wählen Sie im nachfolgenden Dialog die Teamwebsite aus (siehe Abbildung 4.7). Klicken Sie direkt auf die Abbildung.
6. Ihnen wird eine Auswahl von Websitevorlagen angeboten. Sie können auf eine Vorlage klicken, um sich eine Vorschau anzeigen zu lassen.
7. Lesen Sie sich im linken Fensterbereich die mit der Vorlage bereitgestellten Funktionen genau durch, um herauszufinden, ob die Vorlage auch für Sie und Ihre Anforderungen geeignet ist.
8. Bestätigen Sie Ihre Auswahl mit einem Klick auf die Schaltfläche *Vorlage verwenden*.

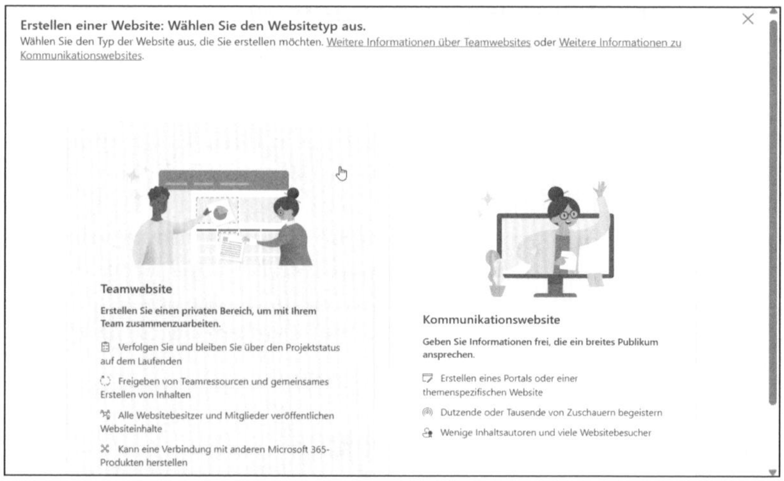

Abb. 4.7 Auswahl der Team- oder Kommunikationswebsite durch einen Klick auf den großen Bereich

Gibt es bei Ihnen Regeln zur Benennung einer Website oder eines Teams?

9. Vergeben Sie einen aussagekräftigen Websitenamen (siehe Abbildung 4.8). Die Verfügbarkeit des Websitenamens und der E-Mail-Adresse wird Ihnen in den Bereichen *Websitename* und *Gruppen-E-Mail-Adresse* angezeigt. Falls der Name oder die E-Mail-Adresse bereits vergeben ist, wählen Sie einen anderen Namen beziehungsweise eine andere E-Mail-Adresse für Ihre Website aus.
10. Im Eingabefeld *Websitebeschreibung* beschreiben Sie kurz den Verwendungszweck Ihrer Website.
11. Klicken Sie auf die Schaltfläche *Weiter*.
12. Im Bereich *Privatsphäre-Einstellungen* (siehe Abbildung 4.9) wählen Sie aus, ob die Teamwebsite öffentlich für alle Benutzerinnen und Benutzer des gesamten Unternehmens zugänglich sein soll oder ob es sich um eine private Teamwebsite handelt, auf der Sie die Rolle des Besitzers übernehmen und auf die Sie bestimmten Personen aus Ihrem Unternehmen den Zugang ge-

währen. Beachten Sie an dieser Stelle, dass die Liste der Benutzerinnen und Benutzer Ihres Unternehmens aus dem Benutzerverzeichnis gezogen wird. Darunter fallen gegebenenfalls auch externe Dienstleister oder Schulungs-Accounts, die im Verzeichnis geführt werden.

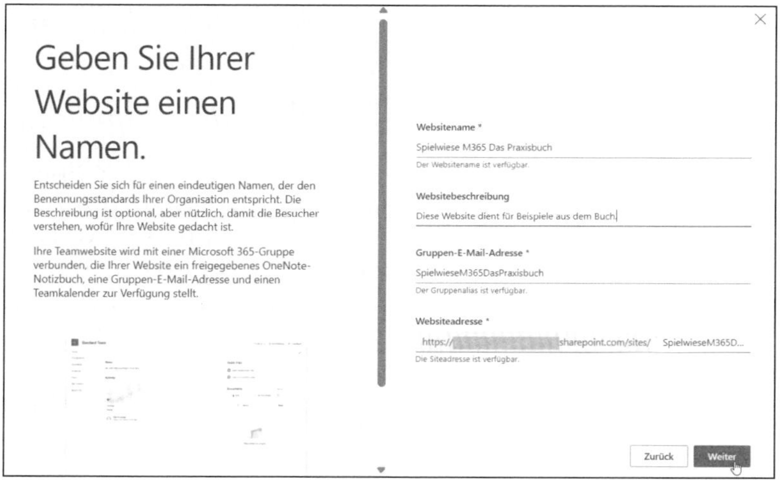

Abb. 4.8
Vergeben Sie immer einen eindeutigen Websitenamen und fügen Sie eine Beschreibung hinzu, damit Sie und Ihre Teammitglieder die Website zuordnen können.

13. Wählen Sie eine Sprache aus, in der die Website dargestellt werden soll. Beachten Sie, dass nur die Standardbeschriftungen der Benutzeroberfläche in der ausgewählten Sprache dargestellt werden und keine Übersetzungen stattfinden. Sie können die hier festgelegte Sprache nach dem Erstellen der Website nicht mehr ändern.

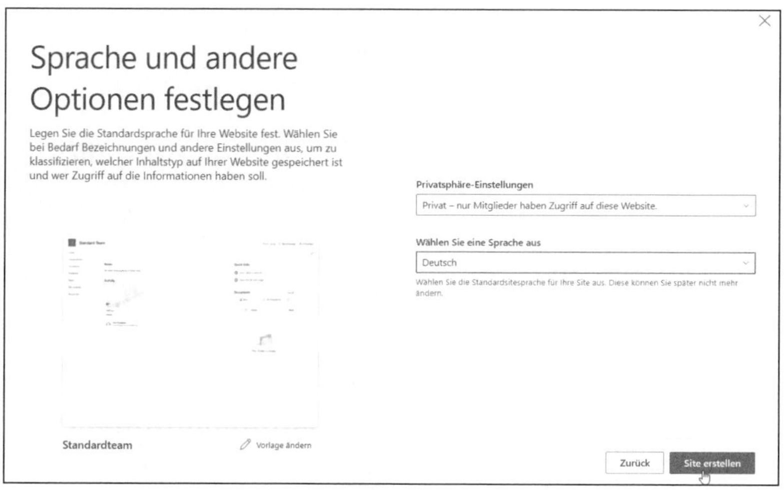

Abb. 4.9
Wählen Sie aus, ob die Teamwebsite für die ganze Belegschaft oder privat mit dem Team verwendet werden soll, und legen Sie eine Sprache fest.

14. Bestätigen Sie mit einem Klick auf die Schaltfläche *Site erstellen*.
15. Den nächsten Schritt können Sie überspringen, wenn Sie noch keine weiteren Personen für die Zusammenarbeit auf der Teamwebsite einladen möchten. Sie können dies auch später noch tun. Möchten Sie an dieser Stelle be-

reits Personen hinzufügen, die ebenfalls als Besitzer oder Mitglied sofort Zugriff auf Ihre Teamwebsite erhalten sollen (siehe Abbildung 4.10), klicken Sie dafür in das jeweilige Feld *Beginnen Sie, einen Namen einzugeben*. Schreiben Sie den Vor- oder Nachnamen der gewünschten Person und wählen Sie die jeweilige aus der Auswahl aus. Wiederholen Sie diesen Schritt für alle Ihre Teammitglieder.

16. Sie können hier direkt festlegen, ob die Person Besitzer sein soll. Klicken Sie dafür auf den Drop-down-Pfeil hinter *Mitglied* unterhalb des Namens (siehe Abbildung 4.10).

Es sollten immer zwei Personen für eine SharePoint-Website verantwortlich sein.

17. Prüfen Sie Ihre Auswahl und bestätigen Sie Ihre Eingaben mit einem Klick auf die Schaltfläche *Fertig stellen*. Sie werden direkt auf die Startseite Ihrer Teamwebsite weitergeleitet (siehe Abbildung 4.11). Ihnen wird das Menü *Gestalten Sie Ihre Website* vorgeschlagen. Schließen Sie es.

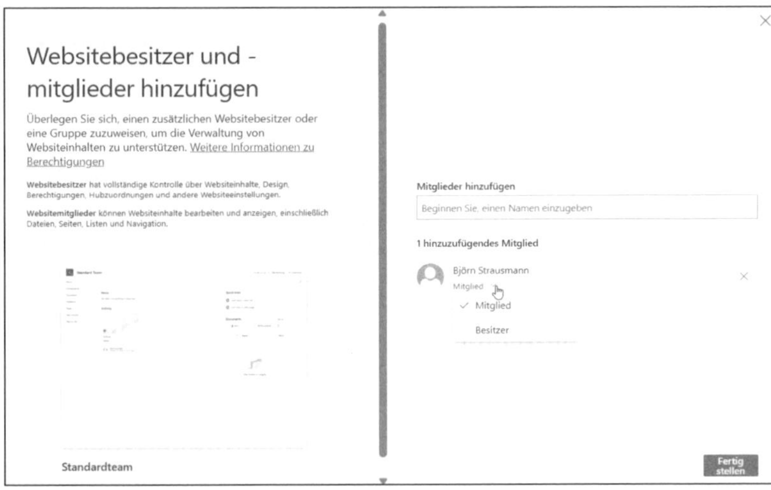

Abb. 4.10 Die Auswahl einer weiteren Person und die Wahl zwischen Mitglied und Besitzer

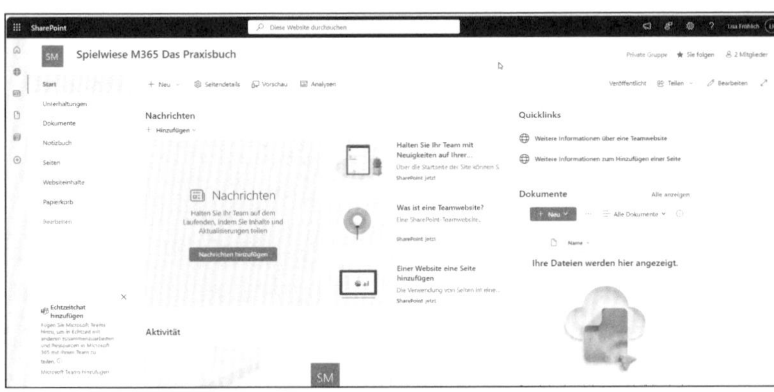

Abb. 4.11 Sie werden auf Ihre neue Teamwebsite weitergeleitet.

4.8.2 Websitevorlagen für die Teamwebsite

Vorlagen besitzen bereits ein vorgefertigtes Design und Inhalte.

Nach dem Erstellen der Teamwebsite können Sie sie direkt verwenden. Erstellen Sie die Website dann von Grund auf neu, Sie können aber auch jetzt noch eine von Microsoft mitgelieferte Websitevorlage verwenden, die Ihnen ein fertiges Design und bereits integrierte Listen und Bibliotheken bietet. Um eine Websitevorlage im Nachhinein auszuwählen und anzuwenden, gehen Sie folgendermaßen vor:

1. Klicken Sie auf der erstellten Teamwebsite auf das Zahnrad-Symbol oben rechts im Fenster, um die Einstellungen zu öffnen.
2. Wählen Sie den Eintrag *Eine Websitevorlage anwenden*.
3. Ihnen wird wieder die Auswahl von Websitevorlagen angeboten. Sie können einmal auf eine Vorlage klicken, um sich die Vorschau anzeigen zu lassen.
4. Lesen Sie sich im linken Fensterbereich die mit der Vorlage bereitgestellten Funktionalitäten genau durch, ob sie für Sie und Ihre Anforderungen auch geeignet ist.
5. Sie können die Vorlage übernehmen oder die Vorschau abbrechen. Klicken Sie dafür auf die jeweilige Schaltfläche unten rechts in der Vorschau.

Für die nachfolgenden Beispiele habe ich die Vorlage *Standardteam* ausgewählt.

4.8.3 Der Aufbau einer Teamwebsite

Jede Teamwebsite sollte den Anforderungen des Teams entsprechen.

Eine SharePoint-Website besteht aus unterschiedlichen Websiteelementen wie Listen, Bibliotheken und textbasierten Informationen. Eine SharePoint-Website können Sie sich als einen virtuellen Raum vorstellen. Hier sehen Sie beispielsweise einen Aktenschrank (Bibliothek) für die Dateiablage oder es können aktuelle Regeltermine angezeigt werden, die für die nächsten Monate anstehen. Beim Aufsuchen der SharePoint-Website finden Sie also alle wichtigen und aktuellen Informationen Ihrer täglichen Arbeit wieder. Die Informationen, die beim Öffnen der Teamwebsite angezeigt werden, müssen individuell und nach den Bedürfnissen Ihres gesamten Teams angepasst werden (siehe Abschnitt 4.19). Möchten Sie sich alle Dateien der aufgesuchten Website anzeigen lassen, so wechseln Sie über die Schnellstart- beziehungsweise Seitennavigation in die jeweilige Dokumentenbibliothek *Dokumente*.

4.8.3.1 Die Navigation außerhalb der Website

Unterhalb des App-Startfelds (Waffel-Menü) finden Sie eine Navigation (siehe Abbildung 4.12), die auf SharePoint- und OneDrive-Inhalte zugreift. Sie können darüber schnell auf die SharePoint-Startseite, auf von Ihnen häufig besuchte Websites oder Websites, denen Sie folgen, zugreifen. Über die Schaltfläche *Meine Nachrichten* können Sie die Neuigkeitenbeiträge Ihrer gefolgten Websites lesen. Möchten Sie auf Dateien zugreifen, die Sie zuletzt in Ihrem OneDrive oder auf einer Website verwendet haben, klicken Sie auf die Schaltfläche *Meine Dateien*. Greifen Sie über die Schaltfläche *Meine Listen* auf die von Ihnen zuletzt verwendeten Listen zu, die Sie für sich persönlich erstellt haben oder die sich in einer SharePoint-Website befinden, auf die Sie Zugriffsrechte besitzen. Möchten Sie neue SharePoint-Inhalte wie Nachrichtenbeiträge, Seiten, Websites und Listen oder neue Office-Dateien mit Excel, Word oder PowerPoint Online erstellen, klicken Sie in der Navigation auf die Schaltfläche *Erstellen*, dargestellt mit dem Pluszeichen.

Abb. 4.12 Die Navigation, um auf übergreifende SharePoint- und OneDrive-Inhalte zuzugreifen

4.8.3.2 Die aktuelle Seiten- oder Schnellstartnavigation

Navigieren Sie in die verschiedenen Apps einer Website.

Auf der linken Seite der Teamwebsite finden Sie die aktuelle Seitennavigation (siehe Abbildung 4.13), die auch Schnellstartnavigation genannt wird. Darüber gelangen Sie schnell in die jeweilige Bibliothek oder zu anderen Websiteelementen, um dort alle Dateien oder Informationen abzurufen. Über den Link *Start* gelangen Sie wieder zurück auf Ihre Startseite. Die Seitennavigation ist größtenteils von der gewählten Website abhängig. Es können Ihnen mehr oder weniger Seiteninhalte angezeigt werden als in der Abbildung dargestellt. Die Seitennavigation lässt sich mit Inhalten individuell an die Bedürfnisse des Teams anpassen.

- **Start**
  Über den Link *Start* gelangen Sie jederzeit zurück auf die Startseite Ihrer Teamwebsite.
- **Unterhaltungen**
  Über den Link *Unterhaltungen* gelangen Sie zu Ihrem Outlook im Web. Sie werden in das Gruppenpostfach weitergeleitet und können hier eine Diskussion als Unterhaltung starten. Verwechseln Sie diese Unterhaltungen nicht mit den Chatunterhaltungen in Teams.
- **Dokumente**
  Für die Ablage von Dateien wird Ihnen im gesamten Microsoft 365-Portal immer eine SharePoint-Dokumentenbibliothek angeboten, so also auch auf einer Teamwebsite. Die Dokumentenbibliothek steht Ihnen und allen Berechtigten zum Erstellen, Ablegen oder zum Bearbeiten von Dateien zur Verfügung.

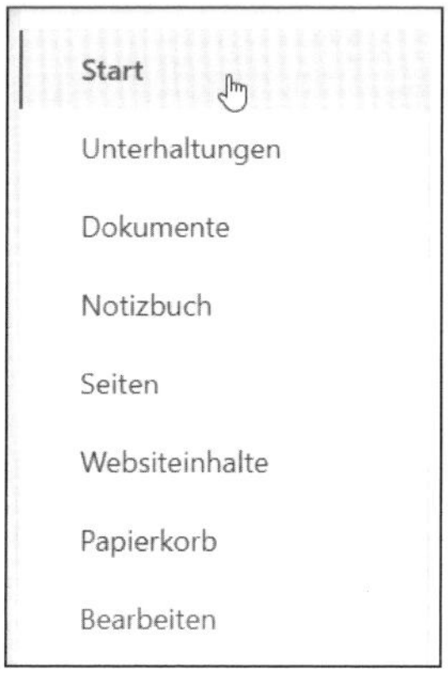

Abb. 4.13
Die aktuelle Seiten- bzw. Schnellstartnavigation

- **Notizbuch**
  Jede SharePoint-Website verfügt über ein OneNote-Notizbuch. So haben Sie die Möglichkeit, das team-, abteilungs- oder projektbezogene Notizbuch gemeinsam mit Ihren Kollegen zu nutzen (siehe Kapitel 6 »OneNote«). Beachten Sie bei der Verwendung eines Notizbuchs auf einer Website, dass es nicht in Ihrem OneDrive for Business, sondern auf der Website abgelegt und gespeichert wird. Alle Teammitglieder, Besitzer und Gäste der Website haben ebenfalls Zugriffsrechte.
- **Seiten**
  Wenn innerhalb der Website neue Nachrichten über die Funktionen *Neuigkeitenbeitrag* und *Neuigkeitenlink* bereitgestellt werden, finden Sie diese Beiträge über den Link *Seiten* wieder. Sie können dort den Beitrag öffnen und ändern. Auch die Startseite Ihrer Teamwebsite finden Sie über den Link *Seiten*.
- **Websiteinhalte**
  Über den Link *Websiteinhalte* gelangen Sie sozusagen in den Backstage-Bereich der Website und können hier die einzelnen Websiteelemente wie Bibliotheken und Listen sehen. Auch das Erstellen von neuen Listen und Bibliotheken kann über den Link erfolgen. Wird dieser bei einer bestehenden Website einmal nicht angezeigt, so wurde er von einem anderen Teammitglied entfernt. Sie können die Websiteinhalte ebenso über das Zahnrad-Symbol im Menü *Einstellungen* öffnen.
- **Papierkorb**
  Über den Link *Papierkorb* gelangen Sie in den Papierkorb der jeweiligen Website. Hier können Sie alle gelöschten Dateien innerhalb von 93 Tagen wiederherstellen. Die Dateien verbleiben nach Ablauf der 93 Tage für weitere 30 Tage im Papierkorb der Websitesammlung und werden danach automatisch gelöscht. Nur Besitzer der Website oder der Administrator hat Zugriff auf den Papierkorb der Websitesammlung.

- **Bearbeiten**
  Der Link *Bearbeiten* hilft Ihnen, die Seitennavigation schnell anzupassen. Sie können Links entfernen oder weitere Links hinzufügen. Beachten Sie jedoch, dass sich alle Änderungen in der Seitennavigation auf die Teamwebsite auswirken und für alle Mitglieder und Besitzer sofort sichtbar sind.

4.8.3.3 Die Titelleiste

Die Suchergebnisse sind abhängig davon, wo Sie sich befinden und suchen.

Über die Titelleiste (siehe Abbildung 4.14) können Sie jederzeit auf die SharePoint-Startseite zurücknavigieren. Klicken Sie dafür auf die Schaltfläche *SharePoint*. Möchten Sie innerhalb der Website nach bestimmten Informationen suchen, können Sie dafür das Suchfeld verwenden, das Ihnen ebenfalls in der Titelleiste angeboten wird. Beachten Sie, dass die Suche auf einer Teamwebsite sich nur auf die jeweilige Website bezieht. Möchten Sie alle SharePoint-Websites durchsuchen, klicken Sie in der Suchergebniswebsite auf den Link *Organisation*, um alle Ihnen zugänglichen Websites im gesamten Portal zu durchsuchen. Ihnen werden immer nur die Informationen angezeigt, auf denen Sie Zugriffsrechte besitzen. Alternativ wechseln Sie auf die SharePoint-Startseite und geben Sie die Suchbegriffe dort in der Suchleiste ein.

Abb. 4.14 Die Titelleiste einer SharePoint-Website

4.8.3.4 Das Menü »Nächste Schritte« und »Feedback an Microsoft senden«

Über das Menü *Nächste Schritte*, dargestellt mit dem Megafon-Symbol, werden Ihnen Schritte vorgeschlagen, um Ihre Website zu verbessern. Feedback an Microsoft können Sie über das Symbol mit der Person und der Sprechblase senden. Sie haben die Möglichkeit, Vorschläge oder Probleme an Microsoft zu schicken oder ein Kompliment auszusprechen.

4.8.3.5 Das Menü »Einstellungen«

Wie auch in den anderen Microsoft 365-Anwendungen finden Sie das Zahnrad für die jeweiligen Einstellungen der Website, der ausgewählten Liste oder Bibliothek in der Titelleiste. In den Einstellungen können Sie weitere Konfigurationen der Website oder der jeweiligen App vornehmen.

4.8.3.6 Das Menü »Hilfe«

Sie können in der Titelleiste auf die Schaltfläche *Hilfe*, dargestellt mit dem Fragezeichen, klicken, um die von Microsoft bereitgestellten Hilfeseiten zu öffnen. Verwenden Sie im Hilfemenü die Suchleiste, um nach bestimmten Informationen zu suchen.

4.8.3.7 Ihr Name, Ihr Profilbild oder Ihre Initialen

Oben rechts in der Titelleiste finden Sie Ihren Namen (siehe oben Abbildung 4.14). Hier wird immer die angemeldete Benutzerin oder der angemeldete Benutzer angezeigt. Wenn Sie auf Ihren Namen klicken, können Sie sich vom Microsoft 365-Portal abmelden, Sie können auf Ihr Konto zugreifen und Sie kommen von hier aus auch in die Einstellungen Ihres persönlichen Profils, um die Profilkarte zu aktualisieren (siehe Abbildung 4.15).

Abb. 4.15
Über den Benutzernamen können Sie sich vom Portal abmelden oder in Ihr Microsoft 365-Profil navigieren.

4.8.3.8 Websitelogo und Websitename

Oberhalb der aktuellen Schnellstart- bzw. Seitennavigation finden Sie den Websiteheader. Dieser enthält das Websitelogo mit den Initialen, den Websitenamen und im rechten oberen Bereich den Datenschutz Ihrer Website. Der Datenschutz zeigt an, ob die Website eine private oder eine öffentliche Microsoft 365-Gruppe beinhaltet. Wenn Sie innerhalb der Website in Bibliotheken oder Listen navigieren, können Sie über das Logo jederzeit auf die Startseite Ihrer Website zurücknavigieren. Wenn Sie den Echtzeitchat hinzugefügt haben, wird automatisch eine Microsoft 365-Gruppe erstellt und Ihnen stehen die Gruppen-Apps zur Verfügung. Hinter dem Websitenamen sehen Sie dann auch das Microsoft Teams-Logo. Nur dann, wenn die Website in Verbindung mit Teams erstellt wurde, können Sie auf den Websitenamen klicken, um die Profilkarte der Website zu öffnen (siehe Abbildung 4.16). Darüber lässt es sich im unteren Bereich schnell in die zur Website gehörenden Apps wie dem Outlook-Postfach, dem Outlook-Kalender, dem Planner-Plan oder dem Notizbuch in OneNote navigieren. Durch die Integration der Microsoft 365-Gruppe können Ihnen Unterhaltungen, E-Mails und Kalenderereignisse, die an das Gruppenpostfach gesandt werden, auch in Ihrem persönlichen Outlook-Posteingang zugestellt werden. Über die Schaltfläche *Schließen*, dargestellt mit dem X, lässt sich die Profilkarte schließen.

Eine reine SharePoint-Website besitzt keine Profilkarte. Nur in Verbindung mit einer Microsoft 365-Gruppe können Sie diese öffnen.

Abb. 4.16 Die Profilkarte einer Teamwebsite

4.8.3.9 Folgen von Teamwebsites

Wenn Sie die SharePoint-Teamwebsite erstellt haben, wird das Folgen automatisch aktiviert.

Auf jeder Teamwebsite befindet sich im oberen rechten Bereich der Stern-Link *Sie folgen nicht / Sie folgen* (siehe Abbildung 4.17). Durch das Folgen einer Website setzen Sie einen Favoriten, sodass die gefolgte Website auf der SharePoint- und Microsoft 365-Startseite angezeigt wird. Neu hinzugefügte Informationen wie die Neuigkeitenbeiträge von der gefolgten Website werden dort ebenfalls angezeigt. In der mobilen SharePoint-App werden Sie dann per Push-Benachrichtigung informiert, wenn es neue Nachrichten gibt. Wenn Sie bei der Recherche innerhalb des gesamten Microsoft 365-Portals auf interessante Websites stoßen, können Sie sich durch einen Klick auf den Stern-Link eine Art Lesezeichen setzen und diesen über die SharePoint-Startseite schnell wiederfinden oder sich über Neuigkeitenbeiträge informieren. Wenn Sie die SharePoint-Teamwebsite erstellt haben, wird das Folgen automatisch aktiviert.

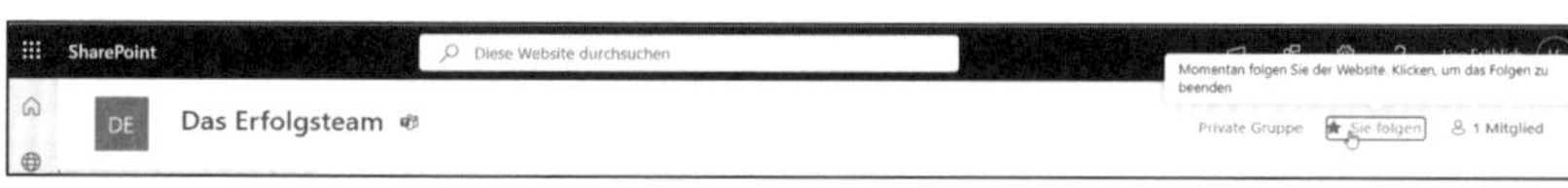

Abb. 4.17 Der Stern-Link zum Festlegen eines Favoriten

4.8.3.10 Die Schaltfläche »Mitglieder«

Wer arbeitet noch alles in Ihrem Team mit Ihnen zusammen?

Um festzustellen, wer auf der Teamwebsite als Mitglied oder Besitzer zuständig ist, können Sie oben rechts im Fensterbereich auf die Schaltfläche *Mitglieder* (siehe ebenfalls Abbildung 4.17) klicken. Ihnen werden die Besitzer, Mitglieder und, wenn die Website über Gastzugriffe verfügt, auch die Gäste angezeigt. Sind Sie berechtigt, weitere Benutzer der Teamwebsite hinzuzufügen, können Sie jederzeit und schnell über die Schaltfläche *Mitglieder* weitere Besitzer oder Mitglieder der Teamwebsite hinzufügen oder Berechtigungen entziehen, indem Sie Mitglieder, Gäste oder andere Besitzer entfernen.

4.8.3.11 Die Schaltfläche »Neu«

Wenn Sie berechtigt sind, weitere Websiteelemente wie Bibliotheken, Listen oder weitere Microsoft 365-Apps der Website hinzuzufügen, können Sie dies über die Schaltfläche *Neu* in der Menüleiste auf der Startseite Ihrer Website tun (siehe Abbildung 4.18).

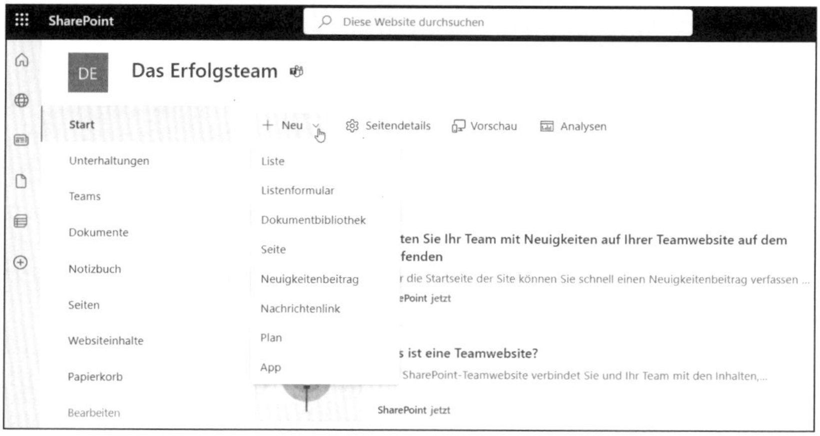

Abb. 4.18
Auf der Startseite stehen weitere Befehle zur Verfügung, wenn Sie die Besitzrechte haben.

4.8.3.12 Die Schaltfläche »Seitendetails«

Über die Schaltfläche *Seitendetails* können Sie im Entwurfsmodus der Seite Seiteninformationen hinzufügen. Diese Seiteninformationen werden im Microsoft 365-Portal für die Suchergebnisse oder News der Website verwendet. Um die Seitendetails festzulegen, klicken Sie vorher auf die Schaltfläche *Bearbeiten* oben rechts im Fenster.

4.8.3.13 Die Schaltfläche »Analysen«

Über die Schaltfläche *Analysen* können Sie die Seitenanalysen öffnen. Hier werden Ihnen Angaben zu Seitenabrufen, Anzahl der Seitenbesuchenden sowie die durchschnittliche Zeit, die die Benutzenden auf der Website verbracht haben, angezeigt und Sie können feststellen, zu welchen Uhrzeiten die Teamwebsite verwendet wird. Es werden jedoch keine Angaben zu einzelnen Personennamen gemacht. Sie können nur allgemein diese Analysen einsehen.

4.8.3.14 Der Hinweis »Veröffentlicht« oder »Entwurf gespeichert«

Ihnen wird oben rechts im Fenster angezeigt, ob die Teamwebsite für alle Teamkolleginnen und -kollegen veröffentlicht, also sichtbar ist oder ob sie gerade bearbeitet wird und sich somit im Entwurf befindet. Sollten Sie die Teamwebsite später bearbeiten, können Sie sie als Entwurf speichern, sodass Ihre Kolleginnen und Kollegen Ihre neuen Änderungen noch nicht sehen können. Erst wenn Sie die Teamwebsite erneut veröffentlichen, werden Ihre Änderungen von allen Personen gesehen, die Zugriffsrechte besitzen.

4.8.3.15 Die Schaltfläche »Teilen«

Als Besitzerin oder Besitzer einer Teamwebsite sind Sie dafür verantwortlich, wer Zugriff auf die Website erhalten soll. Sie können über die Schaltfläche *Teilen* die Seite für andere Personen oder vorhandene Microsoft 365-Gruppen zum Lesen oder als Mitglied zum Bearbeiten freigeben oder einen Link zur Seite abrufen. Der kopierte Link funktioniert jedoch nur für Personen oder Gruppen, die bereits Zugriffsrechte auf der Teamwebsite besitzen. Über die Einstellungen, die Sie öffnen, wenn Sie einen Link kopieren, können Sie auch von Ihnen ausgewählte Personen den Zugriff gewähren.

4.8.3.16 Die Schaltfläche »Bearbeiten«

Sofern Sie berechtigt sind, die Seite zu gestalten und sogenannte Webparts einzubinden, können Sie über die Schaltfläche *Bearbeiten* oben rechts im Fensterbereich den Entwurfsmodus der Seite öffnen und Seiteninhalte und Webparts einbringen.

4.8.3.17 Die Schaltfläche »Kopfzeile und Navigation ausblenden«

Über den Doppelpfeil oben rechts im Fenster können Sie die Kopfzeile und die Navigation ausblenden, um den Fokus auf den Seiteninhalt festzulegen. Sie blenden die Kopfzeile und die Navigation wieder ein, wenn Sie auf die Schaltfläche *Kopfzeile und Navigation anzeigen*, dargestellt mit den zueinander zeigenden Pfeilspitzen, klicken.

4.8.3.18 Der Seiteninhalt und Webparts

Die Inhalte der Seite sollten vom jeweiligen Team bestimmt werden.

Im mittleren Bereich des Browserfensters sehen Sie die Seiteninhalte einer SharePoint-Teamwebsite. Die Anordnung der Inhalte ist abhängig von der verwendeten Website. Um eigene Inhalte auf einer Website anzeigen zu lassen, benötigen Sie nicht immer Programmierkenntnisse, sondern können dies über Steuerelemente tun, die als Webparts bezeichnet werden. Webparts werden immer in einzelnen Zonen, auch Webpart-Zonen genannt, dargestellt und lassen sich in den meisten Fällen anpassen. Ein Webpart steuert die Sicht auf die von Ihnen gewünschten Inhalte. Sie können ihm vorhandene Listen und Bibliotheken, die sich auf der Website befinden, hinzufügen und somit deren Inhalte dynamisch anzeigen lassen. Für die Gestaltung der Website benötigen Sie die entsprechenden Berechtigungen. Wie Sie Ihre Website anpassen können, lesen Sie im Abschnitt 4.19.

4.9 Einen Neuigkeitenbeitrag auf der Teamwebsite verfassen

Kündigen Sie Neuigkeiten in Ihrem Team an.

Einer der vielen Kommunikationskanäle im Microsoft 365-Portal ist das Verfassen und Veröffentlichen von Nachrichten als Neuigkeitenbeiträge auf einer Teamwebsite. Damit wird die interne Kommunikation in der Team-, Projekt- oder Arbeitsgruppe gefördert. Die Mitglieder einer Website haben so die Möglichkeit, sich aktiv im Team einzubringen, indem sie interessante und wichtige Informationen bereitstellen. So können etwa aktuelle Informationen aus einem Projekt, die Adresse der nächsten Geschäftsreise, Nachrichten über die Teamentwicklung oder auch persönliche Anliegen, wie beispielsweise ein freudiges Ereignis, zentral in der Gruppe geteilt werden. Die Beträge selbst können je nach Datenschutzeinstellungen von den Teammitgliedern der privaten Gruppe oder öffentlich durch alle Benutzer des Unternehmens kommentiert werden, sodass auch Unterhaltungen und Diskussionen zu bestimmten Themen direkt auf der Teamwebsite stattfinden. Die Beiträge werden auf der Teamwebsite angezeigt, auf der der Beitrag verfasst und veröffentlicht wurde. Zusätzlich werden die Beiträge auch auf der SharePoint-Startseite oder in der Navigation links oben neben der Website über die Schaltfläche *Meine Nachrichten* für diejenigen angezeigt, die Besitzer- oder Mitgliedsrechte haben. Falls Ihre Teamwebsite einer SharePoint Hub-Site zugeordnet wurde, werden die Beiträge auch dort angezeigt. Kollegen, die SharePoint auf mobilen Geräten verwenden, werden über die SharePoint-App ebenfalls darüber benachrichtigt, dass ein neuer Beitrag auf der Teamwebsite gepostet wurde. Um einen Neuigkeitenbeitrag zu posten, gehen Sie folgendermaßen vor:

1. Wechseln Sie auf die Teamwebsite *Das Erfolgsteam* oder die Teamwebsite, die Sie zu Beginn im Abschnitt 4.8.1 angelegt haben. Öffnen Sie dazu die SharePoint-Startseite, suchen Sie oben im Suchfeld nach Ihrer Teamwebsite und öffnen Sie diese.
2. Klicken Sie auf der Startseite Ihrer Teamwebsite im Bereich *Nachrichten* auf *+ Nachrichten Hinzufügen* und dann auf *Neuigkeitenbeitrag*.
3. Sie können die einzelnen Vorlagen anklicken und weitere Informationen zu den vorgeschlagenen Vorlagen erhalten. Für dieses Beispiel verwenden Sie die Vorlage *Leer*.
4. Falls Sie einmal einen privaten Newsbeitrag erstellen, den Sie nur für sich und nur für bestimmte Personen Ihres Teams freigeben möchten, also nicht für Ihr gesamtes Team, aktivieren Sie das Kontrollkästchen bei *Als privaten Entwurf erstellen*. Beachten Sie, dass dieser Post später von Ihnen freigegeben werden muss. Für dieses Beispiel aktivieren Sie das Kontrollkästchen nicht.
5. Klicken Sie auf die Schaltfläche *Post erstellen*. Sie werden in den neuen Beitrag weitergeleitet.

6. Vergeben Sie einen Titel für Ihren Beitrag. Klicken Sie dafür in die Kopfzeile bei *Titel hinzufügen* und schreiben Sie beispielsweise *Mein erster Newsbeitrag.*
7. Tippen Sie oben in die Kopfzeile und zeigen Sie in der Symbolleiste auf die einzelnen Schaltflächen, damit Ihnen die Befehle im Kontext angezeigt werden (siehe Abbildung 4.19). Möchten Sie das Hintergrundbild der Kopfzeile ändern, klicken Sie in die Kopfzeile und dann in der Symbolleiste oberhalb des Bildes auf die Schaltfläche *Bilder durchsuchen.*

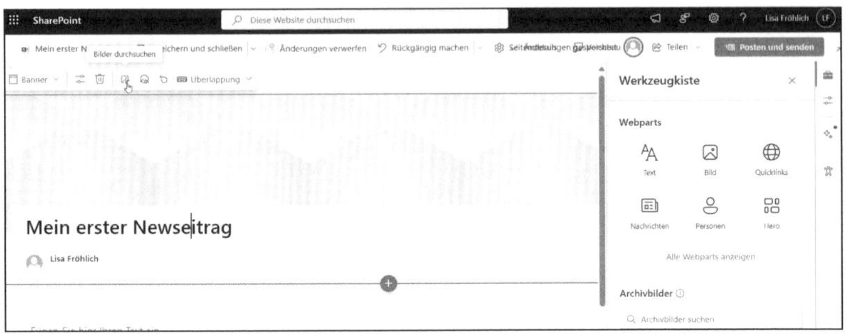

Abb. 4.19 Oberhalb der Webparts werden Symbolleisten angezeigt, wenn man in den Webpart klickt.

8. Wählen Sie den Speicherort aus, wo sich das Bild befindet, das Sie als Hintergrundbild verwenden möchten. Suchen Sie dafür in den Archivbildern, die Microsoft bereitstellt, im Web, in Ihren Online-Speichern SharePoint oder OneDrive oder im Netzlaufwerk. Beachten Sie jedoch, dass Bilder aus dem Internet urheberrechtlich geschützt sind. Lesen Sie bei der Verwendung von Bildern aus dem Internet immer die Lizenzbestimmungen oder verwenden Sie lieber ein eigenes Bild oder eines, das Ihnen Ihr Unternehmen bereitstellt. Wählen Sie Archivbilder und geben Sie in die Suchleiste *Lernen* ein und wählen Sie ein Bild aus.

Microsoft 365-Kunden dürfen die Archivbilder innerhalb der Microsoft-Apps wie Word, Excel, PowerPoint, Outlook, SharePoint etc. frei verwenden. Die Bilder dürfen jedoch nicht in anderen, Nicht-Microsoft-Apps benutzt werden. Aktuelle Hinweise zur Verwendung der Archivbilder finden Sie hier: *https://support.microsoft.com/de-de/office/wof%C3%BCr-darf-ich-premium-kreativinhalte-verwenden-0de69c76-ff2b-473e-b715-4d245e39e895.*

9. Bestätigen Sie Ihre Auswahl mit einem Klick unten auf die Schaltfläche *Einfügen.*
10. Legen Sie den Fokuspunkt des Bildes fest, indem Sie in der Symbolleiste auf die Schaltfläche *Fokuspunkt des Bildes festlegen* klicken und den Fokuspunkt mit gedrückter linker Maustaste in der Kopfzeile ziehen.
11. Möchten Sie Ihren Beitrag in mehrere Spalten aufteilen, zeigen Sie unterhalb der Kopfzeile auf das Pluszeichen, es erscheint die Schaltfläche + *Abschnitt.* Klicken Sie darauf. Es stehen Ihnen weitere Abschnittlayouts mit Spalten zur Verfügung. Wählen Sie zwei Spalten aus.

12. Sobald Sie sich für ein anderes Abschnittslayout entschieden haben, wird Ihnen links im Abschnitt eine Symbolleiste angezeigt. Über die Schaltfläche *Eigenschaften bearbeiten* können Sie das Abschnittslayout jederzeit ändern und auch die Ausrichtung des Textes sowie die Hintergrundfarben für den Abschnitt festlegen.
13. Wenn Sie im jeweiligen Abschnitt mit der Maus zeigen, wird Ihnen ein Pluszeichen angezeigt, über das Sie Webparts hinzufügen können. Wählen Sie für dieses Beispiel den Webpart *Text* aus. Scrollen Sie dafür im Menü oder geben Sie *Text* im Suchfeld ein. Es öffnet sich ein Text-Editor, in dem Sie Text eingeben und formatieren können.
14. Über die Symbolleiste des Webparts können Sie den Text formatieren. Über das Menü *Weitere Formatvorlagen*, dargestellt mit den drei Punkten, können Sie weitere Formatierungen vornehmen, Links zum Text oder eine Tabelle hinzufügen.
15. Schreiben und formatieren Sie einen kleinen Text im Text-Editor *Webpart*.
16. Scrollen Sie ganz nach unten auf der Seite und aktivieren Sie die Schaltfläche *Kommentare*.
17. Speichern Sie Ihren Newsbeitrag als Entwurf. Klicken Sie dafür auf die Schaltfläche *Als Entwurf speichern* in der Schaltflächen-Symbolleiste oberhalb der Kopfzeile Ihres Beitrags. Solange Sie den Beitrag nicht veröffentlichen und bereitstellen, ist er nur für Sie sichtbar.
18. Erst durch das Klicken auf die Schaltfläche *Posten und senden* wird Ihr Beitrag auf der Teamwebsite, auf der SharePoint-Homepage (wenn eingerichtet) und auf einer zugeordneten SharePoint Hub-Site veröffentlicht und angezeigt. Klicken Sie auf die Schaltfläche.
19. Ihnen wird gegebenenfalls ein Dialogfenster angezeigt, von dem aus Sie den Beitrag auch per E-Mail senden können. Senden Sie den Beitrag an Ihre eigene E-Mail-Adresse, um die Nachricht zu testen. Wenn Sie den Beitrag nicht per E-Mail senden möchten, klicken Sie unten auf die Schaltfläche *Überspringen*.
20. Navigieren Sie auf die Startseite Ihrer Teamwebsite, indem Sie in der aktuellen Seitennavigation auf *Start* oder auf das Teamwebsite-Logo klicken. Ihr Post wird nun auf der Teamwebsite angezeigt. Durch einen Klick auf den Beitrag werden Sie im Lesemodus auf die Seite weitergeleitet.
21. Prüfen Sie auch Ihre E-Mails und schauen Sie sich Ihren Post an.

4.9.1 Auf einen Beitrag reagieren

Sie und Ihre Teamkollegen haben die Möglichkeit, auf einen Neuigkeitenbeitrag zu reagieren. Sie können einen Beitrag kommentieren, liken oder für einen späteren Zeitpunkt speichern, falls Ihnen die Zeit fehlt, ihn zu lesen. Gespeicherte Beiträge finden Sie auf der SharePoint-Homepage in der Kategorie *Gespeichert* wieder.

Reagieren Sie auf Beiträge, um Ihr Feedback zu geben.

1. Navigieren Sie auf die Startseite Ihrer Teamwebsite.
2. Klicken Sie auf den Beitrag, den Sie gerade erstellt haben. Sie werden auf dessen Seite weitergeleitet. Unterhalb des Beitrags können Sie reagieren.
   - Sie können auf das Symbol *Gefällt mir* klicken, wenn Ihnen der Beitrag oder eine Antwort gefällt. Sobald Sie *Gefällt mir* angeklickt haben, verändert sich der Link zu *Sie haben dies mit Gefällt mir markiert*. Wenn Sie auf den Link klicken, können Sie sehen, wem der Beitrag noch gefällt. Sie können erneut auf das *Gefällt mir*-Symbol klicken, um den Beitrag oder die Antwort nicht mehr mit *Gefällt mir* zu markieren.
   - Möchten Sie auf einen Beitrag mit einem Kommentar reagieren, klicken Sie auf den Link *Kommentar* oder direkt in das Kommentarfeld und geben Sie dort Ihren Kommentar ein. Möchten Sie Personen oder Gruppen im Kommentarfeld erwähnen, geben Sie das @-Zeichen gefolgt vom Namen der Person oder der Gruppe ein. Beachten Sie, dass Personen, die nicht berechtigt sind, die Beiträge auf Ihrer Teamwebsite zu bearbeiten, den Beitrag nicht öffnen können beziehungsweise nicht informiert werden. Sobald Sie Ihren Kommentar posten, können wiederum andere aus Ihrem Team Ihre Antwort kommentieren oder diese mit *Gefällt mir* markieren.
   - Neben einem Kommentar oder einer Antwort, die Sie verfasst haben, werden Ihnen ganz rechts die drei Punkte für das Menü *Weitere Optionen* angezeigt. Über dieses Menü können Sie Ihre eigenen Kommentare und Antworten löschen.
   - Über die Schaltfläche *Für später speichern* konnten Sie Beiträge markieren beziehungsweise speichern und zu einem späteren Zeitpunkt aufrufen. Sie finden gespeicherte Beiträge auf der SharePoint-Homepage in der Kategorie *Gespeichert*. Aktuell (Stand Januar 2026) wird die Schaltfläche *Für später speichern* angezeigt, jedoch wurde diese Funktion von Microsoft abgekündigt.

4.9.2 Einen Neuigkeitenbeitrag ändern oder löschen

Gelöschte Beiträge werden 93 Tage im Papierkorb aufbewahrt.

Selbst wenn Sie einen Neuigkeitenbeitrag vor einiger Zeit verfasst haben und ihn nicht mehr auf der Teamwebsite wiederfinden, können Sie die Beitragsseite jederzeit über die Bibliothek *Seiten* öffnen, bearbeiten, erneut veröffentlichen oder löschen.

1. Wechseln Sie auf die Teamwebsite, wo sich der Beitrag befindet, den Sie ändern oder löschen möchten.
2. Klicken Sie in der Schnellstart- bzw. Seitennavigation auf den Link *Seiten*. Sie werden in die Bibliothek *Websiteseiten* weitergeleitet.
3. Klicken Sie vor die Seiten-Datei, um sie auszuwählen.
4. Klicken Sie in der Menüleiste auf den Befehl *Löschen*, um den Beitrag zu entfernen. Bestätigen Sie den Löschvorgang.

5. Wechseln Sie in den *Papierkorb* links in der Navigation und wählen Sie die gelöschte Seite aus.
6. Wählen Sie den Beitrag aus und klicken Sie dann oben auf den Link *Wiederherstellen*.
7. Wechseln Sie wieder in die Bibliothek *Seiten* und öffnen Sie Ihren Beitrag durch einen Klick.
8. Oben rechts im Fenster klicken Sie auf die Schaltfläche *Bearbeiten*. Nehmen Sie die gewünschten Änderungen vor.
9. Zum erneuten Veröffentlichen klicken Sie oben rechts auf die Schaltfläche *Neuigkeiten aktualisieren*.

4.10 Dokumentenverwaltung mit SharePoint Online

SharePoint Online verfügt über Funktionen, die im Bereich der Dokumentenverwaltung eingesetzt werden können, wie etwa die Versionierung von Dokumenten: In Bibliotheken kann festgelegt werden, dass Änderungen an Dateien in Versionen nachverfolgt und bei Bedarf wiederhergestellt werden. Auch die Funktionen des Aus- und Eincheckens stehen SharePoint-Anwendern zur Verfügung. Dadurch können Sie an einem Dokument arbeiten, ohne dass andere es zeitgleich öffnen und bearbeiten können. Durch Eigenschaften, die zusätzlich als Spalten festgelegt und als Metadaten bezeichnet werden, können Informationen schneller und somit effizienter gefiltert, gesucht und wiedergefunden werden.

Speichern Sie Ihre Dokumente noch mehrfach, um Versionen zu erhalten?

4.10.1 SharePoint Online-Bibliotheken in Verbindung mit einer Microsoft-Gruppe

Bei der Verwendung von Microsoft Teams, Planner oder den aus Outlook stammenden Gruppen wird Ihnen eine Bibliothek für die Dateiablage bereitgestellt. Diese Bibliothek wird im Hintergrund auf der zur Microsoft 365-Gruppe gehörenden SharePoint Online-Teamwebsite mit dem Namen *Dokumente* angelegt. Diese Dokumentenbibliothek steht dann direkt in Verbindung mit der jeweils verwendeten App wie beispielsweise Teams. So können Sie zeitgleich mit Ihren Kolleginnen und Kollegen an den Dokumenten innerhalb der Teams-App arbeiten.

Dateien aus einem Team in Teams werden in SharePoint gespeichert.

Durch das Erstellen eines Teams mit Kanälen in Microsoft Teams wird die Bibliothek *Dokumente* in der zugehörigen Teamwebsite verwendet. So werden die Kanäle eines Teams als eigenständige Ordner automatisch in der Bibliothek *Dokumente* angelegt. Es ist ratsam, für bestimmte Anwendungsfälle jeweils eine eigene Bibliothek anzulegen; diese kann über die SharePoint-Teamwebsite verwendet und in Teams als eigenes Register zum Teamkanal hinzugefügt werden.

4.10.2 Eine Bibliothek erstellen

Bibliotheken können auch wieder gelöscht werden.

Sie können mehrere Bibliotheken einer SharePoint-Website hinzufügen, um verschiedene Anwendungsfälle abzudecken. Beachten Sie jedoch, dass bei der Anlage von zu vielen Bibliotheken der Überblick verloren gehen kann, wo genau welches Dokument abgelegt werden soll beziehungsweise wo es liegen könnte. Zum Erstellen einer Bibliothek gehen Sie wie folgt vor:

1. Navigieren Sie auf unsere SharePoint-Teamwebsite.
2. Klicken Sie auf der Startseite der Teamwebsite auf die Schaltfläche *Neu*.
3. Wählen Sie die *Dokumentenbibliothek* aus.
4. Wählen Sie oben die Vorlage *Leere Bibliothek* aus.
5. Fügen Sie im Dialogfenster einen aussagekräftigen Namen und eine Beschreibung für Ihre Bibliothek hinzu (siehe Abbildung 4.20). Tippen Sie zum Beispiel für den Namen *Bibliothek mit Eigenschaften* und für die Beschreibung *Diese Bibliothek wird für Beispiele im Buch verwendet* ein.
6. Belassen Sie das Häkchen bei *In Websitenavigation anzeigen*, damit die Bibliothek in der Seitennavigation erscheint.
7. Prüfen Sie Ihre Angaben und bestätigen Sie mit einem Klick auf die Schaltfläche *Erstellen*. Sie werden direkt in die Bibliothek weitergeleitet (siehe Abbildung 4.21). Bleiben Sie in der Bibliothek.

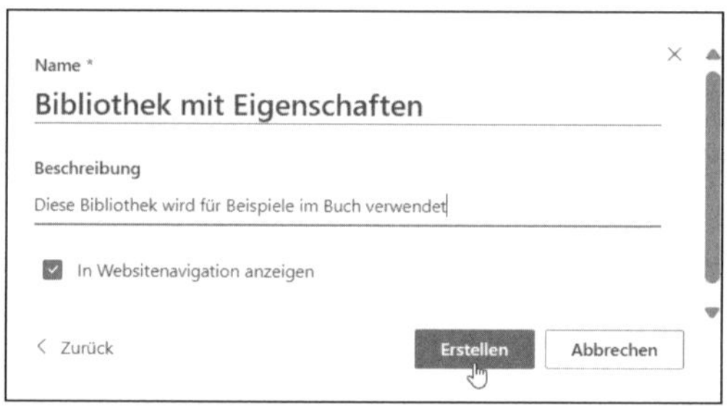

Abb. 4.20 Das Erstellen einer neuen Dokumentenbibliothek

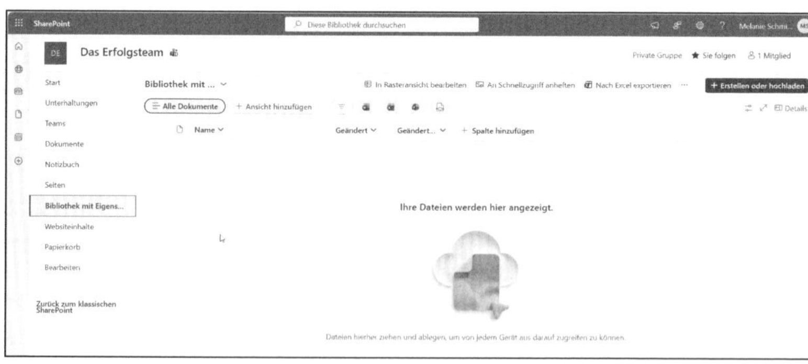

Abb. 4.21 Die neu erstellte, geöffnete Dokumentenbibliothek. Links in der Schnellstartnavigation wird sie angezeigt.

4.10.3 Eine Bibliothek in der Seitennavigation einblenden

Falls Sie einmal die Option zum Darstellen der Bibliothek in der Seitennavigation beim Erstellen der Bibliothek deaktiviert hatten, können Sie diese auch noch nachträglich einblenden.

1. Wechseln Sie in Ihrer Bibliothek über das Zahnrad-Symbol in die Einstellungen und wählen Sie dort den Link *Bibliothekseinstellungen*.
2. Klicken Sie rechts im Fenster unterhalb der Beschreibung auf den Link *Weitere Bibliothekseinstellungen*. Sie werden zu allen Bibliothekseinstellungen weitergeleitet.
3. Klicken Sie im Bereich *Allgemeine Einstellungen* auf den Link *Listenname, -beschreibung und -navigation*.
4. Stellen Sie die Option *Dokumentbibliothek in der Schnellstartleiste anzeigen?* auf *Ja*.
5. Bestätigen Sie Ihre Auswahl mit einem Klick auf die Schaltfläche *Speichern*.
6. Klicken Sie in der linken Seitennavigation auf Ihre Dokumentenbibliothek *Bibliothek mit Eigenschaften*.
7. Möchten Sie die Bibliothek in der linken Seitennavigation nach oben verschieben, klicken Sie innerhalb der linken Seitennavigation auf den Link *Bearbeiten*.
8. Ziehen Sie den Link der Dokumentenbibliothek *Bibliothek mit Eigenschaften* per Drag & Drop unterhalb des Links *Dokumente*. Ziehen Sie die Bibliothek noch einmal unterhalb des Notizbuchs.
9. Nach dem Verschieben des Links bestätigen Sie unbedingt unten in der Seitennavigation die Schaltfläche *Speichern*, da die Änderung sonst nicht übernommen wird.

4.11 Grundlagen einer SharePoint Online-Dokumentenbibliothek

Eine SharePoint-Bibliothek bietet Ihnen eine dynamische Schaltflächen-Symbolleiste, die sich daran anpasst, welche Befehlen Sie für die jeweilige Bibliothek oder das in der Dateiliste ausgewählte Dokument verwenden können. Wenn Sie in eine Bibliothek navigieren und noch kein Dokument ausgewählt haben, wird Ihnen die Symbolleiste mit Befehlen für die Bibliothek angezeigt. Sobald Sie Dokumente in der Bibliothek abgelegt und ausgewählt haben, werden Ihnen die Befehle angezeigt, die Sie für das ausgewählte Dokument anwenden können.

4.11.1 Ein neues Office-Dokument online erstellen

Über die Symbolleiste können Sie neue, leere Dokumente direkt in der SharePoint-Bibliothek erstellen. Standardmäßig ist die Bibliothek so konfiguriert, dass Sie Office-Dokumente wie Word-, Excel- und PowerPoint-Dateien erstellen können. Sie können aber auch OneNote-Notizbücher erstellen oder eventuell Geschäftsvorlagen nutzen, die Sie sonst über die Office-Anwendungen mit *Datei/Neu* abrufen. Hier muss es jedoch Absprachen mit Ihrer IT-Abteilung geben, damit auch alle Mitarbeiterinnen und Mitarbeiter mit den richtigen Geschäftsvorlagen arbeiten und nicht individuelle, falsche Vorlagen zum Einsatz kommen. Sie können auch Links zu anderen Dokumenten oder Inhalten aus Ihrem Portal direkt in der Bibliothek ablegen. Bei der Verwendung von Office-Dateien und dem OneNote-Notizbuch in Verbindung mit SharePoint Online werden Ihre Arbeiten im Dokument immer automatisch gespeichert. Auch in der jeweiligen Desktop-App brauchen Sie das Dokument nicht manuell zu speichern.

Um ein neues Dokument zu erstellen, klicken Sie in der Bibliothek *Bibliothek mit Eigenschaften* auf die Schaltfläche + *Erstellen oder hochladen* und wählen die gewünschte Dokumentenvorlage aus. Sie werden in die jeweilige Online-App weitergeleitet. Gehen Sie zum nächsten Abschnitt weiter.

4.11.2 Einen Dateinamen für das Dokument in der Online-App vergeben

Sie müssen nicht erst die Eigenschaften eines Dokuments öffnen, um den Dateinamen festzulegen:

1. Sie befinden sich in dem geöffneten Dokument in der Online-App.
2. Klicken Sie in der Titelleiste der Office-Web-App direkt hinter dem Namen *Dokument*, *Mappe* oder *Präsentation* auf den Drop-down-Pfeil (siehe Abbildung 4.22).
3. Überschreiben Sie im Eingabefeld *Dateiname* den vorhandenen Namen mit Ihrem Dateinamen zum Beispiel *Mein erstes Onlinedokument* und bestätigen Sie mit der ↵-Taste. Der Dateiname wird direkt übernommen und auch in der SharePoint-Bibliothek angezeigt.

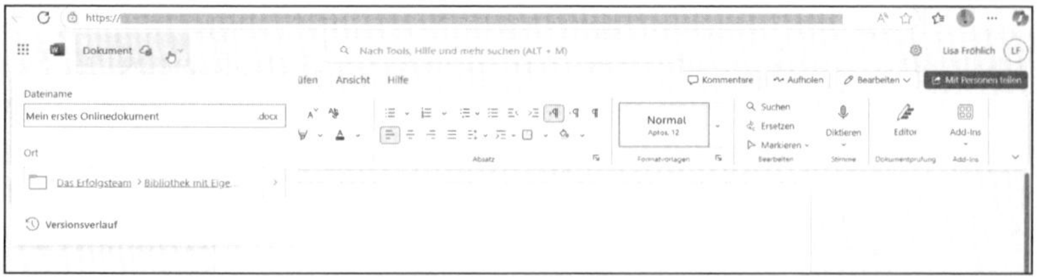

Abb. 4.22
Ein Word-Dokument wird umbenannt.

4. Schließen Sie das Dokument. Schließen Sie dafür den Browser-Tab, der den Namen Ihres Dokuments besitzt. Die Bibliothek wird Ihnen mit Ihrem neuen Dokument und dem von Ihnen eingegebenen Namen angezeigt.

4.11.3 Ein oder mehrere Dokumente hochladen

Sie können über verschiedene Wege Dateien zur Bibliothek hinzufügen. Sie können Dokumente direkt in der Bibliothek hochladen, wenn Sie die Schaltfläche + *Erstellen oder hochladen* verwenden. Alternativ können Sie auch über den Datei-Explorer Dateien in die Bibliothek ziehen. Besprechen Sie jedoch unbedingt mit Ihrem Team, wie Sie mit den verbleibenden Dateien im Netzlaufwerk umgehen werden. Denn wenn Sie die Dateien vom Netzlaufwerk in die SharePoint-Bibliothek hochladen, verbleibt die ursprüngliche Datei im Netzlaufwerk erhalten. Das kann wiederum dazu führen, dass die Dateien an beiden Speicherorten bearbeitet und verwendet werden, also doppelt existieren.

Sprechen Sie mit Ihrem Team, ob Dateien auf dem Netzlaufwerk oder in SharePoint bearbeitet werden sollen.

Um Dateien in die SharePoint-Bibliothek zu laden, gehen Sie so vor:

1. Öffnen Sie die Dokumentenbibliothek *Bibliothek mit Eigenschaften* oder eine Bibliothek, in die Sie eine oder mehrere Dateien hochladen möchten.
2. Öffnen Sie zusätzlich den Datei-Explorer beziehungsweise den Mac-Finder.
3. Lassen Sie sich den Datei-Explorer oder den Mac-Finder so anzeigen, dass Sie die Bibliothek im Hintergrund gut sehen können.
4. Wählen Sie eine oder mehrere Dateien im Datei-Explorer oder Mac-Finder aus, die Sie der Bibliothek hinzufügen möchten, und ziehen Sie sie mit gedrückter Maustaste per Drag & Drop in die Bibliothek.
5. Sie erhalten in der Bibliothek eine Meldung, sobald die Dateien erfolgreich hochgeladen wurden.

Neu erstellte oder neu hochgeladene Ordner und Dokumente erhalten neben dem Ordner- oder dem Dateinamen ein Icon mit drei Linien. Dieses Icon zeigt an, dass der Ordner oder das Dokument neu in der Bibliothek hinzugekommen ist. Das Icon bleibt für 24 Stunden bestehen.

4.11.4 Einen Ordner oder ein Dokument löschen und wiederherstellen

Sie können sämtliche Ordner und Dateien innerhalb der Bibliothek löschen, auch jene, die von anderen Teammitgliedern erstellt wurden. Gehen Sie also bedacht mit dem Löschvorgang vor.

1. Wählen Sie den Ordner oder die Datei aus, die Sie löschen möchten. Klicken Sie dafür vor den Ordner oder die Datei.
2. Klicken Sie in der Symbolleiste auf den Befehl *Löschen*.

3. Bestätigen Sie den Löschvorgang im nachfolgenden Dialog mit einem Klick auf die Schaltfläche *Ja*.
4. Alternativ können Sie auch die rechte Maustaste verwenden, um den Befehl *Löschen* auszuführen.

Gelöschte Ordner und Dateien sind nicht für immer verloren, sondern können innerhalb von 93 Tagen wiederhergestellt werden:

1. Zum Wiederherstellen der Ordner und Dateien wechseln Sie über die Seitennavigation in den Papierkorb.
2. Wählen Sie den Ordner oder die Datei aus, die Sie wiederherstellen möchten. Klicken Sie dafür vor den Ordner oder das Dokument.
3. Klicken Sie im oberen Bereich des Papierkorbs auf den Link *Wiederherstellen*. Der Ordner oder die Datei wird sofort wieder am ursprünglichen Speicherort angezeigt.

Falls bei Ihnen der Papierkorb einmal nicht in der Seitennavigation angezeigt werden sollte, können Sie ihn immer über die Websiteinhalte in der Seitennavigation oder über das Zahnrad-Symbol öffnen. Klicken Sie auf das Zahnrad-Symbol und wählen Sie dort im Menü die Websiteinhalte und im oberen rechten Bereich der Websiteinhalte die Schaltfläche *Papierkorb* aus.

4.11.5 Einen Ordner oder ein Dokument verschieben

Versionen und Eigenschaften können beim Verschieben verloren gehen.

Sie können Ordner und Dokumente innerhalb Ihres Microsoft 365-Portals in eine andere SharePoint-Teamwebsite und deren Bibliotheken verschieben; das kommt vor, wenn Sie bestimmte Dateien einem anderen Team oder einer anderen Abteilung übergeben möchten:

1. Wählen Sie zunächst den Ordner oder das Dokument aus, das Sie verschieben möchten. Klicken Sie dafür vor den Ordner oder vor das Dokument.
2. Klicken Sie in der Symbolleiste auf den Befehl *Verschieben nach*. Falls der Befehl nicht angezeigt wird, finden Sie ihn über das Menü *Weitere mögliche Aktionen*, dargestellt mit den drei Punkten.
3. Im Bereich *Element verschieben* können Sie nun auf Ihre OneDrive for Business-Bibliothek oder im Bereich *Schnellzugriff* auf eine der für Sie freigegebenen Websitebibliotheken zugreifen. Ihnen werden die Websites aufgelistet. Klicken Sie auf den Namen der Website, in die Sie das Dokument verschieben möchten.
4. Werden auf der Zielwebsite mehrere Bibliotheken verwendet, können Sie über den Drop-down-Pfeil der Schaltfläche *Wechseln Sie zu anderen Bibliotheken auf dieser Website* eine andere Bibliothek auswählen. Wählen Sie die gewünschte Bibliothek durch einen Klick aus.
5. Bestätigen Sie den Verschiebevorgang durch einen Klick auf die Schaltfläche *Hierhin verschieben*. Das Dokument wird verschoben und Sie erhalten eine Information in der Bibliothek.

6. Beachten Sie, dass Sie gegebenenfalls am Zielort bestimmte Eigenschaften zum Dokument vergeben und es einchecken müssen, bevor es von den jeweiligen Teamwebsitebesitzern und -mitgliedern gesehen werden kann. Wechseln Sie deshalb zum Zielort und prüfen Sie, ob Ihr Dokument eingecheckt und für alle sichtbar ist. Fügen Sie falls erforderlich die fehlenden Eigenschaften hinzu und checken Sie erst dann das Dokument ein. In Abschnitt 4.17 gehe ich näher auf die Funktionen des Aus- und Eincheckens ein.

4.11.6 Ein Dokument oben anheften

Sie können ein Dokument in der Bibliothek hervorheben, indem Sie es im oberen Bereich der Bibliothek anheften. Beachten Sie, dass nicht nur Sie das Dokument im oberen Bereich sehen, sondern auch alle anderen Teammitglieder. Verwenden Sie diese Funktion zum Beispiel, wenn Sie und Ihre Teammitglieder schnell oder oft auf ein ganz bestimmtes Dokument zugreifen müssen.

1. Wählen Sie in der Dokumentenbibliothek *Bibliothek mit Eigenschaften* das Dokument aus, das Sie zuletzt hinzugefügt haben. Klicken Sie dafür vor das Dokument.
2. Klicken Sie in der Menüleiste auf die Schaltfläche *Oben anheften*.
3. Falls Ihnen die Schaltfläche nicht angezeigt wird, klicken Sie in der Menüleiste auf das Menü *Weitere mögliche Aktionen*, dargestellt mit den drei Punkten.
4. Klicken Sie auf die Aktion *Oben anheften* (siehe Abbildung 4.23). Das Dokument wird nun im oberen Bereich der Bibliothek angezeigt.

Abb. 4.23 Dokumente können innerhalb der Bibliothek oben angeheftet werden, damit sie hervorgehoben werden. Das Dokument ist für alle Benutzer sofort im oberen Bereich sichtbar.

Möchten Sie das Dokument nicht mehr im oberen Bereich anheften, gehen Sie folgendermaßen vor:

1. Wählen Sie das Dokument oben über den Auswahlpunkt aus. Zeigen Sie dafür auf das Dokument, damit Sie es auswählen können.
2. Klicken Sie in der Menüleiste auf die Schaltfläche *Anheftung bearbeiten* und wählen Sie dann die Schaltfläche *Lösen*. Falls Ihnen die Schaltfläche nicht angezeigt wird, klicken Sie auf das Menü *Weitere mögliche Aktionen* (siehe ebenfalls Abbildung 4.23) und wählen Sie dort die Aktion *Anheftung bearbeiten* und klicken Sie dann auf den Befehl *Lösen*. Das Dokument wird nun nicht mehr im oberen Bereich der Bibliothek angezeigt.

4.11.7 Einen Link zum Ordner, zur Datei oder zum Element abrufen

Wenn Sie Links verwenden, arbeiten Sie immer mit den aktuellen Dateien.

Sie haben die Möglichkeit, den Link zu einem Ordner, einer Datei oder zu einem Listenelement abzurufen und beispielsweise in eine E-Mail- oder Chat-Nachricht einzufügen. Damit vermeiden Sie, dass Ihr Dokument per E-Mail als Kopie gesandt wird und mehrfach in Umlauf gerät. Beachten Sie jedoch, dass diejenigen, denen Sie den Link senden, berechtigt sein müssen, also zu Ihrem Team gehören müssen, um auf den Ordner, die Datei oder auf das Element zugreifen zu können. Personen, denen die Berechtigung fehlt, erhalten eine Fehlermeldung beziehungsweise den Hinweis, dass der Zugriff verweigert wurde.

1. Um den Link zu einem Ordner, einer Datei oder einem Listenelement abzurufen, navigieren Sie in die jeweilige Bibliothek beziehungsweise Liste.
2. Klicken Sie vor das Dokument oder Element, sodass es ausgewählt ist.
3. Klicken Sie in der Menüleiste auf die Schaltfläche *Link kopieren*. Sie werden in einen Dialog weitergeleitet.
4. Klicken Sie auf den Link *Einstellungen*, wenn Sie den Zugriff prüfen oder Personen auswählen möchten, und übernehmen Sie die Einstellungen.
5. Wechseln Sie in die E-Mail- oder in eine Teams-Chatnachricht, in die Sie den Link einfügen möchten.
6. Klicken Sie in den Nachrichtentext und fügen Sie den kopierten Link ein.
7. Vervollständigen und senden Sie die Nachricht.

4.11.8 Eine SharePoint-Bibliothek mit OneDrive synchronisieren

Die Synchronisation müssen Sie nur einmal starten.

Sie können die SharePoint-Bibliotheken mit Ihrem PC synchronisieren. So können Sie mit dem Windows-Datei-Explorer Ihre Dateien, die in einer SharePoint-Bibliothek gespeichert sind, auch von Ihrem System aus aufrufen, bearbeiten oder löschen. Überlegen Sie immer gut, ob Sie die ganze Bibliothek synchronisieren möchten. Sie können auch Kanalorder aus Teams heraus synchronisieren, sodass nicht alle Dokumente einer Bibliothek mit Ihrem Computer ständig synchronisiert werden. Synchronisieren Sie nur das, was wirklich für Sie wichtig ist.

1. Wechseln Sie in die SharePoint-Bibliothek *Bibliothek mit Eigenschaften* oder die Bibliothek, die Sie synchronisieren möchten.
2. Klicken Sie in der Menüleiste auf die Schaltfläche *Synchronisieren*.
3. Klicken Sie im nächsten Dialog auf die Schaltfläche *Öffnen* und folgen Sie gegebenenfalls weiteren Anweisungen.
4. Sie erhalten auf dem Bildschirm die Meldung, dass die Synchronisation erfolgreich gestartet ist.
5. Öffnen Sie den Windows-Datei-Explorer. In Ihrer Ordnerstruktur (siehe Abbildung 4.24) wird Ihnen die SharePoint-Bibliothek als Ordner und die Inhalte Ihrer Bibliothek separat zu Ihrem OneDrive for Business angezeigt.

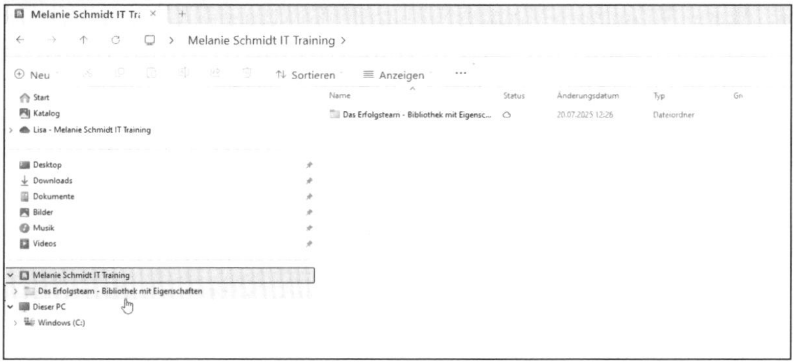

Abb. 4.24
Der geöffnete Datei-Explorer und die synchronisierte Bibliothek unterhalb des Firmennamens

4.11.9 Die Synchronisation einer Bibliothek richtig beenden

Es kommt vor, dass Sie Bibliotheken eine Zeit lang synchronisieren, solange die Inhalte für Sie wichtig sind, doch irgendwann sind sie nicht mehr relevant, weil etwa das Projekt abgeschlossen ist oder Sie die Abteilung gewechselt haben. Dann ist es wichtig, die Synchronisation richtig zu beenden. Gehen Sie dafür folgendermaßen vor:

1. Klicken Sie unten in der Taskleiste Ihres Windows-Computers im Informationsbereich auf das blaue Wolken-Symbol.
2. Klicken Sie oben auf das Zahnradsymbol und wählen Sie die Schaltfläche *Einstellungen* aus.
3. Wechseln Sie links in die Kategorie *Konto* (siehe Abbildung 4.25). Hier werden Ihnen alle bestehenden Synchronisationen angezeigt.

Abb. 4.25
Alle synchronisierten Kanalordner und Bibliotheken werden hier angezeigt und müssen an dieser Stelle beendet werden, wenn Sie die Synchronisation nicht mehr wünschen.

4. Wenn Sie im vorherigen Abschnitt die Dokumentenbibliothek *Bibliothek mit Eigenschaften* synchronisiert haben, wird Ihnen diese Bibliothek zusätzlich zu Ihrem persönlichen OneDrive-Speicher angezeigt.
5. Klicken Sie bei dem Namen der Dokumentenbibliothek *Bibliothek mit Eigenschaften* oder bei der Bibliothek, deren Synchronisation Sie nicht mehr wünschen, auf die Schaltfläche *Synchronisation beenden*.
6. Klicken Sie im darauf folgenden Dialogfenster auf die Schaltfläche *Synchronisation beenden*.
7. Falls die Bibliothek weiterhin in Ihrem Datei-Explorer angezeigt wird, können Sie sie nach der richtigen Beendigung mit einem Rechtsklick aus dem Datei-Explorer löschen.
8. Mehr Informationen zu den Synchronisationen finden Sie in Abschnitt 3.3.1.2.

4.12 Spalten und Metadaten

Aus den Namen Ihrer Ordner und Unterordner lassen sich Metadaten bestimmen.

Um innerhalb der Bibliothek nach bestimmten Eigenschaften beziehungsweise Metadaten filtern zu können, zeige ich Ihnen in diesem Abschnitt, wie Sie weitere Spalten in einer neuen Bibliothek erstellen. Auf Grundlage der Spalten werden Sie Dokumente mit den Spalten-Eigenschaften versehen und über diese Eigenschaften filtern. Für wiederkehrendes Filtern eignen sich eigene Ansichten, die Sie für sich oder für das gesamte Team bereitstellen.

Sobald eine Datei oder ein Element erzeugt wird, werden der Datei Dokumenteigenschaften und dem Element Elementeigenschaften hinzugefügt wie beispielsweise das Erstelldatum, die Dateigröße und wer die Datei oder das Element erstellt hat. Diese Eigenschaften nennt man auch Metadaten. Über die Metadaten ist eine strukturierte Speicherung von Dateien und Elementen möglich, und das Auffinden über die verwendeten Metadaten erleichtert die Arbeit mit vielen Dateien und Listeneinträgen. Sie finden solche Metadaten zum Beispiel, wenn Sie ein Word-Dokument oder eine Excel-Arbeitsmappe in der Desktop-App öffnen und über das Register *Datei* in die Kategorie *Informationen* bei Windows und *Eigenschaften* beim Mac wechseln. Dort sehen Sie die Metadaten, die automatisch vom System erzeugt werden.

Wenn Sie auf der Suche nach einem bestimmten Dokument oder Element sind, benötigen Sie nicht unbedingt den Datei- oder Elementnamen, um es aufzufinden. Sie könnten ebenso das Erstelldatum oder den Autor/Ersteller des Dokuments/Elements als Suchvariante wählen wie auch zum Beispiel Produktnummern sowie Produkt-, Projekt- oder Kundennamen. Deshalb besteht in allen SharePoint-Bibliotheken und -Listen die Möglichkeit, eigene Metadaten mit sogenannten Spalten zu erstellen und diese Eigenschaften zusätzlich an die Datei anzuhängen.

Sie werden spätestens dann über das Hinzufügen von Spalten stolpern, wenn Sie mit den SharePoint-Bibliotheken und -Listen arbeiten. Das Anlegen von Spalten ist sehr einfach, da es Ihnen direkt in der Bibliothek oder Liste angeboten wird. Bevor Sie jedoch Spalten in einer Bibliothek oder Liste hinzufügen, sollten Sie mit Ihrem Team besprechen, welche Spalten für das gesamte Team benötigt werden. Das Hinzufügen von Spalten wirkt sich auf die gesamte Bibliothek oder Liste aus, sodass auch Ihre Kollegen damit arbeiten werden. Seien Sie also darauf bedacht, ob und wann Sie Spalten zu einer Bibliothek oder Liste hinzufügen.

Die Frage ist auch, wo Sie die Spalten anlegen: Gerade bei wiederkehrenden Spalten sollten Sie überlegen, ob das Anlegen in der Bibliothek oder Liste sinnvoll ist oder ob es besser wäre, sie übergeordnet auf der Websiteebene anzulegen, um sie auch in anderen Bibliotheken und Listen der Website zu verwenden. Ich werde Ihnen im nächsten Abschnitt das Erstellen von Spalten in einer Bibliothek und über die Websiteebene zeigen.

4.12.1 Spalten in einer Bibliothek oder Liste erstellen

Für die Filterung von bestimmten Dokumenten, wie beispielsweise Berichten, Entscheidungen, Fachkonzepten, Grobkonzepten, Ideen, Kalkulationen, Lasten- und Pflichtenheften, erstellen Sie eine Auswahlspalte. Diese Spalte können Sie über die Bibliothekseinstellungen oder direkt in der Bibliothek erstellen. Bei dieser Vorgehensweise steht Ihnen die Spalte jedoch nur in dieser einen Bibliothek zur Verfügung. Das folgende Beispiel können Sie auch in einer SharePoint-Liste durchführen, die Vorgehensweise ist identisch.

Ersetzen Sie die Beispiele mit Ihren eigenen Eigenschaften.

1. Navigieren Sie in die Dokumentenbibliothek *Bibliothek mit Eigenschaften*.
2. Klicken Sie auf den Link *Spalte hinzufügen*, den Sie am Ende der Spalten sehen (siehe Abbildung 4.26).

Abb. 4.26 Über den Link *Spalte hinzufügen* können beliebig viele Spalten von allen Teammitgliedern erstellt werden.

3. Wählen Sie als Spaltentyp *Auswahl* aus.
4. Klicken Sie im Dialogfeld auf die Schaltfläche *Weiter*.
5. Vergeben Sie einen Spaltennamen wie beispielsweise *Dokumentenart* (siehe Abbildung 4.27).

6. Klicken Sie in das Eingabefeld *Beschreibung* und schreiben Sie *Bitte wählen Sie eine Dokumentenart aus* hinein.

Abb. 4.27
Der Spaltenname, die Beschreibung und die vielen Auswahlmöglichkeiten

7. In Bereich *Auswahlmöglichkeiten* (siehe ebenfalls Abbildung 4.27) überschreiben Sie die *Auswahl 1*, *Auswahl 2*, *Auswahl 3*, *+ Hinzufügen* mit *Bericht*, *Entscheidung*, *Fachkonzept*, *Grobkonzept*, *Idee*, *Kalkulation*, *Konzept*, *Lastenheft*, *Pflichtenheft*. Dieses Eingabefeld wird später nicht automatisch alphabetisch sortiert, darum ist es wichtig, die alphabetische Reihenfolge einzuhalten, falls Sie diese Sortierung wünschen. Falls Sie eine andere Reihenfolge bevorzugen – beispielsweise nach Häufigkeit der Verwendung der Einträge sortiert –, müssen Sie diese entsprechend auflisten.
8. Um die Farbauswahl zu löschen, klicken Sie hinter dem Eintrag auf die Schaltfläche *Mischpalette* und wählen Sie *Keine Gestaltungsvorlage* (siehe Abbildung 4.28).

Abb. 4.28
Sie können eine Füllfarbe wählen oder die Füllung wieder entfernen.

9. Die Option *Ausfülloptionen zulassen* bedeutet, dass Mitarbeitende eigenständig eine Dokumentart hinzufügen können, wenn keiner der von Ihnen festgelegten Werte passend für das Dokument ist. Die Auswahlliste wird durch diesen Eintrag jedoch weder erweitert noch aktualisiert. Übernehmen Sie in diesem Beispiel die Option *Nein*.
10. Im Bereich *Standardwert* verwendet SharePoint immer den ersten Eintrag aus der Auswahlliste. Aktivieren Sie diese Option nicht, denn er würde den Mitarbeitenden immer vorgeschlagen werden, was zur Folge haben könnte, dass er versehentlich ausgewählt und dadurch das Dokument einer falschen Dokumentart zugewiesen wird.
11. Klicken Sie auf den Link *Weitere Optionen* und scrollen Sie etwas nach unten.
12. Im Bereich *Auswahloption anzeigen mit* übernehmen Sie für dieses Beispiel die Option *Dropdownmenü*.
13. Belassen Sie die Option bei *Mehrfachauswahl zulassen* auf *Nein*.
14. Aktivieren Sie die Option *Anfordern, dass diese Spalte Informationen enthält*, wenn Sie ein Pflichtfeld generieren möchten, das von jedem Anwender ausgefüllt werden muss. Aktivieren Sie in diesem Beispiel die Option.
15. Übernehmen Sie die Einstellungen und bestätigen Sie sie mit einem Klick auf *Speichern*.
16. Erstellen Sie ein neues Dokument innerhalb der Bibliothek und benennen Sie es in der Online-App um. Schließen Sie dann den Tab des Browsers und navigieren Sie in die Bibliothek zurück.
17. Aktualisieren Sie den Browser, falls das neue Dokument nicht angezeigt wird.
18. Klicken Sie nach dem Hinzufügen des Dokuments in der Menüleiste der Bibliothek auf die Schaltfläche *In Rasteransicht bearbeiten*. Achten Sie darauf, dass kein Dokument ausgewählt ist.
19. Klicken Sie zweimal in der Liste hinter das Dokument in die Zelle bei *Dokumentenart* und wählen Sie einen Wert aus. Sie können auch über das Fadenkreuz, das an der Zellenecke erscheint, sobald Sie dort mit dem Mauszeiger verweilen, die Zellen unterhalb der ausgewählten Zelle ausfüllen (siehe Abbildung 4.29).

Abb. 4.29 Die Eigenschaften können direkt im Browser ausgewählt und für andere Dokumente übernommen werden.

20. Klicken Sie in der Menüleiste auf die Schaltfläche *Rasteransicht beenden*. Die Eigenschaften wurden nun dem Dokument zugewiesen.

4.12.2 Eine Websitespalte für mehrere Bibliotheken und Listen erstellen

Die Spalte wird in der Websitesammlung vererbt und ist in allen Listen und Bibliotheken hinzufügbar.

Wenn Sie eine Spalte in mehreren Bibliotheken und Listen auf Ihrer Teamwebsite benötigen, müssen Sie sie nicht in allen Bibliotheken und Listen einzeln anlegen. Sie können als Besitzer der Website Spalten übergeordnet auf der Websiteebene erstellen und sie in den Bibliotheken und Listen hinzufügen, wo Sie diese benötigen. Sie erstellen somit die Spalte einmal und weisen sie nur den Bibliotheken zu, wo sie auch tatsächlich benötigt wird. Für die Filterung der Dokumente nach einem Bearbeitungsstatus, wie beispielsweise *In Bearbeitung*, *Ausstehend* und *Abgeschlossen*, erstellen Sie nun in unserem Beispiel eine weitere Auswahlspalte auf Websiteebene:

1. Navigieren Sie auf die Startseite unserer SharePoint-Teamwebsite.
2. Wählen Sie über das Zahnrad-Symbol in den Einstellungen den Eintrag *Websiteinformationen*.
3. Navigieren Sie im Dialog ganz nach unten und wählen Sie den Link *Alle Websiteeinstellungen anzeigen* aus.
4. Die Websiteeinstellungen werden in Kategorien angezeigt. In der Kategorie *Web-Designer-Kataloge* finden Sie die vorhandenen Websitespalten. Klicken Sie auf den Link *Websitespalten*.

   Sie sehen nun alle von SharePoint mitgelieferten oder bereits angelegten Websitespalten Ihres Unternehmens. Die Websitespalten sind immer einer Gruppe zugeordnet, damit sie schneller wiedergefunden werden können. Sie sehen auch, dass die Websitespalten eine Quelle besitzen. Daran können Sie erkennen, wo die jeweiligen Spalten ihren Ursprung haben.
5. Da es für dieses Beispiel noch keine Websitespalte gibt, klicken Sie zum Anlegen einer neuen auf den Link *Erstellen*. Sie finden ihn oberhalb der Auflistung der Websitespalten (siehe Abbildung 4.30).

Abb. 4.30 Der Link zum Erstellen einer neuen Websitespalte

Sie gelangen in ein Dialogfenster, in dem Sie den Namen festlegen und weitere Einstellungen vornehmen. Bei der Vergabe des Websitespaltennamens müssen Sie an dieser Stelle genau überlegen, welchen Sie verwenden, da er auf oberster Websiteebene nur einmal vergeben werden darf. In diesem Beispiel geht es darum, eine Websitespalte zu erstellen, die den Bearbeitungsstatus eines Dokuments darstellen soll.

6. Im Bereich *Spaltenname* klicken Sie in das Eingabefeld und geben als Spaltennamen *Bearbeitungsstatus* ein.
7. Wählen Sie unterhalb von *Der Informationstyp in dieser Spalte ist* den Informationstyp *Auswahl (Menü)* aus.
8. Beim späteren Hinzufügen einer Websitespalte werden Ihnen alle vorhandenen Websitespalten aufgelistet. Sie können jedoch eigene Gruppen erstellen, denen Sie die Websitespalten zuordnen, um sie schneller wiederzufinden. Im Bereich *Gruppe* aktivieren Sie die Option *Neue Gruppe*.
9. Tippen Sie als Gruppennamen *Beispielspalten zum Buch* ein. Es empfiehlt sich jedoch, immer den Abteilungs- oder Teamnamen für die Gruppe zu verwenden.
10. Im Bereich *Zusätzliche Spalteneinstellung* klicken Sie in das Eingabefeld bei *Beschreibung* und geben folgenden Text ein: *Bitte wählen Sie einen Bearbeitungsstatus aus.*
11. Aktivieren Sie die Option *Ja* bei *Diese Spalte muss Informationen enthalten*, wenn Sie ein Pflichtfeld erstellen möchten, das die Anwender ausfüllen müssen. Wird dieses Feld später nicht ausgefüllt, kann das Dokument nur ausgecheckt gespeichert werden.
12. Klicken Sie danach in das Eingabefeld *Geben Sie jede Auswahl in einer neuen Zeile ein* und löschen Sie die vorhandenen Einträge.
13. Schreiben Sie folgende Bearbeitungsstatus untereinander in das Eingabefeld: *In Bearbeitung*, *Ausstehend*, *Abgeschlossen*.
14. Im Bereich *Auswahl anzeigen durch* übernehmen Sie die Option *Dropdownmenü*.
15. Die Option *Ausfülloptionen zulassen* bedeutet auch hier, dass Mitarbeitende eigenständig einen anderen Bearbeitungsstatus hinzufügen können, wenn keiner der von Ihnen festgelegten Werte passend für das Dokument ist. Die Auswahlliste wird durch diesen Eintrag jedoch weder erweitert noch aktualisiert. Übernehmen Sie für dieses Beispiel die Option *Nein*.
16. Im Bereich *Standardwert* verwendet SharePoint auch hier den ersten Eintrag aus der Auswahlliste. Sie können den Wert *In Bearbeitung* bestehen lassen, dann erhält jedes neue oder hochgeladene Dokument automatisch diesen Status.
17. Überprüfen Sie noch einmal Ihre Eingaben und bestätigen Sie diese danach mit einem Klick auf die Schaltfläche *OK*.

Sie werden nun direkt in den Bereich *Websitespalten* in den Websiteeinstellungen weitergeleitet. Rechts im Fenster können Sie Gruppen auswählen. In der Gruppe *Beispiele zum Buch* sehen Sie die erstellte Spalte. Die Websitespalte wurde in unserem Beispiel auf der Websiteebene angelegt und steht nun auf der gesamten SharePoint-Teamwebsite und in allen Bibliotheken und Listen der Website zur Verfügung. Möchten Sie die Websitespalte ändern oder mit weiteren Auswahlmöglichkeiten ergänzen, können Sie sie, wie in diesem Abschnitt beschrieben, über die Websiteebene erneut öffnen und ändern. Möchten Sie eine Websitespalte löschen, gehen Sie ebenfalls über die Websiteebene vor. Jedoch darf die Spalte, die Sie löschen möchten, nicht aktiv in einer Bibliothek oder Liste verwendet werden. Im nächsten Abschnitt weisen Sie die Spalte einer Bibliothek zu.

4.12.3 Eine Websitespalte einer Bibliothek oder Liste hinzufügen

In diesem Beispiel geht es darum, die Websitespalte, die im Abschnitt zuvor erstellt wurde, einer Bibliothek hinzuzufügen.

1. Navigieren Sie in die Dokumentenbibliothek *Bibliothek mit Eigenschaften*.
2. Klicken Sie auf das Zahnrad-Symbol, um in die Einstellungen zu gelangen.
3. Wählen Sie den Eintrag *Bibliothekseinstellungen* und im Dialog klicken Sie auf den Link *Weitere Bibliothekseinstellungen*. Sie werden in die Einstellungen weitergeleitet.
4. Die Bibliotheks- oder Listeneinstellungen sind in Kategorien unterteilt. Klicken Sie im unteren Bereich bei *Spalten* auf den Link *Aus vorhandenen Websitespalten hinzufügen*.
5. Wählen Sie im Bereich *Gruppe* die oben erstellte Gruppe *Beispielspalten zum Buch* aus.
6. Klicken Sie doppelt auf die Spalte *Bearbeitungsstatus*, damit sie der Bibliothek oder Liste hinzugefügt wird.
7. Damit die Spalte in der Bibliothek oder Liste angezeigt wird, belassen Sie die Option *Zur Standardansicht hinzufügen* bestehen.
8. Bestätigen Sie Ihre Auswahl mit einem Klick auf die Schaltfläche *OK*.

   Die Websitespalte wird nun in der Bibliothek angezeigt und kann verwendet werden.
9. Wechseln Sie in die Bibliothek. Da die bereits gespeicherten Dateien nicht automatisch den Standardwert des Bearbeitungsstatus erhalten, müssen Sie diese nachpflegen.
10. Wählen Sie beide Dokumente aus.

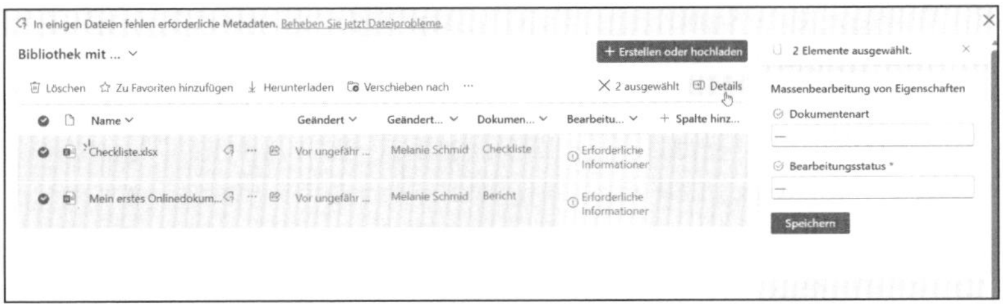

Abb. 4.31 Da hier zwei Dokumente ausgewählt sind, wird die Massenbearbeitung von Eigenschaften im Detailbereich angezeigt.

11. Klicken Sie in der Menüleiste ganz rechts auf die Schaltfläche *Details* (siehe Abbildung 4.31).
12. Da Sie mehrere Dokumente ausgewählt haben, können Sie nun eine Massenbearbeitung der Eigenschaften durchführen. Wählen Sie im Detailbereich den Bearbeitungsstatus aus.

4.12.4 Eine Spalte in einer Bibliothek oder der Liste ausblenden

Es kann vorkommen, dass Sie bestimmte Spalten, die in der Bibliothek oder Liste automatisch angezeigt werden, ausblenden möchten. In diesem Beispiel blenden Sie die Spalte *Geändert von* aus:

1. Navigieren Sie in die Dokumentenbibliothek *Bibliothek mit Eigenschaften*.
2. Klicken Sie in der Bibliothek hinter dem Spaltennamen *Geändert von* auf den Drop-down-Pfeil.
3. Wählen Sie im Kontextmenü den Eintrag *Spalteneinstellungen*.
4. Wählen Sie danach den Menüpunkt *Spalten ein-/ausblenden* aus. Ihnen wird im rechten Fensterbereich das Formular *Ansichtspalten bearbeiten* eingeblendet.
5. Deaktivieren Sie das Häkchen bei *Geändert von* und klicken Sie dann oben auf die Schaltfläche *Übernehmen*.

4.12.5 Eine Spalte in der Bibliothek oder der Liste einblenden

Wenn Sie Spalten einblenden möchten, müssen sie entweder vom System oder von Ihnen angelegt worden sein. In diesem Beispiel blenden Sie die Spalte *Erstellt von* ein:

1. Navigieren Sie zu der Bibliothek, in der Sie eine Spalte einblenden möchten.
2. Klicken Sie in der Bibliothek hinter einen beliebigen Spaltennamen auf den Drop-down-Pfeil.
3. Wählen Sie im Kontextmenü den Eintrag *Spalteneinstellungen*.
4. Wählen Sie den Menüpunkt *Spalten ein-/ausblenden*.

5. Wählen Sie die Spalten aus, die Sie in der Bibliothek einblenden möchten. In diesem Beispiel wählen Sie die Spalte *Erstellt von* aus.
6. Ziehen Sie die ausgewählte Spalte per Drag & Drop weiter nach oben, also an die Position, wo Sie sie in der Bibliothek sehen möchten. Alternativ können Sie auch die Pfeile anklicken, die Ihnen angeboten werden, wenn Sie auf einen Spaltennamen zeigen.
7. Klicken Sie ganz oben im Fenster auf die Schaltfläche *Übernehmen*. Die von Ihnen ausgewählte Spalte wird nun angezeigt.

4.12.6 Eine Spalte aus der Bibliothek oder der Liste löschen

Löschen Sie nur Spalten, die von niemandem aus dem Team benötigt werden.

Aufgrund der angebotenen Schaltfläche *Spalte erstellen* innerhalb jeder Liste und Bibliothek kann es eventuell vorkommen, dass Kolleginnen und Kollegen durch Unwissenheit weitere Spalten erstellen, die keine Relevanz für Ihre Bibliothek oder Liste haben. Manchmal kommt es auch vor, dass Sie Websitespalten, die Sie über die Websiteebene erstellt haben, nicht mehr in einer bestimmten Bibliothek oder Liste benötigen, sie sollen jedoch in anderen Listen oder Bibliotheken bestehen bleiben. In solchen Fällen können Sie die ungenutzte Spalte innerhalb der Liste oder Bibliothek löschen, ohne dass sie auch auf der Websiteebene gelöscht wird:

1. Wechseln Sie in die Dokumentenbibliothek *Bibliothek mit Eigenschaften*.
2. Klicken Sie in der Bibliothek auf den Drop-down-Pfeil neben dem Namen der Spalte, die Sie löschen möchten. In diesem Beispiel wählen Sie die Spalte *Bearbeitungsstatus*.
3. Wählen Sie den Befehl *Spalteneinstellungen*.
4. Klicken Sie auf *Bearbeiten* ganz oben im Kontextmenü. Im rechten Fensterbereich wird Ihnen das Bearbeitungsformular für die Spalte angezeigt.
5. Klicken Sie ganz unten auf die Schaltfläche *Löschen*.
6. Bestätigen Sie im nachfolgenden Dialog den Löschvorgang mit einem Klick auf die Schaltfläche *Löschen*. Die Spalte wurde aus dieser Bibliothek gelöscht und wird nicht mehr angezeigt. Da die Spalte auf Websiteebene erstellt wurde, können Sie die Spalte *Bearbeitungsstatus* erneut in der Bibliothek hinzufügen. Gehen Sie die Schritte aus dem Abschnitt 4.12.3 erneut durch.

4.13 Dokumente oder Elemente in einer Bibliothek oder Liste filtern

Sehen Sie nur die Inhalte, die für Sie relevant sind.

Die Anforderungen auf die Sicht der vorhandenen Dateien innerhalb einer Bibliothek oder Einträge in einer Liste sind bei jeder Benutzerin und jedem Benutzer unterschiedlich. So interessieren Sie sich vielleicht nur für die Dokumente in der Bibliothek, die die Eigenschaft *Konzept* und den Bearbeitungsstatus *In Bearbeitung* besitzen, während Ihre Kollegin oder Ihr Kollege sich um die Präsentationen kümmert, die noch nicht finalisiert wurden. Sobald Sie der Bibliothek Spalten hinzugefügt und Dokumente mit den Eigenschaften versehen haben, können Sie nun über die Spalten und deren Eigenschaften jeweils nach den für Sie relevanten Dateien filtern.

1. Wechseln Sie in die Dokumentenbibliothek *Bibliothek mit Eigenschaften*.
2. Klicken Sie auf den Drop-down-Pfeil hinter dem Spaltennamen *Dokumentenart* (siehe Abbildung 4.32).
3. Wählen Sie im Menü *Spalteneinstellungen* und klicken Sie dann auf den Befehl *An Filterbereich anheften*.
4. Klicken Sie auf den Drop-down-Pfeil hinter dem Spaltennamen *Bearbeitungsstatus*.
5. Wählen Sie im Menü *Spalteneinstellungen* und klicken Sie dann auf den Befehl *An Filterbereich anheften*.

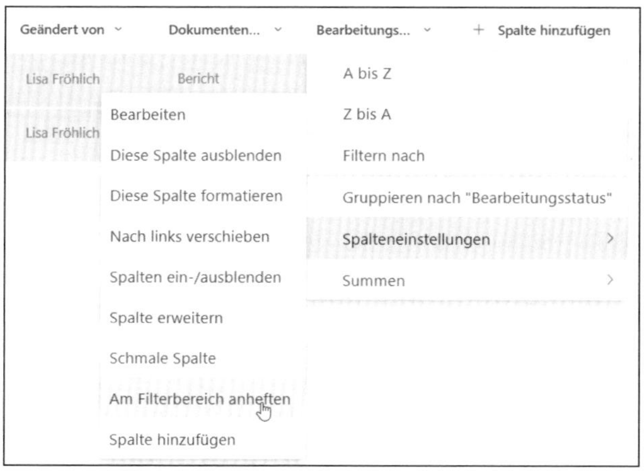

Abb. 4.32 Sie können Spalten an den Filterbereich anheften, um schnell nach bestimmten Eigenschaften zu filtern.

6. Klicken Sie oben rechts auf das Filtersymbol (siehe Abbildung 4.33).

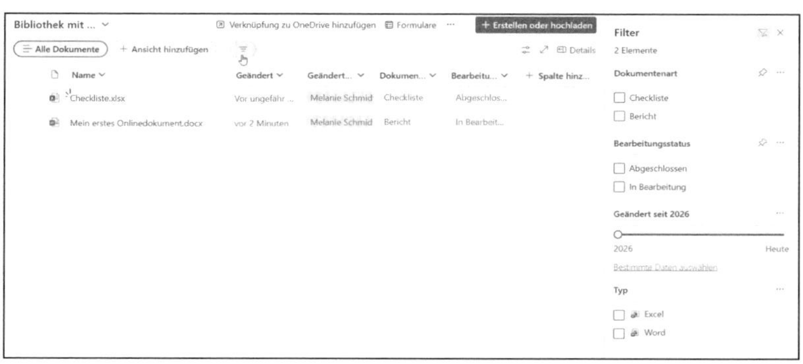

Abb. 4.33 Der Filterbereich innerhalb einer Bibliothek

7. Wählen Sie im Filterbereich eine von Ihnen vergebene *Dokumentenart* und einen *Bearbeitungsstatus*. Ihnen werden nur die Dateien angezeigt, deren Bedingung in den Spalten *Dokumentenart* und *Bearbeitungsstatus* mit Ihrem gesetzten Filter übereinstimmen.

8. Klicken Sie im Filterbereich auf das Filtersymbol mit dem kleinen x, um den Filter aufzuheben und wieder alle Dokumente zu sehen. Schließen Sie den Filterbereich.

4.14 Ansichten in einer Bibliothek erstellen und ändern

Durch das Auswählen einer Ansicht können Sie schneller auf bestimmte Dokumente zugreifen.

Es wird vorkommen, dass Ihnen die Sicht auf die Dokumente oder Einträge in einer Bibliothek oder Liste nicht zusagt. Vielleicht möchten Sie mehr oder weniger Spalten anzeigen lassen oder Sie möchten die Eintragsgrenze der anzuzeigenden Dokumente oder Elemente auf eine bestimmte Anzahl festlegen. Dafür können Sie Ansichten erstellen oder vorhandene Ansichten ändern. Es ist zu empfehlen, dass Sie für Ihre Anwendungsfälle neue Ansichten erstellen und die vom System bestehenden nur geringfügig verändern. In diesem Beispiel möchte ich Ihnen zeigen, wie Sie eine Ansicht erstellen und speichern können:

1. Wechseln Sie in die Dokumentenbibliothek *Bibliothek mit Eigenschaften*.
2. Laden Sie für dieses Beispiel einige Dokumente in die Bibliothek hoch oder erstellen Sie neue Dokumente direkt in der Bibliothek.
3. Weisen Sie den Dateien die Metadaten *Dokumentenart* zu. Der Bearbeitungsstatus sollte automatisch auf *In Bearbeitung* stehen. Wir hatten das in Abschnitt 4.12.2 festgelegt.
4. Wählen Sie die Schaltfläche *Weitere Filter*, dargestellt mit dem Hamburger-Menü, und filtern Sie nach einer Dokumentenart sowie dem Bearbeitungsstatus *In Bearbeitung*.
5. Um nun zukünftig nicht mehr filtern zu müssen, speichern Sie diese Auswahl als Ansicht. Klicken Sie in der Menüleiste auf die Schaltfläche auf *Alle Dokumente* unterhalb des Namens der Bibliothek.
6. Wählen Sie den Befehl *Ansicht speichern unter*.
7. Überschreiben Sie den vorhandenen Namen *Alle Dokumente* mit einem aussagekräftigen Namen. Für dieses Beispiel schreiben Sie *Aktuelle*, gefolgt von der Dokumentenart, die Sie gefiltert haben.
8. Möchten Sie die neue Ansicht auch für Ihre Teammitglieder zur Verfügung stellen, belassen Sie die Option *Diese Ansicht öffentlich machen*. Ist die Ansicht jedoch nur für Sie relevant, deaktivieren Sie die Option, dann erstellen Sie eine persönliche Ansicht, auf die nur Sie zugreifen können. Beachten Sie, dass es im Nachhinein nicht möglich ist, aus einer öffentlichen eine private Ansicht und umgekehrt zu machen. Sie müssten in einem solchen Fall eine neue Ansicht mit den richtigen Einstellungen erstellen und die vorhandene, falsche Ansicht löschen. Für dieses Beispiel belassen Sie die Option *Diese Ansicht öffentlich machen*, da alle Teammitglieder die Ansicht auswählen sollen.

9. Klicken Sie auf die Schaltfläche *Speichern*.
10. Um die Ansicht nun anzupassen oder zu ändern, klicken Sie rechts oben im Fenster auf die Schaltfläche *Optionen*, dargestellt mit den Schiebereglern.
11. Wählen Sie den Befehl *Ansicht bearbeiten*. Sie werden in die Einstellungen der Ansicht weitergeleitet.

Wenn Sie das Kontrollkästchen bei *Zur Standardansicht machen* aktivieren, wird die Ansicht, die Sie gerade erstellen, als Standardansicht für die Bibliothek übernommen. Alle Benutzerinnen und Benutzer der Bibliothek werden immer automatisch diese Ansicht zuerst sehen.

---

12. Im Bereich *Spalten* können Sie festlegen, welche Spalten an welcher Position angezeigt werden sollen. Aktivieren Sie die Spalte *Erstellt*, die Sie weiter unten in der Spaltenauflistung finden. Setzen Sie die Spalte auf Position 5 (siehe Abbildung 4.34).

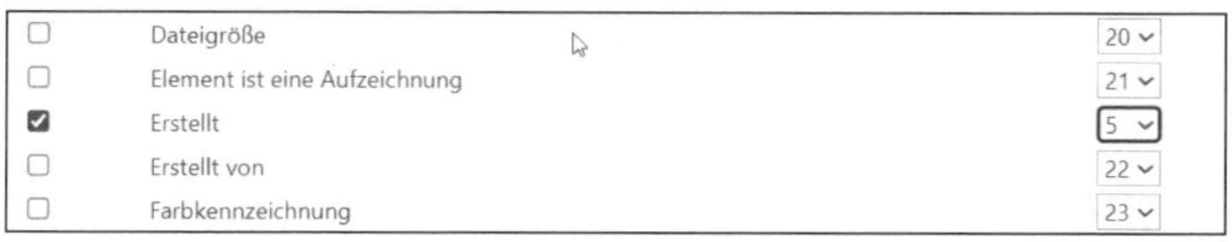

Abb. 4.34
Die ausgewählte Spalte und die Position, an der sie in der Bibliothek angezeigt werden soll

13. Deaktivieren Sie die Spalte *Geändert*, damit diese nicht mehr in der Ansicht sichtbar ist.
14. Aktivieren Sie die Spalten *Dateigröße* und *Version*, damit diese ebenfalls in der Ansicht angezeigt werden.
15. Navigieren Sie zu dem Bereich *Sortieren*.
16. Wählen Sie über den Drop-down-Pfeil bei *Zuerst sortieren nach Spalte* die Spalte *Geändert*. Legen Sie dann die Option *Elemente in absteigender Reihenfolge anzeigen* fest. Damit werden Ihnen Ihre zuletzt geänderten oder neu hinzugefügten Dokumente zuerst in der Dateiliste der Bibliothek angezeigt.
17. Übernehmen Sie alle weiteren Einstellungen und bestätigen Sie Ihre Eingabe mit einem Klick auf die Schaltfläche *OK*, die Sie ganz oben oder ganz unten im Fenster finden. Sie werden in die Bibliothek weitergeleitet und sehen nun die Spalten, die Sie hinzugefügt haben.
18. Möchten Sie die Ansicht erneut bearbeiten oder löschen, klicken Sie auf die Schaltfläche mit dem Namen Ihrer Ansicht im Menüband und wählen dort erneut den Befehl *Aktuelle Ansicht bearbeiten*.
19. Möchten Sie wieder alle Dokumente sehen, klicken Sie ebenfalls auf die Schaltfläche mit dem Namen Ihrer Ansicht und wählen dort die Ansicht *Alle Dokumente*.

4.15 Eine vorhandene Bibliothek oder Liste als Vorlage verwenden

Neue Bibliotheken und Listen lassen sich über bereits vorhandene erstellen.

Es kommt vor, dass Sie eine Bibliothek mit Eigenschaften und Spalten sehr umfangreich ausstatten und sie später für weitere Anwendungsfälle benötigen. Sie können eine bestehende Bibliothek oder Liste mit den von Ihnen erstellten Spalten und Ansichten nutzen, um eine neue Bibliothek damit zu erstellen. Für dieses Beispiel erstellen Sie eine Dokumentenbibliothek.

1. Öffnen Sie unsere Teamwebsite *Das Erfolgsteam*.
2. Auf der Startseite der Website klicken Sie auf die Schaltfläche *Neu* oben in der Menüleiste.
3. Wählen Sie *Dokumentenbibliothek/Liste* aus.
4. Im Dialogfenster *Neue Dokumentbibliothek/Liste erstellen* klicken Sie oben auf die Schaltfläche *Aus vorhandener Bibliothek/Liste*.
5. Sie könnten an dieser Stelle eine andere Team- oder Kommunikationswebsite auswählen, wenn sich auf einer für Sie freigegebenen Website eine Bibliothek/Liste befindet, die Sie als Vorlage verwenden möchten. Wählen Sie jedoch für dieses Beispiel unsere Teamwebsite *Das Erfolgsteam* aus.
6. Auf der rechten Seite werden Ihnen alle Bibliotheken/Listen der Website angezeigt. Wählen Sie diejenige aus, deren Spalten und Ansichten Sie in der neuen Bibliothek/Liste verwenden möchten. In diesem Beispiel wählen Sie die Dokumentenbibliothek *Bibliothek mit Eigenschaften* und klicken auf *Weiter*.
7. Nennen Sie die neue Bibliothek/Liste *Beispieldateien* und beschreiben Sie den Zweck. Da sich die Bibliothek, die Sie als Vorlage verwenden, bereits auf der Website befindet, müssen Sie einen anderen Namen dafür festlegen.
8. Übernehmen Sie die Option, dass die Bibliothek/Liste in der Schnellstart- bzw. Seitennavigation angezeigt wird, und klicken Sie auf *Erstellen*. Sie werden in die Bibliothek/Liste weitergeleitet.
9. Prüfen Sie, ob die Spalten vorhanden sind, die Sie in der ursprünglichen Bibliothek/Liste hinzugefügt haben, und klicken Sie auch oben auf die Schaltfläche *Ansichtsoptionen wechseln* (*Alle Dokumente*/*Alle Elemente*). Prüfen Sie, ob Ihre Ansichten, die Sie zuvor erstellt haben, vorhanden sind.

4.16 Eine Bibliothek oder Liste löschen

Löschen Sie Bibliotheken und Listen erst, wenn keine Inhalte mehr vorhanden sind.

Es kommt immer mal vor, dass zu eifrig Listen und Bibliotheken erstellt werden und später festgestellt wird, dass diese überhaupt nicht verwendet werden und dort auch keine Dateien oder Elemente abgelegt oder erfasst wurden. Dann macht es Sinn, diese Bibliothek oder Liste zu löschen. Prüfen Sie vor dem Löschen, ob die Bibliothek oder Liste keine Inhalte besitzt. Verschieben Sie ggf. Dateien in eine andere Bibliothek oder Liste, bevor Sie sie löschen.

1. Sie befinden sich auf der Teamwebsite *Das Erfolgsteam*.
2. Klicken Sie in der Schnellstart- bzw. Seitennavigation auf den Link *Websiteinhalte*. Sie werden weitergeleitet und sehen alle Listen und Bibliotheken, die von Ihnen oder automatisch vom System angelegt wurden.
3. Zeigen Sie auf die Bibliothek/Liste, die Sie löschen möchten (in diesem Beispiel auf die Bibliothek *Beispieldateien*) und klicken Sie auf die Schaltfläche *Weitere Aktionen*, dargestellt mit drei Punkten.
4. Klicken Sie auf den Befehl *Löschen* und bestätigen Sie noch einmal den Löschvorgang.
5. Wechseln Sie in den *Papierkorb* der Website. Sie sehen, die Bibliothek ist nun in den Papierkorb verschoben worden und kann hier innerhalb von 93 Tagen ausgewählt und wiederhergestellt werden.

4.17 Dokumente auschecken, allein bearbeiten und einchecken

Wie bereits erwähnt, können Sie in Ihrem Microsoft 365-Portal gemeinsam und zeitgleich mit anderen an einem Dokument arbeiten. Sie können die Dateien in der Online- oder der jeweiligen Desktop-App öffnen und gemeinsam darauf zugreifen. Es kann jedoch vorkommen, dass Sie nicht möchten, dass andere auf ein Dokument zugreifen, das Sie gerade bearbeiten. Dafür können Sie das Dokument auschecken. Mit dieser Funktion reservieren Sie ein Dokument für die alleinige Bearbeitung. Andere Benutzer können es mit dem bisherigen Arbeitsstand öffnen, jedoch keine Bearbeitungen durchführen. Erst wenn Sie das Dokument nach Ihrer Bearbeitung wieder eingecheckt haben, können andere Benutzer Ihre Änderungen sehen und es wieder im Bearbeitungsmodus öffnen.

Stellen Sie die Funktion *Automatisches Speichern* nicht ab, checken Sie die Datei besser aus.

Die Verwendung des Auscheckens sollte jedoch mit dem Team besprochen und von jedem Teammitglied richtig verstanden werden, da es schnell zu Missverständnissen oder Fehlern führen kann. Damit die Teammitglieder sehen, dass und von wem ein Dokument ausgecheckt ist, werden wir in diesem Abschnitt weitere Ansichten der Bibliothek hinzufügen, und ich werde Ihnen erklären, was passiert, wenn Sie beim Hochladen von Dokumenten vorhandene Pflichtfelder nicht ausfüllen.

4.17.1 Die Spalte »Ausgecheckt von« der Ansicht hinzufügen

Zunächst sollten Sie die Bibliothek etwas anpassen, damit alle Teammitglieder den Überblick über ausgecheckte Dokumente behalten, auch wenn das Auschecken eines Dokuments für sie mit einem roten Icon dargestellt wird. In diesem Beispiel werden Sie der Ansicht *Alle Dokumente* eine Websitespalte hinzufügen, damit Sie ausgecheckte Dokumente schnell erkennen können.

Sprechen Sie mit Ihrem Team, wenn Sie das Auschecken verwenden.

1. Wechseln Sie in die Dokumentenbibliothek *Bibliothek mit Eigenschaften*.
2. Klicken Sie in der Menüleiste auf die Schaltfläche *Optionen* und wählen Sie den Befehl *Ansicht bearbeiten*.
3. Aktivieren Sie in den Einstellungen der Ansicht im Bereich *Spalten* die Spalte *Ausgecheckt von*. Die Spalte ist vorhanden, da sie automatisch vom System geliefert wird.
4. Setzen Sie die Spaltenposition von *links* auf *2*. So wird die Spalte in der Dateiliste an zweiter Position angezeigt und fällt Ihnen und Ihren Teamkollegen direkt ins Auge.
5. Übernehmen Sie alle weiteren Einstellungen und klicken Sie oben im Fenster auf die Schaltfläche *OK*.

Die Ansicht *Alle Dokumente* zeigt nun zukünftig an, ob und von wem ein Dokument ausgecheckt wurde (siehe Abbildung 4.35).

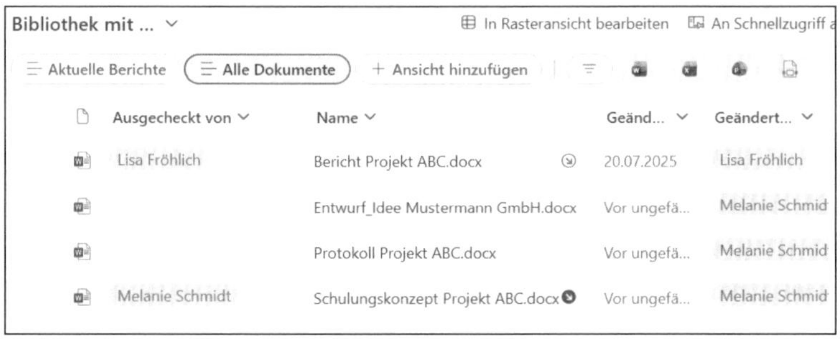

Abb. 4.35 In der Bibliothek wird jetzt die Spalte *Ausgecheckt von* an zweiter Position angezeigt. Auch das rote und graue Symbol rechts hinter dem Dateinamen signalisiert, dass ein Dokument ausgecheckt ist.

4.17.2 Ein Dokument aus- und einchecken

Andere Benutzter sehen Ihre Änderungen erst nach dem Einchecken.

Damit Sie alleine an einem Dokument arbeiten können und es für sich reservieren, checken Sie es aus. Beachten Sie beim Auschecken immer, dass Ihre Teammitglieder das Dokument öffnen, jedoch nicht bearbeiten können. Änderungen, die Sie nach dem Auschecken vornehmen, können von den Teamkollegen erst gesehen werden, wenn Sie das Dokument wieder einchecken.

Sprechen Sie in Ihrem Team ab, wie Sie mit dem Auschecken umgehen werden, auch für den Fall, dass Dokumente von Personen ausgecheckt werden, die sich gerade nicht im Unternehmen befinden oder es gar ganz verlassen haben. In diesem Fall muss unbedingt geklärt werden, wer bei Ihnen die Möglichkeit hat, das Auschecken zu verwerfen. Beachten Sie dabei, dass sämtliche Änderungen dann verloren gehen können.

---

1. Um ein Dokument auszuchecken, wechseln Sie in die Dokumentenbibliothek *Bibliothek mit Eigenschaften*.
2. Es gibt viele Möglichkeiten, das Dokument auszuchecken. Verwenden Sie zum Beispiel die Schaltfläche *Weitere mögliche Aktionen*, dargestellt mit den drei Punkten in der Menüleiste, und wählen Sie den Befehl *Auschecken*. Al-

ternativ können Sie auch hinter dem Dateinamen auf die Schaltfläche *Aktionen anzeigen* klicken, dargestellt mit den drei Punkten, oder den Rechtsklick verwenden, um das Dokument auszuchecken.
3. Nachdem Sie das Dokument ausgecheckt haben, können Sie allein daran arbeiten. Beachten Sie bei der Verwendung der Office für das Web -Apps, dass die Speicherung automatisch erfolgt und Sie den Browser-Tab nach der Bearbeitung schließen. In dem Fall erhalten Sie von der App keine Abfrage, ob Sie das Dokument einchecken möchten. Nur in der Office-Desktop-App erhalten Sie beim Schließen der Datei eine Abfrage, die Sie daran erinnert, das Dokument einzuchecken. Denken Sie immer daran, dass Ihre Änderungen erst nach dem Einchecken für andere sichtbar sind.
4. Zum Einchecken können Sie über die Menüleiste oder das Menü *Aktionen anzeigen* den Befehl *Einchecken* auswählen. Alternativ können Sie auf den Dateinamen zeigen und über das Detailfenster den Befehl *Einchecken* wählen.
5. Sie werden aufgefordert, einen Versionskommentar einzugeben, damit Sie bei Bedarf zu einem späteren Zeitpunkt auf die Version zurückgreifen können. Es empfiehlt sich also immer, einen Kommentar einzugeben. Im nächsten Abschnitt gehe ich genauer auf die Versionierung von Dokumenten ein.

4.18 Die Versionierung von Dokumenten

In Bibliotheken kann festgelegt werden, dass Änderungen an Dateien in Versionen nachverfolgt werden, die bei Bedarf wiederhergestellt werden können. Sie können Dateien im Entwurf, als Nebenversion oder in einer Hauptversion speichern. Die Hauptversion ist immer die aktuelle Version des Dokuments. Wurde in einer Bibliothek die Versionierung und das Auschecken von Dokumenten aktiviert, erhalten Sie beim Schließen eines Dokuments einen Dialog zum Festlegen und zum Kommentieren der Version. Wenn beispielsweise an einer Geschäftsbedingung oder einem Vertrag etwas geändert wird, so kann derjenige, der die Änderungen vornimmt, die Dokumente für die gesamte Belegschaft als Hauptversion einchecken und damit veröffentlichen.

SharePoint Online versioniert automatisch Ihre Dateien.

4.18.1 Die Versionierung aktivieren

In jeder einzelnen SharePoint-Bibliothek kann die Versionierung aktiviert werden. Die einfache Versionierung ist standardmäßig aktiviert. Zum Aktivieren der Haupt- und Nebenversionierung führen Sie folgende Schritte aus:

In einer Version werden nur die Änderungen gespeichert, also nicht das gesamte Dokument.

1. Erstellen Sie für dieses Beispiel eine neue Dokumentenbibliothek. Klicken Sie auf Ihrer SharePoint-Teamwebsite *Das Erfolgsteam* auf der Startseite die Schaltfläche *Neu* in der Menüleiste an und wählen Sie im Kontextmenü die Dokumentenbibliothek aus.
2. Vergeben Sie einen Namen für diese Bibliothek: *Dokumente mit Versionen*. Beschreiben Sie kurz den Zweck dieser Bibliothek.

3. Sie werden in die neue Bibliothek weitergeleitet. Klicken Sie auf das Zahnrad-Symbol und wählen Sie in den Einstellungen den Link *Bibliothekseinstellungen*.
4. Klicken Sie im Fenster *Bibliothekseinstellungen* auf den Link *Weitere Bibliothekseinstellungen*.
5. In der Kategorie *Allgemeine Einstellungen* (siehe Abbildung 4.36) klicken Sie auf den Link *Versionsverwaltungseinstellungen*.

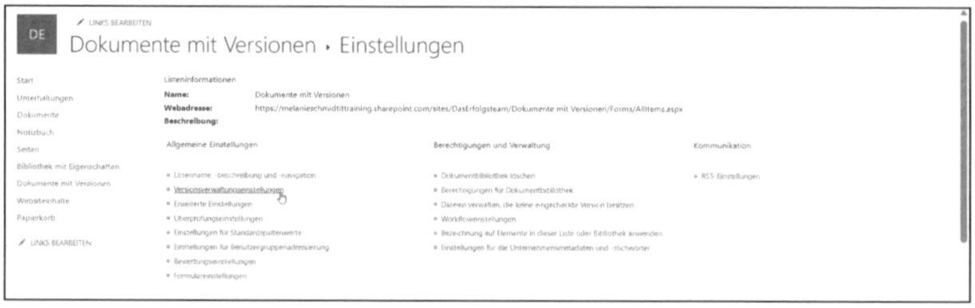

Abb. 4.36 In den Bibliothekseinstellungen können Sie die Versionsverwaltungseinstellungen öffnen.

6. Im Bereich *Versionsverlauf für Dokument* aktivieren Sie die Option *Haupt- und Nebenversionen (Entwürfe) erstellen* (siehe Abbildung 4.37).
7. Legen Sie im Bereich *Limit für Versionsanzahl* die Anzahl der Haupt- und Nebenversionen fest, die beibehalten werden sollen. Sie müssen jedoch mindestens beide Werte auf 100 festlegen. Wenn Sie die Anzahl auf 100 festlegen, wird die älteste Version gelöscht und mit der zweiten Version überschrieben, sobald Sie die 101. Version speichern. Ihnen stehen dann die Versionen zwei bis 100 zum Wiederherstellen zur Verfügung. Legen Sie auch die Anzahl der Entwürfe fest, die Sie beibehalten möchten, und aktivieren Sie das Kontrollkästchen bei den Entwürfen.
8. Im Bereich *Versionszeitlimit/ Welche Art von Versionszeitlimit möchten Sie festlegen?* können Sie festlegen, dass Versionen automatisch oder manuell gelöscht werden sollen. Wenn Sie die Option *Automatisch* auswählen, prüft SharePoint im Hintergrund, ob die Version bereits über einen längeren Zeitraum nicht verwendet wurde und somit nicht mehr relevant ist, und löscht sie. Wenn Sie die Option *Manuell* auswählen, können Sie selbst ein Zeitlimit festlegen, nach wie vielen Tagen die Version gelöscht werden soll. Arbeiten Sie grundsätzlich mit einer kleinen Anzahl von Haupt- und Nebenversionen, können Sie die Option *Kein Zeitlimit* belassen.
9. Im Bereich *Entwurfselementsicherheit* können Sie für reine SharePoint-Websites festlegen, wer Entwürfe in der Bibliothek sehen darf. Wenn Sie beispielsweise eine reine SharePoint-Website verwenden, besitzt diese zusätzlich zu den SharePoint-Benutzergruppen *Besitzer* und *Mitglieder* die Gruppe *Besucher*. So könnte festgelegt werden, dass Dokumente, die in einer Nebenversion gespeichert wurden, nur von Besitzern und Mitgliedern gesehen werden können. Besucher der Website könnten dann nur Dokumente sehen, die final als Hauptversion veröffentlicht wurden. Für unser Beispiel belassen Sie die Einstellung wie ausgewählt.

10. Aktivieren Sie im Bereich *Auschecken erfordern* die Option *Auschecken von Dokumenten erfordern, bevor sie bearbeitet werden können?*. Damit erzwingen Sie das Auschecken, wenn ein Dokument bearbeitet werden soll.
11. Bestätigen Sie Ihre Eingabe mit einem Klick auf die Schaltfläche *OK*. Bleiben Sie in den Bibliothekseinstellungen.

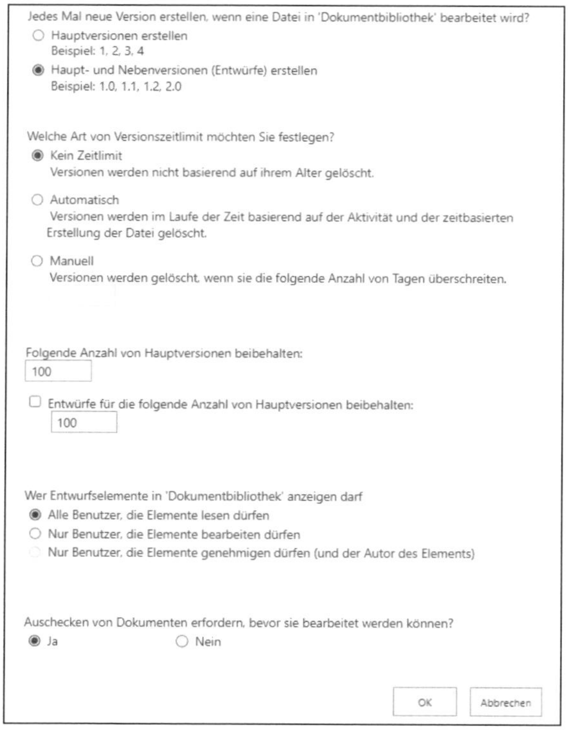

Abb. 4.37
Die Einstellungen für die Versionierung in der Bibliothek

12. Damit Sie die Versionsnummern in der Bibliothek sehen können, fügen Sie in der Ansicht der Bibliothek die Spalte *Version* hinzu. Navigieren Sie in den Bibliothekseinstellungen ganz nach unten zu dem Bereich *Ansichten*.
13. Klicken Sie auf die Ansicht *Alle Dokumente* (siehe Abbildung 4.38). Sie werden in die Einstellungen der Ansicht weitergeleitet.
14. Aktivieren Sie im Bereich *Spalten* die Spalte *Ausgecheckt von* und lassen Sie sie an zweiter Position anzeigen.
15. Aktivieren Sie auch die Spalte *Version*; sie wird Ihnen ganz unten in der Spaltenauflistung angezeigt.
16. Bestätigen Sie Ihre Auswahl mit einem Klick auf die Schaltfläche *OK* oben im Fenster.

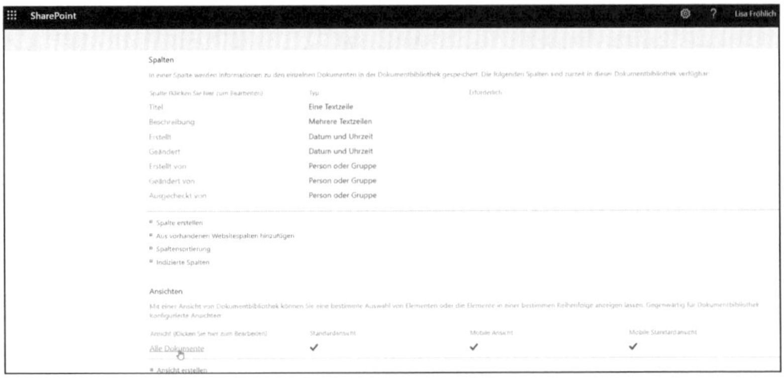

Abb. 4.38 Auch in den Bibliothekseinstellungen können Sie die Ansicht ändern und Spalten einblenden.

4.18.2 Ein- und Auschecken von versionierten Dokumenten

Klären Sie Ihr Team auf, wenn Sie das Auschecken erfordern möchten.

Haben Sie in der Versionierungsverwaltung das Auschecken von Dokumenten aktiviert, müssen Sie nun für die Bearbeitung eines in der Bibliothek gespeicherten Dokuments dieses erst auschecken. Öffnen Sie ein Dokument, ohne es zuvor auszuchecken, wird es schreibgeschützt geöffnet. Ein Dokument kann immer nur von einer Person ausgecheckt und bearbeitet werden. Das hat den Vorteil, dass nicht mehrere Personen zeitgleich Änderungen daran vornehmen können. Durch das Auschecken können Sie das Dokument bearbeiten, während andere es nur schreibgeschützt öffnen und nicht bearbeiten können. Erst durch das Einchecken des Dokuments ist eine weitere Bearbeitung durch andere wieder möglich. Durch das erstmalige Einchecken legen Sie die erste Versionsnummer fest.

Dokumente, die Sie in dieser Bibliothek neu hochladen, müssen immer erst eingecheckt werden, damit andere sie in der Bibliothek sehen können.

Um Dokumente aus- und einzuchecken, gehen Sie folgendermaßen vor:

1. Öffnen Sie die Bibliothek *Dokumente mit Versionen*, in der Sie mit der Versionierung arbeiten.
2. Klicken Sie auf die Schaltfläche *Hochladen*, um ein Dokument der Bibliothek hinzuzufügen.
3. Wählen Sie eine Datei aus und laden Sie sie hoch.

   Nachdem Sie die Datei hochgeladen haben, wird sie Ihnen als ausgecheckt angezeigt. Die Versionsnummer ist 0.1.
4. Klicken Sie vor die Datei, um sie auszuwählen.
5. Klicken Sie in der Menüleiste auf die Schaltfläche *Weitere mögliche Aktionen*, dargestellt mit den drei Punkten.

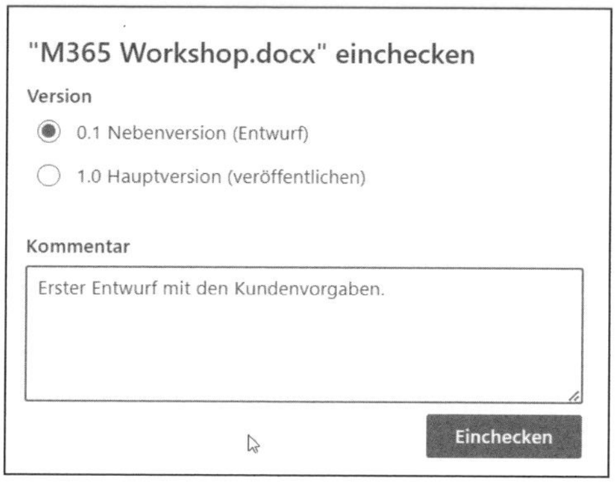

Abb. 4.39 Die ausgewählte Nebenversion und der erste Versionskommentar

6. Wählen Sie dort den Befehl *Einchecken*. Sie werden zum Dialog (siehe Abbildung 4.39) weitergeleitet, in dem Sie die Haupt- oder Nebenversion festlegen können.
7. Wählen Sie die gewünschte Version aus, fügen Sie einen Versionskommentar hinzu und bestätigen Sie mit einem Klick auf die Schaltfläche *Einchecken*.

Denken Sie immer daran, dass Sie das jeweilige Dokument wieder einchecken müssen, damit Änderungen, die Sie am Dokument vorgenommen haben, von anderen Teammitgliedern gesehen werden können.

4.18.3 Den Versionsverlauf eines Dokuments öffnen

Wenn Sie eine alte Version wiederherstellen möchten, müssen Sie das Dokument immer erst auschecken. Möchten Sie sich den Versionsverlauf eines Dokuments anzeigen lassen, gehen Sie folgendermaßen vor:

Sie können auf den Dokumentennamen in den Office-Apps klicken, um den Versionsverlauf zu öffnen.

1. Wechseln Sie in die Bibliothek *Dokumente mit Versionen* oder in eine Bibliothek, in der Sie mit der Versionierung arbeiten.
2. Wählen Sie die gewünschte Datei aus, indem Sie davor klicken.
3. Klicken Sie in der Symbolleiste auf die Schaltfläche für *Weitere mögliche Aktionen*, dargestellt mit den drei Punkten.
4. Wählen Sie im Menü den Befehl *Versionsverlauf* durch einen Klick aus.
5. Zeigen Sie auf das Datum einer vorhandenen Version, wird Ihnen ein Dropdown-Pfeil angezeigt. Über diesen Pfeil können Sie eine Hauptversion wiederherstellen oder die Veröffentlichung der Version aufheben, während Sie eine Nebenversion nur anzeigen, wiederherstellen oder löschen können. Um Versionen zu vergleichen, klicken Sie direkt auf das Datum einer Version. Die Desktop-App öffnet sich und Sie können die aktuelle Version mit der von Ihnen ausgewählten Version vergleichen und wiederherstellen.

4.19 Die Teamwebsite anpassen

Wenn Sie die Website anpassen, wird sie auch für alle anderen Personen angepasst.

Es gibt viele Möglichkeiten, die Teamwebsite anzupassen. Sie können beispielsweise das Logo ändern oder die Webparts der Website anpassen, die als Steuerelemente eingesetzt werden, um Inhalte darzustellen. Mithilfe der Webparts können Sie Inhalte aus Listen und Bibliotheken, den Gruppenkalender, aber auch Fremdanbieter-Informationen darstellen. Auf der Teamwebsite können Sie jederzeit beliebige Webparts hinzufügen oder vorhandene löschen. Zum Anpassen und Bearbeiten der Website sollten Sie immer zuerst mit Ihrem Team besprechen, welche Informationen Sie auf der Website benötigen und welche Informationen entfernt werden können. Alle Mitglieder und Besitzer Ihrer Teamwebsite sind dazu berechtigt, sie zu gestalten. (Auf die verschiedenen Berechtigungen zum Anpassen der Teamwebsite gehe ich in Abschnitt 4.19.5 näher ein.) Auch wenn Sie zeitgleich mit anderen Teammitgliedern Änderungen an der Seite vornehmen können und auch sehen können, wer gerade wo auf der Seite arbeitet, hat jede Änderung Auswirkungen für das gesamte Team. Denn die Änderungen, die vorgenommen werden, sind nach dem Veröffentlichen sofort für alle Beteiligten sichtbar. Aus diesem Grund sollten Sie festlegen, wer die Website verändern darf.

4.19.1 Abschnittsbereiche auf der Website anpassen

Sie können die jeweilige Teamwebsite so anpassen, dass Ihnen mehrere Abschnittsbereiche in Spalten und mit einer Hintergrundfarbe zur Verfügung stehen. Im Standard werden zwei Spalten verwendet. Möchten Sie also weitere Spalten für die Gestaltung der Website verwenden, können Sie das im Bearbeitungsmodus ändern.

1. Klicken Sie zum Bearbeiten der Teamwebsite auf die Schaltfläche *Bearbeiten*.
2. Scrollen Sie auf der Website etwas nach unten.
3. Zeigen Sie auf die Schaltfläche mit dem Pluszeichen und klicken Sie dann auf die Schaltfläche *X Abschnitt* (siehe Abbildung 4.40).

Abb. 4.40 Die Schaltfläche *X Abschnitt* mitten auf der Seite

4. Möchten Sie einen flexiblen Abschnitt verwenden, in dem Sie Bilder, Texte, Links etc. hinzufügen und die einzelnen Elemente per Drag & Drop anordnen können, verwenden Sie die Schaltfläche *Flexibel*.
5. Wählen Sie alternativ einen Abschnitt mit der gewünschten Anzahl von Spalten aus.
6. Ihnen wird nach dem Hinzufügen im Abschnitt links eine kleine Symbolleiste angezeigt, klicken Sie auf die zweite Schaltfläche *Eigenschaften bearbeiten*. Sie sehen auf der rechten Seite die Abschnittsoptionen. Diese können sich von dem zuvor ausgewählten Abschnitt unterscheiden.
7. Im Bereich *Layout* können Sie die Anzahl der Spalten für den Abschnitt festlegen.
8. Im Bereich *Ausrichtung* legen Sie die Ausrichtung Ihres Inhalts fest.
9. Unterhalb der Ausrichtungsoptionen können Sie zusätzlich eine Hintergrundfarbe oder Bilder für den Abschnitt auswählen oder einen eigenen Hintergrund hinzufügen.
10. Schließen Sie den rechten Bereich mit den Abschnittsoptionen. Sie brauchen an dieser Stelle noch nicht zu speichern.
11. Klicken Sie oben links auf der Seite auf die Schaltfläche *Speichern und schließen*, wenn Sie Änderungen übernehmen und die Bearbeitung der Seite schließen möchten, oder andernfalls auf *Rückgängig machen*. Bestätigen Sie das Rückgängigmachen der Änderung.

4.19.2 Gruppenkalender als Webpart hinzufügen

Teamwebsites in Kombination mit einer Microsoft 365-Gruppe besitzen einen Gruppenkalender. Diesen Kalender können Sie gemeinsam mit Ihrem Team verwenden. Möchten Sie die Termine und Ereignisse in einem Webpart anzeigen lassen, gehen Sie wie folgt vor:

Die Kommunikationswebsite besitzt keinen eigenen Gruppenkalender.

1. Öffnen Sie die Teamwebsite im Bearbeitungsmodus.
2. Navigieren Sie in den unteren Bereich der Website.
3. Zeigen Sie mit dem Mauszeiger unter- oder oberhalb eines vorhandenen Abschnitts, bis Ihnen das grau hinterlegte Pluszeichen zum Einfügen eines Webparts angezeigt wird (siehe Abbildung 4.41).
4. Klicken Sie auf eines der Pluszeichen, um die Webparts einzublenden.
5. Schreiben Sie in die Suchleiste *Gruppenkalender*.
6. Wählen Sie den Webpart *Gruppenkalender* durch einen Klick aus.

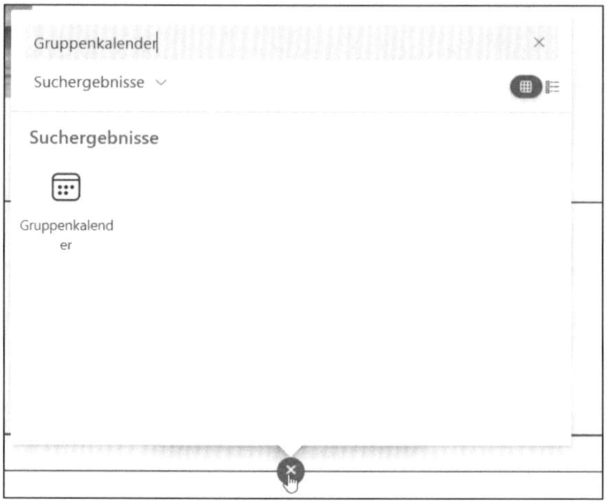

Abb. 4.41 Webparts können gesucht und eingefügt werden.

7. Sobald Sie in Ihrem Gruppenkalender zum Beispiel über Outlook Termine eintragen, werden Ihnen diese auch auf der Website angezeigt.
8. Zum weiteren Anpassen des Webparts klicken Sie auf die zweite Schaltfläche *Eigenschaften bearbeiten* in der kleinen Symbolleiste. Es öffnen sich rechts die Webparteigenschaften (siehe Abbildung 4.42).

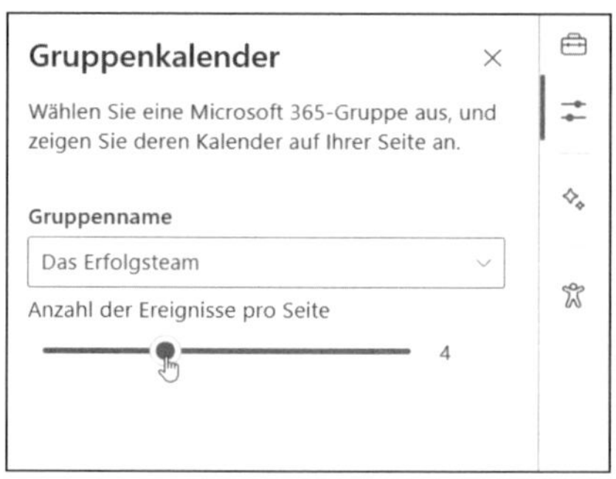

Abb. 4.42 Die Anzahl der sichtbaren Ereignisse pro Seite kann festgelegt werden.

9. Klicken Sie auch einmal ganz rechts auf die Schaltflächen *Werkzeugkiste*, *Einstellungen*, *Designideen* und *Barrierefreiheits-Assistent*, um sie kennenzulernen. Wechseln Sie zurück zu den *Einstellungen* des Webparts, klicken Sie auf die Schaltfläche *Einstellungen*.
10. Ziehen Sie den Regler auf die Anzahl der Ereignisse, die Sie untereinander im Webpart darstellen möchten.
11. Speichern und veröffentlichen Sie Ihre Website, klicken Sie dafür oben im Bildschirm auf die Schaltfläche *Erneut veröffentlichen*.
12. Navigieren Sie zum Webpart des Gruppenkalenders und fügen Sie eine Besprechung zum Kalender über den angebotenen Link hinzu. Der Kalender in Outlook im Web wird geöffnet. Ihr Kalender und der Gruppenkalender werden nebeneinander dargestellt.

13. Wählen Sie ein Datum im Gruppenkalender aus und klicken Sie nur einmal auf eine beliebige Zeit für die Besprechung. Es öffnet sich ein kleines Dialogfenster (siehe Abbildung 4.43).

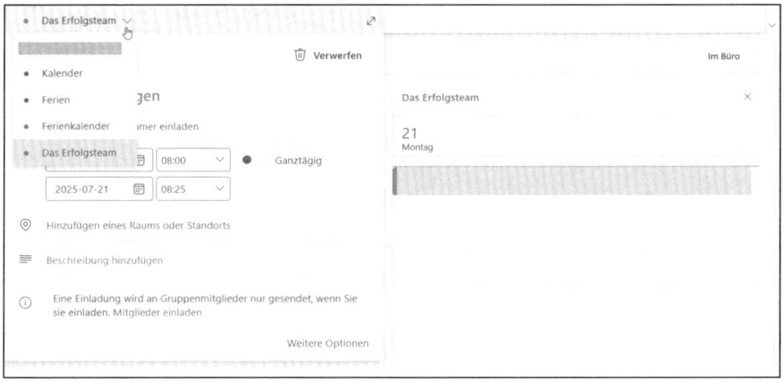

Abb. 4.43
Oben in der Titelleiste können andere Kalender ausgewählt werden.

14. Im Eingabefeld *Titel hinzufügen* schreiben Sie *Testmeeting*.
15. Wählen Sie gegebenenfalls ein anderes Datum und eine Uhrzeit aus.
16. Klicken Sie oben in die Titelleiste auf den Drop-down-Pfeil des Gruppenkalenders. Dieser ist ausgewählt, da Sie über die SharePoint-Website eine neue Besprechung planen wollten. Hier werden Ihnen der Gruppenkalender, Ihr Kalender und gegebenenfalls weitere Kalender angezeigt. Lassen Sie den Gruppenkalender ausgewählt.
17. Klicken Sie unten auf den Link *Mitglieder einladen* (siehe ebenfalls Abbildung 4.43). Das Formular für dieses Ereignis öffnet sich und der Name der Teamwebsite der Microsoft 365-Gruppe wird im Feld *An* eingefügt (siehe Abbildung 4.44). Aktuell sind nur Sie Besitzerin oder Besitzer der Gruppe, deshalb werden nur Sie eine Einladung erhalten. Wenn Sie später mit Ihrem Team zusammenarbeiten, werden alle Besitzerinnen und Besitzer sowie alle Mitglieder eine Einladung zu einem Termin erhalten.
18. Zum Senden der Besprechungseinladung klicken Sie auf die Schaltfläche *Senden*.
19. Der Termin wird nun an Ihre Teammitglieder versandt und diese können den Termin annehmen, ablehnen oder mit Vorbehalt zusagen. In den Outlook- und Teams-Kalendern wird er bei allen Teammitgliedern angezeigt. Da Sie die Organisatorin oder der Organisator des Termins sind, wird er Ihnen zweimal im Kalender angezeigt, sofern Sie den Gruppenkalender zusätzlich zu Ihrem Outlook- und/oder Teams-Kalender aktiviert haben. Wenn Sie über den Gruppenkalender Termine planen, sollten Sie den Kalender immer auch in Outlook und Teams anzeigen lassen, damit Sie die Termine verwalten können.

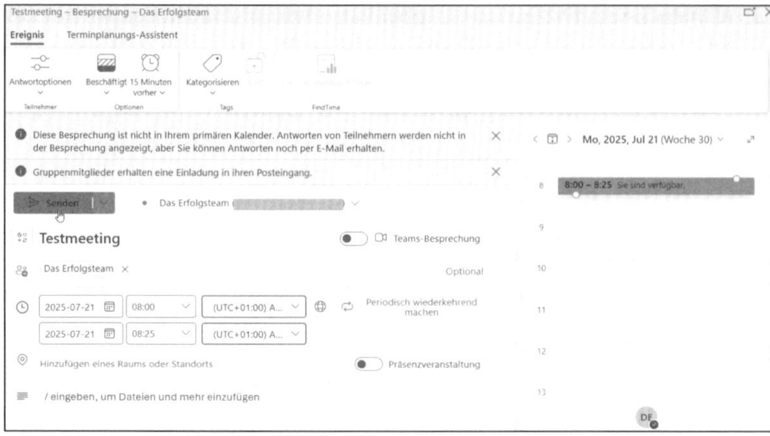

Abb. 4.44 Das Formular für den Termin und den eingetragenen Gruppennamen im Feld *An*

20. Wechseln Sie auf Ihre Website zurück, aktualisieren Sie den Browser und navigieren Sie zu Ihrem vorher eingefügten Gruppenkalender (siehe Abbildung 4.45).

Abb. 4.45 Der Gruppenkalender auf der Teamwebsite

21. Um den Termin aus Ihrem Kalender zu löschen, müssen Sie den Termin absagen. Klicken Sie oben links im Bildschirm auf das *App-Startfeld/Waffel-Menü* und wählen Sie *Outlook* aus.
22. Wechseln Sie in Ihren Kalender, indem Sie links in der Navigation auf das Kalendersymbol klicken.
23. In der linken Navigation des Kalenders sehen Sie Ihren persönlichen und den Gruppenkalender (siehe Abbildung 4.46). Beide Kalender sind ausgewählt. Im Kalender wird der Termin in beiden ausgewählten Kalendern angezeigt, bei mir ist die Kalenderansicht *Arbeitswoche* ausgewählt. Jeder Kalender besitzt eine andere Farbe, die auch im Namen des Kalenders und bei den Terminen im Kalender angezeigt wird.
24. Klicken Sie auf den Termin Ihrer Gruppe *Das Erfolgsteam*.
25. Klicken Sie auf die Schaltfläche *Weitere Optionen*, dargestellt mit den drei Punkten.
26. Klicken Sie auf den Befehl *Absagen*.

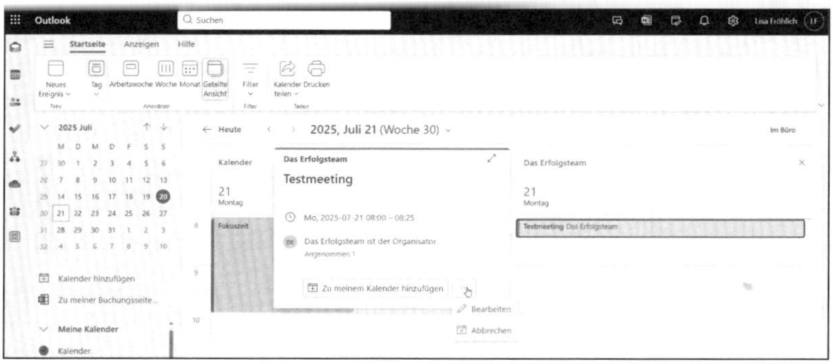

Abb. 4.46 In der Navigation ist der persönliche Kalender und der Gruppenkalender ausgewählt, deshalb werden beide Kalender angezeigt.

27. Schreiben Sie kurz eine Nachricht, warum Sie diesen Termin absagen, und senden Sie die Absage mit einem Klick auf die Schaltfläche *Senden*.
28. Da der Termin noch in Ihrem persönlichen Kalender vorhanden ist, klicken Sie einmal auf den Termin.
29. Klicken Sie dann auf die Schaltfläche *Ereignis entfernen*. Der Termin wird in Outlook und auch auf der SharePoint-Teamwebsite gelöscht und nicht mehr angezeigt.

4.19.3 Webpart-Eigenschaften kennenlernen und ausprobieren

An dieser Stelle möchte ich Ihnen kurz zeigen, wie andere Webparts hinzugefügt und eingestellt werden können.

1. Öffnen Sie unsere Teamwebsite im Bearbeitungsmodus. Gehen Sie dafür auf ihre Startseite und klicken Sie oben in der Menüleiste auf *Bearbeiten*.
2. Fügen Sie an beliebiger Stelle den Webpart *Hervorgehobener Inhalt* hinzu.
3. Öffnen Sie die Eigenschaften, klicken Sie auf die Schaltfläche *Eigenschaften bearbeiten*.
   - Im Bereich *Quelle* können Sie festlegen, von welcher Website Sie die Inhalte einblenden möchten.
   - Im Bereich *Typ* wählen Sie aus, welche Inhalte Sie sehen möchten. Wählen Sie zum Beispiel *Dokumente* aus.
   - Im Bereich *Dokumententyp* wählen Sie den Dateityp aus, den Sie sehen möchten.
   - In den Bereichen *Filter und Sortieren* können Sie nach bestimmten Eigenschaften filtern oder sortieren und diese so im Webpart anzeigen lassen.
   - Der Bereich *Zielgruppenadressierung aktivieren* hilft Ihnen dabei, bestimmte Inhalte für nur bestimmte Personengruppen hervorzuheben.
   - Im Bereich *Layout* können Sie jedes Layout einmal anklicken und die Darstellung im Webpart betrachten.

- Unterhalb des Layouts können Sie festlegen, wie viele Dokumente Sie anzeigen lassen möchten.
- Für den Fall, dass es keine Inhalte zu Ihrem Filter gibt, können Sie ganz unten in den Webparteinstellungen festlegen, dass dieser Webpart ausgeblendet werden soll, wenn es keine Inhalte geben sollte.

4. Möchten Sie den Webpart woanders platzieren, ziehen Sie in seiner kleinen Symbolleiste die Schaltfläche *Webpart verschieben*, dargestellt mit dem Kreuz, an eine andere Stelle auf der Website.
5. Möchten Sie den Webpart nicht übernehmen, klicken Sie in seiner kleinen Symbolleiste auf die Schaltfläche *Löschen*, dargestellt mit dem Papierkorb.
6. Speichern Sie Ihre Änderungen als Entwurf.

4.19.4 Websitelogo und Design der Teamwebsite ändern

Welches Logo passt zu Ihrer Website?

Wenn Sie anstelle der Initialen im Websitelogo ein Bild verwenden möchten, können Sie es ändern. Es besteht auch die Möglichkeit, das Erscheinungsbild der Kopfzeile anzupassen.

1. Navigieren Sie auf die Website, deren Logo und Design Sie ändern möchten.
2. Klicken Sie oben in der Titelleiste auf das Zahnrad-Symbol der Einstellungen und wählen Sie den Link *Aussehen ändern* aus.
3. Wählen Sie die Gruppe *Design* aus, um das Farbschema der Teamwebsite anzupassen. Es werden sieben helle und zwei dunkle Webdesigns zur Auswahl angeboten, die mehrere Farbkombinationen enthalten.
4. Wählen Sie ein Design aus und klicken Sie auf den Link *Anpassen*. Hier können Sie eine weitere Akzentfarbe auswählen.
5. Klicken Sie oben im Bearbeitungsbereich auf den Zurück-Pfeil vor dem Wort *Design*.
6. Wählen Sie die Kategorie *Kopfzeile* aus, um die Kopfzeile anzupassen.
   - Im Bereich *Layout* können Sie festlegen, wie die Kopfzeile dargestellt werden soll. Sie können ihre Höhe reduzieren oder erweitert darstellen.
   - Im Bereich *Hintergrund* können Sie festlegen, dass die Kopfzeile mit einer Hintergrundfarbe ausgefüllt wird.
   - Im Bereich *Anzeigen* können Sie auswählen, ob der Websitename sichtbar oder ausgeblendet sein soll. Möchten Sie, dass das Websitelogo und der Websitename in Suchergebnissen angezeigt werden, wählen Sie bei *Website-Logo (Miniaturbild)* Ihr Logo aus. Möchten Sie statt der Initialen ein Websitelogo auf der Website anzeigen lassen, wählen Sie bei *Websitelogo* ein eigenes Bild aus. Beachten Sie beim Hinzufügen von Bilddateien, dass die Urheberrechte nicht verletzt werden. Wählen Sie nur eigene Bilder bzw. Bilder, die für Sie freigegeben sind.
7. Klicken Sie oben im Bearbeitungsbereich auf den Zurück-Pfeil vor dem Wort *Kopfzeile*.

8. Klicken Sie in die Kategorie *Navigation*. Hier können Sie festlegen, ob die Schnellstartnavigation mit den Bibliotheken und Listen sichtbar sein soll oder nicht. Sie können an dieser Stelle festlegen, ob Sie die Navigation horizontal, oben in der Website oder vertikal, so wie Sie sie bisher kennengelernt haben, anzeigen lassen möchten.
9. Wenn Sie alle gewünschten Änderungen vorgenommen haben, klicken Sie unten im rechten Fensterbereich auf die Schaltfläche *Speichern*, damit Ihre Änderungen übernommen werden.

4.19.5 Personen auf der Website berechtigen

Externe Personen müssen der IT-Abteilung gemeldet und als Gäste hinzugefügt werden.

Als Besitzerin oder Besitzer einer Teamwebsite, die aus einer Microsoft 365-Gruppe heraus entstanden ist, können Sie jederzeit weitere Personen für die Zusammenarbeit auf Ihrer Teamwebsite einladen und damit berechtigen, mit Ihnen zusammenzuarbeiten. Dabei können Sie entscheiden, ob diejenigen reine Zugriffsrechte auf der Teamwebsite oder auch für die Microsoft 365-Gruppe erhalten sollen. Wenn Sie die Berechtigung für die Teamwebsite festlegen, sind diese Rechte für ihre gesamten Inhalte gültig. So erlangen die ausgewählten Personen von Ihnen entweder die Vollzugriffsrechte, die auch Sie als Besitzerin oder Besitzer haben, oder Bearbeitungsrechte für Mitglieder. Sie können für die Website jedoch auch nur Leserechte vergeben. Wenn Sie eine reine SharePoint Online-Website ohne Verbindung mit einer Microsoft 365-Gruppe verwenden, greifen die SharePoint-Gruppen und -Berechtigungen. Hier haben die Benutzer dann Vollzugriffs-, mitwirkende oder lesende Rechte. Im folgenden Beispiel berechtigen Sie Personen nur für die Teamwebsite und nicht für die gesamte Microsoft 365-Gruppe. Beachten Sie, dass es in Ihrem Unternehmen gesonderte Rechte geben kann. Sprechen Sie daher zuerst mit Ihrer IT-Abteilung.

1. Navigieren Sie zu der Teamwebsite, die Sie für andere freigeben möchten.
2. Klicken Sie auf das Zahnrad-Symbol für die Einstellungen oben rechts im Fenster.
3. Klicken Sie auf den Link *Websiteberechtigungen*.
4. Bevor Sie Berechtigungen vergeben, können Sie Einstellungen für das Teilen und Freigeben von Dateien und Ordnern festlegen. Standardmäßig ist festgelegt, dass alle Besitzer, Mitglieder und Personen mit Bearbeitungsrechten der Website sämtliche Dateien und Ordner mit anderen Personen außerhalb Ihres Teams teilen und damit freigeben dürfen. Im Standard ist auch festgelegt, dass Mitglieder die Website für andere Personen freigeben dürfen. Ändern Sie die Einstellungen mithilfe des Links *Ändern, wie Mitglieder teilen können* im Bereich *Websitefreigabe* (siehe Abbildung 4.47). Legen Sie fest, dass nur Besitzer der Website sämtliche Inhalte freigeben können.

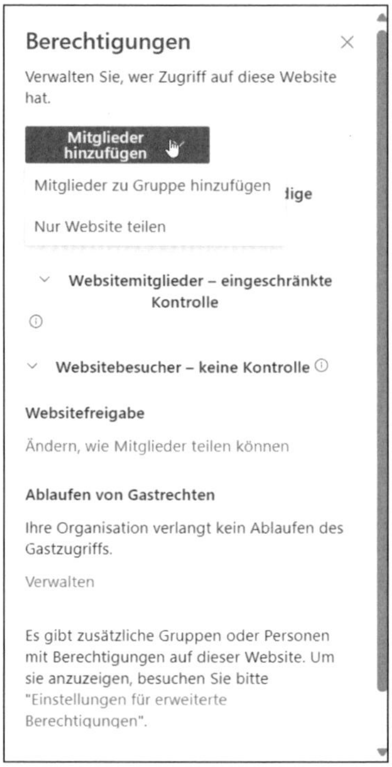

Abb. 4.47 Personen berechtigen und weitere Einstellungen für die Freigaben festlegen

5. Falls Sie Gästen den Zugriff auf die Teamwebsite gewähren, können Sie im Bereich *Ablaufen von Gastrechten* über den Link *Verwalten* einen Zeitrahmen festlegen, bis wann der Gastzugriff für die einzelne Person gewährt werden soll.
6. Um Personen zu berechtigen, klicken Sie auf die Schaltfläche *Mitglieder hinzufügen*.
7. Es folgt eine Auswahl, ob Sie Mitglieder zur gesamten Microsoft 365-Gruppe hinzufügen möchten oder nur die Website mit ihnen teilen und die Personen für die Zusammenarbeit auf der Website berechtigen möchten. Wählen Sie für unser Beispiel *Nur Website teilen* aus.
8. Klicken Sie in das Eingabefeld und schreiben Sie dort die Namen der Personen hinein. Sie greifen hier auf das Firmenverzeichnis zu und können die Personen jeweils einzeln aus dem Verzeichnis auswählen.
9. Die Personen werden zunächst als Mitglieder mit Bearbeitungsrechten hinzugefügt. Klicken Sie unterhalb des Namens einer Person auf den Dropdown-Pfeil hinter dem Berechtigungsstatus *Bearbeiten* (siehe Abbildung 4.48). Sie können darüber die Berechtigungen *Vollzugriff*, also als Besitzer, oder die Berechtigung *Lesen* für den reinen Lesezugriff auswählen. Wählen Sie eine Berechtigung aus.
10. Schreiben Sie eine kurze Nachricht, die die Person zusätzlich zum Einladungslink zur Website erhalten soll.

11. Bestätigen Sie Ihre Auswahl mit einem Klick auf die Schaltfläche *Hinzufügen*.
12. Schließen Sie den Bereich *Berechtigungen* auf der rechten Seite Ihres Bildschirms.

Abb. 4.48
Die Auswahl der Berechtigungen, nur für die Website

Wenn Sie Personen den Vollzugriff gewährt haben, können sie nun wie Sie selbst die Teamwebsite anpassen.

4.20 Kommunikationswebsites für die unternehmensweite Kommunikation

Erstellen Sie ein Abteilungs-Wiki, damit kein Wissen verloren geht.

Während die Teamwebsites in SharePoint Online für die Zusammenarbeit von bestimmten Personen und Gruppen gedacht sind, sollen die Kommunikationswebsites der Informationsbereitstellung im Unternehmen dienen. Es gibt in den meisten Unternehmen bestimmte Fach- oder Organisationseinheiten – oft die Personalabteilung oder der Betriebs- bzw. Personalrat, aber auch andere Unternehmensbereiche –, die Informationen für alle unternehmensinternen Personen, also für das gesamte Unternehmen, bereitstellen.

Kommunikationswebsites kommen auch als Hub-Websites zum Einsatz. Dann können zum Beispiel Neuigkeitenbeiträge aus einer Teamwebsite zusätzlich auf der SharePoint Hub-Website angezeigt werden; Voraussetzung ist dann jedoch, dass die Teamwebsite mit der Hub-Website verbunden ist. Kommunikationswebsites können aber auch als eigenständige Websites verwendet werden, ohne dass sie als Hub-Websites registriert werden. Falls Sie also eine übersichtliche Darstellung für Informationen aus Ihrem Bereich benötigen, können Sie eine Kommunikationswebsite verwenden, in der Sie verschiedene Informationen zu unterschiedlichen Themen bereitstellen. Die Kommunikationswebsite steht in keiner Verbindung zu einer Microsoft 365-Gruppe. Hier greifen immer die SharePoint-Gruppen- und -Berechtigungsstufen bei den Zugriffsrechten.

Sie können auf einer Kommunikationswebsite Dokumente in der vorhandenen Dokumentenbibliothek bereitstellen und wie auf der Teamwebsite bearbeiten. Sie können auch weitere Listen und Bibliotheken, die Sie für andere bereitstellen möchten, hinzufügen und konfigurieren. In diesem Abschnitt gehe ich auf die Gestaltung der Kommunikationswebsite ein.

4.20.1 Anlegen einer Kommunikationswebsite

Suchen Sie im Microsoft 365-Portal, ob es einen Beantragungsprozess für Kommunikationswebsites gibt.

Wie auch bei der SharePoint Online-Teamwebsite können Sie als Mitarbeiter Kommunikationswebsites anlegen, wenn Sie dazu berechtigt sind. Klären Sie jedoch zuvor ab, wo Sie diese Website anlegen sollen. Wird bei Ihnen eine SharePoint Hub-Website verwendet, sollten Sie die Website von der IT-Abteilung anlegen lassen, damit die Informationen über die Hub-Website verteilt werden können.

Falls es Ihnen in Ihrem Unternehmen nicht möglich ist, die Website selbst anzulegen, haben Sie eventuell die Möglichkeit, eine Kommunikationswebsite zu beantragen. Fragen Sie bei Bedarf Ihren IT-Administrator oder diejenigen, die für Ihr Microsoft 365-Portal zuständig sind.

Sie können Kommunikationswebsites über die SharePoint Hub-Website Ihrer Intranetwebsite über den Link + *Seite* erstellen. Alternativ funktioniert das auch über die SharePoint-Startseite, so wie im folgenden Beispiel gezeigt:

1. Öffnen Sie die SharePoint-Startseite, indem Sie in der Titelleiste Ihrer Teamwebsite auf *SharePoint* klicken, oder öffnen Sie SharePoint und somit die SharePoint-Startseite über das App-Startfeld/Waffel-Menü.
2. Klicken Sie in der SharePoint-Startseite im oberen linken Bereich auf die Schaltfläche *Website erstellen* (siehe Abbildung 4.49).

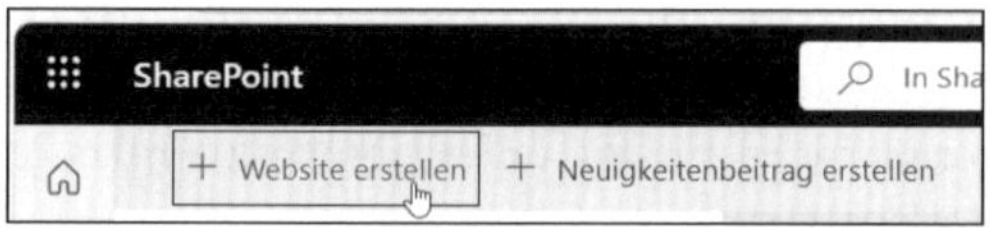

Abb. 4.49 Die Schaltfläche *Website erstellen* auf der SharePoint-Startseite

3. Klicken Sie im Dialog rechts auf *Kommunikationswebsite* (siehe Abbildung 4.50). Sie werden in den Bereich *Vorlage auswählen* weitergeleitet, um mit einer Vorlage zu beginnen. Hier werden Ihnen Vorlagen mit vorgefertigten Designs und bereits integrierte Listen und Bibliotheken angeboten. Sie können die einzelnen Vorlagen anklicken, um nähere Informationen über ihre

Funktionalitäten zu erhalten. Klicken Sie dann auf die Schaltfläche *Zurück*, um wieder in die Auswahl zu gelangen.

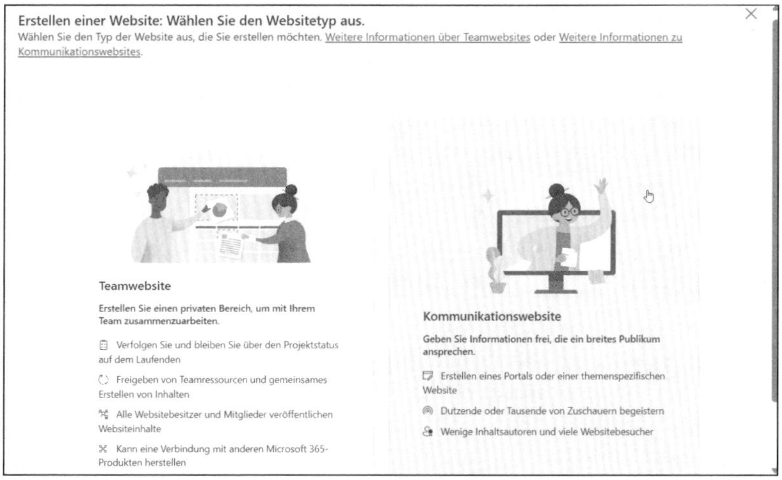

Abb. 4.50
Das Erstellen einer Kommunikationswebsite. Auf der rechten Seite wählen Sie den Websitetyp aus.

4. Wählen Sie für dieses Beispiel die Vorlage *Standardkommunikation* aus (siehe Abbildung 4.51) und bestätigen Sie unten im Fenster die Schaltfläche *Vorlage verwenden*.
5. Vergeben Sie einen aussagekräftigen Namen und beschreiben Sie kurz den Zweck der Kommunikationswebsite. Schreiben Sie für dieses Beispiel *Wiki der Abteilung*.
6. Klicken Sie auf die Schaltfläche *Weiter*.
7. Wählen Sie eine Sprache aus, die Sie für die Benutzeroberfläche der Website verwenden möchten. Beachten Sie, dass Sie die Sprache nach dem Erstellen der Website nicht mehr ändern können.
8. Gegebenenfalls werden bei Ihnen bestimmte Verwendungsrichtlinien vorgegeben, die Sie hier prüfen können.
9. Prüfen Sie Ihre Eingaben und bestätigen Sie mit einem Klick auf die Schaltfläche *Site erstellen*. Sie werden direkt in die Kommunikationswebsite weitergeleitet.

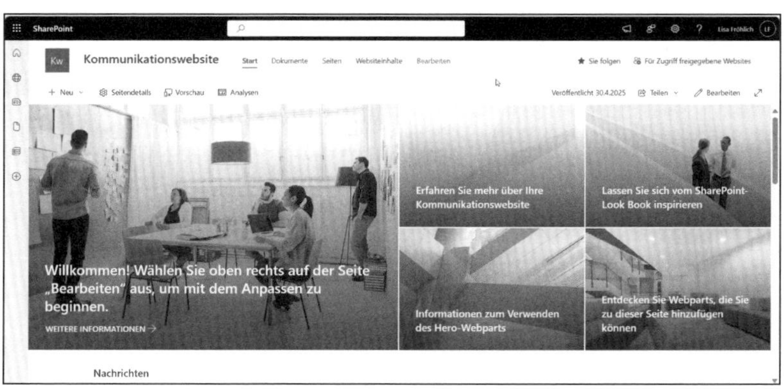

Abb. 4.51
Eine Kommunikationswebsite mit der Vorlage *Standardkommunikation*. Der Hero-Webpart stellt hier die Bilder und Kacheln bereit.

4.20.2 Websitevorlage für die Kommunikationswebsite

Die Vorlagen besitzen immer bestimmte Designs und bereits vordefinierte Inhalte.

Nach der Bereitstellung der Kommunikationswebsite können Sie sie direkt verwenden und eigene Inhalte mit beliebigen Webparts hinzufügen oder vorhandene löschen. Sie können auch noch an dieser Stelle eine von Microsoft mitgelieferte Vorlage verwenden. Kommunikationswebsites sind ebenso wie die Teamwebsite für die Verwendung auf mobilen Geräten geeignet, sodass die Informationen auch von unterwegs auf mobilen Endgeräten gut gelesen werden können.

1. Klicken Sie auf der erstellten Kommunikationswebsite auf das Zahnrad-Symbol oben rechts im Fenster, um die Einstellungen zu öffnen.
2. Wählen Sie den Eintrag *Eine Websitevorlage anwenden*.
3. Ihnen wird wieder die Auswahl von vorgefertigten Websitevorlagen angezeigt. Sie könnten also auch im Nachhinein eine Vorlage auswählen. Sie sollten sich vor der Bearbeitung der Website für eine Vorlage entscheiden, denn beim späteren Ändern der Vorlage kann es zu Fehlern oder Verlust von Webparts führen.

Für die nachfolgenden Beispiele habe ich die Vorlage *Standardkommunikation* ausgewählt.

4.20.3 Aufbau der Kommunikationswebsite

Die Navigation kann umfangreicher dargestellt werden als auf der Teamwebsite.

Anders als bei der SharePoint-Teamwebsite wird die Schnellstart- bzw. aktuelle Seitennavigation standardmäßig im oberen Bereich angezeigt. Sie finden dort den Link *Start*, der Sie innerhalb der Kommunikationswebsite immer wieder zu diesem Einstiegspunkt zurücknavigieren lässt. Zusätzlich werden Ihnen standardmäßig zwei Bibliotheken *Dokumente* und *Seiten* angeboten, in denen Sie Dokumente und Neuigkeiten als Seiten ablegen können. Falls Sie eine Websitevorlage verwendet haben, werden Ihnen dazu gehörende Links angezeigt. Über die *Websiteinhalte* gelangen Sie zum *Papierkorb* und zu allen der Website zugehörigen Listen und Bibliotheken. Werden Ihnen einmal nicht die Websiteinhalte angezeigt, klicken Sie auf das Zahnrad-Symbol der Website und wählen Sie darüber die Websiteinhalte aus. Über den Link *Bearbeiten* in der Navigation gelangen Sie in den Bearbeitungsmodus der aktuellen Seitennavigation.

Die Menüleiste unterhalb der aktuellen Seitennavigation besteht aus der Schaltfläche *Neu*, die die Möglichkeit bietet, weitere Apps hinzuzufügen oder Neuigkeitenbeiträge und Nachrichtenlinks zu veröffentlichen. Die *Seitendetails* zeigen die Informationen zur Website an. Mit der Analysenübersicht können Sie feststellen, ob Ihre Website von anderen Personen besucht wird. Ganz rechts in der Menüleiste finden Sie die Schaltfläche *Bearbeiten*, um in den Bearbeitungsmodus der Website zu gelangen.

4.20.4 Kommunikationswebsite anpassen

Zum Anpassen und Bearbeiten der Kommunikationswebsite besprechen Sie zunächst mit Ihrem Team, welche Anpassungen Sie vornehmen wollen und ob es weitere Inhalte gibt, die Sie integrieren sollen. Besprechen Sie auch, dass sämtliche Änderungen, die Sie vornehmen und veröffentlichen, von anderen direkt nach der Veröffentlichung gesehen werden können. Solange Sie die Website bearbeiten und nur speichern, wird der Stand Ihrer Änderungen nicht veröffentlicht. Erst wenn Sie sie erneut veröffentlichen, wird sie eingecheckt und ist mit den geänderten Inhalten sichtbar.

Die Bearbeitung von SharePoint-Seiten, Team- und Kommunikationswebsites ist identisch. Nur für die Anwendungsfälle werden unterschiedliche Webparts benötigt.

1. Klicken Sie in der Menüleiste oben rechts auf die Schaltfläche *Bearbeiten*. Sie gelangen direkt in den Bearbeitungsmodus. Die Website ist in Bereiche aufgeteilt, und es werden Ihnen jeweils die Webparts angezeigt, die das System automatisch hinzugefügt hat.
2. Scrollen Sie nach unten, um die einzelnen Webpartbereiche zu erkunden.
   - Die Kachelnavigation im oberen Bereich besteht aus dem sogenannten *Hero-Webpart* und bietet die Möglichkeit, eine Navigation bestehend aus Bildern mit Links zu anderen Inhalten auf Ihrer Kommunikationswebsite, mit Links zu Inhalten im Microsoft 365-Portal oder auch zu externen Internetwebsites hinzuzufügen.
   - Nachrichten, die Sie auf oder für Ihre Kommunikationswebsite veröffentlichen, werden nach dem Veröffentlichungsdatum in absteigender Reihenfolge, also von neu nach alt, im Webpart *Nachrichten* angezeigt.
   - Über den Webpart *Ereignisse* können Sie öffentliche Termine für Ihren Unternehmensbereich direkt über die Website veröffentlichen. Da die Kommunikationswebsite nicht in Verbindung mit einer Microsoft 365-Gruppe steht, handelt es sich bei diesem Webpart nicht um den Gruppenkalender.
   - Mit dem Webpart *Quicklinks* können Sie wichtige Links zu anderen SharePoint-Websites oder Links zu Websites im Internet bereitstellen.
3. Klicken Sie oben in der Menüleiste auf die Schaltfläche *Änderungen verwerfen*, um aus dem Bearbeitungsmodus zu gelangen. Bestätigen Sie das Verwerfen im kleinen Dialogfenster mit *OK*.

4.20.5 Das Layout des Hero-Webparts bearbeiten

Sie können mit dem Hero-Webpart eine Bilder- oder Kachelnavigation darstellen lassen (siehe oben Abbildung 4.51). Die Sicht auf die Inhalte des Hero-Webparts können Sie auch in sogenannten Karussells oder Ebenen darstellen, dann werden die einzelnen Inhalte hinter- oder untereinander auf der Website angezeigt (siehe Abbildung 4.52).

Sprechen Sie mit Ihrem Team, welche Informationen Sie auf der Website benötigen.

Abb. 4.52 Die Darstellung des Hero-Webparts in Ebenen

1. Wechseln Sie in den Bearbeitungsmodus der Kommunikationswebsite. Klicken Sie auf der Startseite der Website oben links auf die Schaltfläche *Bearbeiten*.
2. Klicken Sie auf den Hero-Webpart. Ihnen wird links oberhalb des Webparts eine Symbolleiste angezeigt, mit deren Hilfe Sie bearbeiten können (siehe Abbildung 4.53).
3. Klicken Sie auf den Drop-down-Pfeil bei *Kacheln*. Hier können Sie von Kacheln auf Ebenen umstellen.
4. Klicken Sie in der Symbolleiste auf das Symbol *Eigenschaften bearbeiten*, um den Hero-Webpart zu verändern.

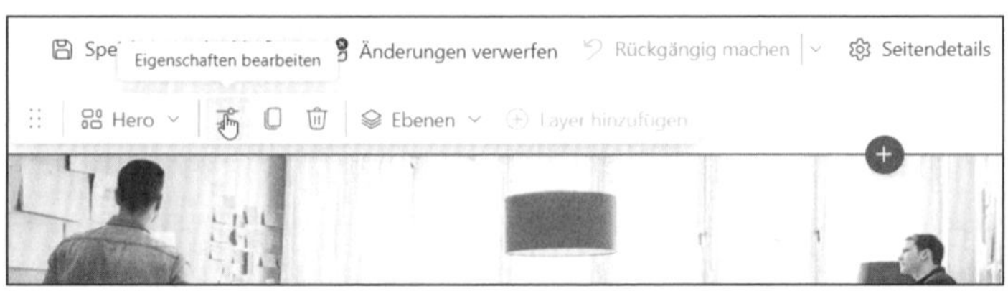

Abb. 4.53 Die Symbolleiste mit der Schaltfläche *Einstellungen bearbeiten*

Im rechten Fensterbereich sehen Sie die Layout-Optionen. Mit der Layout-Option *Kacheln* legen Sie die Anzahl der anzuzeigenden Kacheln auf der Website fest. Über die Option *Ebenen* legen Sie die Anzahl der Ebenen fest, die Sie auf der Website sehen möchten.

5. Legen Sie eine gewünschte Layout-Option fest. Sie können den linken Hero-Bereich direkt über das X schließen.
6. Speichern oder veröffentlichen Sie Ihre Kommunikationswebsite, indem Sie auf die Schaltfläche *Erneut veröffentlichen* klicken.

4.20.6 Details im Hero-Webpart bearbeiten

Um die Details wie den Titel, die Beschreibung, den Link oder das Bild auf der Kachel oder der jeweiligen Ebene zu ändern, gehen Sie folgendermaßen vor:

1. Wechseln Sie in den Bearbeitungsmodus der Kommunikationswebsite.

2. Klicken Sie auf eine gewünschte Kachel.
3. Klicken Sie in der unten angebotenen Symbolleiste auf das Symbol *Details bearbeiten* (siehe Abbildung 4.54). Die Details werden im rechten Fensterbereich angezeigt.

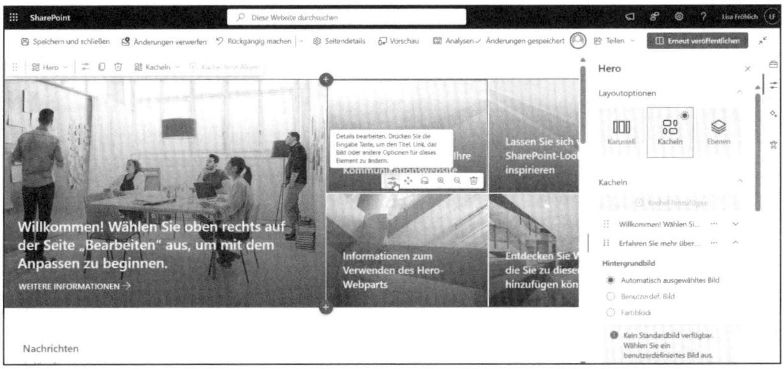

Abb. 4.54
Die Details lassen sich jeweils über die Symbolleiste bearbeiten.

4. Über den Bereich *Link*, der hier bereits erweitert dargestellt ist, können Sie den Link ändern, zu dem navigiert werden soll, wenn eine Benutzerin oder ein Benutzer auf die Kachel klickt. Klicken Sie dafür bei *Wählen Sie einen Link zu einem Dokument oder einer Seite aus* auf die Schaltfläche *Ändern*.
5. Im Eingabefeld *Titel* können Sie den gewünschten Titel für die Kachel oder Ebene ändern.
6. Möchten Sie keinen Titel auf der Kachel oder Ebene verwenden, setzen Sie *Titel im Layout anzeigen* auf *Nein*.
7. Erweitern Sie die Gruppe *Hintergrundbild*. Hier können Sie ein automatisch ausgewähltes oder ein eigenes Bild zur Kachel hinzufügen oder die Kachel einfarbig darstellen lassen. Zum Hinzufügen eines eigenen Bilds müssen Sie die Option *Benutzerdefiniertes Bild* auswählen und dann auf die Schaltfläche *Ändern* klicken.
8. Navigieren Sie weiter nach unten und erweitern Sie die Gruppe *Optionen*.
9. Möchten Sie Benutzer auffordern, auf die Kachel oder die Ebene zu klicken, können Sie den Bereich *Optionen* öffnen und bei *Link "Handlungsaufruf" anzeigen* die Option auf *Ja* setzen. Ändern Sie gegebenenfalls den vorhandenen Text durch Ihren eigenen Text.
10. Im Bereich *Barrierefreiheit* können Sie beschreibende Texte zu dem gewählten Bild eingeben, sodass die Beschreibung über die Bildschirmsprachausgabe für die sehbehinderte oder blinde Kollegin oder den Kollegen vorgetragen werden kann.
11. Schließen Sie den linken Hero-Bereich.
12. Möchten Sie den Fokuspunkt oder die Größe eines Bildes ändern, klicken Sie erneut auf die gewünschte Kachel oder die Ebene und klicken Sie auf das Symbol *Fokuspunkt festlegen*. Ziehen Sie mit gedrückter Maustaste den Fokuspunkt an die gewünschte Position oder wählen Sie die Symbole mit der jeweiligen Lupe, um das Bild zu vergrößern oder zu verkleinern.

13. Zum Verschieben einer Kachel oder Ebene verwenden Sie das Symbol *Element verschieben*, das Sie ebenfalls am unteren Rand der Kachel oder Ebene in der Symbolleiste finden.
14. Speichern und veröffentlichen Sie Ihre Kommunikationswebsite.

4.20.7 Den Webpart »Nachrichten« anpassen

Nachrichten können z.B. für wichtige Ankündigungen verwendet werden.

Mit dem Webpart *Nachrichten* können Sie Beiträge von der Website und auch Beiträge von anderen Websites auf Ihrer Kommunikationswebsite anzeigen lassen. Jedoch werden dann nur Beiträge von anderen Team- oder Kommunikationswebsites angezeigt, auf denen die angemeldete Person berechtigt ist, diese Informationen zu sehen. Es macht daher nur Sinn, Beiträge von Websites anzeigen zu lassen, die öffentlich sind. Dann können Sie Filter verwenden, die Ihnen und Ihrer Belegschaft nur bestimmte Beiträge anzeigen. Auch die Reihenfolge der anzuzeigenden Beiträge können Sie verändern. Zusätzlich können Sie die Darstellung innerhalb des Webparts anpassen.

1. Wechseln Sie in den Bearbeitungsmodus der Kommunikationswebsite.
2. Navigieren Sie zu dem Webpart *Nachrichten*.
3. Klicken Sie auf den Webpart, die kleine Symbolleiste wird oberhalb des Webparts angezeigt.
4. Klicken Sie auf das Symbol *Eigenschaften bearbeiten*, um in die Webparteinstellungen *Nachrichten* zu gelangen.
5. Über die Gruppe *Neuigkeitenquelle* können Sie festlegen, von welcher Quelle die Nachrichten angezeigt werden sollen.
   - Wählen Sie die Option *Diese Website*, wenn Sie nur Neuigkeitenbeiträge von Ihrer Kommunikationswebsite anzeigen lassen möchten.
   - Die Option *Websites auswählen* bietet Ihnen die Möglichkeit, auch von anderen Team- oder Kommunikationswebsites Beiträge in Ihrem Webpart anzuzeigen. Beachten Sie jedoch, dass es in Ihrem Unternehmen unter Umständen eine unternehmensweite Kommunikationswebsite als Intranetwebsite gibt und Ihre Kolleginnen und Kollegen darüber schon viele Informationen erhalten.
   - *Für den Aktuellen Benutzer empfohlen* ist eine Option, die veranlasst, dass der Benutzerin oder dem Benutzer die Beiträge von Websites angezeigt werden, denen die Person folgt und die für sie interessant sein könnten.
6. Navigieren Sie zur Gruppe *Layout*.
   - Wenn der Webpart nicht über den Titel *Nachrichten* und den Link *Alle anzeigen* verfügen soll, setzen Sie die Option im Bereich *Titel und Befehle anzeigen* auf *Aus*.
   - Für die Darstellung der Neuigkeitenbeiträge können Sie ein anderes Layout für den Webpart festlegen. Sie können ein Layout anklicken und direkt als Vorschau im linken Fensterbereich ansehen. Bei einigen Layouts

können Sie dann weitere Einstellungen vornehmen. Wählen Sie für dieses Beispiel das Layout *Liste* aus. Sie können nachfolgend die Anzahl der anzuzeigenden Nachrichten festlegen. Mit der Option *Bei schmalen Breiten kompakte Ansicht anzeigen* legen Sie fest, dass auf mobilen Endgeräten keine Bilder angezeigt werden, sondern nur der Nachrichtentext.

- Wählen Sie die Option *Häufigkeit der Anzeige anzeigen*, wenn Sie wissen möchten, wie oft die Nachricht angeschaut wurde. Unterhalb der Nachricht wird dann die Anzahl angezeigt.
- Aktivieren Sie jeweils die Option *Autor anzeigen* und/oder *Erstveröffentlichungsdatum anzeigen*, wenn diese Informationen für Sie und die Belegschaft wichtig sind.
- Für den Fall, dass es einmal keine Nachrichten gibt oder Sie noch im Aufbau der Website sind, können Sie das Kontrollkästchen bei *Diesen Webpart ausblenden, wenn es nichts anzuzeigen gibt* aktivieren. Dann wird der Webpart auf der Seite ausgeblendet und wird nicht mit den leeren Inhalten angezeigt. Sobald es eine Nachricht gibt, wird der Webpart automatisch mit der Nachricht angezeigt.

7. Navigieren Sie zu der Gruppe *Filter*. In dieser Gruppe können Sie die Neuigkeitenbeiträge nach verschiedenen Bedingungen filtern.
8. *Zielgruppenadressierung aktivieren* verwenden Sie, wenn Sie die Inhalte des Webparts nur für bestimmte Personen oder Gruppen anzeigen lassen möchten.
9. Navigieren Sie zu dem Bereich *Organisieren*, um die Reihenfolge der Neuigkeitenbeiträge zu ändern. Wenn Sie bereits über Nachrichtenbeiträge auf Ihrer Kommunikationswebsite verfügen, können Sie ältere Beiträge an eine vordere Position verschieben, sodass sie im Webpart erneut höher platziert dargestellt werden. Standardmäßig werden die Beiträge vom Veröffentlichungsdatum in absteigender Reihenfolge angezeigt, also der neueste Beitrag steht immer ganz oben.
10. Nehmen Sie Ihre gewünschten Änderungen vor.
11. Speichern und veröffentlichen Sie Ihre Kommunikationswebsite, klicken Sie dafür auf die Schaltfläche *Erneut veröffentlichen*.

4.20.8 Den Ereignis-Webpart anpassen

Sie können sich im Ereignis-Webpart Termine und Ereignisse von Ihrer eigenen oder anderen SharePoint Online-Websites anzeigen lassen. Über die Webparteigenschaften können Sie zusätzlich festlegen, aus welchem Zeitraum Sie die Termine und Ereignisse sehen möchten. Ebenso haben Sie auch hier die Möglichkeit, ein anderes Layout für die Darstellung zu wählen.

Organisationsweite Termine wie Schulungen können gut mit dem Ereignis-Webpart organisiert werden.

1. Öffnen Sie Ihre Kommunikationswebsite im Bearbeitungsmodus.
2. Navigieren Sie zum Webpart *Ereignisse*.
3. Zeigen Sie auf den Webpart, damit die Symbolleiste angezeigt wird.

4. Klicken Sie auf das Symbol *Eigenschaften bearbeiten*, um die Webparteigenschaften zu öffnen.
   - Legen Sie im Bereich *Quelle* fest, von welchen Websites Sie die Ereignisse einblenden möchten.
   - Wenn Sie eine Website ausgewählt haben, die über mehrere Ereignislisten verfügt, können Sie die gewünschte Liste auswählen.
   - Wenn den Ereignissen jeweils eine Ereigniskategorie zugeordnet wurde, können Sie sich auch nur eine bestimmte Kategorie anzeigen lassen.
   - Im *Datumsbereich* legen Sie fest, welchen Ereigniszeitraum Sie in Ihrem Webpart sehen möchten.
   - Aktivieren Sie die *Zielgruppenadressierung*, wenn Sie den Webpart *Ereignisse* nur für bestimmte Personen oder Gruppen hervorheben und anzeigen lassen möchten.
5. Navigieren Sie zu dem Bereich *Layout*. Hier können Sie ein weiteres Layout für die Darstellung Ihres Webparts festlegen.
6. Unterhalb des Layouts können Sie im Eingabefeld die Anzahl der anzuzeigenden Ereignisse festlegen.
7. Schließen Sie den rechten Ereignisbereich.
8. Speichern und veröffentlichen Sie Ihre Kommunikationswebsite, klicken Sie auf die Schaltfläche *Erneut veröffentlichen*.

4.20.9 Die Webparts »Quicklinks« und »Personenprofile«

Gibt es externe oder interne Websites, auf die Sie und Ihr Team ständig zugreifen müssen?

Auf einer Kommunikationswebsite befinden sich im Bearbeitungsmodus die Webparts *Quicklinks* und *Personenprofile* versteckt im unteren Bereich. Sie können über den Webpart *Quicklinks* zusätzliche Links hinzufügen, die von Ihren Mitarbeiterinnen und Mitarbeitern verwendet werden sollen. Über den Webpart *Personenprofile* können Sie beispielsweise die Verantwortlichen für Ihre Kommunikationswebsite eintragen und im Webpart darstellen lassen. Die Webparts werden erst nach der Bearbeitung im Bearbeitungsmodus der Kommunikationswebsite und nach der erneuten Veröffentlichung sichtbar.

4.20.10 Einen Webpart-Titel ändern

Benennen Sie die Webparts nach Ihren Wünschen.

Sie können bei einigen Webparts den Titel direkt im Bearbeitungsmodus der Website ändern. In diesem Beispiel ändern Sie den Titel *Nachrichten* in *Neuigkeiten* und den Titel *Ereignisse* in *Aktuelle Termine*.

1. Öffnen Sie die Kommunikationswebsite im Bearbeitungsmodus.
2. Klicken Sie direkt auf den Titel des Webparts *Nachrichten*.
3. Überschreiben Sie den Titel mit *Neuigkeiten*.
4. Klicken Sie nun auf den Titel *Ereignisse*.
5. Überschreiben Sie den Titel *Ereignisse* mit *Aktuelle Termine*.

6. Nehmen Sie weitere Titeländerungen vor.
7. Veröffentlichen Sie die Website, damit die Kolleginnen und Kollegen Ihre Änderungen sehen können.

4.20.11 Berechtigungen auf der Kommunikationswebsite

Die meisten Mitarbeitenden sollen nur lesen, nicht bearbeiten können.

Anders als auf einer Teamwebsite für die Zusammenarbeit stellen Sie auf Ihrer Kommunikationswebsite Informationen für unternehmensinterne Personen bereit. Sie können Personen aus Ihrem unmittelbaren Team, die ebenfalls für die Bereitstellung der Informationen auf der Kommunikationswebsite verantwortlich sein sollen, als Teammitglieder zur Website hinzufügen, damit sie Inhalte bereitstellen können. Diese Teammitglieder erhalten dann die Berechtigung *Bearbeiten*. Besprechen Sie unbedingt, welche Bearbeitungen sie durchführen dürfen und welche nicht. Denn die Berechtigung erlaubt es Ihren Kolleginnen und Kollegen, die Website zu bearbeiten und damit auch die Webparts zu ändern oder zu löschen.

Die meisten Benutzerinnen und Benutzer sollten jedoch grundsätzlich lieber nur Leserechte erhalten. Damit stellen Sie sicher, dass nichts Wichtiges an der Website geändert wird oder bereitgestellte Dokumente oder andere Informationen versehentlich geändert oder gelöscht werden.

So können Sie Ihrer Kommunikationswebsite weitere Besitzer, Mitglieder und Besucher hinzufügen:

1. Prüfen Sie den Bearbeitungsstand der Kommunikationswebsite, ob noch Änderungen vorgenommen werden sollten. Prüfen Sie, ob die Website tatsächlich veröffentlicht ist und nicht den Status *Als Entwurf gespeichert*, sondern *Veröffentlicht* trägt. Sie sehen den Status oben in der rechten Seite des Fensters.
2. Klicken Sie oben rechts in der Kommunikationswebsite auf den Link *Für Zugriff freigegebene Websites.*
3. Klicken Sie in das Eingabefeld und schreiben Sie den Namen einer Person, die Sie zu Ihrer Kommunikationswebsite einladen möchten, und wählen Sie diesen aus dem Verzeichnis aus.
4. An dieser Stelle haben Sie auch die Möglichkeit, die Mitglieder ganzer Microsoft 365-Gruppen zu berechtigen (siehe Abbildung 4.55). So können Sie Kolleginnen und Kollegen aus anderen Projekten, Abteilungen oder Arbeitsgruppen, die ebenfalls über eine SharePoint-Teamwebsite verfügen, direkt als Gruppe berechtigen, ohne die Personen einzeln auswählen zu müssen. Klicken Sie in das Eingabefeld und fügen Sie dort unsere Gruppe *Das Erfolgsteam* hinzu.

Abb. 4.55 Die Berechtigungsvergabe auf einer Kommunikationswebsite

5. Die Person oder die Gruppe wird mit dem Zugriffsrecht *Lesen* hinzugefügt. Klicken Sie unterhalb des Namens auf den Drop-down-Pfeil hinter dem Zugriffsrecht *Lesen* und wählen Sie entweder die Berechtigung *Vollzugriff* oder *Bearbeiten* aus.
6. Möchten Sie alle Benutzer im Unternehmen für den Lesezugriff berechtigen, können Sie auch in dem Eingabefeld *Jeder, außer externe Benutzer* eintragen. Beachten Sie dann, dass alle, die in Ihrem Unternehmensverzeichnis als Benutzer geführt werden, die Freigabe für das Lesen erhalten. Darunter können auch externe Dienstleister mit einem zum Unternehmen gehörenden Konto oder Schulungsaccount fallen.
7. Möchten Sie die Personen per E-Mail-Nachricht über die Freigabe der Website benachrichtigen, belassen Sie das Häkchen im Kontrollkästchen *E-Mail senden*. Schreiben Sie dann eine kurze persönliche Nachricht in das Eingabefeld. Je nachdem, welche Benachrichtigungseinstellungen Ihre Kollegen festgelegt haben, erfahren sie es auch über die Benachrichtigungen im Microsoft 365-Portal. Verlassen Sie sich jedoch nicht darauf, da die Benachrichtigungen ausgeschaltet sein können.
8. Prüfen Sie Ihre Auswahl und klicken Sie ganz unten im Formular auf die Schaltfläche *Teilen*.

4.21 SharePoint Online mobil

Für den mobilen Einsatz von SharePoint Online können Sie sich die App aus dem jeweiligen App-Store herunterladen. Sie müssen sich mit Ihren Microsoft 365-Benutzerdaten anmelden, damit eine Zuordnung zu Ihrem Microsoft 365-Portal und zu den für Sie freigegebenen SharePoint Online-Websites stattfinden kann. Innerhalb der App können Sie zwischen Neuigkeiten, der Suche und Ihren wichtigen Websites und Inhalten über die jeweilige Schaltfläche navigieren.

Nutzen Sie die SharePoint-App und nicht den Webbrowser Ihres mobilen Geräts.

Über die Schaltfläche *Suchen*, dargestellt mit der Lupe (siehe Abbildung 4.56), können Sie innerhalb des SharePoint-Portals nach Inhalten, Texten, Nachrichten suchen. Beim Öffnen der mobilen SharePoint-App werden Sie in diesen Bereich weitergeleitet und Ihnen werden Websites angezeigt, auf denen Sie häufig aktiv sind. Außerdem werden Ihnen Kolleginnen und Kollegen vorgeschlagen, mit denen Sie zusammenarbeiten, und im unteren Bereich werden Ihnen Ihre aktuellen Dateien, an denen Sie und Ihre Teamkolleginnen und -kollegen zuletzt gearbeitet haben, angezeigt.

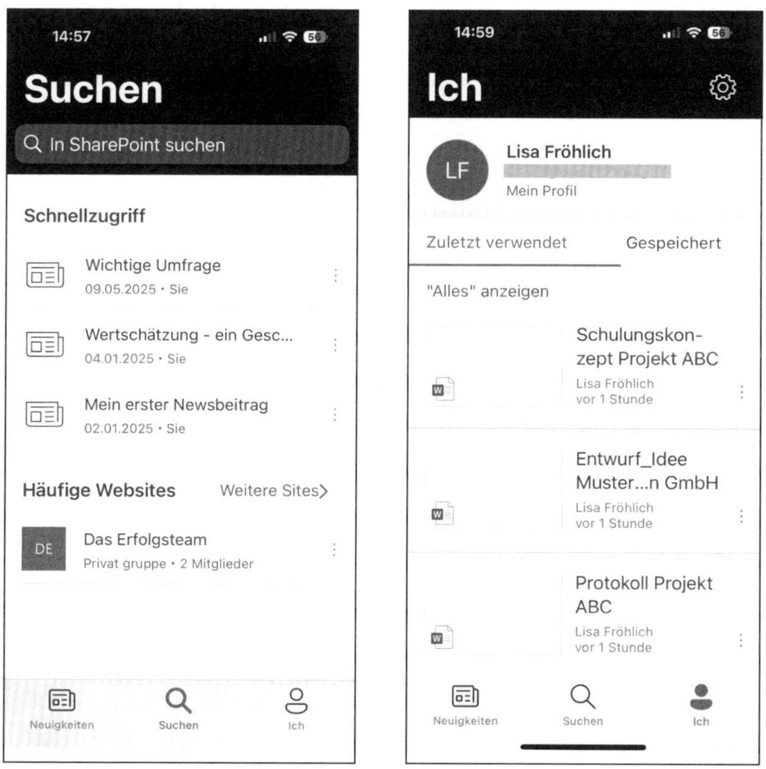

Abb. 4.56 SharePoint Online geöffnet in der iPhone-App: die Displays *Suchen* und *Ich*, oben das Zahnradsymbol für die Einstellungen

Mithilfe der Schaltfläche *Suchen* (siehe auch Abbildung 4.56) können Sie auch nach Personen, bestimmten Informationen wie Dateien, Elementen oder auch Websites suchen. Im Bereich *Suchen* werden die von Ihnen oft besuchten Websites automatisch aufgelistet. Durch das Antippen einer Website wird diese in der App geöffnet (siehe Abbildung 4.57). Auf der Website befindet sich ein Menü (Hamburger-Menü), über das Sie auf die Inhalte aus Listen und Bibliotheken sowie auf Apps der Website zugreifen können. Ebenso werden Ihnen Inhalte wie Beiträge und Dateien angezeigt, die Sie im Microsoft 365-Portal mit der Funktion *Für später gespeichert* gekennzeichnet haben. Verwenden Sie dafür das Register *Gespeichert*.

Über die Schaltfläche *Neuigkeiten* werden Nachrichten aus Ihren Teamwebsites beziehungsweise aus dem gesamten Unternehmen angezeigt (siehe Abbildung 4.58). Über den Filter können Sie steuern, welche Inhalte Sie hier sehen möchten.

Abb. 4.57
Links die Teamwebsite und rechts eine Kommunikationswebsite, dargestellt über die iPhone-App

Abb. 4.58
Die Schaltfläche *Neuigkeiten*, unten in der Navigation auf dem Display, zeigt Ihnen Neuigkeitenbeiträge von verschiedenen Websites an. Sie können die Neuigkeiten oben filtern, wenn Sie auf *Alle Neuigkeiten* tippen.

4.22 Zusammenfassung

SharePoint Online bietet mehr als nur eine Ablage für Dateien. Durch Team- oder Kommunikationswebsites können Team- oder unternehmensbezogene Informationen zentral über eine Website verteilt und abgerufen werden. Durch das Hinzufügen weiterer Listen und Bibliotheken können bestimmte Geschäftsanforderungen ebenfalls über die jeweilige Website eingebracht werden. Das gleichzeitige Arbeiten an Dokumenten spart nicht nur Zeit, sondern verringert auch den Arbeitsaufwand für jeden Einzelnen. Durch einen zentralen Ablageort eines Dokuments können Mitarbeiter stets mit der aktuellen Version eines Dokuments arbeiten und müssen es nicht per E-Mail hin- und hersenden. Aber auch die alleinige Arbeit an einem Dokument ist durch die Funktionalität des Aus- und Eincheckens möglich. Der mobile Einsatz von SharePoint Online zeigt die Websites und Inhalte übersichtlich, sodass auch von unterwegs auf wichtige und relevante Informationen zugegriffen werden kann.

Kapitel 5

Office im Web

5.1 Ausgangssituation

Vielleicht kennen Sie folgende Situation: Sie haben während der Arbeitszeit einen umfangreichen Bericht erstellt und auf dem Netzlaufwerk gespeichert. Danach befinden Sie sich auf dem Weg in den Urlaub oder einer längeren Geschäftsreise. Plötzlich fällt Ihnen ein, dass Sie in Ihrem Bericht einen ganz wichtigen Inhalt vergessen haben. Sie können telefonisch Kontakt aufnehmen und jemanden aus Ihrem Team bitten, den Inhalt zu ergänzen. Da das Dokument im unternehmensinternen Netzwerk gespeichert wurde, haben Sie gegebenenfalls einen externen Zugang über eine gesicherte Remote-Verbindung oder Sie können mithilfe eines Tokens darauf zugreifen. Wenn Sie jedoch aus dem Ausland auf die Unterlagen zugreifen möchten, kann es vorkommen, dass Ihnen der Zugriff verweigert wird. Vielleicht haben Sie Ihr Token auch nicht zur Hand, um auf das Dokument zuzugreifen. Selbst wenn Sie auf das Dokument zugreifen können, müssen Sie auf dem von Ihnen verwendeten PC, Mac oder Tablet immer die jeweilige Anwendung wie Word, Excel oder PowerPoint installiert haben, um daran arbeiten zu können. Durch die Bereitstellung von Microsoft 365 und Office im Web im Unternehmen besteht die Möglichkeit, orts- und geräteunabhängig über das Internet auf die von Ihnen gespeicherten Dateien zuzugreifen, auch wenn auf dem verwendeten Gerät kein Office-Programm installiert ist.

5.2 Der Einsatz von Office im Web

Für das Erstellen oder Bearbeiten von Office-Dokumenten können Sie die Office-Pakete auf dem PC oder Mac als sogenannte Desktop-Variante installieren. Office im Web hingegen sind von Microsoft entwickelte browserbasierte Versionen der Office-Anwendungen. Mit Office im Web können Sie die Office Online-Apps wie Word, Excel, PowerPoint, Outlook, To Do und OneNote im Webbrowser verwenden. So haben Sie die Möglichkeit, über den Browser ein

Office-Dokument zu erstellen, vorhandene Dokumente zu öffnen und zu bearbeiten, auch wenn auf dem von Ihnen verwendeten System kein Office installiert ist. Sie benötigen nur ein internetfähiges Gerät, mit dem Sie auf Ihre Dokumente im Microsoft 365-Portal zugreifen können. Die Office im Web-Apps sind allerdings in ihrem Umfang eingeschränkter, als Sie es von den Desktop-Apps her kennen, aber Sie können so ortsunabhängig Ergänzungen oder Änderungen an Dokumenten vornehmen.

Sie können mit Office im Web wie auch mit den jeweiligen Desktop-Apps mit mehreren zeitgleich an einem Dokument arbeiten, wenn die Dokumente in OneDrive oder einer SharePoint-Bibliothek gespeichert wurden. Bei umfangreichen Dokumenten in der Textverarbeitung und beim Analysieren von Tabellen in Tabellenkalkulationen gibt es jedoch einige Einschränkungen in den Online-Apps von Word und Excel. Microsoft arbeitet ständig an der Weiterentwicklung aller Online-Apps, sodass sich die Desktop- und Online-Apps vielleicht eines Tages nicht mehr unterscheiden und auch die Online-Apps über den größeren Funktionsumfang der Programme verfügen werden. Ist bei Ihnen auf dem PC oder Mac das Office-Paket installiert, so können Sie beide Varianten, also Office im Web und Office Desktop benutzen.

Unter der Bezeichnung *Dokumente* werden alle möglichen Dateiformate zusammengefasst. Es handelt sich bei einem Dokument also nicht immer um ein Word-Dokument. Auch eine PDF-Datei, eine Excel-Arbeitsmappe oder eine PowerPoint-Präsentation wird als Dokument bezeichnet.

Nachfolgend sehen Sie ein Vergleich der jeweiligen Registerreiter der Desktop- und Online-Apps (siehe Abbildungen 5.1 bis 5.8).

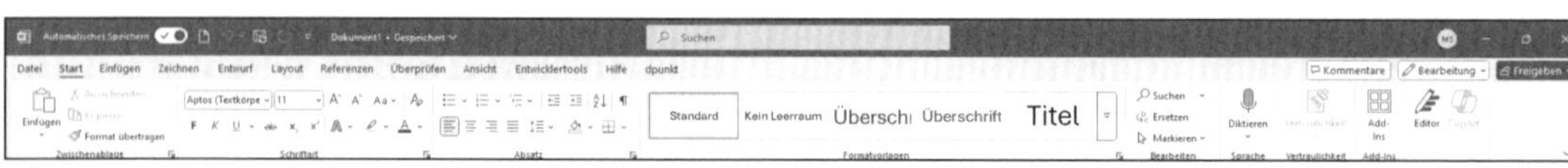

Abb. 5.1 Die auf einem Windows-PC installierte Microsoft Word-Desktop-App

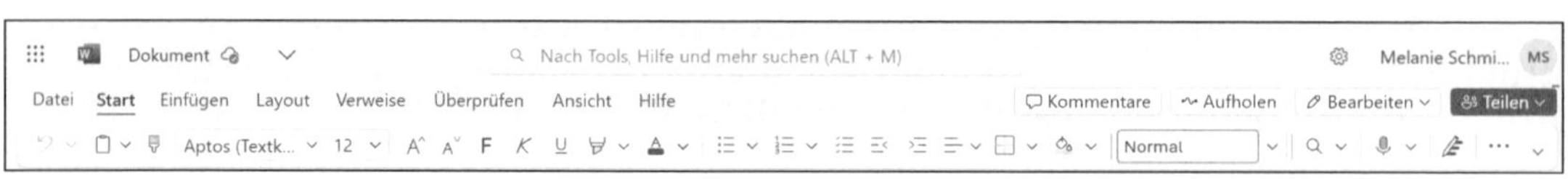

Abb. 5.2 Die Microsoft Word-Online-App, geöffnet im Browser

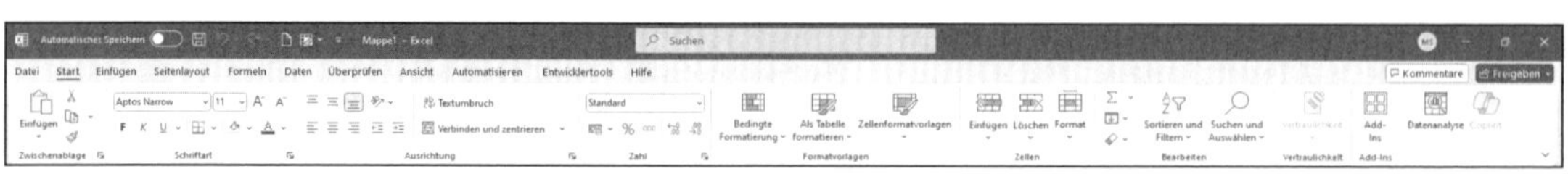

Abb. 5.3 Die auf einem Windows-PC installierte Microsoft Excel-Desktop-App

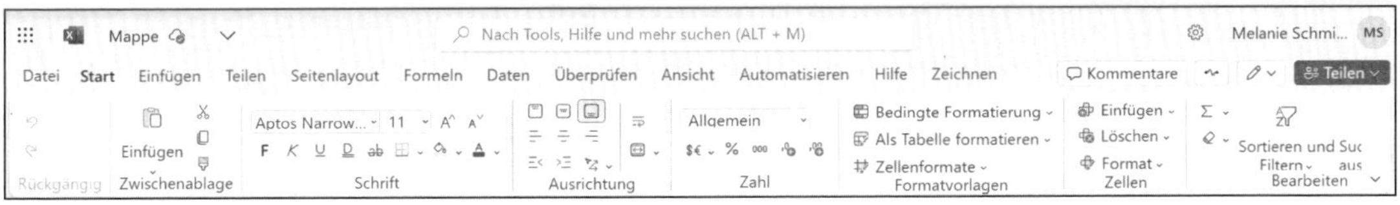

Abb. 5.4 Die Microsoft Excel-Online-App, geöffnet im Browser

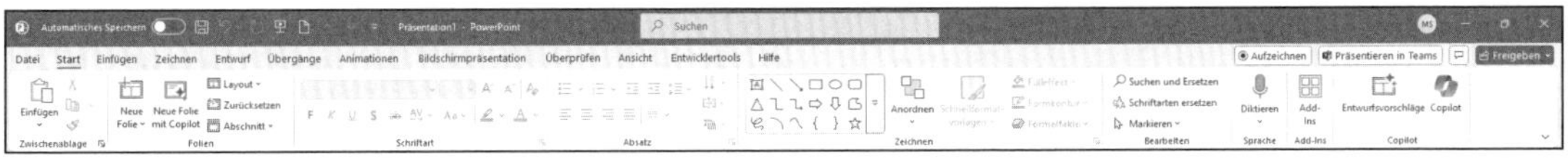

Abb. 5.5 Die auf einem Windows-PC installierte Microsoft PowerPoint-Desktop-App

Abb. 5.6 Die Microsoft PowerPoint-Online-App, geöffnet im Browser

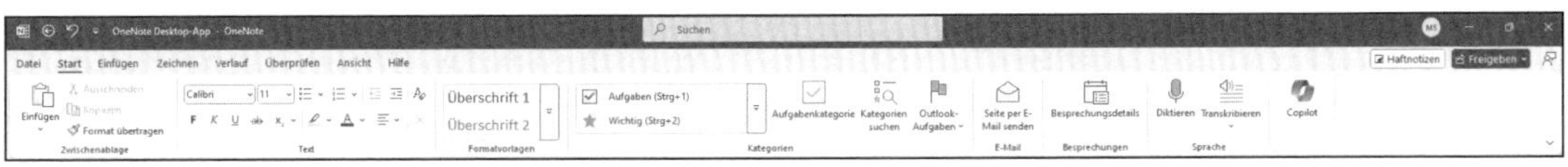

Abb. 5.7 Die auf einem Windows-PC installierte Microsoft OneNote 2016-Desktop-App

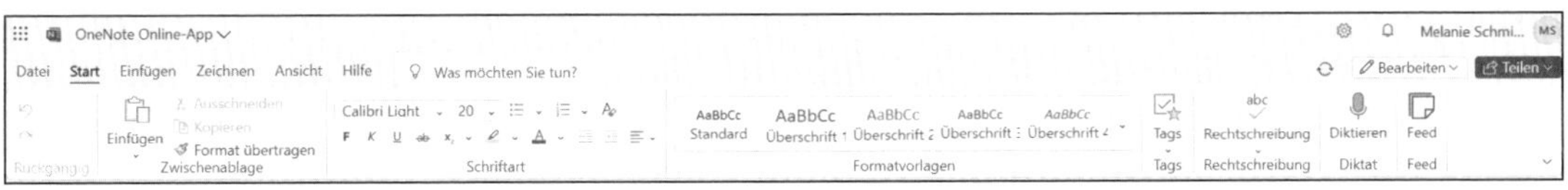

Abb. 5.8 Die Microsoft OneNote Online-App, geöffnet im Browser

5.2.1 Dateispeicherorte im Microsoft 365-Portal

Sobald Sie direkt über die Microsoft 365 Copilot-Homepage oder in einer mobilen Office Online-App neue Dokumente erstellen, werden diese automatisch in Ihrem persönlichen OneDrive-Cloud-Speicher gespeichert. Ihnen stehen damit alle Funktionalitäten von OneDrive zur Verfügung. Starten Sie ein neues Dokument jedoch besser nicht immer von der Microsoft 365 Copilot-Homepage oder aus der App heraus, denn wenn es sich um ein Dokument für ein bestimmtes Team, eine Arbeitsgruppe oder eine bestimmte Fachabteilung handelt, die über eine SharePoint-Teamwebsite oder eine andere Microsoft 365-Gruppe verfügt, müssen Sie es von Ihrem OneDrive in die Teamwebsite oder in den Teams-Kanal verschieben, damit alle darauf zugreifen können. Deshalb ist es ratsam, erst die Teamwebsite oder den Teams-Kanal zu öffnen und in der ge-

OneDrive ist Ihr persönlicher Speicher, während die SharePoint-Teamwebsite der Speicherort für eine Gruppe von Personen ist.

wünschten Bibliothek mit dem Erstellen des Dokuments zu beginnen. Navigieren Sie also zuerst zur Teamwebsite, in den Teams-Kanal oder OneDrive for Business, wo Sie das Dokument später auch speichern möchten.

Sie können auch aus der Desktop-App heraus die Online-Speicherorte wie OneDrive oder den Teams-Kanal, der in SharePoint speichert, auswählen und dort speichern. Es ist ebenfalls möglich, Online-Dokumente auf der Festplatte zu speichern. Sie können die Dokumente auf Ihren Computer herunterladen oder in der Desktop-App öffnen und bei Bedarf auf der Festplatte speichern.

Um ein Dokument offline zur Verfügung zu stellen, empfiehlt sich jedoch nicht das Herunterladen einer Kopie, sondern besser die OneDrive-Funktionalität *Dateien auf Abruf* beziehungsweise *Files On-Demand* (siehe Kapitel 3 »OneDrive for Business«). Dann wird das Dokument in OneDrive oder der SharePoint-Bibliothek und somit auf dem PC, Mac oder Tablet bereitgestellt und ist nur einmal vorhanden.

5.2.2 Ein persönliches, neues Dokument erstellen

Wenn Sie ein neues Dokument erstellen möchten, das keiner SharePoint-Teamwebsite oder einem Team zuzuordnen ist, gehen Sie wie folgt vor:

1. Navigieren Sie zu Ihrem Microsoft 365-Portal. Verwenden Sie gegebenenfalls die URL *https://login.microsoftonline.com* oder *https://m365.cloud.microsoft*.
2. Klicken Sie auf der Microsoft 365 Copilot-Startseite links in der Navigation auf die Schaltfläche *Erstellen*. Wählen Sie dann die entsprechende Schaltfläche für ein neues Word-Dokument, eine Excel-Arbeitsmappe, eine PowerPoint-Präsentation oder die Schaltfläche *Weitere*, um ein Formular zu erstellen oder mit einer vorhandenen Vorlage zu beginnen (siehe Abbildung 5.9). Je nachdem, welche Schaltfläche Sie anklicken, erhalten Sie unterhalb eine Auswahl an bereitgestellten Vorlagen, die Sie für Ihre Arbeit auswählen können.

Abb. 5.9 Neue Dokumente auf der M365 Copilot-Startseite erstellen

3. Wenn Sie eine Auswahl getroffen haben, werden Sie in einem neuen Tab in die jeweilige Onlineversion der App im Browser weitergeleitet.

Sie können auch direkt in Ihrem OneDrive ein neues Dokument erstellen.

4. Klicken Sie links in der Navigation auf die Schaltfläche *Apps* und dann auf das OneDrive-Icon, falls Sie OneDrive noch nicht in der Navigation angeheftet haben.
5. Auf der OneDrive-Startseite klicken Sie oben auf die Schaltfläche + *Erstellen oder hochladen* (siehe Abbildung 5.10).
6. Wählen Sie eine Office-App aus, mit der Sie starten möchten.
7. Vergeben Sie einen Dateinamen und klicken Sie auf die Schaltfläche + *Erstellen oder Hochladen*.

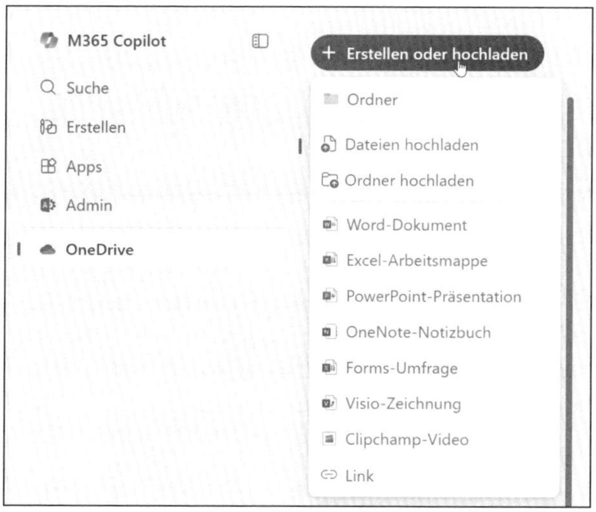

Abb. 5.10
Das Erstellen eines persönlichen OneDrive-Dokuments über die M365 Copilot-Startseite

8. Das Dokument wird bei beiden Vorgehensweisen direkt in einem neuen Browser-Tab geöffnet und in der Office Online-App erstellt (siehe Abbildung 5.11) und automatisch in der OneDrive-Bibliothek gespeichert (siehe Abbildung 5.12).

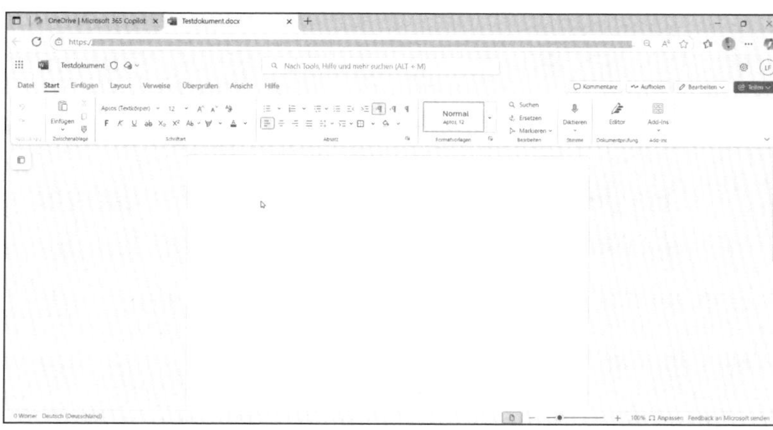

Abb. 5.11
Ein neues Word-Dokument mit dem Dateinamen *Testdokument* oben in der Titelleiste. Im Browser-Tab wird der Dateiname ebenfalls angezeigt.

9. Wechseln Sie in den Tab der M365 Copilot-Startseite, in dem OneDrive noch geöffnet ist. Sie sehen Ihr Dokument auf der OneDrive-Startseite unter *Zuletzt*.
10. Klicken Sie links in der OneDrive-Navigation (siehe Abbildung 5.12) auf die Schaltfläche *Eigene Dateien*. Ihr Dokument wird dort gespeichert und ebenfalls angezeigt.

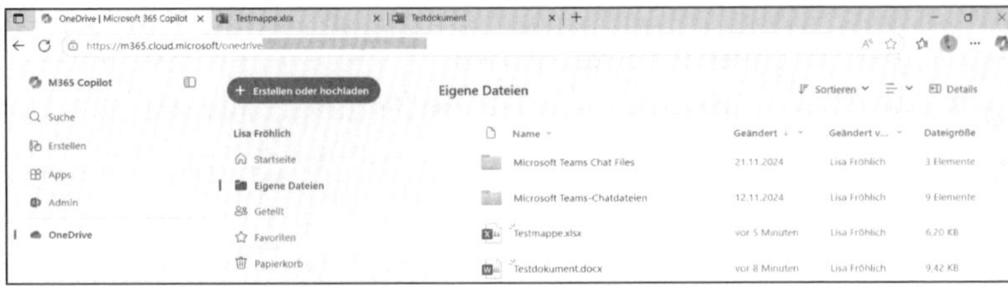

Abb. 5.12 Das Dokument wird in der OneDrive-Bibliothek im Bereich *Eigene Dateien* gespeichert.

5.2.3 Den Dateinamen in der geöffneten Online-App umbenennen

Sie können Dateinamen auch in der Desktop-App ändern.

Sie können den Namen während der Arbeit am Dokument in der App überschreiben.

1. Wechseln Sie zu dem Browser-Tab, in dem Ihr Dokument geöffnet ist.
2. Klicken Sie in der Online-App oben direkt auf den Namen, den Sie beim Anlegen vergeben haben (siehe Abbildung 5.13). Klicken Sie in das Feld *Dateiname* und benennen Sie das Dokument um.
3. Bestätigen Sie den neuen Namen für Ihr Dokument mit der [↵]-Taste. Der neue Dateiname wird im Dokument und in der OneDrive-Bibliothek übernommen.

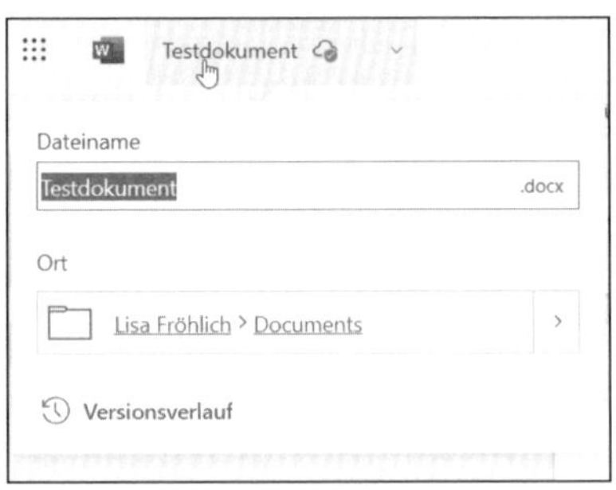

Abb. 5.13 Der Dateiname kann überschrieben werden.

5.2.4 Ein Dokument ändern und unter einem anderen Namen speichern

Speichern Sie immer erst eine Kopie, bevor Sie Änderungen vornehmen.

Falls Sie bisher mit Dokumenten gearbeitet haben, die in einem Netzlaufwerk auf einem sogenannten Fileserver gespeichert wurden, haben Sie wahrscheinlich schon einmal ein vorhandenes Dokument geöffnet, Änderungen darin vorgenommen und es unter einem anderen Namen gespeichert. Aufgrund des automatischen Speicherns innerhalb der Microsoft 365-Welt würden Sie die Änderungen direkt im ursprünglichen Dokument speichern. Deshalb empfehle ich Ihnen folgende Vorgehensweise, wenn Sie die Änderungen nicht im Originaldokument speichern möchten:

1. Öffnen Sie das gewünschte Dokument.
2. Klicken Sie im Register *Datei* auf den Befehl *Kopie erstellen*.
3. Wählen Sie danach den Befehl *Eine Kopie online erstellen*.
4. Vergeben Sie einen anderen Dateinamen für das Dokument und speichern Sie es, klicken Sie auf die Schaltfläche *Eine Kopie erstellen*.
5. Jetzt können Sie die gewünschten Änderungen im Dokument vornehmen, ohne das ursprüngliche Dokument zu überschreiben.

5.2.5 Das Menüband reduzieren und erweitern

In den Online-Apps wird Ihnen meistens das vereinfachte oder einzeilige Menüband mit Symbolschaltflächen angeboten. Das wiederum kann zu Anfang die Arbeit mit den Apps erschweren, da Sie mit der Suche nach den Befehlen viel Zeit verschwenden. Deshalb besteht in den meisten Online- und Desktop-Apps wie Outlook, OneNote, Word, Excel oder PowerPoint immer die Möglichkeit, die Menübänder im klassischen Stil darzustellen. Wenn Sie sich sehr gut mit den einzelnen Apps auskennen, werden Sie später die vereinfachten oder einzeiligen Menübänder nutzen.

Lassen Sie sich auch in anderen Apps das klassische Menüband anzeigen.

So ändern Sie die Darstellung eines Menübands:

1. Klicken Sie in einem Register ganz rechts auf die Schaltfläche *Menüband Layout*, die durch einen kleinen Pfeil nach unten dargestellt wird (siehe Abbildung 5.14).
2. Wählen Sie die Option *Klassisches Menüband*, damit das Menüband erweitert mit den Befehlsschaltflächen angezeigt wird.

Abb. 5.14 Das Menüband lässt sich erweitern und reduzieren.

3. Um das Menüband wieder einzeilig oder vereinfacht darstellen zu lassen, klicken Sie im Menüband erneut ganz rechts auf den Pfeil nach unten und wählen die Option *Einzeiliges* oder *Vereinfachtes Menüband* aus, um das Register reduziert darstellen zu lassen.
4. Möchten Sie das klassische Menüband immer einblenden, wählen Sie das klassische Menüband und den Befehl *Menüband immer anzeigen* aus.

5.2.6 Ein Online-Dokument in der Office-Desktop-App öffnen

Möchten Sie ein online gespeichertes Dokument in einer Desktop-App wie beispielsweise Microsoft Word oder Excel öffnen, können Sie das in der Online-App durchführen. Beachten Sie, dass die Office-Desktop-App auf Ihrem System installiert sein muss, damit die Verbindung zur App hergestellt werden kann.

1. Wenn Sie das Dokument in der Online-App geöffnet haben, klicken Sie im oberen rechten Fensterbereich auf die Schaltfläche *Bearbeiten* und wählen dann den Befehl *In der Desktopversion öffnen* (siehe Abbildung 5.15). Die Verbindung zur Desktop-App wird direkt hergestellt und das Dokument wird dort geöffnet.

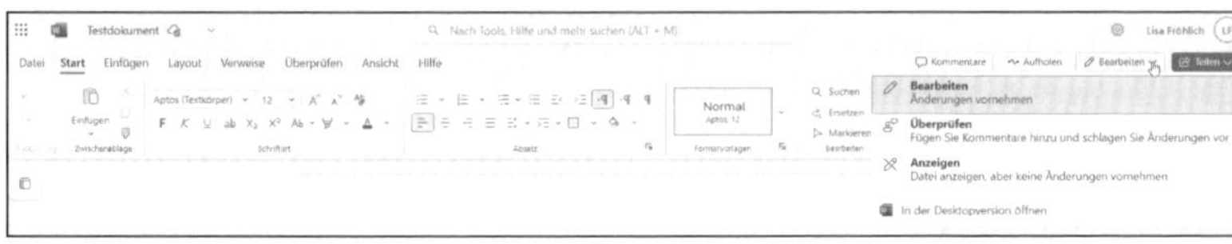

Abb. 5.15 Sind auf Ihrem PC die Office-Desktop-Apps installiert, können Sie diese auch aus der geöffneten Online-App öffnen.

2. Nachdem Sie das Dokument in der Desktop-App bearbeitet haben, können Sie es über die Schaltfläche *Schließen* beenden. Achten Sie jedoch darauf, dass Sie das Dokument noch im Webbrowser geöffnet haben und das Browserfenster nicht schließen.

In diesem Fall wird das Dokument, das Sie in der Desktop-App bearbeitet haben, automatisch mit Ihrem OneDrive-Cloud-Speicher synchronisiert und gespeichert. So können Sie auch in der Online-App alle Änderungen sofort sehen. Falls einmal eine Unterbrechung der Internetverbindung auftritt, wird das Dokument lokal im OneDrive-Ordner Ihres Computers gespeichert und bei einer bestehenden Internetverbindung erneut in den OneDrive-Cloud-Speicher synchronisiert und gespeichert.

5.2.7 Zeitgleich mit mehreren an einem Dokument arbeiten

Besprechen Sie die Vorgehensweisen mit Ihrem Team, wenn Sie zeitgleich in Dokumenten arbeiten wollen.

Mithilfe der Office Online-Dienste können Sie zeitgleich mit Ihren Kolleginnen und Kollegen an Office-Dokumenten arbeiten. Dabei spielt es keine Rolle, mit welcher App Sie arbeiten. Sie können von den Desktop-, Online- oder Mobile-Apps auf die Dokumente zugreifen und diese gemeinsam bearbeiten. Sie sollten Vorüberlegungen für das zeitgleiche und gemeinsame Arbeiten an Dokumenten treffen und die vorhandenen Zugriffsrechte überprüfen. Besprechen Sie mit Ihren Teammitgliedern, wie die gemeinsame Arbeit an einem Dokument erfolgen soll. Vielleicht gibt es Inhalte, die Sie jemandem zuteilen und als Überschriften in einem Word-Dokument oder als Titel in einer Präsentation eingeben könnten. Das hat den Vorteil, dass alle Teammitglieder genau wissen, auf welcher Seite oder Folie sie ihre Inhalte erfassen können. Wichtig ist bei der zeitgleichen Bearbeitung, dass Sie das automatische Speichern immer eingeschaltet lassen, sonst speichern Sie eine lokale Kopie auf Ihrem System. Wenn zeitgleich eine andere Person im selben Absatz wie Sie arbeitet, kann das System diese beiden Änderungen sonst nicht zusammenführen und Sie erhalten die Fehlermeldung eines Speicherkonflikts. Daher ist es besser, sich mit Kolleginnen und Kollegen kurz abzustimmen, wenn Sie allein an einem Dokument arbeiten möchten, oder das Auschecken zu verwenden. Diese Funktion habe ich in Abschnitt 4.17 beschrieben.

5.2.8 Ein Dokument aus der App teilen und freigeben

Bevor Sie gemeinsam an einem Dokument arbeiten können, müssen alle Beteiligten Zugriffsrechte darauf besitzen. Sie können nicht einfach Dokumente in Microsoft 365 ablegen und einen Link zum Dokument an fremde Personen senden. Sofern Sie Dokumente in einer SharePoint-Teamwebsite oder einen Teams-Kanal verwenden, besitzen die Teammitglieder bereits die entsprechenden Berechtigungen, um daran zu arbeiten. Falls Sie aus einer Teamwebsite oder einem Teams-Kanal heraus Dokumente für teamsite- oder gruppenexterne Personen freigeben möchten, müssen Sie selbst über Rechte verfügen, anderen Freigaben zu erteilen. Personen können ein Dokument nur dann öffnen, wenn sie dazu berechtigt sind. Wurden keine Freigaben und die damit verbundenen Berechtigungen erteilt, erhalten sie eine Fehlermeldung beziehungsweise eine Meldung, dass der Zugriff verweigert wurde. Um ein Dokument in der Office Online-App freizugeben, gehen Sie folgendermaßen vor:

Speichern Sie das Dokument ggf. in einem Team, wenn viele darauf zugreifen müssen.

1. Klicken Sie in der Office-Online-App oben ganz rechts auf die Schaltfläche *Teilen* (siehe Abbildung 5.16). Alternativ können Sie den Befehl *Feigeben* über das Register *Dateien* ausführen.

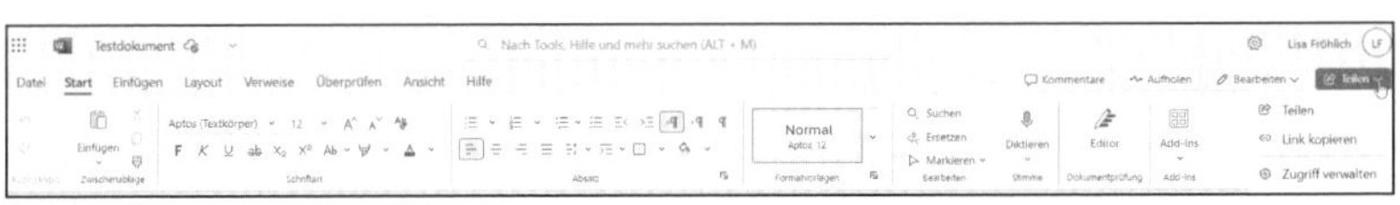

Abb. 5.16 Die Schaltfläche *Teilen* ganz rechts oben

2. Klicken Sie erneut auf den Befehl *Teilen*.
3. Im Dialogfeld *Freigeben* (siehe Abbildung 5.17) klicken Sie in das Eingabefeld *Hinzufügen eines Namens, einer Gruppe oder einer E-Mail-Adresse* und schreiben den Namen einer Kollegin oder eines Kollegen, für die Sie das Dokument freigeben möchten.
4. Direkt rechts neben dem Namen können Sie auswählen, ob die Person, die Sie berechtigen möchten, das Dokument bearbeiten oder lesen darf. Dafür klicken Sie auf das Stift- oder Augen-Symbol und wählen die gewünschte Einstellung.
5. Schreiben Sie im Nachrichtenfeld eine kurze Nachricht an Ihre Kollegin oder Ihren Kollegen.

6. Klicken Sie im unteren Bereich auf die *Linkeinstellungen*, dargestellt mit dem Zahnrad-Symbol. Hier können Sie überprüfen, wer auf das Dokument zugreifen kann, wenn Sie die Freigabe erteilt haben. Die Linkeinstellungen habe ich in Kapitel 3 beschrieben.

Abb. 5.17 Durch einen Klick auf die Linkeinstellungen können Sie prüfen, wer nach dem Senden auf Ihr Dokument zugreifen kann.

7. Belassen Sie die Option *Von Ihnen ausgewählte Personen* bestehen. In den Linkeinstellungen können Sie ein Ablaufdatum festlegen, bis wann die Person Zugriffsrechte erhalten soll (siehe Abbildung 5.18).

Abb. 5.18 Die Bearbeitung an dem Dokument muss zugelassen sein, damit andere es öffnen und bearbeiten können.

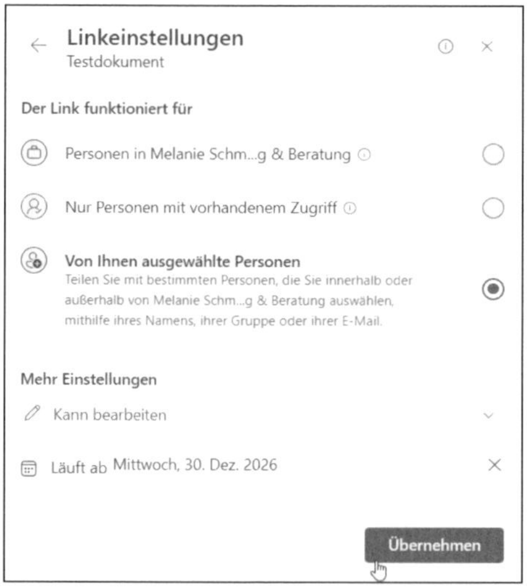

8. Bestätigen Sie die Einstellungen und Ihre Auswahl mit einem Klick auf die Schaltfläche *Übernehmen*.
9. Prüfen Sie Ihre Eingaben und bestätigen Sie mit einem Klick auf die Schaltfläche *Senden*. Die von Ihnen festgelegten Personen erhalten eine E-Mail-Nachricht mit einem Link zum Dokument. Sobald sie auf den Link klicken, öffnet sich das Dokument in der Online-App und kann nun zeitgleich mit Ihnen bearbeitet werden.

5.2.9 Freigaben für ein Dokument entziehen

Sie können die Freigaben, die Sie auf das Dokument festlegen, auch ändern oder entziehen. Dazu gehen Sie wie folgt vor:

1. Sie befinden sich in einem Dokument, das Sie für andere freigegeben haben.
2. Klicken Sie in der Office-App oben rechts im Fenster auf die Schaltfläche *Teilen*.
3. Klicken Sie auf den Befehl *Zugriff verwalten*.
4. Klicken Sie oben im Dialogfenster auf die Schaltfläche *Nicht mehr teilen*, werden alle Berechtigungen entzogen und nur Sie besitzen das alleinige Recht am Dokument. Haben Sie mehr Personen berechtigt, können Sie unten den Namen der Person anklicken, deren Berechtigung Sie ändern oder entziehen möchten.
5. Klicken Sie bei *Direkter Zugriff* auf die versteckte Schaltfläche *Bearbeitung möglich* oder *Anzeigen möglich*.
6. Wählen Sie die gewünschte Berechtigung aus oder klicken Sie ganz unten, um die Berechtigung zu entziehen.
7. Schließen Sie das Dialogfenster.

5.2.10 Zusammen auf ein Dokument zugreifen und es bearbeiten

Sobald weitere Personen Zugriffsrechte am Dokument besitzen, können sie von jedem Standort und den unterschiedlichen Systemen wie PC, Mac und mobilen Geräten mit einer Internetverbindung auf das Dokument mit den Office im Web- und -Desktop-Apps zugreifen. Sobald weitere Personen im Dokument arbeiten, werden sie Ihnen mit dem Profilbild oder den Initialen oberhalb des Menübands und direkt im Dokument mit einem Fähnchen angezeigt (siehe Abbildung 5.19).

Probieren Sie die Teams-Chatfunktion direkt aus.

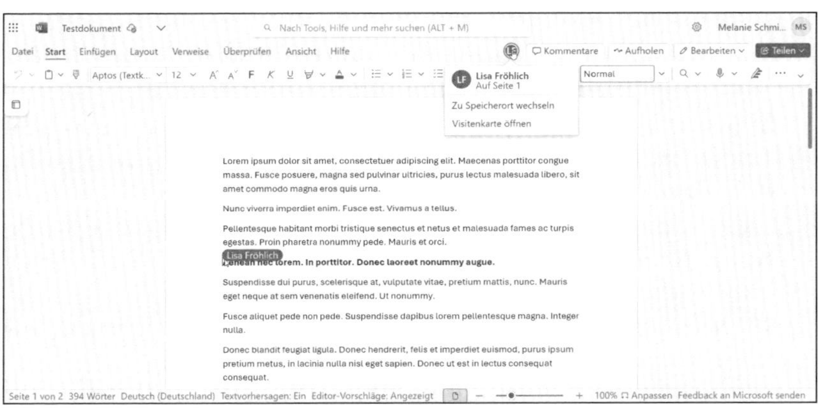

Abb. 5.19 Andere, die im Dokument arbeiten, werden oberhalb des Menübands mit ihren Initialen oder dem Profilbild angezeigt.

Wenn Sie auf ein Profilbild oder die Initialen klicken, sehen Sie, wo die Person im Dokument arbeitet, und Sie können hier ihre Visitenkarte öffnen und direkt einen Teams-Chat oder, wenn bei Ihnen die Festnetztelefonie konfiguriert ist, einen Audioanruf starten. Bei der Verwendung der Online-Apps werden Änderungen am Dokument direkt übertragen und angezeigt.

5.2.11 Sehen, was Kollegen im Dokument eingebracht und verändert haben

Haben Sie ein Dokument länger nicht geöffnet, so können Sie sich anzeigen lassen, was Ihre Kollegen in der letzten Zeit im Dokument geändert haben.

1. Klicken Sie im gewünschten Online-Dokument auf die Schaltfläche *Aufholen* oben rechts im Fenster.
2. Wenn es Änderungen im Dokument gibt, werden Ihnen diese rechts im Fenster aufgelistet angezeigt. Sobald Sie auf eine Änderung klicken, wird die Änderung im Dokument hervorgehoben.
3. Möchten Sie die Änderungen nicht mehr im Dokument hervorgehoben anzeigen lassen, klicken Sie in einen freien Bereich des Dokuments.

5.2.12 Ein Dokument kommentieren und Aufgaben im Kommentar zuweisen

Hierbei wird keine Aufgabe in To Do erstellt.

Mithilfe der Kommentarfunktionen in den Office Online-Apps und der @-Erwähnungen können Sie Inhalte kommentieren oder Personen erwähnen, um auf bestimmte Inhalte aufmerksam zu machen. Im jeweiligen Kommentarfeld können Sie den Kommentar zusätzlich als Aufgabe kennzeichnen, wenn es sich um ein in SharePoint gespeichertes Dokument handelt; die erwähnte Person erhält eine E-Mail-Nachricht und wird damit auf den Kommentar aufmerksam gemacht.

1. Öffnen Sie eine Word- oder Excel-Online-Datei.
2. Markieren Sie ein Wort, einen Absatz oder einen bestimmten Datenbereich innerhalb der Datei.
3. Klicken Sie auf die Schaltfläche + *Neuer Kommentar* hinter dem markierten Text (siehe Abbildung 5.20) oder in der Mini-Symbolleiste, die angezeigt wird, wenn Sie etwas markieren.
4. Fügen Sie das @-Zeichen (siehe Abbildung 5.21) ein und schreiben Sie den Namen der Person, die Sie erwähnen möchten. Beachten Sie, dass die Person auch berechtigt ist, auf das Dokument zuzugreifen.
5. Schreiben Sie hinter dem Namen eine kurze Aufgabenbeschreibung, was genau in der Datei beachtet werden soll.
6. Aktivieren Sie das Kontrollkästchen bei *Zuweisen zu*.

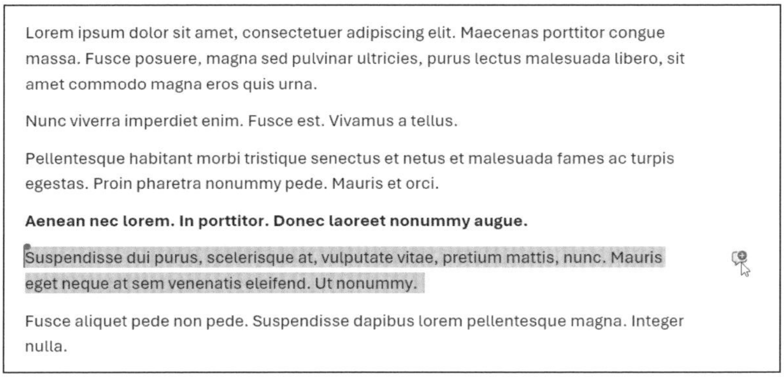

Abb. 5.20
Über die Kommentarfunktionen können Aufgaben zugewiesen werden.

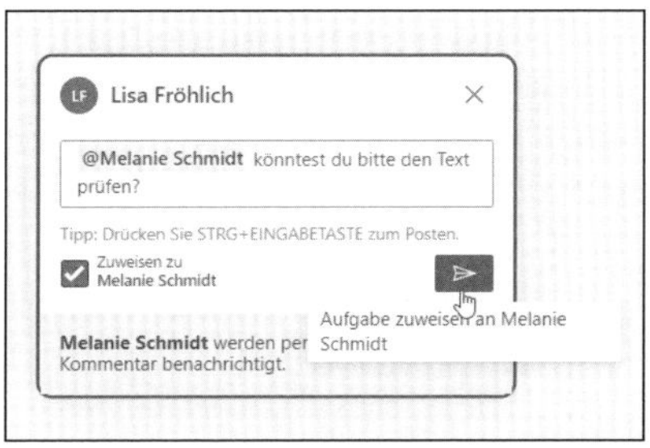

Abb. 5.21
Die erwähnte Person und das aktivierte Kontrollkästchen für die Zuweisung als Aufgabe

7. Klicken Sie zum Bestätigen auf die Schaltfläche *Aufgabe zuweisen an*, dargestellt mit der blauen Pfeil-Schaltfläche, zum Senden der Aufgabe.

Die erwähnte Person wird per E-Mail (siehe Abbildung 5.22) über die zugewiesene Aufgabe informiert und kann direkt aus der E-Mail heraus zur Datei und zu Ihrem Kommentar navigieren oder einen Kommentar senden. Es werden jedoch aktuell keine automatischen Aufgaben in To Do erzeugt.

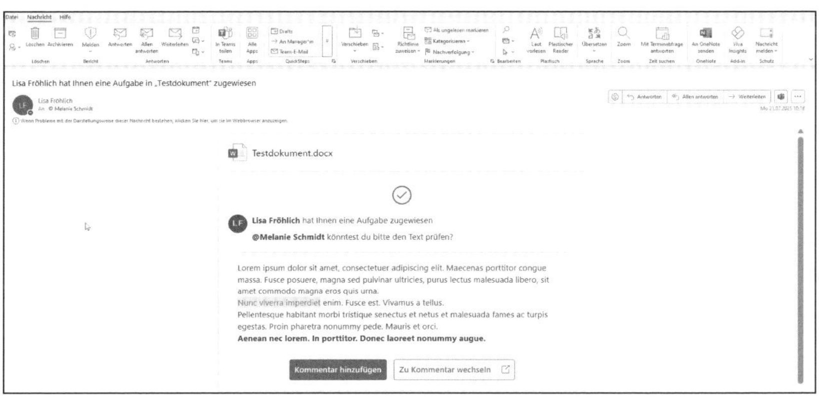

Abb. 5.22
Die E-Mail über die zugewiesene Aufgabe

5.3 Zusammenfassung

Mit Office im Web können Sie Dokumente direkt im Webbrowser bearbeiten. Sie benötigen lediglich eine Internetverbindung und einen gängigen Webbrowser, um auf Dokumente zuzugreifen und diese zu bearbeiten. Sie benötigen also nicht immer die installierten Desktop-Anwendungen von Office. Durch die Weiterentwicklungen an den Online-Apps können weitere Befehle, die Sie bei Ihrer täglichen Arbeit benötigen, durch Microsoft hinzukommen. Durch die Speicherung der Dateien in Ihrem persönlichen OneDrive for Business oder in einem Teams-Kanal/SharePoint-Teamwebsite können Sie mit einer Internetverbindung und einem gängigen Webbrowser von überall auf Ihre Dateien zugreifen und diese bearbeiten. Auch das Freigeben und zeitgleiche Arbeiten an Dateien unterstützt Sie und Ihre Teamkolleginnen und Teamkollegen in der täglichen Arbeit. Dokumente müssen somit nicht mehr per E-Mail hin- und hergesandt werden, um geteilt und geändert zu werden. Zusätzlich bieten Ihnen die integrierten Chatfunktionen einen weiteren Vorteil in der Zusammenarbeit mit anderen.

Kapitel 6

OneNote-Kurzeinstieg

6.1 Ausgangssituation

In Besprechungen oder am Arbeitsplatz sammeln wir immer wieder Informationen, die wir zu Papier bringen. Dabei werden Klebezettel, Notizzettel und Notizbücher verwendet. Die gesammelten Informationen oder Notizen werden anschließend mündlich oder per E-Mail an Teammitglieder verteilt. Dadurch gehen manchmal Informationen in der E-Mail-Flut unter oder erreichen die relevanten Personen erst gar nicht, wenn sie beispielsweise gerade nicht anwesend sind und daher nicht mündlich informiert werden können. Notizen und die damit verbundenen Informationen werden gesondert notiert und vom jeweiligen Verfasser eventuell weitergegeben oder landen in der Schreibtischschublade. Mithilfe von OneNote können Sie Notizen und Informationen geräteunabhängig auf dem PC, dem Mac oder dem mobilen Gerät erfassen und direkt mit Ihrem Team teilen und zeitgleich darauf zugreifen und bearbeiten.

6.2 Der Einsatz von OneNote

OneNote ist ein virtuelles Notizbuch, das Ihnen – allein oder für die Zusammenarbeit mit anderen in den SharePoint Online-Teamwebsites und Microsoft 365-Gruppen, also auch in Microsoft Teams – angeboten wird. Es ermöglicht Ihnen, Notizen zu erstellen, abzulegen, zu organisieren und leicht wiederzufinden. OneNote ist in Microsoft 365 enthalten und kann über den Webbrowser oder mit den Apps für den PC, Mac oder die mobilen Geräte genutzt werden. Sie können persönliche Notizbücher in Ihrem OneDrive for Business anlegen und verwenden. Sie können ein Notizbuch wie andere Office-Dokumente mit anderen teilen und gemeinsam an den Notizen arbeiten. Innerhalb von Microsoft 365 in Zusammenhang mit einer SharePoint Online-Websitesammlung lassen sich schnell Notizinformationen mit Ihrem Team, Ihrer Teamwebsite oder anderen Microsoft 365-Gruppen bereitstellen und teilen.

Die Informationen werden damit zentral gespeichert, synchronisiert und sind von allen Team-, Abteilungs- und Projektmitgliedern auffindbar.

Innerhalb einer SharePoint Online-Teamwebsite und in Ihrem OneDrive for Business können auch weitere Notizbücher angelegt werden. Ein OneNote-Notizbuch kann mit Textinhalten, Bildern, Kategorien, Audio- und Videoaufzeichnungen bestückt werden. Zusätzlich lassen sich Informationen aus Microsoft Outlook schnell übernehmen, sodass beispielsweise sämtliche Besprechungsdetails wie Datum, Uhrzeit, Ort und Teilnehmende schnell einer OneNote-Notiz hinzugefügt und als Protokoll verwendet werden können.

6.2.1 Ein Hinweis zum Erstellen von weiteren Notizbüchern

Vielleicht reicht ein neuer Abschnitt im vorhandenen Notizbuch aus, bevor Sie ein neues erstellen.

Auch wenn in vielen Bereichen von Microsoft 365 wie beispielsweise Teams automatisch im Hintergrund, auf der zugehörigen SharePoint-Teamwebsite, ein Notizbuch erstellt wird, können Sie den Teams-Kanälen oder der Gruppe weitere Notizbücher hinzufügen. Aber auch innerhalb Ihres persönlichen OneDrive for Business können Sie für unterschiedliche Anforderungen weitere Notizbücher erstellen und verwenden. Vom Anlegen zu vieler Notizbücher innerhalb Ihrer Abteilung, Ihres Teams oder auch für persönliche Zwecke rate ich jedoch ab. Denn je mehr Notizbücher existieren, desto schwerer finden Sie und Ihre Kollegen die wichtigen Informationen auf die Schnelle wieder. Besprechen Sie mit Ihren Kollegen, wann und für welche Informationen ein bestimmtes Notizbuch verwendet werden soll. Achten Sie auch auf die richtige Struktur eines jeden Notizbuchs, denn durch das Anlegen zu vieler nicht aussagekräftiger Abschnitte können Sie oder Ihr Team sich sehr schnell verzetteln, und das Auffinden von Informationen bleibt ermüdend.

6.2.2 Vorüberlegungen für das Anlegen eines Notizbuchs

Zunächst sollten Sie überlegen, für welchen Anwendungsfall Sie ein neues Notizbuch benötigen. Welche Informationen möchten Sie in diesem Notizbuch festhalten und wer soll darauf zugreifen können? Mit diesen Vorüberlegungen können Sie teilweise schon feststellen, wo Ihr Notizbuch am besten aufgehoben ist: entweder in einer gemeinsamen Microsoft 365-Gruppe, einer SharePoint-Teamwebsite oder in Ihrem persönlichen OneDrive for Business.

6.3 Notizbücher in Microsoft 365

Ihre persönlichen OneNote-Notizbücher werden automatisch in Ihrem OneDrive for Business abgelegt. Sie können sie jederzeit für persönliche Notizen auf verschiedenen Geräten verwenden.

Ihr OneNote-Notizbuch können Sie im Büro und unterwegs öffnen und verwenden.

Innerhalb der Microsoft 365-Gruppen steht Ihnen das Notizbuch der SharePoint Online-Teamwebsite zur Verfügung und ist für alle mit Zugriffsrechten zeitgleich verwendbar. Das jeweilige Notizbuch einer Microsoft 365-Gruppe finden Sie auch auf der dazugehörigen SharePoint Online-Teamwebsite. Es gibt verschiedene Möglichkeiten, auf Ihre OneNote-Notizbücher zuzugreifen. Über die M365 Copilot-Startseite können Sie schnell auf all Ihre Notizbücher zugreifen, die sie persönlich in OneDrive for Business oder in einem Zusammenarbeitsbereich wie einer SharePoint-Teamwebsite verwenden.

Sie können die jeweiligen Notizbücher aus SharePoint-Teamwebsites in Ihre persönliche OneNote-App laden und aus der App heraus nutzen:

1. Wechseln Sie über den Webbrowser in Ihr Microsoft 365-Portal. Geben Sie gegebenenfalls die URL *https://m365.cloud.microsoft/launch/OneNote* ein.
2. Alternativ klicken Sie in der M365 Copilot-Startseite auf die Schaltfläche *Apps* und wählen die Schaltfläche *Alle Apps* aus und klicken die Schaltfläche *OneNote* an (siehe Abbildung 6.1). Sie werden in eine Übersicht von OneNote Online weitergeleitet (siehe Abbildung 6.2). Hier sehen Sie alle persönlichen Notizbücher, weitere Notizbücher, die für das gesamte Unternehmen freigegeben sind, oder Notizbücher, die von Ihnen oder Ihrem Team bereits innerhalb von Microsoft 365 verwendet werden.

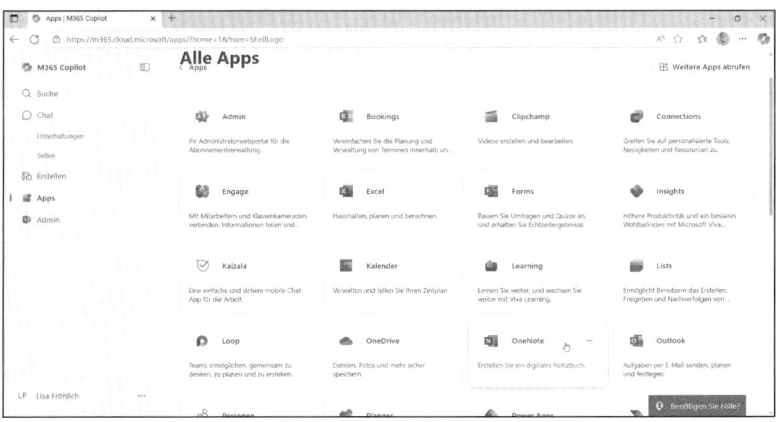

Abb. 6.1 Öffnen von Microsoft OneNote über die M365 Copilot-Startseite

Abb. 6.2 Die Übersicht der zuletzt verwendeten Notizbücher auf der M365 Copilot-Startseite

6.3.1 Filtern und Sortieren von vielen OneNote-Notizbüchern

Nutzen Sie die Suchfelder in den Microsoft 365-Apps, um Notizbücher zu finden.

Wenn Sie in Ihrem Unternehmen für die Zusammenarbeit in Teams und Kanälen oder in SharePoint eingeladen werden, wird allen Teammitgliedern und Besitzern für jedes Team und somit jeder SharePoint-Teamwebsite ein OneNote-Notizbuch für die gemeinsame Nutzung zur Verfügung gestellt. Deshalb kann es sein, dass Ihnen viele Notizbücher in der Übersicht angezeigt werden, obwohl Sie selbst noch gar kein Notizbuch erstellt haben. Standardmäßig ist die Ansicht *Alle* ausgewählt. Hier werden Ihnen alle Notizbücher aufgezeigt, auf die Sie Zugriffsrechte besitzen, also Notizbücher aus SharePoint und Teams. Zusätzlich werden alle Ihre eigenen Notizbücher angezeigt. Verwenden Sie die Filter-Schaltfläche in der Übersicht, um die Notizbücher zu filtern.

Sie können sich die Notizbücher in einer Liste oder als Kacheln anzeigen lassen. Verwenden Sie dafür die Schaltflächen rechts neben der Schaltfläche *Filter*.

6.3.2 Ein Notizbuch über das Microsoft 365-Portal erstellen

Egal wo Sie das Notizbuch erstellen, es wird in den Online-, Desktop- und den mobilen Apps synchronisiert.

Wenn Sie über das Microsoft 365-Portal ein Notizbuch erstellen, wird es automatisch in Ihrer OneDrive for Business-Bibliothek gespeichert. Möchten Sie ein neues Notizbuch innerhalb von Microsoft Teams oder SharePoint-Teamwebsites anlegen, müssen Sie zuvor in den jeweilige Microsoft Teams-Kanal oder auf die SharePoint Online-Teamwebsite navigieren oder in der mobilen oder Desktop-App den Speicherort beim Anlegen auswählen.

Um die Benutzeroberflächen und den Aufbau von OneNote in den verschiedenen Apps kennenzulernen und die verschiedenen Funktionen auszuprobieren, sollten Sie nun ein persönliches Notizbuch erstellen, das Sie später wie jede andere Datei löschen können:

1. Wechseln Sie über den Webbrowser in Ihr Microsoft 365-Portal. Geben Sie gegebenenfalls die URL *https://m365.cloud.microsoft* ein.
2. Klicken Sie in der M365 Copilot-Startseite links auf die Schaltfläche *Apps* und wählen Sie *OneNote* aus.

3. Klicken Sie im oberen Bereich bei *Neu erstellen* auf die Schaltfläche *Leeres Notizbuch.*
4. Vergeben Sie einen aussagekräftigen Namen für das Notizbuch (siehe Abbildung 6.3), damit Sie die Notizbücher eindeutig unterscheiden und wiederfinden können. Für dieses Beispiel nennen Sie das Notizbuch *Notizen für Beispiele aus dem Buch.*
5. Bestätigen Sie Ihre Eingabe mit einem Klick auf die Schaltfläche *Erstellen.*

Abb. 6.3
Geben Sie einen eindeutigen Namen für das Notizbuch ein, damit Sie es von den anderen Notizbüchern unterscheiden können.

Das Notizbuch wird direkt erstellt und in Ihrem OneDrive unter *Eigene Dateien* und standardmäßig im Ordner *Notizbücher* gespeichert. Falls der Ordner *Notizbücher* bei Ihnen nicht angezeigt wird, finden Sie das neue Notizbuch im Bereich *Eigene Dateien.* Sie werden in das Notizbuch im Webbrowser (siehe Abbildung 6.4) weitergeleitet.

Abb. 6.4
Das OneNote-Notizbuch wird im Webbrowser geöffnet.

6.3.3 Der Aufbau von OneNote im Web

OneNote im Web und OneNote mobile unterscheiden sich im Aufbau und in den Funktionen von der OneNote-Desktop-App. In der Browser- und mobilen Version stehen Ihnen weniger Funktionen zur Verfügung als in der Desktopversion. Microsoft arbeitet jedoch daran, sämtliche Funktionen in allen Apps verfügbar zu machen. Auch das Aussehen der Versionen unterscheidet sich, weshalb wir uns nachfolgend die Apps anschauen werden. In der Webversion von OneNote wird Ihnen im oberen linken Bereich der Name des Notizbuchs ange-

Der Aufbau und die Ansicht von OneNote im Web werden Ihnen auch in Teams dargestellt.

zeigt. Hinter dem Namen finden Sie einen Drop-down-Pfeil, über den Sie den Speicherort Ihres Notizbuchs sehen können. Im oberen rechten Bereich finden Sie das Zahnrad-Symbol, um in die OneNote-Web-App-Einstellungen zu gelangen. Neben dem Glocken-Symbol für Benachrichtigungen steht Ihr Name mit Ihren Initialen oder Ihrem Profilbild, worüber Sie sich im Browser abmelden könnten. Dann jedoch müssen Sie sich erneut anmelden, um auf das Microsoft 365-Portal und die Online-Apps zuzugreifen. Unterhalb des Zahnrad-Symbols sehen Sie den Synchronisationsstatus Ihres Notizbuchs (siehe das Wolken-Symbol in Abbildung 6.4), die Schaltfläche *Bearbeiten*, über die Sie von der Browserversion in die Desktopversion wechseln können, und die Schaltfläche *Teilen*, über die Sie Ihr Notizbuch mit anderen Personen teilen und für die Zusammenarbeit freigeben können.

6.3.4 Register und Menüband in OneNote im Web

Das Menüband und die Register unterscheiden sich in den verschiedenen OneNote-Apps.

OneNote im Web verfügt wie die anderen Microsoft Office-Apps über mehrere Register und das Menüband, über das Sie bestimmte Befehle in den einzelnen Registern suchen und ausführen können. Das Menüband ist im vereinfachten Stil (siehe Abbildung 6.5) dargestellt und kann in den klassischen Stil umgestellt werden. Klicken Sie dafür am Ende des Menübands auf den Pfeil nach unten und wählen Sie *Klassisches Menüband*, damit Sie zum Anfang die Befehle schneller auffinden können.

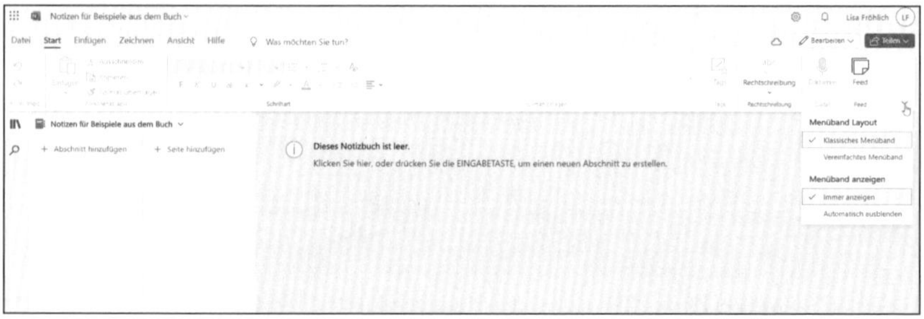

Abb. 6.5 Oben das kleine Wolken-Symbol, der Synchronisationsstatus und hier die Auswahl zwischen klassischem und vereinfachtem Menüband

6.3.5 Abschnitte und Seiten

Unterteilen Sie Ihre Notizen für Ihre persönliche Organisation.

Bei der Arbeit mit OneNote werden Sie innerhalb eines Notizbuchs jeweils mit Abschnitten und Seiten arbeiten. Ähnlich wie bei einem Ringbuchordner, dem Sie Seiten und Registerblätter hinzufügen können, können Sie für die verschiedenen Themen innerhalb des OneNote-Notizbuchs sogenannte Abschnitte, also Registerblätter, und darin Seiten einfügen. Direkt nach dem Anlegen eines neuen Notizbuchs beinhaltet es noch keine Abschnitte und Seiten.

6.3.5.1 Hinzufügen von Abschnitten

Möchten Sie einen neuen Abschnitt innerhalb des geöffneten Notizbuchs einfügen, so gehen Sie folgendermaßen vor:

1. Unterhalb des Menübands finden Sie in der Navigation die Schaltfläche *+ Abschnitt hinzufügen* (siehe Abbildung 6.6). Klicken Sie auf die Schaltfläche.
2. Es folgt ein Dialog, in dem Sie den Namen des Abschnitts eingeben. Für unser Beispiel nennen Sie den Abschnitt *Protokolle*.
3. Bestätigen Sie mit einem Klick auf die Schaltfläche *OK*. Der Abschnitt wird zusammen mit einer leeren Seite in der Navigation angelegt.

Abb. 6.6 Das neu angelegte OneNote-Notizbuch ohne Abschnitte und Seiten. Unterhalb des Menübands können Sie Abschnitte und Seiten hinzufügen.

6.3.5.2 Abschnittsfarbe ändern, Abschnitte umbenennen oder löschen

Wählen Sie unterschiedliche Farben für Ihre Abschnitte.

Um Abschnitte besser unterscheiden zu können, besteht die Möglichkeit, sie farblich und mit Beschriftungen zu hinterlegen. Sie können die Abschnittsfarben festlegen und die Beschriftungen des Abschnitts bei Bedarf umbenennen. Stellen Sie fest, dass ein Abschnitt nicht benötigt wird, können Sie diesen löschen.

1. Klicken Sie in der Navigation mit der rechten Maustaste auf den jeweiligen Abschnitt, den Sie umbenennen, löschen oder dessen Farbe Sie verändern möchten. Klicken Sie mit der rechten Maustaste auf den eben erstellten Abschnitt *Protokolle*. Im Kontextmenü stehen Ihnen die jeweiligen Befehle zur Verfügung (siehe Abbildung 6.7).

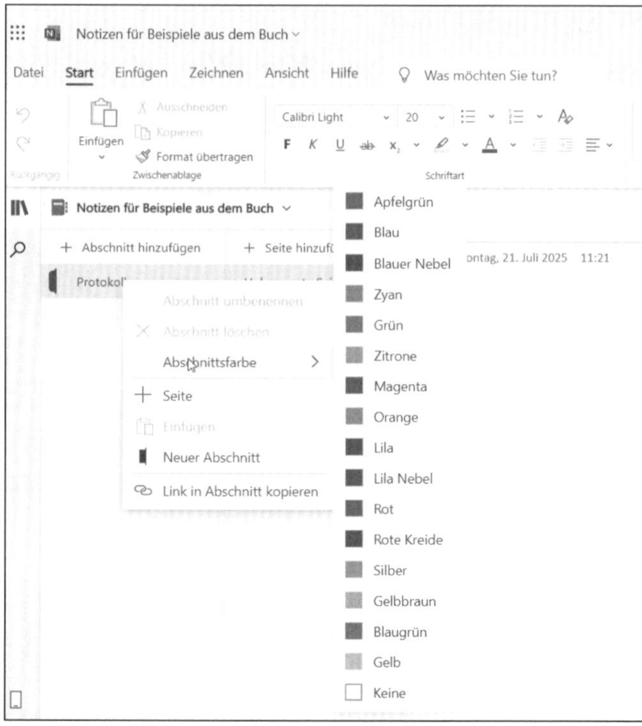

Abb. 6.7 Mit dem Rechtsklick kann das Kontextmenü zum jeweiligen Abschnitt geöffnet werden.

2. Wählen Sie eine andere Farbe für Ihren Abschnitt aus.
3. Klicken Sie erneut in der Navigation mit der rechten Maustaste auf den Abschnitt und wählen Sie für unser Beispiel den Befehl *Neuer Abschnitt*.
4. Geben Sie dem Abschnitt den Namen *Ideen*.
5. Wählen Sie eine andere Farbe für den Abschnitt.

6.3.5.3 Verschieben eines Abschnitts

Um ein Abschnittsregister zu verschieben, klicken Sie in der Navigation auf den Abschnittsnamen, halten Sie die linke Maustaste gedrückt und ziehen Sie den Abschnitt an die gewünschte Stelle. Ziehen Sie den Abschnitt *Ideen* oberhalb des Abschnitts *Protokolle*.

6.3.5.4 Seiten in einem Abschnitt hinzufügen

Sobald Sie einen Abschnitt erstellen, wird ihm automatisch eine leere Seite hinzugefügt. Sie können weitere Seiten innerhalb eines Abschnitts hinzufügen.

1. Wechseln Sie in den Abschnitt *Protokolle*, klicken Sie auf den Abschnitt.
2. Schreiben Sie rechts in der Notizseite den Titel *Meeting [aktuelles Datum]* (siehe Abbildung 6.8). Durch die Eingabe des Titels erhält die Seite einen Namen, sodass Sie später anhand des Seitennamens schnell Ihre Notizseiten wiederfinden. Benennen Sie also auch die Seiten aussagekräftig.

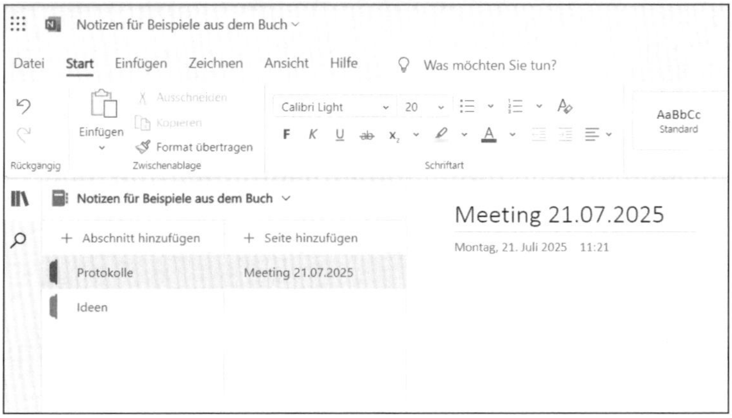

Abb. 6.8
Über den Titel lässt sich der Seitenname festlegen.

6.3.5.5 Eine neue Seite im Abschnitt hinzufügen und die Seite verschieben

Sie können beliebig viele Seiten zu einem Abschnitt hinzufügen. Die Seiten werden Ihnen in der Navigation angezeigt, sodass Sie später schnell bestimmte Notizseiten wiederfinden.

1. Klicken Sie unterhalb des Menübands in der Navigation auf die Schaltfläche *+ Seite hinzufügen*, um eine weitere Seite hinzuzufügen.
2. Vergeben Sie wieder einen Namen für die neue Seite über den Seitentitel. Schreiben Sie zum Beispiel *Gesprächsnotiz [Datum, kommenden Montag]*. Die Seite wird nun unterhalb der Meeting-Seite angezeigt.
3. Ziehen Sie die neue Seite mit gedrückter Maustaste über die zuvor angelegte Seite, damit Sie sehen, dass Sie auch die Reihenfolge der Seiten ändern können.
4. Über das Kontextmenü können Sie Befehle für die Seiten aufrufen und durchführen. Klicken Sie dafür mit der rechten Maustaste auf einen Seitennamen innerhalb der Navigation.

6.3.6 Navigation und weitere Notizbücher

Unterhalb des Menübands sehen Sie das Symbol *Navigation ausblenden* bzw. *anzeigen*, dargestellt mit dem Bücher-Symbol (siehe Abbildung 6.9). Wenn Sie darauf klicken, wird die Navigation ausgeblendet und damit der Fokus auf die Notizseite gelegt. Klicken Sie erneut auf das Symbol, um die Navigation mit den Abschnitten und Seiten wieder anzuzeigen. Rechts neben dem Symbol steht Ihr Notizbuchname. Klicken Sie dahinter auf den Drop-down-Pfeil, werden Ihnen Ihre zuletzt verwendeten Notizbücher angezeigt. Durch einen Klick auf den Namen eines anderen Notizbuchs können Sie es öffnen und darin arbeiten. Sie können also schnell zwischen den vorhandenen Notizbüchern wechseln. Über die Schaltfläche *Weitere Notizbücher* gelangen Sie wieder auf die Übersicht Ihrer Notizbücher in der M365 Copilot-Startseite. Darunter können Sie über die Schaltfläche *+ Notizbuch hinzufügen* weitere Notizbücher anlegen. Klicken Sie auf den Pfeil nach oben, um im aktuellen Notizbuch zu bleiben.

Sie können in jeder OneNote-App auf Ihre persönlichen und Ihre Gruppen-Notizbücher zugreifen.

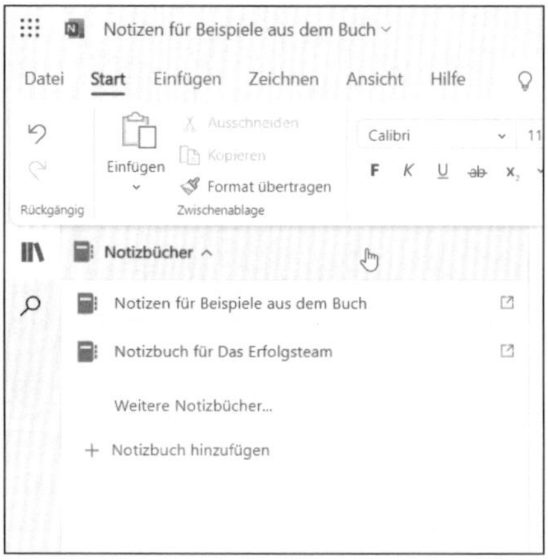

Abb. 6.9
Die Schaltfläche *Navigation ausblenden*, dargestellt mit dem Bücher-Symbol, und das Menü, wenn Sie auf den Notizbuchnamen klicken

6.3.7 Text eingeben und formatieren

Im Register Einfügen finden Sie weitere Elemente wie Tabellen und Bilder, die Sie einfügen können.

In einer OneNote-Notizseite können Sie an beliebiger Stelle mit der Texteingabe beginnen. Notizen auf einer Notizseite werden in sogenannten Containern erstellt. Diese Container lassen sich auf der Notizseite verschieben, damit Sie Ihre Notizen schnell ordnen und sortieren können.

1. Wechseln Sie in den Abschnitt *Ideen* und vergeben Sie einen Seitentitel. Schreiben Sie »Erste Schritte mit OneNote«.
2. Klicken Sie an eine beliebige Stelle in der gewünschten Seite im rechten Fensterbereich. Geben Sie einen Text ein, schreiben Sie »Mein erster Text auf der Notizseite«. Klicken Sie außerhalb des Textes und zeigen Sie danach auf den Text. Der Text wird in einem Container eingefügt bzw. es wird vor dem Text ein grauer Pfeil angezeigt (siehe Abbildung 6.10). Sobald Sie auf den Container oder den grauen Pfeil klicken, sehen Sie ein »Verschieben«-Kreuz. Darüber können Sie den Container bzw. den Text auf der Seite verschieben. Verschieben Sie den Text auf der Seite.

Abb. 6.10
Eine Notiz im Container und das Verschieben-Kreuz

3. Markieren Sie den Text. Ihnen wird die Minisymbolleiste mit Formatierungsoptionen angezeigt. Sie können alternativ zur Minisymbolleiste auch das Register *Start* verwenden, um den Text zu formatieren.

6.3.8 OneNote-Notizen kategorisieren

Während des Meetings können Sie im Notizbuch Besprechungsnotizen anfertigen. Manchmal ergeben sich aus den Notizen Aufgaben, die zu einem Thema oder zu einem Projekt erledigt werden müssen. Damit Sie den Überblick in den Notizen behalten, können Sie Inhalte als Aufgaben kategorisieren. Dabei wird jedoch keine Aufgabe in Microsoft To Do erstellt.

Haken Sie die Besprechungspunkte im Meeting ab.

1. Erstellen Sie eine neue Seite und benennen Sie sie mit *Themen in der Besprechung*.
2. Schreiben Sie auf der Notizseite folgende Texte untereinander:
   - »Offene Punkte«
   - »Wer erstellt die Präsentation?«
   - »Bericht anfertigen«
   - »Kolleginnen und Kollegen informieren«
   - »Konferenzraum vorbereiten«
   - »Besprechungstermin finden«
3. Markieren Sie die gewünschten Inhalte, die Sie als Aufgaben kategorisieren möchten. In diesem Beispiel markieren Sie alle Einträge bis auf *Offene Punkte*.
4. Klicken Sie im Register *Start* in der Gruppe *Tags* auf die Schaltfläche *Tag* und dann auf *Aufgaben* (siehe Abbildung 6.11).

Abb. 6.11 Die Schaltfläche *Tag*, um Aufgaben oder andere Kategorien festzulegen

Vor den markierten Inhalten werden nun Checkboxen angezeigt. Durch einen Klick in eine Checkbox können Sie den Inhalt als erledigt kennzeichnen (siehe Abbildung 6.12).

Abb. 6.12 Besprechungsnotizen wurden zu Notiz-Aufgaben kategorisiert.

In der Desktop-App von OneNote besteht die Möglichkeit, eine Aufgabe für To Do zu erstellen. Markieren Sie das, was Sie als Aufgabe generieren möchten. Wählen Sie im Register *Start* den Befehl *Outlook-Aufgaben* und wählen Sie, für wann die Aufgabe fällig sein soll. Die Aufgabe wird dann in To Do angezeigt.

6.3.9 Outlook-Besprechungsdetails einer Notiz hinzufügen

Sie müssen nicht alles einzeln protokollieren, nutzen Sie die Besprechungsdetails.

Möchten Sie zu einer Besprechungsnotiz innerhalb von OneNote die Besprechungsdetails aus Ihrem Outlook-Kalender wie Datum, Uhrzeit, Ort und Teilnehmer hinzufügen, müssen Sie nicht alles aus Outlook kopieren und einfügen.

1. Erstellen Sie für dieses Beispiel eine Besprechungsanfrage für die kommende Woche in Outlook oder in Microsoft Teams. Laden Sie eine Kollegin oder einen Kollegen dazu ein. Schreiben Sie im Titel *Testmeeting*.
2. Nach dem Senden der Besprechungsanfrage wechseln Sie zu OneNote und erstellen eine neue Seite im Abschnitt *Protokolle*.
3. Erstellen Sie eine neue Seite und klicken Sie in den freien Bereich der Notizseite, nicht in den Titel.
4. Klicken Sie im Menübandregister *Einfügen* auf die Schaltfläche *Besprechungsdetails*. Falls Sie an dieser Stelle erst eine Verbindung mit Ihrem Microsoft-Konto herstellen müssen, wählen Sie unbedingt das Schul- oder Geschäftskonto aus. Geben Sie Ihre E-Mail-Adresse und Ihr Kennwort ein, das Sie am PC oder Mac verwenden.
5. Ihnen werden die Besprechungen vom aktuellen Tag angezeigt. Klicken Sie auf das heutige Datum (siehe Abbildung 6.13), um den Kalender anzuzeigen.

Abb. 6.13 Einen anderen Tag im angezeigten Kalender öffnen

6. Klicken Sie auf den Tag, an dem Sie die Besprechungsanfrage gestellt haben.

7. Wählen Sie den Termin aus. Sämtliche Informationen, die Sie in Outlook erfasst haben, werden automatisch auf der Notizseite eingefügt (siehe Abbildung 6.14).
8. Schließen Sie rechts den Kalenderbereich.
9. Blättern Sie auf der Notizseite nach unten, um alle Informationen zum Termin zu sehen.

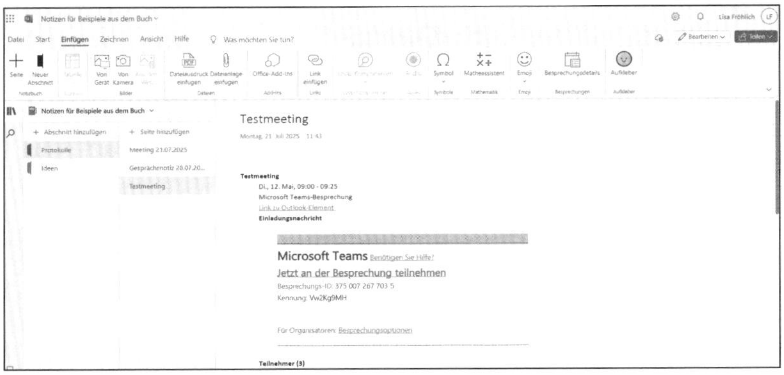

Abb. 6.14 Sobald Sie über die Besprechungsdetails einen Termin auswählen, werden der Titel und die Besprechungsdetails auf der Notizseite eingefügt.

6.3.10 Notizbücher über OneDrive im Web öffnen

Sie können über OneDrive for Business auf die Notizbücher zugreifen. Sobald OneNote das erste Mal verwendet wird und Sie ein Notizbuch anlegen, erstellt das System im Hintergrund automatisch einen Ordner nur für Ihre Notizbücher aus OneNote.

1. Öffnen Sie die M365 Copilot-Startseite über die URL *https://login.microsoftonline.com* oder *https://m365.cloud.microsoft*.
2. Wählen Sie die Schaltfläche *Apps* aus und klicken Sie auf die Kachel *OneDrive*.
3. Wechseln Sie in die Ansicht *Eigene Dateien*.
4. Öffnen Sie den Ordner *Notizbücher*. Sie sehen hier alle persönlichen Notizbücher, die Sie bereits in OneDrive for Business angelegt haben. Ihnen müsste hier nun auch das Notizbuch *Notizen für die Beispiele aus dem Buch* angezeigt werden.

6.3.11 Notizbücher in Teams öffnen

Auch in Teams können Sie auf Ihren OneDrive-Speicherort zugreifen und dort die Notizbücher öffnen.

1. Öffnen Sie Teams.
2. Klicken Sie in der linken Navigation auf die Schaltfläche *OneDrive*.
3. Wechseln Sie in die Ansicht *Eigene Dateien*.
4. Öffnen Sie den Ordner *Notizbücher*.

5. Damit Sie in Teams auf die Übersicht all Ihrer Notizbücher zugreifen können, klicken Sie in der Teams-Navigation (siehe Abbildung 6.15) auf die Schaltfläche *Weitere Apps anzeigen*, dargestellt mit den drei Punkten, und wählen *OneNote* aus. Möchten Sie in Teams immer diese Übersicht beibehalten, können Sie in der Navigation, wo Ihnen nun die Schaltfläche *OneNote* angezeigt wird, mit der rechten Maustaste auf die Schaltfläche *OneNote* klicken und sie an die Navigation pinnen.

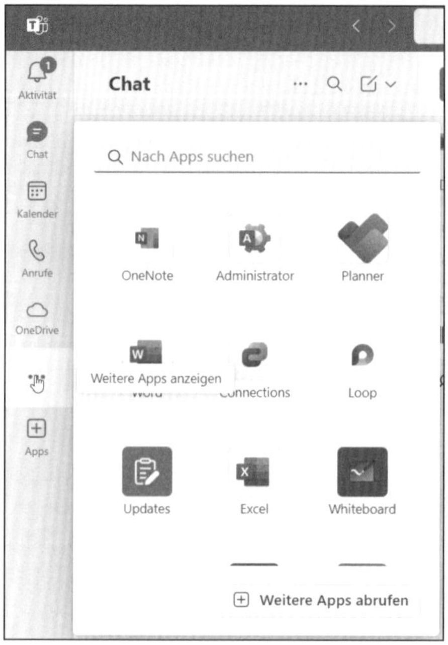

Abb. 6.15 Über die Schaltfläche *Weitere Apps anzeigen* können Sie die OneNote-Übersicht einblenden und die Schaltfläche mit einem Rechtsklick in der Navigation festpinnen.

Sie können Ihre Notizbücher auch über die OneDrive-Apps auf dem PC, Mac oder mobilen Gerät öffnen. Verwenden Sie den Windows-Datei-Explorer, den Mac-Finder oder die mobile OneDrive-App und öffnen Sie dort *OneNote Notizbücher*. Sie können das jeweilige Notizbuch anklicken und mit der Online- oder der mobilen App verwenden.

6.3.12 Ein gemeinsames Notizbuch in SharePoint öffnen

Besprechen Sie mit Ihrem Team, wie Sie mit dem Gruppennotizbuch umgehen wollen.

Beim Anlegen einer SharePoint-Teamwebsite oder beim Anlegen eines Teams in Microsoft Teams wird automatisch ein OneNote-Notizbuch angelegt. Dieses Notizbuch steht allen Benutzerinnen und Benutzern der Teamwebsite oder des Teams zur Bearbeitung zur Verfügung. Da sich die Synchronisation in OneNote anders verhält als in den Office-Apps wie Word, Excel und PowerPoint, werden die Personen, die sich gerade auf der Notizseite befinden, nicht angezeigt, sodass nicht sichtbar ist, wer gerade wo welche Änderungen vornimmt. Vermeiden Sie es also, zeitgleich mit anderen auf einer Seite zu arbeiten. Besprechen Sie auch gemeinsam, wie das Notizbuch aufgebaut werden soll, da alle Beteiligten Abschnitte und Seiten hinzufügen können. Zum Öffnen eines Notizbuchs in SharePoint gehen Sie folgendermaßen vor:

1. Öffnen Sie die M365 Copilot-Startseite über die URL *https://m365.cloud.microsoft*.
2. Klicken Sie auf die Schaltfläche *Suche* und geben Sie in die Suchleiste den Namen *Das Erfolgsteam* unserer Teamwebsite ein, die wir in Abschnitt 2.8 erstellt haben.
3. Die Teamwebsite wird Ihnen beim Eingeben des Namens im Suchfeld vorgeschlagen. Klicken Sie auf den Namen, um die Website zu öffnen.
4. Klicken Sie links in der Schnellstartnavigation der Teamwebsite auf die Schaltfläche *Notizbuch*. Sie werden im Browser in das gemeinsame Notizbuch der Microsoft 365-Gruppe weitergeleitet.
5. Möchten Sie das Notizbuch in der OneNote-App öffnen, können Sie oben rechts auf die Schaltfläche *Bearbeiten* klicken und dort *Desktopversion* auswählen. Auf die Desktop-App gehe ich im nachfolgenden Abschnitt ein.

6.3.13 Ein gemeinsames Notizbuch im Teams-Kanal öffnen

Durch die Bereitstellung der SharePoint-Teamwebsite beim Anlegen eines Teams wird automatisch auf dieser Teamwebsite das Gruppennotizbuch angelegt. Auch im Teams-Kanal können Sie das Notizbuch öffnen und gemeinsam in der Teams-Oberfläche mit Ihren Kolleginnen und Kollegen darin arbeiten.

Vermeiden Sie es, zeitgleich auf einer Notizseite zu arbeiten.

1. Öffnen Sie Teams und klicken Sie auf die Schaltfläche *Chat*.
2. Lassen Sie sich Ihre Teams und Kanäle anzeigen, indem Sie auf die Schaltfläche *Kanäle* klicken.
3. Klicken Sie auf den Kanal *Allgemein* des Teams *Das Erfolgsteam*.
4. Klicken Sie oben im Fenster auf die Registerkarte *Notes*. Das Notizbuch wird geöffnet.
5. Falls das Notizbuch nicht als Registerkarte in Ihrem Team angezeigt wird, können Sie es wie in Abschnitt 9.19.6 beschrieben als Registerkarte hinzufügen.

6.4 OneNote-Desktop-App

Für die Verwendung von OneNote auf dem PC stehen Ihnen OneNote im Web über den Webbrowser und die OneNote-App zur Verfügung. Sie können die OneNote-App über das Windows-Startmenü öffnen.

6.4.1 OneNote auf dem PC öffnen

OneNote for Windows 10 ist von Microsoft abgekündigt und sollte nicht verwendet werden.

Zum Öffnen der OneNote-Desktop-App auf dem PC gehen Sie folgendermaßen vor:

1. Öffnen Sie das Windows-Startmenü.
2. Geben Sie unten in das Suchfeld *OneNote* ein.
3. Es werden alle verfügbaren OneNote-Apps angezeigt (siehe Abbildung 6.16).
4. Klicken Sie auf die *OneNote-App*, um die aktuelle Version zu öffnen.
5. Es ist möglich, dass Sie Ihren Benutzernamen und Ihr Kennwort eingeben müssen. Verwenden Sie Ihre aktuelle E-Mail-Adresse als Benutzernamen und Ihr Kennwort, mit dem Sie sich unter Windows anmelden.

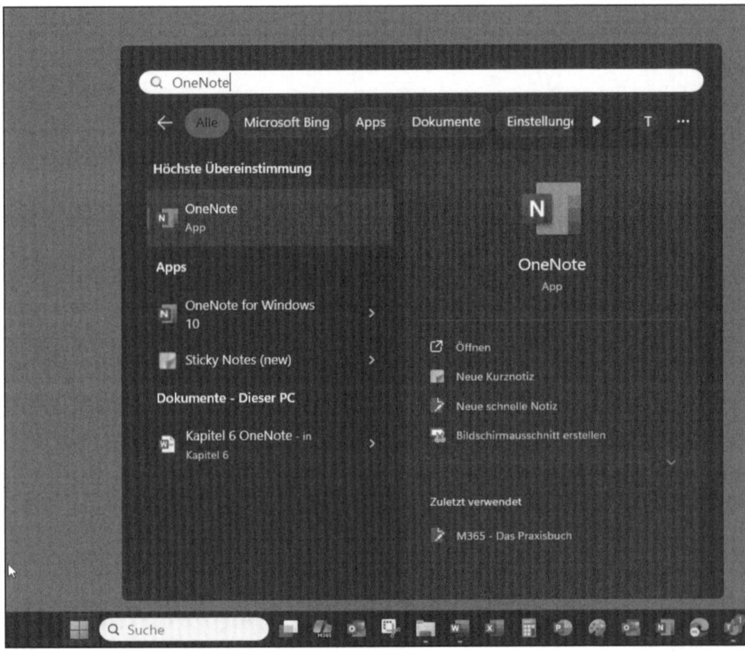

Abb. 6.16 Zum erstmaligen Öffnen von OneNote-App klicken Sie auf die Windows-Startschaltfläche und schreiben Sie *OneNote* in das Suchfeld. Wählen Sie *OneNote App* aus.

6. Sie werden in die OneNote-App weitergeleitet (siehe Abbildung 6.17).
7. Möchten Sie OneNote in der Taskleiste Ihres PC anheften, klicken Sie mit der rechten Maustaste unten in der Taskleiste auf das OneNote-Symbol und wählen Sie den Befehl *An Taskleiste anheften*.
8. Klicken Sie unterhalb des Menübands, wo der Name des geöffneten Notizbuchs angezeigt wird, auf den Drop-down-Pfeil und wählen dort Ihr OneNote-Notizbuch *Notizen für Beispiele aus dem Buch* aus, falls es nicht automatisch geöffnet wurde.
9. Lassen Sie sich das Menüband im klassischen Stil anzeigen, damit Sie die Befehle schneller auffinden können.

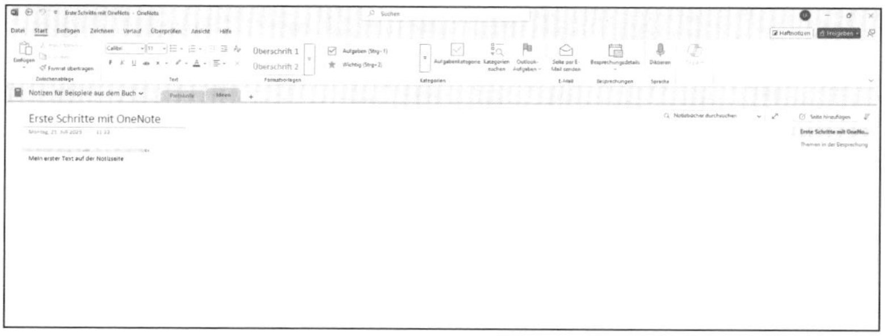

Abb. 6.17 Das OneNote-Notizbuch in der Windows Desktop-App

6.4.2 Unterschiede zur Webversion

In der Desktop-App werden Ihnen mehr Registerkarten und mehr Befehle im Menüband angeboten. Die Abschnitte werden direkt unter dem Menüband angezeigt und die Seiten finden Sie im rechten Fensterbereich. Falls Ihnen diese Ansicht nicht gefällt, können Sie das Registerkartenlayout ändern. Sie können Ihre Abschnitte und Seiten mit gedrückter Maustaste verschieben oder mit Rechtsklick die Befehle, die Sie zuvor schon kennengelernt haben, öffnen und ausführen. Auch hier werden Sie feststellen, dass Ihnen mehr Befehle zur Verfügung stehen als in der Webversion von OneNote. Um die Besprechungsdetails zu einem Termin in einer Seite einzufügen, finden Sie die Schaltfläche in der Registerkarte *Start*.

Sie können die Ansicht jederzeit wieder ändern.

1. Öffnen Sie die Registerkarte *Ansicht*.
2. Klicken Sie auf die Schaltfläche *Registerkartenlayout* und wählen Sie dort *vertikale Registerkarten.*
3. Die Seiten werden nun vertikal angezeigt. Klicken Sie auf das Hamburger-Menü, um auch die Abschnitte sehen zu können.
4. Um neue Seiten in den jeweiligen Abschnitten zu erstellen, klicken Sie auf die Schaltfläche *Seite hinzufügen* (siehe Abbildung 6.18). Wechseln Sie in den Abschnitt *Ideen* und fügen Sie dort eine Seite hinzu.
5. Vergeben Sie einen Seitentitel, damit die Seite benannt wird. Schreiben Sie *Verwendung von eigenen Tags*.

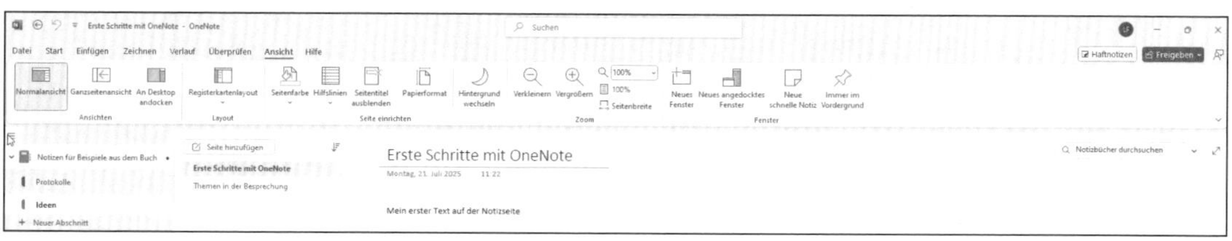

Abb. 6.18 Die Darstellung der Abschnitte und Seiten, nachdem das Registerlayout umgestellt wurde

6.4.3 Ein neues Notizbuch in der OneNote-App anlegen

Erstellen Sie kreative Notizbücher für Skizzen und Ideen.

Sie können direkt aus der OneNote-App persönliche Notizbücher erstellen. Da ein OneNote-Notizbuch vom System wie eine Datei behandelt wird, können Sie auch persönliche Notizbücher zu einer SharePoint-Teamwebsite oder in einen Teams-Kanal verschieben. Nachfolgend zeige ich Ihnen, wie Sie ein persönliches Notizbuch erstellen:

1. Öffnen Sie die OneNote-App.
2. Klicken Sie im Menüband in das Register *Datei*.
3. Wählen Sie die Schaltfläche *Neu* aus.
4. Klicken Sie auf die Schaltfläche *OneDrive* und wählen Sie den Ordner *Notizbücher* mit einem Doppelklick aus.
5. Vergeben Sie einen Notizbuchnamen und bestätigen Sie mit einem Klick auf die Schaltfläche *Erstellen*.

6.4.4 Eine neue Tag-Kategorie in der OneNote-App erstellen

Besprechen Sie in Ihrem Team, welche Tags benötigt und genutzt werden.

Während Sie in OneNote im Web vorgegebene Tags verwenden, um Ihre Notizen mit Symbolen oder Aufgaben zu versehen, haben Sie in der OneNote-App die Möglichkeit, eigene Tags zu erstellen.

1. Öffnen Sie den Abschnitt *Ideen* und die Seite *Verwendung von eigenen Tags*.
2. Klicken Sie im Register *Start* (siehe Abbildung 6.19) in der Gruppe *Kategorien* auf den Drop-down-Pfeil bei *Tags*.

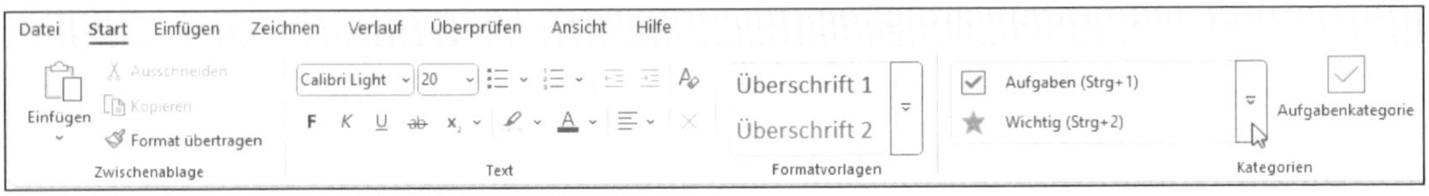

Abb. 6.19 Der Drop-down-Pfeil bei *Kategorien* im Register *Start*

3. Wählen Sie im Kontextmenü ganz unten den Eintrag *Kategorie anpassen*. Es öffnet sich ein kleines Dialogfenster.
4. Klicken Sie unten auf die Schaltfläche *Neue Kategorie*.
5. Geben Sie im Feld *Anzeigename* einen Namen für das Tag ein.
6. Wählen Sie ein Symbol aus, klicken Sie dafür auf den Drop-down-Pfeil bei *Symbol*.
7. Wählen Sie eine Schriftfarbe und bei Bedarf eine Markierungsfarbe aus.
8. Bestätigen Sie Ihre Auswahl zweimal mit einem Klick auf die Schaltfläche *OK*.
9. Zum Verwenden des Tags klicken Sie erneut auf den Drop-down-Pfeil und wählen Sie es aus.

6.4.5 Notizbuchabschnitte löschen, umbenennen oder die Abschnittsfarbe ändern

Sie können wie in OneNote im Web innerhalb eines Notizbuchs die Abschnitte bearbeiten.

1. Klicken Sie mit der rechten Maustaste auf den Abschnitt, den Sie löschen oder ändern möchten.
2. Wählen Sie den Befehl aus, den Sie für diesen Abschnitt nutzen möchten.

6.4.6 Einen Notizbuchabschnitt mit einem Kennwort schützen

Wenn Sie gemeinsam mit Ihrem Team oder Geschäftspartnern in einem Notizbuch arbeiten, kommt es vor, dass es darin einen speziellen Abschnitt gibt, den Sie nicht für alle Beteiligten freigeben möchten. Diese Abschnitte können Sie in der OneNote-App mit einem Kennwort schützen. Nur wer das Kennwort kennt, kann auf den geschützten Abschnitt zugreifen.

Auch Sie müssen das Kennwort jedes Mal eingeben, wenn Sie den Abschnitt öffnen.

1. Öffnen Sie das gewünschte Notizbuch, in dem Sie Abschnitte schützen möchten.
2. Klicken Sie mit der rechten Maustaste auf den Abschnitt, wählen Sie im Kontextmenü den Befehl *Diesen Abschnitt mit einem Kennwort schützen* und danach *Kennwort hinzufügen* (siehe Abbildung 6.20).

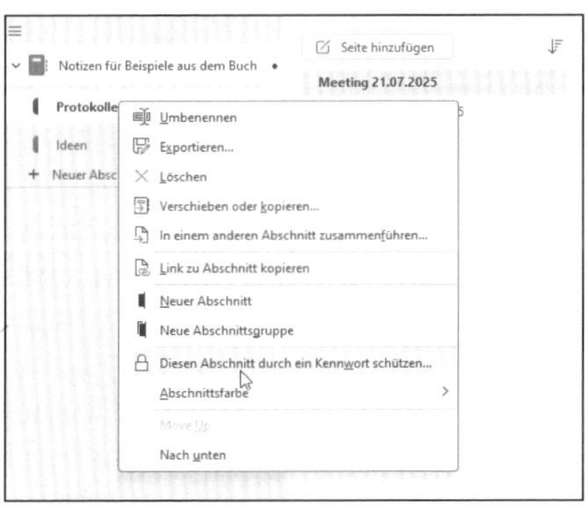

Abb. 6.20
Über das Kontextmenü kann einem Abschnitt ein Kennwortschutz hinzugefügt werden.

3. Im rechten Fensterbereich klicken Sie auf *Kennwort festlegen*.
4. Schreiben Sie ein Kennwort und wiederholen Sie es zur Bestätigung.
5. Klicken Sie auf die Schaltfläche *OK*.
6. Schließen Sie OneNote und öffnen Sie es wieder.
7. Wechseln Sie in den mit Kennwort geschützten Abschnitt. Der Abschnitt ist nun ohne Kennwort nicht einsehbar.
8. Um den Abschnitt zu entsperren, drücken Sie einmal die [↵]-Taste und geben das Kennwort ein.

6.4.7 Ein Kennwort für einen Abschnitt entfernen

Um einen Kennwortschutz aufzuheben und das Kennwort zu entfernen, benötigen Sie das Kennwort.

1. Öffnen Sie den Abschnitt, bei dem Sie das Kennwort entfernen möchten.
2. Geben Sie das Kennwort ein, damit der Abschnitt entsperrt ist.
3. Klicken Sie mit der rechten Maustaste auf den Abschnitt und wählen Sie den Befehl *Diesen Abschnitt durch ein Kennwort schützen*.
4. Rechts im Fenster wählen Sie die Schaltfläche *Kennwort entfernen*.
5. Geben Sie zur Bestätigung der Sicherheitsabfrage erneut das Kennwort ein und bestätigen Sie anschließend mit einem Klick auf die Schaltfläche *OK*.

6.4.8 Die Suche in der OneNote-App nutzen

Suchen Sie nach Begriffen auf Notizseiten und Texten innerhalb von Bildern.

Sie befinden sich in einem Notizbuch und wissen, dass bestimmte Informationen in OneNote vorhanden sind, Sie wissen nur nicht mehr, wo genau sie erfasst wurden? Um sie zu finden, können Sie in dem geöffneten Notizbuch nach Wörtern und Kategorien (wenn Sie welche verwendet haben) suchen. Sie können auch übergreifend, also alle Notizbücher durchsuchen.

1. Öffnen Sie die OneNote-App.
2. Klicken Sie oben rechts in der Notizseite in das Suchfeld, dargestellt mit dem Lupen-Symbol, nicht oben in der Titelleiste. Sobald Sie in das Suchfeld klicken und den Suchbegriff *Präsentation* eingeben, werden Ihnen Vorschläge aus sämtlichen Notizbüchern angezeigt. Sie können über den Drop-down-Pfeil auswählen, ob Sie alle Notizbücher, das aktuelle Notizbuch, bestimmte oder den aktuellen Abschnitt durchsuchen möchten. Klicken Sie in den Bereich *Dieses Notizbuch*.
3. Es werden die Ergebnisse angezeigt. Wenn Sie in Abschnitt 6.3.8 die Auflistung der Aufgaben geschrieben haben, kommt das Wort *Präsentation* in der Seite vor und Ihnen sollte der Abschnitt in den Suchergebnissen angezeigt werden.
4. Sobald Sie den Inhalt gefunden haben, klicken Sie in der Ergebnisliste darauf. Das Notizbuch und die Seite, auf der sich das Suchergebnis befindet, werden geöffnet. Der Suchbegriff wird mit gelber Markierungsfarbe auf der Seite hervorgehoben.
5. Klicken Sie erneut unterhalb des Menübands rechts in das Suchfeld und geben Sie dort *Offene Punkte* ein. Klicken Sie hinter dem kleinen Suchfeld auf den Drop-down-Pfeil. Sie können auf der Seite, im Abschnitt, in Abschnittsgruppen, im geöffneten Notizbuch oder in allen Notizbüchern suchen. Suchen Sie in diesem Notizbuch.

Wenn Sie einmal nur eine kleine Haftnotiz benötigen, verwenden Sie oben in der Titelleiste von OneNote in der Desktop-App die Schaltfläche *Haftnotizen*. Wenn Sie sich gerade in Outlook befinden, können Sie auch dort Haftnotizen erstellen. Klicken Sie dafür in Outlook in der Titelleiste auf die Schaltfläche *OneNote-Feed* oder links in der Ordnerleiste auf *Notizen*. Die Notizen, die Sie dort jeweils als Haftnotizen erstellen, synchronisieren sich mit beiden Apps. Verwenden Sie auch die Windows-App *Kurznotizen* oder Sticky Notes, wo Sie ebenfalls Haftnotizen erstellen können, die sich mit OneNote und Outlook synchronisieren.

6.4.9 Ein Notizbuch schließen

Es kommt vor, dass Sie in der OneNote-Navigation viele Notizbücher angezeigt bekommen, deren Inhalte für Sie jedoch gerade nicht relevant sind. Sie müssen das Notizbuch nicht löschen, damit es aus der Navigation verschwindet, es reicht, wenn Sie es schließen.

Wenn Sie das Notizbuch schließen, wird es weiterhin in OneDrive oder SharePoint gespeichert.

1. Öffnen Sie die OneNote-App.
2. Klicken Sie links in der Navigation mit der rechten Maustaste auf das Notizbuch, das Sie aus der Navigation ausblenden möchten.
3. Wählen Sie den Befehl *Notizbuch schließen*. Das Notizbuch wird nun in der Navigation nicht mehr eingeblendet. Wenn Sie es erneut öffnen möchten, klicken Sie in das Register *Datei*, dann *Öffnen* und geben Sie den Namen des Notizbuchs ein.

6.4.10 Ein OneNote-Notizbuch löschen

Da Ihre persönlichen Notizbücher in OneDrive als Dateien gespeichert werden, können Sie sie nur über OneDrive löschen. Löschen Sie nur Ihre persönlichen Notizbücher und kein Notizbuch einer SharePoint-Teamwebsite bzw. aus einem Teams-Kanal, wenn es in Ihrem Arbeitsteam nicht abgesprochen ist.

Das OneNote-Notizbuch wird in den Papierkorb von OneNote oder SharePoint verschoben.

1. Öffnen Sie OneDrive im Webbrowser, im Datei-Explorer, in Teams oder in der mobilen App.
2. Öffnen Sie die Ansicht *Eigene Dateien* – in der mobilen App wählen Sie *Meine Dateien* – und den Ordner *Notizbücher*. Ihnen werden Ihre persönlichen Notizbücher angezeigt.
3. Klicken Sie mit der rechten Maustaste auf das Notizbuch, das Sie löschen möchten, und wählen Sie im Kontextmenü den Befehl *Löschen*. In der mobilen App tippen Sie hinter das Notizbuch auf das Menü *Weitere Optionen*, dargestellt mit den drei Punkten, und wählen dort den Befehl *Löschen*.
4. Bestätigen Sie den Löschvorgang.
5. Wechseln Sie in den Papierkorb von OneDrive. Dort sehen Sie das gelöschte Notizbuch.

6.5 OneNote mobil

Vergleichen Sie, welche App besser passt: die mobile App oder die Web-App.

Für den mobilen Einsatz von OneNote stehen Ihnen die mobilen Apps im jeweiligen Store zur Verfügung, von wo aus Sie es herunterladen und auf Ihrem Gerät installieren können. Bei der ersten Verwendung von OneNote auf dem mobilen Gerät müssen Sie sich mit Ihren aktuellen Benutzerdaten anmelden, die Sie auch für das Microsoft 365-Portal verwenden. Dann wird eine Verbindung zu Ihrem Microsoft 365-Konto hergestellt, und die Notizbücher, die Sie in OneNote im Web oder in der OneNote-App erstellt haben, werden mit dem mobilen Gerät synchronisiert. Somit ist der Zugriff auf die Notizen auch von unterwegs möglich. Wenn Ihnen unterwegs wichtige Ideen oder Informationen einfallen, die Sie festhalten möchten, greifen Sie auf die mobile App auf dem Smartphone oder dem Tablet zu. Sie können in der mobilen App ebenfalls über die Schaltfläche *Weitere Notizbücher* (siehe Abbildung 6.21) auf vorhandene Notizbücher zugreifen oder unten über die Schaltfläche + *Notizbuch* neue Notizbücher erstellen, die dann wieder in Ihrem OneDrive gespeichert werden.

Abb. 6.21 Das OneNote-Notizbuch über die mobile App auf dem iPad

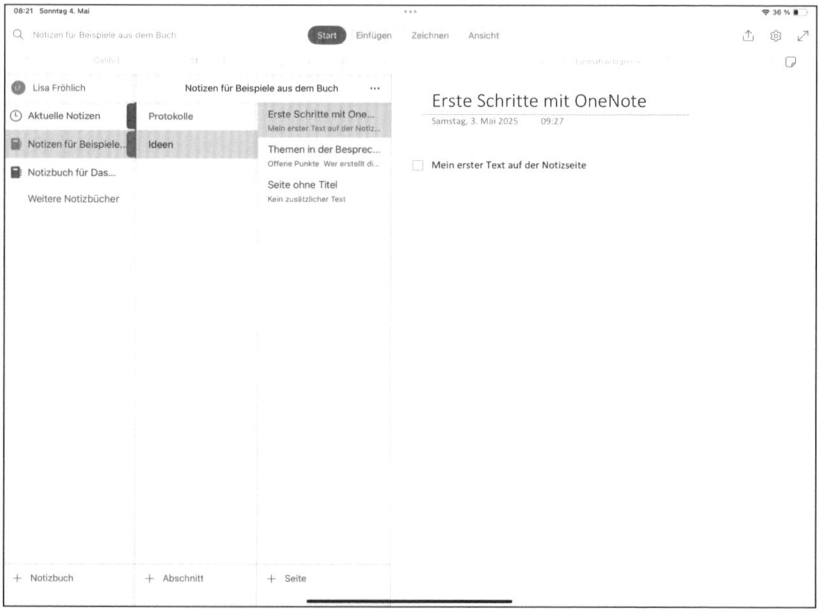

Nach dem Auswählen eines vorhandenen Notizbuchs werden Ihnen die Abschnitte und Seiten angezeigt (siehe Abbildung 6.22). Um wieder alle Notizbücher zu sehen oder ein neues zu erstellen, tippen Sie unterhalb des Menübands vor den Notizbuchnamen auf den Pfeil nach links.

Zum Bearbeiten eines Abschnitts oder einer Seite können Sie auf den jeweiligen Titel länger tippen/verweilen (siehe Abbildung 6.23) und es öffnet sich unterhalb der Abschnitte oder Seiten eine kleine Symbolleiste, die Sie nutzen können, um die Abschnittsfarbe zu ändern, den Abschnitt mit einem Kennwort zu schützen, den Abschnitt oder die Seite zu verschieben oder zu löschen.

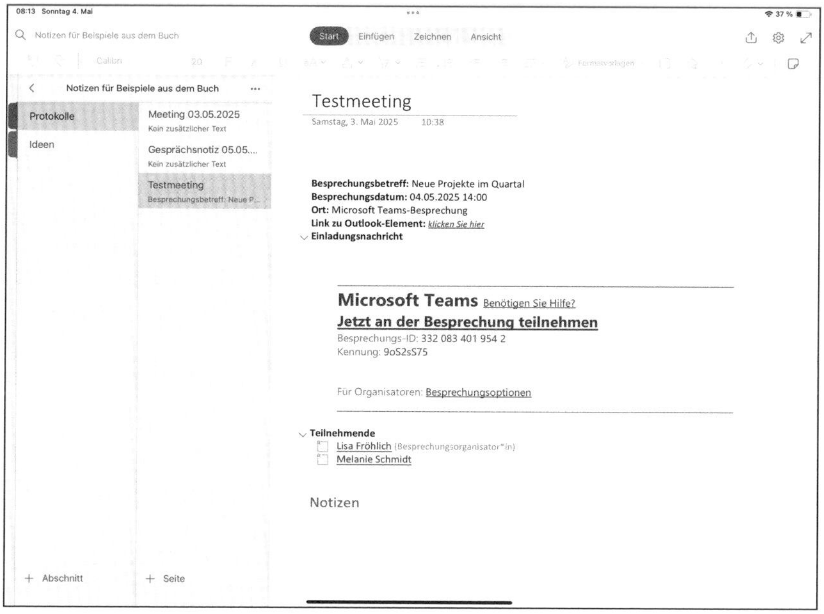

Abb. 6.22
Der geöffnete Abschnitt *Protokolle* in der mobilen App. Vor dem Notizbuchnamen können Sie zurück zur Notizbuchauswahl navigieren.

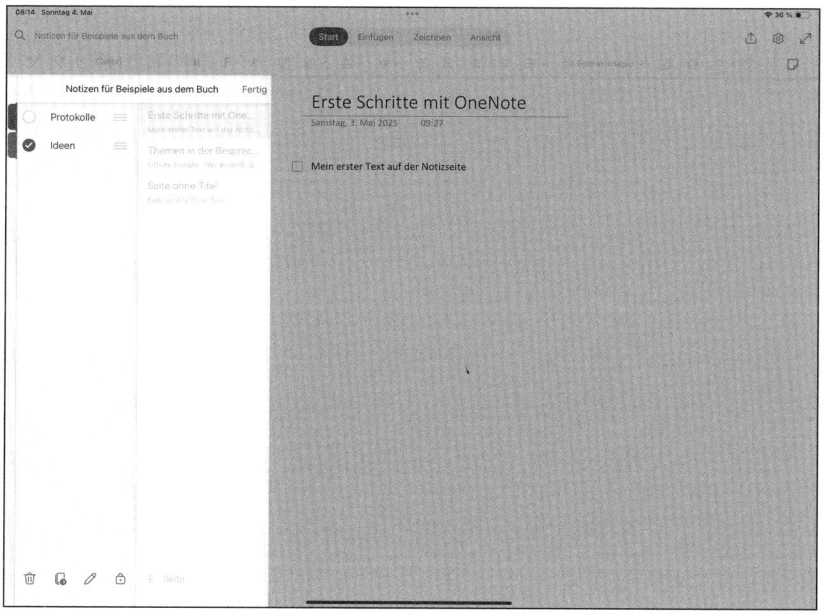

Abb. 6.23
Die Bearbeitung des Abschnitts oder der Seite ist möglich. Unten sehen Sie die kleine Symbolleiste mit den Befehlen für die Bearbeitung.

6.6 Zusammenfassung

Mithilfe von OneNote können Sie team- und projektbezogene Notizen auf leichte Weise erstellen und über die OneNote-Apps darauf zugreifen. Persönliche OneNote-Notizbücher, die in OneDrive gespeichert werden, können Sie für persönliche Notizen nutzen. OneNote-Notizbücher, die in SharePoint-Websites zur Verfügung gestellt werden, stehen immer dem gesamten Team zur Verfügung. Damit unterstützt Sie OneNote bei der Bereitstellung von Informationen, wie beispielsweise Protokollen und einfachen Notizen, auf die Sie und Ihr Team gemeinsam zugreifen können. Ihre persönlichen und Ihre Teamnotizen stehen Ihnen in den Desktop-, Web- sowie in den mobilen Apps für das Smartphone oder Tablet zur Verfügung, da die Daten bei einer bestehenden Internetverbindung automatisch mit allen Geräten synchronisiert werden.

Kapitel 7

Outlook im Web

7.1 Ausgangssituation

Die Microsoft Outlook-Desktop-App wird lokal auf dem Firmen-PC installiert. E-Mails, Termine, Aufgaben und persönliche Kontakte bearbeiten wir alltäglich mit der Desktop-App. Alternativ steht uns für die Verwendung von Outlook auch die Online-App zur Verfügung. So haben Sie immer die Möglichkeit, über den Browser auf Ihre E-Mails, Termine, Adressen, Aufgaben und Ihre Kontakte zuzugreifen.

7.2 Der Einsatz von Outlook im Web

Neuerungen in Outlook werden oft in der Webversion als Erstes angezeigt.

Microsoft hat die Online-Version von Outlook über die Jahre immer weiterentwickelt, sodass die Funktionalitäten, die in Outlook im Web zur Verfügung stehen, eine enorme Erleichterung für die Organisation von E-Mails, Aufgaben, Terminen und Kontakten darstellen. Outlook im Web ist also nicht nur eine E-Mail-App, mit der Sie E-Mails erfassen, senden oder empfangen können, sondern besteht aus mehreren Modulen, die Ihnen helfen, den Tag besser zu organisieren. Outlook im Web verfügt über einen Kalender, mit dem Sie persönliche und geschäftliche Termine und Ereignisse planen und organisieren können. Dieser Kalender wird in der Teams-App ebenfalls angezeigt, sodass Sie Einträge im Teams- oder Outlook-Kalender vornehmen können. Funktionen, die ich Ihnen in diesem Kapitel zeige, können Sie auch im Teams-Kalender anwenden. Ihnen steht in Outlook-Modul *Personen* eine eigene Kontaktliste zur Verfügung, die Sie eigenständig mit Kontakten pflegen und verwalten können. Auch weitere Kontaktlisten, die als Verteilerlisten für E-Mails an bestimmte Personengruppen gedacht sind, können Sie anlegen und nutzen. In Outlook können Sie hilfreiche Informationen zur jeweiligen Person oder Firma hinzufügen und wiederfinden, was in der Kontakt-App in Teams nicht möglich ist. Ihre persönliche Outlook-Kontaktliste mit dem Namen *Ihre Kontakte* wird jedoch mit der Teams-App *Kontakte* synchronisiert, sodass Sie Ihre Kontakte auch in Teams sehen. Sämtliche Outlook-Funktionen werden Sie in den verschiedenen Microsoft 365-Anwendungen und -Diensten wiederfinden und leicht anwenden können.

7.3 Outlook im Web öffnen

Sofern Sie nicht in Ihrem Microsoft 365-Portal angemeldet sind, können Sie Outlook im Web über die Website *https://outlook.office.com/mail* öffnen.

1. Alternativ öffnen Sie Ihr Microsoft 365-Portal und wechseln über die Schaltfläche *Apps* zu *Outlook*.
2. Sie werden zu Outlook im Web und direkt in das Modul *E-Mail* weitergeleitet (siehe Abbildung 7.1).

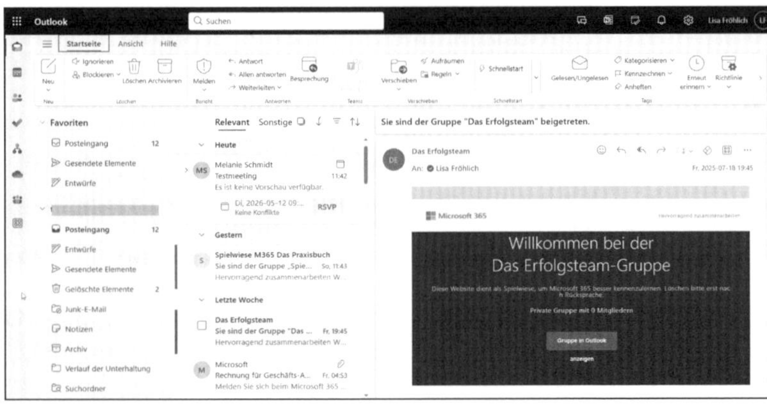

Abb. 7.1
Das Modul *E-Mail* in Outlook im Web

Sie können die Outlook im Web-App mit einigen Browsern auch als Web-App installieren und dann über die Windows-Taskleiste oder auf dem Mac-Dock hinzufügen und nutzen. Wie Sie eine Web-App auf dem Mac erstellen, lesen Sie hier: *https://support.apple.com/de-de/104996*. Mit dem Microsoft Edge-Browser können Sie über die Einstellungen des Browserfensters, dargestellt mit den drei Punkten, auf *Apps* und dann auf *Öffnen in Outlook (PWA)* klicken und die App installieren. Auf diesem Weg können Sie sie unter Windows auch wieder deinstallieren.

7.4 E-Mail

E-Mails an Ihr Team können auch als Beitrag in Teams gepostet werden.

Das Modul *E-Mail* in Outlook verwenden Sie zum Senden und Empfangen von E-Mail-Nachrichten. Sie können Ihre E-Mails organisieren und zur Nachverfolgung kennzeichnen. In diesem Abschnitt gehe ich auf grundlegende Dinge ein, die Sie benötigen, um mit dem Modul *E-Mail* Nachrichten zu erstellen und zu empfangen. Ihre E-Mails werden durch die Verwendung von Exchange Online, dem Dienst, der Ihnen Ihr Postfach zur Verfügung stellt und hinter Outlook im Web steht, in der Desktop-, Mac- und den mobilen Apps synchronisiert. So können Sie von jedem Gerät aus auf Ihre Outlook-Daten zugreifen.

7.4.1 Die Benutzeroberfläche von E-Mail

Die Benutzeroberfläche des Moduls *E-Mail* ist in mehrere Bereiche unterteilt, die ich nachfolgend erklären möchte.

Im Register *Ansicht* können Sie Inhalte in den Bereichen anordnen oder das Layout verändern.

7.4.1.1 Das Suchfeld

In der Titelleiste finden Sie das Suchfeld (siehe Abbildung 7.1 oben), über das Sie mithilfe von Suchkriterien wie »und«, »oder« und Schlüsselwörtern bestimmte Inhalte aus Ordnern, von bestimmten Empfängern oder Absendern, mit bestimmten Begriffen oder in einem von Ihnen gewählten Zeitraum filtern können. Sie können Suchbegriffe direkt im Suchfeld eingeben, damit Ihnen die Suchergebnisse unterhalb des Posteingangs angezeigt werden. Über die Schaltfläche *Alle Ordner* schränken Sie die Suche über ein Formular ein, um ein gezieltes Suchergebnis zu erhalten (siehe Abbildung 7.2).

Die Suche ist eine Volltextsuche. Sie können auch innerhalb von Nachrichtentexten oder Dateien nach Begriffen suchen.

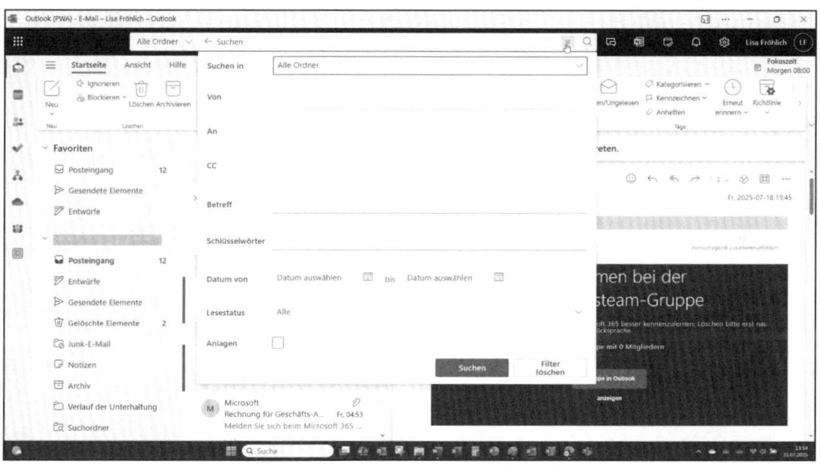

Abb. 7.2 Über die Schaltfläche *Alle Ordner* können Sie im Formular Ihre Suche einschränken.

7.4.1.2 Die Navigation der Outlook-Module und persönliche Apps

Links neben dem Outlook-Fenster, unterhalb des App-Startfelds, sehen Sie die Navigationsschaltflächen für Outlook (siehe Abbildung 7.3), um in die einzelnen Module wie E-Mail, Kalender, Personen, Dateien und To Do zu navigieren. Darunter finden Sie die App-Schaltflächen zu Ihren persönlichen Apps wie Word, Excel, PowerPoint und OneNote. Sobald Sie eine dieser Apps öffnen, erstellen Sie neue Dokumente oder Notizen, die in Ihrem persönlichen Notizbuch von OneNote und somit in Ihrem persönlichen OneDrive gespeichert werden. Je nach freigegebenen Apps in Ihrem Unternehmen werden auch weitere App-Schaltflächen angezeigt.

Sie können von hier aus neue Office-Dateien erstellen.

Abb. 7.3 Links oben im Fenster finden Sie die Navigationsschaltflächen, um in die einzelnen Outlook-Module oder Ihre Apps zu navigieren.

7.4.1.3 Der Ordnernavigationsbereich in Modul E-Mail

Passen Sie den Ordnerbereich über die Schaltfläche *Ordnerbereich* an.

Über den linken Ordnernavigationsbereich (siehe Abbildung 7.4) navigieren Sie zwischen Ihrem persönlichen Postfach, gesendeten Elemente oder den Postfächern und Ordnern der für Sie freigegebenen SharePoint-Teamwebsites oder Microsoft 365-Gruppen. Der linke Ordnerbereich kann ein- und ausgeblendet werden.

Abb. 7.4 Sie können den Navigationsbereich aus- und einblenden.

7.4.1.4 Der Posteingang

Im rechten Bereich des Fensters, neben dem Ordnernavigationsbereich, finden Sie im Modul *E-Mail* den Posteingang. Hier werden Ihnen alle eingegangenen E-Mails angezeigt. Wenn Sie jedoch im Ordnernavigationsbereich einen anderen Ordner oder eine SharePoint-Teamwebsite beziehungsweise Microsoft 365-Gruppe ausgewählt haben, werden Ihnen entsprechend Ihrer Auswahl jeweils die Inhalte des Ordners, der Teamwebsite oder der Microsoft 365-Gruppe angezeigt. Auch Suchergebnisse sehen Sie im Bereich des Posteingangs.

7.4.1.5 Der Lesebereich

Sobald Sie eine E-Mail-Nachricht ausgewählt haben, sehen Sie rechts im Fenster den Inhalt im Lesebereich (siehe Abbildung 7.1 oben). Der Lesebereich selbst besitzt eigene Aktionsschaltflächen, die sich auf die geöffnete Nachricht beziehen (siehe Abbildung 7.5).

Passen Sie den Lesebereich über die Schaltfläche *Layout* an.

Abb. 7.5 Die Aktionsschaltflächen innerhalb des Lesebereichs einer E-Mail

In den Outlook im Web-Einstellungen können Sie die Aktionsschaltflächen anpassen.

7.4.1.6 Das Menüband

Oberhalb des Posteingangs finden Sie das Menüband mit Befehlen, die Sie ausführen können. Wenn keine E-Mail im Posteingang ausgewählt ist, stehen Ihnen nicht alle Befehle zur Verfügung, viele sind ausgegraut. Erst wenn Sie eine E-Mail durch einen einfachen Klick auswählen, werden die Befehle angezeigt und Sie können sie anklicken, zusätzlich werden innerhalb des Lesebereichs die Aktionsschaltflächen für die ausgewählte E-Mail angeboten. Das Menüband kann *Klassisch* (siehe Abbildung 7.6) oder *Vereinfacht* (siehe Abbildung 7.7) dargestellt werden. Sie können hinter dem Menüband auf den Pfeil nach unten klicken, um das jeweilige Menüband auszuwählen (siehe ebenfalls Abbildung 7.7). Das Menüband besteht aus drei Registerkarten, *Startseite*, *Ansicht* und *Hilfe*, die Sie verwenden können, um Befehle für die ausgewählte E-Mail auszuführen, die Ansichten der einzelnen Bereiche im Posteingang anzupassen oder die Microsoft Outlook-Hilfe oder Tipps für Einstellungsmöglichkeiten in Ihrem Outlook aufzurufen.

Das Menüband zeigt Ihnen Befehle, die Sie im jeweiligen Modul anwenden können.

Lassen Sie sich zunächst das Menüband im klassischen Stil anzeigen, dann sehen Sie die Schaltflächen und finden die Befehle schneller.

Abb. 7.6 Das klassische Menüband zeigt die Befehle als Schaltflächen an.

Abb. 7.7 Das vereinfachte Menüband mit Symbolen, rechts daneben die Auswahl des Menübands

Oberhalb des Posteingangs stehen Ihnen zwei Registerkarten *Relevant* und *Sonstige* zur Verfügung (siehe Abbildung 7.8). Diese Registerkarten filtern Ihre E-Mail-Nachrichten. Hierbei werden E-Mails, die automatisiert als Newsletter, Werbemails oder Abwesenheitsnotizen eines E-Mail-Servers gesandt wurden, im Hintergrund Ihres Posteingangs nach bestimmten Kriterien sortiert. So prüft Ihr System die Inhalte der eingehenden E-Mails, ob es sich um echten Nachrichtentext oder Werbebanner handelt. E-Mails, die Sie als Newsletter abonniert haben und die vom E-Mail-Server des Absenders automatisiert bei Ihnen ankommen, kategorisiert Outlook als *Sonstige*, während E-Mails, die nicht automatisiert sind, sondern von einer Person stammen und einen Nachrichtentext enthalten, als relevante E-Mails kategorisiert und in Ihrem Posteingang als *Relevant* angezeigt werden. Es handelt sich dabei lediglich um gefilterte Sichten, die Sie über die jeweilige Registerkarte auswählen können. Wenn Sie diese Funktion *Posteingang mit Relevanz anzeigen* deaktivieren, werden Ihnen alle Nachrichten zusammen im Posteingang angezeigt. Das automatische Sortieren von E-Mails in *Relevante* und *Sonstige* ist jedoch eine sehr gute Unterstützung, um wichtige und unwichtige E-Mail-Nachrichten voneinander zu unterscheiden. Möchten Sie Ihre E-Mails nach weiteren Kriterien filtern oder sortieren, steht Ihnen zusätzlich die Schaltfläche *Filter* zur Verfügung.

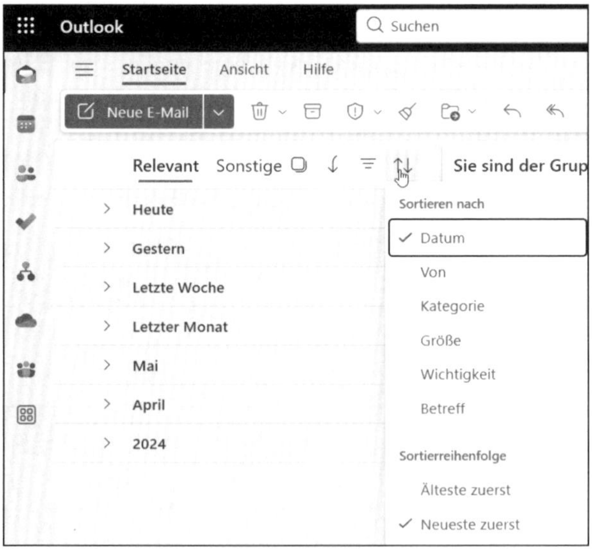

Abb. 7.8 Outlook sortiert für Sie relevante und unwichtige E-Mail-Nachrichten über die Reiter *Relevant* und *Sonstige*. Es stehen weitere Filter zur Verfügung.

7.4.2 Signatur anlegen

In geschäftlichen E-Mail-Nachrichten sind Unternehmen verpflichtet, bestimmte Angaben zu machen. Die Angaben sind jeweils von der Rechtsform des Unternehmens abhängig. Deshalb ist es für Sie wichtig zu wissen, wie Sie Signaturen anlegen, ändern und löschen. Sie können beim Anlegen direkt festlegen, wann eine Signatur automatisch einer E-Mail hinzugefügt werden soll. Gehen Sie folgendermaßen vor, um eine Signatur anzulegen, zu ändern oder zu löschen.

Fragen Sie Ihre Geschäftsleitung oder Ihre IT-Abteilung, ob Ihnen und Ihren Kollegen eine Mustervorlage für die geschäftliche E-Mail-Signatur bereitgestellt werden kann. So können Sie davon ausgehen, dass alle Angaben, die Sie für Ihr Unternehmen benötigen, auch richtig sind.

---

1. Öffnen Sie Outlook im Web.
2. Klicken Sie auf das Zahnrad-Symbol oben rechts im Fenster, um die Einstellungen zu öffnen (siehe Abbildung 7.9).

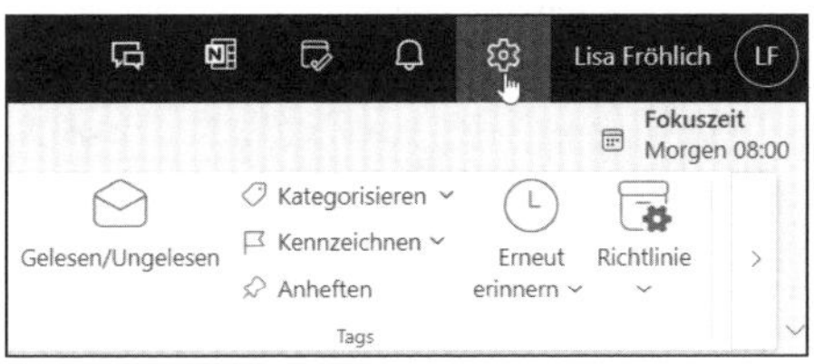

Abb. 7.9
Über das Zahnrad-Symbol gelangen Sie in die Einstellungen von Outlook.

3. Auf der linken Seite werden Ihnen einzelne Kategorien (siehe Abbildung 7.10) angezeigt und es müsste bei Ihnen *E-Mail* ausgewählt sein. Um eine Signatur anzulegen oder zu ändern, wählen Sie die Kategorie *Konto* aus.
4. Wählen Sie dann die Unterkategorie *Signaturen* aus.

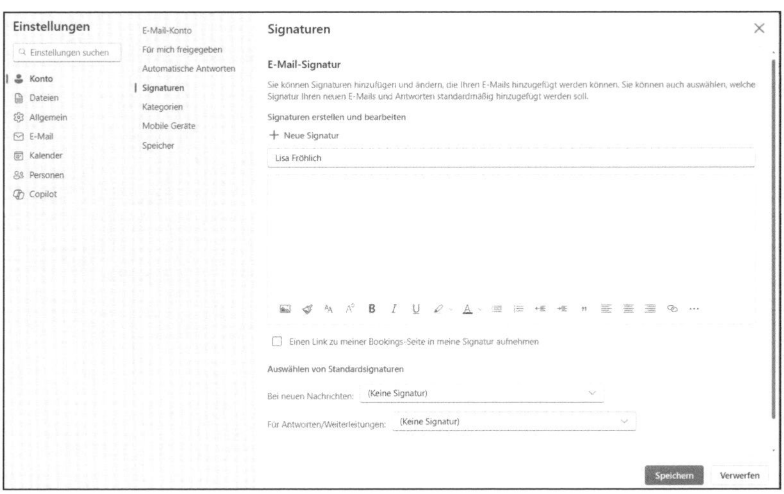

Abb. 7.10
Die Kategorie *Konto* und die Unterkategorie *Signaturen* sind ausgewählt.

5. Wenn Sie eine neue Signatur anlegen, können Sie direkt einen Namen dafür festlegen. Klicken Sie dafür in das Feld *Den Signaturnamen bearbeiten*. Bei weiteren Signaturen klicken Sie auf die Schaltfläche + *Neue Signatur*. Falls Sie in verschiedenen Abteilungen arbeiten und somit unterschiedliche Signaturen benötigen, können Sie also mehrere Signaturen anlegen und später die jeweilige Signatur in der E-Mail auswählen.
6. Geben Sie im Textfeld Ihre Signaturdaten ein.
7. Verwenden Sie die Formatsymbolleiste, um Ihren Text zu formatieren oder um ein Firmenlogo in die Signatur als Bild oder Link einzubinden. Verwenden Sie dafür die Symbole *Link* mit dem Schleifen-Symbol oder *Bild* für das Einfügen eines Firmenlogos.
8. Speichern Sie Ihre Signatur und klicken Sie unten auf die Schaltfläche *Speichern*.
9. Scrollen Sie etwas nach unten und legen Sie fest, wann die Signatur in der E-Mail eingefügt werden soll.
10. Wenn Sie immer eine Signatur zu neuen E-Mails hinzufügen möchten, wählen Sie Ihre Signatur im Bereich *Bei neuen Nachrichten*.
11. Wählen Sie Ihre Signatur im Bereich *Für Antworten/Weiterleitungen*, wenn die Signatur direkt in alle Ihrer E-Mail-Weiterleitungen beziehungsweise E-Mail-Antworten gesetzt werden soll.
12. Prüfen Sie alle Ihre Eingaben und bestätigen Sie erneut mit einem Klick auf die Schaltfläche *Speichern* (siehe Abbildung 7.11).

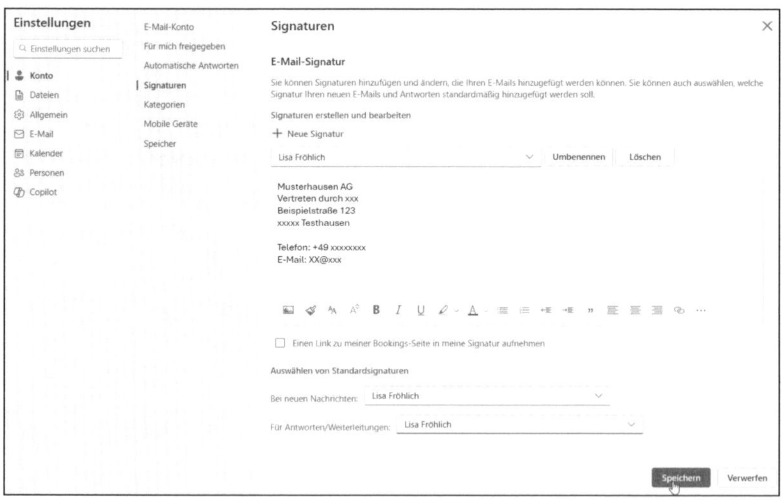

Abb. 7.11
Das Anlegen einer Signatur in den Outlook im Web-Einstellungen

13. Schließen Sie das Fenster über die Schaltfläche *X*.

7.4.2.1 Die Signatur manuell einfügen

Wenn Sie das automatische Einschließen der Signatur nicht aktiviert haben, müssen Sie wissen, wie die Signatur manuell einer neuen E-Mail-Nachricht oder einer Weiterleitung beziehungsweise einer Antwort hinzugefügt wird.

1. Wechseln Sie in den *Posteingang* im Modul *E-Mail*.
2. Klicken Sie auf die Schaltfläche *Neue Nachricht* bzw. *Neu*. Die neue Nachricht wird im Lesebereich geöffnet.
3. Klicken Sie im vereinfachten Menüband auf das Symbol *Fügen Sie dieser Nachricht eine E-Mail-Signatur an* (siehe Abbildung 7.12) oder klicken Sie im klassischen Menüband auf die Schaltfläche *Signaturen*.
4. Klicken Sie auf Ihren Signaturnamen, den Sie gerade erstellt haben. Die Signatur wird im Nachrichtentext eingefügt.

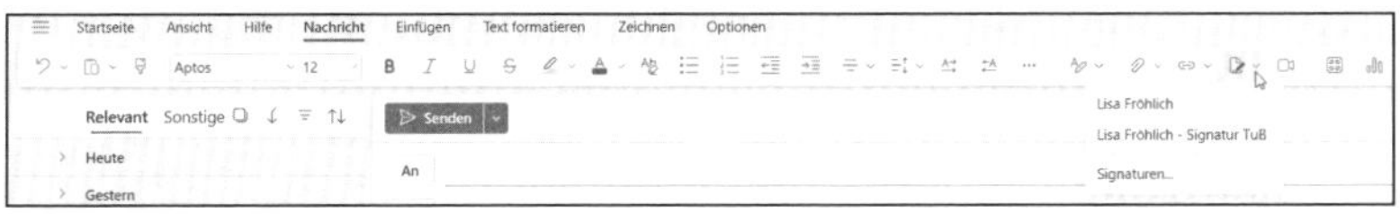

Abb. 7.12 Die Schaltfläche zum Einfügen der Signaturen

7.4.2.2 Signatur ändern oder löschen

1. Öffnen Sie Outlook im Web.
2. Klicken Sie auf das Zahnrad-Symbol oben rechts im Fenster, um die Einstellungen zu öffnen.
3. Klicken Sie in die Kategorie *Konto* und in die Unterkategorie *Signaturen*.
4. Wählen Sie die Signatur aus, die Sie ändern oder löschen möchten.
5. Nehmen Sie die Änderungen vor.
6. Zum Löschen klicken Sie hinter dem ausgewählten Signaturnamen auf die Schaltfläche *Löschen*.
7. Bestätigen Sie Ihre Änderungen oder das Löschen mit einem Klick auf die Schaltfläche *Speichern*.

7.4.3 Eine E-Mail-Nachricht verfassen und senden

1. Wechseln Sie in den *Posteingang* im Modul *E-Mail*.
2. Klicken Sie auf die Schaltfläche *Neu* bzw. *Neue Nachricht*. Die neue Nachricht wird im Lesebereich geöffnet. Sie können auf die Schaltfläche *Im neuen Fenster öffnen* klicken, damit Sie die neue Nachricht abdocken und im Vollbildmodus bearbeiten können (siehe Abbildung 7.13).

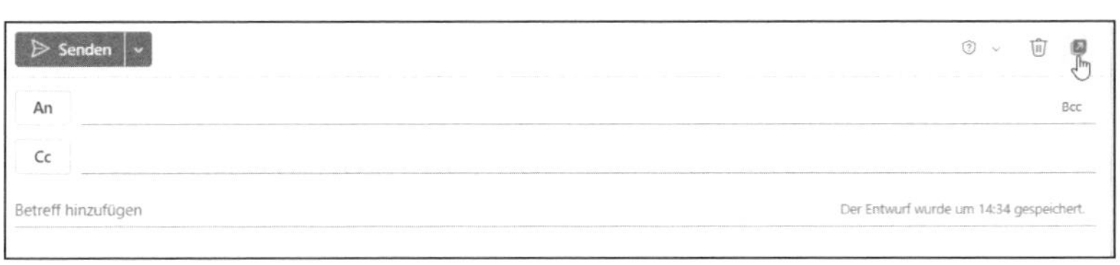

Abb. 7.13 Oben rechts in der neuen Nachricht die Schaltfläche *Im neuen Fenster öffnen*

3. Sobald Sie in das Feld *An* klicken, werden Ihnen Kontakte und Gruppen vorgeschlagen, die Sie durch einen Klick auswählen können. Die Vorschläge stammen zunächst aus Microsoft 365-Gruppen und SharePoint-Teamwebsites, auf denen Sie aktiv arbeiten, oder es werden Ihnen Personen vorgeschlagen, mit denen Sie schon Chats oder E-Mails ausgetauscht haben. Im Feld *An* schreiben Sie ansonsten den Vor- oder Nachnamen der Person, der Sie eine E-Mail-Nachricht senden möchten. Ganz unten in der Vorschlagsliste können Sie das Firmenverzeichnis durchsuchen. Bei unternehmensexternen Personen geben Sie die E-Mail-Adresse des Empfängers ein. Klicken Sie direkt auf die Schaltfläche *An*, wenn Sie auf Ihre Outlook-Kontaktliste zugreifen möchten, die sich im Modul *Personen* befindet, um dort jemanden auszuwählen.
4. Im Feld *Cc* können Sie Personen hinzufügen, die die E-Mail nicht direkt betrifft, die jedoch über die E-Mail und ihren Inhalt informiert werden sollen.
5. Das Feld *Bcc* steht für Blind Carbon Copy. Sie können das Feld verwenden, wenn Sie mehrere Personen zeitgleich anschreiben möchten, die Empfänger jedoch die E-Mail-Adressen der anderen Empfänger nicht sehen sollen.
6. Schreiben Sie einen aussagekräftigen Betreff in die Betreffzeile, um den Empfängern mitzuteilen, worum es in Ihrer E-Mail geht.
7. Klicken Sie in das Nachrichtenfeld und geben Sie dort den gewünschten Nachrichtentext ein. Formatieren Sie den Text über die angebotenen Formatsymbole und Schaltflächen im Menüband.
8. Klicken Sie oben im Menüband auf die Schaltfläche *Datei anfügen*, dargestellt mit der Büroklammer, um eine oder mehrere Dateien oder Links beziehungsweise eine Kopie der Dateien zu und aus Ihrem OneDrive for Business anzuhängen. Standardmäßig sind die Einstellungen in Outlook im Web so festgelegt, dass Sie eine Abfrage erhalten, ob Sie einen Link oder eine Kopie der Dateien senden möchten. Bei dem Versenden des Links geben Sie die Datei automatisch in Ihrem OneDrive für die Empfänger frei (siehe Abschnitt 3.3.6).
9. Klicken Sie auf die Schaltfläche *Senden*. Ihre E-Mail-Nachricht wird versandt und für Sie in den Ordner *Gesendete Elemente* verschoben.

7.4.4 E-Mails beantworten oder weiterleiten

Sie können auch eine E-Mail an einen Teams-Kanal senden, falls Sie die E-Mail mit Ihrem Team diskutieren möchten.

Sobald Sie E-Mail-Nachrichten empfangen, können Sie darauf antworten oder sie an andere weiterleiten. Jedoch gibt es beim Antworten etwas zu beachten: Wenn eine E-Mail an mehrere Empfänger gesandt wurde, so können Sie beim Antworten entscheiden, ob Sie nur dem Absender oder auch allen anderen Empfängern antworten möchten. Dafür stehen Ihnen die Schaltflächen *Antworten* und *Allen antworten* zur Verfügung.

1. Möchten Sie auf eine E-Mail-Nachricht antworten oder sie weiterleiten, wählen Sie die gewünschte E-Mail im Posteingang aus.

- Möchten Sie nur dem Absender antworten, klicken Sie im Lesebereich auf die Schaltfläche *Antworten*, damit nur er die E-Mail-Nachricht erhält (siehe Abbildung 7.14). Zeigen Sie auf die Symbole, damit Ihnen die QuickInfo anzeigt, welcher Befehl dahintersteckt.

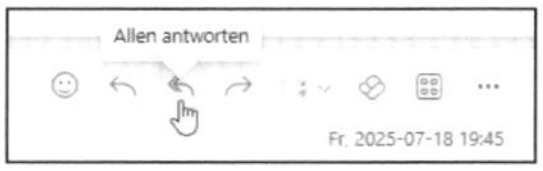

Abb. 7.14
Die Schaltflächen *Antworten*, *Allen antworten* und *Weiterleiten*

- Klicken Sie auf die Schaltfläche *Allen antworten*, damit der Absender und alle anderen Empfänger, die die ursprüngliche Nachricht erhalten haben, ebenfalls eine Antwort von Ihnen erhalten.
- Klicken Sie auf die Schaltfläche *Weiterleiten*, um die E-Mail-Nachricht an jemand anders weiterzuleiten. In diesem Fall wählen Sie den Empfänger im Feld *An* aus oder geben Sie seine E-Mail-Adresse ein.

2. Es öffnet sich ein Nachrichtenfeld, in das Sie Ihren Text schreiben können.
3. Formatieren Sie Ihren Nachrichtentext und fügen Sie bei Bedarf Dateien als Anhänge an.
4. Senden Sie die Nachricht über die Schaltfläche *Senden*. Die Nachricht wird an die von Ihnen gewählten Empfänger gesendet und in Ihrem Outlook in den Ordner *Gesendete Elemente* verschoben.

7.4.5 Eine E-Mail-Nachricht mit einem hohen Prioritätsstatus senden

Möchten Sie dem Empfänger einer E-Mail durch eine Kennzeichnung mitteilen, dass Ihre Nachricht wichtig ist, dann können Sie sie mit hoher Priorität versenden. Beachten Sie dabei, dass Sie die E-Mail nur dann als hochwichtig kennzeichnen sollten, wenn sie wirklich wichtig ist. Wenn jemand grundsätzlich alle Nachrichten mit einer hohen Wichtigkeit versendet, wird diese Markierung wahrscheinlich keine Beachtung mehr finden.

Senden Sie nur wichtige E-Mails mit hoher Priorität, damit sie die gewünschte Aufmerksamkeit erhalten.

1. Sie befinden sich in einer neuen E-Mail-Nachricht, die Sie mit hoher Priorität senden möchten.
2. Geben Sie einen aussagekräftigen Betreff in der Betreffzeile ein, damit die Wichtigkeit der E-Mail-Nachricht auch hier zum Ausdruck kommt.
3. Wechseln Sie in das Register *Optionen* (siehe Abbildung 7.15).
4. Klicken Sie im Menüband auf die Schaltfläche *Hohe Priorität*, dargestellt mit dem roten Ausrufezeichen.
5. Alternativ können Sie Nachrichten, die nicht so dringend, aber dennoch wichtig sind, mit der Wichtigkeit *Niedrig* kennzeichnen.

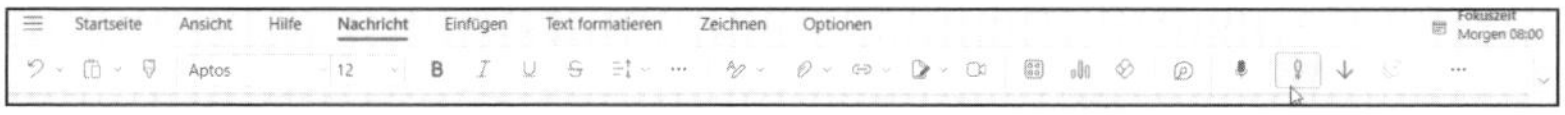

Abb. 7.15
Eine E-Mail mit hoher Priorität senden

Beim Empfänger wird die Nachricht mit der Wichtigkeit Hoch mit einem roten Ausrufezeichen signalisiert (siehe Abbildung 7.16).

Abb. 7.16 Eine E-Mail mit hoher Priorität im Posteingang und Lesebereich

7.4.6 Eine E-Mail-Nachricht als vertraulich kennzeichnen

Wenn Sie vertrauliche Informationen in einer E-Mail-Nachricht versenden möchten, können Sie dem Empfänger über die Informationsleiste in der empfangenen Nachricht signalisieren, dass sie vertraulich behandelt werden sollte (siehe Abbildung 7.17).

Abb. 7.17 Die Nachricht wird dem Empfänger im Lesebereich als *Vertraulich* markiert angezeigt.

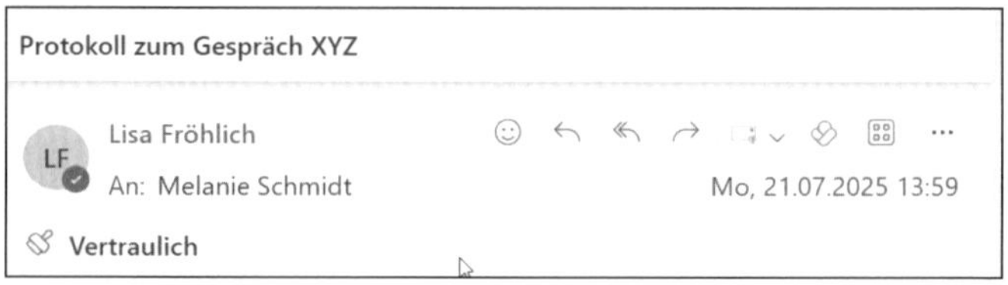

Möchten Sie eine E-Mail-Nachricht als vertraulich kennzeichnen, gehen Sie wie folgt vor:

1. Sie befinden sich in einer neuen E-Mail-Nachricht.
2. Klicken Sie im vereinfachten Menüband im Register *Optionen* auf die Schaltfläche *Weitere*, dargestellt mit den drei Punkten, und wählen Sie ganz unten *Weitere Optionen* aus.
3. Im klassischen Menüband klicken Sie im Register *Optionen* auf die Schaltfläche *Weitere Optionen*.
4. Im Dialogfenster *Nachrichtenoptionen* wählen Sie über den Drop-down-Pfeil *Vertraulichkeit* den Status *Vertraulich* aus (siehe Abbildung 7.18).

Abb. 7.18 Über die Nachrichtenoptionen kann die Vertraulichkeit festgelegt werden.

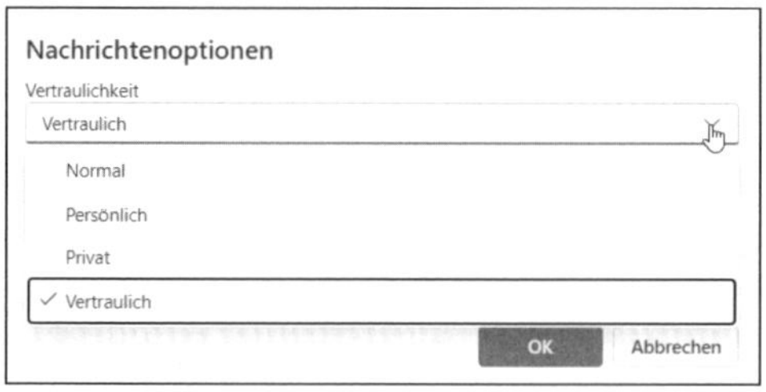

5. Bestätigen Sie Ihre Auswahl mit einem Klick auf die Schaltfläche *OK*.
6. Senden Sie Ihre Nachricht.

7.4.7 E-Mail-Anhänge öffnen, herunterladen oder in OneDrive for Business speichern

Wenn Sie E-Mail-Nachrichten mit Anlagen erhalten, können Sie die Anlagen im Lesebereich in der Vorschau öffnen. Sie können sie direkt im Browser oder der Anwendung öffnen oder speichern und anderen in Ihrem Unternehmen zur Verfügung stellen.

Sie können auch E-Mails mit Anhängen an einen Teams-Kanal weiterleiten.

1. Klicken Sie im Posteingang auf eine E-Mail-Nachricht, die einen Anhang enthält. E-Mails mit Anhängen werden mit einer Büroklammer gekennzeichnet und zusätzlich in der Nachricht mit einem Drop-down-Pfeil angezeigt (siehe Abbildung 7.19).
2. Klicken Sie auf den Drop-down-Pfeil.

Abb. 7.19 E-Mail-Nachrichten mit Anhängen werden im Posteingang mit einer Büroklammer dargestellt. Im Lesebereich klicken Sie auf den Drop-down-Pfeil.

3. Sie können den Anhang kopieren, herunterladen oder in Ihrer OneDrive for Business-Bibliothek speichern.
4. Wählen Sie eine der Optionen aus.

7.4.8 E-Mails filtern und sortieren

Sie haben in allen Outlook-Ordnern die Möglichkeit, Ihre E-Mail-Nachrichten, ob gesendet oder empfangen, zu filtern und zu sortieren. So können Sie sich schnell alle ungelesenen E-Mails oder solche, in denen Sie mit einer @-Erwähnung genannt wurden, anzeigen lassen.

Verwenden Sie auch die Suche, wenn das Filtern nicht ausreicht.

1. Wechseln Sie in den gewünschten Outlook-Ordner über den Navigationsbereich.
2. Klicken Sie in der Leiste für *Relevant* und *Sonstige* auf *Filter* (siehe Abbildung 7.20). Ihnen werden Filter vorgeschlagen, die Sie auswählen können. Klicken Sie auf die Schaltfläche *Sortieren*, um eine Sortierung vorzunehmen.
3. Wählen Sie beispielsweise den Filter *Ungelesen*, damit Ihnen alle ungelesenen Mails angezeigt werden.
4. Zum Löschen des Filters klicken Sie auf das Symbol, das Ihnen nun anstelle des Filter-Symbols angezeigt wird.

Abb. 7.20 Die Schaltflächen *Filter* und *Sortierung* in einem Outlook-Ordner, hier dem Posteingang

7.4.9 Abwesenheiten festlegen

Speichern Sie sich Ihre Abwesenheitstexte z.B. in OneNote, damit Sie sie nicht jedes Mal neu erstellen müssen.

Während Ihres Urlaubs oder Ihrer Geschäftsreise können Sie für diesen Zeitraum den Absendern, die Ihnen eine E-Mail-Nachricht senden, eine automatische Abwesenheitsinformation per E-Mail zukommen lassen. Dabei wird unterschieden, welche Abwesenheitsinformation als Nachricht an Ihre internen Kollegen und welche an unternehmensexterne Personen gesandt werden soll. Sobald Sie die Abwesenheitsinformation aktiviert haben, erhält der Absender einmalig die von Ihnen generierte Nachricht. Sendet er weitere E-Mails an Sie, werden keine weiteren Abwesenheitsinformationen von Ihrem System geschickt.

1. Wechseln Sie in das Microsoft 365-Portal und gehen Sie zu Outlook im Web.
2. Klicken Sie auf das Zahnrad-Symbol, um in die Einstellungen zu gelangen.
3. Öffnen Sie die Kategorie *Konto* und wählen Sie die Unterkategorie *Automatische Antworten* (siehe Abbildung 7.21).

Abb. 7.21 Die Optionen für das automatische Antworten während Ihrer Abwesenheit

4. Aktivieren Sie den Regler *Automatische Antworten ein*, damit Sie die Einstellungen vornehmen können.
5. Legen Sie zunächst den Zeitraum fest, wann die automatischen Antworten gesendet werden sollen. Aktivieren Sie das Kontrollkästchen bei *Antworten nur in einem bestimmten Zeitraum senden*. Möchten Sie die Abwesenheitsinformationen für unbestimmte Zeit festlegen, aktivieren Sie das Kontrollkästchen nicht, lassen den Zeitraum aus und gehen direkt zu Schritt 9 weiter.

6. Legen Sie fest, wie Ihr Outlook-Kalender während der Abwesenheit verwendet werden darf. Wenn Sie Ihren Kalender für eine Person freigegeben haben, sodass sie in Ihrem Namen Termine organisieren oder annehmen darf, können Sie den Kalender während Ihrer Abwesenheit blockieren, damit sie keine Einträge oder Änderungen in Ihrem Kalender vornehmen kann. Aktivieren Sie für diesen Fall das Kontrollkästchen bei *Meinen Kalender für diesen Zeitraum blocken*. Schreiben Sie nach der Aktivierung einen Titel für Ihre Abwesenheit in das angezeigte Feld.
7. Legen Sie auch fest, ob Besprechungsanfragen, die Ihnen per E-Mail zugesandt werden und deren Termine in den Zeitraum Ihrer Abwesenheit fallen, automatisch abgelehnt werden sollen. Aktivieren Sie dazu das Kontrollkästchen bei *Neue Einladungen zu Ereignissen während dieses Zeitraums automatisch ablehnen*.
8. Möchten Sie alle bereits von Ihnen angenommenen Besprechungsanfragen nun ablehnen oder von Ihnen organisierte Besprechungen absagen, aktivieren Sie das Kontrollkästchen bei *Meine Besprechungen während dieses Zeitraums ablehnen und absagen* (siehe ebenfalls oben Abbildung 7.21).
9. Im Bereich *Automatische Antworten an Personen innerhalb Ihrer Organisation senden* (siehe Abbildung 7.22) schreiben Sie in das Textfeld die Informationen, die Ihre Kollegen während Ihrer Abwesenheit einmalig erhalten sollen. Geben Sie an, ob und wer Ihre Vertretung übernimmt, und schreiben Sie zusätzlich die E-Mail-Adresse und/oder Telefonnummer Ihrer Vertretung dazu, damit sich die Kollegen an sie wenden können.

Abb. 7.22 Für unternehmensinterne und -externe Personen können unterschiedliche Abwesenheitsinformationen festgelegt werden.

10. Im Bereich *Antworten an Personen außerhalb Ihrer Organisation senden* aktivieren Sie das Kontrollkästchen, wenn Sie eine Abwesenheitsnachricht an Personen außerhalb Ihres Unternehmens senden möchten. Hier schreiben Sie einen Abwesenheitstext, den Kunden, Lieferanten, Geschäftspartner und alle Unternehmensfremden einmalig als Nachricht erhalten, wenn sie Ihnen eine E-Mail senden.

11. Möchten Sie jedoch nur an Personen, die Sie in Ihrem Outlook-Modul *Personen* als Kontakte gespeichert haben, eine Abwesenheitsnachricht senden, dann aktivieren Sie das Kontrollkästchen bei *Antworten nur an Kontakte senden*.
12. Prüfen Sie alle Angaben und bestätigen Sie sie mit einem Klick auf die Schaltfläche *Speichern*. Ihre Abwesenheitsinformationen sind nun aktiviert. Haben Sie einen Zeitraum für die Abwesenheit festgelegt, wird die Einstellung automatisch nach Ablauf des Zeitraums deaktiviert. Haben Sie keinen Zeitraum für die Abwesenheit festgelegt, erhalten Sie eine Information über die Outlook-Desktop- und die Outlook im Web-App, sobald Sie Outlook das nächste Mal öffnen, und Sie können die automatischen Antworten darüber deaktivieren, also abschalten (siehe Abbildung 7.23).

Abb. 7.23 Die Abwesenheitsinformation

Wenn auf die Initialen oder ein Profilbild eines Benutzers gezeigt wird, erscheint die Profilkarte des Benutzers, und wenn Abwesenheitsinformationen festgelegt wurden, werden sie auch hier angezeigt.

Wenn Sie mit Microsoft Teams arbeiten, können Sie auch über die Teams-Oberfläche die Abwesenheit festlegen (siehe Abschnitt 9.7.5).

7.4.10 Eine E-Mail-Weiterleitung einrichten

Abb. 7.24 Aus Datenschutz- und Sicherheitsgründen ist es nicht erlaubt, E-Mails an eine externe Mail-Adresse weiterzuleiten.

Möchten Sie während Ihrer Abwesenheit alle eingehenden E-Mails an eine Kollegin oder einen Kollegen weiterleiten, können Sie eine E-Mail-Weiterleitung einrichten. Falls Sie das automatische Antworten aktiviert haben, sollten Sie im Nachrichtentext Ihrer automatischen Antwort darauf hinweisen, dass Ihre E-Mails von jemand anders gelesen werden können.

1. Öffnen Sie Outlook im Web.
2. Klicken Sie auf das Zahnrad-Symbol oben rechts im Fenster, um die Einstellungen zu öffnen.
3. Wählen Sie links im Fenster die Kategorie *E-Mail* und die Unterkategorie *Weiterleitung* aus.
4. Aktivieren Sie das Kontrollkästchen bei *Weiterleitung aktivieren*.
5. Geben Sie die E-Mail-Adresse ein, an die Ihre E-Mails weitergeleitet werden sollen.

6. Möchten Sie eine Kopie der weitergeleiteten Mails in Ihrem Posteingang beibehalten, aktivieren Sie das Kontrollkästchen bei *Kopie weitergeleiteter Nachrichten beibehalten*.
7. Prüfen Sie Ihre Eingaben und bestätigen Sie mit einem Klick auf die Schaltfläche *Speichern* unten im Dialogfenster.

7.5 Kalender

Der Outlook-Kalender wird in Teams angezeigt und synchronisiert.

Der Outlook-Kalender ist ein sehr nützliches Tool für die Organisation Ihrer eigenen oder der gemeinsamen Termine innerhalb Ihres Teams. Mit dem Kalender können Sie Besprechungen planen und andere dazu einladen. Auch Teambesprechungen können Sie direkt über den Outlook-Kalender organisieren. Durch die Kombination von Microsoft 365-Gruppen und SharePoint Online ist es möglich, gemeinsame Kalender auf der Teamwebsite zu organisieren (siehe Abschnitt 4.19.2).

7.5.1 Den Kalender öffnen

Um den Kalender über Outlook im Web zu öffnen, gehen Sie wie folgt vor:

1. Öffnen Sie Ihr Microsoft 365-Portal und navigieren Sie zu Outlook.
2. Klicken Sie im Navigationsbereich links ganz oben auf die Schaltfläche *Kalender*. Sie werden in den Outlook-Kalender weitergeleitet (siehe Abbildung 7.25).

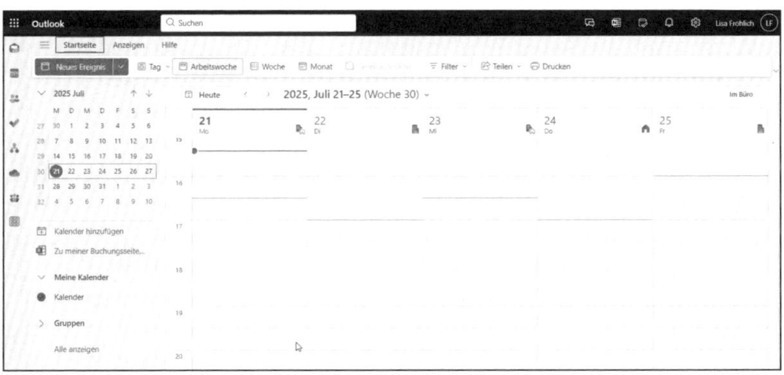

Abb. 7.25 Links im Navigationsbereich finden Sie die Schaltfläche *Kalender*. Der Kalender wird hier in der Ansicht *Arbeitswoche* angezeigt.

7.6 Die Benutzeroberfläche des Kalenders

Der Kalender ist in verschiedene Bereiche aufgeteilt und mit unterschiedlichen Ansichten ausgestattet. Wie im Modul *E-Mail* können Sie über das Suchfeld in der Titelleiste Informationen im Kalender suchen. In diesem Abschnitt gehe ich auf die Bereiche und Ansichten ein.

7.6.1 Das Menüband

Lassen Sie sich die verschiedenen Kalenderansichten einblenden, damit Sie die für Sie richtige Ansicht nutzen.

Das Menüband (siehe Abbildung 7.26) kann wie im Modul *E-Mail* ebenfalls klassisch oder vereinfacht ausgewählt und angezeigt werden, klicken Sie am Ende des Menübands auf den Pfeil nach unten und wählen für unsere Beispiele *Vereinfachtes Menüband* aus. Oberhalb des Menübands finden Sie die Registerkarten *Startseite*, *Anzeigen* und *Hilfe*. Das Menüband selbst besitzt die Schaltfläche *Filtern*, um nur bestimmte Termine wie beispielsweise Termine oder Besprechungen im Kalender anzeigen zu lassen. Mit der Schaltfläche *Teilen* können Sie andere Personen innerhalb Ihres Unternehmens dazu berechtigen, Ihre freien oder gebuchten Zeiten in Ihrem Kalender zu sehen beziehungsweise für die Planung einer Besprechung abzufragen (siehe Abschnitt 7.7.1). Im Menüband finden Sie die Schaltfläche *Neues Ereignis*, über die Sie einen neuen Kalendereintrag erstellen können. Um einen neuen Kalendereintrag vorzunehmen, können Sie auch direkt in der Kalenderansicht auf einen Tag oder eine Zeit klicken und einen neuen Termin oder ein Ereignis erstellen. Neben der Schaltfläche *Neues Ereignis* finden Sie einen Drop-down-Pfeil, über dessen Kontextmenü es Ihnen ermöglicht wird, aus dem Kalender heraus eine neue E-Mail-Nachricht zu erstellen oder buchbare Zeiten festzulegen. Je nach Freigaben in Ihrem Unternehmen können Sie eventuell mehr oder weniger Optionen sehen und auswählen. Über die Schaltfläche *Tag* können Sie eine andere Kalenderansicht mit einem oder mehreren Tagen auswählen. Ihnen stehen weitere Kalenderansichten wie *Woche*, *Arbeitswoche* oder *Monat* zur Auswahl zur Verfügung. Je nach Auswahl der Ansicht können Sie unterhalb des Menübands in den Wochen oder Monaten sowie in der Monatsansicht in die vergangenen und zukünftigen Monate, in der Wochenansicht in die vergangenen und zukünftigen Wochen und in der Tagesansicht in den vorherigen oder nächsten Tag navigieren. Über die Schaltfläche *Heute* gelangen Sie immer schnell zum aktuellen Tag zurück. Wenn Sie Ihren eigenen Kalender einblenden und zusätzlich einen oder weitere Kalender, werden diese überlappend angezeigt. Mit der Schaltfläche *Geteilte Ansicht* lassen Sie die Kalender nebeneinander anzeigen.

Abb. 7.26 Das Menüband und die einzelnen Schaltflächen

7.6.2 Der linke Kalender-Navigationsbereich

Blenden Sie Kalenderwochen ein, damit Sie sie in der Navigation sehen.

Über den linken Bereich können Sie navigieren; Ihnen steht dafür der sogenannte Datumsnavigator, der kleine Monatskalender, zur Verfügung. Über den Datumsnavigator springen Sie direkt zu einem bestimmten Datum, wenn Sie auf einen Tag klicken. Über die Schaltflächen *Nach oben* und *Nach unten* navigieren Sie in die vergangenen oder in die zukünftigen Monate. Im unteren Bereich der Navigation finden Sie immer Ihren persönlichen Kalender, der standardmäßig ausgewählt wird und dessen Inhalte auf der rechten Seite des Fensters dargestellt werden. Darunter finden Sie den Feiertags- und Geburtstagskalender, die automatisch in Outlook im Web erstellt werden, sowie Kalender aus den Microsoft 365-Gruppen. Durch das Auswählen eines anderen Kalenders wie beispielsweise des Feiertagskalenders werden Ihnen die Feiertage zusammen neben Ihrem persönlichen Kalender angezeigt. Sie können den eigenen und den Feiertagskalender auch nebeneinander anzeigen lassen, verwenden Sie dafür die Schaltfläche *Geteilte Ansicht* im Menüband. Möchten Sie den Fokus auf den Kalenderinhalt festlegen, klicken Sie auf die Schaltfläche *Navigationsbereich ausblenden* (siehe Abbildung 7.27).

Abb. 7.27
Sie können den Navigationsbereich ausblenden.

7.6.3 Zeitzone festlegen oder ändern

Es kommt vereinzelt vor, dass die Zeitzone nicht richtig eingestellt ist. Falls Sie sie ändern möchten, können Sie das direkt in den Einstellungen vornehmen.

Sie können die Kalendereinstellungen auch in der Teams-App im Kalender vornehmen.

1. Klicken Sie auf das Zahnrad-Symbol, um die Einstellungen zu öffnen.
2. Wählen Sie in der Kategorie *Kalender* und in der Unterkategorie *Ansicht* im Bereich *Zeitzonen* die richtige Zeitzone aus.
3. Falls Sie sich selbst oder Ihre Teamkolleginnen oder Teamkollegen in mehreren Zeitzonen aufhalten, können Sie auch weitere Zeitzonen hinzufügen und diese dann im Kalender zusätzlich anzeigen lassen (siehe Abbildung 7.28). Sie müssen jedoch die Tages- oder eine der Wochenansichten auswählen. Wenn Sie eine Besprechung organisieren, können Sie im Besprechungsformular die jeweilige Zeitzone wählen und anzeigen lassen und damit Ihren Besprechungstermin besser planen.
4. Zum Schließen des Einstellungsmenüs klicken Sie auf die Schaltfläche *Schließen*, Ihre Einstellungen werden direkt übernommen.

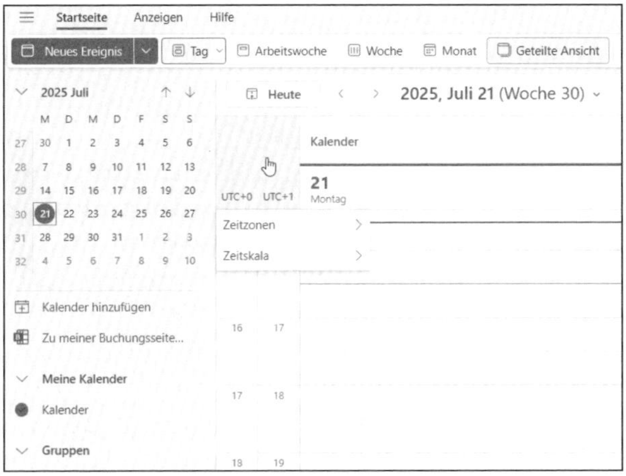

Abb. 7.28
Durch einen Klick auf die Zeitzonen gelangen Sie über die Auswahl *Zeitzonen* in die Zone und in die Einstellungen für die Zeitzonen.

7.6.4 Arbeitszeiten und Arbeitsorte festlegen

Prüfen Sie immer den Arbeitsort von Personen, die Sie zur Präsenzbesprechung einladen möchten.

Vielleicht arbeiten Sie nicht ganztägig oder innerhalb einer Arbeitswoche in verschiedenen Schichten. Sie können diese unterschiedlichen Arbeitszeiten in den Kalenderoptionen festlegen. Auch Ihren Arbeitsort, ob Sie im Büro oder auswärts (Remote) beim Kunden oder im Homeoffice arbeiten, können Sie an dieser Stelle für die gesamte Arbeitswoche angeben. Somit sehen Ihre Kolleginnen und Kollegen, wo sie Sie erreichen können. Die Einstellungen, die Sie vornehmen, bleiben so lange bestehen, bis Sie sie ändern. Das bedeutet, dass sich die Einträge für die Arbeitszeiten und die Arbeitsorte jede Woche wiederholen werden.

1. Öffnen Sie Outlook im Web.
2. Klicken Sie auf das Zahnrad-Symbol, um die Einstellungen zu öffnen.
3. Wechseln Sie in die Kategorie *Kalender* und wählen Sie die Unterkategorie *Arbeitszeiten und Standort* aus.
4. Wählen Sie zunächst die Wochentage, an denen Sie arbeiten, aus (siehe Abbildung 7.29).

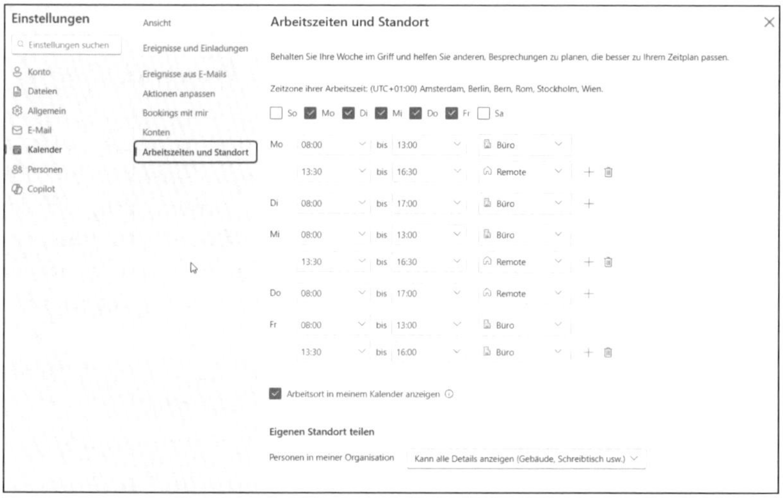

Abb. 7.29 In diesem Beispiel wird zu unterschiedlichen Zeiten an verschiedenen Orten gearbeitet.

5. Legen Sie fest, in welcher Zeit Sie an den jeweiligen Wochentagen arbeiten, und wählen Sie den Standort aus, wo Sie tätig sein werden.
6. Für den Fall, dass Sie zum Beispiel vormittags im Büro und nachmittags im Homeoffice arbeiten, können Sie hinter den Standort auf das Pluszeichen klicken, um diese Zeitangaben und den Standort festzulegen.
7. Aktivieren Sie das Kontrollkästchen, dass die Arbeitsorte in Ihrem Kalender angezeigt werden.
8. Scrollen Sie weiter nach unten und legen Sie im Bereich *Eigenen Standort teilen* fest, ob unternehmensinterne Personen Ihren Standort sehen dürfen.
9. Prüfen Sie Ihre Eingaben und speichern Sie sie. Die Informationen zu Ihren Arbeitszeiten sind sehr wichtig für Ihre Kolleginnen und Kollegen, gerade dann, wenn Sie mit Ihnen zusammen Termine planen wollen. Auf der jewei-

ligen Profilkarte in Teams (siehe Abbildung 7.30) oder in Outlook in der Visitenkarte (siehe Abbildung 7.31) werden die Arbeitszeit und der Arbeitsort angezeigt.

Auch in Teams können Sie die Arbeitszeiten und Arbeitsorte festlegen. Wenn Sie in den Outlook-Einstellungen die Arbeitsorte wie in Abbildung 7.29 in Ihrem Kalender einstellen, werden Ihnen diese Informationen auch im Teams-Kalender angezeigt. Sie finden die Einstellungen für die Arbeitszeiten und Arbeitsorte, wenn Sie auf das Symbol *Büro* oder *Remote* in Ihrem Teams-Kalender klicken.

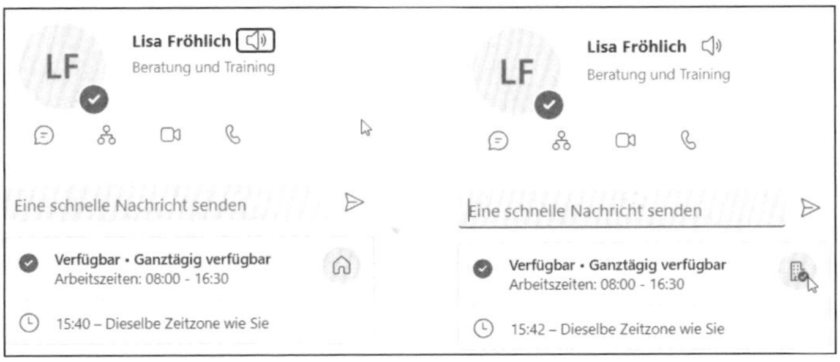

Abb. 7.30 Zweimal die Profilkarte von Lisa: Einmal befindet sie sich im Homeoffice und einmal im Büro. Ihre Arbeitszeiten werden ebenfalls in der Profilkarte in Teams angezeigt.

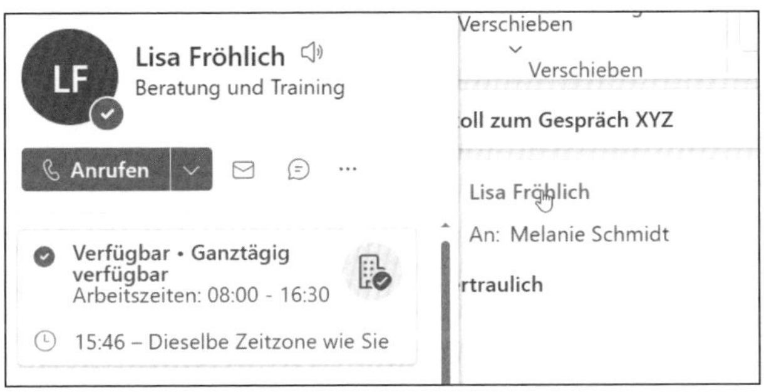

Abb. 7.31 Die Visitenkarte in Outlook im Web beim Zeigen auf die E-Mail-Adresse von Lisa. Hier wird angezeigt, dass sie sich im Büro befindet.

7.6.5 Arbeitsorte und Abwesenheiten schnell im Kalender festlegen

Auch im Teams-Kalender können Sie die Arbeitsorte schnell festlegen.

Es kann vorkommen, dass Sie Ihre Arbeitsorte in den Einstellungen von Outlook im Web als Standard festgelegt haben, dann ändert sich aber kurzfristig an einem Tag der Arbeitsort, da Sie länger auswärts unterwegs sind oder einmal länger im Büro bleiben als geplant. Dann können Sie Ihren Arbeitsort schnell im Teams- oder Outlook-Kalender ändern. Genauso kann es vorkommen, dass Sie kurzfristig abwesend sind, jedoch nicht, weil Sie in den Urlaub gehen, sondern zu einem auswärtigen Termin eilen müssen. Auch dafür müssen Sie nicht extra Ihre Abwesenheit in den Einstellungen vornehmen, Sie können kurzfristige Abwesenheiten im Kalender von Teams oder Outlook im Web festlegen.

1. Öffnen Sie den Kalender in Outlook im Web oder in Teams.
2. Wenn Sie Ihre Arbeitsorte in den Einstellungen festgelegt haben, wie in Abschnitt 7.6.4 erklärt, werden Ihnen in der jeweiligen Kalenderansicht hinter dem Datum die Symbole *Remote* oder *Büro* angezeigt (siehe Abbildung 7.32).
3. Klicken Sie auf das entsprechende Symbol. Ihnen werden die Arbeitsorte und -zeiten angezeigt. Sie können auf den Pfeil nach unten hinter dem Eintrag klicken, um den Arbeitsort zu ändern.
4. Möchten Sie eine kurzfristige Abwesenheit eintragen, klicken Sie ebenfalls auf den Pfeil nach unten und wählen *Abwesenheit festlegen* aus. Es öffnet sich ein Dialogfenster (siehe Abbildung 7.33).
5. Schreiben Sie im Feld *Titel hinzufügen* einen Ort oder den Grund, warum Sie abwesend sind. Wenn es sich nicht um einen ganztägigen Termin handelt, deaktivieren Sie die Option *Ganztägig* und tragen Sie die Uhrzeiten ein.
6. Prüfen Sie Ihre Eingaben und bestätigen Sie mit einem Klick auf die Schaltfläche *Speichern*.

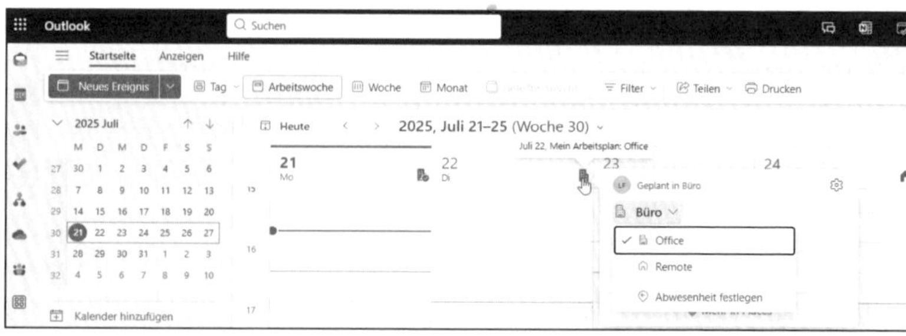

Abb. 7.32 Sie können den Arbeitsort kurzfristig im Outlook- und im Teams-Kalender umstellen. Oben sehen Sie das Zahnradsymbol, um schnell in die Einstellungen zu gelangen.

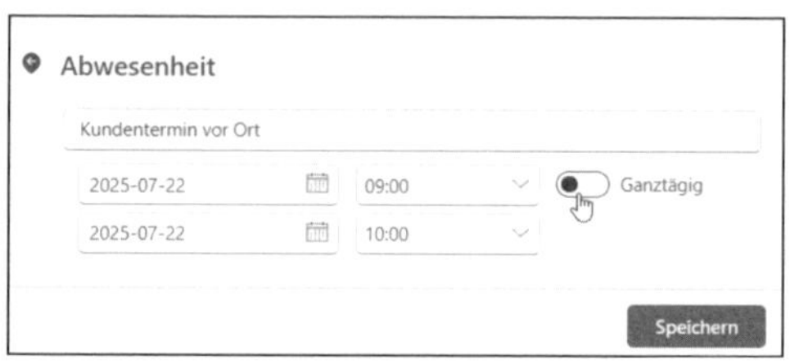

Abb. 7.33 Deaktivieren Sie die Option *Ganztägig*, wenn es sich um einen Termin handelt.

7.6.6 Kalenderwochen einblenden

Möchten Sie die Kalenderwochen im Datumsnavigator oder in der Monatsansicht einblenden lassen, gehen Sie wie folgt vor:

1. Öffnen Sie den Kalender in Outlook im Web.
2. Klicken Sie auf das Zahnrad-Symbol, um die Einstellungen zu öffnen.
3. Wechseln Sie gegebenenfalls in die Kategorie *Kalender* und in die Unterkategorie *Ansicht*.
4. Im Bereich *Kalenderdarstellung* aktivieren Sie das Kontrollkästchen *Kalenderwochen anzeigen*.

5. Legen Sie bei Bedarf fest, wann Ihre erste Kalenderwoche des Jahres beginnen soll.
6. Klicken Sie unten im Fenster auf die Schaltfläche *Speichern*.
7. Schließen Sie die Einstellungen und aktualisieren Sie den Browser. Im Datumsnavigator und in der Kalenderansicht werden Ihnen jetzt die Kalenderwochen angezeigt.

7.7 Terminplanung mit dem Kalender

Der Outlook- und der Teams-Kalender bieten Ihnen die Möglichkeit, Termine und Ereignisse einzutragen und festzuhalten. Sie können persönliche und geschäftliche Termine erfassen. Mithilfe des Kalenders lassen sich Termine mit unternehmensinternen Personen planen und organisieren. Durch die Freigaben von Kalenderinformationen der Kollegen können Sie schnell einen geeigneten Termin für ein gemeinsames Vorhaben planen und damit Besprechungsanfragen senden.

Der Outlook-Kalender wird auch in Teams angezeigt.

7.7.1 Kalenderinformationen und -berechtigungen freigeben

Um gemeinsame Termine mit Ihren Kollegen zu finden und zu organisieren, ist es sehr wichtig, dass Sie Ihre Termine im jeweiligen Kalender eintragen und pflegen. Damit stellen Sie auf der einen Seite sicher, dass wichtige Termine, zum Beispiel mit Kunden, nicht in Vergessenheit geraten, auf der anderen Seite können Sie durch die Kalendereinträge schnell freie Zeiten für einen gemeinsamen Termin mit Ihren Teamkollegen finden. Sie können bei jedem Kalendereintrag einen Status festlegen, der anderen anzeigt, ob Sie beschäftigt, abwesend, außer Haus oder frei verfügbar sind. Auch Microsoft Teams verwendet Ihren Kalenderstatus, um den Präsenzstatus in Ihrem Profil anzuzeigen. Die Angaben im Kalender sind also nicht nur für eine schnelle Terminfindung von großer Bedeutung. Der jeweilige Status bei einem Termin kann jedoch nur von anderen gesehen werden, wenn Sie Ihren Outlook-Kalender für genau diesen Zweck freigeben.

Fragen Sie Ihre IT-Abteilung, welche Kalenderberechtigungen standardmäßig eingestellt sind.

Sie können entscheiden, wie viele Details zu einem Termin für andere unternehmensinterne Personen einsehbar sind. Es besteht auch die Möglichkeit, Ihren Kalender für eine andere Person so freizugeben, dass diese berechtigt ist, Einträge in Ihrem Kalender vorzunehmen, zu ändern oder zu löschen. Sie können den Kalender auch für Ihre Stellvertretung freigeben, sodass jemand anders in Ihrem Namen Besprechungen planen und organisieren kann. Folgende Schritte sind notwendig, um Ihre freien und gebuchten Zeiten für eine andere Person freizugeben:

Geben Sie nicht mehr Informationen frei, als Sie es für richtig halten.

1. Öffnen Sie den Kalender in Outlook im Web.
2. Klicken Sie im Menüband auf die Schaltfläche *Teilen* und wählen Sie *Kalender* aus.

3. Im unteren Bereich des Dialogfensters legen Sie die jeweilige Berechtigung für alle unternehmensinternen Personen fest. Damit Ihre Kolleginnen und Kollegen Sie einplanen können, prüfen Sie unten im Dialog, ob im Bereich *Innerhalb Ihrer Organisation* die Berechtigung *Kann anzeigen, wann ich beschäftigt bin* ausgewählt ist (siehe Abbildung 7.34), falls nicht, sollten Sie diese Informationen freigeben, damit eine schnelle Planung mit Ihnen möglich ist. Falls Sie es wirklich wünschen, dass eine andere Person mehr oder alle Details zu allen Terminen und Ereignissen in Ihrem Kalender einsehen darf, können Sie im oberen Bereich eine weitere Person hinzufügen und die Berechtigung für diese eine Person festlegen. Sie können auch eine Stellvertretung festlegen, dabei handelt es sich jedoch nicht um die Urlaubsvertretung. Ihre Stellvertretung kann in Ihrem Namen Termine und Ereignisse organisieren und planen und zusätzlich Ihren Kalender mit allen Informationen verwalten.

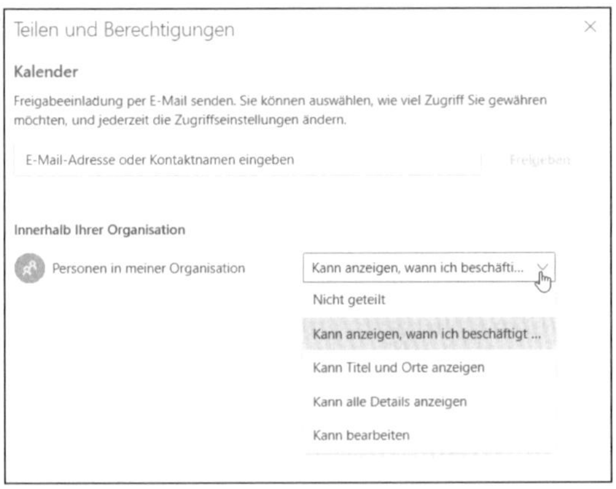

Abb. 7.34
Das Dialogfenster für die Freigabe der freien und gebuchten Zeiten

7.7.2 Einen Termin oder ein Ereignis erstellen

Ereignisse werden immer oben im Kalender angezeigt, während Termine in der Zeitplanansicht zu sehen sind.

Der Kalender unterscheidet zwischen einem Termin und einem Ereignis. Während ein Termin in einem bestimmten Zeitfenster zum Beispiel von 10:00 bis 12:00 Uhr stattfindet, ist ein Ereignis immer ganztägig, zum Beispiel ein Geburts- oder Jahrestag. Beim Anlegen eines Termins wird Ihr Status im Kalender auf *Beschäftigt* gesetzt, während der Status bei einem Ereignis auf *Verfügbar* gesetzt wird. Um einen Termin oder ein Ereignis zu erstellen, gehen Sie folgendermaßen vor:

1. Klicken Sie direkt im Kalender auf einen Tag in der Monats- oder Arbeitswochenansicht oder eine bestimmte Zeit in der Wochen- und Tagesansicht.
2. Öffnen Sie das gesamte Formular. Klicken Sie dafür auf den Link *Weitere Optionen*.
3. Schauen Sie oben im Menüband auf die Schaltfläche *Beschäftigt* (siehe Abbildung 7.35). Da der Kalender davon ausgeht, dass Sie einen Termin planen möchten, wird der Status automatisch auf *Beschäftigt* gesetzt. Wenn Sie die

Schaltfläche *Ganztägig* aktivieren, wird der Status im Menüband auf *Frei* gesetzt, da es sich um ein Ereignis handelt. Deaktivieren Sie die Schaltfläche *Ganztägig* wieder. Klicken Sie auf die Schaltfläche *Beschäftigt*.

Abb. 7.35
Die Schaltfläche *Beschäftigt*, um einen Status in einem Termin oder Ereignis festzulegen

- Wählen Sie den Status *Frei*, wenn Sie sich beispielsweise über Outlook an einen Termin erinnern lassen möchten, aber für das Team zur Verfügung stehen.
- Der Status *An einem anderen Ort tätig* sagt aus, dass Sie außerhalb des Unternehmens tätig sind.
- Den Status *Mit Vorbehalt* wählen Sie aus, wenn Sie beispielsweise einen Termin geplant haben, aber dieser von anderen Kollegen oder vom Kunden noch nicht bestätigt wurde.
- Den Status *Beschäftigt* verwenden Sie auch als Zeitblocker.
- Der Status *Abwesend* bedeutet, dass Sie sich nicht im Unternehmen oder Homeoffice befinden und nicht erreichbar sind.

4. Im Eingabefeld *Titel* schreiben Sie den Titel für den Termin oder das Ereignis.
5. Klicken Sie vor dem Titel auf die Schaltfläche *Ereignissymbol*, dargestellt mit dem blauen Punkt, um ein Symbol hinzuzufügen (siehe Abbildung 7.36). Dieses wird später im Kalender neben dem Termin angezeigt.

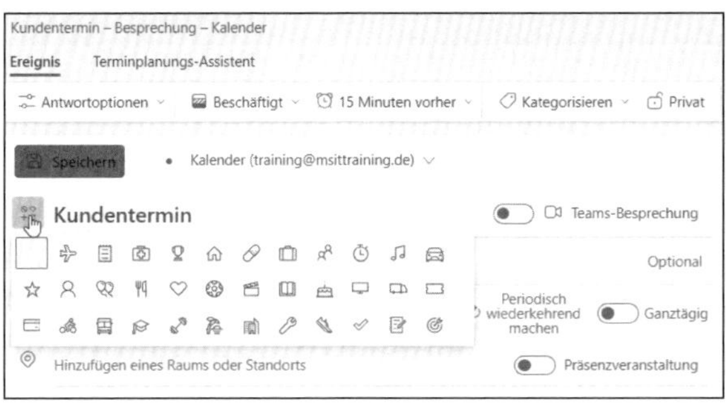

Abb. 7.36
Sie können über die Schaltfläche *Ereignissymbol* ein Symbol für den Termin oder das Ereignis hinzufügen.

6. Wenn es sich um ein Ereignis handelt, klicken Sie auf den Schalter *Ganztägig*. In diesem Fall verändert sich die Datums- und Uhrzeit-Zeile.
7. Möchten Sie einen Termin eingeben, wählen Sie stattdessen eine Startuhrzeit für den Termin aus. Sie können die Uhrzeit auch manuell eingeben.

8. Legen Sie die Zeit fest, bis wann der Termin stattfindet. Handelt es sich um einen mehrtägigen Termin, aktivieren Sie die Schaltfläche *Ganztägig* und wählen Sie im Drop-down-Menü den Befehl *Benutzerdefiniert* sowie den Tag aus, wann der mehrtägige Termin endet. Deaktivieren Sie wieder die Schaltfläche *Ganztägig* und wählen Sie die Uhrzeit aus, wann der mehrtägige Termin endet.

Fragen Sie Ihre IT-Abteilung, falls bei Ihnen die Bing-Map nicht abrufbar ist.

9. Klicken Sie in das Eingabefeld für *Ort hinzufügen* und geben Sie die Anschrift ein, falls der Termin außerhalb stattfindet. Unter Umständen werden Sie gefragt, ob Outlook Ihren Standort verwenden darf. Wenn Sie Ihren Standort freigeben, können Sie die integrierte Wegbeschreibung und Bing-Map verwenden (siehe Abbildung 7.37). Sobald Sie einen Ort ausgewählt und hinzugefügt haben und anschließend mit der Maus darauf zeigen, öffnet sich eine Visitenkarte. In der Visitenkarte werden Ihnen die Wegbeschreibung und, wenn vorhanden, sämtliche Kontaktinformationen angeboten. In Verbindung mit Microsoft 365-Festnetztelefonie können Sie über die Visitenkarte direkt einen Audioanruf starten, wenn eine Telefonnummer hinterlegt ist.

Abb. 7.37
Wenn Sie auf den Ort zeigen, können Sie über die Visitenkarte eine Wegbeschreibung, Kontaktinformationen und die Karte abrufen.

10. Wenn es sich um einen regelmäßigen Termin oder ein regelmäßiges Ereignis handelt, können Sie an dieser Stelle einen Serientermin erstellen. Klicken Sie bei *Periodisch wiederkehrend machen* auf den Drop-down-Pfeil und wählen Sie aus, wann sich der Termin oder das Ereignis wiederholen wird.
11. Legen Sie über die Schaltfläche *15 Minuten vorher* oben im Menüband fest, ob und wann Sie an diesen Termin erinnert werden möchten. Wenn Sie die mobile Outlook-App auf dem Smartphone installiert haben, werden Sie auch dort an den Termin erinnert.
12. Prüfen Sie Ihre Angaben und speichern Sie Ihre Einträge. Der Termin wird in Ihren Kalender eingetragen.

7.7.3 Einen Termin oder ein Ereignis ändern oder löschen

Wenn sich Informationen oder die Zeiten zu einem Termin oder einem Ereignis ändern, können Sie den jeweiligen Eintrag bearbeiten. Findet der Termin nicht mehr statt, können Sie ihn löschen.

1. Öffnen Sie Ihren Kalender in Outlook im Web.
2. Suchen Sie den Termin, den Sie ändern oder löschen möchten.

3. Klicken Sie den Termin einmal an. Es öffnet sich das Termin-Formular.
4. Klicken Sie auf die Schaltfläche *Bearbeiten*, um den Eintrag zu ändern, oder auf *Löschen*, um ihn zu löschen.
5. Wenn Sie den Termin nicht gelöscht, sondern geändert haben, klicken Sie auf *Speichern*, um die Änderungen im Kalender zu übernehmen.

7.7.4 Eine Besprechung planen

Eine Terminplanung zu organisieren, setzt voraus, dass Sie und Ihre Kolleginnen und Kollegen Ihre Termine in Outlook oder in Teams pflegen. Zusätzlich ist es für die Terminfindung wichtig, dass alle Beteiligten, am besten alle Personen im Unternehmen, ihre Outlook-Kalender so weit freigeben, dass jeder die Informationen über ihre Ab- oder Anwesenheit sehen kann.

Prüfen Sie die freien und gebuchten Zeiten Ihrer Kolleginnen und Kollegen und prüfen Sie die Arbeitsorte, wo sich die Personen befinden.

1. Öffnen Sie Ihren Kalender in Outlook im Web.
2. Doppelklicken Sie auf den Tag oder die Zeit, für die Sie die Besprechung planen möchten.
3. Geben Sie einen Titel ein und wählen Sie gegebenenfalls ein Ereignissymbol aus.
4. Um die gewünschten Besprechungsteilnehmer auszuwählen, klicken Sie in das Feld *Teilnehmer einladen*. Hier werden Ihnen Personen und Microsoft 365-Gruppen vorgeschlagen, die Sie nicht übernehmen müssen. Geben Sie von unternehmensinternen Personen den Vor- oder den Nachnamen ein. Es erfolgt eine Auflistung an Vorschlägen, die mit dem von Ihnen eingegebenen Namen übereinstimmen. Die Auflistung stammt aus Ihrem internen Adressverzeichnis des Unternehmens. Suchen und wählen Sie die gewünschten Teilnehmer nacheinander aus. Möchten Sie unternehmensexterne Personen einladen, schreiben Sie ihre genauen E-Mail-Adressen ebenfalls in das Feld *Teilnehmer einladen*.
5. Möchten Sie Teilnehmer einladen, deren Anwesenheit an der Besprechung nicht zwingend erforderlich ist, können Sie diese über die Schaltfläche *Optional* hinzufügen.
6. Prüfen Sie das Datum und die Uhrzeit für den Termin und ändern Sie sie, falls sie nicht Ihrem Terminwunsch entsprechen.
7. Im rechten Fensterbereich sehen Sie nun, ob es zu Terminüberschneidungen mit anderen Terminen von Ihnen und den eingeladenen Teilnehmern kommt (siehe Abbildung 7.38). Hier wird jetzt auf die freien und gebuchten Zeiten zugegriffen, und Sie können schnell feststellen, ob es an dem von Ihnen gewünschten Tag und zu der Uhrzeit für alle eingeladenen internen Personen möglich wäre, am Termin teilzunehmen. Da Sie keinen Zugriff auf Informationen von unternehmensexternen Personen besitzen, sehen Sie bei ihnen nur ein Fragezeichen. Falls es Terminüberschneidungen gibt, kommen Sie in den nächsten Schritten dazu, einen passenderen Termin zu finden.

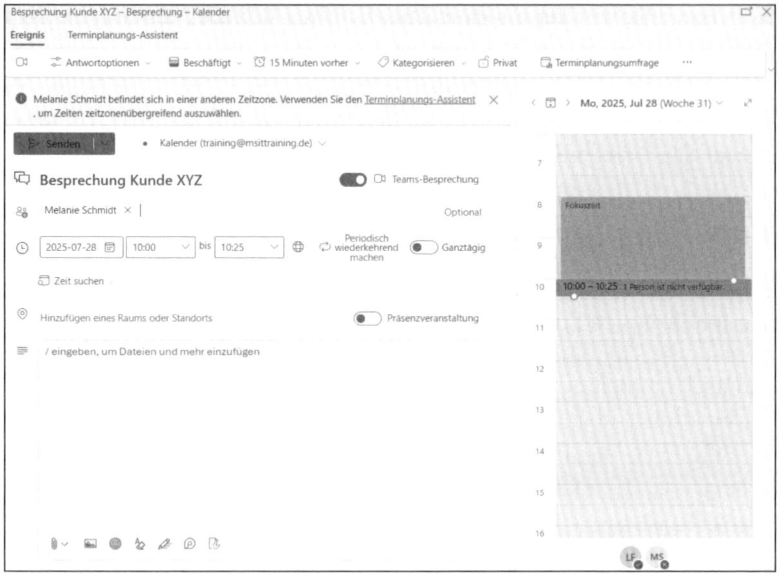

Abb. 7.38 Terminüberschneidungen und die jeweiligen Verfügbarkeiten werden im rechten Fensterbereich angezeigt. Hier gibt es eine Terminüberschneidung.

8. Sind Ihre Besprechungsräume von der Administration als Raumressourcen erfasst und hinterlegt, können Sie einen Besprechungsraum auswählen. Klicken Sie dafür in das Feld *Hinzufügen eines Raums oder Standorts*. Kennen Sie die Raumnamen nicht, klicken Sie auf den Eintrag + *Weitere Orte durchsuchen*. Sie gelangen in die Auswahlliste aller Besprechungsräume Ihres Unternehmens. Wählen Sie einen Raum aus und schließen Sie die Raumsuche.
9. Unterhalb des Datums und der Uhrzeit wird die Schaltfläche *Zeit suchen* angezeigt, wenn es Terminüberschneidungen gibt und Sie das System nach einem geeigneten Termin prüfen lassen möchten. Werden unmittelbar im näheren Zeitraum ein oder mehrere freie Zeiten gefunden, schlägt das System diese vor und Sie können eine Zeit auswählen.
10. Sie können auch eigenständig prüfen, wo es offene Zeitslots gibt. Klicken Sie oben in das Register *Terminplanungs-Assistent*, um einen geeigneten Termin zu finden.
11. Im Terminplanungs-Assistenten sehen Sie die freien und gebuchten Zeiten Ihrer Kolleginnen und Kollegen. Sie können hier freie Zeiten sehen und eine andere Zeit durch direktes Klicken auswählen. Im unteren Fensterbereich sehen Sie die Legende, sodass Sie die Farben der freien und gebuchten Zeiten richtig deuten können. Wählen Sie gegebenenfalls einen anderen Tag aus, an dem es keine Terminüberschneidungen gibt.
12. Klicken Sie in das Register *Ereignis* und wählen Sie aus, ob und wann Sie und die Teilnehmer an den Termin erinnert werden sollen. Klicken Sie dafür auf den Drop-down-Pfeil bei *15 Minuten vorher*.
13. Schreiben Sie im Textfeld */ eingeben, um Dateien und mehr anzuzeigen* einen Nachrichtentext und fügen Sie weitere Informationen hinzu, die für die Besprechung von Bedeutung sind.

14. Legen Sie zum Schluss über die jeweilige Schaltfläche fest, ob es sich um eine Teams-Besprechung und/oder eine Präsenzveranstaltung handelt.
15. Prüfen Sie noch einmal Ihre Eingaben und klicken Sie auf die Schaltfläche *Senden*, damit die Besprechungsanfrage per E-Mail gesendet wird. Die Teilnehmer erhalten nun eine E-Mail-Nachricht mit der Besprechungsanfrage.

Falls bei Ihnen häufig Onlinetermine direkt hintereinander stattfinden, können Sie in den Kalendereinstellungen die Dauer für alle Ereignisse kürzen. So bleiben Ihnen zwischen den Terminen, die kürzer als eine Stunde dauern, fünf Minuten und bei Terminen, die eine Stunde oder länger dauern, zehn Minuten Zeit, um sich für den nächsten Termin bereit zu machen. Sie können die Länge der kleinen Pausen zwischen den Terminen auch kürzer oder länger bestimmen. Navigieren Sie in den Kalendereinstellungen über das Zahnrad-Symbol in die Kategorie *Ereignisse und Einladungen* und aktivieren Sie das Häkchen bei *Dauer für alle Ereignisse kürzen*. Wählen Sie *Ereignisse frühzeitig beenden* und die Minuten aus, um die Sie Ihre Besprechungen kürzen möchten. Sie erhalten außerdem während der Besprechung eine Benachrichtigung, wenn es auf das Ende zugeht.

7.7.5 Eine Besprechungsanfrage annehmen oder ablehnen

In Outlook erhalten Sie Besprechungsanfragen per E-Mail und können zu- und absagen oder mit Vorbehalt reagieren. Solange Sie den Termin nicht absagen, wird er in Ihrem Outlook- und Teams-Kalender angezeigt. In Teams werden Sie ebenfalls im Aktivitäten-Feed über neue Besprechungsanfragen informiert und können auch dort die Anfrage annehmen, ablehnen oder unter Vorbehalt zusagen. Wie Sie direkt in der E-Mail-Nachricht auf eine Einladung antworten können, lesen Sie hier:

Einladungen sollten immer angenommen oder abgelehnt werden, um eine gute Planung zu ermöglichen.

1. Öffnen Sie Ihren Posteingang in Outlook im Web.
2. Lassen Sie sich die E-Mail mit einer Besprechungsanfrage im Lesebereich oder im neuen Fenster anzeigen (siehe Abbildung 7.39).

Abb. 7.39 Sie können zu- oder absagen oder eine andere Zeit vorschlagen. Über das Menü können Sie dem Organisator antworten.

3. Bevor Sie zu- oder absagen, können Sie dem Besprechungsorganisator eine persönliche Nachricht zukommen lassen, in der Sie sich kurz für die Einladung bedanken oder in der Sie gegebenenfalls mitteilen, warum Sie absagen müssen. Klicken Sie dafür auf das Menü *Weitere Aktionen*, dargestellt mit den drei Punkten, und wählen Sie die Aktion *Dem Organisator antworten*. Geben Sie dann Ihren Nachrichtentext ein und senden Sie ihn mit einem Klick oben auf die Schaltfläche *Senden*.

4. Im unteren Teil der E-Mail-Nachricht finden Sie drei Schaltflächen. Sie haben folgende Möglichkeiten, zu antworten:
   - Klicken Sie auf *Annehmen*, wenn Sie der Besprechung zusagen möchten. In dem Fall erhält der Besprechungsorganisator eine Nachricht über Ihre Zusage. Bei Ihnen wird die E-Mail im Posteingang gelöscht und der zugesagte Termin wird in Ihrem Outlook- und Ihrem Teams-Kalender eingetragen.
   - Klicken Sie auf die Schaltfläche *Ablehnen*, wenn Sie nicht an der Besprechung teilnehmen können. Der Besprechungsorganisator erhält eine Nachricht über Ihre Absage. Bei Ihnen wird die E-Mail im Posteingang gelöscht.
   - Klicken Sie auf die Schaltfläche *Weitere Aktionen*, dargestellt mit den drei Punkten, und wählen Sie *Unter Vorbehalt*, wenn Sie nicht sicher sind, ob Sie es zeitlich schaffen, teilzunehmen. Der Besprechungsorganisator erhält eine Nachricht über Ihre Zusage mit Vorbehalt. Bei Ihnen wird die E-Mail im Posteingang gelöscht und der unter Vorbehalt zugesagte Termin wird in Ihrem Outlook- und Ihrem Teams-Kalender eingetragen.
   - Sie können auch eine andere Zeit vorschlagen, wenn Ihnen der Termin in der Anfrage überhaupt nicht zusagt.

Besprechungsanfragen, die Sie organisiert haben, können Sie in Ihrem Kalender öffnen, um zu sehen, wer zu- und abgesagt hat.

Besprechungsanfragen werden Ihnen auch in Teams im Bereich *Aktivität* angezeigt, wenn Sie die Benachrichtigungseinstellungen in Teams nicht verändert haben. So können Sie auch in Teams der Besprechung zusagen, ablehnen oder unter Vorbehalt zusagen.

Wenn Sie beispielsweise regelmäßige Serientermine für Besprechungen organisieren, sind Sie der Besprechungsorganisator und nur Sie können die Termine ändern oder absagen. Sprechen Sie mit Ihrer IT-Abteilung, ob es in Ihrem Hause eine Lösung dafür gibt. Sie könnten Ihren Kalender für jemand anders freigeben, damit stets jemand in der Lage ist, die Termine für Sie zu organisieren, sollte der Serientermin auch während Ihrer Abwesenheit stattfinden. Alternativ könnte auch ein weiteres Microsoft 365-Konto angelegt werden, das von verschiedenen Mitarbeiterinnen und Mitarbeitern nur für die Besprechungsorganisation verwendet werden darf. Somit hätten dann verschiedene Personen Zugriff und könnten die Besprechungen steuern.

7.7.6 Eine Besprechungsanfrage ändern

Wenn sich ein Besprechungstermin ändert, brauchen Sie keinen neuen Termin zu erstellen. Öffnen Sie den vorhandenen Termin im Kalender und ändern Sie im Formular die Zeiten ab. Sie können dann eine Aktualisierung an alle Teilnehmer senden. Die Aktualisierung kann von den Teilnehmern erneut zu- und abgesagt werden.

7.7.7 Besprechungsanfragen mit dem Smartphone erstellen

Mit den mobilen Apps von Outlook können Sie Besprechungsanfragen unterwegs erstellen oder auf eine Anfrage reagieren. Für das Erstellen und das Zu- und Absagen von Besprechungsanfragen mit dem Smartphone sollten Sie die aktuelle Outlook-App verwenden.

1. Öffnen Sie die mobile Outlook-App auf dem Smartphone.
2. Wechseln Sie über die Navigation unten im Display auf den *Kalender*.
3. Klicken Sie auf die Schaltfläche mit dem Pfeil nach oben und wählen *Neuer Termin* aus. Geben Sie einen aussagekräftigen Titel für die Besprechung ein (siehe Abbildung 7.40).

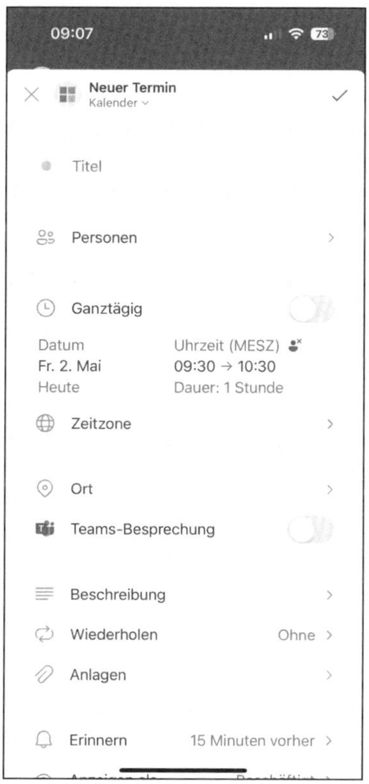

Abb. 7.40
Ein Teil des Formulars zum Erstellen eines Termins oder einer Besprechungsanfrage mit dem iPhone

4. Tippen Sie auf den Eintrag *Personen* und wählen Sie aus den Vorschlägen die Kontakte nacheinander aus. Geben Sie ansonsten die Namen und E-Mail-Adressen derjenigen ein, die Sie zur Besprechung einladen möchten.
5. Wählen Sie die Uhrzeiten aus, wann die Besprechung starten und enden soll.
6. Tippen Sie den Ort für die Besprechung ein. Sie können den Ort später auch als Wegbeschreibung verwenden, wenn Sie den Kalendereintrag auf dem Smartphone öffnen. Wenn Ihre IT-Abteilung Besprechungsräume eingepflegt hat, können Sie auch einen Besprechungsraum auswählen.
7. Aktivieren Sie *Teams-Besprechung*, wenn es sich um eine Onlinebesprechung handelt und Sie und Ihre Teilnehmenden einen Besprechungslink benötigen.
8. Fügen Sie gegebenenfalls eine Beschreibung für die Besprechung hinzu, indem Sie auf das Feld *Beschreibung* tippen. Bestätigen Sie Ihre Eingabe und tippen Sie oben rechts im Display auf den Haken.
9. Falls es sich um einen Serientermin handelt, wählen Sie die Schaltfläche *Wiederholen* und legen Sie den Zeitraum fest, wann und wie oft sich der Termin wiederholen soll.
10. Legen Sie fest, ob und wann Sie und die Teilnehmer an den Termin erinnert werden sollen. Tippen Sie dafür auf *Erinnerung*.
11. Übernehmen Sie bei *Anzeigen als* den Eintrag *Beschäftigt*.
12. Prüfen Sie Ihre Eingaben und senden Sie die Besprechungsanfrage durch Tippen auf den Haken oben rechts im Display. Ihre Besprechungsanfrage wird an die eingeladenen Personen versandt und in Ihrem Outlook- und Teams-Kalender eingetragen.

7.7.8 Eine Besprechungsanfrage am Smartphone zu- oder absagen

Sie können eine Besprechungsanfrage auch auf dem Smartphone annehmen oder absagen.

1. Öffnen Sie Outlook auf dem Smartphone.
2. Wechseln Sie in den Posteingang.
3. Öffnen Sie die E-Mail, die eine Besprechungsanfrage enthält, oder tippen Sie direkt auf die kleine Schaltfläche *RSVP* (siehe Abbildung 7.41). RSVP ist die internationale Schreib-/Schriftform aus dem französischen »Répondez s'il vous plaît« und bedeutet übersetzt »Bitte antworten Sie«.
4. Tippen Sie einmal in den Titel der Besprechung, falls Ihnen nicht alle Details angezeigt werden.

Abb. 7.41
Die Schaltfläche *RSVP*, über die Sie eine Besprechung zu- oder absagen können

5. Geben Sie optional eine kurze Nachricht im Feld *Nachricht hinzufügen (optional)* ein, wenn Sie dem Organisator etwas mitteilen möchten (siehe Abbildung 7.42).
6. Tippen Sie auf *Ja*, um an der Besprechung teilzunehmen und zuzusagen. Tippen Sie auf *Vielleicht*, wenn Sie nicht sicher sind, ob Sie teilnehmen können, oder lehnen Sie die Besprechung ab, indem Sie auf *Nein* tippen.

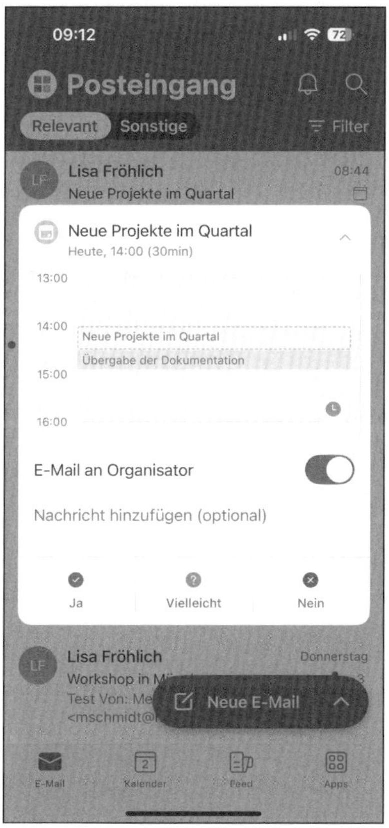

Abb. 7.42
Sie können im Bereich *Nachricht hinzufügen (optional)* eine persönliche Nachricht an den Organisator senden.

7.8 Personen

Verwenden Sie das Modul *Personen* in Outlook, um Kontakte zu pflegen.

Das Modul *Personen* in Outlook im Web bietet Ihnen die Möglichkeit, Ihre persönlichen und geschäftlichen Kontakte in einer oder mehreren Kontaktlisten anzulegen oder aus anderen Microsoft 365-Elementen hinzuzufügen. Sobald Sie Personen angelegt oder gespeichert haben, können Sie schnell über das Modul die E-Mail-Nachrichten und die Dateien, die Sie mit einer Person ausgetauscht haben, abrufen, sodass Sie nicht im Modul *E-Mail* lange nach den Informationen suchen müssen. Wenn Sie Ihre Outlook-Kontakte mit Teams synchronisieren möchten, verwenden Sie dafür keine eigene Kontaktliste, sondern Sie verwenden die Kontaktliste, die in Outlook bereits mit dem Namen *Ihre Kontakte* angelegt ist, und erstellen dort Ihre Kontakte. Zum aktuellen Zeitpunkt (Januar 2026) werden Kontakte, die Sie in Outlook anlegen, verzögert in der Teams-App *Kontakte* angezeigt. Da zum aktuellen Zeitpunkt Outlook beim Anlegen eines Kontakts weitaus mehr Informationen zu einem Kontakt zulässt als Teams, pflegen Sie Ihre Kontakte in Outlook und greifen in Teams darauf zu.

Wenn Sie in der Suchleiste Ihren eigenen Namen eingeben, können Sie auch in Outlook Ihr eigenes Profil bearbeiten. Wenn bei Ihnen die Funktion *Aussprache des Namens* aktiviert wurde, können Sie oben in Ihrer eigenen Profilkarte auf das Mikrofon klicken und Ihren Vor- und Nachnamen aufzeichnen, sodass andere Kolleginnen und Kollegen die Aussprache Ihres Namens anhören können. Klicken Sie im kleinen Dialogfenster auf das Mikrofon-Symbol und sprechen Sie Ihren Namen ein. Beenden Sie die Aufzeichnung und speichern Sie sie. Danach wird oben bei Ihrem Namen ein Lautsprecher-Symbol (siehe Abbildung 7.43) angezeigt, worüber Sie sich die Aufzeichnung anhören und bei Bedarf wiederholen können.

7.8.1 Die Benutzeroberfläche

Um Personen auch in Teams aufzurufen, wählen Sie immer die Liste *Ihre Kontakte* und legen dort die Kontaktinformationen an.

Der Aufbau der Benutzeroberfläche (siehe Abbildung 7.43) des Moduls *Personen* ist ähnlich dem der anderen Module. Sie finden im oberen Bereich die *Suchleiste*, über die Sie innerhalb Ihrer Kontaktlisten nach Inhalten zu Ihren Kontakten suchen können. Direkt darunter befindet sich das Menüband, das Sie auch hier im klassischen oder vereinfachten Modus anzeigen lassen können. Auf der linken Seite finden Sie die Navigation, über die Sie in die verschiedenen Kontaktbereiche *Favoriten*, *Ihre Kontakte*, *Ihre Kontaktlisten*, *Gelöscht* und zum *Unternehmensverzeichnis* navigieren. Sie können für Ihre Kontakte sogenannte Kategorien anlegen und zuweisen. Mit diesen Kategorien können Sie Ihre Kontakte organisieren und schneller finden. Je nachdem, welche Auswahl Sie in der Navigation getroffen haben, sehen Sie im mittleren Fensterbereich die Kontakte und die Inhaltsdetails zu der Person, die ausgewählt ist (siehe Abbildung 7.43).

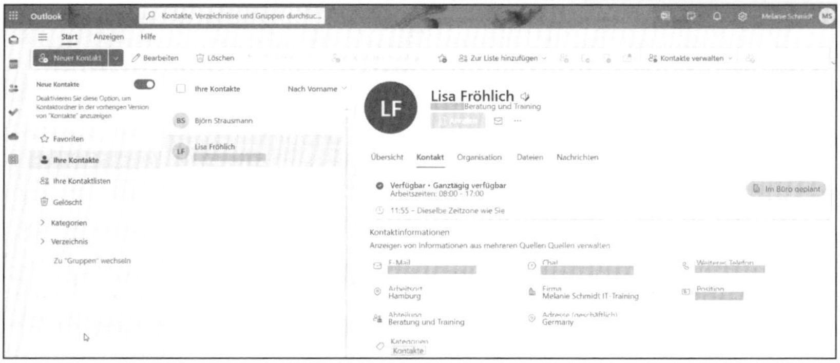

Abb. 7.43 Die Benutzeroberfläche des Moduls *Personen* in Outlook im Web und die Auswahl *Ihre Kontakte*

7.8.2 Die Inhalte der Navigationselemente

In diesem Abschnitt gehe ich ausführlich auf die einzelnen Elemente der Navigation ein. Beachten Sie, dass Microsoft jederzeit weitere Elemente einbringen kann, sodass Ihre Ansicht oder die auswählbaren Elemente etwas abweichen können.

7.8.2.1 Favoriten

Speichern Sie wichtige Personen als Favorit, um sie schnell zu finden.

Immer wenn Sie eine Person in einer Kontaktliste auswählen, werden Ihnen im Menüband Befehle und Aktionen angezeigt, die Sie zum Kontakt ausführen können (siehe Abbildung 7.44). Über die Schaltfläche *Diesen Kontakt zu Ihren Favoriten hinzufügen* werden Ihnen die Kontakte in der Navigation im Bereich *Favoriten* angezeigt. Auch das Hinzufügen von Favoriten über die Visitenkarte einer Person, zum Beispiel im Posteingang, ist möglich (siehe Abschnitt 7.7.3).

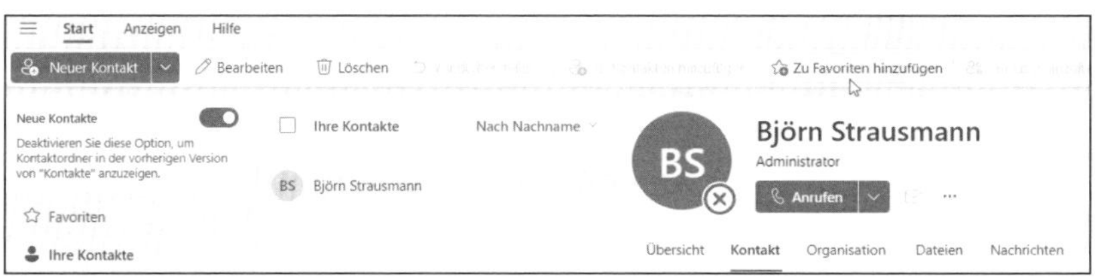

Abb. 7.44 Erst durch das Auswählen eines Kontakts in der Kontaktliste kann die Person zu den Favoriten hinzugefügt werden.

7.8.2.2 Ihre Kontakte

Diese Liste wird mit Teams synchronisiert und steht dort zur Verfügung.

Wenn Sie in der Navigation *Ihre Kontakte* auswählen, werden Ihnen alle einzelnen Kontakte, die Sie in Ihrem Outlook im Web oder in Ihrer Desktop-App angelegt oder gespeichert haben, angezeigt. Kontakte, die Sie hier anlegen und speichern, werden mit der Teams-App *Kontakte* zeitverzögert synchronisiert. Kontakte aus eigenen Kontaktlisten werden nicht mit Teams synchronisiert.

7.8.2.3 Ihre Kontaktlisten

Kontaktlisten eignen sich, wenn Sie eine Gruppe von Personen regelmäßig per E-Mail erreichen möchten.

Mit den Kontaktlisten in Outlook im Web können Sie sogenannte Verteilerlisten erstellen. So können Sie beispielsweise für eine bestimmte Projekt- oder Arbeitsgruppe eine Liste erstellen und alle Beteiligten mit ihren E-Mail-Adressen hinzufügen. Wenn Sie dann eine E-Mail-Nachricht an die Kontaktliste und somit an alle Beteiligten senden möchten, brauchen Sie im Adressfeld der neuen E-Mail nicht mehr alle einzeln hinzuzufügen, sondern nur noch die von Ihnen erstellte Kontaktliste auszuwählen. Beachten Sie jedoch, dass Sie die Liste immer aktuell halten, gerade dann, wenn es Personen gibt, die nicht mehr dem Projekt oder der Arbeitsgruppe angehören, oder wenn neue Personen hinzukommen. Eine bessere Alternative wäre hier die Arbeit in einem Team in Teams, wenn Sie für die Zusammenarbeit mehr als nur E-Mails austauschen möchten. Wie Sie eine Kontaktliste erstellen, lesen Sie in Abschnitt 7.8.7.

7.8.2.4 Gelöscht

Kontakte und Kontaktlisten, die Sie gelöscht haben, werden über die Schaltfläche *Gelöscht* angezeigt.

7.8.2.5 Kategorien

Im Bereich *Kategorien* wird standardmäßig die Kategorie *Kontakte* angezeigt. Diese wird automatisch vom System angelegt. Falls bei Ihnen weitere Kategorien angezeigt werden, haben Sie in Skype for Business eigene Gruppen für das Speichern von Kontakten angelegt, die als Kategorien übernommen wurden. Wenn Sie bereits in der Teams-App *Kontakte* eigene Kategorien angelegt haben, werden sie hier in Outlook angezeigt. Sie können im Bearbeitungsmodus eines Kontakts Kategorien anlegen und dem Kontakt zuordnen. Vorhandene Kategorien lassen sich nicht einfach löschen, solange innerhalb der Kategorie noch Kontakte vorhanden sind. Sie müssen im Bearbeitungsmodus der einzelnen Kontakte die Kategorie entfernen, damit diese gelöscht wird. Zum aktuellen Stand (Januar 2026) bleiben die Kategorienamen in der Navigation in Outlook bestehen, nicht aber in Teams, dort werden sie nicht mehr angezeigt.

7.8.2.6 Verzeichnis

Über den Bereich *Verzeichnis* können Sie auf Adressbücher Ihres Unternehmens zugreifen, die von der Administration angelegt wurden. So können Sie die Verzeichnisse öffnen, Personen auswählen, sie zu Ihrer Kontaktliste hinzufügen und als Favorit festlegen. Wurden in Ihrem Unternehmen Besprechungsräume als Ressourcen über die Administration festgelegt, können Sie sich im Verzeichnis die Räume auflisten und Detailinformationen zu einem Raum abrufen.

7.8.2.7 Zu Gruppen wechseln

Im Bereich *Zu Gruppen wechseln* werden Ihnen entsprechend Ihrer Berechtigungen die Microsoft 365-Gruppen oder SharePoint Online-Teamwebsites dargestellt, in denen Sie als *Mitglied* oder *Besitzer* Zugriffsrechte besitzen.

7.8.3 Einen Kontakt aus der Visitenkarte übernehmen und vervollständigen

Sie können Kontakte über die Schaltfläche *Neuer Kontakt* erstellen. Es ist aber leichter, direkt aus einer E-Mail einen Kontakt zu erstellen, zu vervollständigen und zu speichern. Vergessen Sie an dieser Stelle jedoch nicht die aktuellen Bestimmungen der Datenschutz-Grundverordnung. Lassen Sie sich gegebenenfalls von Ihrem externen Kontakt für die Datenspeicherung ein schriftliches Einverständnis per E-Mail senden.

Auch externe Personen können direkt zu Ihren Kontakten hinzugefügt werden.

1. Wechseln Sie in Ihren Posteingang von Outlook im Web.
2. Klicken Sie oben ins Suchfeld und geben Sie dort einen Namen einer externen Person ein, die Sie zu Ihren Kontakten hinzufügen möchten.
3. Wählen Sie eine vorhandene E-Mail durch einen Klick aus.
4. Verweilen Sie im Lesebereich mit dem Mauszeiger für einen kurzen Moment auf der E-Mail-Adresse des Absenders der Nachricht. Ihnen wird die Visitenkarte zum Kontakt angezeigt (siehe Abbildung 7.45).

Abb. 7.45 Die Visitenkarte des Absenders, über die Sie schnell eine Person zu Ihren Kontakten oder Favoriten hinzufügen können

5. Klicken Sie auf das Menü *Weitere Optionen*, dargestellt mit den drei Punkten.
6. Klicken Sie auf die Option *Zu Kontakten hinzufügen*. Es folgt das Kontaktformular, über das Sie die Informationen zum Kontakt vervollständigen können (siehe Abbildung 7.46).
7. Navigieren Sie im Formular weiter nach unten, um alle Eingabefelder zu sehen.
8. Klicken Sie im unteren Bereich des Formulars auf die Schaltfläche + *[Feld] hinzufügen*, um beispielsweise die Mobil- und Festnetznummern oder eine Kategorie anzulegen und hinzuzufügen.
9. Prüfen Sie alle Eingaben und bestätigen Sie Ihren Eintrag mit einem Klick auf die Schaltfläche *Speichern*. Der Kontakt wird zu Ihren Kontakten im Modul *Personen* hinzugefügt. Wenn Sie Outlook auf dem PC, Mac oder mobil verwenden, wird der Kontakt nun auch in diesen Apps angezeigt. In Teams werden die Kontakte zeitverzögert in der Kontakte-App angezeigt.
10. Wechseln Sie zurück in das Modul *Personen* von Outlook im Web und prüfen Sie den neuen Kontakt.

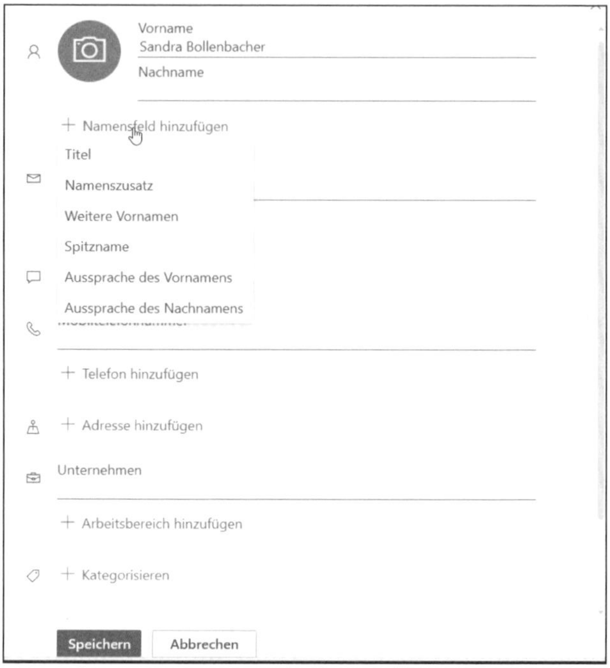

Abb. 7.46 Das unvollständige Kontaktformular mit den Schaltflächen *+ [Feld] hinzufügen*, um mehr Details zu erfassen

Falls die Kontakte in der Teams-Kontakte-App auch zeitverzögert nicht synchronisiert und angezeigt werden, sollten Sie Teams einmal komplett beenden und neu starten.

7.8.4 E-Mails, Teams-Chats und Dateien zu einem Kontakt anzeigen

Suchen Sie nicht lange nach bestimmten Informationen, lassen Sie sich den Kontakt und sämtliche Informationen dazu anzeigen.

Wenn Sie zu einer Kontaktperson Teams-Chats, E-Mail-Nachrichten oder Dateianhänge suchen, können Sie diese ganz einfach über die gespeicherten Kontakte anzeigen lassen. Im Modul *Gruppen* werden Ihnen alle Microsoft 365-Gruppen, in denen Sie als Besitzer oder Mitglied Zugriffsrechte haben, automatisch unter dem Bereich *Gruppen* angezeigt. Die Gruppen im Bereich *Gruppen* und die Personen, die Sie als Kontakt in Ihrem Modul *Personen* gespeichert haben, besitzen wie in der Visitenkarte auch im Kontaktformular die Registerreiter *E-Mail*, *Dateien* und bei den Personen *Nachrichten*. Darüber können Sie schnell alle gewünschten Inhalte abrufen, die Sie suchen.

1. Klicken Sie im Modul *Personen* auf eine Person, die Sie als Kontakt gespeichert haben, oder wählen Sie eine Gruppe aus, in der Sie Mitglieds- oder Besitzerrechte haben.
2. Klicken Sie im rechten Detailbereich auf das Register *E-Mail, Dateien* oder bei einer Person auf *Nachrichten*, um die zugehörigen Informationen wie Chats, E-Mails und Dokumente anzeigen zu lassen und zu öffnen (siehe Ab-

bildung 7.47). Wenn Sie eine Gruppe ausgewählt haben, wird Ihnen das Register *E-Mails* und nicht *Nachrichten* angezeigt.

Abb. 7.47
Der Detailbereich zu einem Kontakt. Über die Register *Nachrichten* oder *Dateien* können Sie schnell Informationen wiederfinden.

7.8.5 Weitere Interaktionen mit Kontakten

Über den Detailbereich zu einem Kontakt oder die Visitenkarte können Sie weitere Aktionen mit dem ausgewählten Kontakt oder einer Microsoft 365-Gruppe durchführen. Je nachdem, ob in Ihrem Microsoft 365-Plan die Festnetztelefonie mit Microsoft Teams integriert ist oder an Ihrem Gerät eine Kamera installiert wurde, können Sie Audio- und Videoanrufe mit Microsoft Teams tätigen. Auch die Chatfunktion können Sie dann verwenden. Sie können außerdem aus dem Detailbereich heraus direkt E-Mails verfassen und senden. Beachten Sie, dass es externe Personen gibt, die andere Technologien verwenden und eventuell keine Chatnachrichten erhalten können.

Die Visitenkarte können Sie auch durch Verweilen auf einer E-Mail-Adresse im Posteingang öffnen.

1. Lassen Sie sich im Modul *E-Mail* die Visitenkarte des Kontakts anzeigen oder im Modul *Personen* den Detailbereich.
2. Unterhalb des Namens des Kontakts oder der Microsoft 365-Gruppe werden Ihnen die Interaktionen angezeigt, die Sie durchführen können:
   - Verwenden Sie das Telefon- oder Video-Symbol, um einen Audio- oder Videoanruf mit Teams zu starten.
   - Verwenden Sie das Chat-Symbol, um eine Chatnachricht zu senden.
   - Klicken Sie auf die Schaltfläche *E-Mail senden*, um eine neue E-Mail an den Kontakt oder die Microsoft 365-Gruppe zu senden.

7.8.6 Kontaktinformationen aktualisieren oder einen Kontakt löschen

Im Modul *Personen* können Sie jederzeit die Kontaktinformationen zu einem Kontakt aktualisieren oder löschen. Da es sich um Ihre eigenen Kontakte und Kontaktlisten handelt, im Gegensatz zu Kontaktlisten, die von der Administration bereitgestellt werden, können Sie das selbst entscheiden.

1. Wechseln Sie in das Modul *Personen* von Outlook im Web.
2. Wählen Sie in der Navigation die Liste *Ihre Kontakte* aus, wo sich der Kontakt oder die Kontaktliste befindet, den/die Sie aktualisieren oder löschen möchten.
   - Klicken Sie in der Symbolleiste auf die Schaltfläche *Bearbeiten*, um den Kontakt oder die Liste zu aktualisieren. Nachdem Sie die Änderungen vorgenommen haben, bestätigen Sie mit der Schaltfläche *Speichern*.
   - Klicken Sie auf die Schaltfläche *Löschen*, um den Kontakt oder die Liste zu löschen. Bestätigen Sie den Löschvorgang bei der Sicherheitsabfrage mit einem Klick auf die Schaltfläche *Löschen*.

7.8.7 Eine Kontaktliste erstellen

Prüfen Sie, ob ein Team in Teams eine bessere Alternative wäre.

Möchten Sie unabhängig von einer Microsoft 365-Gruppe bestimmten Personen öfter E-Mails zukommen lassen, besteht die Möglichkeit, dafür eine Kontaktliste zu erstellen. Beachten Sie, dass die Bereitstellung der von Ihnen gesendeten Informationen möglicherweise in einer SharePoint-Teamwebsite oder als Unterhaltung in Microsoft Teams besser aufgehoben ist. Besprechen Sie das am besten mit Ihren Teamkollegen. Beim Erstellen einer Kontaktliste fügen Sie die E-Mail-Adressen der einzelnen Empfänger hinzu, sodass Sie nicht bei jeder E-Mail-Nachricht immer wieder alle Kontakte einzeln eingeben müssen. Jedoch ist eine von Ihnen erstellte Kontaktliste nicht mit einer Microsoft 365-Gruppe verbunden. Die E-Mail wird somit an alle in der Kontaktliste gesendet. Fehlt eine Person oder sollen Personen nicht mehr in dieser Kontaktliste angeschrieben werden, müssen Sie selbstständig die Liste bearbeiten und Personen hinzufügen oder aus der Liste entfernen.

1. Wechseln Sie in das Modul *Personen* von Outlook im Web.
2. Klicken Sie oben links in der Navigation auf die Schaltfläche *Neuer Kontakt* auf den Drop-down-Pfeil (siehe Abbildung 7.48).

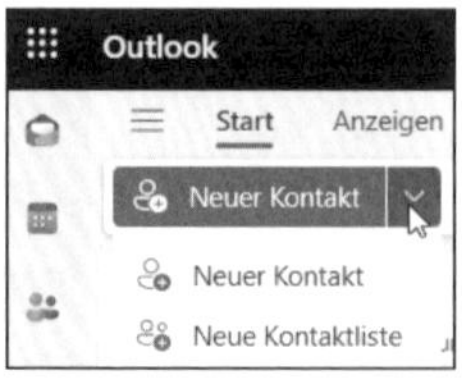

Abb. 7.48 Die Schaltfläche *Neuer Kontakt*, mit der eine neue Kontaktliste erstellt wird

3. Wählen Sie den Eintrag *Neue Kontaktliste* aus. Es öffnet sich ein Eingabeformular (siehe Abbildung 7.49).
4. Schreiben Sie einen Namen für die Kontaktliste in das Formularfeld *Name der Kontaktliste*.
5. Klicken Sie in das Eingabefeld *E-Mail-Adressen hinzufügen* und schreiben Sie den Namen oder die E-Mail-Adresse der Person, die Sie der Kontaktliste hinzufügen möchten. Ihnen werden die Kontakte aufgelistet.

6. Wählen Sie den Kontakt mit einem Klick aus und bestätigen Sie mit einem Klick auf die Schaltfläche *Hinzufügen*.
7. Wiederholen Sie die Schritte 5 bis 6, bis Sie alle Kontakte der Kontaktliste hinzugefügt haben.
8. Klicken Sie in das Eingabefeld *Beschreibung* und beschreiben Sie den Zweck dieser Kontaktliste.

Abb. 7.49
Das Formular zum Erstellen einer Kontaktliste

9. Zum Fertigstellen der Kontaktliste klicken Sie auf die Schaltfläche *Erstellen*. Die Liste wird angelegt.
10. Zum Bearbeiten der Kontaktliste können Sie jederzeit über die Navigation Ihre Kontaktlisten öffnen, die jeweilige Kontaktliste auswählen und über die Schaltfläche *Bearbeiten* Personen hinzufügen oder aus der Liste löschen.

Um eine E-Mail-Nachricht an die von Ihnen erstellte Kontaktliste zu senden, gehen Sie wie folgt vor:

1. Öffnen Sie eine neue Nachricht im Posteingang.
2. Klicken Sie in das Feld *An*, *Cc* oder *Bcc*. Bei Bcc werden die einzelnen E-Mail-Adressen der Personen nicht bei den Empfängern angezeigt.
3. Geben Sie den Namen Ihrer Kontaktliste ein und wählen Sie sie aus (siehe Abbildung 7.50).

Abb. 7.50
Durch das Eingeben des Namens der Kontaktliste können Sie sie auswählen.

4. Schreiben Sie einen Betreff für die Nachricht und geben Sie den Nachrichtentext ein.
5. Senden Sie Ihre Nachricht an die Kontaktliste.

Der Name Ihrer Kontaktliste besitzt nach dem Einfügen ein Pluszeichen vor dem Namen. Sobald Sie auf das Pluszeichen klicken, wird die Liste aufgelöst und Ihnen werden alle Personen einzeln angezeigt. Sie müssen jedoch nicht jedes Mal auf das Pluszeichen klicken, um die Nachricht zu senden. Damit können Sie aber in regelmäßigen Abständen überprüfen, ob wirklich alle in dieser Kontaktliste hinterlegt sind.

7.9 Aufgaben in Outlook mit To Do

Installieren Sie die Desktop-App, um To Do auf dem PC zu nutzen.

Microsoft hat die altbekannte Outlook-Aufgabenliste in Outlook durch die eigenständige App *Microsoft To Do* ersetzt. To Do selbst ist eine ganz einfache Aufgaben-App, die in Outlook oder eigenständig im Webbrowser oder auf dem PC und den mobilen Geräten als Desktop- beziehungsweise mobile App verwendet werden kann. Mit To Do können Sie Ihre persönlichen Aufgaben organisieren und alle anderen Aufgaben, die Ihnen in Planner oder in To Do-Listen von anderen Personen zugewiesen wurden, sehen und bearbeiten. Die Benutzeroberflächen der einzelnen Apps unterscheiden sich nur leicht, jedoch bietet die Online-App zum aktuellen Stand (Februar 2026) einen etwas größeren Funktionsumfang. Nachfolgend gehe ich auf die To Do-Desktop-App ein.

7.9.1 Die Benutzeroberfläche von To Do

Fragen Sie Ihre IT-Abteilung nach der To Do-Desktop-App.

Die Benutzeroberfläche von To Do besteht aus verschiedenen Bereichen. Sie können zu Outlook, Outlook im Web oder in die Desktop-App von To Do wechseln. In Outlook klicken Sie in der linken Navigation oben auf die Schaltfläche *To Do*. Sie werden in die Listenansicht *Aufgaben* weitergeleitet (siehe Abbildung 7.51).

Abb. 7.51 Die Benutzeroberfläche in der To Do-App, die Ansicht *Aufgaben* ist ausgewählt.

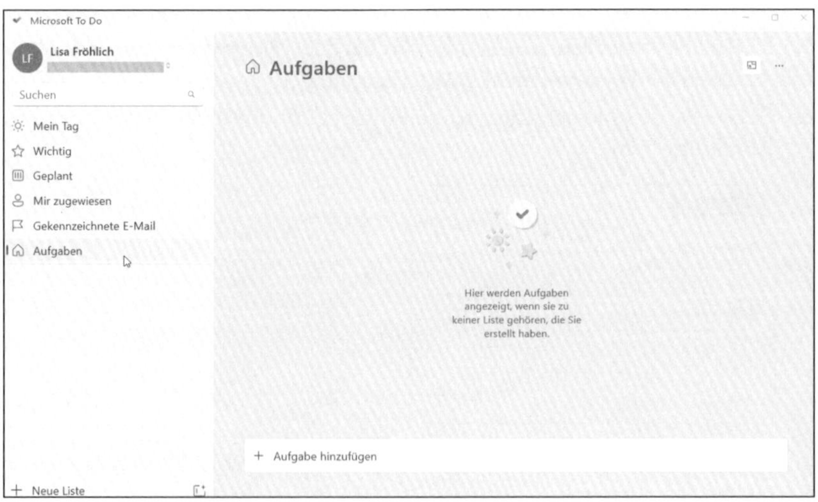

7.9.2 Die Navigation, Ansichten und Listen

In der linken Navigation finden Sie die vorhandenen Ansichten und Listen (siehe oben Abbildung 7.51), über die Sie Ihre Aufgaben filtern können. Eine Aufgabe wird je nach Aktion gegebenenfalls in mehreren Ansichten angezeigt. Neue und von Ihnen angelegte Gruppen und Listen werden ebenfalls im linken Navigationsbereich angezeigt.

Schauen Sie sich die verschiedenen Ansichten an.

7.9.2.1 Mein Tag

Die Funktion *Mein Tag* (siehe Abbildung 7.52) unterstützt Sie bei allen Aufgaben, die Sie an dem aktuellen Tag fokussieren möchten. So können Sie die Liste ganz einfach nutzen, um Ihre neuen oder vorhandenen Aufgaben für heute festzulegen. An jedem neuen Tag können Sie die Liste *Mein Tag* öffnen und vorhandene Aufgaben hinzufügen. Das können Aufgaben sein, die Ihnen von anderen zugewiesen wurden, oder Ihre eigenen, die Sie in To Do erstellt haben und die noch nicht erledigt sind. Die Liste wird jeden Tag aktualisiert und unerledigte Aufgaben werden Ihnen als Vorschläge angeboten. Wie Sie Vorschläge hinzufügen können, lesen Sie in Abschnitt 7.9.5.

Nutzen Sie To Do auf dem Smartphone, um dort Ihre Aufgaben zu organisieren.

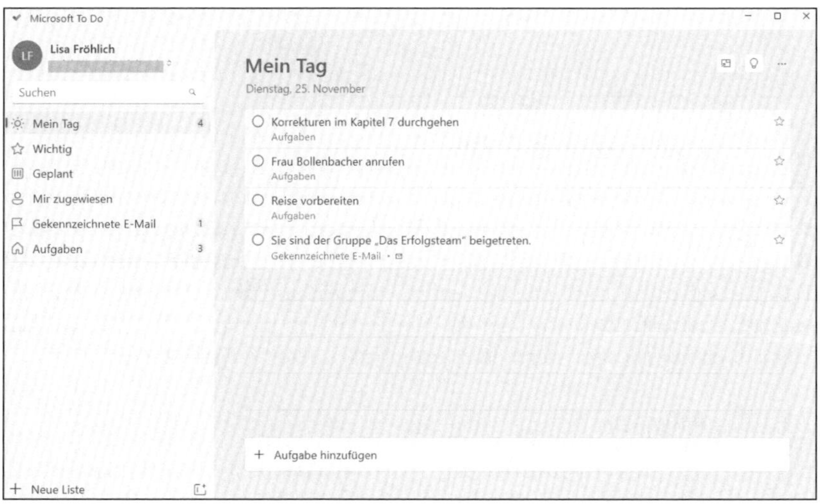

Abb. 7.52
Die Liste *Mein Tag* mit Aufgaben, die heute erledigt werden sollen

7.9.2.2 Wichtig

Sie können Aufgaben mit dem Stern-Symbol als wichtig markieren. In der Ansicht *Wichtig* werden Ihnen die als wichtig markierten Aufgaben angezeigt.

7.9.2.3 Geplant

Durch das Hinzufügen eines Fälligkeitsdatums wird die Aufgabe der Ansicht *Geplant* hinzugefügt. Sobald das Fälligkeitsdatum erreicht ist, wird die Aufgabe zur Ansicht *Mein Tag* hinzugefügt.

7.9.2.4 Mir zugewiesen

In dieser Liste (siehe Abbildung 7.53) werden Ihnen alle Aufgaben angezeigt, die Ihnen in verschiedenen Planner-Plänen oder To Do-Listen zugewiesen wurden. Unterhalb des jeweiligen Aufgabennamens können Sie sehen, woher die Aufgabe stammt. Sie können sie öffnen, um weitere Details zu sehen.

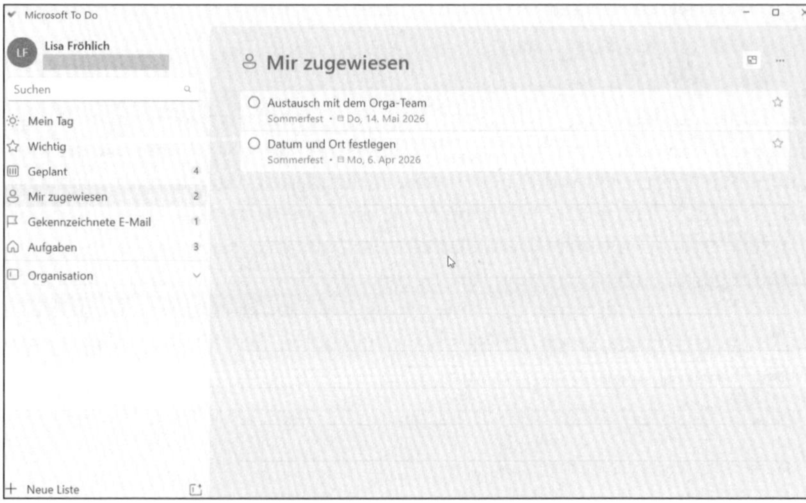

Abb. 7.53
Die Liste *Mir zugewiesen* mit einer Aufgabe aus Planner und einer Aufgabe aus einer geteilten Aufgabenliste

7.9.2.5 Gekennzeichnete E-Mail

Wenn Sie im Outlook Modul *E-Mail* einzelne E-Mails mit dem roten Fähnchen als Aufgabe kennzeichnen, werden daraus in der Liste *Gekennzeichnete E-Mail* Aufgaben erstellt. Der jeweilige Aufgabenname wird aus der Betreffzeile der E-Mail festgelegt. Sie können die Aufgabe öffnen und den Inhalt der E-Mail im rechten Detailbereich lesen oder die Nachricht von hier aus öffnen. Es werden hier jedoch nur hundert der zuletzt gekennzeichneten E-Mails angezeigt.

7.9.2.6 Aufgaben

Die Liste *Aufgaben* zeigt Ihnen alle Ihre persönlichen Aufgaben, die Sie selbst in To Do erstellt haben, an. Es werden hier die unerledigten und erledigten Aufgaben gesammelt angezeigt.

7.9.3 Eine neue Aufgabe erstellen

Welche Aufgaben gehören zu Ihren Arbeitsabläufen?

Sie entscheiden, ob Sie Aufgaben in der Liste *Mein Tag*, also alles, was Sie heute erledigen möchten, oder in der Liste *Aufgaben* erfassen. Für dieses Beispiel erfassen Sie zwei Beispielaufgaben in der Liste *Aufgaben*.

1. Klicken Sie auf die Liste *Aufgaben* oder *Mein Tag*.
2. Klicken Sie unten in das Eingabefeld *Aufgabe hinzufügen* (siehe Abbildung 7.54).

3. Schreiben Sie in kurzen, aber für Sie verständlichen Sätzen, was Sie erledigen möchten. Ihnen werden unten rechts Schaltflächen angezeigt, um ein Fälligkeitsdatum, eine Erinnerung oder eine Serienaufgabe zu erstellen. Fügen Sie der Aufgabe nichts hinzu.
4. Bestätigen Sie mit der [↵]-Taste. Jetzt können Sie direkt weitere Aufgaben eingeben, die Sie jeweils wieder mit der [↵]-Taste bestätigen.

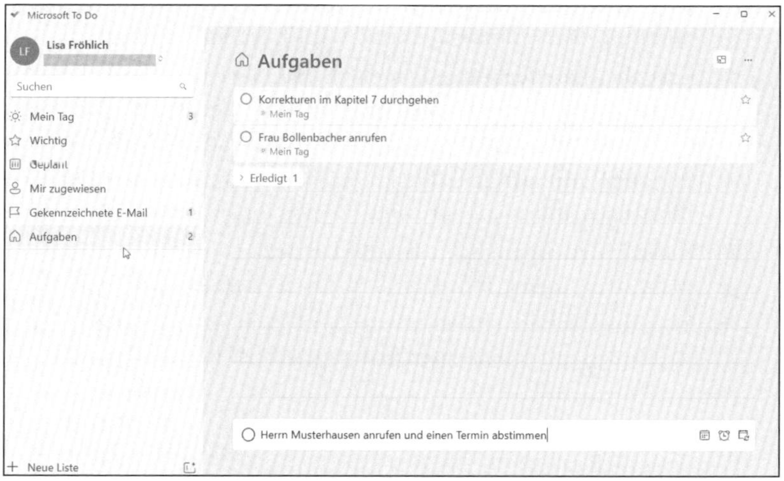

Abb. 7.54
Die Liste *Aufgaben* und das Eingabefeld, um Aufgaben zu erstellen

7.9.4 Einer vorhandenen Aufgabe weitere Details hinzufügen

Nach dem Anlegen einer Aufgabe können Sie sie als wichtig kennzeichnen, ein Fälligkeitsdatum hinzufügen und weitere Details festlegen. Sehr umfangreiche Aufgaben können Sie auch in Schritte aufteilen, um sie in kleine Teilaufgaben zu gliedern.

Lassen Sie sich an eine Aufgabe erinnern.

1. Um eine Aufgabe als wichtig zu markieren, klicken Sie dahinter einmal auf das Stern-Symbol.
2. Nachdem Sie Ihre Aufgaben erfasst haben, klicken Sie eine Aufgabe in der Liste *Aufgaben* an, um sie auszuwählen. Es öffnet sich die Detailansicht im rechten Fensterbereich (siehe Abbildung 7.55).
3. Hier können Sie nun folgende Einstellungen für die Aufgabe festlegen:
   - **Umbenennen:** Sie können direkt in der Detailansicht ganz oben auf den Aufgabennamen klicken, um die Aufgabe umzubenennen.
   - **Teilaufgaben erfassen:** Möchten Sie eine sehr umfangreiche Aufgabe in kleinere Schritte aufteilen, klicken Sie auf die Schaltfläche *Schritt hinzufügen*.
   - **Zu *Mein Tag* hinzufügen**: Möchten Sie sich heute um die Aufgabe kümmern, können Sie die Aufgabe zur Liste *Mein Tag* hinzufügen.

- **Erinnerung an die Aufgabe:** Möchten Sie sich an die Aufgabe erinnern lassen, können Sie ein Erinnerungsdatum und eine Uhrzeit festlegen. Klicken Sie dazu auf *Erinnerung* und wählen Sie ein Datum aus. Wählen Sie unten Datum und Uhrzeit aus, wenn Sie ein benutzerdefiniertes Datum auswählen möchten.
- **Fälligkeitsdatum festlegen:** Ist die Aufgabe erst an einem anderen Tag fällig, können Sie ein Fälligkeitsdatum festlegen. Klicken Sie dafür auf *Fälligkeitsdatum hinzufügen* und wählen Sie ein Datum aus.
- **Aufgaben wiederholen:** Handelt es sich um eine Aufgabe, die sich regelmäßig wiederholt, können Sie eine Serie erstellen. Klicken Sie dafür auf *Wiederholen* und legen Sie fest, wann sich die Aufgabe wiederholt.
- **Anhänge hinzufügen:** Sie können der Aufgabe einen Dateianhang hinzufügen, indem Sie auf *Datei hinzufügen* klicken.
- **Notiz hinzufügen:** Schreiben Sie bei Bedarf eine Notiz zur Information für die Aufgabe, indem Sie in das Feld *Notiz hinzufügen* klicken.
- **Aufgabe löschen:** Um eine Aufgabe zu löschen, klicken Sie auf den kleinen Papierkorb rechts unten in der Detailansicht.

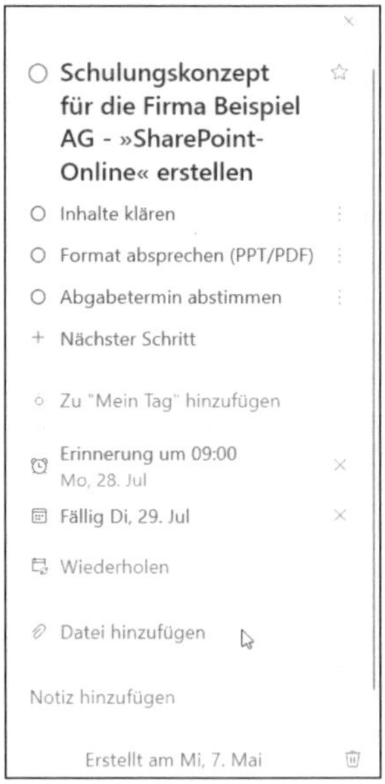

Abb. 7.55
Die Detailansicht einer Aufgabe, nachdem sie ausgewählt wurde

Sie können alle Einstellungen auch über das Kontextmenü vornehmen. Klicken Sie dafür mit der rechten Maustaste auf eine Aufgabe.

4. Alle Änderungen in der Detailansicht werden automatisch gespeichert.
5. Um die Detailansicht einer Aufgabe zu schließen, klicken Sie oben auf die Schaltfläche *X*.

7.9.5 Vorschläge für die Liste »Mein Tag«

Wenn Sie Aufgaben in Ihrer To Do-App erstellt haben oder Ihnen Aufgaben zugewiesen wurden, werden Ihnen diese in der Vorschlagsliste (siehe Abbildung 7.56) angeboten, solange sie noch nicht erledigt sind.

Aufgaben werden immer wieder angezeigt, wenn sie nicht erledigt wurden.

1. Wechseln Sie in die Liste *Mein Tag*.
2. Klicken Sie oben auf das Symbol mit der Glühlampe. Ihnen wird im rechten Fensterbereich die Vorschlagsliste angezeigt.
3. Möchten Sie eine Aufgabe zu *Mein Tag* hinzufügen, klicken Sie hinter der Aufgabe auf das Pluszeichen. Fügen Sie die Aufgaben hinzu, die Sie heute noch erledigen möchten.

Wenn Sie morgen die Liste *Mein Tag* öffnen, wird das Datum oben aktualisiert und die Liste *Mein Tag* ist zunächst leer. Sie können über die Schaltfläche *Vorschläge*, dargestellt mit der Glühlampe, alle bislang unerledigten Aufgaben für den aktuellen Tag hinzufügen. Wenn Sie die Aufgaben dann als erledigt kennzeichnen, werden Ihnen die Aufgaben übermorgen nicht mehr in den Vorschlägen angeboten. Es werden also immer nur Aufgaben vorgeschlagen, die Sie noch nicht erledigt haben.

Abb. 7.56
Die Vorschlagsliste und alle Aufgaben, die noch nicht erledigt sind

7.9.6 Eine Aufgabe als erledigt markieren

Um einen Überblick über alle erledigten Aufgaben zu behalten, löschen Sie abgeschlossene Aufgaben nicht, sondern markieren Sie sie als erledigt.

Erledigte Aufgaben können weiterhin gesehen werden.

1. Klicken Sie vor die Aufgabe in das Feld *Aufgabe als erledigt markieren*, dargestellt mit einem Kreis. Die Aufgabe wird jetzt durchgestrichen und somit

als erledigt markiert (siehe Abbildung 7.57). Für die erledigten Aufgaben wird in der Ansicht eine Aufgabensammlung *Erledigt* angelegt.

2. Haben Sie versehentlich eine Aufgabe als erledigt markiert, klicken Sie erneut in das Feld vor der Aufgabe, und die Markierung wird wieder aufgehoben.

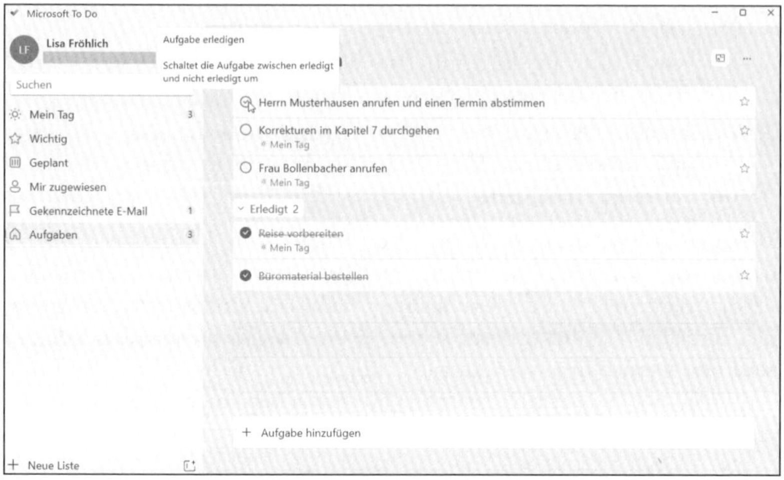

Abb. 7.57 Zwei erledigte Aufgaben in der Ansicht *Aufgabensammlung Erledigt*

7.9.7 Neue Aufgabenlisten erstellen und Aufgaben verschieben

Erstellen Sie Aufgabenlisten, um den Überblick zu behalten.

Durch das Erfassen von Aufgaben in den vorhandenen Listen kann es schnell geschehen, dass Sie in der Liste *Aufgaben* den Überblick verlieren. Damit das nicht passiert und Sie die Aufgaben nach Themen, nach Personen oder auch nach privat strukturieren können, erstellen Sie eigene Listen. Anhand dieser Listen haben Sie dann einen besseren Überblick. Zum Erstellen einer neuen Liste gehen Sie folgendermaßen vor:

1. Klicken Sie unten in der linken Navigation auf die Schaltfläche + *Neue Liste*.
2. Vergeben Sie einen aussagekräftigen Namen für die neue Liste.
3. Bestätigen Sie mit der [↵]-Taste, um die Liste zu erstellen.
4. Möchten Sie eine vorhandene Aufgabe aus der Liste *Aufgaben* in die neue Liste verschieben, wechseln Sie in die Liste *Aufgaben*.
5. Ziehen Sie mit gedrückter Maustaste eine Aufgabe aus der Liste *Aufgaben* in die von Ihnen gewünschte Liste.

7.9.8 Eine Gruppe erstellen und Listen hinzufügen

Wenn Sie viele eigene Aufgabenlisten erstellen, kann es schnell unübersichtlich werden. Möchten Sie klare Abgrenzungen zwischen Themen oder Bereichen und somit eine bessere Struktur Ihrer ganzen Aufgabenlisten erstellen, können Sie Gruppen anlegen und die einzelnen Aufgabenlisten in die Gruppen verschieben. Zum Erstellen einer Gruppe gehen Sie folgende Schritte durch:

Aufgabenlisten können in Gruppen strukturiert werden.

1. Klicken Sie unten in der Navigation auf die Schaltfläche *Neue Gruppe erstellen* (siehe Abbildung 7.58).
2. Geben Sie einen Namen für die Gruppe ein und bestätigen Sie mit der [↵]-Taste. Die Gruppe wird nun links in der Navigation angezeigt.
3. Ziehen Sie die zuvor erstellte Liste mit gedrückter Maustaste in die Gruppe.

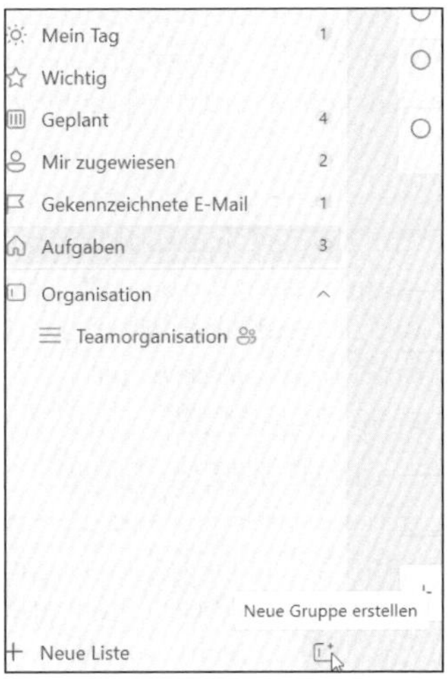

Abb. 7.58
Die Schaltfläche *Neue Gruppe erstellen* und in der Navigation die Gruppe *Organisation* mit einer Aufgabenliste namens *Teamorganisation*

7.9.9 Eine Aufgabenliste für eine andere Person freigeben

Wenn Sie in Ihrem Organisationsbereich mit einer anderen Person Ihre täglichen Arbeitsabläufe organisieren oder für bestimmte Tätigkeiten Erinnerungen erhalten möchten, können Sie eine eigene Aufgabenliste erstellen und diese mit einer anderen Person teilen. So haben Sie zusammen die Möglichkeit, auf die Aufgabenliste in Ihrem jeweiligen To Do zuzugreifen, Aufgaben zu erstellen und untereinander zuzuweisen. Beachten Sie jedoch, dass diese Aufgabenlisten gesperrt werden, wenn die Person, die die Liste erstellt und freigegeben hat, das Unternehmen verlässt. Prüfen Sie deshalb, ob die Arbeit mit Planner geeigneter ist.

Prüfen Sie immer, ob To Do ausreicht oder ob Sie Planner verwenden sollten.

Nur eigene Listen können Sie für andere Personen innerhalb Ihres Unternehmens freigeben. Folgende Schritte sind hierfür nötig:

1. Erstellen Sie eine neue Aufgabenliste oder navigieren Sie in eine von Ihnen erstellte.
2. Klicken Sie oben rechts im Fenster auf die Schaltfläche *Liste teilen*.

3. Es öffnet sich ein kleines Dialogfenster, klicken Sie dort auf die Schaltfläche *Hinzufügen von Listenmitgliedern*.
4. Zum aktuellen Zeitpunkt (Januar 2026) können Sie die Zugriffsrechte auf die Liste nicht auf die von Ihnen ausgewählten Personen einschränken. Standardmäßig können alle Personen aus dem Unternehmen, die einen Link zur Liste erhalten, darauf zugreifen. Zur Überprüfung der Zugriffseinstellungen klicken Sie oben im Formular auf das Zahnradsymbol und prüfen Sie die Einstellungen, falls sich hier in der kommenden Zeit etwas ändern sollte. Prüfen Sie, ob es möglich ist, nur von Ihnen ausgewählte oder eingeladene Personen auszuwählen.
5. Klicken Sie oben im kleinen Fenster auf die Schaltfläche *Zurück*, dargestellt mit dem Pfeil nach links.
6. Geben Sie oben im Feld *Namen oder E-Mail-Adresse eingeben* den gewünschten Namen der Person ein, mit der Sie die Aufgabenliste teilen möchten. Sie erhalten eine Vorschlagsliste. Klicken Sie auf den Namen einer Person, um sie auszuwählen.
7. Unten im kleinen Fenster können Sie die Schaltfläche *Link kopieren* auswählen, wenn Sie den Link zum Beispiel in einem Teams-Chat an Ihre Kollegin oder Ihren Kollegen senden möchten. Sie können auch die Schaltfläche *Per E-Mail einladen* nutzen, wenn Sie den Link zur Aufgabenliste per E-Mail senden möchten. Wählen Sie für unser Beispiel *Link kopieren* aus.
8. Senden Sie die Aufgabenliste an eine Person im Teams-Chat.
9. Wenn die Person nun auf den Link klickt, muss sie der Liste beitreten und kann sie dann öffnen. Sie erkennen freigegebene Listen an dem Personensymbol hinter dem Listennamen und oben auf der Schaltfläche *Liste teilen*. Über diese Schaltfläche können Sie die Einstellungen bearbeiten und im kleinen Fenster über das Zahnradsymbol die Zugriffsrechte wieder entfernen, wenn Sie allein in der Liste weiterarbeiten möchten. Die von Ihnen geteilte Aufgabenliste wird nun auch bei der Kollegin oder dem Kollegen in ihrem oder seinem To Do in der Navigation angezeigt.

7.9.10 Aufgaben in der To Do-App an Personen delegieren

Es können nur Personen zugewiesen werden, die der Liste beigetreten sind.

Sie können in freigegebenen Aufgabenlisten sich selbst oder Personen, die der Liste beigetreten sind, Aufgaben zuweisen. Die zugewiesenen Aufgaben werden dann bei der Person in der Liste *Mir zugewiesen* in der To Do-App und im Planner-Hub angezeigt. Möchten Sie einer Person eine Aufgabe zuweisen, gehen Sie folgendermaßen vor:

1. Öffnen Sie in To Do eine Aufgabenliste, die mit einer anderen Person geteilt wurde.
2. Erstellen Sie eine neue Aufgabe. Klicken Sie in das Eingabefeld *Aufgabe hinzufügen* und schreiben Sie dort einen Aufgabennamen hinein.
3. In der To Do-Desktop-App können Sie die Aufgabe an dieser Stelle direkt zuweisen. Schreiben Sie das @-Zeichen (siehe Abbildung 7.59) und wählen

Sie die Kollegin oder den Kollegen mit einem Klick aus der Vorschlagsliste aus. Finden Sie die Person nicht sofort, schreiben Sie hinter das @-Zeichen ihren Namen, um sie zu suchen, und wählen Sie sie dann aus.

4. Sie können in allen To Do-Apps die Aufgabe anklicken und in der Detailansicht die Schaltfläche *Zuweisen an* nutzen, um die Aufgabe zuzuweisen.
5. Bestätigen Sie Ihre Eingabe mit der [↵]-Taste.

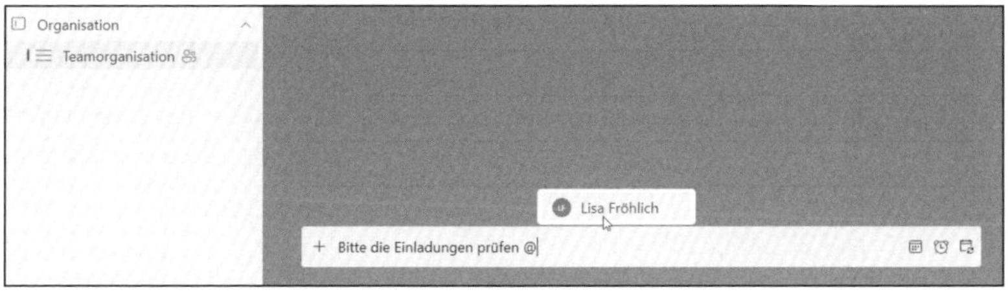

Abb. 7.59
Sie können in der To Do-Desktop-App Personen direkt mit dem @-Zeichen zuweisen.

7.9.11 To Do-Aufgaben im Planner-Hub

Der Planner-Hub kann auch in Teams eingeblendet werden.

Wenn Sie mit Planner und dem Planner-Hub arbeiten, können Sie die To Do-Listen auch dort verwenden. Damit Sie sich einen Überblick verschaffen können, zeige ich Ihnen kurz, wie Sie die To Do-Listen dort finden:

1. Öffnen Sie das Microsoft 365-Portal. Verwenden Sie die Webadresse: *https://planner.cloud.microsoft*.
2. Oben in der Navigation im Planner-Hub (siehe Abbildung 7.60) sehen Sie die Bereiche *Mein Tag*, *Meine Aufgaben* und *Meine Pläne*.
3. Klicken Sie in den Bereich *Mein Tag*. Wenn Sie in der To Do-App in der Liste *Mein Tag* bereits Aufgaben für heute hinzugefügt haben, werden Ihnen diese hier angezeigt.
4. Nutzen Sie oben die beiden Ansichten *Raster* und *Board* und innerhalb der Board-Ansicht die *Gruppierten Ansichten*, die Ihnen rechts oben zur Auswahl zur Verfügung stehen. Aktuell (Januar 2026) ist es nicht möglich, wie in der To Do-App Aufgaben aus der Vorschlagsliste an dieser Stelle zu übernehmen.
5. Wechseln Sie wieder in die *Rasteransicht*.
6. Erstellen Sie hier eine neue Aufgabe mit einem Klick auf die Schaltfläche *+ Neue Aufgabe hinzufügen*. Die Aufgabe wird Ihnen auch in der To Do-App angezeigt.
7. Klicken Sie links in der Navigation auf die Schaltfläche *Meine Aufgaben*. Hier finden Sie ebenfalls die Ansichten *Raster* und *Board* und innerhalb des Boards finden Sie rechts oben die *Gruppierten-Ansichten* und den *Filter*.
8. Darunter werden Ihnen die Filter *Alle*, *Private Aufgaben*, *Mir zugewiesen* und *Gekennzeichnete E-Mails* angeboten.
9. Um ein Aufgabenformular zu öffnen, zeigen Sie auf eine Aufgabe und klicken Sie auf das kleine Info-Symbol.

7.9.11.1 Alle

Mit dem Filter *Alle* können Sie alle Ihre Aufgaben, die Sie für sich in Ihrem To Do erstellt haben, Aufgaben, die Sie im Outlook-Modul *E-Mail* mit einem Fähnchen gekennzeichnet haben oder die Ihnen in Planner oder einer freigegebenen To Do-Liste zugewiesen wurden, sehen. In der Spaltenüberschrift *Plan* sehen Sie, woher die Aufgabe stammt.

7.9.11.2 Private Aufgaben

Nutzen Sie den Filter, um nur Ihre ganz persönlichen Aufgaben aus To Do anzuzeigen. Es werden hier keine Aufgaben aus freigegebenen Listen angezeigt.

7.9.11.3 Mir zugewiesen

Hier werden alle Aufgaben aus Planner und To Do angezeigt, denen Sie zugewiesen wurden.

7.9.11.4 Gekennzeichnete E-Mails

E-Mails, die Sie durch das rote Fähnchen-Symbol in Ihrem Outlook Modul *E-Mail* kennzeichnen, werden hier als Aufgaben angezeigt.

Verwenden Sie in den jeweiligen Listen oben rechts die Schaltfläche *Filter*, um weitere Filtermöglichkeiten auszuprobieren.

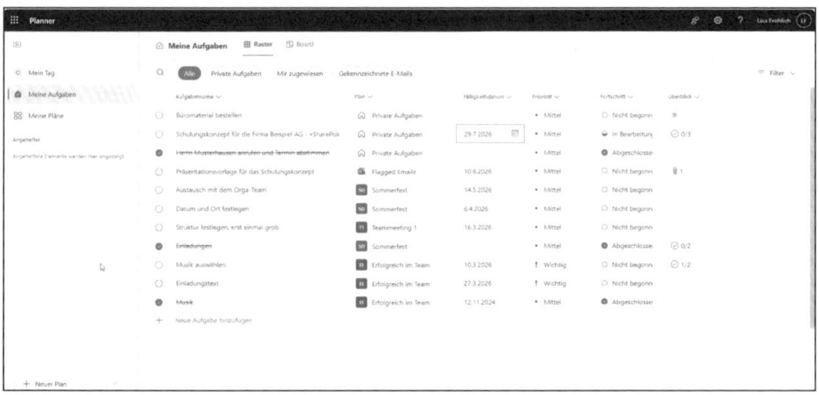

Abb. 7.60 Der Planner-Hub und der Bereich *Meine Aufgaben*. Hier werden alle Aufgaben angezeigt.

7.9.12 Hintergrundfarben und -bilder für To Do-Listen

Mit einem schönen Hintergrundbild beginnt der Tag freundlicher.

Sie können für Ihre To Do-Listen in der To Do-Desktop- und mobilen App Hintergrundbilder festlegen. Microsoft stellt dafür eine Auswahl von Farben und Bildern bereit. Legen Sie diese wie folgt fest:

1. Wechseln Sie in die To Do-Desktop-App.
2. Öffnen Sie die Liste *Mein Tag*.

3. Klicken Sie oben rechts neben dem Glühlampensymbol (siehe Abbildung 7.61) auf die Schaltfläche *Listenoptionen*, dargestellt mit den drei Punkten.
4. Wählen Sie eines der Fotos aus. Der Hintergrund Ihrer ausgewählten Liste wird direkt übernommen. Wählen Sie einen anderen Hintergrund aus, falls er Ihnen nicht gefällt. Eigene Bilder können an dieser Stelle nicht hinzugefügt werden.
5. Wiederholen Sie die Schritte 2 bis 4 in den anderen Aufgabenlisten und legen Sie weitere Hintergründe fest.

Abb. 7.61
Das Hinzufügen von Hintergründen in einer Aufgabenliste

7.9.13 E-Mails als Aufgaben zur Nachverfolgung kennzeichnen

Wenn Sie eine E-Mail nicht sofort beantworten können, können Sie diese als Aufgabe kennzeichnen und sich zu einem bestimmten Zeitpunkt daran erinnern lassen. Die E-Mail wird dann als Aufgabe in den Aufgaben angezeigt, und wenn Sie die Benachrichtigungen aktiviert haben, werden Sie an diese E-Mail zum festgelegten Zeitpunkt durch eine Push-Nachricht erinnert.

In der Liste werden nur 100 der zuletzt gekennzeichneten E-Mails als Aufgaben angezeigt.

1. Wechseln Sie zu Ihrem Posteingang in Outlook.
2. Zeigen Sie auf eine E-Mail und klicken Sie auf das Fähnchen-Symbol, das Ihnen angezeigt wird (siehe Abbildung 7.62). Die Nachricht wird als Aufgabe für den aktuellen Tag gekennzeichnet.
3. Zeigen Sie erneut auf die Nachricht, die Sie gekennzeichnet haben, und klicken Sie mit der rechten Maustaste auf das Fähnchen-Symbol. Durch den Rechtsklick können Sie einen anderen Zeitpunkt für die Fälligkeit der Aufgabe für diese Nachricht wählen.

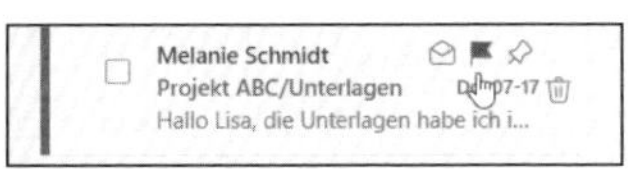

Abb. 7.62
Eine E-Mail im Posteingang kennzeichnen

4. Legen Sie eine Kennzeichnung fest.

5. Wechseln Sie nun in die To Do-App und öffnen Sie dort die Liste *Gekennzeichnete E-Mails* (siehe Abbildung 7.63). Es kann einen Moment dauern, bis die gekennzeichnete E-Mail synchronisiert und angezeigt wird.

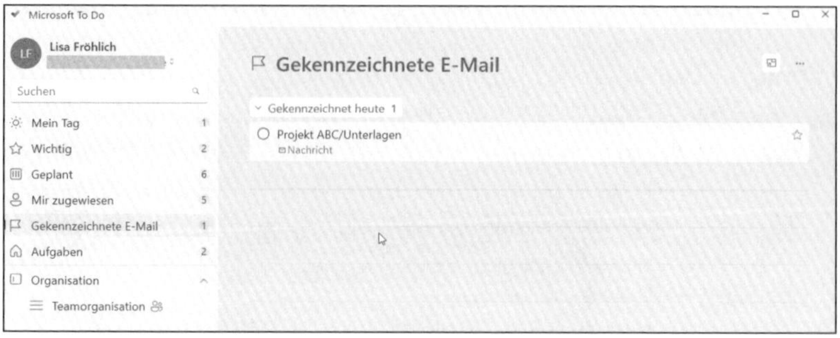

Abb. 7.63 Die Liste *Gekennzeichnete E-Mail* und die Aufgabe mit der gekennzeichneten E-Mail

7.10 Mobile App für Outlook und To Do

Die mobile und die Desktop-Apps sind sehr ähnlich.

In der mobilen Outlook-App für Smartphone und Tablet können Sie auf Ihre E-Mails (siehe Abbildung 7.64), den Kalender, Newsbeiträge aus SharePoint, Ihre Einstellungen (siehe Abbildung 7.65) und Ihren Kalender zugreifen. Links neben dem Titel *Posteingang* finden Sie Ihre Initialen oder Ihr Profilbild, über das Sie jederzeit in die verschiedenen Ordner Ihres Outlooks oder in die Einstellungen für die mobile Outlook-App navigieren können. Sie können in der mobilen App Ihre geschäftlichen und privaten E-Mails empfangen und über das jeweils ausgewählte Konto E-Mails senden. Konten lassen sich hinzufügen und entfernen. Im unteren Bereich des Displays finden Sie die Navigation, über die Sie zwischen Ihren E-Mails, dem Kalender, Feeds und Apps navigieren können. Ihnen steht in der mobilen App die Suche zur Verfügung, dafür verwenden Sie das Lupen-Symbol im oberen Bereich des Displays. Innerhalb des Kalenders können Sie Termine, Besprechungen und Ereignisse planen und hinzufügen.

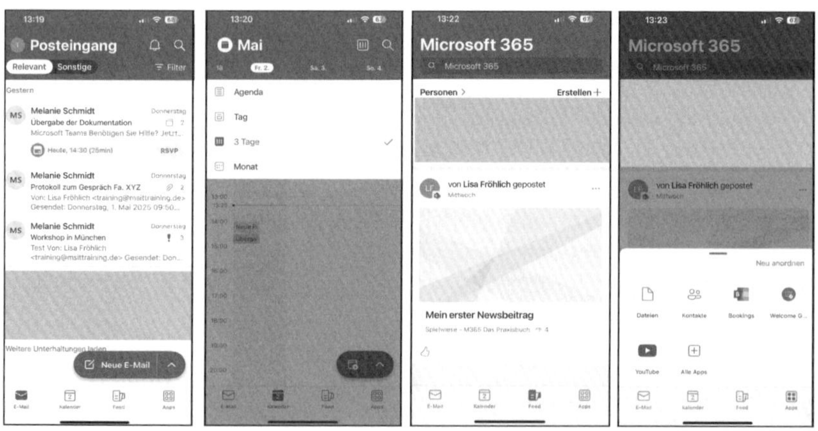

Abb. 7.64 Der Posteingang, der Kalender und oben die Schaltfläche für die Ansichtsteuerung, der Feed mit einem Beitrag aus SharePoint und die Apps

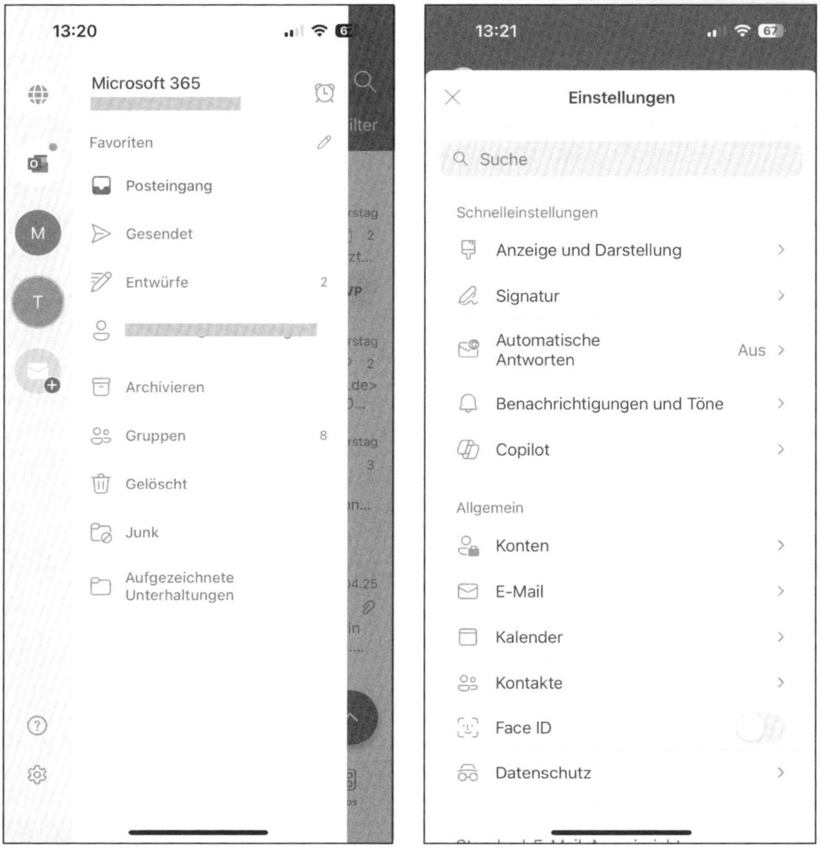

Abb. 7.65
In der mobilen Outlook-App auf dem iPhone können Sie über Ihre Initialen oder Ihr Profilbild auf gesendete oder gelöschte E-Mails zugreifen. Unten links sehen Sie das Zahnrad, darüber gelangen Sie in die Einstellungen (rechts).

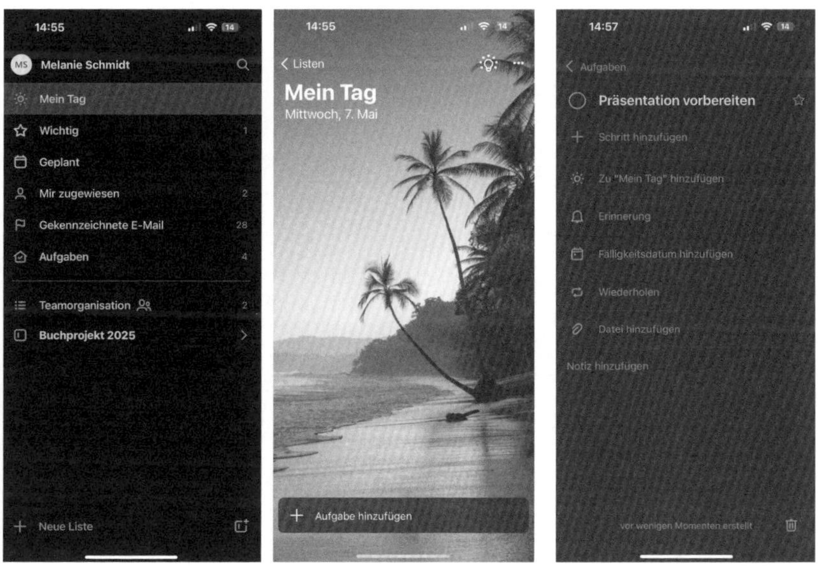

Abb. 7.66
Die mobile To Do-App auf dem iPhone mit den Listen in der Übersicht, der Liste *Mein Tag* und die Detailansicht einer Aufgabe

7.11 Zusammenfassung

Durch die Weiterentwicklung von Outlook im Web werden immer mehr Funktionen, die wir in der täglichen Arbeit mit E-Mails, Kontakten und Kalendern bewältigen, integriert. Für Mac-Anwender ist es derzeit sogar vorteilhafter, mit Outlook im Web anstatt der Desktop-App zu arbeiten, um den Funktionsumfang von Outlook voll zu nutzen. Auch in Teams werden die Module *Kalender* und *Personen* weiter integriert, sodass wir nicht ständig zwischen Outlook und Teams hin- und herspringen müssen. Behalten Sie immer auch die Outlook-Desktop-App im Auge, da es auch hier weitere Entwicklungen geben wird. Die mobile Outlook-App für Smartphone und Tablet ist unterwegs ein guter Begleiter, der uns eine einwandfreie Synchronisation unserer E-Mails und Termine in der App bietet.

Kapitel 8

Microsoft 365-Gruppen

8.1 Ausgangssituation

In der Vergangenheit wurden die Microsoft-Produkte und -Technologien wie Office, SharePoint und OneDrive for Business, die Outlook-E-Mail- und -Kalenderfunktionalitäten und die Kommunikationstechnologien, die in Skype for Business enthalten waren, auf einzelnen Servern bereitgestellt. Zum Speichern von Dateien kamen zusätzlich Fileserver zum Einsatz, auf denen Netzlaufwerke und Ordner für uns Anwenderinnen und Anwender konfiguriert und freigegeben wurden. Das Arbeiten an einem Dokument war auf eine Person begrenzt, sodass mehrere Personen nicht zeitgleich auf ein Dokument zugreifen und es bearbeiten konnten, sondern nacheinander die Inhalte in das Dokument einbringen mussten. Für die gemeinsame Bearbeitung von E-Mails wurden Gruppen- oder Funktionspostfächer erstellt. Zusätzlich wurde SharePoint zur Verfügung gestellt, wo zentral zusammengearbeitet werden konnte, jedoch war die Integration der E-Mail- und Kalenderfunktionen nur bedingt, wenn überhaupt möglich. Damit Chatnachrichten ausgetauscht werden oder Telefonkonferenzen stattfinden konnten, kam Skype for Business zum Einsatz. Die in einem Unternehmen eingesetzten Anwendungen konnten jedoch nicht so miteinander kommunizieren und funktionieren, dass in einer Anwendung die Funktionen aller Produkte und Technologien vorhanden waren. Dies ändert sich mit Microsoft 365-Gruppen.

8.2 Der Einsatz von Microsoft 365-Gruppen

Arbeiten Sie mit Ihrem Team in vielen Apps zeitgleich zusammen.

Bislang haben Sie in diesem Buch Office im Web, OneDrive for Business, SharePoint Online sowie Outlook im Web kennengelernt und können die Apps anwenden. Sie haben festgestellt, dass Sie über SharePoint und OneDrive zeitgleich mit anderen auf eine Datei zugreifen und sie gemeinsam bearbeiten können. Dies ist möglich, da hier die SharePoint Online-Dienste mit den Office Online-Diensten kommunizieren. Sie können sogar aus den Dokumenten heraus Chatnachrichten mit Personen austauschen, die ebenfalls gerade an diesem Dokument arbeiten. Hier greifen Sie auf die Kommunikationstechnologien von Teams mit Skype for Business-Diensten zurück. Beim Freigeben von Dokumenten können Sie direkt auf das Adressverzeichnis Ihres Unternehmens zugreifen, die über die Exchange Online- und Azure-AD-Dienste bereitgestellt werden, die ursprünglich nur für die E-Mail- und Kalenderfunktionalitäten in Outlook zur Verfügung standen. Die Produkte und die Dienste in einem Microsoft 365-Unternehmensportal sind untereinander verbunden.

In der Microsoft 365-Welt können Sie sich schnell mit anderen Personen verbinden, um zusammenzuarbeiten.

Gehen wir nun einen Schritt weiter und kommen zur Aufklärung, was denn nun genau Microsoft 365-Gruppen sind. Während Sie die oben genannten Apps bislang alleine genutzt haben, brauchen Sie in der Gemeinschaft eines Abteilungs- oder Projektteams zentrale Umgebungen, in denen Sie und Ihre Teammitglieder zusammenarbeiten. Solch eine zentrale Umgebung wäre zum Beispiel die moderne SharePoint Online-Teamwebsite. Durch die Verbindung der Serverdienste stehen Ihnen auf dieser Teamwebsite weitere Apps und andere Serverfunktionalitäten zur Verfügung als nur die reinen SharePoint-Funktionen.

Die Verbindungen der Apps lassen sich nicht abschalten.

Beim Anlegen einer modernen Teamwebsite werden im Hintergrund automatisch ein Exchange Online-Gruppenpostfach und ein Gruppenkalender angelegt. Über das Gruppenpostfach können E-Mails an das Team gesendet werden und das Team kann sich in *Unterhaltungen* austauschen. Die Kommunikation findet dann in Outlook statt. Der Gruppenkalender hingegen kann über Outlook genutzt oder auf der Teamwebsite als Webpart hinzugefügt und verwendet werden.

Darüber hinaus werden Ihnen die Funktionalitäten des OneNote-Notizbuchs und die eines Plans in Microsoft Planner bereitgestellt. Das Zusammenspiel dieser Funktionen ist eine Kombination der einzelnen Dienste und wird als Microsoft 365-Gruppe bezeichnet. Eine Microsoft 365-Gruppe beinhaltet also verschiedene Dienste und ist damit immer eine Erweiterung für den jeweiligen Ort in Ihrem Microsoft 365-Portal, an dem Sie mit Ihrem Team zusammenarbeiten. Die Zusammenarbeit kann über Outlook, Teams und Planner stattfinden, wobei eine SharePoint-Teamwebsite ebenfalls der Zusammenarbeit dient. Hier werden Sie jedoch nicht direkt mit Ihren Teammitgliedern über Chatnachrichten oder Unterhaltungen kommunizieren, sondern eher Ihre Dokumente, Listen und allgemeine Teaminformationen gemeinsam organisieren. Für die schnelle Bereitstellung von KI-gesteuerten Elementen können einer Microsoft 365-Gruppe ein Loop-Arbeitsbereich zugeordnet werden. Hier können Sie verschiedene Komponenten nutzen, um auf Loop-Seiten zusammenzuarbeiten.

Wenn Sie einen neuen Plan in Planner mit mindestens einer weiteren Person teilen möchten, müssen Sie den Plan einer Gruppe zuordnen oder eine neue Microsoft 365-Gruppe anlegen. Wenn Sie ein neues Team in Teams anlegen, wird automatisch eine Microsoft 365-Gruppe erstellt. Damit stehen Ihnen die Dienste für eine moderne SharePoint Online-Teamwebsite unter anderem mit der Bibliothek *Dokumente* für die Dateiablage, ein Gruppenpostfach, ein Kalender und ein Notizbuch zur Verfügung.

Das Erstellen einer Microsoft 365-Gruppe als Erweiterung für andere Microsoft 365-Dienste ergibt sich immer daraus, welche Microsoft 365-Dienste Sie für die Zusammenarbeit benötigen. Alle hinzugefügten Dienste und Apps erhalten den Namen der Gruppe, was die Arbeit erheblich erleichtert.

Beachten Sie, dass beim Anlegen vieler Gruppen schnell ein chaotischer Wildwuchs entstehen kann. Es sollte festgelegte Regeln geben, wann es erforderlich ist, eine neue Microsoft 365-Gruppe zu erstellen.

8.2.1 Öffentliche und private Microsoft 365-Gruppen

Eine Microsoft 365-Gruppe kann öffentlich oder privat gehalten werden. Dabei sind eine öffentliche Microsoft 365-Gruppe und ihre gesamten Inhalte für alle Microsoft 365-Benutzerinnen und -Benutzer innerhalb eines Unternehmens sichtbar. Jeder kann der öffentlichen Gruppe als Gruppenmitglied beitreten und andere aus dem Unternehmen als Mitglied hinzufügen. Beachten Sie, dass es Benutzerinnen und Benutzer geben könnte, die zwar über einen Benutzeraccount Ihres Unternehmens verfügen, jedoch externe Dienstleister sind. Auch Schulungsaccounts können Benutzer sein, werden jedoch sehr häufig vergessen. Bei einer privaten Microsoft 365-Gruppe hingegen können nur von der Besitzerin oder dem Besitzer zugelassene oder hinzugefügte Personen der Gruppe beitreten und ihre Inhalte einsehen. Privaten als auch öffentlichen Microsoft 365-Gruppen können externe Benutzerinnen und Benutzer hinzugefügt werden, wenn die Sicherheitsrichtlinien es in Ihrem Unternehmen zulassen.

Überlegen Sie immer, wer Ihre Informationen lesen und bearbeiten darf.

8.2.2 Benutzerrollen in Microsoft 365-Gruppen

Über die Benutzerrollen werden Gruppen von Nutzern unterschiedliche Rechte zugewiesen, zum Beispiel können alle, die der Benutzerrolle *Mitglied* zugeordnet werden, sofort sämtliche Informationen innerhalb der Gruppe abrufen und bearbeiten. Auch die von der Gruppe mitgelieferten Apps, wie Planner oder OneNote, können von Personen der Gruppe *Mitglieder* sofort eingesehen und bearbeitet werden. Somit müssen die entsprechenden Rechte nicht pro Person einzeln vergeben werden. In einer Microsoft 365-Gruppe gibt es zwei Benutzerrollen, die sich durch die gesamte Gruppe und ihre Inhalte vererben: Gruppenbesitzer und Gruppenmitglied.

Die Besitzerrolle sollten immer zwei Personen übernehmen. Wer ist Ihre Stellvertretung, wenn Sie nicht anwesend sind?

8.2.2.1 Gruppenbesitzer

Beim Erstellen einer Microsoft 365-Gruppe wird die Person, die die Gruppe erstellt hat, automatisch als Gruppenbesitzer definiert. Gruppenbesitzer können weitere Gruppenbesitzer oder -mitglieder hinzufügen oder diese aus der Microsoft 365-Gruppe entfernen. Nur Besitzer der Gruppe können, wenn es in Ihrem Unternehmen erlaubt ist, externen Personen den Zugriff gewähren. Zusätzlich dürfen Gruppenbesitzer die gesamte Gruppenverwaltung steuern und können die Gruppe wieder löschen.

8.2.2.2 Gruppenmitglieder

Als Gruppenmitglied dürfen Sie alle der Microsoft 365-Gruppe zugehörenden Dienste nutzen und weitere Apps hinzufügen und löschen. Sie können jedoch die Gruppenverwaltung nicht steuern oder, in privaten Microsoft 365-Gruppen, weitere Mitglieder hinzufügen.

8.3 Einer Microsoft 365-Gruppe beitreten

Auch in Teams können Sie einem Team und somit einer Microsoft 365-Gruppe beitreten.

Sie können über Outlook im Web nach Gruppen suchen. Öffentlichen Gruppen können Sie sofort beitreten. Bei privaten Gruppen können Sie nur durch die Besitzerin oder den Besitzer hinzugefügt werden oder eine Beitrittsanfrage stellen.

1. Öffnen Sie Outlook im Web.
2. Navigieren Sie im Modul *E-Mail* zum Ordnerbereich *Zu Gruppen wechseln*.
3. Klicken Sie oben im Menüband auf die Schaltfläche *Gruppen entdecken*, um nach Gruppen in Ihrem Unternehmen zu suchen.
4. Im Fenster *Gruppen entdecken* werden Ihnen Gruppen vorgeschlagen, mit deren Mitgliedern Sie häufig interagieren. Sie können auf den Gruppennamen zeigen, um die Visitenkarte einzublenden und nähere Informationen über die Gruppe zu erhalten.
5. Klicken Sie auf die Schaltfläche *Beitrittsanfrage*, um eine Anfrage an die oder den Gruppenbesitzerin oder -besitzer zu stellen.
6. Schreiben Sie im Nachrichtentext kurz den Grund für Ihren Beitrittswunsch.
7. Klicken Sie auf die Schaltfläche *Senden*. Ihre Anfrage wird nun per E-Mail an die Gruppenbesitzerin oder den -besitzer gesandt. Diese Person kann die Anfrage über die Schaltfläche *Anfrage genehmigen* direkt in der E-Mail genehmigen und Ihnen damit Zugriff gewähren. Sie erhalten dann eine Gruppeneinladung per E-Mail.

8.4 Die E-Mail-Adresse einer Gruppe abrufen und verwenden

Überlegen Sie, lieber einen Beitrag in Teams zu verfassen, als eine E-Mail an die Gruppe zu senden.

Über die Gruppen-E-Mail-Adresse können Sie E-Mails an alle Gruppenmitglieder senden. Um herauszufinden, wie die E-Mail-Adresse einer Gruppe lautet, gehen Sie wie folgt vor:

1. Öffnen Sie Outlook im Web.
2. Navigieren Sie im Modul *E-Mail* zum Ordnerbereich *Zu Gruppen wechseln*.
3. Im Bereich *Häufig verwendete Gruppen* klicken Sie auf den Gruppennamen, um die Visitenkarte einzublenden (siehe Abbildung 8.1).

4. Im Bereich *Info* sehen Sie das Symbol mit dem Briefumschlag. Dahinter steht die E-Mail-Adresse der Gruppe. Zeigen Sie auf die E-Mail-Adresse und klicken Sie auf die Schaltfläche *E-Mail kopieren*.
5. Sie können auch in der linken Navigation mit der rechten Maustaste auf einen Gruppennamen klicken und im Kontextmenü den Befehl *E-Mail-Adresse kopieren* anklicken.

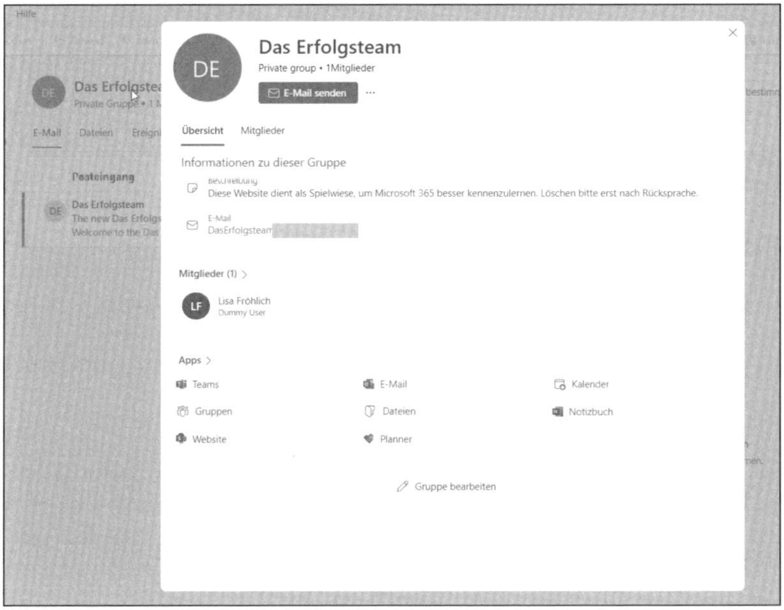

Abb. 8.1
Über den Gruppennamen gelangen Sie in die Visitenkarte oder in die Gruppeninformationen einer Gruppe.

6. Wechseln Sie in Ihren Posteingang und öffnen Sie eine neue E-Mail-Nachricht.
7. Fügen Sie im Feld *An* die E-Mail-Adresse ein.
8. Schreiben Sie einen Nachrichtentext und senden Sie die E-Mail. Die E-Mail wird an das Gruppenpostfach und die Gruppenmitglieder und -besitzer gesandt.

8.5 Die Optionen in einer Microsoft 365-Gruppe in Outlook im Web

Als Mitglied oder Besitzer bzw. Besitzerin können Sie Gruppen, in denen Sie sehr aktiv mitarbeiten, als Favorit markieren. Durch das Markieren zum Favoriten erhalten Sie als Gruppenmitglied alle Unterhaltungen, die in der Gruppe über das Postfach geführt werden, als Nachricht über Ihren persönlichen Posteingang. In der Ordnernavigation wird Ihnen in Outlook im Web die gewünschte Gruppe im Ordner *Favoriten* angezeigt.

8.5.1 Gruppe als Favorit festlegen

1. Klicken Sie in Outlook im Web im Posteingang ganz unten in der Ordnerleiste auf die Schaltfläche *Zu Gruppen wechseln*.
2. Wird Ihnen die Gruppe im Bereich *Häufig verwendete Gruppen* angezeigt, können Sie direkt auf das Stern-Symbol hinter dem Gruppennamen klicken, um die Gruppe als Favorit zu kennzeichnen.
3. Klicken Sie in der linken Navigation im Bereich *Gruppen* auf die Gruppe, die Sie als Favorit speichern möchten.
4. Sie werden in den Posteingang der Gruppe weitergeleitet. Klicken Sie nun hinter den Gruppennamen auf das Stern-Symbol.
5. In der Navigation wird Ihnen die Kategorie *Favoriten* angezeigt und die Gruppe, die Sie als Favorit gespeichert haben, wird der Kategorie zugeordnet.
6. Möchten Sie die Gruppe nicht mehr als Favorit kennzeichnen, klicken Sie im Bereich *Favoriten* mit der rechten Maustaste auf die Gruppe und wählen Sie den Befehl *Aus Favoriten entfernen*.

8.5.2 Gruppe bearbeiten

Sie können als Besitzerin oder Besitzer die Gruppe bearbeiten, wenn Sie ihr eine Beschreibung hinzufügen möchten, oder die Datenschutzrichtlinie einer privaten oder öffentlichen Gruppe ändern. Sie können beispielsweise festlegen, ob unternehmensexterne Personen an das Gruppenpostfach E-Mails senden dürfen und dass Gruppenunterhaltungen und Gruppenereignisse, die über das Gruppenpostfach und den Gruppenkalender geführt oder erstellt werden, an den Posteingang der Gruppenmitglieder gesandt werden sollen.

1. Klicken Sie in Outlook im Web im Posteingang ganz unten in der Ordnerleiste auf die Schaltfläche *Zu Gruppen wechseln*.
2. Öffnen Sie Ihre Gruppe, wählen Sie die Gruppe *Das Erfolgsteam* durch einen Klick aus.
3. Klicken Sie hinter dem Gruppennamen auf die Schaltfläche *Gruppe bearbeiten*, dargestellt mit dem Stift-Symbol.
4. Schauen Sie sich die Bearbeitungsmöglichkeiten an, nehmen Sie Änderungen vor und speichern Sie diese.

8.5.3 Mitglieder hinzufügen oder entfernen, Benutzerrollen ändern

Sie können im Bereich *Bearbeiten* weitere Personen für die Gruppe berechtigen oder vorhandene Zugriffsrechte entziehen sowie Benutzerrollen ändern.

1. Klicken Sie in Outlook im Web im Posteingang ganz unten in der Ordnerleiste auf die Schaltfläche *Zu Gruppen wechseln*.

2. Öffnen Sie Ihre Gruppe, wählen Sie die Gruppe *Das Erfolgsteam* durch einen Klick aus.
3. Klicken Sie hinter dem Gruppennamen auf die Schaltfläche *Gruppe bearbeiten*, dargestellt mit dem Stift-Symbol.
4. Klicken Sie im kleinen Fenster oben auf das Register *Mitglieder*.

Mitglieder hinzufügen:

5. Klicken Sie oberhalb des Suchfelds auf die Schaltfläche *Mitglieder hinzufügen*. Suchen Sie nach der Person, die Sie zu Ihrer Gruppe hinzufügen möchten, schreiben Sie den Namen in das Feld *Einen Namen oder eine E-Mail-Adresse eingeben*. Klicken Sie den Namen der Person einmal in der Vorschlagsliste an, damit sie übernommen wird.
6. Wählen Sie hinter dem Namen die Benutzerrolle aus, indem Sie bei *Mitglied* auf den Pfeil nach unten klicken.
7. Klicken Sie unten auf die Schaltfläche *Hinzufügen*.

Mitglieder entfernen:

8. Möchten Sie eine Person aus der Gruppe entfernen, klicken Sie hinter dem Namen der Person auf die Schaltfläche *Entfernen*, dargestellt mit dem *X*.

Mitgliederrolle ändern:

9. Möchten Sie die Benutzerrolle einer Person ändern, klicken Sie auf den Pfeil nach unten bei *Besitzer* oder *Mitglied* und ändern Sie die Benutzerrolle. Die Gruppe muss über mindestens einen Besitzer verfügen, Sie können also nicht alle Besitzer zu Mitgliedern ändern.

8.6 Gastzugriff in Microsoft 365-Gruppen

Befragen Sie unbedingt Ihre IT-Abteilung, ob Sie eigenständig Gastzugriffe erstellen dürfen.

Der Wunsch nach einer direkten Zusammenarbeit mit unternehmensexternen Personen an bestimmten Dokumenten oder Notizen ist in den vergangenen Jahren angestiegen und heute nicht mehr wegzudenken. Anstatt Dokumente an Externe per E-Mail weiterzuleiten und auf Antworten zu warten, wäre es in einigen Geschäftssituationen wesentlich leichter, wenn die Geschäftspartner oder Projektmitglieder ebenfalls auf die Inhalte eines Microsoft 365-Portals zugreifen könnten. Über Microsoft 365-Gruppen ist es möglich, externen Personen Zugriff zu gewähren. Die Administratoren in Ihrem Unternehmen müssen die Freigabe für Gäste konfiguriert haben und die Datenschutz- und Sicherheitsrichtlinien dürfen damit nicht verletzt werden. Sprechen Sie gegebenenfalls mit Ihren Vorgesetzten und den Administratoren, damit auch Sie bestimmte Inhalte mit Geschäftspartnern austauschen können.

Wenn der Zugriff für Gäste bei Ihnen konfiguriert und genehmigt wurde, benötigen Sie lediglich die E-Mail-Adresse der Person, die Sie einladen möchten. Der Gast muss dabei nicht über ein Microsoft-Konto verfügen. Ihre Gäste haben dann eingeschränkten Zugriff auf die Gruppe: Sie haben Zugriff auf die Gruppenunterhaltungen und die Gruppendateien; auch Besprechungsanfragen aus der Gruppe werden dann ebenso an die Gäste gesandt. Jedoch haben die Gäste keinen Zugriff auf die in der Gruppe gespeicherten E-Mails, die an die Gruppen-E-Mail-Adresse gesendet wurden, oder auf den Plan in Planner, der zur Gruppe gehört.

Die Berechtigung für Einladungen und Zugriff kann nur von einem Gruppenbesitzer erteilt werden. Gruppenmitglieder können lediglich unternehmensexterne Personen für die Gruppe vorschlagen. In den nachfolgenden Schritten zeige ich Ihnen, wie Sie Gäste einer Gruppe hinzufügen und auch wieder entfernen können.

1. Öffnen Sie die Gruppe, für die Sie den Gastzugriff vergeben möchten, in Outlook im Web.
2. Klicken Sie im Informationsbereich der Gruppe unterhalb des Gruppennamens auf die Schaltfläche *Mitglied(er)*. Wechseln Sie gegebenenfalls in das Register *Mitglieder*.
3. Klicken Sie rechts im Fenster auf die Schaltfläche *Mitglieder hinzufügen*.
4. Schreiben Sie die genaue E-Mail-Adresse in das Eingabefeld *Mitglieder hinzufügen*. Ihnen wird die E-Mail-Adresse mit dem Zusatz *Gast* angezeigt.
5. Überprüfen Sie die E-Mail-Adresse und wählen Sie den Gast durch einen Klick aus.
6. Klicken Sie unten im Fenster auf die Schaltfläche *Hinzufügen*.
7. Um einen Gast zu entfernen, klicken Sie im aktuellen Fenster hinter die gewünschte Person auf die Schaltfläche *Aus Gruppe entfernen*, dargestellt mit dem *X*.
8. Schließen Sie das Fenster.

Ihrem Gast wird jetzt eine Einladungsmail zugesandt. Die Einladung besitzt einen Link zu den Gruppendateien und einen Link, um die Gruppe zu verlassen. Die Unterhaltungen mit dem Gast finden per E-Mail statt, ein direkter Zugang zu Ihrem Outlook im Web erhält der Gast nicht. Informieren Sie ihn über die Vorgehensweise in der Gruppe und gegebenenfalls über Regeln, die Sie und Ihr Team für die Verwendung der Gruppe festgelegt haben.

8.7 Unternehmensexternen Gästen das Senden von E-Mails gestatten

Klären Sie mit Ihrer IT-Abteilung, ob es gestattet ist, dass externe Personen E-Mails an die Gruppe senden dürfen.

Wenn Ihre Gruppe über Gastmitglieder verfügt, können diese nicht einfach E-Mails an die Gruppen-E-Mail-Adresse senden. Unter Umständen ist das von Ihrem Unternehmen auch so gewünscht. Sprechen Sie am besten mit der IT-Abteilung. Wenn es gestattet ist, dass externe Personen E-Mails an die Gruppe senden dürfen, muss die oder der Gruppenbesitzerin oder -besitzer das Empfangen von externen E-Mails erlauben. Um diese Einstellung festzulegen, gehen Sie folgendermaßen vor:

1. Navigieren Sie in den Posteingang Ihrer Gruppe.
2. Klicken Sie hinter den Gruppennamen auf die Schaltfläche *Gruppe bearbeiten*.
3. Aktivieren Sie im Bereich *Externe E-Mail-Einstellungen* das Kontrollkästchen bei *Personen von außerhalb der Organisation das Senden von E-Mails an die Gruppe gestatten*.
4. Speichern Sie Ihre Einstellungen und schließen Sie das Fenster.

8.8 Microsoft 365-Gruppen-E-Mails im eigenen Postfach verwalten

In den Gruppeneinstellungen können Sie erweiterte Einstellungen für die Gruppennachrichten festlegen oder ihren Erhalt ganz deaktivieren. Beachten Sie, dass auch Gruppen-Besprechungsanfragen per Gruppen-E-Mail gesendet werden, die Sie nach dem Deaktivieren der E-Mail-Nachrichten nicht mehr erhalten. Diese Einstellungen betreffen nur Ihren persönlichen Posteingang; die E-Mail-Nachrichten werden weiterhin im Gruppenpostfach angezeigt.

1. Wechseln Sie in Outlook im Web in Ihre Gruppe.
2. Klicken Sie rechts oben auf die Schaltfläche *Einstellungen*, dargestellt mit dem Zahnrad-Symbol, jedoch nicht auf das Zahnrad-Symbol in der Titelleiste. Rechts im Bildschirm werden Ihnen die Gruppeneinstellungen (siehe Abbildung 8.2) angezeigt.

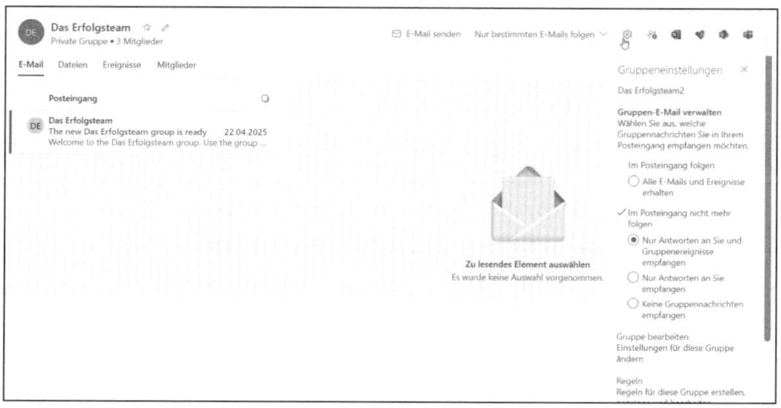

Abb. 8.2 Die Gruppeneinstellungen öffnen Sie über das Zahnrad-Symbol innerhalb der Gruppe, nicht oben über die Outlook-Einstellungen.

3. Sie können nun festlegen, welche Gruppennachrichten Sie über Ihren persönlichen Posteingang erhalten oder nicht erhalten möchten.
   - Aktivieren Sie die Option *Alle E-Mails und Ereignisse erhalten*, wenn Sie alle an das Gruppenpostfach gesandte E-Mails und Besprechungsanfragen erhalten möchten.

- Mit *Nur Antworten an Sie und Gruppenereignisse empfangen* legen Sie fest, wenn Sie Nachrichten, die an Sie persönlich gerichtet sind, weiterhin über Ihren persönlichen Posteingang erhalten möchten. Das können auch @-Erwähnungen sein. Gruppenkalendereinträge werden Ihnen weiterhin zugestellt.
- Mit *Nur Antworten an Sie empfangen* aktivieren Sie, dass Sie nur noch E-Mails in Ihrem Posteingang erhalten möchten, wenn Sie persönlich aus der Gruppe heraus angeschrieben werden. Sie erhalten dann auch keine Besprechungsanfragen aus der Gruppe.
- Mit der Option *Keine Gruppennachrichten empfangen* werden Ihnen überhaupt keine Gruppennachrichten mehr über Ihren persönlichen Posteingang zugesandt.

4. Prüfen Sie Ihre Auswahl und schließen Sie das Fenster über die Schaltfläche *Schließen*.

8.9 Eine Microsoft 365-Gruppe verlassen

Sie können der Gruppe erneut beitreten oder als Mitglied/Besitzer hinzugefügt werden.

Es kann vorkommen, dass Sie einer Gruppe hinzugefügt wurden, zu der Sie jedoch nicht gehören möchten, da ihr Aufgabengebiet nicht dem Ihrigen entspricht. Vielleicht hat sich auch Ihre Zuständigkeit geändert und Sie sind zusätzlich Mitglied oder Besitzer einer anderen Gruppe geworden. Sie können selbst entscheiden, welchen Gruppen Sie angehören möchten, und können bei Bedarf eine Gruppe verlassen. Ein Gruppenbesitzer kann die Gruppe erst dann verlassen, wenn es mindestens einen weiteren Gruppenbesitzer gibt. Um eine Gruppe zu verlassen, gehen Sie wie folgt vor:

1. Wechseln Sie in Outlook im Web in Ihre Gruppe.
2. Klicken Sie rechts oben auf die Schaltfläche *Einstellungen*, dargestellt mit dem Zahnrad-Symbol. Rechts im Bildschirm werden Ihnen die Gruppeneinstellungen (siehe oben Abbildung 8.2) angezeigt.
3. Wählen Sie ganz unten die Option *Gruppe verlassen*.

Sie werden direkt aus der Gruppe entlassen. Sie können über die Schaltfläche *Gruppen entdecken* jederzeit eine neue Beitrittsanfrage stellen. Falls Ihnen die Gruppe nicht aufgelistet wird, verwenden Sie die Suche im Fenster *Gruppen entdecken*.

8.10 Eine Microsoft 365-Gruppe bearbeiten

Prüfen Sie, ob es Regeln gibt, die ggf. das Löschen von Gruppen untersagen.

Als Gruppenbesitzerin oder -besitzer können Sie die Gruppeninformationen wie beispielsweise die Beschreibung oder ein Gruppenbild ändern und hinzufügen. Sie können aber auch eine Gruppe, die nicht mehr genutzt wird, löschen. Beachten Sie jedoch, dass dann alle Informationen, Dateien, Beiträge der Microsoft 365-Gruppe gelöscht werden:

1. Navigieren Sie in den Posteingang Ihrer Gruppe.
2. Klicken Sie auf die Schaltfläche *Gruppe bearbeiten*, dargestellt mit dem Stift-Symbol hinter dem Gruppennamen.
3. Ändern Sie bei Bedarf die Gruppenbeschreibung, ändern Sie jedoch nicht den Gruppennamen, da das zu Verwirrung innerhalb Ihrer Gruppe führen kann.
4. Zum Hinzufügen eines Gruppenbilds klicken Sie oben auf das Symbol mit dem Fotoapparat im Logo der Gruppe.
5. Klicken Sie auf die Schaltfläche *Foto hochladen* und wählen Sie ein Foto aus Ihrem Netzlaufwerk aus.
6. Bestätigen Sie mit einem Klick auf die Schaltfläche *OK*. Das neue Gruppenfoto wird hochgeladen. Passen Sie falls erforderlich den Zoom über den Regler an oder verschieben Sie es per Drag & Drop, bis es optimal im vorgegebenen Rahmen erscheint.
7. Um das Foto zu übernehmen, bestätigen Sie mit einem Klick auf die Schaltfläche *OK* und dann auf *Speichern*.
8. Zum Löschen der Gruppe klicken Sie unten rechts im Dialog auf die Schaltfläche *Gruppe löschen*. Bestätigen Sie die Sicherheitsabfrage im darauf folgenden Fenster.

8.11 Der Gruppenkalender in Outlook im Web

Sobald eine Microsoft 365-Gruppe erstellt wird, wird Ihnen auch ein Gruppenkalender zur Verfügung gestellt (siehe Abbildung 8.3). Dieser Kalender ist sowohl für Gruppenbesitzer als auch für Gruppenmitglieder sichtbar. Hier können Sie Termine für die Gruppe organisieren. Die Gruppenmitglieder und -besitzer müssen dann den Gruppenkalender eigenständig im Modul *Kalender* einblenden lassen. Aufgrund der Gruppen-E-Mail-Adresse brauchen Sie bei Besprechungsanfragen in Ihrem persönlichen Kalender keine einzelnen Kontakte auszuwählen, an die die Anfrage gesendet werden soll, denn sie wird automatisch an alle Gruppenmitglieder geschickt, sobald Sie die Gruppe im Feld *Erforderlich* im Terminformular einer Besprechungsanfrage hinzufügen (siehe Abbildung 8.4).

Laden Sie die Gruppe zu einer Besprechung ein.

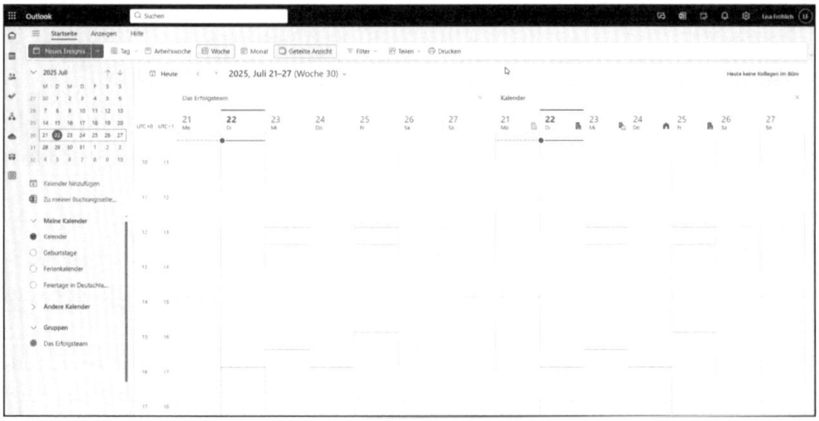

Abb. 8.3 Der Gruppenkalender wurde links in der Navigation ausgewählt und wird zusammen mit dem persönlichen Kalender angezeigt. Oben die Schaltfläche *Geteilte Ansicht*, damit die Kalender nebeneinander dargestellt werden.

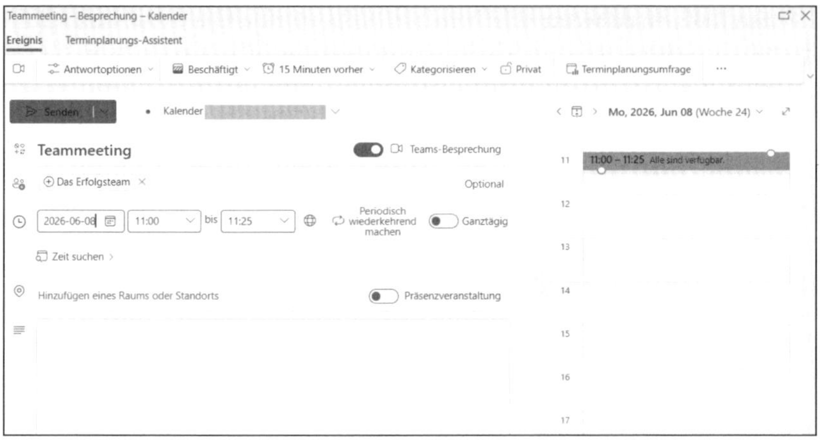

Abb. 8.4 Eine Besprechungsanfrage im persönlichen Kalender und im Feld *Erforderlich* wurde der Gruppenname eingefügt.

8.12 Die Gruppenwebsite

Ihnen steht mit der Microsoft 365-Gruppe eine SharePoint Online-Teamwebsite zur Verfügung (siehe Abbildung 8.5). Die SharePoint-Teamwebsite besitzt in Verbindung mit der Microsoft 365-Gruppe bereits eine Dokumentenbibliothek, die den Namen *Dokumente* trägt und deren Dateien aus der Gruppe stammen. Innerhalb der Bibliothek wird automatisch ein Ordner namens *E-Mail-Anhänge* angelegt, sobald Sie die erste E-Mail an die Gruppe senden. Die Gruppenbibliothek *Dokumente* sollten Sie ausschließlich für die Gruppe verwenden. Beachten Sie jedoch, dass diese Bibliothek auch von Teams verwendet wird, wenn die Gruppe mit einem Team in Teams verbunden ist. Dann wird in dieser Bibliothek jeweils ein Ordner für jeden Standardkanal angelegt. Zusätzlich stehen Ihnen die SharePoint Online-Funktionalitäten zur Verfügung und Sie können weitere Listen und Bibliotheken anlegen. Um die Gruppenwebsite zu öffnen, wechseln Sie in den Posteingang Ihrer Gruppe und klicken im rechten Fensterbereich auf die Schaltfläche *Website* (siehe Abbildung 8.6), dargestellt mit dem SharePoint-Logo.

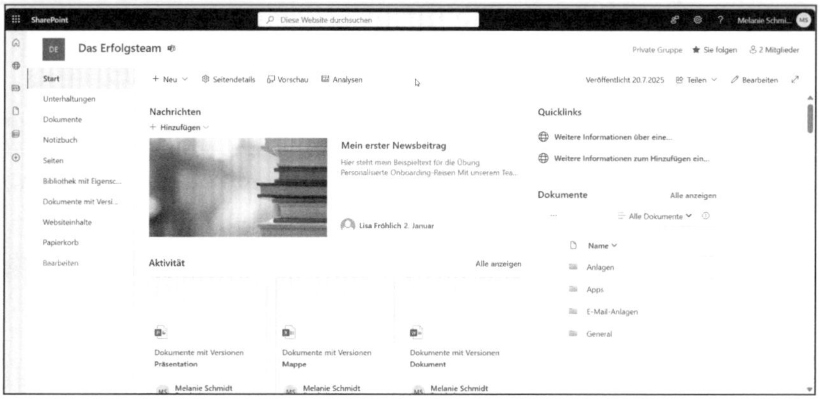

Abb. 8.5 Die SharePoint Online-Teamwebsite mit der Schnellstartnavigation und der Gruppenbibliothek *Dokumente* auf der linken Seite

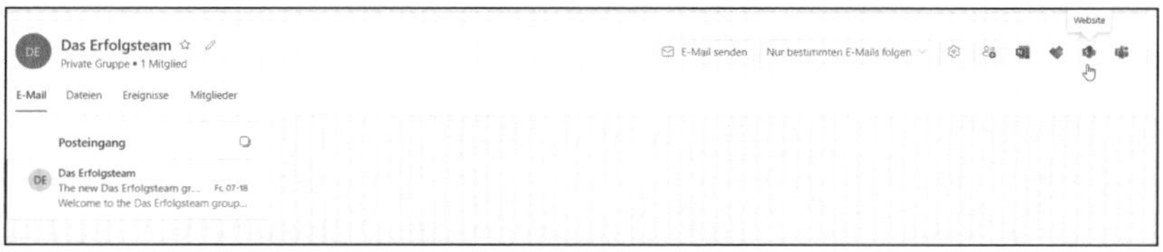

Abb. 8.6 Das SharePoint-Logo im Posteingang der Gruppe für die Navigation zur Teamwebsite

---

Beachten Sie unbedingt, dass eine SharePoint Online-Website in Verbindung mit einer Microsoft 365-Gruppe die Berechtigungen dieser Gruppe besitzt, also nicht die SharePoint-Berechtigungen, die Sie gegebenenfalls aus SharePoint erwarten. Darum werden Berechtigungen, die Sie über Ihr SharePoint festlegen, nicht in andere Apps der Microsoft 365-Gruppe weitergereicht.

8.13 Das Gruppennotizbuch

Auch ein OneNote-Notizbuch wird Ihnen mit einer Microsoft 365-Gruppe bereitgestellt (siehe Abbildung 8.7). Auf das Notizbuch können Sie mit Ihren Gruppenmitgliedern und Gästen zugreifen und es gemeinsam zum Beispiel für Ideen oder Protokolle verwenden. Das Gruppennotizbuch wird in der SharePoint-Website gespeichert. Sie können es auch über die Desktop- und mobilen Apps öffnen und verwenden. Um das Gruppennotizbuch aus Outlook im Web heraus zu öffnen, wechseln Sie in den Posteingang Ihrer Gruppe und klicken im rechten oberen Fensterbereich auf die Schaltfläche *Notizbuch*, dargestellt mit dem OneNote-Logo. Mehr zu OneNote erfahren Sie in Kapitel 6.

Abb. 8.7 Das OneNote-Gruppennotizbuch (noch) ohne Abschnitte und Seiten, geöffnet im Webbrowser

8.14 Der Plan der Gruppe

Ein Plan in Microsoft Planner gehört ebenfalls zu einer Microsoft 365-Gruppe (siehe Abbildung 8.8). Der jeweilige Plan kann über den Planner-Hub oder im Posteingang der Gruppe in Outlook im Web geöffnet werden. Klicken Sie im oberen rechten Fensterbereich auf die Schaltfläche *Planner*, dargestellt mit dem Planner-Logo. Mehr zu Microsoft Planner erfahren Sie in Kapitel 10.

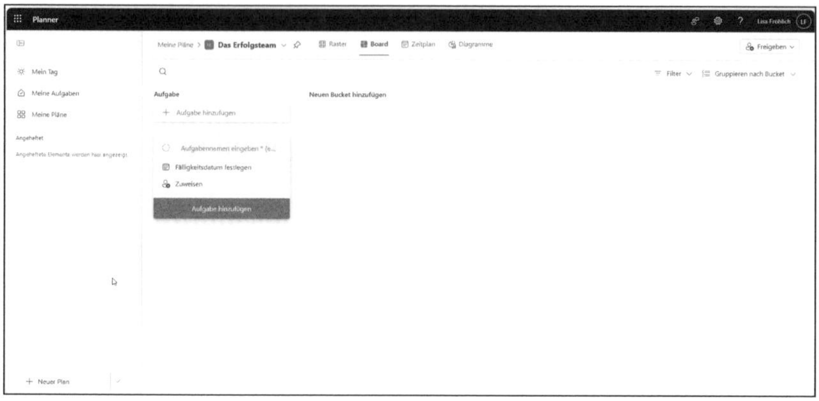

Abb. 8.8 Der bereitgestellte Plan in Planner

8.15 Das Team in Teams

Wenn Sie eine neue Microsoft 365-Gruppe in Outlook oder in SharePoint anlegen, wird nicht automatisch ein Team in Teams der Microsoft 365-Gruppe hinzugefügt. Als Gruppenbesitzerin oder -besitzer können Sie auf der zur Gruppe gehörenden SharePoint-Teamwebsite das Team hinzufügen. Erst dann wird für die Gruppe auch ein Microsoft-Team mit dem Kanal *Allgemein* erstellt (siehe Abbildung 8.9). Wie Sie der Gruppe ein Team hinzufügen, lesen Sie im Abschnitt 2.8. Wenn das Team aktiviert wurde, können Sie es ebenfalls über Outlook im Web öffnen. Klicken Sie dafür auf die Schaltfläche *Teams*, dargestellt mit dem Teams-Logo.

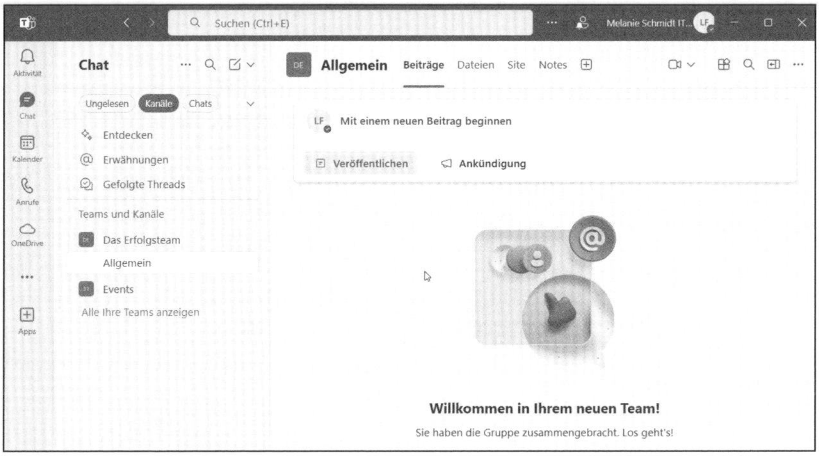

Abb. 8.9 Das Team mit dem Kanal *Allgemein* in der Desktop-App

8.16 Zusammenfassung

Die Kombination der Microsoft-Produkte und -Dienste bietet viele Möglichkeiten für die Zusammenarbeit. So können zentrale Arbeitsumgebungen geschaffen werden, die über bereits mitgelieferte Technologien verfügen. Es muss also nicht mehr zwischen vielen Anwendungen hin- und hergesprungen werden, um bestimmten Arbeitsprozessen nachzugehen. Das Erstellen von Microsoft 365-Gruppen und damit verbundenen Diensten sollte jedoch immer gut überlegt sein. Bei der Erstellung vieler Gruppen kann schnell ein Wildwuchs von SharePoint-Websites, Notizbüchern, Plänen, Postfächern und Kalendern entstehen, sodass das Auffinden und Bereitstellen von Informationen in einem Chaos enden kann. Prüfen Sie also immer im Voraus, ob es bereits ein Team in Microsoft Teams, eine SharePoint Online-Website und damit eine Microsoft 365-Gruppe gibt, die sich mit Ihren Anforderungen und Inhalten, die Sie bereitstellen oder abrufen möchten, überschneiden würde.

Kapitel 9

Teams

9.1 Ausgangssituation

Ohne weitere Dienste und Apps könnten Sie mit Teams nur kommunizieren.

In den vergangenen Jahren haben immer mehr Unternehmen auf die sogenannte vereinheitlichte Kommunikation und Echtzeitkommunikation gesetzt, also auf Technologien, die schnelle Reaktionen der Mitarbeiter und die dadurch resultierenden Aktionen zulassen. Mitarbeitern wurde mit Microsoft Lync im Jahr 2010 und dem Nachfolger Skype for Business ab dem Jahr 2015 eine Kommunikationsplattform bestehend aus dem Telefondienst und die Verbindung zu den täglich eingesetzten Office-Anwendungen bereitgestellt. Die Kommunikation fand damit erstmalig über eine einheitliche Benutzeroberfläche statt und brachte damit sämtliche Techniken, wie Telefonie, Chats und Online-Konferenzen, die für die Kommunikation wichtig sind, zusammen. Durch die Entwicklung von Microsoft Teams ging Microsoft einen Schritt weiter und lässt die Cloud-Dienste und Apps, die Sie bereits in diesem Buch kennengelernt haben, in die Benutzeroberfläche von Teams einbinden. Damit wird eine App für die unternehmensweite Kommunikation und Zusammenarbeit bereitgestellt. Teams ist somit keine eigenständige App mit vielen Funktionen, sie ist eine Benutzeroberfläche und setzt sich aus sämtlichen Diensten und Apps der Microsoft 365-Welt zusammen.

9.2 Der Einsatz von Teams

Teams setzt auf den einfachen und schnellen Kommunikations- und Informationsaustausch in Echtzeit über eine Benutzeroberfläche. Damit Benutzerinnen und Benutzer von verschiedenen Geräten aus die Dienste und Apps anwenden können, stellt Microsoft eine einheitliche Desktop-/Browser-/mobile App zur Verfügung. Damit sollen Teammitglieder, unabhängig von Ort, Zeit und Gerät, jederzeit in der Lage sein, Inhalte zu lesen, bereitzustellen und aktiv an der Kommunikation teilzunehmen. Dadurch ist eine eigene Arbeits- und Austauschplattform innerhalb einer App entstanden, die uns in der täglichen Arbeit mit den verschiedenen Microsoft 365-Apps und -Anwendungen unterstützen soll.

Teams dient nicht der Überwachung durch den Präsenzstatus und den Standort.

Zusätzlich zu den bereits vorgestellten Cloud-Diensten und Apps können Sie mit Teams die Anwesenheitsinformationen Ihrer Kollegen rasch einsehen und somit schneller Informationen untereinander austauschen. Über persönliche Chatnachrichten können Sie unkompliziert Rückfragen stellen, gerade wenn sich ein Kontakt an einem ganz anderen Ort befindet. Audio- und Videokonferenzen werden mit Teams durchgeführt. Diese Konferenzen können kurzfristig, also ad hoc, einberufen werden, wenn die Mitglieder und Gäste online sind. Das erspart das längere Planen von Besprechungen, wenn es einmal schnell gehen muss.

Auch Festnetztelefonate können mit Teams getätigt werden, sofern die Festnetztelefonie in Ihrem Unternehmen im Microsoft-Portal lizenziert ist. Falls nicht, können Sie auch Teams-Audioanrufe tätigen. Bei den Teams-Audioanrufen wird keine Festnetznummer verwendet, sondern die E-Mail-Adresse der Anrufer. Diese Art der Telefonie setzt jedoch voraus, dass die jeweiligen Anrufer Teams verwenden.

Sie müssen SharePoint Online nicht öffnen, um Dateien abzulegen.

Auch die Freigabe des Bildschirms für eine Präsentation ist mit Teams kein Problem, und Sie können Dateien für andere bereitstellen und gemeinsam mit ihnen daran arbeiten. Somit stellen Sie die Informationen zentral über einen Teamkanal bereit, und die Teammitglieder greifen darüber immer auf die aktuellsten Informationen zu. Auch neue Teammitglieder, die erst später für die Zusammenarbeit zum Team eingeladen werden, haben den Vorteil, jederzeit auf den aktuellen Stand der gesamten Informationen zuzugreifen. Diskussionen, die in einem Teamkanal als Beiträge geführt wurden, sind beständig und stehen auch neuen Teammitgliedern zum Erkunden bereit. Die Integration weiterer Microsoft- und Fremdanbieter-Apps ist möglich, sodass Sie auf alle für Sie wichtigen Apps und damit verbundenen Informationen an einem Ort zugreifen können, egal mit welchem Gerät und wo Sie sich gerade online befinden. Jedoch setzt die Verwendung von Teams eine andere Art der Zusammenarbeit voraus. Während Informationen bislang überwiegend an uns per E-Mail geschickt wurden, werden bei der Arbeit mit Teams diese Informationen in Teamkanälen bereitgestellt und somit nicht mehr direkt an uns adressiert. Jedes Teammitglied ist von Anfang an dabei auf sich selbst gestellt, die für sich richtigen und wichtigen Informationen in Teams eigenverantwortlich abzurufen und aufzunehmen.

9.3 Starten mit Teams Online und der Desktop-App

Es gibt verschiedene Wege, Teams zu öffnen: Eventuell wurde auf Ihrem Rechner die Teams-Desktop-App installiert – prüfen Sie, ob auf Ihrem Desktop-PC Microsoft Teams als Programm vorhanden ist. Falls nicht, klären Sie, ob Sie eigenständig Teams downloaden und installieren dürfen. Die Installation von Programmen auf dem firmeneigenen Computer ist nicht in jedem Unternehmen gestattet, es kann deshalb sein, dass Sie die nachfolgenden Schritte zusammen mit Ihrer IT-Abteilung durchführen müssen. Wenn Sie berechtigt sind, Teams mit Ihrem Firmenaccount auf dem privaten Computer und Ihren Mobilgeräten zu nutzen, können Sie auch dort die jeweiligen Apps verwenden.

Bei der Verwendung von Teams auf dem Mac über den Webbrowser Safari kann es vorkommen, dass Sie in den Browsereinstellungen unter *Datenschutz* Einstellungen vornehmen müssen. Folgen Sie dann den Anweisungen Ihrer IT-Administratoren und den vorgeschlagenen Vorgehensweisen von Microsoft, die beim Öffnen von Teams über den Safari-Browser angezeigt werden. Alternativ zum Browser können Sie die Teams-App verwenden. Die Vorgehensweise lesen Sie in Abschnitt 9.3.2.

9.3.1 Herunterladen der Microsoft Teams-App für Windows

Teams ist seit Januar 2019 standardmäßig in den Microsoft 365-Apps für Unternehmen enthalten. Sie können die Teams-App zusätzlich auf Ihren Desktop-PC downloaden. Beachten Sie, dass Sie möglicherweise keine Erlaubnis besitzen, um auf Ihrem Arbeitsplatzcomputer Programme zu installieren. In diesem Fall bitten Sie Ihre IT-Abteilung um Unterstützung. Wenn Sie berechtigt sind, gehen Sie folgendermaßen vor, um die Teams-App herunterzuladen und zu installieren:

1. Wechseln Sie in das Microsoft 365-Portal.
2. Hier klicken Sie links in der Navigation auf die Schaltfläche *Apps* (siehe Abbildung 9.1) und auf den Befehl *Alle Apps*.
3. Wählen Sie *Teams* aus. Sie werden zum Teams-Webclient weitergeleitet.
4. Alternativ gehen Sie auf *https://teams.microsoft.com* und melden sich mit Ihren Zugangsdaten an.

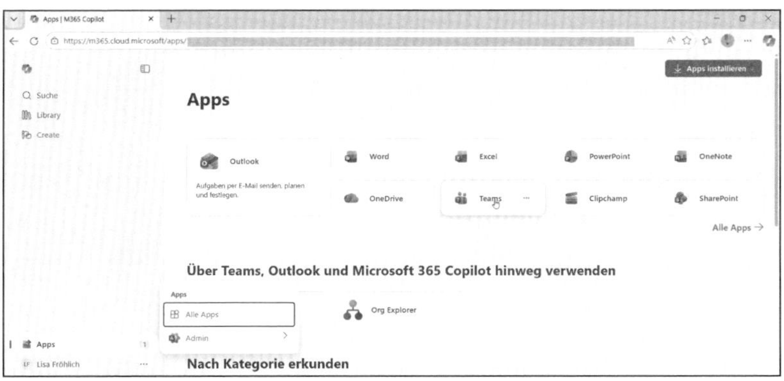

Abb. 9.1 Links in der Navigation finden Sie die Schaltfläche *Apps*.

5. Nachdem sich Teams im Browser geöffnet hat, klicken Sie ganz rechts oben in der Titelleiste von Teams auf die Schaltfläche *Einstellungen und mehr*, dargestellt mit den drei Punkten (siehe Abbildung 9.2).

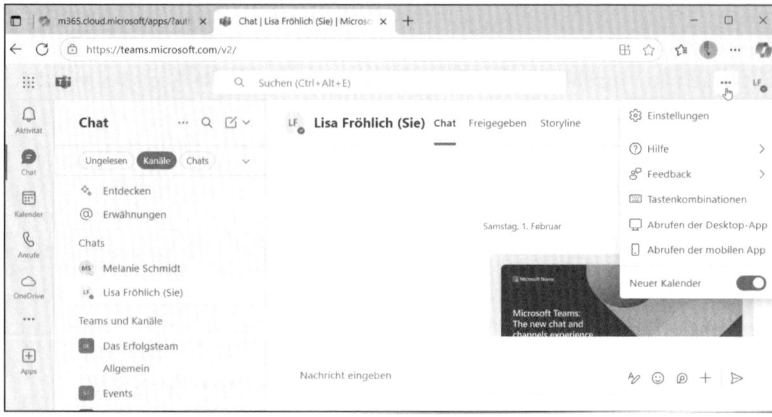

Abb. 9.2 Über die Schaltfläche *Einstellungen und mehr* können Sie die Desktop-App herunterladen.

6. Klicken Sie im Kontextmenü auf die Schaltfläche *Abrufen der Desktop-App* (siehe ebenfalls Abbildung 9.2).
7. Sie werden auf die Downloadseite weitergeleitet. Klicken Sie auf die Schaltfläche *Download Microsoft Teams for Windows* (siehe Abbildung 9.3). Auf Ihrem Bildschirm erscheint oben im Webbrowser die heruntergeladene Datei. Öffnen Sie sie, damit Teams installiert werden kann.

Die Teams-Desktop-App wird geöffnet. Möglicherweise müssen Sie sich mit Ihrer E-Mail-Adresse und Ihrem Kennwort anmelden und die Multi-Faktor-Authentifizierung (MFA), die ich in Abschnitt 2.5 beschrieben habe, bestätigen.

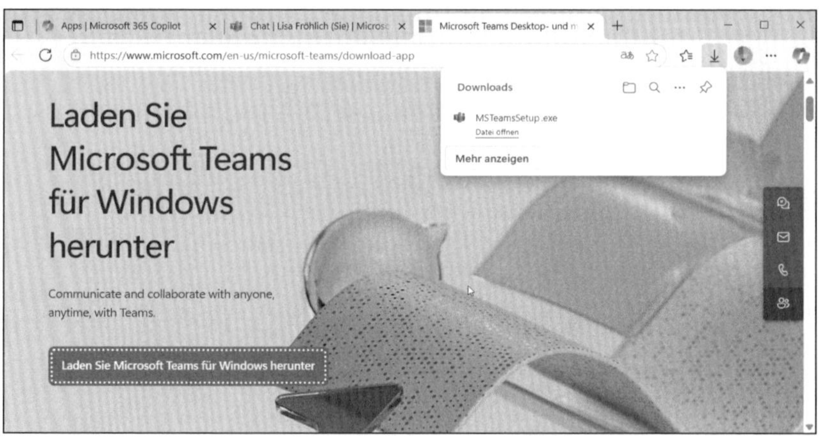

Abb. 9.3 Die Microsoft-Website mit der Schaltfläche zum Herunterladen der Teams-App und oben die heruntergeladene Datei

In der Windows-Oberfläche können Sie über das Teams-Symbol in der Windows-Taskleiste die App starten, beenden oder auch direkt Aufgaben, wie den Präsenzstatus auswählen oder den Präsenzstatus zurücksetzen. Klicken Sie mit der rechten Maustaste auf die Schaltfläche *Teams* in der Taskleiste. Sie können dort außerdem festlegen, dass Teams immer in der Windows-Taskleiste verankert sein soll, indem Sie auf den Befehl *An Taskleiste anheften* klicken (siehe Abbildung 9.4).

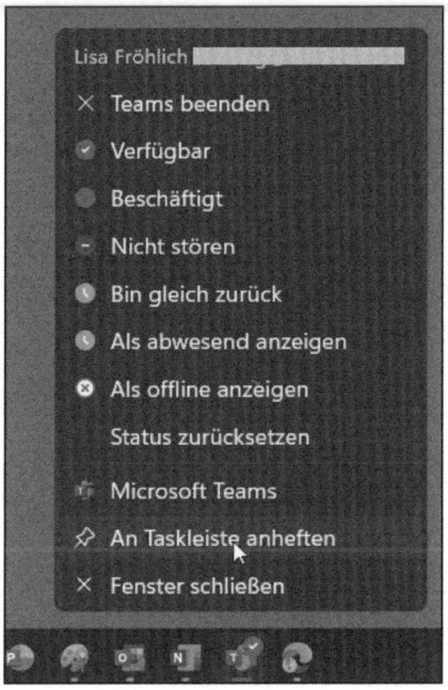

Abb. 9.4
Teams soll in der Windows-Taskleiste verankert werden.

Beachten Sie dabei, dass Sie nach dem Abmelden keine Benachrichtigungen mehr für eingehende Anrufe und Chatnachrichten bekommen werden und dass Sie sich beim nächsten Verwenden von Teams erneut mit Ihren Benutzerdaten anmelden müssen.

Möchten Sie kurz Ihren Arbeitsplatz verlassen, so reicht es aus, wenn Sie Ihr System sperren, und wollen Sie den Computer herunterfahren, so müssen Sie sich ebenfalls nicht extra von Teams abmelden. Gibt es dennoch einen Grund, dass Sie sich von Teams abmelden möchten, klicken Sie auf Ihr Profilbild oder Ihre Initialen und wählen Sie dort den Befehl *Abmelden* (siehe Abbildung 9.5).

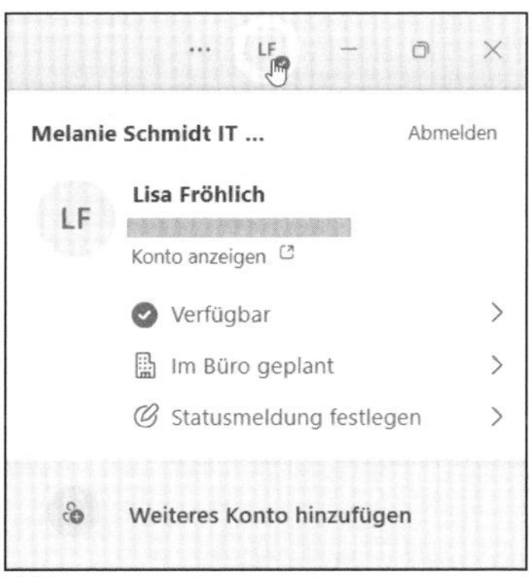

Abb. 9.5
Über Ihr Profilbild oder Ihre Initialen können Sie das Menü öffnen, um sich abzumelden.

9.3.2 Herunterladen der Microsoft Teams-App für macOS

Die Teams-App für macOS können Sie über den nachfolgenden Link herunterladen. Dabei sind eventuell folgende Schritte notwendig, um Teams unter macOS zu verwenden:

1. Öffnen Sie Ihren Webbrowser und navigieren Sie zur Internetseite *https://www.microsoft.com/de-de/microsoft-teams/download-app*.
2. Klicken Sie auf *Teams für Mac herunterladen.*
3. Speichern Sie die Installationsdatei auf Ihrem Rechner, wenn dies nicht automatisch passiert.
4. Nach Abschluss des Downloads wechseln Sie in den Finder und navigieren zu dem Ordner, in dem die Datei gespeichert wurde.
5. Klicken Sie doppelt auf die Datei *MicrosoftTeams.pkg* und führen Sie die einzelnen Schritte durch, die durch die Installation von Teams führen.
6. Nach Abschluss der Installation müssen Sie einmalig Ihre Microsoft 365-Anmeldedaten eingeben. Sie werden dann in die Teams-Desktop-App weitergeleitet.
7. Sie sollten nach der Installation prüfen, ob es für Teams Aktualisierungen gibt. Microsoft entwickelt Teams stetig weiter. Klicken Sie deshalb im Menüband oben auf *Hilfe* und dann auf *Check for Updates.*
8. Es öffnet sich ein Fenster, in dem nach Updates gesucht wird (siehe Abbildung 9.6). Klicken Sie auf *Alle aktualisieren*, um Teams zu aktualisieren.

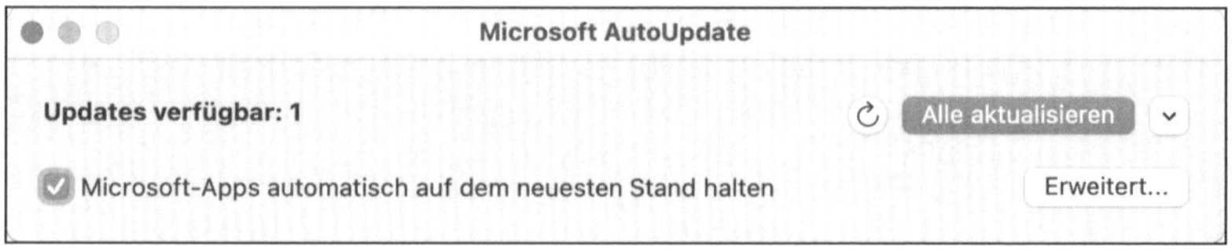

Abb. 9.6 Aktualisierung von Teams

9.4 Die Benutzeroberfläche von Teams

Sobald Sie sich in der Teams-App angemeldet haben, befinden Sie sich im Hauptfenster des Chats. Ein Hauptfenster ist immer in mehrere Bereiche und Ansichten aufgeteilt, die ich Ihnen in den folgenden Abschnitten vorstellen möchte.

9.4.1 Die Titelleiste

Die Titelleiste befindet sich im oberen Bereich des Fensters (siehe Abbildung 9.7). Sie können über die Navigationspfeile links neben dem Suchfeld innerhalb von Teams vor- oder zurücknavigieren. Wenn Sie auf den Pfeil *Zurück* zeigen, können Sie Ihren Verlauf der zuletzt besuchten Bereiche innerhalb der Teams-Oberfläche sehen, Sie können so über diesen Verlauf in die Bereiche zurücknavigieren. In der Such- und Befehlsleiste können Sie nach sämtlichen Inhalten innerhalb von Teams und den dazugehörigen Apps suchen oder Befehle verwenden, um beispielsweise schnell den Präsenzstatus festzulegen. Die Verwendung der Suche und der Befehle erkläre ich in den nachfolgenden Abschnitten. Über die Schaltfläche *Einstellungen und mehr*, dargestellt mit den drei Punkten, gelangen Sie in die allgemeinen Teams-Einstellungen, die ich Ihnen ebenfalls in den nächsten Abschnitten erklären werde. Durch einen Klick auf Ihr Profilbild oder Ihre Initialen (siehe Abbildung 9.8) gelangen Sie zu Ihrem Präsenzstatus, Ihrer Statusmeldung und Ihren Kontoeinstellungen. Wenn Sie in der Titelleiste auf Ihren Namen klicken, können Sie sich über die Schaltfläche *Abmelden* abmelden.

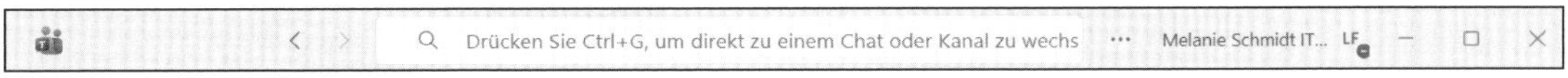

Abb. 9.7 Die Titelleiste, links neben der Suchleiste die Schaltfläche *Zurück*

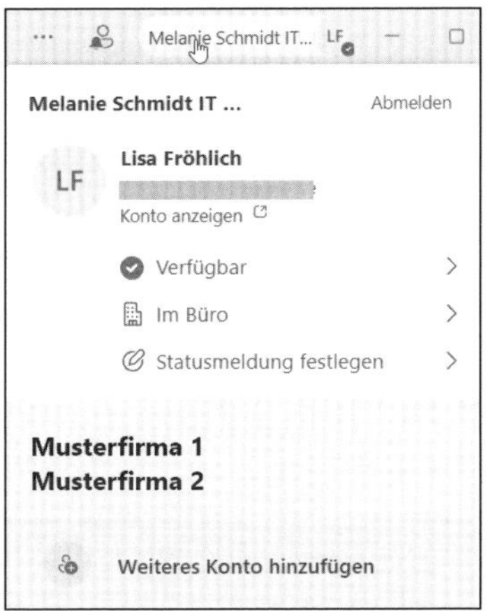

Abb. 9.8 Über Ihre Initialen gelangen Sie zu Ihrem Präsenzstatus und der Statusmeldung und können hier, wenn vorhanden, zu einem anderen Konto oder in eine andere Organisation (Musterfirma) wechseln.

9.4.2 Das Navigationsmenü, Ansichten, Register und die Hauptfenster

Im linken Bereich des Teams-Fensters finden Sie Schaltflächen, mit deren Hilfe Sie in die einzelnen Funktionen und Hauptfenster von Teams navigieren (siehe Abbildung 9.9). Je nach Konfiguration in Ihrem Unternehmen können bei Ihnen auch mehr Schaltflächen mit weiteren Funktionen angezeigt werden als hier dargestellt.

Abb. 9.9 Die Navigationsschaltflächen in Teams, um zwischen den Hauptfenstern hin- und herzunavigieren

Um zwischen den Bereichen *Aktivität*, *Chats*, *Kalender*, *Anrufe* und *OneDrive* hin- und herzunavigieren, klicken Sie auf die entsprechenden Schaltflächen, Sie gelangen dann jeweils in das Hauptfenster des Bereichs. Sie können jedoch auch die folgenden Tastenkombinationen für die Navigation verwenden:

Mit der Tastenkombination STRG+1 beziehungsweise cmd+1 gelangen Sie immer in das Hauptfenster des Bereichs *Aktivität*. Mit den Tastenkombinationen STRG/cmd+2, STRG/cmd+3, STRG/cmd+4 etc. springen Sie je nachdem, wie Ihr System konfiguriert ist, entweder in die Hauptfenster der Chats, in den Kalender, zu OneDrive, zu den hinzufügbaren und persönlichen Apps oder auch zur Wähltastatur und zu Ihren Kontakten im Hauptfenster *Anrufe*. Probieren Sie es einfach mal aus!

Wenn Sie in der Navigation auf die Schaltflächen zeigen, wird Ihnen eine Quick-Information mit der jeweils für Ihr System gültigen Tastenkombination für Teams angezeigt.

Wenn Sie Teams mit dem Webbrowser verwenden und einen hohen Zoom gewählt haben, werden eventuell nicht alle Navigationsschaltflächen angezeigt. Klicken Sie auf die Schaltfläche mit den drei Punkten, *Weitere hinzugefügte Apps*, um ausgeblendete Hauptfenster zu öffnen.

9.4.2.1 Das Hauptfenster »Aktivität«

Wenn Sie auf die Schaltfläche *Aktivität* klicken, werden Sie in das Hauptfenster des Aktivitätsfeeds weitergeleitet. Hier finden Sie alle neuen Aktivitäten aus Ihren bevorzugten Teamkanälen, Ihren Chats, Besprechungsanfragen, Einladungen für die Zusammenarbeit in SharePoint oder aus Beiträgen, in denen Sie erwähnt wurden. Ebenso werden Ihnen im Feed Ihre verpassten Anrufe angezeigt. Werden Ihnen in Planner Aufgaben zugewiesen, werden Sie im Aktivitäten-Feed darüber informiert und wenn Sie den Feed anklicken, wird die Aufgabe direkt im Teams-Fenster angezeigt (siehe Abbildung 9.10), sodass Sie sie bearbeiten können. Im oberen Fensterbereich finden Sie die Schaltflächen *Ungelesen*, *@Erwähnungen* und *Tag-Erwähnungen*, damit Sie nach ungelesenen Aktivitäten oder nach Beiträgen filtern können, in denen Sie als Person oder in einem Tag erwähnt wurden. Wenn Sie die Schaltfläche *Ungelesen* anklicken, bleibt die Schaltfläche aktiv und Ihnen werden nur ungelesene Aktivitäten angezeigt, bis Sie erneut auf die Schaltfläche klicken. Sie können zusätzlich neben dem Titel *Aktivität* das Menü *Weitere Optionen* öffnen, verwenden Sie die Schaltfläche, die mit den drei Punkten dargestellt wird, oder Sie können die Suche öffnen, um nach Personen oder Gruppen zu suchen.

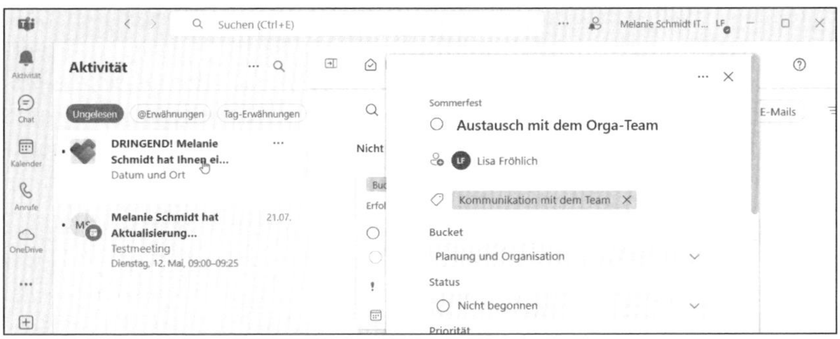

Abb. 9.10 Die Schaltfläche *Ungelesen* ist hilfreich, wenn Sie viele Aktivitäten angezeigt bekommen.

Über die Schaltfläche *Suchen*, dargestellt mit dem Lupen-Symbol, können Sie nach Namen oder Gruppennamen suchen. Sie können auch einzelne Suchbegriffe eingeben, um die Aktivitätsliste danach zu durchsuchen (siehe Abbildung 9.11). Wenn Sie eine Aktivität durch einen Klick auswählen, wird der jeweilige Chat, der Kanal-Beitrag, die Besprechungseinladung, die verpassten Anrufe oder der Verlauf rechts im Fenster angezeigt.

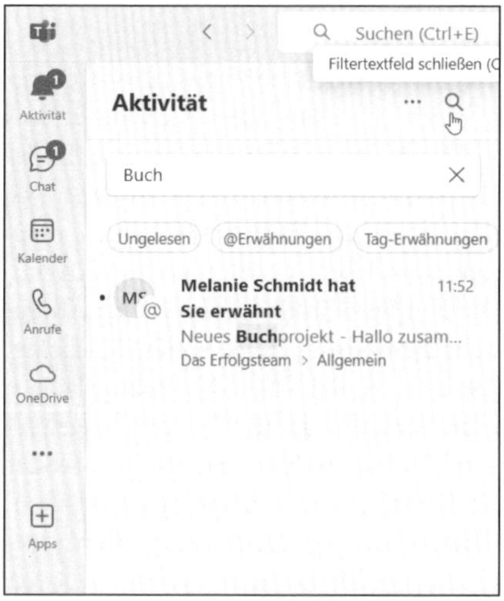

Abb. 9.11 Über die Lupe kann das Suchfeld geöffnet werden.

9.4.2.2 Das Hauptfenster »Chat«, gefiltert nach »Chat«

Filtern Sie in diesem Fenster Ihre Unterhaltungen in Ihren Chats und Beiträgen.

Über die Schaltfläche *Chat* werden Sie in das Hauptfenster mit verschiedenen Filtermöglichkeiten für unterschiedliche Unterhaltungstypen weitergeleitet. Sie können hier Ihre persönlichen Chats wiederfinden, die, im Gegensatz zu den öffentlichen Beiträgen und Unterhaltungen im Teamkanal oder aus den Besprechungschats, privat sind und nur von Ihnen und Ihren jeweiligen Chatpartnern gelesen werden können. Hier können Sie private Chats mit einzelnen oder mehreren Personen im Gruppenchat führen sowie Audio- und Videoanrufe starten.

Im Hauptfenster *Chat* können Sie aber auch nach anderen Unterhaltungstypen filtern, sodass Sie ungelesene Nachrichten, Besprechungschats oder die Teams und Kanäle, denen Sie angehören, über den Filter anzeigen lassen können. Öffnen Sie dafür die Schaltfläche *Weitere Filter* (siehe Abbildung 9.12), dargestellt mit dem Pfeil nach oben, oben in der Chatliste.

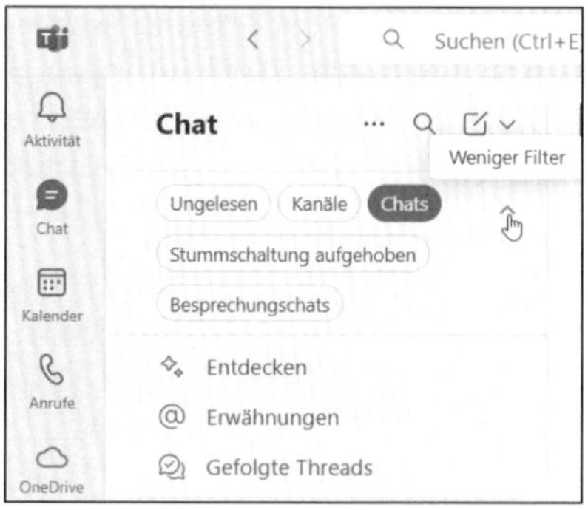

Abb. 9.12 Weitere Filtermöglichkeiten nach dem Klick auf den Pfeil

Bleiben wir zunächst bei dem Filtertyp *Chats*. Das Fenster ist in zwei Bereiche aufgeteilt: Im linken Fensterbereich sehen Sie die Chatliste und im rechten Bereich das Chatfenster, in dem Ihnen der ausgewählte Chatverlauf angezeigt wird (siehe

Abbildung 9.13). Wenn Ihnen die Chatliste irgendwann zu unübersichtlich wird, können Sie einzelne Chats und deren Verläufe ausblenden und bei Bedarf auch löschen, worauf ich in den nächsten Abschnitten näher eingehen werde.

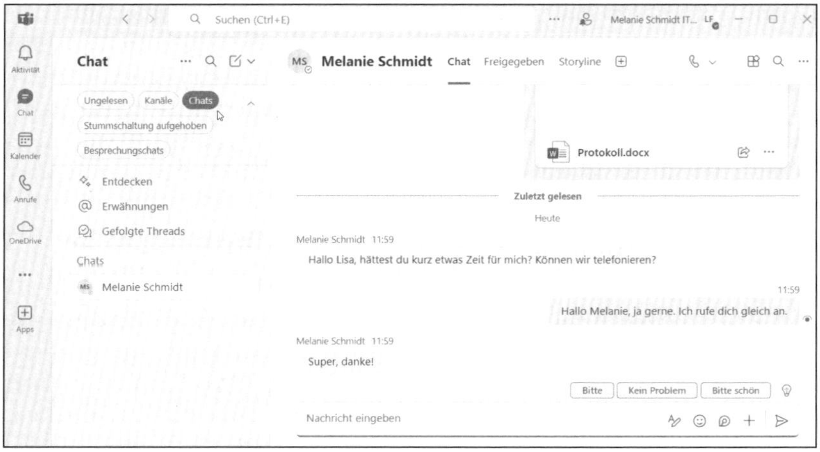

Abb. 9.13 In der Chatliste (links) ist ein Chat ausgewählt, rechts im Fenster ist der Chatverlauf zu sehen.

Wenn Sie im Fenster nach *Chat* filtern, werden die Personen oder Gruppenchats angezeigt, mit denen Sie Chatnachrichten ausgetauscht haben. Sobald Sie auf eine Person oder Gruppe klicken, wird der Chatverlauf rechts im Chatfenster angezeigt. Wenn Sie eine Person in der Chatliste auswählen, wird Ihnen im oberen rechten Bereich die Schaltfläche *Audio-/Videoanruf* angeboten (siehe Abbildung 9.14). Über den Drop-down-Pfeil hinter der Schaltfläche *Audio-/Videoanruf* können Sie einen Anruf mit oder ohne Kamera mit der Chatpartnerin oder dem Chatpartner direkt aus dem Chat tätigen. Bei einem Gruppenchat wird Ihnen die Schaltfläche *Jetzt besprechen* angeboten und Sie können auch dort hinter der Schaltfläche den Drop-down-Pfeil verwenden, um einen Audio- oder einen Videoanruf mit Kamera direkt mit allen Chatpartnerinnen und -partnern der gesamten Gruppe starten.

Abb. 9.14 Oben rechts die Audio- und Videoanruffunktion und rechts neben dem Namen die Register *Chat, Freigegeben, Storyline* und *Registerkarte hinzufügen*

Hinter dem Symbol für Video- oder Audioanruf können Sie auf das Personenzeichen klicken, um weitere Personen zum Chat einzuladen. Mit der Schaltfläche *Notizen*, dargestellt mit dem Blatt- und dem Stift-Symbol, können Sie gemeinsam mit Ihrer Chatpartnerin oder Ihrem Chatpartner Notizen erstellen. Die Notizen werden direkt aktualisiert, sodass alle beteiligten Personen die Informationen sofort lesen und bearbeiten können. Diese Notizen werden mit Loop-Komponenten unterstützt. Rechts neben den Notizen finden Sie die Schaltfläche *Agents und Bots*, um damit KI-gesteuerte Apps zu Ihrem Chat hinzuzufügen. In Abschnitt 11.2 gehe ich näher auf das Thema Loop ein. Das Lupen-Symbol nutzen Sie, um im Chatverlauf nach bestimmten Begriffen oder Fließtext zu suchen. Hinter dem

Lupen-Symbol finden Sie das *Weitere Menü*, dargestellt mit den drei Punkten, über das Sie weitere Befehle für den geöffneten Chat oder auch die Chatdetails des jeweiligen ausgewählten Chats abrufen können.

Oberhalb des Chatverlaufs (siehe ebenfalls Abbildung 9.14) werden Ihnen die Registerkarten *Chat, Freigegeben, Storyline* und *Registerkarte hinzufügen*, dargestellt mit dem Pluszeichen, angezeigt. Hier können Sie den Chatverlauf öffnen, auf gemeinsame Dateien oder die Storyline (unternehmensinterner Social-Media-Feed) der Chatpartnerin oder des Chatpartners zugreifen. Weitere nützliche Apps können Sie über die Schaltfläche mit dem Pluszeichen hinzufügen.

9.4.2.3 Das Hauptfenster »Chat«, gefiltert nach »Besprechungschats«

Wenn Sie zu einer Teams-Besprechung eingeladen wurden oder an einer Besprechung teilgenommen haben, werden Chats, die in diesen Besprechungen von Ihnen oder anderen Besprechungsteilnehmenden geschrieben und geschickt wurden, über den Filter angezeigt (siehe Abbildung 9.15). Auch diese Chats werden auf der Schaltfläche *Chat* mit dem roten Punkt und der Anzahl der ungelesenen Nachrichten angezeigt. Es kann irritierend sein, da Sie erst nach den Besprechungen filtern müssen, um die ungelesenen Besprechungschats zu lesen und die Anzahl der ungelesenen auf der Schaltfläche *Chat* verschwinden zu lassen. So können Sie auch später, nach einer Besprechung, auf die wichtigen Informationen im Besprechungschat zugreifen. Verwenden Sie den Pfeil nach unten, um den Filter zu setzen.

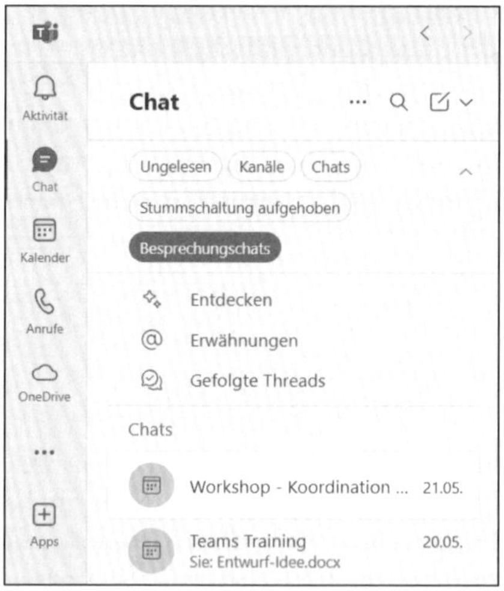

Abb. 9.15 Filtern Sie Ihre Besprechungschats. Wählen Sie danach eine Besprechung aus, um auf die Informationen im Chat zuzugreifen.

9.4.2.4 Das Hauptfenster »Chat«, gefiltert nach »Kanälen«

Austausch und Zusammenarbeit mit einer bestimmten Gruppe von Personen in einem Teams-Kanal

Filtern Sie im Hauptfenster *Chat* nach Kanälen, gelangen Sie in die jeweilige Teams- und Kanalliste, in denen Sie mit anderen Team-, Projekt-, Abteilungs- oder Arbeitsgruppenmitgliedern zusammenarbeiten und sich austauschen können. In einem Team können einzelne Themen für die bessere Unterteilung in unterschiedlichen Kanälen angelegt worden sein. Anders als beim Filtern nach *Chats* werden in Teamkanälen Teambeiträge, Diskussionen, Unterhaltungen sowie Audio- und Videoanrufe nicht mit einzelnen Personen oder in persönlichen Gruppenchats geführt, sondern mit dem gesamten Personenkreis, der dem Team angehört.

Im oberen Bereich des jeweiligen Kanals können Sie mithilfe der Registerkarten auf die Beiträge, freigegebene Dateien und weitere integrierte Microsoft 365- oder Drittanbieter-Apps zugreifen. Jeder einzelne Kanal lässt sich nach dem jeweiligen Bedarf des Teams mit unterschiedlichen Apps und auch SharePoint-Bibliotheken und -Listen ausstatten. Die Beiträge bleiben für alle Teammitglieder erhalten, damit sich Mitarbeiterinnen und Mitarbeiter, die im Urlaub waren oder neu hinzukommen, anhand der vergangenen Unterhaltungen und Beiträge schnell einlesen beziehungsweise einarbeiten können.

Über den Filter *Kanäle* werden immer nur öffentliche Teams und die dazugehörigen Kanäle, also die, in denen alle Benutzer Ihrer Organisation Zugriffsrechte besitzen, und private Teams, denen Sie als Teammitglied oder Teambesitzer hinzugefügt wurden, angezeigt. Öffentlichen Teams können Sie einfach beitreten. Für private Teams müssen Sie explizit als Mitglied oder Besitzer von der Teambesitzerin oder dem Teambesitzer hinzugefügt werden. Um schnell einen Überblick über Ihre Teams und Kanäle zu erhalten, klicken Sie im Hauptfenster *Chat* oben links neben dem Lupensymbol auf die Schaltfläche *Weitere Optionen*, dargestellt mit den drei Punkten, und wählen Sie dort die Option *Ihre Teams und Kanäle* aus. Möchten Sie auf die einzelnen Kanäle zugreifen, filtern Sie zuerst oben nach dem Filtertyp *Kanäle*.

9.4.2.5 Die Hauptfenster »Chat« und »Teams« in der Navigation getrennt als Kacheln anzeigen lassen

Wenn Ihnen die Filter im Hauptfenster *Chat* kompliziert erscheinen und Sie Ihre Teams und Kanäle lieber über eine separate Schaltfläche und ein separates Fenster darstellen möchten, können Sie im Hauptfenster *Chat* diese Einstellung ebenfalls vornehmen. Klicken Sie dafür oben links neben dem Lupen-Symbol auf die Schaltfläche *Weitere Listenoptionen*, dargestellt mit den drei Punkten. Wählen Sie die Option *Ansicht anpassen* und im Bereich *Anzeigen von Chats, Teams und Kanälen* die Option *Trennen* aus. Ihnen wird nun zusätzlich in der linken Navigation die Schaltfläche *Teams* angezeigt.

9.4.2.6 Das Hauptfenster »Kalender«

In Teams wird Ihr Outlook-Kalender angezeigt.

Über die Schaltfläche *Kalender* greifen Sie auf Ihren Outlook-Kalender zu. Hier können Sie schnell Ihre Termine und die Besprechungen, an denen Sie teilnehmen oder die Sie organisiert haben, einsehen. Sie können über den Kalender in Teams neue Besprechungen ad hoc starten oder wie in Outlook langfristig planen oder Termine organisieren, sodass Sie nicht erst zu Outlook wechseln müssen, um dort eine Besprechung oder einen Termin anzulegen. Termine, die Sie im Teams-Kalender anlegen, werden in Ihrem Outlook-Kalender ebenfalls angezeigt. Mehr zum Kalender lesen Sie in Kapitel 7.

9.4.2.7 Das Hauptfenster »Anrufe«

Kontakte aus Outlook werden über die Personen-App synchronisiert.

Über das Hauptfenster *Anrufe* werden Ihnen interne und externe Personen, die Teams verwenden und mit denen Sie bereits über Teams Audio- und Videoanrufe durchgeführt haben, oder Personen, die eventuell zu Ihrem Arbeitsteam gehören, angezeigt. Wenn bei Ihnen die Festnetztelefonie lizenziert und konfiguriert ist, können Sie die Wähltastatur verwenden, um externe Rufnummern zu wählen und Anrufe ins Festnetz zu starten. In Abschnitt 9.9 gehe ich auf weitere Festnetzfunktionen ein.

Im Hauptfenster *Anrufe* können Sie Anrufe starten, Ihren Anrufverlauf mit ein- und ausgehenden oder auch verpassten Anrufen sehen und Personen zur Kurzwahl hinzufügen. Kontakte, die Sie in Ihrer Outlook-Kontaktliste erfasst haben, können Sie in der Personen-App über die Schaltfläche *Kontakte anzeigen* öffnen. Auch Nachrichten, die Ihnen auf Voicemail hinterlassen wurden, können Sie im Hauptfenster *Anrufe* sehen und abrufen. In Abschnitt 9.8.1 gehe ich näher auf die Themen ein.

9.4.2.8 Das Hauptfenster »OneDrive«

Im Hauptfenster *OneDrive* werden Ihnen alle Inhalte der OneDrive for Business Web-App angezeigt. Sie können also auch in Teams auf Ihre OneDrive-Inhalte zugreifen und müssen nicht erst in die Weboberfläche wechseln. OneDrive for Business habe ich in Kapitel 3 beschrieben. Der Aufbau und die Funktionsweise sind in der Web-App und in Teams identisch.

9.4.2.9 Der Bereich »Weitere Apps anzeigen«

Pinnen Sie Ihre wichtigen Apps als zusätzliche Schaltflächen an die Navigation an.

Über die Schaltfläche *Weitere Apps hinzufügen*, dargestellt mit den drei Punkten, gelangen Sie zur Liste Ihrer Apps, die in Teams integriert sind. Wenn Sie auf eine App klicken, erhalten Sie eine persönliche Übersicht Ihrer relevanten App-Inhalte (siehe Abbildung 9.16), die als zusätzliche Schaltfläche in der Teams-Navigation angezeigt wird. Wenn Sie beispielsweise OneNote verwenden, können Sie über diese Schaltfläche alle Ihre Notizbücher, egal ob persönliche, die in OneDrive gespeichert wurden oder für Sie aus SharePoint-Teamwebsites freigegebene, anzeigen lassen, öffnen und in Teams direkt bearbeiten. Aufgabenpläne, die Sie mit der Planner-App erstellt, oder aber auch alle Aufgaben, die Sie mit der To Do-App erfasst haben, oder Ihnen zugewiesene Aufgaben in verschiedenen Plänen von Planner können Sie mithilfe der Schaltfläche *Planner* sehen. Verwenden Sie innerhalb der jeweiligen Apps die angebotenen Filterschaltflächen, um die Notizbücher, Office-Dateien, Besprechungen etc. zu filtern. Um eine Einsatz- oder Schichtplanung in Teams zu integrieren, können Sie die App *Schichten* über den Bereich *Weitere Apps hinzufügen* öffnen. Wenn Sie eine App ausgewählt haben, klicken Sie in der Teams-Navigation mit der rechten Maustaste auf die Schaltfläche und pinnen Sie die App in der Navigation an (siehe Abbildung 9.17), damit Sie zukünftig schnell darauf zugreifen können. Sobald sie als Schaltfläche in der Navigation festgepinnt ist, können Sie sie mit der linken Maustaste anklicken und per Drag & Drop in der Reihenfolge beliebig verschieben.

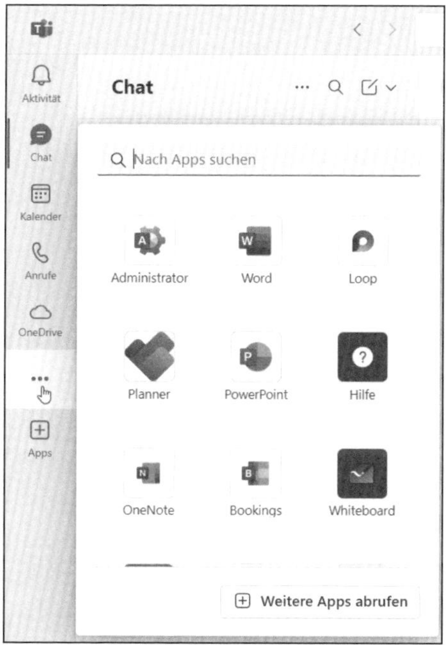

Abb. 9.16
Über den Bereich *Weitere Apps hinzufügen* können Sie die für Sie wichtigen Notizen, Aufgaben und weitere Apps anzeigen lassen und in der Navigation festpinnen.

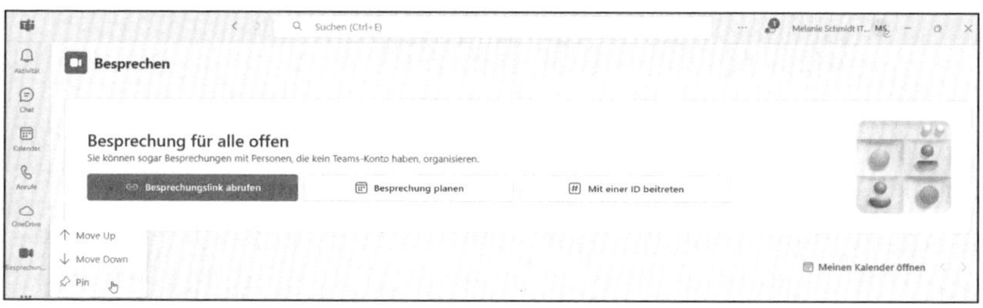

Abb. 9.17
Sie können mit einem Rechtsklick weitere Apps in der Navigation festpinnen oder auch aus der Navigation lösen.

9.4.2.10 Der Bereich »Apps«

Eventuell dürfen Sie über die Schaltfläche *Apps* in den Store navigieren, um weitere Apps in Teams zu integrieren. Beachten Sie jedoch immer die Datenschutz-, Nutzungs- und Lizenzbedingungen der Microsoft- und Fremdanbieter-Apps.

9.4.2.11 Aktivitäten in anderen Konten und Organisationen

Wenn Sie ein weiteres Teams-Konto besitzen oder wenn Sie in weiteren Organisationen und Unternehmen als Gast hinzugefügt wurden, wird Ihnen die Schaltfläche *Aktivitäten in anderen Konten und Organisationen* angezeigt (siehe Abbildung 9.18). Daneben wird die Organisation bzw. das Unternehmen angezeigt, mit der bzw. dem Sie gerade verbunden sind und deren/dessen Oberfläche Sie verwenden. Während ich an diesem Buch schreibe, wurde von Microsoft die Schaltfläche oben aus der Titelleiste in die linke Navigationsleiste verschoben. Es kann in einigen Bildausschnitten vorkommen, dass die Schaltfläche noch in der Titelleiste angezeigt wird.

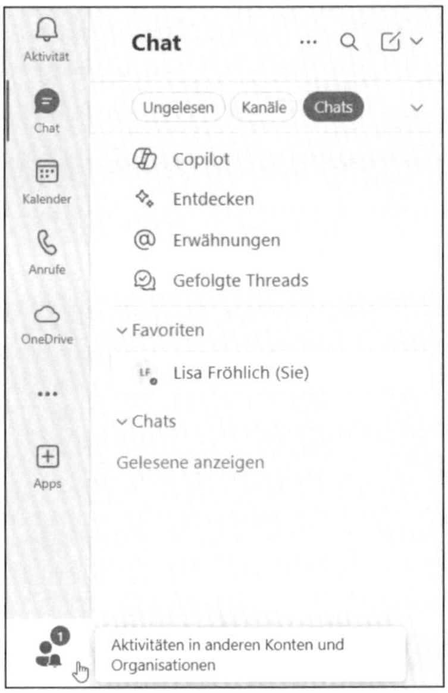

Abb. 9.18 Aktivitäten aus anderen Konten oder Organisationen werden Ihnen angezeigt, wenn Sie ein weiteres Konto besitzen oder als Gast in einem anderen Unternehmen hinzugefügt wurden.

9.5 Die Suche nach Inhalten und das Verwenden der Befehle

In Teams und in SharePoint Online können Sie die Volltextsuche verwenden.

Sie können über die Such- und Befehlsleiste nach verschiedenen Inhalten innerhalb von Teams suchen. Es handelt sich bei der Suche um eine sehr umfangreiche Volltextsuche, die auch das Suchen nach Textinhalten in Dateien, die sich im Microsoft-Portal befinden, ermöglicht.

Sobald Sie in die Suchleiste (siehe Abbildung 9.19) in der Titelleiste hineinklicken, werden Ihnen die Schaltflächen *Nachrichten*, *Dateien*, *Gruppen-Chats*, *Besprechungen* sowie *Teams* angeboten, damit können Sie Filter festlegen, um die Suche mit dem ausgewählten Filter zu beschränken. Es werden Ihnen zusätzlich Personen vorgeschlagen, mit denen Sie zuletzt kommuniziert haben. Auch die letzten Suchvorgänge werden Ihnen angezeigt. Sobald Sie einen Suchbegriff eingeben, schaut das System im Hintergrund, ob es Inhalte gibt, die Sie oder direkte Kolleginnen und Kollegen zuletzt geöffnet oder bearbeitet haben, oder ob es Nachrichten von Ihnen gibt, die mit Ihrem Suchbegriff übereinstimmen. Die Systemergebnisse werden Ihnen vorgeschlagen (siehe Abbildung 9.20). Wenn Sie den Suchbegriff eingeben und mit [↵] bestätigen, werden Sie in ein Suchergebnisfenster weitergeleitet. Sie erhalten eine Ergebnisliste, deren Inhalte Sie anklicken können. Oberhalb der Ergebnisliste finden Sie Filter, mit denen Sie die Suche auf *Alle* (Inhalte), *Nachrichten*, *Personen*, *Dateien*, *Bilder*, *Besprechungen*, *Gruppen-Chats* und *Kanäle* beschränken können; diese werden als Schaltflächen dargestellt. Unterhalb der Schaltfläche finden Sie zusätzliche Suchfilter, über die Sie Ihre Suche weiter verfeinern können (siehe Abbildung 9.21). Auf der rechten Seite des Fensters wird Ihnen das Ergebnis dargestellt.

Abb. 9.19 Nur durch das Klicken in das Suchfeld werden die Filter und Vorschläge angezeigt.

Abb. 9.20 Sobald ein Begriff eingegeben wird, werden Vorschläge vom System geliefert.

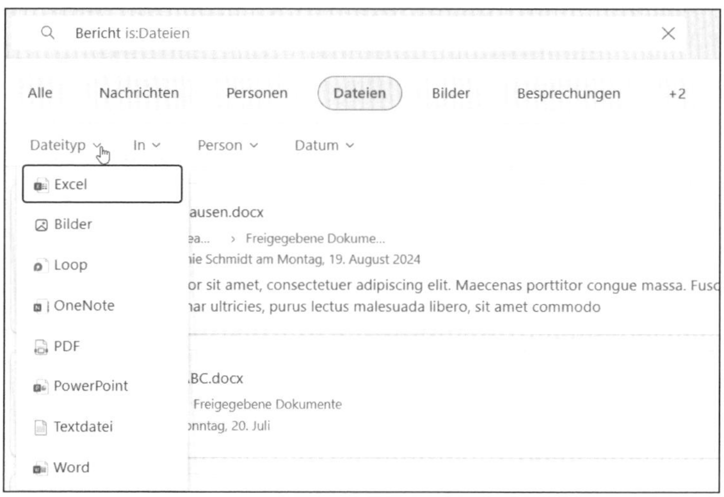

Abb. 9.21 Die Suchergebnisseite mit den Schaltflächen und Filtern, um die Suche einzuschränken und weiter zu verfeinern

In der Suchleiste können Sie nicht nur nach Inhalten suchen, Sie können auch Befehle ausführen. Über die /-Befehle können Sie einen Chat- oder Anruf starten, Ihren Präsenzstatus festlegen oder weitere Apps öffnen. In Tabelle 9.1 sehen Sie die Befehle, die Sie verwenden können. Klicken Sie in das Suchfeld, schreiben Sie */b* und bestätigen Sie mit [↵]. Ihr Präsenzstatus wird auf *Beschäftigt* gesetzt. Klicken Sie erneut in das Suchfeld, schreiben Sie */v* und bestätigen Sie mit [↵]. Ihr Präsenzstatus wird auf *Verfügbar* gesetzt.

Tab. 9.1 Befehle zum Festlegen des Präsenzstatus und zur Kommunikation

Befehl	Ihr Präsenzstatus ändert sich in
/verfügbar	Verfügbar, Sie sind bereit für die Kommunikation
/beschäftigt	Beschäftigt, Sie haben einen Termin in Ihrem Outlook-Kalender oder Sie setzen den Status, um mitzuteilen, dass Sie derzeit einer Aufgabe nachgehen.
/nichtstören	Nicht stören, Sie befinden sich in einem Meeting, präsentieren oder haben den Status gesetzt, damit Sie nicht durch Chats oder Anrufe in Ihrer Arbeit unterbrochen werden.
/abwesend	Abwesend, Sie befinden sich weder im Büro noch im Homeoffice.
/bingleichzurück	Ich bin gleich zurück.
/offline	Offline
Befehl	**Bedeutung**
/chat	Nach Eingabe des Befehls und Betätigen der [↵]-Taste können Sie in der Suchleiste Personennamen eingeben und auswählen. Fügen Sie in der Suchleiste Ihre Nachricht ein und senden Sie die Chatnachricht.
/anruf	Nach Eingabe des Befehls und nach Auswahl einer Person können Sie einen Anruf starten.

Durch die Eingabe des / können Sie immer die aktuell zur Verfügung stehenden Befehle sehen.

Wenn Sie im Eingabefeld Ihres Chats den Schrägstrich/Slash verwenden, werden Ihnen Chat-Befehle vorgeschlagen.

9.6 Persönliche Einstellungen in Teams vornehmen

Die Einstellungen in Teams sind von Ihren jeweiligen Microsoft-Lizenzen abhängig. Sind Lizenzen für die Festnetztelefonie in Teams in Ihrem Unternehmen bereitgestellt worden, werden Ihnen zusätzlich zu den Standardeinstellungen weitere Anrufeinstellungen angeboten. In den folgenden Abschnitten erfahren Sie, welche Standardeinstellungen Sie vornehmen können.

9.6.1 Das Profilbild ändern

Wenn Sie freiwillig ein Bild von sich als Profilbild festlegen möchten, beachten Sie, dass eine Änderung sich in Ihrem gesamten Microsoft-Portal auswirkt und sofort von allen Benutzerinnen und Benutzern des Portals gesehen werden können. Verwenden Sie als Profilbild nur Bilder, die Sie auch in einer Bewerbung verwenden würden. Urlaubsbilder, Tierfotos oder das Wappen des geliebten Sportvereins haben an dieser Stelle nichts zu suchen. Belassen Sie es sonst lieber bei Ihren Initialen.

Profilbilder sollten immer auf freiwilliger Basis verwendet werden.

1. Klicken Sie in der Titelleiste auf Ihre Initialen oder auf das vorhandene Profilbild.
2. Klicken Sie auf Ihre Initialen oder auf das vorhandene Profilbild (siehe Abbildung 9.22).

Abb. 9.22
Klicken Sie auf das Kamera-Symbol, um Ihr Profilbild hinzuzufügen oder zu tauschen.

3. Klicken Sie auf die Schaltfläche *Hochladen* und navigieren Sie zu dem Speicherort, an dem sich Ihr neues Profilbild befindet. Wählen Sie das Bild aus.
4. Klicken Sie auf die Schaltfläche *Öffnen*. Das Bild wird direkt eingesetzt.
5. Bestätigen Sie mit einem Klick auf die Schaltfläche *Speichern*.

9.6.2 Das Design von Teams ändern

Wenn Ihnen Teams im grauen Design zu trist erscheint, können Sie seine Oberfläche im klassischen Design darstellen lassen, sodass die Titelleiste farblich abgesetzt wird.

1. Klicken Sie in der Titelleiste auf die Schaltfläche *Einstellungen und mehr*, dargestellt mit den drei Punkten, links neben Ihrem Namen, Profilbild oder Ihren Initialen.
2. Klicken Sie ganz oben auf den Eintrag *Einstellungen*.
3. Wählen Sie in der Kategorie *Darstellung und Barrierefreiheit* (siehe Abbildung 9.23) ganz oben im Bereich *Design* das Design *Klassisch* durch einen Klick aus. Das Design wird direkt übernommen und die Titelleiste wird farblich dargestellt.

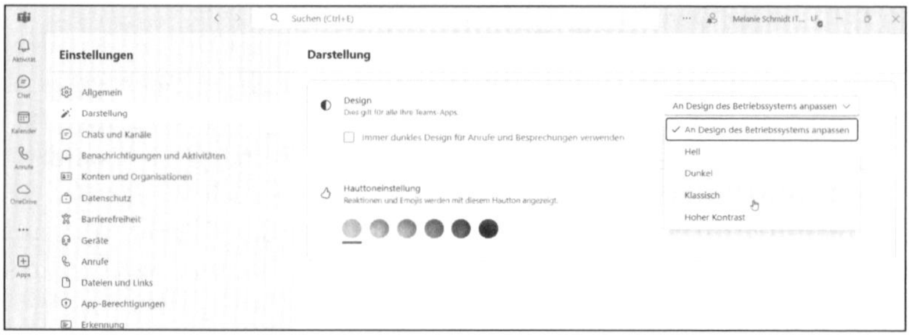

Abb. 9.23 Die Auswahl des klassischen Designs von Teams

4. Wechseln Sie in ein anderes Hauptfenster.
5. Möchten Sie den Standard wiederherstellen, nehmen Sie die Schritte 1 bis 3 vor und wählen Sie das Design *An Design des Betriebssystems anpassen*.

9.6.3 Den automatischen Start von Teams deaktivieren

Sobald Sie die Teams-App einmal gestartet haben, wird Teams bei jedem Neustart des Computers automatisch gestartet. Nur so werden Anrufe, Unterhaltungen und Chatnachrichten in Teams und auf Ihrem Gerät signalisiert. Sie sollten also gut überlegen, bevor Sie den automatischen Start deaktivieren. Möchten Sie Teams jedes Mal manuell öffnen, nachdem der Rechner hochgefahren ist, nehmen Sie folgende Einstellung vor:

1. Navigieren Sie über das Menü *Einstellungen und mehr,* dargestellt mit den drei Punkten, in die Teams-Eistellungen.
2. Entfernen Sie in der Kategorie *Allgemein* die Häkchen bei *Teams automatisch starten* und *Anwendung im Hintergrund öffnen.*
3. Um die Einstellungen zu verlassen, navigieren Sie in ein anderes Hauptfenster.
4. Beachten Sie, dass Sie nun nicht mehr automatisch über Anrufe oder Chatnachrichten über den Desktop oder per Signalton benachrichtigt werden, solange Sie Teams nicht starten.

9.6.4 Die Chatfunktion für andere Office-Anwendungen registrieren

In Anwendungen wie Word, Excel, Outlook, PowerPoint kann die Chatfunktion verwendet werden. Standardmäßig sollte Teams bereits als Chat-App in den Microsoft Office-Desktop-Apps integriert sein. Überprüfen Sie, ob diese Einstellung bei Ihnen aktiviert ist. So können Sie sie in Teams registrieren und damit aktivieren.

1. Wechseln Sie in die Teams-App.
2. Klicken Sie links neben Ihrem Profilbild oder Ihren Initialen auf das Menü *Einstellungen und mehr*, dargestellt mit den drei Punkten.
3. Klicken Sie auf die Schaltfläche *Einstellungen.*
4. Wechseln Sie in die Kategorie *Allgemein.*

5. Ganz oben im Bereich *System* aktivieren Sie das Häkchen bei *Das neue Teams als Chat-App für Microsoft 365 registrieren (erfordert einen Neustart von Microsoft 365-Anwendungen).*
6. Speichern Sie alle geöffneten Anwendungen, schließen Sie alle Fenster und starten Sie Ihr System neu.
7. Sie können jetzt in den Office-Anwendungen, in denen Ihnen die Initialen oder Profilbilder Ihrer Kollegen angezeigt werden, die Profilkarte öffnen, um eine Chatnachricht zu senden (siehe Abbildung 9.24).

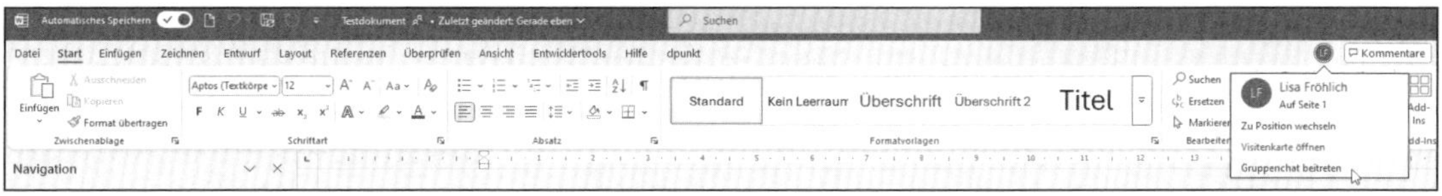

Abb. 9.24 Einen Chat über die jeweilige Anwendung starten

9.7 Kommunikation mit Teams

Sie können Teams als reine Kommunikationsplattform für Chatnachrichten, Teams-Audio- und -Videogespräche oder Teams-Konferenzen sowie die Festnetztelefonie verwenden, ohne Mitglied eines Teams zu sein. Dabei unterscheidet man die persönliche und die teamorientierte Kommunikation. Mit der persönlichen Kommunikation ist gemeint, dass Sie unabhängig von einem Teams-Team Kontakt zu einer oder mehreren Personen aufnehmen. Sie senden und empfangen dann private Chat- oder Gruppenchat-Nachrichten oder führen Teams-Audio- und -Videoanrufe mit von Ihnen ausgewählten Personen. Bei der teamorientierten Kommunikation mit Teams erfolgt die Kontaktaufnahme über einen Teamkanal. Im Teamkanal selbst werden Chats als Beiträge direkt in den Kanal gepostet und sind für alle Teambesitzer, Teammitglieder und Gäste sichtbar. Auch Teams-Audio- und -Videoanrufe können im jeweiligen Teamkanal mit Personen des gesamten Teams oder dem jeweiligen Kanal stattfinden. Des Weiteren können Sie Teams-Besprechungen mit Teammitgliedern oder unternehmensexternen Personen planen und durchführen. Die Festnetztelefonie kann zusätzlich lizenziert werden, sodass Sie dann Ihre Audiogespräche über das Festnetz und über die Teams-Audio- und Videoanrufe durchführen können. Die Organisation und Durchführung von sogenannten Live-Events für Großveranstaltungen sind mit Teams ebenfalls möglich.

Kommunizieren Sie über Teams und reduzieren Sie damit die vielen E-Mails.

9.7.1 Der Präsenzstatus

Mithilfe des sogenannten Präsenzstatus können Sie Ihre Bereitschaft für eine Kommunikation mit den Kolleginnen und Kollegen signalisieren. Sobald Sie sich an Ihrem Computer anmelden und Teams starten, wird der Präsenzstatus mit einem grünen oder roten Symbol an Ihrem Profilbild oder Ihren Initialen automatisch angezeigt. Der grüne Status sagt aus, dass Sie online sind, sich also bei Teams angemeldet haben und für Gespräche bereitstehen, also *Verfügbar*

Der Präsenzstatus dient dazu, die Erreichbarkeit einer Person festzustellen.

sind. Der rote Status hingegen sagt aus, dass Sie online sind, jedoch einem Termin nachgehen, sich in einem Gespräch befinden oder sich gerade auf Ihre Aufgaben konzentrieren und der Status *Nicht stören* aktiviert ist. Der Verfügbarkeitsstatus kann von allen unternehmensinternen Personen und Kontakten, die ebenfalls mit Teams arbeiten, sofort eingesehen werden. Die Präsenzinformationen werden auch automatisch mit Ihrem Outlook-Kalender abgeglichen. Haben Sie zum Beispiel in Ihrem Outlook-Kalender einen Termin eingetragen, werden Sie zu dem Zeitpunkt des Termins als *Beschäftigt* angezeigt. Haben Sie eine Teams-Besprechung organisiert oder bei einer Besprechung zugesagt, wird der Präsenzstatus *In einer Besprechung* oder *Im Gespräch* automatisch als Status angezeigt. Auch während eines Teams-Audio- und -Videoanrufs oder eines Festnetzanrufs wird automatisch der Präsenzstatus *Im Gespräch* in Teams angezeigt. Sowohl *Beschäftigt* als auch *Im Gespräch* wird mit einem roten Symbol an Ihrem Profilbild oder Ihren Initialen dargestellt.

Sie können den Status jederzeit manuell ändern.

Wenn Sie während einer Teams-Besprechung den Bildschirm oder ein Programm präsentieren, wird Ihr Status automatisch auf *Nicht stören* und *Präsentiert* gesetzt. Ihren Präsenzstatus können Sie auch manuell an den jeweiligen Geräten in der Teams-App festlegen. Beachten Sie, dass beim gleichzeitigen Verwenden eines am PC/Mac und eines auf einem mobilen Gerät festgelegten Status ein falscher Status angezeigt werden kann. Prüfen Sie daher den jeweiligen Status an allen Geräten, wenn er einmal nicht mit dem beabsichtigten übereinstimmt. Es kann auch an allen Geräten zu Verzögerungen der Anwesenheitsmeldungen kommen, wenn Sie sich nicht im Firmennetzwerk befinden. In Tabelle 9.2 sehen Sie die jeweilige Bedeutung des Präsenzstatus.

Tab. 9.2 Die verschiedenen Präsenzstatus

Präsenzstatus	Bedeutung	Befehlseingabe in der Such- und Befehlsleiste
Verfügbar	Dieser Status ist der Standardstatus und wird automatisch gesetzt, wenn Sie Teams starten und keine Termine im Outlook-Kalender eingetragen haben. Setzen Sie den Status *Verfügbar*, wenn Sie für die Kommunikation mit Ihren Kollegen bereitstehen.	/verfügbar
Verfügbar, Außer Haus	Wenn Sie sich online in Teams an einem anderen Standort Ihres Unternehmens oder beim Kunden befinden und in Ihrem Outlook-Kalender dafür einen Termin erstellt und als Frei/Gebucht-Information *Außer Haus* ausgewählt haben, wird dieser Status angezeigt.	

→

Präsenzstatus	Bedeutung	Befehlseingabe in der Such- und Befehlsleiste
Beschäftigt	Der Präsenzstatus *Beschäftigt* sagt aus, dass Sie einer Tätigkeit nachkommen möchten. Chatnachrichten und Anrufe können Sie weiterhin erhalten. Dieser Status wird automatisch angezeigt, wenn Sie in Outlook einen Termin eingeben, da in Outlook bei einem Termin die Frei/Gebucht-Information automatisch auf *Gebucht* gesetzt wird und Teams dies als *Beschäftigt* wertet.	/beschäftigt
Im Gespräch	Wenn Sie sich in einem Audio- oder Videoanruf mit Teams befinden oder an einer Teams-Besprechung teilnehmen.	
Beschäftigt, Im Gespräch/Außer Haus	Wenn Sie im Outlook-Termin die Frei/Gebucht-Information manuell auf *Außer Haus* gesetzt und Teams geöffnet haben oder einen Audio- oder Videoanruf tätigen, wird dieser Status angezeigt.	
Nicht stören	Wenn Sie in einem Teams-Audio, -Videoanruf oder in einer Teams-Besprechung Ihren Bildschirm oder ein Fenster mit einer Anwendung teilen, wird Ihr Status automatisch auf *Nicht stören* gesetzt. Den Status *Nicht stören* können Sie auch manuell festlegen und damit Ihren Kolleginnen, Kollegen und Ihren Kontakten signalisieren, dass Sie nicht gestört werden möchten, auch wenn Sie sich online befinden. Andere Personen haben keine Möglichkeit, Sie telefonisch oder mit Chatnachrichten zu erreichen. Nur Personen, die in Teams dem *Prioritätszugriff* hinzugefügt werden, können Sie mit Anrufen und Chatnachrichten unterbrechen. Informationen zu den Einstellungen des Prioritätszugriffs erhalten Sie im nachfolgenden Abschnitt 9.7.2. Anrufe und Chatnachrichten, die nicht aus der Einstellung des Prioritätszugriffs kommen, werden während des Status *Nicht stören* in den Bereichen *Banner, Aktivität* und *Chat* angezeigt. Setzen Sie den Status manuell, wenn Sie für eine bestimmte Zeit konzentriert arbeiten möchten.	/nichtstören
Fokuszeit	Der Status *Nicht stören* wird zu dem Zeitpunkt angezeigt, wenn Sie Fokuszeiten in Outlook oder mit Viva Insights festgelegt haben.	

→

Legen Sie immer auch eine Dauer für den Status fest.

Präsenzstatus	Bedeutung	Befehlseingabe in der Such- und Befehlsleiste
Bin gleich zurück	Mit diesem Präsenzstatus zeigen Sie Ihren Mitarbeiterinnen und Mitarbeitern, dass Sie kurzfristig nicht erreichbar sind. Chatnachrichten und Anrufe können aber durchgeführt werden. Es empfiehlt sich, die Anrufe auf die Voicemail beziehungsweise Ihren Anrufbeantworter umzuleiten oder, bei entsprechender Lizenz der Festnetztelefonie, auf eine Kollegin oder einen Kollegen.	/bingleichzurück
Als abwesend anzeigen	Findet an Ihrem Gerät fünf Minuten keine Aktivität statt, so wird automatisch der Status *Abwesend* gesetzt. Sie können den Status auch manuell setzen. Der manuell gesetzte Status wird nach sieben Tagen zurückgesetzt.	/abwesend
Als offline anzeigen	Dieser Status wird automatisch gesetzt, wenn Sie mehrere Tage nicht mit Teams angemeldet sind. Sie können den Status auch manuell setzen.	/offline
Dauer Dauer	Legen Sie über die Schaltfläche *Dauer* immer die Zeit fest, für wie lange der von Ihnen manuell gesetzte Präsenzstatus angezeigt werden soll. Teams prüft nach Ablauf dieser Zeit, ob es Termine im Outlook-Kalender gibt oder ob Sie sich im Gespräch befinden, und setzt Ihren Status zurück und aktualisiert ihn automatisch. Somit müssen Sie nicht an das Zurücksetzen des Status denken. Wenn Sie die Dauer nicht festlegen und Sie den Status nicht zurücksetzen, wird der Status bei Aktivität am Gerät für 24 Stunden beibehalten.	
Status zurücksetzen Status zurücksetzen	Wenn Sie diese Aktion aktivieren, wird im Hintergrund der Outlook-Kalender nach Terminen überprüft und ob Sie sich im Gespräch oder einer Besprechung befinden. Ihr Präsenzstatus wird dann entsprechend angepasst.	
Außer Haus, automatische Antworten	Wenn Sie in Outlook oder Teams Ihre Abwesenheit mit der Funktion *Automatische Antworten* aktivieren und in Teams den Status *Als offline anzeigen*, wird der Status *Außer Haus* angezeigt.	

Ihren Präsenzstatus können Sie über Ihr Profilbild oder Ihre Initialen in den Profileinstellungen manuell festlegen (siehe Abbildung 9.25).

Um die Dauer für einen Präsenzstatus festzulegen, klicken Sie auf die Schaltfläche *Dauer* und wählen aus, wie lange der Status für andere Kolleginnen, Kollegen oder Kontakte angezeigt werden soll. Beachten Sie, dass der Status bei Inaktivität Ihres Geräts automatisch nach fünf Minuten in *Abwesend* geändert wird.

Wenn Sie den Präsenzstatus *Als offline anzeigen* setzen und keine Dauer festlegen, wird dieser nicht automatisch zurückgesetzt, Sie müssen den Status also manuell zurücksetzen. Wenn Sie den Status *Beschäftigt* oder *Nicht stören* manuell setzen, ohne eine Dauer festzulegen, werden diese nach 24 Stunden automatisch zurückgesetzt. Bei allen anderen manuell gesetzten Status, ohne Festlegung einer Dauer, wird der jeweilige Status sieben Tage beibehalten.

Abb. 9.25
Über das Profilbild oder die Initialen kann der Präsenzstatus und die Dauer manuell festgelegt werden.

9.7.2 Prioritätszugriff beim Präsenzstatus »Nicht stören« festlegen

Wenn Sie Ihren Präsenzstatus auf *Nicht stören* setzen, können andere Sie nicht telefonisch und per Chat erreichen. Möchten Sie festlegen, dass bestimmte Personen aus Ihrem Team Sie dennoch mit wichtigen Anrufen und Chatnachrichten erreichen dürfen, müssen Sie folgende Einstellung vornehmen:

Beachten Sie, dass der Präsenzstatus *Nicht stören* während einer Online-Präsentation, mit Freigabe Ihres Bildschirms oder eines Programms automatisch gesetzt wird. Wenn Sie Personen dem bevorzugten Zugriff hinzufügen, werden Anrufe, @-Erwähnungen und Chats auch während der Online-Präsentation mit einer Desktop-Benachrichtigung, dem Banner signalisiert und Ihre Besprechungspartnerinnen und -partner können diese Nachrichten und Anrufe sehen.

---

1. Wechseln Sie in die Teams-Einstellungen. Klicken Sie dafür auf das Menü *Einstellungen und mehr*, dargestellt mit den drei Punkten.
2. Wählen Sie den Eintrag *Einstellungen* aus.
3. Klicken Sie auf die Kategorie *Datenschutz* und klicken Sie auf die Schaltfläche *Prioritätszugriff verwalten* (siehe Abbildung 9.26).

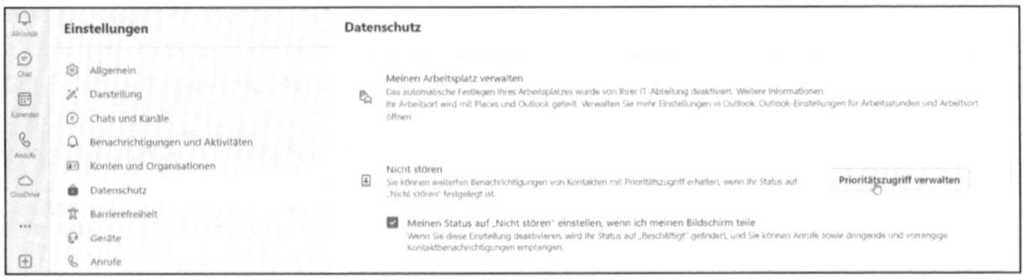

Abb. 9.26 Festlegen von Personen, die Ihren Präsenzstatus *Nicht stören* durchbrechen dürfen

4. Klicken Sie in das Eingabefeld *Nach einer Nummer oder einem Namen suchen* und geben Sie dort die Rufnummer oder den Namen der Personen ein, die Sie berechtigen möchten, Ihren Status *Nicht stören* zu durchbrechen.
5. Wählen Sie die Personen aus und navigieren Sie in ein anderes Teams-Hauptfenster.

Möchten Sie die Berechtigungen wieder aufheben, wiederholen Sie Schritt 1 bis 3. Klicken Sie hinter dem angezeigten Namen auf das X, um den Zugriff aufzuheben.

9.7.3 Die Statusmeldung

Mithilfe der Statusmeldung können Sie Ihren Kolleginnen und Kollegen weitere Informationen zu Ihrem Status mitteilen. Sobald eine Person Ihnen eine Nachricht per Chat senden oder Sie per Teams anrufen möchte oder Ihre Profilkarte öffnet, wird Ihre Statusmeldung angezeigt. Angenommen, Sie möchten für einen bestimmten Zeitraum einer Aufgabe konzentriert nachgehen und haben den Präsenzstatus auf *Nicht stören* gestellt, damit Sie nicht durch Anrufe oder Chatnachrichten gestört werden. Nun möchten Sie Ihren Kollegen noch mitteilen, ab wann Sie wieder erreichbar sind. Das können Sie über die Statusmeldung tun.

1. Klicken Sie in Teams auf Ihr Profilbild oder die Initialen.
2. Klicken Sie unterhalb von *Arbeitsort festlegen* auf *Statusmeldung festlegen*.
3. Im Eingabefeld *Geben Sie @ ein, um jemanden in Ihrem Status zu erwähnen* (siehe Abbildung 9.27) schreiben Sie den gewünschten Text, den Ihre Kollegen sehen sollen, wenn sie Ihnen eine Nachricht senden oder Ihre Profilkarte öffnen.
4. Möchten Sie Ihren Chatpartnern eine Vertretung angeben, schreiben Sie einen passenden Text und nennen Sie Ihre Vertretung mit dem @-Zeichen gefolgt von dem Namen.

5. Aktivieren Sie das Kontrollkästchen bei *Bei geschickten Nachrichten anzeigen*.
6. Wählen Sie eine Zeit aus, wie lange die Statusmeldung gezeigt werden soll. Klicken Sie dafür auf den Drop-down-Pfeil bei *Statusmeldung löschen nach*.

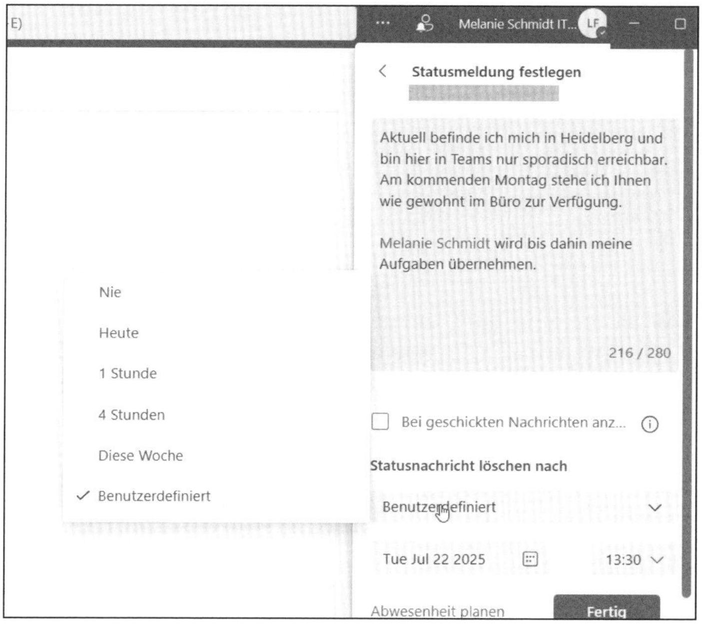

Abb. 9.27 Die Statusmeldung mit Angabe der Vertretung

7. Bestätigen Sie Ihre Eingabe und Auswahl mit einem Klick auf die Schaltfläche *Fertig*.

   Sobald eine Person nun eine Nachricht an Sie senden möchte, wird Ihr Status angezeigt (siehe Abbildung 9.28). Auch in den Profilkarten, die Sie überall in den Microsoft 365-Apps über das jeweilige Profilbild oder die Initialen einer Person öffnen können, wird die Statusmeldung angezeigt (siehe Abbildung 9.29).
8. Wechseln Sie in das Hauptfenster *Chat*, suchen Sie oben in der Suchleiste nach Ihrem Namen und wählen Sie ihn aus.
9. Zeigen Sie auf Ihre Initialen oder Ihr Profilbild. Ihnen wird die Statusmeldung in Ihrer Profilkarte angezeigt.

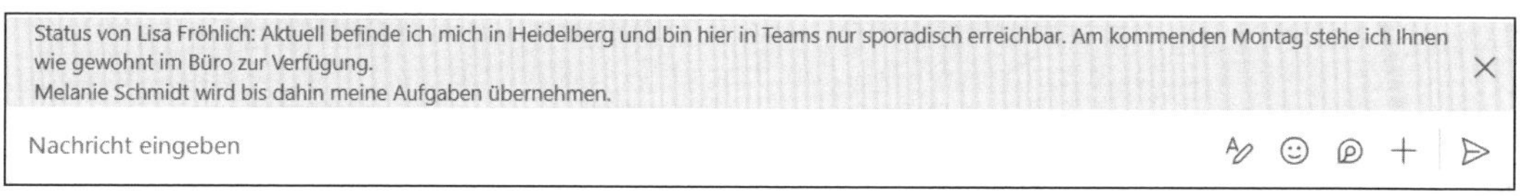

Abb. 9.28 Die Meldung im Chat an eine Person mit Statusmeldung

Abb. 9.29 Die Statusmeldung in der Profilkarte

Möchten Sie die Statusmeldung ändern oder löschen, klicken Sie erneut auf Ihr Profilbild oder Ihre Initialen. Zeigen Sie auf das Statusfeld und wählen Sie das Stift-Symbol (siehe Abbildung 9.30) zum Ändern der Statusmeldung oder das Papierkorb-Symbol, um den Status zu löschen.

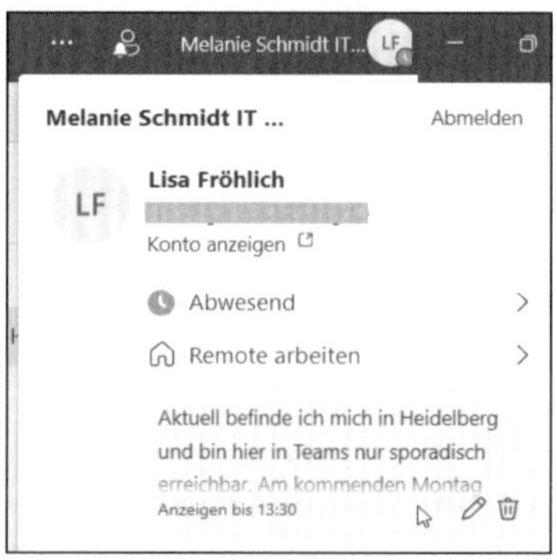

Abb. 9.30 Sie können die Statusmeldung ändern oder löschen.

9.7.4 Den Arbeitsort festlegen

Sind Sie im Büro, Homeoffice oder unterwegs?

Im Büroalltag kommt es vor, dass Sie dringend mit bestimmten Personen aus Ihrem Unternehmen in Präsenz sprechen möchten. Dabei kann Teams Ihnen in der Profilkarte der Person anzeigen, ob sie sich im Büro oder auswärts befindet. Der Arbeitsort muss jedoch von der Benutzerin oder dem Benutzer selbstständig festgelegt werden. Auch Sie können Ihren Arbeitsort für die ganze Woche oder für den aktuellen Tag in Teams oder detaillierter für mehrere Tage und Stunden in den Kalender-Einstellungen festlegen und Ihren Kolleginnen und Kollegen zeigen, wo Sie sich befinden.

1. Klicken Sie in Teams auf die Schaltfläche *Kalender*.
2. Klicken Sie oben im Menüband auf die Schaltfläche *Weitere Optionen*, dargestellt mit den drei Punkten.
3. Wählen Sie *Kalendereinstellungen* aus.

4. Klicken Sie in die Kategorie *Arbeitszeiten und Standort* (siehe Abbildung 9.31).
5. Wählen Sie Ihre Arbeitstage aus und legen Sie die Arbeitszeiten und den Standort für den Tag fest.
6. Aktivieren Sie das Kontrollkästchen *Arbeitsort in meinem Kalender anzeigen*.
7. Bestätigen Sie Ihre Angaben mit einem Klick auf die Schaltfläche *Speichern*.
8. Schließen Sie die Kalendereinstellungen.
9. Sie sehen nun die Arbeitsorte als Symbole im Kalender. Möchten Sie kurzfristig den Ort ändern, klicken Sie auf das Symbol eines Tages und ändern Sie den Ort über den Pfeil nach unten hinter *Büro* oder *Remote*.

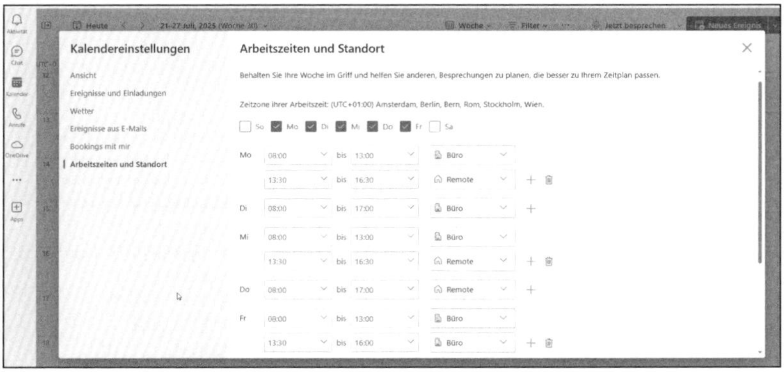

Abb. 9.31 Legen Sie Ihre Arbeitstage und Zeiten fest und wählen Sie, ob Sie sich im Büro oder im Homeoffice befinden.

9.7.5 Die Abwesenheit in Teams festlegen

Sie können in Teams oder in Outlook eine automatische Abwesenheitsinformation für Personen festlegen, die Sie über Teams oder Outlook erreichen möchten. Wie Sie die Abwesenheit in Outlook festlegen, lesen Sie in Abschnitt 7.4.9. Ihre Abwesenheitsinformation wird in Outlook und Teams synchronisiert, sodass Sie sie nur an einer Stelle eingeben müssen. In diesem Abschnitt zeige ich Ihnen, wie Sie die Abwesenheitsinformation in Teams festlegen:

1. Klicken Sie in Teams auf Ihr Profilbild oder die Initialen.
2. Klicken Sie unterhalb des Arbeitsorts auf die Schaltfläche *Statusmeldung festlegen*. Falls Sie eine Statusmeldung in den vorangegangenen Schritten eingegeben haben, können Sie über das Stift-Symbol in den Bereich *Statusmeldung festlegen* gelangen.
3. Klicken Sie im unteren Bereich auf den Link *Abwesenheit planen* (siehe Abbildung 9.32).

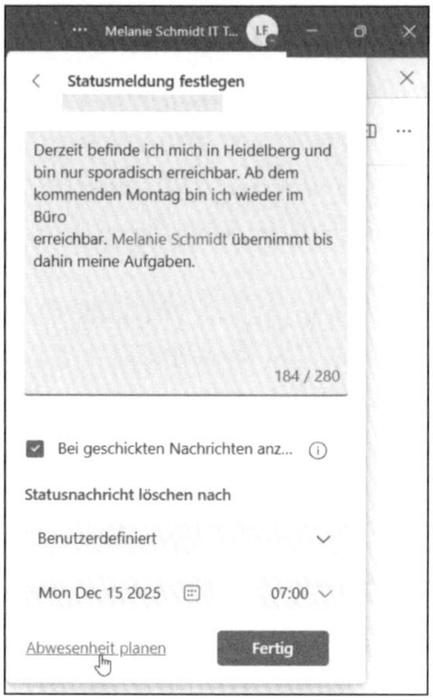

Abb. 9.32 Die Abwesenheitsinformationen kann auch in Teams erstellt werden.

4. Aktivieren Sie den Regler *Automatische Antworten aktivieren* (siehe Abbildung 9.33).
5. Geben Sie in das Textfeld Ihre Abwesenheitsnachricht ein, die Ihre Kolleginnen und Kollegen während Ihrer Abwesenheit erhalten sollen.
6. Aktivieren Sie das Kontrollkästchen bei *Antworten an Absender außerhalb meiner Organisation senden*, wenn Sie eine andere Nachricht an externe Personen senden möchten.

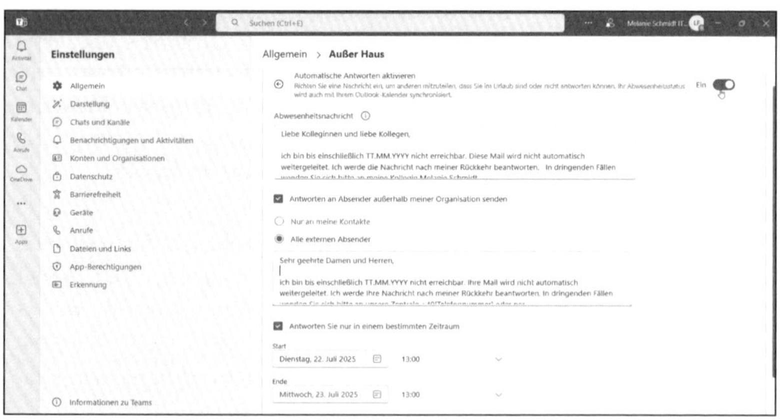

Abb. 9.33 Die Einstellungen und die Texteingaben für die automatischen Antworten während Ihrer Abwesenheit

7. Wählen Sie die Option aus, ob nur Ihre persönlichen Kontakte, die Sie in Outlook oder Teams erstellt haben, oder ob alle externen Personen eine automatische Antwort erhalten sollen, die versuchen, Sie per E-Mail in Outlook oder per Chat bzw. Audioanruf in Teams zu erreichen.

8. Klicken Sie in das Textfeld und schreiben Sie einen Abwesenheitstext, den alle unternehmensfremden Personen als Nachricht erhalten, wenn sie Ihnen eine E-Mail senden oder versuchen, Sie über den Teams-Chat zu erreichen.
9. Aktivieren Sie das Kontrollkästchen *Antworten Sie nur in einem bestimmten Zeitraum*, wenn Sie einen Zeitraum festlegen möchten, wann die automatischen Antworten gesendet werden sollen.
10. Legen Sie einen Zeitraum fest.
11. Prüfen Sie Ihre Einstellungen und klicken Sie auf die Schaltfläche *Speichern*. Die automatischen Antworten werden in dem von Ihnen festgelegten Zeitraum oder sofort gesandt, wenn Sie eine E-Mail-Nachricht erhalten oder wenn jemand versucht, Sie per Chat oder Teams-Anruf zu erreichen.

Alternativ finden Sie die Abwesenheitseinstellungen in den Teams-Einstellungen:

1. Klicken Sie in Teams auf Ihr Profilbild oder die Initialen.
2. Klicken Sie auf *Einstellungen*.
3. In der Kategorie *Allgemein* wählen Sie im Bereich *Außer Haus* die Schaltfläche *Zeitplan*. Falls Sie eine Abwesenheit in den vorherigen Schritten festgelegt haben, klicken Sie auf die Schaltfläche *Ansicht*.

9.7.6 Private Einzel- oder Gruppenchats

Mit privaten oder persönlichen Chatnachrichten können Sie Ihre Kolleginnen, Kollegen und externe Kontakte im Chat erreichen und Textnachrichten austauschen. Sie müssen also nicht immer das gesamte Team kontaktieren, wenn Sie beispielsweise eine Frage mit nur einer Kollegin oder einem Kollegen klären möchten. Bei den privaten Chats nehmen Sie Kontakt zu einer oder mehreren Personen auf.

In Ihrem Unternehmen muss die Teams Open Federation im Standard aktiviert sein, damit es Ihnen möglich ist, Personen außerhalb Ihres Unternehmens zu finden und diese per Teams-Chat, -Audio- und -Videoanruf zu kontaktieren. Ebenso muss diese Einstellung im Unternehmen bei den Personen außerhalb Ihrer Organisation vorgenommen worden sein. Verwenden Sie die E-Mail-Adresse der externen Person, um eine Chat-Nachricht zu schreiben. Die Person erhält dann eine Meldung (siehe Abbildung 9.34) und muss, bevor sie sich mit Ihnen austauschen kann, den Kontakt zu Ihnen annehmen. Ebenso müssen Sie die Kommunikation zulassen und somit annehmen, wenn Sie von externen Personen zuerst kontaktiert wurden.

Abb. 9.34 Eine externe Person versucht, mich über Teams zu erreichen.

9.7.6.1 Eine private Chatnachricht aus dem Hauptfenster starten

Wenn Sie spontan private Chatnachrichten mit einer Person starten möchten und sie nicht in der Chatliste und in den Vorschlägen angezeigt wird, können Sie wie folgt einen neuen Chat starten:

1. Öffnen Sie in Teams das Hauptfenster *Chat*.
2. Klicken Sie unterhalb der Titelleiste auf die Schaltfläche *Neuer Chat* (siehe Abbildung 9.35).
3. Klicken Sie im rechten Chatfenster in das Eingabefeld *An: Namen, E-Mail, Gruppe oder Tag eingeben* und beginnen Sie dort, den Namen der Person einzugeben, der Sie eine Chatnachricht senden möchten. Ihnen wird eine Liste mit Vorschlägen angezeigt. Je mehr Buchstaben Sie vom Namen eingeben, desto kleiner wird die Auswahlliste. Klicken Sie auf den gewünschten Namen (siehe Abbildung 9.35).

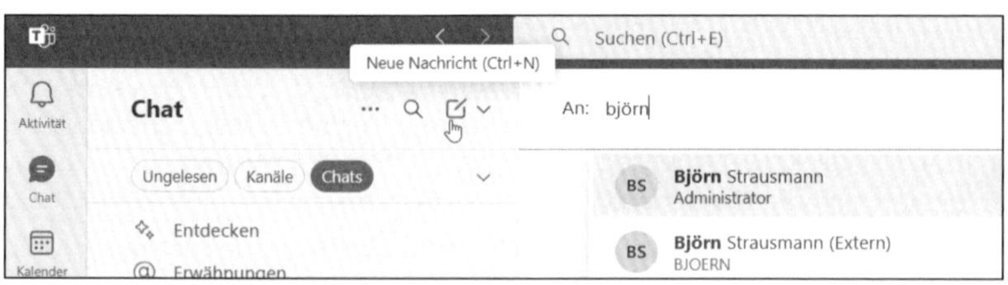

Abb. 9.35 Öffnen eines neuen Chats und Auswahl einer Person aus der Vorschlagliste

4. Klicken Sie ganz unten im Chatfenster in das Eingabefeld, um Ihre Nachricht zu schreiben.
5. Zeigen Sie unten im Eingabefeld für Ihre Textnachricht auf die angebotenen Symbole im rechten Fensterbereich, um zu lesen, welche Aktionen dahinterstehen.

6. Möchten Sie Ihren Text formatieren und damit hervorheben, also zum Beispiel die Schriftart oder -farbe ändern, klicken Sie im Eingabefeld der Chatnachricht auf das erste Symbol *Formatierungsoptionen*, dargestellt mit einem großen A und einem Pinsel/Stift.
7. Verwenden Sie die Emojis, GIFs und Aufkleber über einen Klick auf das Emoji-Symbol. Über das Register *GIFs* können Sie animierte GIF-Dateien von Giphy einbinden. Das Register *Aufkleber* verwenden Sie, wenn Sie Sticker und Memes, die Sie mit freien Beschriftungen versehen können, der Nachricht hinzufügen möchten.
8. Wenn es Ihnen gestattet ist, Loop-Komponenten zu verwenden, klicken Sie auf die Schaltfläche. In Abschnitt 11.3 gehe ich näher auf das Thema ein.
9. Klicken Sie auf das Pluszeichen, um weitere Aktionen und Apps zu erkunden. Sie können die Nachricht planen und zu einem bestimmten Tag und zu einer bestimmten Uhrzeit senden. Möchten Sie Ihrer Chatpartnerin oder Ihrem Chatpartner ein Video von sich schicken, klicken Sie auf *Videoclip aufzeichnen*. Möchten Sie eine Teams-Besprechung planen, klicken Sie auf die Aktion *Besprechung planen*.
10. Ist Ihre Nachricht von großer Wichtigkeit, können Sie sie mit *Wichtig* oder *Dringend* kennzeichnen. Klicken Sie dafür auf das Plus-Symbol und wählen Sie die Aktion *Zustelloption festlegen*.
    - Wenn Sie die Nachricht als *Wichtig* markieren, dann wird sie mit einem roten Ausrufezeichen und dem Wort *Wichtig* versehen (siehe Abbildung 9.36).

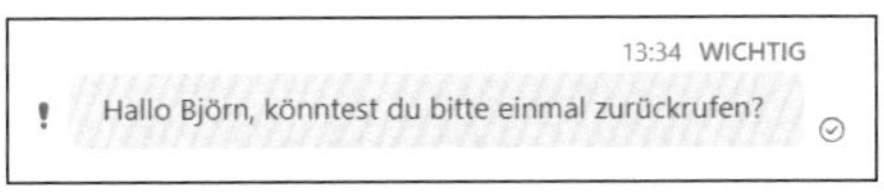

Abb. 9.36
Eine Nachricht, die als *Wichtig* gekennzeichnet ist

    - Kennzeichnen Sie die Nachricht mit *Dringend*, wird der Empfänger alle zwei Minuten über einen Zeitraum von 20 Minuten mit einem Klingelton und per Banner informiert, bis er die Nachricht gesehen hat (siehe Abbildung 9.37).

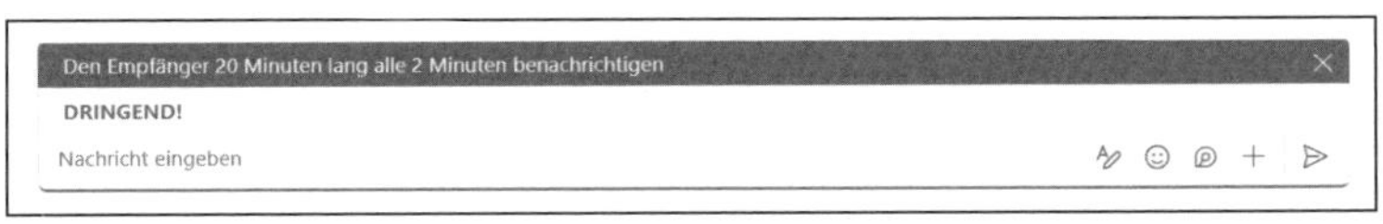

Abb. 9.37
Eine Nachricht, die als *Dringend* gekennzeichnet ist

11. Über das Pluszeichen *Weitere Aktionen und Apps* lassen sich Dateien vom Gerät oder aus Ihrem persönlichen OneDrive for Business für unternehmensinterne Personen hochladen und mit dem Empfänger teilen. Die Chatteilnehmer können den Link zur Datei anklicken und öffnen. Die Datei, die vom Gerät hochgeladen wird, wird dann immer in Ihrem OneDrive for Business abgelegt und für die ausgewählten Empfänger freigegeben. Um die Freigaben wieder aufzuheben, ist es nur über Ihre OneDrive for Business-App in Teams, Desktop oder im Web möglich, die Berechtigungen für die geteilten Dateien zu entziehen. Dateien, die für Sie freigegeben wurden, wer-

den über die OneDrive for Business-App Ihres Chatpartners bereitgestellt. Wie Sie in OneDrive for Business Freigaben entziehen können, lesen Sie in Abschnitt 3.2.1.13.

Geteilte Dateien, die Sie über einen Chat freigegeben haben, finden Sie in Ihrer OneDrive for Business-App im Bereich *Eigene Dateien* im Ordner *Microsoft Teams-Chatdateien* wieder. Alternativ können Sie auch in der Navigation von Teams die OneDrive-App öffnen und die Ansicht *Geteilt* auswählen, dort finden Sie alle Dateien, die von Ihnen oder mit Ihnen von anderen Personen freigegeben wurden. Verwenden Sie in der Ansicht *Geteilt* oben die Registerreiter *Mit Ihnen* oder *Von Ihnen*.

12. Sie können weitere Apps als Messaging-Erweiterungen hinzufügen, wenn Sie auf das Pluszeichen *Weitere Aktionen und Apps* klicken. Wenn Sie öfter Videos von YouTube teilen möchten, können Sie die Erweiterung *YouTube* installieren und dort nach Videos suchen. Achten Sie bei den Messaging-Erweiterungen auf die Datenschutz- und Nutzungsbedingungen des jeweiligen Anbieters. Eventuell sind die Erweiterungen bei Ihnen nicht erlaubt und werden deshalb nicht angezeigt.
13. Zum Senden der Nachricht klicken Sie auf die Schaltfläche *Senden*.

Sobald Sie die [↵]-Taste im Eingabefeld betätigen, wird die Nachricht gesendet. Wenn Sie mehrere Textzeilen eingeben und die Zeilen trennen möchten, verwenden Sie die Tastenkombination [⇧]+[↵]. Damit erzeugen Sie einen manuellen Zeilenumbruch.

9.7.6.2 Eine Chatnachricht über die Such- und Befehlsleiste starten

Alternativ können Sie auch eine neue Chatnachricht über die Such- und Befehlsleiste starten. Dafür verwenden Sie die /-Befehle.

1. Geben Sie in der Such- und Befehlsleiste */chat* ein und bestätigen Sie mit [↵]. Geben Sie den Namen desjenigen ein, dem Sie eine Chatnachricht senden möchten, und wählen Sie die gewünschte Person aus den Vorschlägen mit einem Klick aus (siehe Abbildung 9.38).

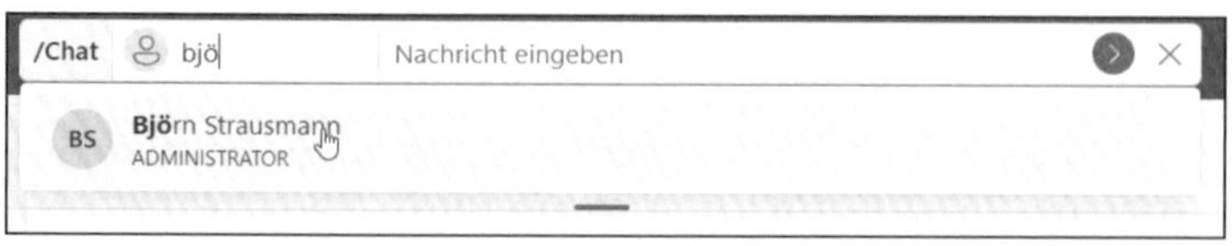

Abb. 9.38 In der Such- und Befehlsleiste können Sie schnell Chatnachrichten senden.

2. Geben Sie Ihren Nachrichtentext in der Such- und Befehlsleiste ein (siehe Abbildung 9.39).

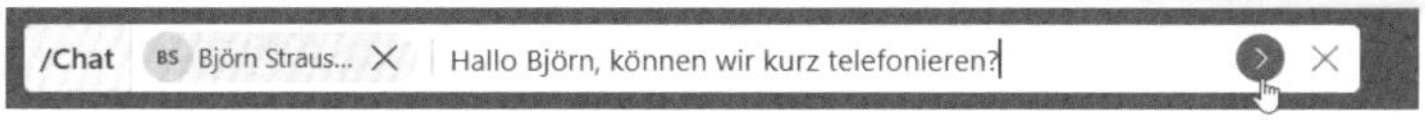

Abb. 9.39
Über die Such- und Befehlsleiste können Sie den Nachrichtentext eingeben.

3. Zum Senden Ihrer Nachricht drücken Sie die [↵]-Taste oder klicken Sie auf den Pfeil hinter dem Nachrichtentext.

9.7.6.3 Dateien im Chat teilen

Für die Speicherung von Dateien innerhalb Ihres Microsoft 365-Portals steht Ihnen für persönliche, arbeitsrelevante Dateien die OneDrive for Business-App und für teambezogene Dateien SharePoint Online zur Verfügung. Sie können über OneDrive oder auch SharePoint Dateien bereitstellen und mit anderen teilen und gemeinsam daran arbeiten. Wenn Sie über Teams in einem persönlichen Einzel- oder Gruppenchat Dateien hochladen, werden sie automatisch in Ihrem OneDrive for Business gespeichert und für die Chatteilnehmer zum Bearbeiten freigegeben. Dateien, die von Ihren Chatpartnern für Sie bereitgestellt werden und auf die Sie eine Freigabe erhalten, befinden sich im OneDrive for Business Ihres Chatpartners. Dadurch ist es möglich, dass Sie gemeinsam und zeitgleich an den Dateien arbeiten können.

Überlegen Sie beim Teilen von Dateien innerhalb von Einzel- oder Gruppenchats immer genau, ob die Datei wirklich nur für den Chatpartner wichtig ist oder ob es besser ist, sie teamorientiert in SharePoint Online oder über einen Teamkanal bereitzustellen. Sollte die Person, die die Datei in einem Chat geteilt hat, das Unternehmen verlassen, würde ihr OneDrive-Account gesperrt und somit würden auch die Chatpartner den Zugriff auf die geteilte Datei verlieren. Persönliche Chats sind nicht für die Teamarbeit gedacht, dafür stehen Ihnen in Teams die Teamkanäle zur Verfügung. Gespeicherte Dateien in einem Teamkanal bleiben bestehen, auch wenn die Person, die das Dokument hochgeladen oder erstellt hat, das Unternehmen verlassen sollte. Möchten Sie Dateien mit einer unternehmensexternen Person in Teams austauschen, können Sie sie in einem Team als Gast hinzufügen lassen oder die Datei in Ihrem OneDrive for Business freigeben. Als Gast in einem Team besteht auch für diese Person die Möglichkeit, Dateien hochzuladen und sie zu bearbeiten. Wie Sie einen Gastaccount für eine externe Person in Ihrem Unternehmen anlegen lassen können, muss Ihre IT-Abteilung beantworten. Eventuell finden Sie Informationen zum Anlegen eines Gastzugriffs oder Gastaccounts in Ihrem Intranet oder Service-Portal.

Möchten Sie Ihren internen Chatpartnern eine Datei zur Verfügung stellen, gehen Sie wie folgt vor:

1. Öffnen Sie den gewünschten Chat.
2. Klicken Sie im Eingabefeld für die Nachricht auf das Pluszeichen.
3. Wählen Sie den Speicherort aus, von dem Sie die Datei hochladen möchten.
4. Schreiben Sie gegebenenfalls kurz im Eingabefeld *Nachricht eingeben*, warum Sie die Datei im Chat teilen.
5. Klicken Sie auf die Schaltfläche *Senden*.

Sobald die Datei im Chat gesendet wurde, finden Sie sie auch über das Register *Freigegeben* im Chatfenster wieder (siehe Abbildung 9.40).

Abb. 9.40
Das Register *Freigegeben* im Chatfenster zeigt geteilte Dateien aller Chatteilnehmenden aus OneDrive for Business.

9.7.6.4 Einen Link einer Chatnachricht hinzufügen

Sie können Links zu externen Internetwebsites, zu Dateien oder zu Gruppen und Websites innerhalb Ihres Microsoft-Portals per Chat senden:

1. Öffnen Sie eine Website im Internet und kopieren Sie die URL in die Zwischenablage.
2. Öffnen Sie einen neuen Chat und geben Sie einen Text ein, der mit dem Link gesendet werden soll.
3. Klicken Sie in das Eingabefeld des Chatfensters und drücken Sie die Tastenkombination `Strg`+`V`, um den gespeicherten Link einzufügen. Alternativ klicken Sie mit der rechten Maustaste in das Eingabefeld und wählen den Befehl *Einfügen*.
4. Senden Sie die Nachricht.

Beachten Sie, wenn Sie Links zu einem Dokument innerhalb Ihres Portals, wie zum Beispiel einer SharePoint-Bibliothek senden, dass alle Chatteilnehmer auch über die Berechtigung verfügen müssen, um das Dokument mindestens lesen zu können, andernfalls wird der Zugriff verweigert.

9.7.6.5 Übersetzen einer Chatnachricht

Sie benötigen kein Übersetzungstool.

In den Teams-Chat- und -Beitragsfunktionen finden Sie auch die Möglichkeit, Chatnachrichten und Beiträge, die in einer Fremdsprache gesandt wurden, übersetzen zu lassen. Sie können direkt über der Nachricht auf den Link *Übersetzen* klicken oder die ursprüngliche Nachricht anzeigen lassen. Diese Funktion muss von der IT-Abteilung freigegeben sein:

1. Wechseln Sie in ein Chatfenster, in dem sich eine Nachricht befindet, die Sie übersetzen lassen möchten.
2. Klicken Sie oberhalb der Nachricht auf den Link *Übersetzen*.
3. Möchten Sie die Nachricht wieder im Original anzeigen lassen, zeigen Sie auf die Nachricht, die Sie zurückübersetzen möchten. Es wird die Symbolleiste mit Emojis angezeigt. Klicken Sie am Ende der Symbolleiste auf das Menü *Weitere Optionen*, dargestellt mit den drei Punkten (siehe Abbildung 9.41), und wählen Sie die Option *Übersetzen* und dann *Ursprüngliche Nachricht anzeigen (Sprache)*. Die Nachricht wird im Ursprung angezeigt.

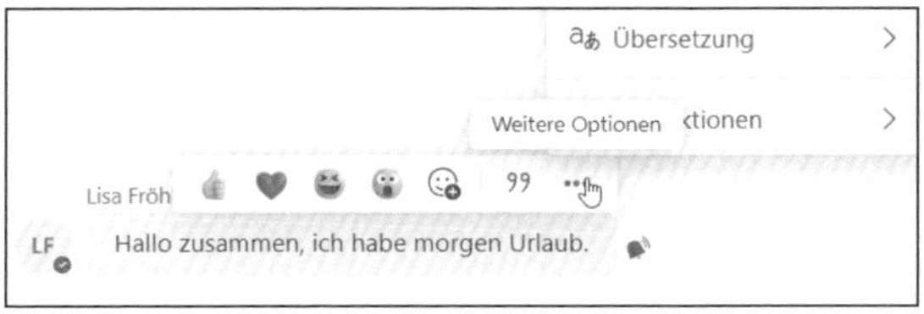

Abb. 9.41
Über die drei Punkte auf der rechten Seite können Sie weitere Optionen für eine Nachricht festlegen.

9.7.6.6 Eine Chatnachricht mit »Gefällt mir« markieren

Geben Sie Feedback mit dem Daumen nach oben.

Sie können eine Nachricht im Chatverlauf mit *Gefällt mir* markieren, etwa weil sie Ihnen besonders gut gefällt oder weil Sie dem Chatpartner mitteilen möchten, dass Sie sie zur Kenntnis genommen haben:

1. Zeigen Sie auf die Nachricht, die Sie kennzeichnen möchten.
2. In der nun erscheinenden Emoji-Symbolleiste klicken Sie dafür auf das Daumen-hoch-Symbol *Diese Nachricht als Gefällt mir markieren.*
3. Durch erneutes Klicken auf das Daumen-hoch-Symbol heben Sie die Gefällt-mir-Markierung auf.

9.7.6.7 Eine Chatnachricht bearbeiten oder löschen

Eigene Nachrichten können geändert oder gelöscht werden.

Sie haben die Möglichkeit, einzelne Nachrichten im Chatverlauf, die Sie selbst geschrieben haben, zu bearbeiten oder zu löschen. Nachrichten anderer Personen können Sie jedoch weder verändern noch entfernen. Möchten Sie eine von Ihnen gesendete Nachricht im Chatverlauf anpassen oder löschen, gehen Sie folgendermaßen vor:

1. Öffnen Sie einen Chatverlauf über die Schaltfläche *Chat.*
2. Zeigen Sie innerhalb des Chatverlaufs auf eine von Ihnen gesendete Nachricht.
3. Es wird die Emoji-Symbolleiste angezeigt. Klicken Sie auf das Stift-Symbol, um die Nachricht zu bearbeiten. Klicken Sie auf *Weitere Optionen*, dargestellt mit den drei Punkten, und wählen Sie den Befehl *Löschen*, um die von Ihnen geschriebene Nachricht zu löschen.

9.7.6.8 Einen Audio- oder Videoanruf aus dem Chat heraus starten

Telefonieren Sie direkt im Chatfenster.

Sie können aus dem Chat heraus einen Audio- oder Videoanruf starten, ohne erst in das Hauptfenster *Anrufe* zu navigieren. Gehen Sie dafür wie folgt vor:

1. Öffnen Sie einen Chatverlauf über die Schaltfläche *Chat.*
2. Klicken Sie direkt auf die Schaltfläche *Audioanruf/Videoanruf* (siehe Abbildung 9.42) oder auf den Drop-down-Pfeil daneben, um den Videoanruf auszuwählen und zu starten.

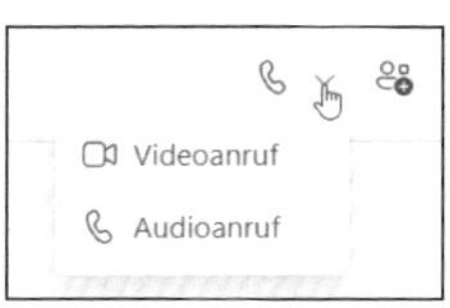

Abb. 9.42
Einen Audio- oder Videoanruf aus dem Chat heraus starten

9.7.6.9 Eine Benachrichtigung erhalten, wenn eine Person verfügbar ist

Lassen Sie sich informieren, wenn eine Person wieder verfügbar ist.

Vielleicht kennen Sie folgendes Beispiel: Sie benötigen wichtige Informationen von einer bestimmten Kollegin, die sehr schwer zu erreichen ist. Sie möchten ihr jedoch nicht ständig per E-Mail schreiben oder sie immer wieder anrufen. Sie möchten warten, bis sie online verfügbar ist und sich dann per Teams bei ihr melden.

Mit der Statusänderungsverfolgung können Sie festlegen, dass Sie informiert werden, sobald sich die gewünschte Person bei Teams anmeldet und verfügbar ist. Diese Einstellung ist bei jedem Einzelchat für unternehmensinterne Personen möglich.

1. Klicken Sie dafür in der Chatliste hinter dem Namen einer Person auf *Weitere Optionen*, dargestellt mit den drei Punkten, und wählen Sie dort die Option *Bei Verfügbarkeit benachrichtigen* aus. Sie werden nun benachrichtigt, wenn die Person verfügbar ist.
2. Sobald Sie die Statusänderung bei der Person nicht mehr wünschen, klicken Sie erneut im Bereich *Chat* und hinter den Namen und wählen Sie über *Weitere Optionen*, dargestellt mit den drei Punkten, die Option *Benachrichtigungen deaktivieren* aus.

9.7.7 Der Gruppenchat

Ein Gruppenchat besteht aus mindestens drei Personen.

Möchten Sie mit mehreren Personen einen privaten Chat in der Gruppe führen, können Sie die Gruppe auswählen und die Chatnachricht an sie senden. Ihnen stehen dabei alle bereits gezeigten Funktionen zur Verfügung, Sie senden Ihre Nachricht nur an mehrere Personen statt an eine einzige. Ihnen stehen im Gruppenchat ebenfalls die Audio- und Videoanrufe zur Verfügung.

9.7.7.1 Einen Gruppenchat erstellen

Möchten Sie mit einem bestimmten Personenkreis öfter Nachrichten austauschen und besteht kein Teamkanal für den Informationsaustausch, können Sie einen persönlichen Gruppenchat mit einem eigenen Namen anlegen und bestimmte Personen einladen. Beachten Sie jedoch, dass Sie den Gruppenchat nach dem Anlegen nicht mehr löschen können. Sie können ihn nur verlassen. Beachten Sie auch, dass ein Gruppenchat unabhängig von einem Teams-Team steht und nur für Informationen verwendet werden sollte, die keinem Team zuzuordnen sind.

1. Klicken Sie auf die Schaltfläche *Neuer Chat* unterhalb der Titelleiste des Hauptfensters *Chat*.
2. Klicken Sie in das Eingabefeld *An: Namen, E-Mail, Gruppe oder Tag eingeben* und geben Sie dort nacheinander die Namen der internen Personen und/oder die E-Mail-Adressen von externen Personen ein, mit denen Sie einen Gruppenchat nutzen möchten. Beachten Sie, dass mindestens zwei weitere Personen der Chatgruppe hinzugefügt werden müssen.

3. Klicken Sie am Ende der Zeile hinter den ausgewählten Personen auf den Drop-down-Pfeil, damit Ihnen das Eingabefeld für den Gruppennamen angezeigt wird. Schreiben Sie bei *Gruppenname:* einen eigenen Namen für Ihre Chatgruppe und bestätigen Sie die Eingabe mit der [↵]-Taste (siehe Abbildung 9.43). Im Chatverlauf und unten beim Eingabefeld für den Nachrichtentext erhalten Sie Hinweise, wenn Sie unternehmensfremde Personen zum Gruppenchat hinzufügen. Sobald Sie eine Nachricht schreiben, wird oben im Chatfenster ebenfalls die Schaltfläche *Extern* darauf hinweisen, dass unternehmensfremde Personen dem Gruppenchat angehören.

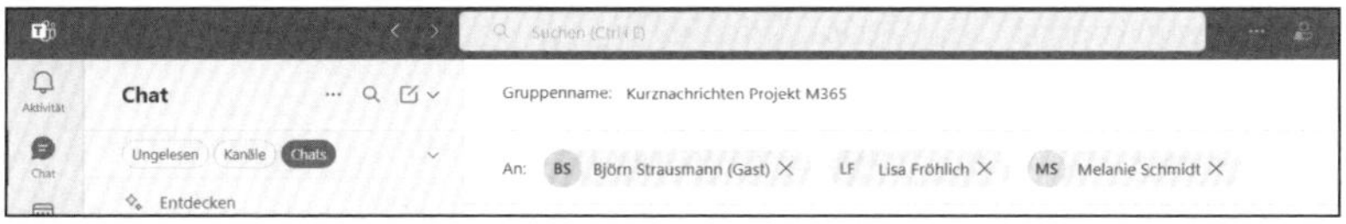

Abb. 9.43 Geben Sie oben einen Gruppennamen für Ihren Gruppenchat ein.

4. Klicken Sie in das Eingabefeld für den Nachrichtentext. Sie sehen jetzt oben den Gruppennamen und zum nachträglichen Bearbeiten des Namens wird Ihnen das Stift-Symbol angezeigt.
5. Schreiben Sie im unteren Bereich bei *Nachricht eingeben* einen Begrüßungstext und senden Sie die Nachricht. Die ausgewählten Personen erhalten die Nachricht mit Angaben der Gruppenteilnehmer und des Gruppenchatnamens als neue Chatnachricht.
6. Möchten Sie einen eigenen Avatar, ein eigenes Bild oder ein Emoji als Profilbild für Ihren Gruppenchat hinzufügen, können Sie nach dem Senden der ersten Nachricht oben auf das Profilbild/die Initialen des Gruppenchats klicken und einen Avatar auswählen (siehe Abbildung 9.44). Wählen Sie einen Avatar aus und speichern Sie Ihre Auswahl.

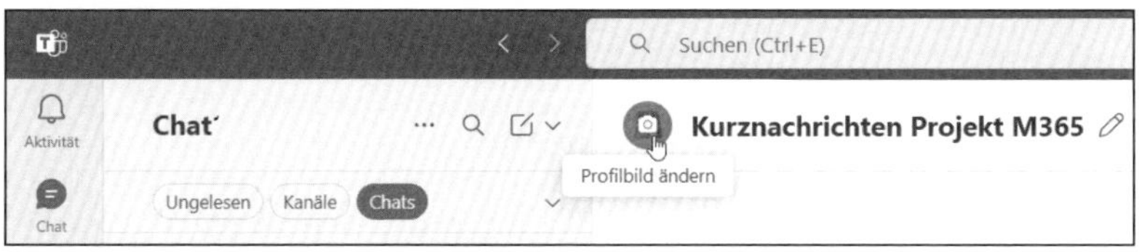

Abb. 9.44 Oben im Fenster befindet sich das Profilbild. Sobald eine Nachricht gesendet wurde, kann dieses geändert werden.

9.7.7.2 Chatteilnehmer anzeigen

Wurden Sie einem Gruppenchat hinzugefügt und möchten Sie wissen, wer noch daran teilnimmt, können Sie sich die Teilnehmer wie folgt anzeigen lassen:

1. Öffnen Sie den Gruppenchat.
2. Im oberen rechten Bereich des Chatfensters klicken Sie auf die Schaltfläche *Hinzufügen von Personen, Agents und Bots* (siehe Abbildung 9.45).

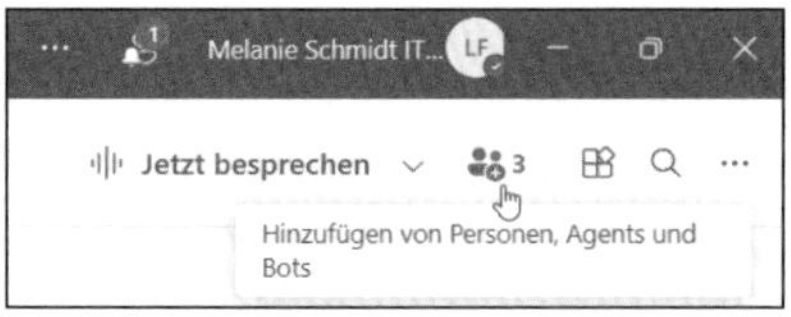

Abb. 9.45 Über die Schaltfläche *Hinzufügen von Personen, Agents und Bots* können Sie sich anzeigen lassen, wer am Chat teilnimmt.

9.7.7.3 Weitere Teilnehmer zum Gruppenchat hinzufügen

Möchten Sie weitere Kontakte zu einem bestehenden Gruppenchat einladen, so können Sie und Ihre Chatpartner das direkt im Chatfenster vornehmen:

1. Im geöffneten Chatfenster klicken Sie ganz oben rechts auf die Schaltfläche *Hinzufügen von Personen, Agents und Bots.*
2. Klicken Sie im Menü auf den Eintrag *Kontakte hinzufügen.*
3. Es folgt ein Dialogfenster (siehe Abbildung 9.46), in dem Sie den Namen oder die E-Mail-Adresse des Kontakts eingeben, den Sie hinzufügen möchten. Je nach Konfiguration in Ihrem Unternehmen können Sie eventuell den bestehenden Chatverlauf nicht einschließen. Wurden keine Konfigurationen vorgenommen, können Sie den gesamten Chatverlauf, den Verlauf der letzten x-beliebigen Tage einschließen oder aber den Chatverlauf nicht einschließen. Nehmen Sie eine Auswahl vor.
4. Bestätigen Sie Ihre Auswahl bzw. Eingabe mit einem Klick auf die Schaltfläche *Hinzufügen.*

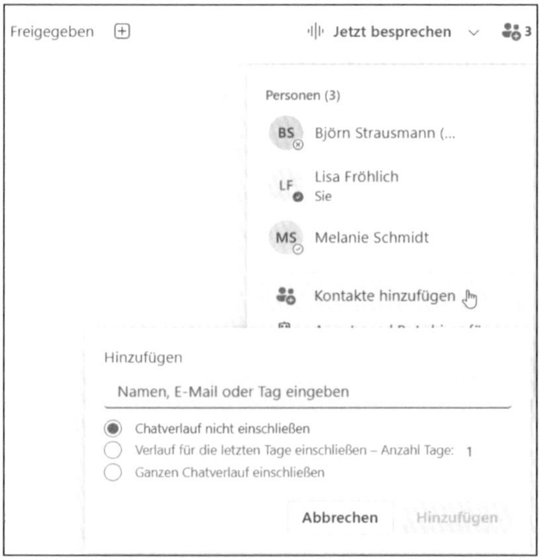

Abb. 9.46 Wenn es bei Ihnen gestattet ist, können Sie den Chatverlauf einschließen.

9.7.7.4 Personen im Gruppenchat erwähnen

Löschen Sie den Nachnamen, wenn man sich in Ihrem Team duzt.

Durch die sogenannte @-Erwähnung können Sie eine bestimmte Person oder auch mehrere Personen im Chat ansprechen, Ihre Nachricht an sie adressieren und so die Aufmerksamkeit auf Ihre Nachricht richten.

1. Öffnen Sie einen Chat.
2. Schreiben Sie in das Eingabefeld unten im Chatfenster das @-Zeichen. Es werden alle Chatteilnehmer aufgelistet.
3. Wählen Sie die gewünschte Person durch einen Klick aus.
4. Durch die Auswahl einer Person wird ihr Name in das Eingabefeld gesetzt. Sie können den Nachnamen der Person löschen, falls Sie nur den Vornamen (siehe Abbildung 9.47) im Chat verwenden möchten. Fügen Sie ein Leerzeichen ein und schreiben Sie, was Sie mitteilen möchten.

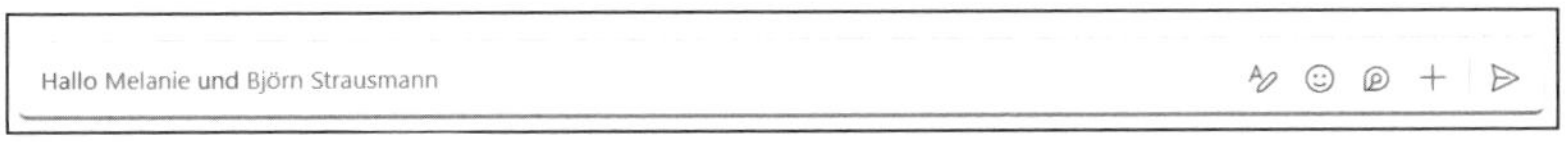

Abb. 9.47
Die eingefügten Namen können gelöscht werden.

5. Möchten Sie eine weitere Person erwähnen, geben Sie erneut das @-Zeichen ein, wählen eine weitere Person aus und schreiben Ihr Anliegen.
6. Senden Sie Ihre Nachricht.

Erwähnungen werden im Bereich *Aktivität* angezeigt (siehe Abbildung 9.48), und die erwähnte Person erhält bei gesetzter Einstellung eine Banner-Benachrichtigung und wird per E-Mail informiert, wenn Teams inaktiv ist.

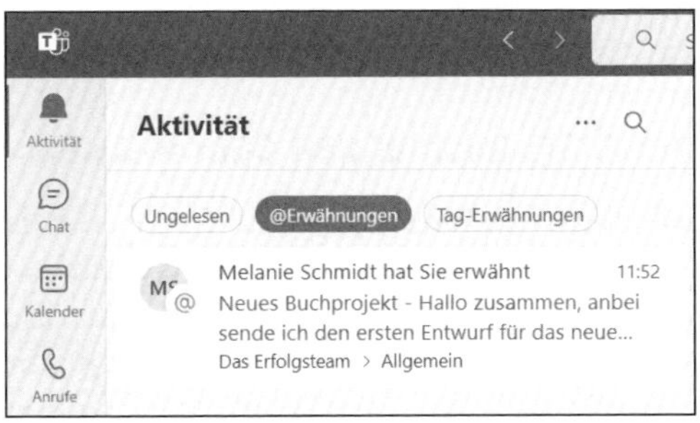

Abb. 9.48
Über die Schaltfläche *Aktivität* können Sie sehen, wenn Sie in einer Nachricht erwähnt wurden. Sie können über die Schaltfläche *@Erwähnungen* filtern.

Wenn Sie auf eine von Ihnen gesendete Nachricht im Gruppenchat zeigen und auf das Menü *Weitere Optionen* klicken, können Sie dort die Option *Gelesen von* öffnen und sehen, wer den Chatverlauf geöffnet hat und gegebenenfalls gelesen hat. Diese Art der Lesebestätigung ist jedoch keine Garantie, dass Ihre Nachricht auch tatsächlich gelesen wurde.

9.7.7.5 Einzel- und Gruppenchats stummschalten

Sobald Sie eine neue Chatnachricht erhalten, werden Sie mit einer Banner-Benachrichtigung und gegebenenfalls mit einem Signalton Ihres Geräts darüber informiert. Möchten Sie aktuell nicht benachrichtigt werden, können Sie den Chat oder Gruppenchat stummschalten. Dafür gehen Sie folgendermaßen vor:

1. Wechseln Sie zur Schaltfläche *Chat*.
2. Zeigen Sie auf den Einzel- oder Gruppenchat, den Sie stummschalten möchten.
3. Klicken Sie auf das Menü *Weitere Optionen*, dargestellt mit den drei Punkten.
4. Wählen Sie die Option *Stummschalten*.

In der Chatliste werden die Chats, die neue Nachrichten enthalten, fett hervorgehoben. Sie werden für stummgeschaltete Chats nicht mehr akustisch benachrichtigt, bis Sie die Stummschaltung aufheben. Die Stummschaltung wird auf dem Profilbild beziehungsweise den Initialen des Chats oder Gruppenchats mit einem durchgestrichenen Glocken-Symbol dargestellt (siehe Abbildung 9.49).

Zum Aufheben der Stummschaltung klicken Sie erneut auf das Menü *Weitere Optionen* und wählen die Option *Stummschaltung aufheben*.

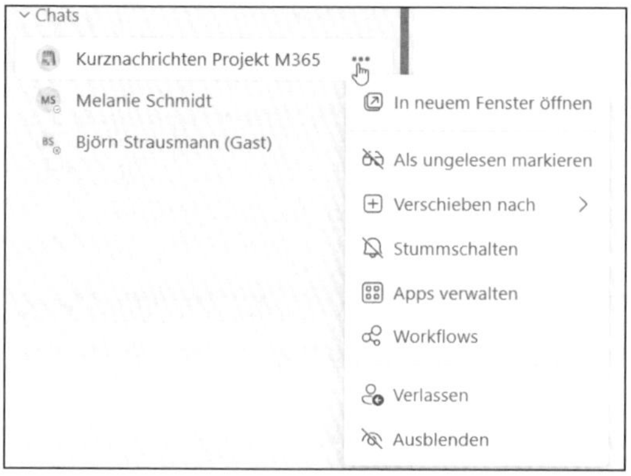

Abb. 9.49 Der stummgeschaltete Gruppenchat, dargestellt mit der durchgestrichenen Glocke

9.7.8 Chats- oder Gruppenchats ausblenden oder löschen

Löschen Sie nur Chats, deren Inhalte Sie nicht mehr benötigen.

In Ihrer Chatliste werden sich viele private, Besprechungs- und Gruppenchats ansammeln. Bevor Sie nun fleißig die Chatverläufe löschen, damit Sie einen besseren Überblick behalten, sollten Sie wissen, dass ein gelöschter Chat inklusive der gesamten Inhalte für Sie verloren geht. Gerade bei Besprechungschats für den Regeltermin wäre es sehr ärgerlich, wenn Sie diesen gelöscht haben und nicht mehr auf die im Chat geschriebenen Entscheidungen oder Links zugreifen können. Deshalb rat ich Ihnen, die Chats auszublenden, bevor Sie sie löschen. Der Chat wird dann bei Ihnen erst einmal nicht mehr angezeigt, sobald aber der Chatpartner oder eine Person aus der Besprechung erneut etwas in den Chat schreibt, wird er bei Ihnen wieder angezeigt und Sie können auf die Inhalte zugreifen.

1. Navigieren Sie über die Schaltfläche *Chat* in die Chatliste.
2. Zeigen Sie auf den Einzel- oder Gruppenchat, den Sie ausblenden möchten.
3. Klicken Sie auf das Menü *Weitere Optionen*, dargestellt mit den drei Punkten.
4. Wählen Sie die Option *Ausblenden*. Der Chat und der Verlauf werden bei Ihnen nicht mehr angezeigt.
5. Wählen Sie die Option *Löschen*, wenn Sie den Chatverlauf mit all seinen Inhalten unwiderruflich löschen möchten. Bestätigen Sie die Sicherheitsabfrage, dass Sie den Chat löschen möchten.
6. Gruppenchats, in denen sich weitere Personen befinden, können nicht gelöscht werden.

9.7.9 Einen ausgeblendeten Chat erneut einblenden

Haben Sie einen Chat ausgeblendet und möchten ihn wieder einblenden, können Sie das wie folgt tun:

1. Sie befinden sich im Hauptfenster *Chat*.
2. Klicken Sie in die Suchleiste und geben Sie dort den Namen der Person oder den Namen des Gruppenchats ein, den Sie einblenden möchten.
3. Ihnen werden Suchergebnisse angeboten. Klicken Sie auf den Namen des Chats, den Sie suchen.
4. Im Chatverlauf klicken Sie auf den Link *Ausgeblendeten Chatverlauf anzeigen* und der Chat wird Ihnen wieder links in der Chatliste angezeigt.

9.7.10 Eine Besprechung mit den Chatteilnehmenden planen

Sie können für Ihre Kolleginnen und Kollegen aus Ihren Einzel- und Gruppenchats zukünftige Besprechungen planen und an die Chatteilnehmenden senden. Um gemeinsame Termine zu planen, ist es wichtig, dass die Outlook-Kalender gepflegt werden und die verfügbaren Zeiten für die Belegschaft freigegeben wurden. In Kapitel 7 gehe ich näher auf den Outlook-Kalender ein.

1. Wechseln Sie in einen bestehenden Chat. Klicken Sie oben recht im Chatfenster auf die Schaltfläche *Mehr Chat-Optionen*, dargestellt mit den drei Punkten (siehe Abbildung 9.50).
2. Wählen Sie die Option *Besprechung planen*.

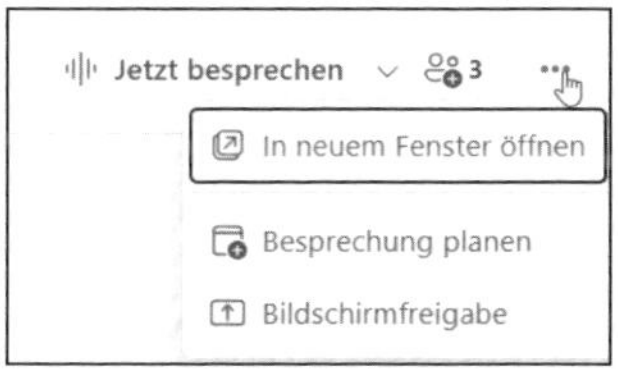

Abb. 9.50
Die Option *Besprechung planen* oben über das Menü mit den drei Punkten

3. Es wird das Formular für eine neue Besprechung angezeigt. Vergeben Sie einen Titel für die Besprechung.
4. Da Sie die Besprechungsanfrage über den Chat starten, müssen Sie niemanden einladen. Teams fügt hier automatisch die Chatteilnehmenden zur Besprechung hinzu.
5. Klicken Sie in das Datumsfeld *Beginn* und wählen Sie einen Tag aus. Wechseln Sie gegebenenfalls in einen anderen Monat.
6. Legen Sie die Uhrzeit für den Beginn und das Ende der Besprechung fest.
7. Prüfen Sie, ob die Personen verfügbar sind. Dies wird auf den Namenskarten der unternehmensinternen Personen im Feld *An* angezeigt (siehe Abbildung 9.51). Klicken Sie alternativ auch oben auf den Link *Terminplanungs-Assistenten*, damit es keine Terminüberschneidungen der Teilnehmerinnen und Teilnehmer gibt.

8. Navigieren Sie über das Register *Details* zum Besprechungsformular.
9. Wählen Sie gegebenenfalls ein anderes Datum oder eine andere Uhrzeit aus.

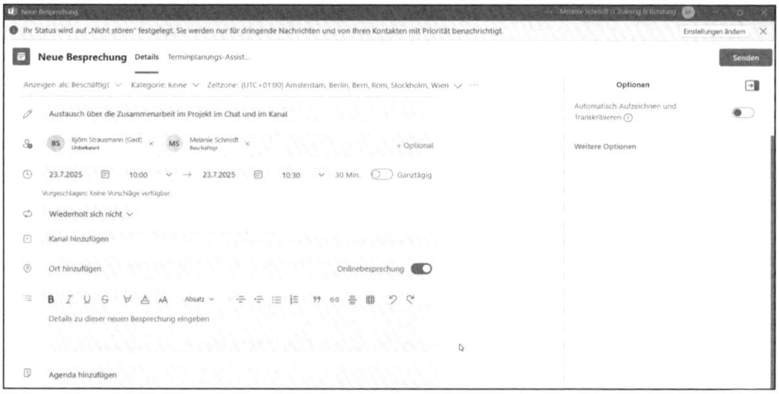

Abb. 9.51 Die Chatteilnehmenden werden automatisch hinzugefügt. Bei internen Personen wird der Status angezeigt. Hier müsste ein anderer Zeitpunkt gewählt werden.

10. Haben Sie einen gemeinsamen Termin gefunden und möchten die Besprechungsanfrage senden, klicken Sie auf die Schaltfläche *Senden* oben rechts im Formular.

Die Besprechungsanfrage wird an die Teilnehmer per E-Mail gesandt und enthält einen Link zur Teams-Besprechung, über den sie direkt an der Besprechung teilnehmen können. Sie haben die Möglichkeit, die Besprechung anzunehmen oder abzulehnen.

Über die Schaltfläche *Kalender* in der linken Navigationsleiste von Teams und im Outlook-Kalender wird die Besprechung jeweils angezeigt. Sobald Sie auf den Termin im Kalender klicken, können Sie ihn bearbeiten oder an der Besprechung teilnehmen.

Die Termine der Besprechungsanfragen werden in den Outlook- und Teams-Kalendern der angefragten Personen automatisch eingetragen und angezeigt. Erst wenn der Termin von den Teilnehmern abgelehnt oder von Ihnen abgesagt wird, wird er im jeweiligen Kalender nicht mehr angezeigt.

9.7.11 Einen Gruppenchat verlassen

Um einen Gruppenchat verlassen zu können, müssen mehr als zwei Personen dem Gruppenchat angehören.

Wenn drei oder mehr Personen einem Gruppenchat angehören, können Sie diesen verlassen. Wenn bereits Personen den Chat verlassen haben und Sie nur noch zu zweit im Gruppenchat sind, können Sie ihn nicht verlassen, jedoch löschen. Möchten Sie nicht mehr an einem Gruppenchat teilnehmen, können Sie ihn wie folgt verlassen:

1. Zeigen Sie in der Chatliste auf den Namen des Gruppenchats, den Sie verlassen möchten.
2. Klicken Sie auf das Menü *Weitere Optionen*, dargestellt mit den drei Punkten, und klicken Sie auf die Option *Verlassen*.

3. Bestätigen Sie die Sicherheitsabfrage, dass Sie den Gruppenchat verlassen möchten, mit einem Klick auf die Schaltfläche *Verlassen*.
4. Alternativ klicken Sie auf die Schaltfläche *Teilnehmer anzeigen und hinzufügen* und wählen dort den Befehl *Verlassen*.

Beachten Sie, dass Sie nach dem Verlassen keinen Zugriff mehr auf den Gruppenchat besitzen. Sie können zwar den letzten Verlauf lesen, jedoch nur bis zu dem Zeitpunkt, an dem Sie den Chat verlassen haben. Die anderen im Gruppenchat werden über Ihr Verlassen im Chatfenster informiert.

9.7.12 Chats in Abschnitten organisieren

Abschnitte für einen besseren Überblick

Im Laufe der Zeit können sehr viele Chats in Ihrer Chatliste angezeigt werden. Damit Sie diese besser organisieren können, besteht die Möglichkeit, Abschnitte zu erstellen und die jeweiligen Chats dorthin zu verschieben. Standardmäßig ist bereits der Abschnitt *Chats* vorhanden. Es gibt auch den Abschnitt *Favoriten*, dem Sie Ihre Chats zuordnen können.

1. Zeigen Sie auf einen Namen einer Chatpartnerin oder eines Chatpartners in der Chatliste. Es werden Ihnen die *Weiteren Optionen*, dargestellt mit den drei Punkten (siehe Abbildung 9.52), angezeigt.
2. Klicken Sie auf die *Weiteren Optionen* und wählen Sie die Option *Verschieben nach* und *Favoriten* aus.

Abb. 9.52 Durch das Zeigen auf einen Chat werden die *Weiteren Optionen* angezeigt.

3. Ihnen wird nun in der Chatliste der Abschnitt *Favoriten* angezeigt, darunter finden Sie Ihren Namen. Sie können den Abschnitt *Chats* reduzieren (siehe Abbildung 9.53) oder erweitern.

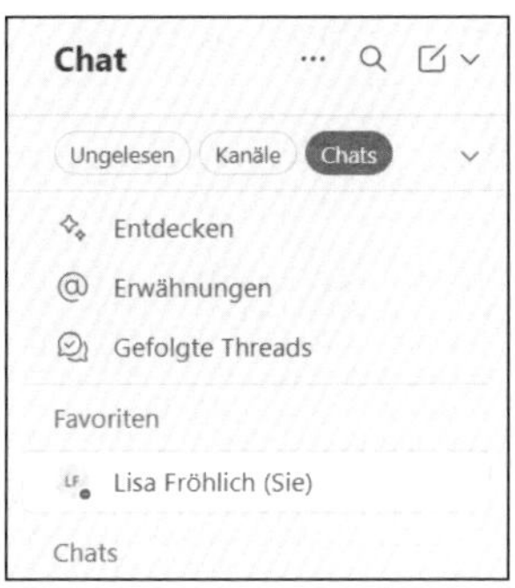

Abb. 9.53 Der Abschnitt *Favoriten* und der reduzierte Abschnitt *Chats*

9.7.12.1 Einen eigenen Abschnitt erstellen

Wenn Sie Abschnitte verwenden, können Sie schnell die Verfügbarkeit Ihrer Kollegen sehen.

Um Personen aus einem bestimmten Projekt, einer Arbeitsgruppe oder Ihrer Abteilung übersichtlich darzustellen, können Sie dafür Abschnitte erstellen.

1. Zeigen Sie auf Ihren Namen in der Chatliste und klicken Sie auf das Menü *Weitere Optionen*.
2. Zeigen Sie auf die Option *Verschieben nach* und klicken Sie auf den Befehl *Neuer Abschnitt*.
3. Vergeben Sie einen Namen für den Abschnitt, für dieses Beispiel *Mein Team*, und bestätigen Sie mit einem Klick auf die Schaltfläche *Erstellen*.
4. Fügen Sie sich selbst zu Ihrem Abschnitt hinzu und suchen Sie in der Suchleiste nach engen Kolleginnen oder engen Kollegen, mit denen Sie täglich zusammenarbeiten. Wählen Sie die Person jeweils unterhalb der Suchleiste durch einen Klick aus. Die ausgewählten Personen werden als Chat im Abschnitt *Chats* angezeigt.
5. Fügen Sie diese Chats zu Ihrem Abschnitt hinzu. Klicken Sie dafür bei den Personen auf die drei Punkte für *Weitere Optionen* und wählen Sie die Option *Verschieben nach* und Ihren Abschnitt *Mein Team* aus.
6. Werden bei Ihnen schon einige Chats angezeigt, können Sie diese auch per Drag & Drop (mit gedrückter Maustaste) in den Abschnitt *Mein Team* ziehen.
7. Ebenso können Sie per Drag & Drop die Abschnitte in der Reihenfolge verschieben.

Wenn sich eine Person nicht dem Abschnitt hinzufügen lässt, kann es daran liegen, dass Sie noch keine Chatnachrichten ausgetauscht haben. Schreiben Sie eine kurze Nachricht an die Person und fügen Sie sie dann Ihrem Abschnitt hinzu.

9.7.12.2 Chats aus dem Abschnitt entfernen

Chats werden nicht gelöscht, sie werden aus dem Abschnitt entfernt.

Sie können einen Einzel- oder Gruppenchat jederzeit aus einem Abschnitt entfernen oder in einen anderen verschieben. Dieser bleibt jedoch erhalten und wird im Abschnitt *Chats* weiterhin angezeigt.

1. Zeigen Sie auf den Einzel- oder Gruppenchat, den Sie aus dem Abschnitt entfernen möchten.
2. Ziehen Sie den Chat mit gedrückter Maustaste (per Drag & Drop) in den Abschnitt *Chats*.
3. Alternativ können Sie auch das *Weitere-Menü*, dargestellt mit den drei Punkten, verwenden, um einen Chat aus dem Abschnitt zu entfernen.

9.7.12.3 Einen Abschnitt sortieren

Lassen Sie sich die neuesten Chats im Abschnitt oben anzeigen.

Sie können die Einzel- und Gruppenchats innerhalb eines Abschnitts so sortieren, dass Ihnen zum Beispiel der Abschnitt nur erweitert angezeigt wird, wenn es darin ungelesene Nachrichten gibt. Möchten Sie innerhalb eines Abschnitts die neuesten Chatnachrichten oben anzeigen lassen, können Sie auch danach sortieren lassen. Möchten Sie die Reihenfolge der Chats manuell per Drag & Drop festlegen, wählen Sie die Sortieroption *Benutzerdefiniert* aus.

1. Zeigen Sie auf Ihren Abschnitt *Mein Team* und klicken Sie auf das Menü *Weitere Optionen*, dargestellt mit den drei Punkten.
2. Wählen Sie im Kontextmenü die entsprechende Option für die Sortierung aus.

9.7.12.4 Einen Abschnitt umbenennen oder entfernen

Sie können Abschnitte jederzeit umbenennen oder entfernen.

1. Zeigen Sie auf den Abschnittsnamen, den Sie umbenennen oder entfernen möchten.
2. Wählen Sie über das Menü *Weitere Optionen* die entsprechende Option aus.

9.8 Teams-Telefonie

Sie können mit Teams Audio- und Videoanrufe im sogenannten Besprechungsfenster tätigen, auch wenn Ihr Unternehmen keine Festnetztelefonie in Teams lizenziert und konfiguriert hat. Dann werden diese Anrufe mithilfe der integrierten Technologien über Ihre E-Mail-Adresse, die dabei als Anrufadresse genutzt wird, gesteuert. Wenn bei Ihnen zusätzlich die Festnetztelefonie eingerichtet ist, können Sie mit Teams Audio- und Videoanrufe im Besprechungsfenster tätigen oder Ihre zugewiesene Festnetznummer verwenden, um Anrufe ins Mobilfunk- und Festnetz durchzuführen oder zu empfangen. Die Festnetzanrufe werden dann im sogenannten Anruffenster geführt, das sich vom Besprechungsfenster in den Funktionen unterscheidet.

In diesem Abschnitt zeige ich Ihnen die grundlegenden Funktionen der Teams-Telefonie, die Sie mit und ohne Festnetztelefonie durchführen können. In Abschnitt 9.9 gehe ich zusätzlich auf die Funktionen im Anruffenster ein, die ausschließlich mit der Festnetztelefonie möglich sind. Beachten Sie, dass auch die Telefonie ohne Festnetzfunktionen mit Teams in Ihrem Unternehmen konfiguriert sein muss und dass es individuelle Einstellungen geben kann. Befragen Sie Ihren Administrator zur Telefonie mit Teams.

In Ihrem Unternehmen muss die Kommunikation über Teams mit unternehmensexternen Personen freigegeben sein, damit Sie mit ihnen auch ohne Festnetzfunktionen telefonieren können. Vielleicht können Sie nur mit unternehmensinternen Personen Anrufe in Teams tätigen. Beachten Sie immer, dass auch der Gesprächspartner nur dann Anrufe annehmen oder durchführen kann, wenn er Teams verwendet. Befragen Sie hierzu Ihren IT-Administrator, wie die Konfigurationen in Ihrem Hause vorgenommen wurden.

9.8.1 Das Hauptfenster »Anrufe«

Das Hauptfenster *Anrufe* können Sie als Ihre persönliche Telefonzentrale ansehen. Wenn in Ihrem Unternehmen die Festnetztelefonie lizenziert wurde, finden Sie hier die Wähltastatur (siehe Abbildung 9.54), mit der Sie Festnetz- und Mobilfunknummern anwählen können. Wird bei Ihnen keine Wähltastatur angezeigt, sind Sie nicht mit der Festnetztelefonie ausgestattet und können im Fenster *Anrufe* nur Teams-Audioanrufe (siehe Abbildung 9.55) tätigen. Das Fenster ist sonst identisch aufgebaut, sodass Sie zusätzlich den Verlauf Ihrer aus- und eingehenden sowie von Ihnen verpasste Anrufe aufgelistet bekommen. Anrufe im Verlauf können Sie ausblenden, jedoch nicht löschen. Sie werden automatisiert vom System gelöscht. Anrufer, die Ihnen eine Nachricht auf Ihrer Voicemail hinterlassen haben, werden ebenfalls im Verlauf angezeigt. Im rechten Fensterbereich sehen Sie Personen, die Sie als eigenen Kurzwahl-Kontakt hinzufügen können. Der Bereich *Kurzwahl* wird in den Bereich *Details* geändert, sobald Sie im Verlauf einen Anrufer anklicken. Ihnen werden dann Informationen zum Anrufer oder auch das Abspielen der Voicemail und die Transkription, die Verschriftlichung der Ansage, angezeigt und angeboten. Damit besteht für Sie die Möglichkeit, Ihre Voicemail-Nachrichten direkt im *Detailbereich* zu lesen oder abzuhören. Den Detailbereich schließen Sie über das *X* und dann werden Ihnen wieder Ihre Kurzwahl-Kontakte angezeigt. Sie können im Fenster *Anrufe* in Ihre Kontakte-App wechseln. Dafür steht Ihnen im oberen, rechten Bereich des Fensters die Schaltfläche *Kontakte anzeigen* zur Verfügung. In der Kontakte-App werden Ihnen Ihre eigenen Kontakte, die Sie in Teams anlegen oder bereits in der Liste *Meine Kontakte* in Outlook eingetragen haben, angezeigt. Die Kontakte, die Sie in Outlook angelegt haben, werden zu Teams synchronisiert, jedoch werden Kontakte, die Sie in Teams in der Kontakte-App anlegen, nicht zu Outlook synchronisiert.

Da bei der Einführung von Microsoft 365 im Unternehmen auch der E-Mail-Server Exchange in Exchange-Online migriert werden muss, kann es vorkommen, dass Ihr E-Mail-Konto noch nicht umgestellt ist und Sie deshalb Ihre Outlook-Kontakte noch nicht in Teams sehen können. Es kann auch ein paar Stunden andauern, nachdem Sie Teams das erste Mal öffnen, bis die Kontakte angezeigt werden. Wenn Ihre Kontakte jedoch gar nicht von Outlook in Teams synchronisiert werden, sollten Sie sich an Ihre IT-Abteilung wenden.

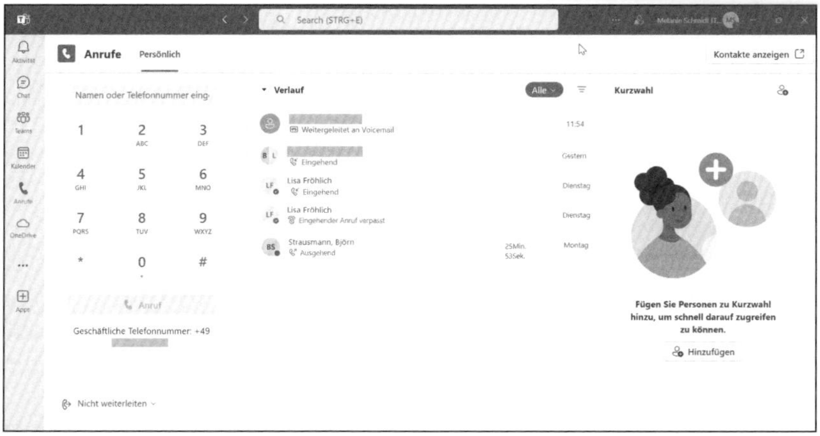

Abb. 9.54
Das Hauptfenster *Anrufe* mit der Wähltastatur

Abb. 9.55
Das Hauptfenster *Anrufe* ohne Festnetztelefonie, es fehlt die Wähltastatur.

9.8.1.1 Anrufe im Verlauf filtern

Sie können im Hauptfenster *Anrufe* die Filter-Schaltfläche *Alle* (siehe Abbildung 9.56) verwenden, um nur die verpassten, nur die eingehenden oder ausgehenden Anrufe zu filtern. Sie können auch nur die Anrufe anzeigen lassen, bei denen Ihnen eine Nachricht auf Ihre Voicemail gesprochen wurde. Klicken Sie dafür oben im Verlauf auf die Schaltfläche *Alle*. Um innerhalb des gefilterten Verlaufs nach einem Namen oder einer Rufnummer zu suchen, verwenden Sie das kleine Menü, dargestellt mit den drei Strichen, neben der Schaltfläche *Alle*. Möchten Sie wieder alle Anrufe anzeigen lassen und den Filter aufheben, wählen Sie über die Schaltfläche erneut *Alle* aus.

Abb. 9.56 Die Schaltfläche *Alle* und daneben das Menü, um nach Namen und Telefonnummern im Verlauf zu suchen

9.8.1.2 Ihre Kontakte und Kontaktkategorien in Teams

Die Kontaktverwaltung sollten Sie in Outlook vornehmen und in Teams für die Kommunikation nutzen.

In Microsoft Teams werden Kontakte, die Sie in Outlook im Modul *Personen* der Liste *Meine Kontakte* hinzugefügt haben, synchronisiert. Diese Kontakte finden Sie jeweils in der *Personen-/Kontakte-App*, die Sie über das Hauptfenster *Anrufe* oder über die Teams-Navigation über die Schaltfläche *Weitere Apps anzeigen* öffnen können. Kontakte, die Sie in Teams erstellen, werden ebenfalls zu Outlook synchronisiert. Um einen schnellen Überblick zu erhalten, wer von den Teamkollegen den Status *Verfügbar* besitzt, oder um einen Kontakt aufzufinden, können Sie sogenannte *Kategorien* anlegen. Innerhalb der Kategorien können Sie Personen hinzufügen und erhalten damit auch einen Überblick, wer gerade online und somit verfügbar ist und Ihnen weiterhelfen kann.

Um externe Personen zu kontaktieren, müssen bestimmte Konfigurationen durch die Administration vorgenommen werden. Sie können externe Kontakte, die über Teams verfügen, anhand der E-Mail-Adressen kontaktieren, wenn die Einstellungen dafür in den Unternehmen freigegeben sind. Alternativ können über die Administratoren Gastzugriffsberechtigungen vergeben werden. Dann wird die Person mit ihrer E-Mail-Adresse mit einem Gastkonto im Unternehmen angelegt. Diesen Gast können Sie dann wie alle anderen Benutzer in der globalen Adressliste auswählen. Der Zusatz *Gast* steht sichtbar hinter oder unter dem Namen. Sprechen Sie mit Ihrer IT-Abteilung, wie und ob Sie Externe kontaktieren können und dürfen.

9.8.1.3 Einen Kontakt speichern und zur Kurzwahl hinzufügen

Sie können alle Personen aus dem Verlauf, mit denen Sie bereits Teams-Audio- und/oder Festnetzanrufe getätigt haben, zu Ihren Kontakten hinzufügen. Fügen Sie Kolleginnen und Kollegen zur Kurzwahl hinzu, mit denen Sie häufig Kontakt aufnehmen und deren Präsenzstatus Sie schnell einsehen müssen.

1. Zeigen Sie im Verlauf auf eine Person, die Sie angerufen hat oder die Sie kontaktiert haben.
2. Klicken Sie auf das *Weitere*-Menü, dargestellt mit den drei Punkten (siehe Abbildung 9.57).

Abb. 9.57 Personen können als Kontakt gespeichert und zur Kurzwahl hinzugefügt werden.

3. Wählen Sie im Menü den Befehl *Kontakt hinzufügen*.
4. Gehen Sie erneut in das Menü und klicken Sie auf den Befehl *Zu Kurzwahl hinzufügen*. Die Person wird nun direkt im Bereich *Kurzwahl* auf der rechten Seite angezeigt und Sie sehen den Präsenzstatus am Profilbild oder den Initialen.

9.8.1.4 Die Kontakte-App öffnen und festpinnen

Sie können die Kontakte-App auf unterschiedlichen Wegen öffnen und in der Navigation von Teams festpinnen, sodass Sie sie nicht jedes Mal neu öffnen müssen, wenn Sie schnell den Präsenzstatus Ihrer Teammitglieder sehen oder den Kunden per Festnetz anrufen möchten. Beachten Sie, dass die Kontakte/Personen-App in Teams nicht mit dem Modul *Personen* in Outlook zu vergleichen ist. Wenn Sie bereits eine umfangreiche Pflege Ihrer Geschäftskontakte in Ihrem Outlook vornehmen, sollten Sie auch weiterhin in Outlook Ihre Kontakte einpflegen und verwalten. Teams bietet zum aktuellen Stand (Januar 2026) nicht ansatzweise die Möglichkeit, umfangreiche Kontaktinformationen zu erfassen oder zu einem Kontakt hinzuzufügen. Wenn Sie eine schnelle Übersicht aller Team- und Projektmitglieder und deren Verfügbarkeit sehen möchten, können Sie dafür eine Kategorie anlegen. Wenn es Ihnen ausreicht, einen Kontakt mit Namen, Firma und einer Rufnummer zu erstellen und zu speichern, können Sie das in Teams vornehmen. Um die Kontakte/Personen-App in Teams zu verwenden, gibt es zwei Möglichkeiten:

1. Öffnen Sie das Hauptfenster *Anrufe*.
2. Klicken Sie oben rechts auf die Schaltfläche *Kontakte anzeigen*. Die App öffnet sich und die Schaltfläche *Kontakte* wird in der Teams-Navigation angezeigt (siehe Abbildung 9.58).
3. Klicken Sie links in der Teams-Navigation mit der rechten Maustaste auf die Schaltfläche *Kontakte* und wählen Sie dort den Befehl *Pin*.
4. Alternativ klicken Sie direkt in der Teams-Navigation auf die Schaltfläche *Weitere Apps anzeigen*, dargestellt mit den drei Punkten.
5. Wählen Sie dort die App *Kontakte*. Die App wird geöffnet und in der Navigation angezeigt (siehe auch Abbildung 9.58).
6. Klicken Sie nun in der Teams-Navigation mit der rechten Maustaste auf die Schaltfläche *Kontakte* und wählen Sie dort den Befehl *Pin*.

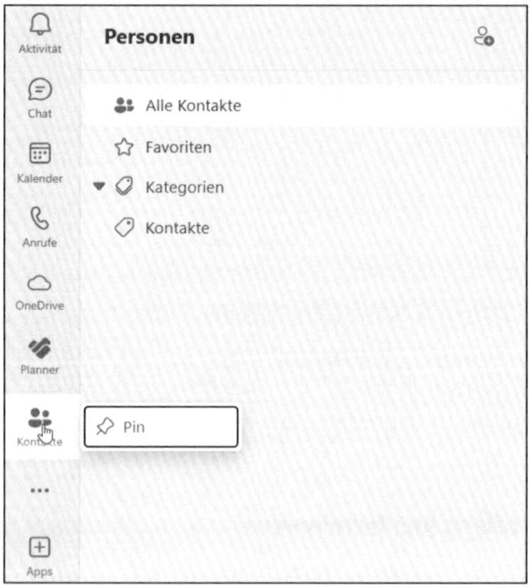

Abb. 9.58
Sie können Apps in der Navigation festpinnen, damit sie immer angezeigt werden.

Wenn Sie im vorherigen Abschnitt keine Personen als Kontakt hinzugefügt oder in Outlook bzw. in Skype for Business keine Kontakte angelegt haben, ist Ihre Kontakte-App leer (siehe Abbildung 9.59). Falls Sie bereits Kontakte hinzugefügt haben oder sehen können, wurden diese aus Ihrem Outlook synchronisiert und bei Ihnen wird die Kategorie *Kontakte* angezeigt. Falls bei Ihnen im Bereich *Kategorien* mehr Inhalte vorhanden sind, wurden diese Kategorien aus Ihren Kontaktgruppen aus Skype for Business in Teams übernommen.

Abb. 9.59
Die Kontakte-App ohne Kontakte und Kategorien

9.8.1.5 Einen externen Kontakt anlegen

Sie sollten weiterhin Ihr Outlook-Modul *Personen* verwenden, um Kontakte umfangreich zu verwalten. In diesem Beispiel können Sie sich selbst als Kontakt mit Ihrer Mobilfunknummer hinzufügen, um zu sehen, welche Möglichkeiten Ihnen die App für die Kontaktverwaltung bereitstellt. Sie können diesen Kontakt später wieder löschen.

1. Klicken Sie oben links im Fenster *Personen* auf die Schaltfläche *Kontakt hinzufügen*, dargestellt mit dem Personen-Symbol und dem Pluszeichen.
2. Geben Sie Ihre Mobilfunk- oder Festnetznummer ein. Wenn Sie die Rufnummer ohne Länderkennung für Deutschland eingeben, schlägt Ihnen Teams in der Auswahl unterhalb Ihrer Eingabe die Rufnummer inklusive +49 vor (siehe Abbildung 9.60).

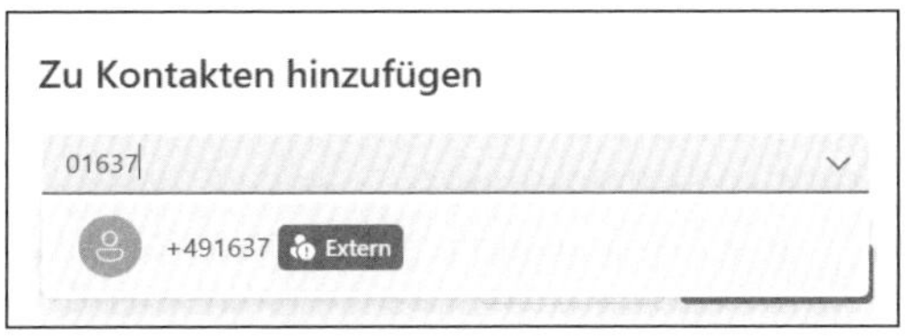

Abb. 9.60 Teams wandelt die Rufnummer mit der Länderkennung um.

3. Prüfen Sie die Rufnummer und wählen Sie den richtigen Vorschlag durch einen Klick aus.
4. Bestätigen Sie Ihre Auswahl mit einem Klick auf die Schaltfläche *Hinzufügen*.
5. Im darauf folgenden Fenster geben Sie den Vornamen, Nachnamen und den Namen der Firma ein. Die E-Mail-Adresse lässt sich an dieser Stelle nicht einpflegen.
6. Speichern Sie Ihren Kontakt.

9.8.1.6 Einen internen Kontakt zu den Kontakten hinzufügen

Möchten Sie Kontakte Ihrer Kolleginnen und Kollegen aus dem Unternehmen oder Personen, die in Ihrem Unternehmen einen Gastzugriff besitzen, zu Ihren Kontakten hier in der App hinzufügen, gehen Sie wie folgt vor:

1. Klicken Sie oben links im Fenster *Personen* auf die Schaltfläche *Kontakt hinzufügen*, dargestellt mit dem Personen-Symbol und dem Pluszeichen.
2. Geben Sie den Namen der internen Person oder des Gasts ein, den Sie gerne in Ihrer App speichern möchten. Beginnen Sie, den Namen zu schreiben, und wählen Sie die Person aus der Vorschlagsliste aus.
3. Speichern Sie den Kontakt.

9.8.1.7 Einen Kontakt als Favorit festlegen

Links in der Personen-/Kontakte-App sehen Sie die Ansicht *Favoriten*. Um Kontakte zu dieser Ansicht hinzuzufügen, gibt es zwei Möglichkeiten:

1. Sie befinden sich in der Kontakte-App in der Ansicht *Alle Kontakte*. Zeigen Sie auf einen gespeicherten Kontakt, damit Ihnen das Menü mit den drei Punkten angezeigt wird. Klicken Sie auf das Menü und wählen Sie den Befehl *Zu Favoriten hinzufügen*. Wechseln Sie in die Ansicht *Favoriten*, Ihr Kontakt wird dort angezeigt.
2. In der Ansicht *Alle Kontakte* zeigen Sie auf einen Kontakt und klicken vor dem Profilbild oder der Initialen auf das Stern-Symbol. Der Kontakt wird zu den Favoriten hinzugefügt.

9.8.1.8 Einen Kontakt aus Favoriten entfernen oder löschen

Sie können jederzeit einen favorisierten Kontakt aus der Ansicht *Favoriten* entfernen, dann bleibt er in der Ansicht *Kontakte* erhalten. Erst wenn Sie ihn löschen, wird er in den Kontakten nicht mehr angezeigt. Um einen Kontakt aus der Personen-/Kontakte-App als Favorit zu entfernen oder aus den Kontakten zu löschen, gehen Sie folgendermaßen vor:

1. Sie befinden sich in der Personen-/Kontakte-App.
2. Wechseln Sie in die Ansicht *Favoriten* und klicken Sie vor das Profilbild oder die Initialen eines favorisierten Kontakts auf das Stern-Symbol. Der Kontakt wird sofort aus den Favoriten entfernt.
3. Zeigen Sie auf einen weiteren favorisierten Kontakt, sodass Ihnen das *Weitere Menü* mit den drei Punkten angezeigt wird.
4. Wählen Sie im Menü den Befehl *Löschen* und bestätigen Sie den Löschvorgang im kleinen Dialogfenster. Der Kontakt wird aus Ihren Favoriten und aus Ihren Kontakten gelöscht. Sie können den Kontakt jederzeit wieder zu Ihren Kontakten hinzufügen.

9.8.1.9 Eine neue Kategorie mit einem Kontakt erstellen

Wenn Sie mit Skype for Business gearbeitet und dort Kontaktgruppen angelegt haben, werden diese als Kategorien in Teams angezeigt.

Die Kategorien, die Sie anlegen, sind nur für Sie sichtbar und können nicht an andere Teammitglieder übertragen werden. Kategorien lassen sich nur über vorhandene Kontakte, die Sie bereits in der Personen-/Kontakte-App hinzugefügt haben, erstellen. In diesem Abschnitt zeige ich Ihnen, wie Sie Kategorien erstellen, Kontakte hinzufügen und entfernen. Um eine Kategorie anzulegen, gehen Sie wie folgt vor:

1. Bevor Sie eine Kategorie erstellen, fügen Sie zwei Ihrer Kolleginnen und Kollegen zu Ihren Kontakten im Hauptfenster *Anrufe* oder *Kontakte* hinzu.
2. Wechseln Sie in die Personen-/Kontakte-App.
3. Zeigen Sie auf einen Kontakt, sodass Ihnen das *Weitere Menü* mit den drei Punkten angezeigt wird.
4. Wählen Sie im Menü den Befehl *Kategorie hinzufügen* und vergeben Sie einen Namen bei *Geben Sie einen Kategorienamen ein*, schreiben Sie *Mein Team* (siehe Abbildung 9.61).
5. Wählen Sie eine Farbe für diese Kategorie aus.

6. Bestätigen Sie die Eingabe und klicken Sie unten auf die Schaltfläche *Mein Team erstellen*. Die Kategorie wird Ihnen links im Fenster angezeigt. Die Kategorie *Kontakte* wird automatisch vom System erstellt und alle Ihre Kontakte, die Sie in Teams erstellen, werden dort hinzugefügt.
7. Klicken Sie in die Kategorien *Kontakte* und *Mein Team*. Sie sehen dort den gerade hinzugefügten Kontakt.
8. Wechseln Sie in die Ansicht *Alle Kontakte* und zeigen Sie auf einen anderen Kontakt, damit das *Weitere Menü* angezeigt wird.
9. Wählen Sie den Befehl *Kategorie hinzufügen* aus. Im Untermenü werden Ihnen die von Ihnen und vom System erstellten Kategorien angezeigt (siehe Abbildung 9.62). Wählen Sie die Kategorie *Mein Team* durch einen Klick aus. Der Kontakt wurde nun auch der Kategorie hinzugefügt. Klicken Sie in die Kategorie.

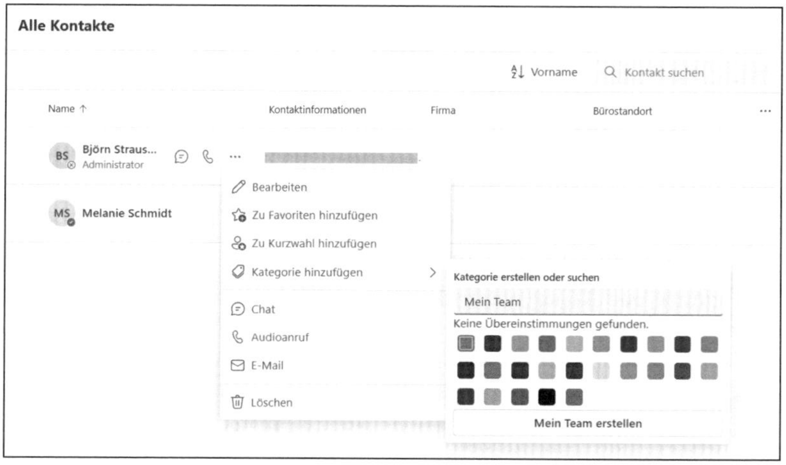

Abb. 9.61
Vergeben Sie einen Namen und eine Farbe für Ihre Kategorie.

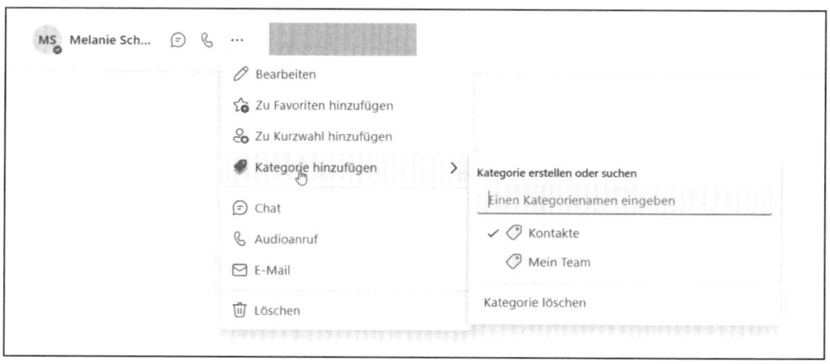

Abb. 9.62
Erstellte Kategorien werden im Menü *Kategorie hinzufügen* angezeigt.

9.8.1.10 Einen Kontakt aus der Kategorie entfernen und eine Kategorie löschen

Vorhandene Kategorien lassen sich nicht umbenennen. Sie müssen eine Kategorie löschen und neu anlegen, wenn Sie den Namen ändern möchten. Eine Kategorie lässt sich zum aktuellen Zeitpunkt (Januar 2026) nicht löschen, solange innerhalb der Kategorie Kontakte vorhanden sind. Deshalb müssen Sie erst alle Kontakte aus der Kategorie entfernen, nicht löschen, damit die Kategorie automatisch gelöscht wird.

1. Gehen Sie in die Kategorie *Mein Team*.
2. Zeigen Sie auf einen vorhandenen Kontakt und klicken Sie auf das *Weitere Menü*, dargestellt mit den drei Punkten. Sie dürfen an dieser Stelle den Kontakt nicht löschen, dann würden Sie ihn nicht nur aus der Kategorie löschen, sondern auch aus Ihren Kontakten.
3. Klicken Sie auf den Befehl *Kategorie hinzufügen* und im Untermenü auf die Kategorie *Mein Team*, damit der Kontakt aus der Kategorie entfernt wird.
4. Wiederholen Sie die Schritte 2 und 3, bis alle Kontakte aus der Kategorie entfernt sind. Sobald die Kategorie keine Kontakte mehr besitzt, wird sie gelöscht.

9.8.1.11 Mit einem Kontakt im Microsoft 365-Portal in Kontakt treten

Wenn Sie auf die Initialen oder das Profilbild einer Person klicken, wird die Profilkarte im eigenen Fenster geöffnet.

Sie können an verschiedenen Stellen in den Microsoft 365-Apps Kontakt zu Kolleginnen und Kollegen aufnehmen. Fast überall dort, wo Sie den Namen als Link (siehe Abbildung 9.63), das Profilbild oder die Initialen einer Person sehen und darauf mit der Maus verweilen, können Sie die Profilkarte (siehe Abbildung 9.64) öffnen und von dort aus eine Chatnachricht schreiben, einen Audio- und Videoanruf tätigen, eine E-Mail senden oder, wenn bei Ihnen die Festnetztelefonie vorhanden ist, auch die Fest- und Mobilfunknummern der Personen anrufen, bei denen diese hinterlegt wurde.

Abb. 9.63 In einer Bibliothek wird auf den Namen der Person gezeigt, die das Dokument geändert hat. Durch längeres Verweilen wird die ganze Profilkarte geöffnet.

Abb. 9.64
Im Teams-Chat wurde auf die Initialen der Person gezeigt.

9.8.2 Die Audioqualität des Audiogeräts überprüfen

Damit Sie nicht erst während eines wichtigen Telefonats die Audioqualität einstellen müssen, können Sie die Qualität Ihres Audiogeräts wie das Mikrofon jederzeit mit dem Audiotest *Teams Echo* überprüfen. In diesem Test werden Sie per Ansage darauf hingewiesen, dass Sie die Möglichkeit haben, Ihre Stimme aufzuzeichnen. Nach der Aufzeichnung wird Ihnen die Aufnahme noch einmal vorgespielt. Sie können mit diesem Audiotest feststellen, ob die Lautstärke Ihrer Lautsprecher oder Kopfhörer und die Sprachqualität Ihres Mikrofons optimal eingestellt sind.

1. Klicken Sie in der Titelleiste auf die Schaltfläche *Einstellungen und mehr*, dargestellt mit den drei Punkten, rechts oben im Fenster.
2. Klicken Sie auf *Einstellungen*.
3. Klicken Sie in die Kategorie *Geräte* (siehe Abbildung 9.65).
4. Klicken Sie im Bereich *Audio* auf die Schaltfläche *Testanruf führen*. Sie werden automatisch mit dem Audio-Test-Service *Teams Echo* verbunden.

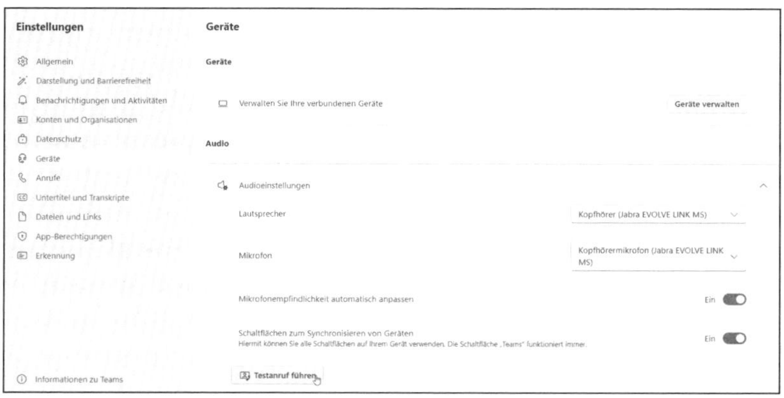

Abb. 9.65
Führen Sie einen Testanruf durch, um Ihre Audioqualität zu prüfen.

5. Warten Sie einen Moment, bis die Ansage erfolgt. Sie erhalten die Möglichkeit, eine Aufzeichnung Ihrer Stimme vorzunehmen, um die Anrufqualität zu prüfen.
6. Die Sprachaufzeichnung wird Ihnen im Anschluss vorgespielt. Ist das Ergebnis der Sprachqualität nicht zufriedenstellend, sollten Sie ein anderes angeschlossenes Gerät auswählen oder in den Systemeinstellungen in Windows oder auf Ihrem Mac prüfen, ob Sie dort die Sound- oder Toneinstellungen für Ihr Eingabegerät anpassen können. Suchen Sie in den Systemeinstellungen nach *Sound* bzw. *Ton*.

9.8.3 Audiogeräte manuell auswählen

Wenn Sie ein Headset für die Telefonie oder andere Audiogeräte, zum Beispiel einen Konferenzlautsprecher, an Ihrem PC oder Mac angeschlossen haben, können Sie diese Geräte über die Teams-Einstellungen auswählen. Beachten Sie, dass diese externen Geräte auch eingeschaltet sind, damit Sie sie nachfolgend auswählen können.

1. Klicken Sie oben rechts im Fenster auf die Schaltfläche *Einstellungen und mehr*, dargestellt mit den drei Punkten.
2. Klicken Sie ganz oben im Menü auf *Einstellungen*.
3. Wählen Sie links die Kategorie *Geräte* aus.
4. Ihnen werden im Bereich *Audio* die Geräte, die Teams verwendet, angezeigt. Über den Drop-down-Pfeil hinter dem angezeigten Lautsprecher und Mikrofon können Sie andere Geräte, die angeschlossen und eingeschaltet sind, auswählen.
5. Wählen Sie die gewünschten Geräte für Lautsprecher und Mikrofon aus.
6. Die Einstellungen werden direkt übernommen.
7. Führen Sie bei Bedarf einen weiteren Testanruf durch.
8. Verlassen Sie die Einstellungen durch einen Klick auf eine Schaltfläche in der Navigation, um in ein anderes Hauptfenster zu navigieren.

Sie können auch während eines Anrufs oder einer Videokonferenz die Audiogeräte wechseln. Mehr dazu erfahren Sie in Abschnitt 9.12.8.

9.8.4 Anrufe am Headset und an den Gerätelautsprechern signalisieren

Wenn an Ihrem Desktop-Computer Gerätelautsprecher angeschlossen und eingeschaltet oder in Ihrem Laptop Lautsprecher integriert sind, können Sie Anrufe und Benachrichtigungen zusätzlich zu Ihrem Headset auch über die Lautsprecher signalisieren lassen.

1. Öffnen Sie die Einstellungen von Teams, klicken Sie dazu in der Titelleiste auf die Schaltfläche *Einstellungen und mehr*, dargestellt mit den drei Punkten.
2. Klicken Sie oben im Menü auf die Schaltfläche *Einstellungen*.
3. Wählen Sie die Kategorie *Geräte* aus.
4. Im Bereich *Audio* klicken Sie auf den Drop-down-Pfeil bei *Sekundäres Klingelgerät* und wählen Ihre angeschlossenen Lautsprecher aus, die zusätzlich zum Headset eingehende Anrufe signalisieren sollen.
5. Die Einstellung wird sofort übernommen und Sie können in ein anderes Hauptfenster navigieren.

Zukünftig werden Anrufe und Benachrichtigungen am Headset und an den Gerätelautsprechern signalisiert, wenn Ihr PC oder Mac angeschaltet ist.

9.8.5 Sound für Benachrichtigungen einstellen

Beachten Sie, dass die Benachrichtigungen und Sounds über das Microsoft 365-Portal und die jeweiligen Anwendungen geschaltet sind. Zusätzlich können von Ihrem Windows- oder Mac-System weitere Systemtöne oder Benachrichtigungseinstellungen vorgenommen sein. Möchten Sie in Teams die Soundeinstellungen für Teams-Aktionen festlegen, gehen Sie folgendermaßen vor:

1. Klicken Sie in Teams in der Titelleiste auf das Menü *Einstellungen und mehr*, dargestellt mit den drei Punkten.
2. Wählen Sie oben *Einstellungen* aus.
3. Um die Klingeltöne festzulegen, wählen Sie in den Einstellungen die Kategorie *Benachrichtigungen und Aktivitäten* aus.
4. Um den Sound für Benachrichtigungen festzulegen, wählen Sie im Bereich *Audio* einen Sound aus. Sie können die Sounds mit einem Klick auf den Play-Button zuerst abspielen, um zu testen, welcher Ihnen zusagt.

Der von Ihnen zuletzt abgespielte oder ausgewählte Sound wird übernommen, ohne dass Sie speichern müssen. Wenn Sie die Festnetztelefonie verwenden, können Sie auch unterschiedliche Klingeltöne für verschiedene Anruftypen festlegen. Darauf gehe ich in Abschnitt 9.9.11 ein.

9.8.6 Die Voicemail von Teams

Wenn in Ihrem Unternehmen die Nutzung der Voicemail eingerichtet wurde, können Sie diese Anrufbeantworterfunktion verwenden und während Ihrer Abwesenheit oder wenn Sie gerade nicht annehmen können, Anrufe auf die Voicemail weiterleiten lassen. Anrufer erhalten dann einen Ansagetext und können Ihnen eine Nachricht hinterlassen. Die Nachricht wird aufgezeichnet und, wenn die Funktion konfiguriert wurde, zusätzlich als geschriebener Text, also Verschriftlichung, auch Transkript genannt, für Sie bereitgestellt. Je nachdem, welche Benachrichtigungen Sie in Teams für die Voicemail festlegen, erhalten

Sie eine E-Mail-Nachricht oder werden über die Schaltflächen *Aktivität* und *Anruf* informiert. Sie können verschiedene Ansagetexte festlegen, sodass Sie unterschiedliche Ansagen für etwa kurze Abwesenheiten von Ihrem Arbeitsplatz und für längere Abwesenheiten wie während Ihres Urlaubs aufzeichnen. Sie können den Ansagetext einsprechen oder auch als Text eingeben, der in eine Sprachausgabe umgewandelt wird.

9.8.6.1 Die Voicemail einrichten

Wenn die Voicemail aktiviert wurde und keine weiteren Einstellungen vorgenommen wurden, begrüßt eine Computerstimme Ihren Anrufer, liest Ihren Vor- und Nachnamen vor und bittet den Anrufer, eine Nachricht für Sie zu hinterlassen. Dabei kann es vorkommen, dass Umlaute im Namen nicht richtig ausgesprochen werden, da die Sprache gegebenenfalls auf Englisch konfiguriert ist. Deshalb sollten Sie Ihre Voicemail vor dem Gebrauch überprüfen und bei Bedarf die richtige Sprache auswählen und die Ansage ändern. Sie können eine eigene Ansage als Begrüßung aufnehmen oder einen Text schreiben, den der Computer dann Ihren Anrufern vorliest. Zum aktuellen Stand (Januar 2026) können Sie die automatische Voicemail-Ansage in den Einstellungen nicht anhören. Deshalb empfehle ich, sie von einem anderen Benutzer-Account aus anzuhören und zu prüfen, ob Ihr Name richtig ausgesprochen wird.

Nachfolgend beschreibe ich, wie Sie einen eigenen Ansagetext aufnehmen oder als Text eingeben. Der von Ihnen eingegebene Text wird dann als Begrüßungsansage von der Computerstimme vorgelesen.

1. Klicken Sie in Teams oben auf die Schaltfläche *Einstellungen und mehr.*
2. Wählen Sie die *Einstellungen* durch einen Klick aus.
3. Wechseln Sie links in die Kategorie *Anrufe.*
4. Navigieren Sie etwas nach unten zu dem Bereich *Voicemail verwalten* (siehe Abbildung 9.66).

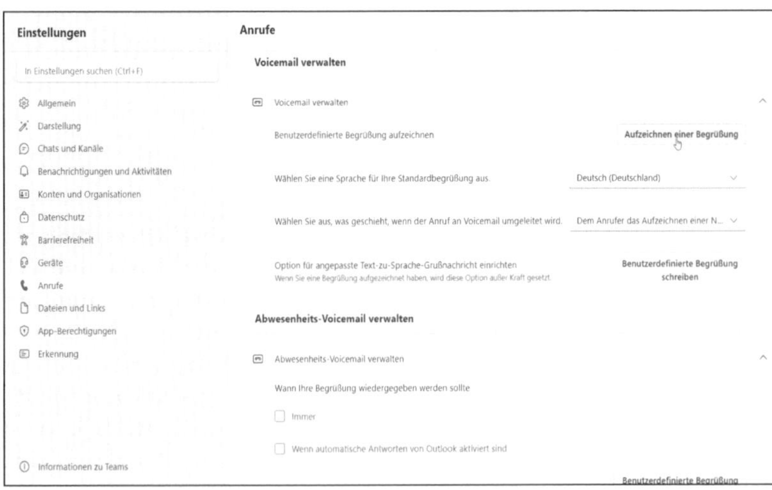

Abb. 9.66
Der Bereich *Voicemail verwalten* und die Schaltfläche *Aufzeichnen einer Begrüßung*

5. Zum Aufzeichnen Ihrer Begrüßung steht Ihnen ein sogenannter Audio-Service zur Verfügung. Dieser Service wird in der Sprache gesprochen, die im Fenster *Voicemail* ausgewählt ist. Auch Begrüßungen, die von der Computersprache vorgelesen werden, verwenden die ausgewählte Sprache. Wählen Sie zuerst die Sprache aus, die Sie für die Voicemail und die Einstellungen verwenden möchten. Klicken Sie auf den Drop-down-Pfeil bei *Wählen Sie eine Sprache für Ihre Standardbegrüßung aus* und wählen Sie die gewünschte Sprache aus.
6. Um nun eine eigene Ansage aufzunehmen, klicken Sie über der Sprachauswahl auf die Schaltfläche *Aufzeichnen einer Begrüßung* (siehe ebenfalls Abbildung 9.66).
7. Sie werden in ein Anruffenster weitergeleitet und es folgt der Audio-Service mit genauen Anweisungen, was Sie für die Aufzeichnung Ihrer Ansage durchführen müssen. Belassen Sie die Wähltastatur im Bildschirm und verwenden Sie diese, da die Ziffern auf der Tastatur hier nicht funktionieren. Folgen Sie den Anweisungen, um Ihre Begrüßung aufzuzeichnen.
8. Beachten Sie auch, dass Sie während einer längeren Abwesenheit vom Arbeitsplatz, zum Beispiel während eines Urlaubs oder einer Geschäftsreise, eine andere Ansage für die Anrufer eingeben können. Sobald Sie dann Ihre Abwesenheit in Outlook oder in Teams mit automatischen Antworten aktivieren, wird diese Begrüßung für Anrufer abgespielt.
9. Legen Sie danach die Anrufbeantwortungsregeln fest. Beachten Sie bei der Auswahl der Regeln, dass die gewählte Regel sofort übernommen wird. Im Bereich *Wählen Sie aus, was geschieht, wenn der Anruf an Voicemail umgeleitet wird* können Sie über den Drop-down-Pfeil folgende Regeln festlegen:
   - *Dem Anrufer das Aufzeichnen einer Nachricht gestatten.* Mit dieser Regel legen Sie fest, dass der Anrufer Ihre Begrüßung hört und eine Nachricht hinterlassen kann.
   - *Dem Anrufer das Aufzeichnen einer Nachricht oder die Weiterleitung an eine andere Person erlauben.* Mit dieser Regel hört der Anrufer Ihre Begrüßung, hat danach die Möglichkeit, eine Nachricht zu hinterlassen, und kann selbst entscheiden, ob er zusätzlich an eine von Ihnen festgelegte Person weitergeleitet werden möchte.
10. Wenn Sie sich für diese Option entscheiden, wird Ihnen ein Eingabefeld angezeigt, in dem Sie nach einer Person suchen und sie auswählen können. Wählen Sie also die Person aus, an die Sie Ihre Anrufe weiterleiten möchten.
    - *Ihre Begrüßung wiedergeben und Anruf beenden.* Der Anrufer hört mit dieser Regel Ihre Ansage, er hat jedoch keine Möglichkeit, Ihnen eine Nachricht zu hinterlassen. Diese Einstellung ist gerade für Personen mit großem Anrufvolumen geeignet, damit sie nicht mit Voicemail-Nachrichten überflutet werden.

- *Begrüßung wiedergeben und dann Anruf an eine andere Person durchstellen*. Damit können Sie auswählen, wenn der Anrufer direkt nach Ihrer Begrüßung an eine Kollegin oder einen Kollegen weitergeleitet werden soll.

11. Möchten Sie keine eigene Begrüßung aufnehmen, können Sie im Bereich *Option für angepasste Text-zu-Sprache-Grußnachricht* einen Text eintippen, der dann von der Computerstimme vorgelesen wird. Klicken Sie im Bereich *Option für angepasste Text-zu-Sprache-Grußnachricht einrichten* auf die Schaltfläche *Benutzerdefinierte Begrüßung schreiben* und schreiben Sie einen eigenen Text.
12. Möchten Sie während einer längeren Abwesenheit vom Arbeitsplatz eine andere Ansage für die Anrufer festlegen und vom Computer vorlesen lassen, können Sie im Bereich *Abwesenheits-Voicemail verwalten* die Schaltfläche *Benutzerdefinierte Begrüßung schreiben* anklicken und dort eine Ansage eintippen. Im Bereich *Wann Ihre Begrüßung wiedergegeben werden sollte* aktivieren Sie eines der Kontrollkästchen, um festzulegen, wann diese zusätzliche Ansage für die Abwesenheit Gültigkeit haben soll. Wenn Sie die Option *Wenn automatische Antworten von Outlook aktiviert sind* ausgewählt haben, wird im Hintergrund in Outlook geprüft, ob Sie eine Abwesenheitsinformation bzw. automatische Antworten festgelegt haben. Beachten Sie, dass das Aktivieren eines Kontrollkästchens sofort Auswirkungen auf Ihre Anrufer und die Voicemail hat.
    - Wählen Sie *Immer*, wenn Sie ab sofort diese Ansage verwenden möchten.
    - Wählen Sie *Wenn automatische Antworten von Outlook aktiviert sind*, wenn Sie eine Abwesenheitsinformation über das automatische Antworten in Outlook erstellt haben und Sie bei Anrufen den von Ihnen eingegebenen Text ansagen lassen möchten. Wie Sie eine Abwesenheitsinformation in Outlook festlegen, lesen Sie in Abschnitt 7.4.9 oder 9.7.5.
13. Prüfen Sie nach dem erstmaligen Eingeben und Festlegen der Optionen, wie Ihre Ansage klingt und ob alles richtig ausgesprochen wird. Lassen Sie die Ansage durch eine andere Person prüfen, indem sie Sie einmal über Teams anruft.

9.8.6.2 Unbeantwortete oder von Ihnen abgelehnte Anrufe an die Voicemail weiterleiten

Wenn Sie Anrufe erhalten, kann es vorkommen, dass Sie gerade einmal nicht am Platz sind oder einen Anruf ablehnen möchten. Damit die Anrufer die Möglichkeit haben, Ihnen eine Nachricht zu hinterlassen, können Sie das in den Einstellungen der Voicemail wie folgt festlegen:

1. Klicken Sie in Teams auf das Menü *Einstellungen und mehr* oben in der Titelleiste.
2. Wählen Sie die *Einstellungen* mit einem Klick aus.

3. Wählen Sie in den Einstellungen die Kategorie *Anrufe*.
4. Im Bereich *Anrufbearbeitung und -weiterleitung* können Sie festlegen, dass Anrufe, die Sie nicht annehmen können (dazu gehört auch das Ablehnen eines Anrufs), an die Voicemail weitergeleitet werden.
5. Klicken Sie auf den Drop-down-Pfeil bei *Wenn Sie einen Anruf nicht annehmen können* und wählen Sie *Auf Voicemail umleiten* aus.
6. Im Bereich *Klingeldauer in Sekunden vor dem Umleiten* legen Sie fest, wie viele Sekunden es dauern soll, bis die Voicemail automatisch eingeschaltet wird.

Sie können auch während Ihrer Abwesenheit über einen längeren Zeitraum alle Anrufe direkt an die Voicemail weiterleiten. Wählen Sie dann ganz oben die Option *Alle Anrufe an Voicemail weiterleiten* aus.

Bei computergestützter Telefonie in Deutschland kann der Verbindungsaufbau derzeit noch etwas länger dauern. Während es bei dem Anrufer bereits klingelt, kann es sein, dass bei Ihnen kein Anruf signalisiert wird. Deshalb stellen Sie die Anzahl der Sekunden bei Bedarf etwas höher ein, damit Sie eine Chance haben, den Anruf entgegenzunehmen, wenn Sie sich am Platz befinden. Sie können diese Einstellungen jederzeit reduzieren, wenn Sie feststellen, dass es zu lange klingelt.

9.8.6.3 Voicemail-Nachrichten abhören

Sobald ein Anrufer eine Nachricht auf Ihrer Voicemail hinterlassen hat, werden Sie in den Bereichen *Aktivität* und *Anrufe* sowie per E-Mail darüber informiert und können die Nachricht abspielen. Die Nachricht wird Ihnen als Sprachnachricht, in der E-Mail als MP3-File und, wenn die Einstellungen in Ihrem Unternehmen festgelegt wurden, als Transkript zur Verfügung gestellt. Das bedeutet, dass sie Ihnen zusätzlich als Text zum Lesen bereitgestellt wird. Um die Voicemail-Nachricht abzuhören, gehen Sie folgendermaßen vor:

1. Bitten Sie eine Kollegin oder einen Kollegen, Sie anzurufen und Ihnen eine kurze Nachricht auf die Voicemail zu sprechen. Nehmen Sie den Anruf nicht an und warten Sie, bis Sie in Teams über den verpassten Anruf informiert werden.
2. Klicken Sie in Teams auf die Schaltfläche *Anrufe* in der linken Navigation.
3. Sie können im Bereich *Verlauf* direkt auf den Anrufer klicken, der Ihnen eine Voicemail-Nachricht hinterlassen hat, Sie sehen unterhalb des Namens oder der Telefonnummer des Anrufers die Information *Weitergeleitet an Voicemail*. Alternativ filtern Sie oben über die Schaltfläche *Alle* nach *Voicemail* und klicken dann auf den Eintrag. Die Informationen zum Anrufer und die Voicemail können Sie dann im Detailbereich (siehe Abbildung 9.67) rechts im Fenster sehen.
4. Lesen Sie im Detailbereich das Transkript oder klicken Sie unten im Detailbereich auf den Play-Button, um die Nachricht abzuhören.

5. Sie können dann auch die Wiedergabegeschwindigkeit ändern. Klicken Sie dafür auf den Drop-down-Pfeil der Schaltfläche *Wiedergabegeschwindigkeit.*

Abb. 9.67 Das Hauptfenster *Anrufe* und rechts der Detailbereich, sobald eine Person ausgewählt wird

9.8.7 Teams-Anrufe starten

Sie können im Hauptfenster *Anrufe* Personen im Anrufverlauf direkt kontaktieren. Sie können auch innerhalb von persönlichen Einzel- oder Gruppenchats sowie über einen Teamkanal Teams-Anrufe starten. Einfach ist es auch, die Profilkarten der Kontakte zu öffnen und dort die Anrufe zu starten. Damit stehen Ihnen die Kontaktfunktionen mithilfe der Profilkarten, die Sie ebenfalls in anderen Office-Apps aufrufen können, zur Verfügung. Auch mit den Personen, die Sie in den Outlook- und Teams-Kontakten gespeichert haben, können Sie Anrufe tätigen, sofern Ihre IT-Abteilung die Kommunikation zu unternehmensexternen Personen mit Teams konfiguriert hat.

9.8.7.1 Anrufe über die Profilkarte eines Kontakts starten

Sie können überall im Microsoft 365-Portal und in den jeweiligen Apps, in denen Sie ein Profilbild oder die Initialen einer Person sehen, einen Teams-Anruf starten. Externe Kontakte können Sie ebenfalls darüber anrufen, wenn die Personen auch mit Teams arbeiten und die Kommunikation mit externen Personen in Ihrem Unternehmen und in den Unternehmen der Gesprächspartner freigegeben sind.

1. Öffnen Sie Teams und klicken Sie auf die Schaltfläche *Chat*.
2. Zeigen Sie auf die Initialen oder das Profilbild einer Person in der Chatliste, die Sie per Teams-Anruf kontaktieren möchten (siehe Abbildung 9.68).
3. Ihnen wird die Profilkarte angezeigt, und Sie können die Symbole *Telefon* oder *Kamera* verwenden, um einen Audio- oder Videoanruf zu starten. Wenn Sie über Festnetztelefonie verfügen und dem Kontakt weitere Ruf-

nummern hinzugefügt wurden, können Sie unten in der Profilkarte die angezeigten Mobil- und Festnetznummern anklicken und einen Festnetzanruf starten.

Abb. 9.68
Ein Anruf kann über das Hörer-Symbol in der Profilkarte eines Kontakts gestartet werden. Auch in anderen Anwendungen werden Ihnen diese Profilkarten angeboten.

9.8.7.2 Anrufe im Posteingang der Outlook-Desktop-App starten

Sie können im Posteingang der Outlook-Desktop-App einen Anruf starten. Bei unternehmensinternen Personen steht Ihnen die Teams-Telefonie zur Verfügung. Wenn es sich um eine externe Person handelt und diese Person ebenfalls mit Teams arbeitet, können Sie einen Teams-Anruf starten, es sei denn, bei Ihnen wurde die Kommunikation mit externen Personen eingeschränkt. Wenn Sie über Festnetztelefonie verfügen und den Kontakt mit einer Telefonnummer in Ihren Outlook- oder Teams-Kontakten gespeichert haben, können Sie auch über die E-Mail-Adresse die Visitenkarte öffnen und einen Festnetzanruf starten.

1. Öffnen Sie Ihre Outlook-Desktop-App.
2. Zeigen Sie im Posteingang auf eine E-Mail-Adresse einer Person. Es wird die Profilkarte angezeigt. Wenn die externe Kommunikation in Ihrem Unternehmen freigegeben wurde und die Person ebenfalls über Teams verfügt, können Sie Teams-Anrufe tätigen. Wenn eine Festnetznummer vorhanden ist und Sie über Festnetztelefonie verfügen, können Sie auf die Rufnummer klicken und einen Anruf starten. Beim ersten Klick auf die Rufnummer wird die Nummer kopiert. Beim zweiten Klick auf die Rufnummer werden Sie gefragt, mit welcher App Sie den Anruf starten möchten. Wählen Sie die Teams-App aus.

9.8.7.3 Anrufe im Chat oder Teams-Kanal starten

Verwenden Sie im geöffneten Chatfenster oder in einem Teams-Kanal die Symbole *Telefon* oder *Kamera*, die oben rechts im Fenster angezeigt werden, um einen Audioanruf aus dem Chat oder mit dem Teams-Kanal zu starten. Beachten Sie bei dem Anruf im Teams-Kanal, dass alle Teammitglieder des gesamten Teams angerufen werden, wenn es sich um einen Standardkanal handelt und es sich nicht um einen privaten oder freigegebenen Kanal mit eingeschränkten Nutzerinnen und Nutzern handelt.

9.8.7.4 Anrufe in der Such- und Befehlsleiste starten

Über Befehle, die Sie in die Suchleiste von Teams schreiben, können Sie ebenfalls Anrufe starten.

1. Schreiben Sie in der Such- und Befehlsleiste */Anruf*, gefolgt von dem Namen der Person, die Sie anrufen möchten.
2. Klicken Sie in der Vorschlagsliste, die Ihnen angezeigt wird, sobald Sie mit der Namenseingabe beginnen, auf die Person, die Sie anrufen möchten. Der Anruf wird sofort gestartet.
3. Um den Anruf zu beenden, klicken Sie in der Menüleiste auf die Schaltfläche *Auflegen*, dargestellt mit dem Hörersymbol.

9.8.7.5 Das Besprechungsfenster in einem Teams-Audioanruf

Nehmen Sie einen Teams-Anruf an oder wird Ihr Anruf angenommen, können Sie weitere Aktionen im Besprechungsfenster durchführen (siehe Abbildung 9.69). Es wird Ihnen die Menüleiste mit Aktionen angezeigt. Die Aktionen, die Sie durchführen können, sind immer davon abhängig, ob Sie sich mit einer oder mehreren Personen (siehe Abbildung 9.70) in einem Teams-Anruf oder einer Teams-Besprechung verbinden oder ob Sie das Anruffenster mit Festnetztelefonie in Teams verwenden.

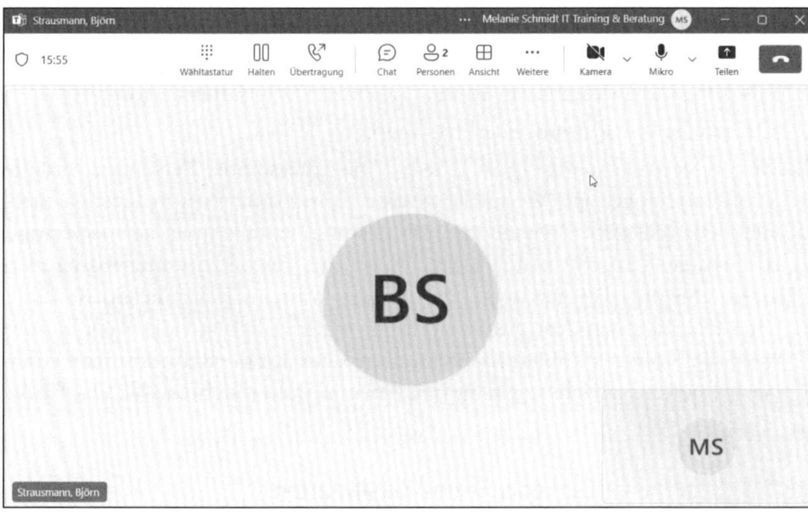

Abb. 9.69 Das Besprechungsfenster während eines Teams-Audioanrufs und die eingeblendete Menüleiste mit einem Gesprächspartner

Abb. 9.70 Teams-Anruf mit mehr als zwei Personen

9.8.8 Anruf entgegennehmen oder ablehnen

Werden Sie angerufen, erhalten Sie eine Banner-Benachrichtigung (siehe Abbildung 9.71), und je nach Benachrichtigungseinstellungen innerhalb von Teams wird der Anruf akustisch signalisiert (siehe Abschnitt 9.8.4).

Abb. 9.71
Die Desktop- bzw. Banner-Benachrichtigung bei einem eingehenden Teams-Anruf

Sie können über die angebotenen Schaltflächen den Anruf annehmen oder ablehnen. Die Schaltfläche mit dem Kamera-Symbol wird Ihnen nur bei Teams-Audioanrufen angezeigt und nicht bei Festnetzanrufen. Sie können also Teams-Anrufe auch mit einem Video starten. Wenn Sie den Anruf ablehnen, erhält der Anrufer in seinem Teams-Anruffenster den Hinweis, dass der Anruf abgelehnt wurde, und der Anruf ist beendet. Sie können über die Einstellungen von Teams festlegen, dass unbeantwortete Anrufe an Ihre Voicemail weitergeleitet werden. Dann erhält der Anrufer den Hinweis, dass der Anruf auf die Voicemail weitergeleitet wird, und hat die Möglichkeit, eine Nachricht für Sie zu hinterlassen. Sie finden die Einstellungen zur Voicemail in Abschnitt 9.9.

In den Teams-Einstellungen in der Kategorie *Anrufe* können Sie die Größe der Banner-Benachrichtigung festlegen.

9.8.9 Aktionen während eines Anrufs

Sie können während eines Anrufs weitere Aktionen durchführen, die Ihnen über die Menüleiste im Besprechungs- und Anruffenster zur Verfügung stehen. Beachten Sie jedoch, dass die Aktionen sich jeweils unterscheiden, wenn Sie sich in einem Einzelgespräch oder in einer Besprechung befinden. Ebenso unterscheidet sich das erweiterte Menü, dargestellt mit den drei Punkten, in einem Teams- und einem Festnetzgespräch.

9.8.9.1 Einen Anrufer halten

Wenn Sie während eines Gesprächs mit nur einer Person kurz eine Rücksprache mit Ihren Kolleginnen und Kollegen im Büro halten oder einen anderen Anrufer annehmen möchten, können Sie den Anruf halten. Der Anrufer hört dann eine Wartemusik.

1. Klicken Sie in der Menüleiste auf die Schaltfläche *Halten* (siehe Abbildung 9.72).
2. Wählen Sie den Befehl *Halten*. Ihr Gesprächspartner kann Sie jetzt nicht mehr hören, es wird für ihn eine Wartemusik abgespielt.
3. Um den Anruf fortzusetzen, klicken Sie im Besprechungsfenster auf die Schaltfläche *Fortsetzen* (siehe Abbildung 9.73). Ihr Gesprächspartner kann Sie jetzt wieder hören.

Abb. 9.72 Ein Anruf kann gehalten werden.

Abb. 9.73 Einen Anruf über *Fortsetzen* weiterführen

9.8.9.2 Einen Anrufer durchstellen

Sie können einen Anrufer zu einem Ihrer Teamkollegen durchstellen.

1. Klicken Sie in der Menüleiste auf die Schaltfläche *Übertragung*.
2. Klicken Sie auf den Befehl *Durchstellen* (siehe Abbildung 9.74). Klicken Sie in das Suchfeld und geben Sie dort den Namen der Kollegin oder des Kollegen ein, zu der/dem Sie den Anruf durchstellen möchten. Eventuell wird die Person Ihnen bereits im Dialog angezeigt. Wählen Sie sie durch einen Klick aus (Abbildung 9.75).

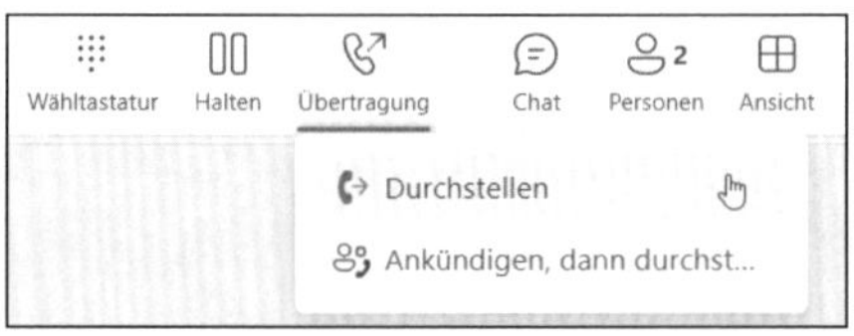

Abb. 9.74 Die Schaltflächen *Übertragung* und *Durchstellen*

3. Möchten Sie, dass der Anrufer wieder an Sie zurückgegeben wird, wenn der Anruf nicht entgegengenommen wird, aktivieren Sie den Regler bei *Zurückrufen, wenn der Anruf nicht angenommen wird*. Klicken Sie auf die Schaltfläche *Durchstellen*, um den Anruf an die Person durchzustellen.

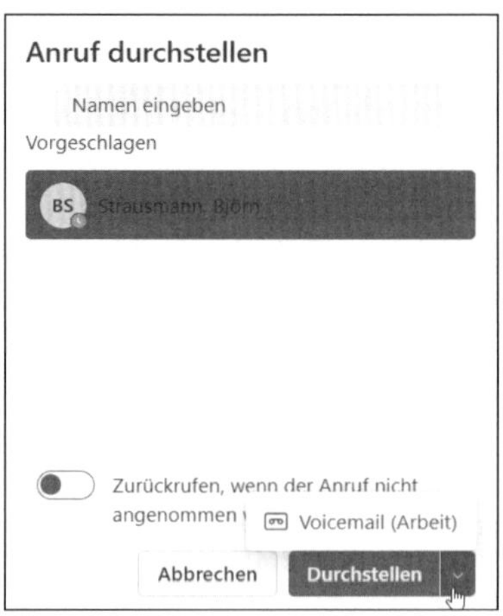

Abb. 9.75 Durchstellen eines Anrufers zu einer anderen Person oder zu ihrer Voicemail

Möchten Sie den Anrufer an die Voicemail der ausgewählten Person durchstellen, klicken Sie auf den Drop-down-Pfeil hinter der Schaltfläche *Durchstellen* und wählen *Voicemail (Arbeit)* aus. Wenn die Person eine weitere

Rufnummer, wie zum Beispiel die Mobilfunknummer, hinterlegt hat und Sie über Festnetztelefonie verfügen, können Sie über den Drop-down-Pfeil auch eine andere Nummer auswählen.

9.8.9.3 Einen Anrufer mit Rücksprache durchstellen

Bevor Sie einen Anrufer durchstellen, können Sie vorher per Chat oder Audioanruf eine Rücksprache mit demjenigen halten, zu dem Sie das Gespräch durchstellen möchten.

1. Klicken Sie während des Telefonats in der Menüleiste auf die Schaltfläche *Übertragung*.
2. Klicken Sie auf die Option *Ankündigen, dann Durchstellen*. Es folgt ein weiterer Dialog, in dem Sie die Person suchen und auswählen können, mit der Sie Rücksprache halten möchten (siehe Abbildung 9.76).

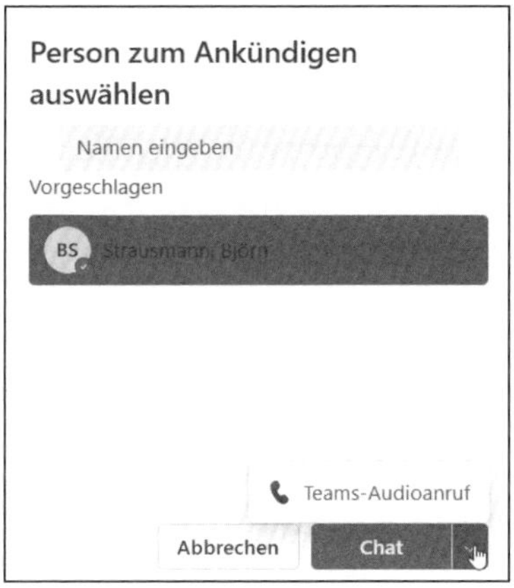

Abb. 9.76 Wählen Sie die Person aus, mit der Sie Rücksprache halten möchten.

3. Wählen Sie die gewünschte Person aus.
4. Klicken Sie auf die Schaltfläche *Chat*, um die Person per Chat anzuschreiben, oder klicken Sie auf den Drop-down-Pfeil hinter der Schaltfläche *Chat*, um die Person per Audioanruf zu kontaktieren. Falls Sie die Festnetztelefonie mit Teams verwenden, können Sie auch Festnetz oder, wenn angegeben, die Mobilfunknummer der ausgewählten Person auswählen.
5. Es öffnet sich ein weiteres Fenster. Der Anrufer befindet sich im Besprechungsfenster und wird gehalten. Im jeweiligen Chat- oder Anruffenster können Sie nun Rücksprache mit dem Kollegen halten.
6. Klicken Sie auf die Schaltfläche *Durchstellen* (siehe Abbildung 9.77), wenn Sie den Anruf durchstellen können.
7. Möchten Sie die Person zur Voicemail der ausgewählten Person durchstellen, klicken Sie hinter der Schaltfläche *Durchstellen* auf den Drop-down-Pfeil und wählen *Voicemail* aus.

8. Falls Sie nicht durchstellen können und zum Anrufer zurückkehren möchten, schließen Sie das Chat- oder Besprechungsfenster der Person, bei der Sie nachgefragt haben, wechseln zurück in das Besprechungsfenster mit dem Anrufer und klicken dort auf die Schaltfläche *Fortsetzen*.

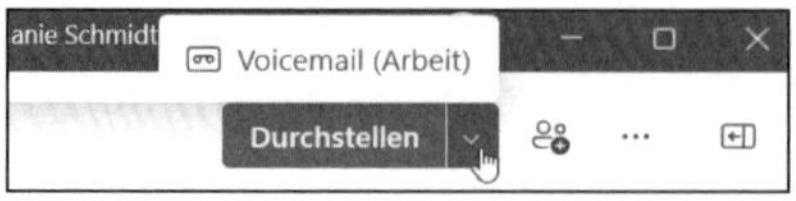

Abb. 9.77 Die Schaltfläche *Durchstellen* im Chatfenster und das Drop-down-Menü, um weitere Rufnummern oder die Voicemail auszuwählen

9.8.9.4 Einen oder mehrere Teilnehmer zum Anruf hinzuholen

Wenn Sie sich in einem Gespräch befinden und Sie möchten, dass weitere Personen am Gespräch teilnehmen, können Sie sie zum Anruf hinzuholen. Sobald sich mehr als zwei Personen in einem Anruf befinden, spricht man von einer Besprechung oder einer Konferenz mit Teams. Bevor Sie eine oder mehrere Personen zum Anruf einladen, sollten Sie eventuell erst vorher mit ihnen eine Rücksprache halten, denn dem jeweiligen Anrufer wird nicht angezeigt, dass sich weitere Personen im Gespräch befinden.

1. Wechseln Sie während eines Anrufs in die Teams-App, nehmen Sie per Chat oder Anruf Kontakt mit demjenigen auf, den Sie hinzuholen möchten, und teilen Sie dem Gesprächspartner mit, dass sich weitere Personen im Gespräch befinden.
2. Wechseln Sie zurück in das Besprechungsfenster des Telefonats und setzen Sie den Anruf fort. Klicken Sie in der Menüleiste auf die Schaltfläche *Personen* (siehe Abbildung 9.78).

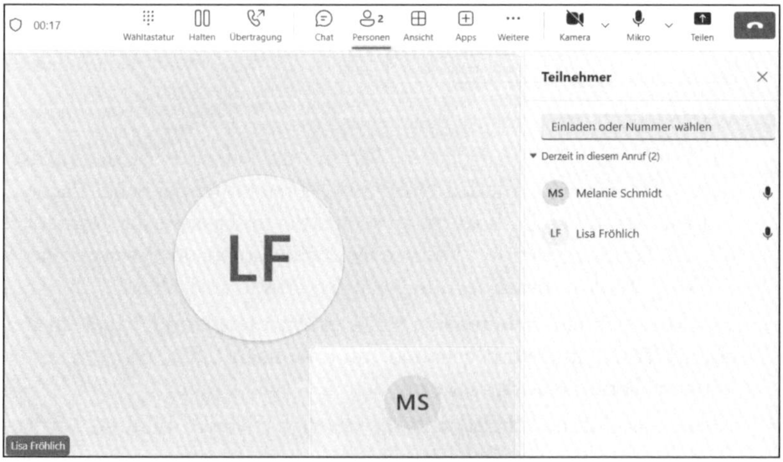

Abb. 9.78 Die Schaltfläche *Personen* und rechts das Eingabefeld *Einladen oder Nummer wählen*

3. Es öffnet sich rechts ein Dialog, über den Sie denjenigen suchen und auswählen können, den Sie zum Gespräch hinzuholen möchten.

4. Geben Sie im Eingabefeld *Einladen oder Nummer wählen* den Namen der gewünschten Person ein und wählen Sie sie mit einem Klick in der Vorschlagsliste aus. Die Person wird angerufen, und sobald das Gespräch angenommen wird, befindet sie sich ebenfalls in dem Gespräch.

9.8.10 Externe Anrufer blockieren

Interne Kontakte können Sie nicht blockieren. Für den Fall, dass Sie eine externe Person blockieren möchten, um keine Chats oder Anrufe von ihr zu erhalten, gehen Sie folgendermaßen vor:

1. Wechseln Sie in das Hauptfenster *Anrufe*.
2. Klicken Sie im Verlauf hinter die Person, die Sie blockieren möchten, auf das Menü *Weitere Aktionen*, dargestellt mit den drei Punkten.
3. Wählen Sie den Eintrag *Blockieren*.

9.8.11 Aufheben von blockierten Kontakten

Um die Blockierung einer Person wieder aufzuheben, gehen Sie wie folgt vor:

1. Klicken Sie in der Titelleiste auf das Menü *Einstellungen und mehr*, dargestellt mit den drei Punkten, um in die Teams-Einstellungen zu gelangen.
2. Wählen Sie *Einstellungen* aus.
3. Wechseln Sie links in die Kategorie *Datenschutz* und im Bereich *Blockierte Kontakte* klicken Sie auf die Schaltfläche *Blockierte Kontakte bearbeiten*.
4. In der Auflistung werden Ihnen die blockierten Kontakte angezeigt. Klicken Sie bei der Person, deren Blockierung Sie aufheben möchten, auf die Schaltfläche *Entsperren*.

9.9 Erweiterte Anruffunktionen mit Teams

Während die Teams-Audioanrufe mithilfe der E-Mail-Adresse dafür sorgen, dass Sie Audio- und Videoanrufe tätigen oder empfangen können, ist die Festnetztelefonie mit Teams zusätzlich zu lizenzieren und zu konfigurieren. Danach erhalten Sie eine eigene Festnetzrufnummer, die Sie im Hauptfenster *Anrufe* unterhalb der Wähltastatur sehen. Sie können nicht nur Festnetzanrufe und Teams-Audioanrufe entgegennehmen und Anrufe tätigen, sondern auch Parallelrufe festlegen, Anrufgruppen erstellen oder eine Stellvertretung anlegen und Anrufweiterleitungen vornehmen. Zum Tätigen von internen und externen Anrufen können Sie die Teams-Audioanrufe und für Festnetzanrufe die Rufnummern aus Ihren vorhandenen Kontakten in Outlook oder Teams verwenden. Außerdem können Sie unternehmensinterne und -externe Rufnummern mithilfe der Wähltastatur eingeben.

9.9.1 Rufnummernformate

Es gibt wie beim Telefonieren mit dem Festnetztelefon bestimmte Wahlregeln mit Rufnummernformaten, die eingehalten werden müssen. Die Festnetztelefonie mit Teams wird über den Arbeitsplatzcomputer oder das mobile Gerät abgewickelt. Dabei handelt es sich, anders als bei der Festnetztelefonie, um computergestützte Telefonie. Die Benutzung von computergestützter Telefonie erleichtert uns das Verwenden von Telefonnummern aus E-Mail-Signaturen, die zum Beispiel mit *Kopieren* und *Einfügen* gewählt werden können. Jedoch werden in vielen E-Mail-Signaturen gedachte Klammern (etwa um eine Vorwahl) gesetzt, die von der computergestützten Technik oft nicht umgewandelt werden können. Benutzen Sie mit *Kopieren* und *Einfügen* ein falsches Rufnummernformat, kann möglicherweise keine Verbindung zum Anrufer hergestellt werden.

Wenn Sie neue Kontakte in Outlook oder Teams hinzufügen, achten Sie darauf, die Rufnummern richtig einzugeben. Löschen Sie gegebenenfalls die falschen Klammern, Schrägstriche und Leerzeichen (siehe Tabelle 9.3).

Tab. 9.3 Die Eingabe der richtigen Rufnummer erspart Zeit und Geld.

Rufnummer	Erläuterung
+49 Landeskennung und Landesvorwahl für Deutschland +1 Landeskennung und Landesvorwahl für die USA	Das Pluszeichen davor ist Bestandteil der Landeskennung und ersetzt die »00« vom Festnetztelefon. Das Pluszeichen sollte bei der computergestützten Telefonie immer verwendet werden.
+49 (0) 40 123 456 78	Die in Klammern gesetzte »0« ist falsch. In diesem Fall wissen zwar Personen aus Deutschland, dass die Null zur Vorwahl von Hamburg gehört, jedoch kann diese Eingabe von Teams nicht umgesetzt werden. Die von Teams gewählte Rufnummer wäre: +4904012345678. Achten Sie also zukünftig auch in Ihren Signaturen auf die richtige Eingabe des Rufnummernformats.
040 / 12 34 56 78	Der Schrägstrich ist falsch. Dieses Format kann Teams nicht umsetzen.
+49 40 12345678	Dieses Format ist richtig; auch wenn Sie Leerzeichen zwischen den Zahlen verwenden, kann Teams das Format umsetzen.

9.9.2 Notrufnummern mit Teams

An festen Standorten können Notrufnummern getätigt werden. Jedoch ist Vorsicht geboten bei Teams-Benutzerinnen und -Benutzern aus Deutschland, die beispielsweise im Außendienst tätig sind. Wenn eine Mitarbeiterin oder ein Mitarbeiter einem festen Standort wie Hamburg zugeordnet ist und er über Teams die Notrufnummer 110 oder 112 wählt, erreicht er die Notrufzentralen der Hamburger Polizei oder Feuerwehr. Verlässt der Anwender den Standort, fährt auf Geschäftsreise etwa nach Frankfurt und wählt von dort die Notrufnummern, wird er mit den Hamburger Notrufzentralen verbunden, da die Notrufnummer mit dem festen Standort des Teams-Benutzers verbunden ist. Microsoft aktualisiert diese Einstellungen für mobile Geräte, sodass Teams Ihren Standort erkennt und Sie damit auch Notrufnummern an einem anderen Ort wählen können. Diese Verwaltung von Notrufnummern muss Ihre IT-Abteilung durchführen

9.9.3 Zusätzliche Kosten für die Telefonie mit Teams

Gerade für die Telefonie über die mobilen Apps ist es wichtig, den Mobilfunkvertrag zu überprüfen, damit keine zusätzlichen Kosten entstehen. Nur wenn Sie über eine Flatrate verfügen, die für kostenlose Gespräche sorgt, oder wenn Sie sich über WLAN-Netzwerke einwählen können, macht die Telefonie mit Teams Sinn. Lassen Sie gegebenenfalls Ihren Mobilfunkvertrag prüfen und ändern, bevor zusätzliche Mobilfunkkosten entstehen. Ihr IT-Verantwortlicher wird Ihnen hierzu Informationen liefern können.

9.9.4 Externe Anrufer mit unterdrückter Nummer blockieren

Sie können alle Anrufe, deren Nummern unterdrückt bzw. anonym bei Ihnen eingehen, blockieren.

1. Wechseln Sie in die Teams-Einstellungen, indem Sie in der Titelleiste auf das Menü *Einstellungen und mehr*, dargestellt mit den drei Punkten, klicken.
2. Wählen Sie *Einstellungen* aus.
3. Wählen Sie die Kategorie *Datenschutz*.
4. Aktivieren Sie die Option *Anrufe ohne Anrufer-ID blockieren*.
5. Wechseln Sie in ein anderes Hauptfenster, um die Einstellungen zu verlassen.

9.9.5 Verwendung der Wähltastatur

Wenn bei Ihnen die Festnetztelefonie lizenziert und konfiguriert wurde, steht Ihnen für die Eingabe von Rufnummern in Teams die Wahltastatur im Hauptfenster *Anrufe* zur Verfügung. Sie können über das Anklicken der Nummern der Wähltastatur oder über die Zahlentasten Ihrer Computertastatur die Rufnummer eingeben. Sie können über das Eingabefeld auch nach Personen Ihres Unternehmens suchen. Unterhalb der Wahltastatur wird Ihnen Ihre eigene Rufnummer angezeigt. Möchten Sie die Wahltastatur verwenden, um einen Anruf zu tätigen, gehen Sie folgendermaßen vor:

1. Öffnen Sie das Hauptfenster *Anrufe*.
2. Sie können in das Eingabefeld oberhalb der Wahltastatur klicken und die Rufnummer mithilfe der Ziffern oder der Tastatur eingeben. Alternativ können Sie in das Eingabefeld auch Rufnummern einfügen, die Sie eventuell aus einem Dokument kopiert haben.

3. Klicken Sie zum Wählen der Rufnummer auf die Schaltfläche *Anruf*.
4. Die Rufnummer wird angerufen. Führen Sie das Gespräch.
5. Beenden Sie das Gespräch mit einem Klick auf die Schaltfläche *Auflegen*.

9.9.6 Das Anruffenster und die Funktionen

Das Anruffenster (siehe Abbildung 9.79) während eines Telefonats mit einer Person unterscheidet sich etwas in den Funktionen zu einem Besprechungsfenster in einem Teams-Audioanruf ohne Festnetztelefonie. Sie können die Aktionen wie das Halten, Durchstellen mit und ohne Ankündigung durchführen und die Geräteeinstellungen während eines Anrufs öffnen und beispielsweise den Anruf vom Headset auf einen Konferenzlautsprecher umstellen. Jedoch können Sie bei einem reinen Festnetztelefonat die Kamera nicht aktivieren. Sie können weitere Personen zu dem Telefonat hinzuholen. Wenn Sie zwei Anrufe hintereinander angenommen haben, können Sie diese beiden Anrufe zusammenführen. Ihnen wird zusätzlich in der Menüleiste des Anruffensters die Wähltastatur angeboten, für den Fall, dass Sie einmal einen Anruf tätigen und in einer automatischen Telefonzentrale mit dem Mehrfrequenzwahlverfahren (MFV) für die Weitervermittlung Ziffern und Zeichen eingeben müssen. Im Anruffenster werden Ihnen in der Titelleiste und unten links im Fenster jeweils der Name oder die Rufnummer des Gesprächspartners angezeigt.

Abb. 9.79 Das Anruffenster mit den weiteren Aktionen, der Wähltastatur und die Schaltfläche zum Hinzuholen von weiteren Personen

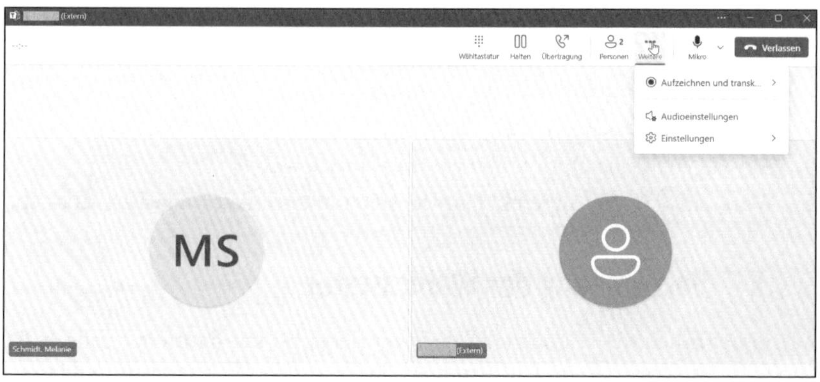

9.9.7 Parallelruf festlegen

Sie können festlegen, dass Ihre Anrufe zeitgleich parallel bei Ihnen und zusätzlich bei einer anderen Person, einer anderen Rufnummer oder auf Ihrem Smartphone signalisiert werden und entweder von Ihnen, der anderen Person oder dem anderen Apparat entgegengenommen werden können. Falls Sie Anrufe über Ihr Smartphone entgegennehmen wollen, befragen Sie Ihren Administrator, ob die Verwendung erlaubt ist und ob für Sie zusätzliche Kosten entstehen können. Möchten Sie einen solchen Parallelruf festlegen, gehen Sie folgendermaßen vor:

1. Wechseln Sie in die Teams-Einstellungen, indem Sie in der Titelleiste auf das Menü *Einstellungen und mehr*, dargestellt mit den drei Punkten, klicken.
2. Wählen Sie die *Einstellungen* aus.
3. Öffnen Sie die Kategorie *Anrufe*.
4. Klicken Sie im Bereich *Anrufbearbeitung und -weiterleitung* auf den Drop-down-Pfeil bei *Wenn Sie einen Anruf erhalten* (siehe Abbildung 9.80) und wählen Sie Option *Auch eine neue Nummer oder einen neuen Kontakt anrufen* aus.

Abb. 9.80
Anrufe sollen zeitgleich bei Ihnen und einer anderen Person oder einer anderen Rufnummer klingeln.

5. Geben Sie im Eingabefeld *Name oder Telefonnummer eingeben* den Namen der Person ein, bei der Ihre Anrufe parallel klingeln sollen. Möchten Sie, dass Ihre Anrufe zum Beispiel auch auf Ihrem Smartphone signalisiert werden, geben Sie die Rufnummer im richtigen Format ein.
6. Möchten Sie Anrufe, die weder von Ihnen noch von der anderen Person angenommen werden, auf Ihre Voicemail weiterleiten, wählen Sie bei *Wenn Sie einen Anruf nicht annehmen können* die Option *Auf Voicemail umleiten* aus.
7. Legen Sie fest, nach wie vielen Sekunden die Anrufe an die von Ihnen ausgewählte Person oder eingegebene Rufnummer weitergeleitet werden sollen. Ihre Einstellungen werden direkt übernommen.

9.9.8 Anrufweiterleitung an eine bestimmte Person oder eine Rufnummer

Mit der lizenzierten Festnetztelefonie in Teams stehen Ihnen erweiterte Weiterleitungsfunktionen zur Verfügung. Sie können Ihre verpassten, unbeantworteten oder abgelehnten Anrufe nicht nur an die Voicemail weiterleiten, sondern auch an eine andere Person oder Rufnummer. Falls Sie Ihr Smartphone verwenden, um Anrufe dahin weiterzuleiten, befragen Sie Ihre IT-Abteilung, ob die Verwendung erlaubt ist und ob für Sie zusätzliche Kosten entstehen. Möchten Sie Ihre Anrufe an eine bestimmte Person oder eine Rufnummer weiterleiten, können Sie das wie folgt in den Einstellungen festlegen:

1. Wechseln Sie in die Teams-Einstellungen, indem Sie in der Titelleiste auf das Menü *Einstellungen und mehr*, dargestellt mit den drei Punkten, klicken.
2. Wählen Sie die *Einstellungen* aus.
3. Wechseln Sie in die Kategorie *Anrufe* (siehe Abbildung 9.81).
4. Klicken Sie im Bereich *Wenn Sie einen Anruf nicht annehmen können* auf den Drop-down-Pfeil und wählen Sie dort *Zu einer neuen Nummer oder einen neuen Kontakt umleiten.*
5. Wählen Sie im Eingabefeld *Name oder Telefonnummer eingeben* die Person aus, zu der Sie Ihre Anrufe weiterleiten möchten, oder geben Sie dort eine Rufnummer ein, zu der Ihre Anrufe umgeleitet werden sollen, wenn Sie sie nicht annehmen können. Sobald Sie diese Einstellung vorgenommen haben, ist die Weiterleitung aktiviert.
6. Möchten Sie die Weiterleitung aufheben, wählen Sie im Bereich *Wenn Sie einen Anruf nicht annehmen können* über den Drop-down-Pfeil *Anrufe nicht umleiten* oder *Auf Voicemail umleiten* aus.
7. Wenn Sie grundsätzlich während einer längeren Abwesenheit alle Anrufe weiterleiten möchten, aktivieren Sie oben die Option *Alle Anrufe weiterleiten*. Sobald Sie diese Einstellung vorgenommen haben, ist die Weiterleitung aktiviert. Die Anrufe werden bei Ihnen nicht mehr signalisiert.
8. Möchten Sie nach Ihrer Rückkehr die Anrufe annehmen, deaktivieren Sie die Option *Alle Anrufe weiterleiten*.

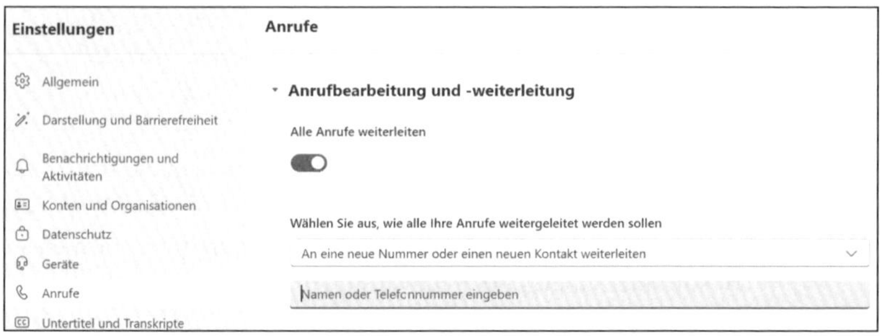

Abb. 9.81 Die Anrufweiterleitung für alle Anrufe an eine Person oder eine Rufnummer

Alternativ können Sie zukünftig die Anrufweiterleitung auch direkt im Hauptfenster *Anrufe* vornehmen. Unten links im Fenster werden Ihnen die Links für die Weiterleitungen und die Einstellungen für die Audiogeräte angezeigt (siehe Abbildung 9.82).

Abb. 9.82 Im Anruffenster unten links können die Weiterleitungen schnell ausgewählt werden.

9.9.9 Anrufgruppen mit Teams

Anrufgruppen verbessern die telefonische Erreichbarkeit Ihres Teams.

Die Anrufgruppenfunktion von Teams ist nur zusammen mit der Festnetztelefonie nutzbar. Mit der Anrufgruppenfunktion können innerhalb eines Teams oder einer Abteilung eingehende Anrufe für alle Mitglieder zeitgleich oder hintereinander signalisiert werden. Damit der Teamanruf funktioniert, können Administratoren oder die Benutzer selbst sogenannte Anrufgruppen anlegen; eine solche Gruppe besteht aus mindestens zwei Mitarbeitern Ihres Teams. Sobald diese Anrufgruppe angelegt ist, können Sie festlegen, dass alle eingehenden Gespräche der Anrufgruppe zugeordnet und bei allen Teammitgliedern per Klingelzeichen und Banner-Benachrichtigung zusammen oder nacheinander signalisiert werden sollen. Alle Mitglieder einer Anrufgruppe können sämtliche Anrufe annehmen und weiterleiten. Beachten Sie, dass es in Ihrem Haus Sammelanschlüsse geben kann, die durch Drittanbieter-Software gesteuert werden. Diese Sammelanschlüsse sind nicht mit den Anrufgruppen in Teams zu verwechseln. Schauen Sie in Ihrem Intranet, ob es dort Informationen diesbezüglich gibt, oder befragen Sie Ihre IT-Abteilung.

9.9.9.1 Anlegen einer Anrufgruppe

Sprechen Sie mit Ihrem Team über die Erreichbarkeit Ihrer Abteilung.

Bevor Sie eine Anrufgruppe erstellen, sprechen Sie mit Ihren Teamkollegen über Ihr Vorhaben. Beachten Sie, dass Sie nur eine Anrufgruppe anlegen können. Wenn Sie eigenständig Anrufgruppen erstellen, können Sie bis zu 25 Teammitglieder hinzufügen und sie jederzeit bearbeiten oder entfernen. Sie selbst können als Mitglied von insgesamt 25 verschiedenen Anrufgruppen hinzugefügt werden, deshalb sollten Sie die Verwendung der Anrufgruppen unbedingt abstimmen. Um eine Anrufgruppe anzulegen, nehmen Sie folgende Schritte vor:

1. Öffnen Sie die Teams-Einstellungen, indem Sie in der Titelleiste auf das Menü *Einstellungen und mehr*, dargestellt mit den drei Punkten, klicken.
2. Wählen Sie *Einstellungen* aus.
3. Klicken Sie in die Kategorie *Anrufe*.
4. Scrollen Sie nach unten in den Bereich *Anrufgruppe verwalten* und klicken Sie auf die Schaltfläche *Anrufgruppe hinzufügen*.
5. Klicken Sie im Bereich *Anrufgruppenmitglied hinzufügen* in das Eingabefeld *Name eingeben* und geben Sie die Namen der Personen ein, die Sie zur Anrufgruppe hinzufügen möchten. Wenn Sie die Anrufgruppe so einstellen möchten, dass die festgelegten Personen nacheinander angerufen werden, wenn Sie den Anruf nicht annehmen, fügen Sie die Personen in der Reihenfolge hinzu, wie nacheinander weitergeleitet werden soll. Alternativ können Sie die Reihenfolge auch später per Drag & Drop festlegen.
6. Wählen Sie im rechten Bereich des Formulars bei *Ring: Alle gleichzeitig* (siehe Abbildung 9.83), wie eingehende Anrufe (gleichzeitig oder hintereinander) signalisiert werden sollen.
7. Klicken Sie oben im Fenster auf *Anrufe*, um wieder zurück in die Einstellungen für Anrufe zu gelangen, um weitere Einstellungen vorzunehmen.

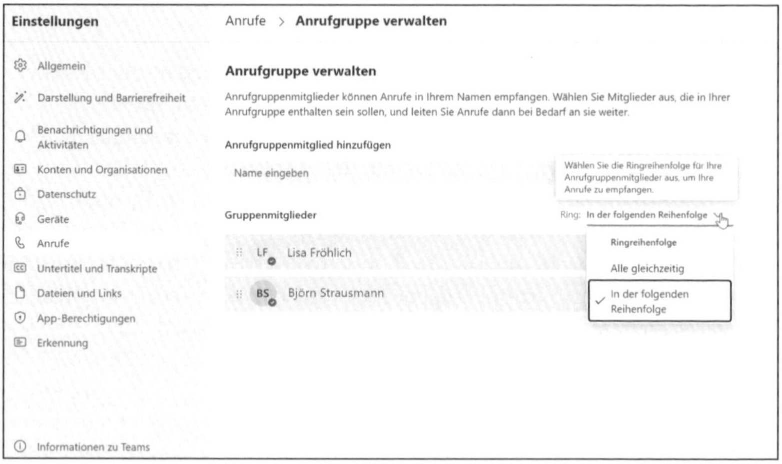

Abb. 9.83 Die Verwaltung der Anrufgruppen und oben im Fenster die Schaltfläche *Anrufe*

8. Klicken Sie im Bereich *Wenn Sie einen Anruf erhalten* auf den Drop-down-Pfeil und wählen Sie dort *Auch Anrufgruppe* aus.

9.9.9.2 Die Anrufgruppe bearbeiten

Sie können die von Ihnen erstellte Anrufgruppe jederzeit ändern, wenn Sie beispielsweise weitere Kolleginnen und Kollegen hinzufügen oder vorhandene aus der Anrufgruppe entfernen möchten.

1. Öffnen Sie die Einstellungen von Teams.
2. Wählen Sie die Kategorie *Anrufe* aus.
3. Scrollen Sie zu dem Bereich *Anrufgruppe verwalten*. Ihre Anrufgruppe wird mit den Profilbildern oder der Initialen der Teamkolleginnen und -kollegen angezeigt.
4. Klicken Sie auf die Schaltfläche *Bearbeiten*.
5. Fügen Sie weitere Personen zur Anrufgruppe hinzu.
6. Möchten Sie Personen aus der Anrufgruppe entfernen, klicken Sie auf das *X* hinter dem Namen der Person.
7. Ihre Änderungen werden automatisch gespeichert.

9.9.10 Die Stellvertretung mit Teams

Die Stellvertreterfunktion von Teams ist nicht gleichzustellen mit den einfachen Anrufweiterleitungsfunktionen an eine Person oder an eine Anrufgruppe. Es geht hier nicht um die Mittags- und Urlaubsvertretungen der Mitarbeitenden, sondern darum, dass Ihre Stellvertretung Anrufe in Ihrem Namen tätigen oder entgegennehmen kann, auch wenn Sie im Büro sind, und damit Ihre Erreichbarkeit verbessern bzw. erhalten. Die Stellvertretung eignet sich für Führungspersonen, die nicht alle Anrufe persönlich entgegennehmen können oder wollen und durch die Stellvertretung unterstützt werden. Die Stellvertretung unterstützt nicht nur die Entgegennahme, sondern auch das Durchstellen von wichtigen Anrufen in das Büro oder auf das Smartphone der zu vertretenden Person. Für die jeweilige Stellvertretung können bestimmte Berechtigungen festgelegt werden, sodass diese Personen auch von Ihnen gehaltene Anrufe übernehmen oder sich zu aktiven Gesprächen dazuschalten können. Stellvertretende Personen können, wenn sie berechtigt sind, Änderungen an den Stellvertreterberechtigungen weiterer Stellvertreter vornehmen. Bis zu 25 Personen können Sie als Stellvertreter für sich in Teams festlegen, jedoch ist es nicht möglich, eine Anrufverteilung in einer bestimmten Reihenfolge so wie bei der Anrufgruppe einzurichten, um Anrufe hintereinander zu steuern. Die Anrufe können nur parallel gesteuert werden.

9.9.10.1 Festlegen der Stellvertretung

Die Stellvertretung können Sie eigenständig festlegen und sie muss nicht in der IT-Abteilung beantragt oder eingerichtet werden. Wurden Sie von anderen Mitarbeiterinnen und Mitarbeitern als Stellvertretung hinzugefügt, erhalten Sie über den Teams-Chat eine Benachrichtigung darüber. Sie erfahren dann, von welcher Person Sie als Stellvertreter in Teams festgelegt und welche Rechte Ihnen erteilt wurden. Auch im Hauptfenster *Anrufe* wird oberhalb des Verlaufs automatisch der Bereich *Team delegieren* angelegt.

Es ist nicht möglich, dass Sie sich gegenseitig vertreten.

Um einen oder mehrere Stellvertreter festzulegen, gehen Sie folgendermaßen vor:

1. Öffnen Sie die Einstellungen von Teams mit einem Klick in der Titelleiste auf das Menü *Weitere Optionen*, dargestellt mit den drei Punkten.
2. Wählen Sie im Menü *Einstellungen* aus.
3. Wechseln Sie in die Kategorie *Anrufe* und scrollen Sie ganz nach unten zu dem Bereich *Stellvertretung verwalten.*
4. Klicken Sie auf die Schaltfläche *Einen Stellvertreter hinzufügen*.
5. Klicken Sie in das Eingabefeld *Hinzufügen eines Delegierten* (siehe Abbildung 9.84) und schreiben Sie den Namen der Person, die Sie als Ihre Stellvertretung festlegen möchten. Sobald Sie eine Person auswählen, wird diese darüber informiert, dass Sie sie als Stellvertretung hinzugefügt haben.

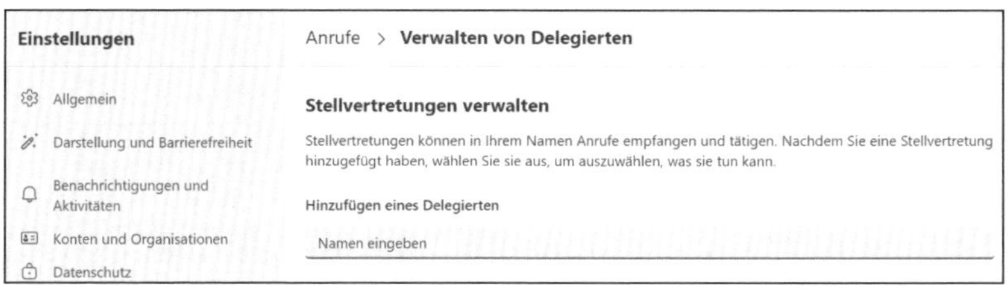

Abb. 9.84 Hinzufügen einer Stellvertretung

6. Wählen Sie die Person durch einen Klick aus.
7. Folgende Berechtigungen (siehe Abbildung 9.85) können Sie für die Stellvertretung festlegen:

- *Anrufe tätigen*: Die Stellvertretung darf in Ihrem Namen Teams- und Festnetzanrufe tätigen. Bei Teams-Anrufen wird dem Anrufer im Banner angezeigt, dass die Stellvertretung im Namen einer anderen Person anruft. Im Banner steht der Zusatz *Person X (Stellvertreter) Im Namen von*.
- *Anrufe empfangen*: Die Stellvertretung kann Anrufe entgegennehmen. Werden Anrufe an die Stellvertretung weitergeleitet, erhalten die Anrufe bei der Stellvertretung im Banner den Hinweis, für wen der Anruf eingeht. Dort steht der Zusatz *Anruf für (vertretende Person)*.
- *Anruf- und Stellvertretereinstellungen ändern*: Diese Berechtigung erlaubt es der Stellvertretung, die Einstellungen der Stellvertretergruppe zu bearbeiten und zu ändern.
- *Gehaltene Anrufe annehmen*: Mit dieser Berechtigung kann die Stellvertretung Anrufe, die von der zu vertretenden Person gehalten werden, übernehmen.
- *An aktiven Anrufen teilnehmen*: Wenn sich die zu vertretende Person in einem Anruf befindet, kann sich die Stellvertretung in das Gespräch direkt einwählen.

8. Legen Sie die Berechtigungen für die Stellvertretung fest.

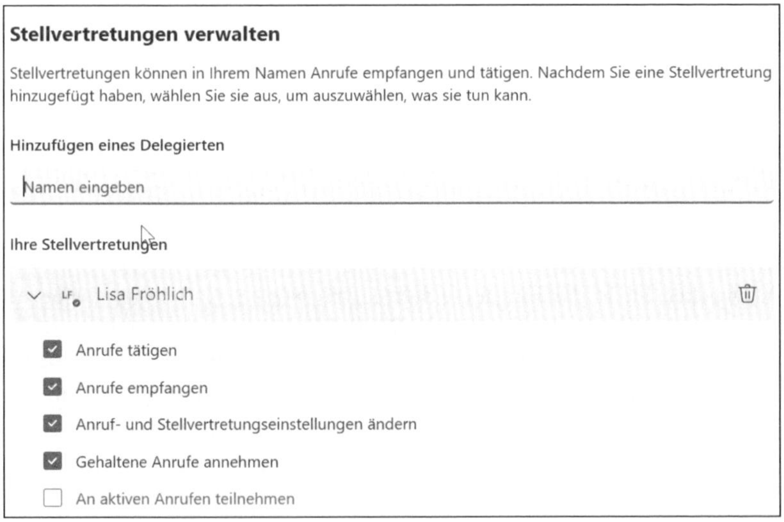

Abb. 9.85 Die Möglichkeiten, Stellvertretende zu berechtigen

9.9.10.2 Anrufe zur Stellvertretung weiterleiten

Sie können Ihre Anrufweiterleitung so festlegen, dass Ihre eingehenden Anrufe zeitgleich bei Ihnen und Ihrer Stellvertretung signalisiert werden. Anrufe, die Sie nicht annehmen oder ablehnen, die also von Ihnen unbeantwortet bleiben, können Sie an Ihre Stellvertretung weiterleiten. Sie können auch alle Anrufe direkt weiterleiten und bei Ihnen nicht signalisiert werden. Die Stellvertretung sieht bei eingehenden Anrufen, ob sie an Sie gerichtet sind, und hat die Möglichkeit, sie für Sie entgegenzunehmen.

1. Klicken Sie im Hauptfenster *Anrufe* unten links auf den Drop-down-Pfeil bei *Nicht weiterleiten.*
2. Öffnen Sie *Weitere Einstellungen.* Folgende Einstellungen können Sie in der Kategorie *Anrufe* vornehmen:
   - Möchten Sie, dass Anrufe, die für Sie bestimmt sind, bei Ihnen und zeitgleich bei Ihrer Stellvertretung signalisiert werden, legen Sie folgende Einstellungen fest: Im Bereich *Anrufbearbeitung und -weiterleitung* wählen Sie über den Drop-down-Pfeil bei *Wenn Sie einen Anruf erhalten* die Option *Auch Anrufstellvertretungen.*
   - Möchten Sie nur Anrufe, die Sie nicht annehmen können oder die Sie ablehnen, an die Stellvertretung weiterleiten, wählen Sie bei *Wenn Sie einen Anruf erhalten* den Eintrag *Niemanden anderen anrufen* und wählen Sie bei *Wenn Sie einen Anruf nicht annehmen können* die Option *An Stellvertretungen umleiten* aus. Damit legen Sie fest, dass nur Anrufe, die Sie nicht annehmen oder ablehnen, an Ihre Stellvertretung weitergeleitet werden.
   - Wenn Sie ganz oben die Option *Alle Anrufe weiterleiten* und darunter bei *Wählen Sie aus, wie alle Ihre Anrufe weitergeleitet werden sollen* die Option *Weiterleitung an Stellvertretungen* auswählen, werden alle bei Ihnen eingehenden Anrufe sofort an die Stellvertretung weitergeleitet, ohne dass Sie per Banner oder akustischem Signal darüber informiert werden. Wählen Sie dann bei *Wenn Ihre Delegierten einen Anruf nicht entgegennehmen können* die Voicemail aus, damit Anrufe, die von Ihrer Stellvertretung nicht angenommen werden, an Ihre Voicemail weitergeleitet werden.
3. Sobald Sie die Einstellungen vorgenommen haben, ist die Anrufweiterleitung aktiv, Sie müssen also nichts speichern.

Alternativ können Sie die Anrufweiterleitung an die Stellvertretung auch direkt im Hauptfenster *Anrufe* vornehmen:

1. Wechseln Sie über die Teams-Navigation in das Hauptfenster *Anrufe.*
2. Klicken Sie ganz unten links im Fenster (siehe Abbildung 9.86) auf den Drop-down-Pfeil bei *Anrufweiterleitung* und wählen Sie dort *Wird an Stellvertreter weitergeleitet* aus.

Abb. 9.86
Im Hauptfenster *Anrufe* ganz unten links können die Weiterleitungen direkt ausgewählt werden.

9.9.10.3 Im Namen der Stellvertretung Anrufe mit der Wähltastatur tätigen

Anders als bei der Weiterleitung an eine andere Person können durch die Stellvertreterfunktionen in Teams Anrufe im Namen der Stellvertretung empfangen oder getätigt werden. Sobald ein Anruf für jemand bei Ihnen eingeht, für den Sie stellvertretend Anrufe annehmen, wird Ihnen in der Banner-Benachrichtigung angezeigt, für wen der Anruf eigentlich bestimmt ist.

Möchten Sie stellvertretend einen Anruf tätigen, gehen Sie folgendermaßen vor:

1. Wechseln Sie in das Hauptfenster *Anrufe*.
2. Geben Sie über die Wähltastatur eine Rufnummer ein.
3. Im unteren Bereich der Wähltastatur (siehe Abbildung 9.87) klicken Sie hinter der Schaltfläche *Als ich selbst anrufen* auf den Drop-down-Pfeil, um das Menü zu öffnen.
4. Sie können Anrufe für sich selbst oder stellvertretend für eine der angezeigten Personen durchführen, wenn Sie auf einen der Namen klicken.
5. Dem Anrufer wird bei einem Teams-Anruf die Information *Im Namen von* angezeigt.

Abb. 9.87
Im eigenen Namen oder im Namen der vertretenden Person einen Anruf tätigen

9.9.10.4 Einen Anruf stellvertretend über die Profilkarte starten

Wenn Sie die Visitenkarte verwenden, um einen Anruf zu starten, wird Ihnen auch hier die Möglichkeit gegeben, stellvertretend für eine Person den Anruf durchzuführen.

1. Öffnen Sie eine Profilkarte einer Person Ihres Unternehmens.
2. Wenn Sie als Stellvertretung festgelegt wurden, wird Ihnen neben dem Hörer-Symbol in der Profilkarte ein Drop-down-Pfeil angezeigt (siehe Abbildung 9.88). Klicken Sie auf den Pfeil und wählen Sie die Person aus, für die Sie stellvertretend einen Anruf tätigen möchten. Der Anruf wird direkt gestartet.

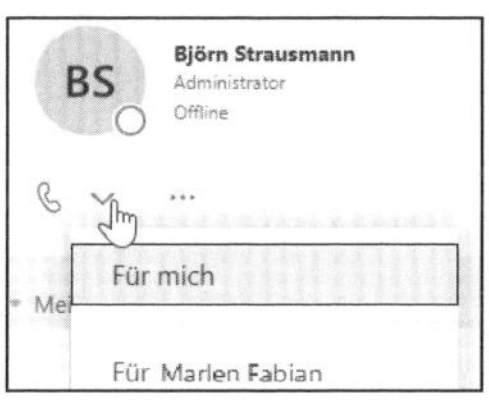

Abb. 9.88
Über den Drop-down-Pfeil können Anrufe im Namen der vertretenden Person getätigt werden.

9.9.10.5 Eine vorhandene Stellvertretung entfernen

Wenn sich Aufgabengebiete von Personen ändern, die Sie als Stellvertretung festgelegt haben, können Sie vorhandene Stellvertretungen entfernen und neue Personen festlegen.

1. Öffnen Sie die Teams-Einstellungen über das Menü *Einstellungen und mehr*, dargestellt mit den drei Punkten.
2. Klicken Sie auf *Einstellungen*.
3. Wählen Sie die Kategorie *Anrufe* aus und scrollen Sie nach unten in den Bereich *Stellvertretungen verwalten*.
4. Klicken Sie auf die Schaltfläche *Bearbeiten*.
5. Klicken Sie hinter dem Namen der Person auf den Papierkorb, um sie aus Ihrer Stellvertretergruppe zu löschen.
6. Fügen Sie bei Bedarf eine andere Person als Stellvertretung hinzu und legen Sie die Berechtigungen fest.

9.9.10.6 Als Stellvertretung handeln

Als Stellvertretung werden Ihnen im Hauptfenster *Anrufe* zusätzlich zu Ihrem persönlichen Anrufverlauf auch der Verlauf und aktive Anrufe Ihrer zu vertretenden Person angezeigt. Wenn Sie also als Stellvertretung hinzugefügt wurden, erhalten Sie Benachrichtigungen darüber und Sie können im Anruffenster zwischen Ihrem persönlichen Verlauf und den der anderen Person über die jeweiligen Register wechseln (siehe Abbildung 9.89). Sie können auch im Register sehen, ob sich die Person gerade aktiv im Gespräch befindet.

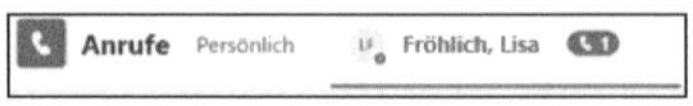

Abb. 9.89 Im Hauptfenster *Anrufe* werden Ihnen die Personen angezeigt, die Sie vertreten.

Sie können je nach Berechtigungen über das Register der vertretenden Person wechseln und sich in das aktive Telefonat einwählen oder einen gehaltenen Anruf übernehmen. Klicken Sie dafür in das Register der jeweiligen Person. Klicken Sie dann auf die Schaltfläche *Fortsetzen*, um den Anruf fortzusetzen, oder auf die Schaltfläche *Beitreten*, um am Gespräch teilzunehmen. Sie können außerdem weitere Anrufaktionen wie das Durchstellen mit und ohne Ankündigung oder weitere Aktionen, die bereits in den vorherigen Abschnitten beschrieben wurden, durchführen.

9.9.11 Klingeltöne für verschiedene Anruftypen festlegen

Sie können mit der Festnetztelefonie in Teams für Ihre Anrufe oder für Anrufe, die zu Ihnen weitergeleitet werden, sowie für Anrufe, die Sie stellvertretend entgegennehmen, unterschiedliche Klingeltöne festlegen. Damit können Sie bereits am Klingelton erkennen, ob der Anruf für Sie, für Personen, die an Sie weiterleiten, oder für delegierte Anrufe bestimmt sind.

1. Wechseln Sie in die Teams-Einstellungen.
2. Navigieren Sie in die Kategorie *Anrufe* (siehe Abbildung 9.90).
3. Im Bereich *Klingeltöne* wählen Sie für Ihre, für weitergeleitete oder für Anrufe, die Sie stellvertretend annehmen, einen unterschiedlichen Klingelton aus. Klicken Sie auch jeweils auf den Play-Button, um den Klingelton vor dem Festlegen anzuhören.

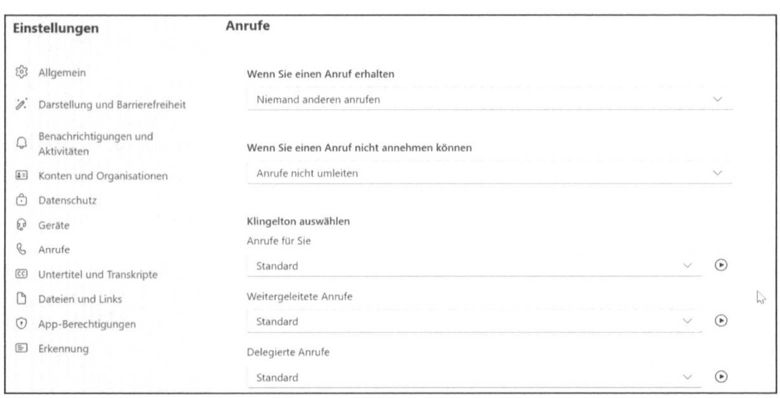

Abb. 9.90 Für die verschiedenen Anruftypen können unterschiedliche Klingeltöne festgelegt werden.

9.10 Audio- und Videobesprechungen mit Teams

Sie können über die privaten Chats und Gruppenchats direkt im Unterhaltungsfenster eine Besprechung durchführen. Nun kommt es aber vor, dass Sie mit Personen eine sofortige Besprechung einleiten möchten, die Sie nicht im privaten Chat oder in einem Gruppenchat organisiert haben. Sie können mit Teams unabhängig von Chats, Gruppenchats oder der Zugehörigkeit zu einem Team eine sofortige oder langfristige Besprechung planen und durchführen. Sie können einen Link für die laufende Besprechung abrufen und per E-Mail oder im Chat senden, damit kurzfristig weitere Personen daran teilnehmen können – auch Personen, bei denen Teams nicht installiert ist. Diese Benutzerinnen und Benutzer verwenden dann einen aktuellen Webbrowser, um an der Besprechung teilzunehmen.

9.10.1 Eine Besprechung ad hoc starten und Audio- und Videoeinstellungen vornehmen

Sie können mit Teams eine Besprechung ad hoc starten, Teilnehmerinnen und Teilnehmer hinzuholen und sämtliche Besprechungsaktionen durchführen. Das folgende Beispiel soll Ihnen auch dabei helfen, alle Bereiche des Besprechungsfensters in Ruhe, ohne weitere Personen in der Besprechung, kennenzulernen:

Starten Sie ganz allein eine neue Besprechung, um alles auszuprobieren.

1. Öffnen Sie Teams.
2. Navigieren Sie in den Teams-Kalender, links in der Navigationsleiste.
3. Klicken Sie im oberen rechten Bereich auf die Schaltfläche *Jetzt besprechen* (siehe Abbildung 9.91).
4. Überschreiben Sie den vorhandenen Titel mit *Meine erste Besprechung*.
5. Sie können an dieser Stelle einen Link zur Besprechung abrufen und per E-Mail oder per Chat an die Personen senden, die an der Besprechung teilnehmen sollen. Alternativ können Sie auch gleich im Besprechungsfenster weitere Personen hinzuholen.
6. Klicken Sie auf die Schaltfläche *Besprechung starten*.
7. Sie werden in den Bereich *Audio- und Videoeinstellungen auswählen für* weitergeleitet (siehe Abbildung 9.93). Bleiben Sie im Fenster und gehen Sie zum nächsten Abschnitt über.

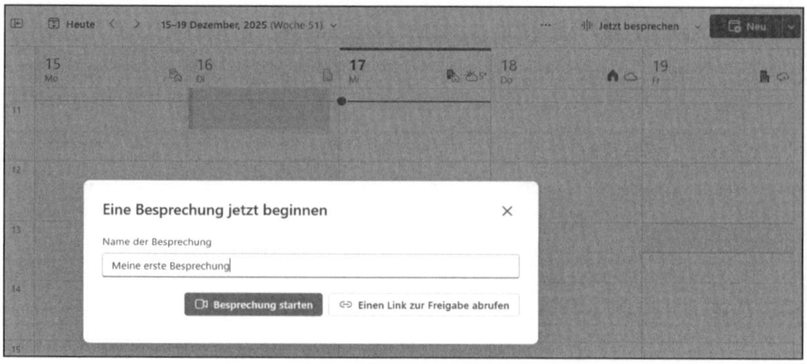

Abb. 9.91 Vergeben Sie einen Titel für Ihre Besprechung. Sie befinden sich noch nicht im Besprechungsfenster.

9.10.1.1 Audio- und Videoeinstellungen vor der Besprechung auswählen

Im Bereich *Audio- und Videoeinstellungen* besteht für Sie die Möglichkeit, noch vor der Besprechung Ihre Geräteeinstellungen zu prüfen und Änderungen vorzunehmen und bei Bedarf einen Hintergrundfilter festzulegen. Damit können Sie Ihre Hintergrundkulisse unscharf darstellen lassen oder mit einem von Microsoft bzw. von Ihrer IT-Abteilung bereitgestellten oder von Ihnen hochgeladenen Hintergrundbild verdecken. Die Einstellungen, die Sie hier vornehmen, können Sie auch im Besprechungsfenster während der Besprechung ändern.

9.10.1.2 Kamera aktivieren und den Hintergrundfilter festlegen

Sofern eine Kamera angeschlossen oder in Ihrem Gerät integriert ist, können Sie diese während einer Besprechung verwenden. Mit einem Hintergrundfilter können Sie Ihre Hintergrundkulissen im Büro oder im Homeoffice verwischen oder mit einem Hintergrundbild verdecken. Erst wenn Sie die Kamera aktivieren, können Sie einen Hintergrund für sich festlegen.

1. Aktivieren Sie den Regler unten links im Fenster mit dem Kamera-Symbol. Ziehen Sie ihn nach rechts. Ihre Kamera und zusätzlich die Schaltfläche *Effekte und Avatare* werden aktiviert.
2. Klicken Sie auf die Schaltfläche *Effekte und Avatare*. Ihnen wird unten das Register *Videoeffekte* mit den verfügbaren Hintergrundbildern angeboten, die Sie als Hintergrund Ihrer Kulisse anwenden können. Möchten Sie Ihren Hintergrund unscharf darstellen, wählen Sie die Schaltfläche *Standardunschärfe* oder verwenden Sie auf der Schaltfläche *Standardunschärfe* den Drop-down-Pfeil, um die Porträtunschärfe auszuwählen. Wechseln Sie zwischen diesen beiden Hintergründen, um sie auszuprobieren.
3. Um eine bessere Übersicht der Hintergründe zu erhalten, klicken Sie auf den Eintrag *Weitere Videoeffekte* (siehe Abbildung 9.92). Die einzelnen Hintergründe werden Ihnen nun auf der rechten Seite angezeigt.

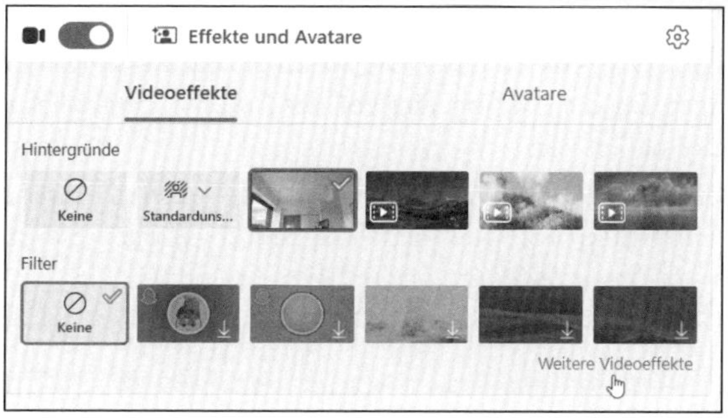

Abb. 9.92
Lassen Sie sich alle Videoeffekte/Hintergrundbilder anzeigen.

4. Klicken Sie auf die letzte Kachel *Alle anzeigen* in der Gruppe *Hintergründe*. Klicken Sie auf die einzelnen Bilder, um die jeweiligen Hintergründe im Bereich der Kamera anzeigen zu lassen.
5. Möchten Sie ein eigenes Bild als Hintergrund hochladen, klicken Sie im oberen Fensterbereich auf die Schaltfläche *Neuen hinzufügen*.

Beachten Sie die aktuellen Bildanforderungen, die Ihnen angezeigt werden, sobald Sie auf die Schaltfläche + *Neuen hinzufügen* zeigen. Die kleinste Bildgröße beträgt 360 x 360 Pixel, die maximale 2048 x 2048 Pixel und als Dateityp können jpeg-, jpg-, png- und bmp-Formate verwendet werden. Das Seitenverhältnis (Breite:Höhe) muss kleiner als 4 sein.

Mittlerweile bieten sehr viele Unternehmen, Organisationen und Sportvereine Hintergrundbilder für virtuelle Meetings zum Download im Internet an. Fragen Sie jedoch zuerst Ihren Administrator, ob Sie eigene Hintergrundbilder aus dem Internet herunterladen dürfen.

---

6. Wählen Sie ein vorhandenes Hintergrundbild aus.
7. Schließen Sie rechts den Fensterbereich *Videoeffekte* mit einem Klick auf die Schaltfläche *X*.
8. Sie können die Kamera über den Regler unten links im Fenster ausschalten. Die Einstellungen für Ihren Hintergrund wurden gespeichert und können zukünftig in den Besprechungen verwendet werden. Bleiben Sie im Fenster.

9.10.1.3 Integrierte oder angeschlossene Audiogeräte auswählen

Sie können für die Besprechung Ihr angeschlossenes Headset oder die integrierten Mikrofone und Lautsprecher Ihres PC oder Ihres Macs auswählen, sofern bei Ihnen Lautsprecher integriert oder angeschlossen und eingeschaltet sind. Ebenso können Sie auch Konferenzlautsprecher im Besprechungsraum an Ihr System anschließen und auswählen. Hierbei handelt es sich um die Computer-Audioeinstellungen. Bevor Sie in eine Besprechung gehen, sollten Sie Ihr Mikrofon stummschalten. Dafür ziehen Sie den Regler bei dem Mikrofon-Symbol nach links. Sobald Sie in der Besprechung etwas mitteilen möchten, denken Sie immer daran, das Mikrofon zu aktivieren und die Stummschaltung aufzuheben. Um weitere Einstellungen für die Audiogeräte vor der Besprechung vorzunehmen, gehen Sie folgendermaßen vor:

1. Klicken Sie im Bereich *Computeraudio* auf den Drop-down-Pfeil hinter dem aufgelisteten Kopfhörermikrofon oder dem Kopfhörer. Wählen Sie unten den Befehl *Weitere Audioeinstellungen* (siehe Abbildung 9.93).

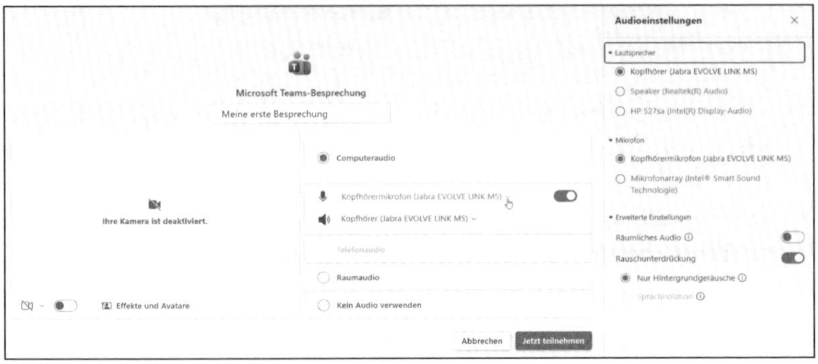

Abb. 9.93 Weitere Audioeinstellungen lassen sich über den Drop-down-Pfeil öffnen.

2. Im rechten Fensterbereich *Audioeinstellungen* können Sie nun die einzelnen Geräte, die an Ihrem Gerät angeschlossen oder integriert sind, auswählen. Beachten Sie, dass angeschlossene Geräte auch eingeschaltet sein müssen, um sie an dieser Stelle auswählen zu können.
3. Falls bei Ihnen viele Nebengeräusche im Raum vorhanden sind, können Sie die Rauschunterdrückung einstellen.
4. Sobald Sie Ihre Geräte ausgewählt haben und den rechten Fensterbereich über die Schaltfläche *X* schließen, werden Ihre Einstellungen sofort übernommen. Bleiben Sie im Fenster.

9.10.1.4 Die Optionen »Raumaudio« und »Kein Audio« verwenden

Ihnen steht die Option *Raumaudio* zur Verfügung, mit der Sie speziell und für Teams zertifizierte Hardwareprodukte für die Besprechung auswählen oder verbinden können. Auf der Website von Microsoft werden Ihnen aktuelle Geräte vorgestellt: *https://www.microsoft.com/en-us/teams-devices/category/teams-rooms/20?filterIds=182&msockid=2b546dd9a18b66150840 78b4a00067a7?filterIds=182&msockid=2b546dd9a18b6615084078b4a00067a7*. Wenn Sie die Option *Kein Audio verwenden* aktivieren, können Sie sich in der Besprechung nicht bemerkbar machen. Sie müssen dann in der Besprechung die Option erst wieder aktivieren.

9.10.1.5 Integrierte oder angeschlossene Videogeräte

Sie können vor der Besprechung die Einstellungen für die Kamera öffnen und Änderungen vornehmen.

1. Klicken Sie unten im Fenster hinter das Kamera-Symbol auf den Drop-down-Pfeil und wählen Sie den Befehl *Weitere Videoeinstellungen*, um die Videoeinstellungen zu öffnen.
2. Sie können im rechten Fensterbereich Ihre Kameras auswählen, sofern Sie mehrere angeschlossen und eingeschaltet haben. Sie können die Helligkeit automatisiert anpassen lassen, die Konturen Ihres Erscheinungsbilds in Ihrem Video weicher gestalten oder Ihr Video spiegeln.
3. Schalten Sie die Kamera an, indem Sie den Regler bei dem Kamera-Symbol nach links ziehen.
4. Nehmen Sie auf der rechten Seite im Fenster die Videoeinstellungen vor. Die Einstellungen werden gespeichert und für die Besprechung direkt übernommen.
5. Schließen Sie den rechten Fensterbereich über die Schaltfläche *X*.

9.10.1.6 An einer Besprechung teilnehmen

Die Einstellungen, die Sie vorgenommen haben, werden nun in der aktuellen, aber auch für zukünftige Besprechungen übernommen.

1. Stellen Sie die Regler zunächst bei dem Mikrofon und bei der Kamera aus. So gelangen Sie ohne Audio und Video in die Besprechung.
2. Klicken Sie auf die Schaltfläche *Jetzt teilnehmen*.
3. Da Sie sich alleine in der Besprechung befinden und noch keine Person eingeladen haben, werden Ihnen Schaltflächen angeboten, um den Link zur Besprechung abzurufen, Teilnehmer hinzuzuholen oder eine E-Mail-Nachricht mit dem Link zur Besprechung zu senden. Schließen Sie das Fenster mit einem Klick auf das *X* (siehe Abbildung 9.94).

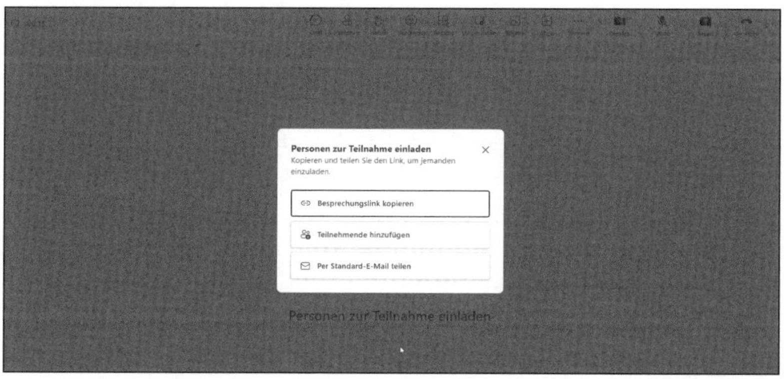

Abb. 9.94
Wenn Sie alleine in der Besprechung sind, erhalten Sie Vorschläge, um weitere Personen zur Besprechung hinzuzuholen. Im Hintergrund das kleine Besprechungsfenster und dahinter das Teams-Fenster mit dem Kalender.

4. Sie werden in das Besprechungsfenster weitergeleitet (siehe Abbildung 9.95). Sie befinden sich nun alleine im Besprechungsfenster und können sich in Ruhe die einzelnen Bereiche und Schaltflächen ansehen sowie die Aktionen und Funktionen ausprobieren.

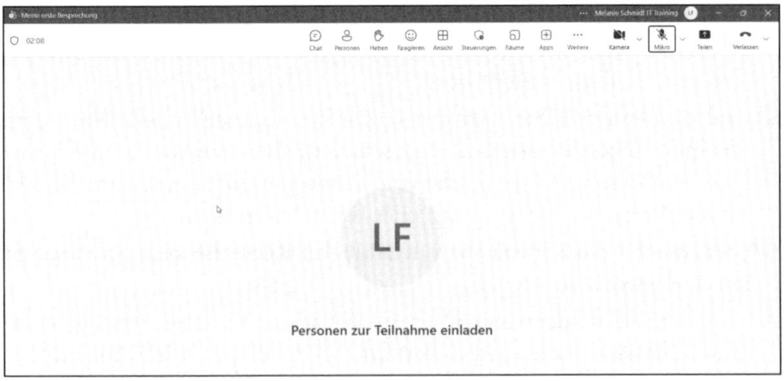

Abb. 9.95 Das Besprechungsfenster ohne weitere Teilnehmer

- Um Ihr Video zu starten, sofern Sie über eine Webcam verfügen, klicken Sie auf die Schaltfläche mit dem Kamera-Symbol in der Menüleiste. Um das Video zu beenden, klicken Sie erneut auf das Kamera-Symbol. Sie können während der Besprechung Ihre Geräteeinstellungen vornehmen, indem Sie auf den Drop-down-Pfeil hinter dem Kamera-Symbol klicken.
- Um die Stummschaltung aufzuheben, klicken Sie auf das *Mikrofon*, und erneut, um es wieder stummzuschalten. Während der Besprechung wird in der Windows-Taskleiste das Mikrofon angezeigt und Sie können darüber ebenfalls das Mikrofon ein- oder stummschalten. Sie können während der Besprechung Ihre Audiogeräte wechseln, indem Sie auf den Drop-down-Pfeil hinter dem Mikrofon-Symbol klicken.
- Während der Besprechung können Sie Inhalte von Ihrem Computer teilen. Sie können den Bildschirm oder ein Fenster für die Besprechungsteilnehmer freigeben. Nachfolgend gehe ich auf diese Themen ein. Auch das Whiteboard können Sie während der Besprechung starten, um gemeinsam mit Ihrem Team Ideen zu skizzieren. Verwenden Sie die Schaltfläche *Teilen*, das Symbol mit dem Pfeil nach oben, um die einzelnen Möglichkeiten abzurufen. Nachfolgend gehe ich näher auf das Teilen von Inhalten ein.
- Wenn es Ihnen gestattet ist, weitere Microsoft- oder Drittanbieter-Apps in der Besprechung zu verwenden, klicken Sie auf die Schaltfläche Apps, dargestellt mit einem Pluszeichen.
- Sie können vor oder während der Besprechung Gruppenräume (auch Breakout Rooms genannt) erstellen, um eine große Teilnehmeranzahl in kleine Räume aufzuteilen, damit diese sich etwa zu bestimmten Themen oder zum Kennenlernen in kleineren Gruppen austauschen können. Verwenden Sie dann die Schaltfläche *Räume*.
- Mithilfe der Schaltfläche *Steuerungen* können Sie während der Besprechung die Besprechungsoptionen regeln. Damit können Sie den Wartebereich aktivieren oder ausschalten oder allen Teilnehmenden bestimm-

te Berechtigungen erteilen oder entziehen. Über den Befehl *Weitere Optionen* gelangen Sie in die Besprechungsoptionen. Möchten Sie nach der Besprechung verhindern, dass Teilnehmende über den Link in die Besprechung gelangen, sperren Sie die Besprechung. Die Teilnehmenden können weiterhin auf den Besprechungschat, geteilte Inhalte und Aufzeichnungen zugreifen.

- Möchten Sie während der Besprechung die Ansicht im Besprechungsfenster ändern, klicken Sie auf die Schaltfläche *Ansicht*. Hier können Sie festlegen, ob Sie beispielsweise die sprechende Person größer darstellen möchten als die anderen Teilnehmenden. Hier finden Sie den Zusammen-Modus mit verschiedenen Szenen wie den Hörsaal, das Theater oder weitere Hintergrundszenen.
- Die Schaltfläche *Reagieren* verwenden Sie, um während der Besprechung Ihr Feedback mitzuteilen. Den anderen Teilnehmenden wird Ihre Reaktion, wie beispielsweise der Applaus oder Daumen hoch, im Bildschirm angezeigt.
- Möchten Sie während der Besprechung etwas mitteilen und den Gesprächspartnern nicht ins Wort fallen, klicken Sie auf die Schaltfläche *Heben*. Beachten Sie jedoch, dass Sie die Schaltfläche *Heben* erneut anklicken müssen, wenn Sie die Hand wieder senken möchten. Wenn Sie mit mehreren Personen in der Besprechung sind, wird Ihre Handmeldung im Besprechungsfenster für die anderen angezeigt. Sie können die Handmeldungen auch über die Schaltfläche *Personen* einsehen.
- Durch Betätigen der Schaltfläche *Personen* können Sie im rechten Fensterbereich die Teilnehmenden einblenden. An dieser Stelle können auch weitere Personen zur Besprechung hinzugeholt, also eingeladen werden. Auch die Handmeldungen werden hier angezeigt, in der Reihenfolge, in der sich die Personen gemeldet haben. Schließen Sie den Bereich *Teilnehmer* durch einen Klick auf die Schaltfläche *X*.
- Um den Besprechungschat zu starten, verwenden Sie die Schaltfläche mit der Sprechblase. Im rechten Fensterbereich öffnet sich der Besprechungschat und Sie können unten an alle eingeladenen und teilnehmenden Personen eine Chatnachricht senden und auf Nachrichten, die von anderen gesendet wurden, reagieren. Zeigen Sie dafür auf eine gesendete Chatnachricht und wählen Sie zum Beispiel das Emoji mit dem Daumen nach oben.
- Über die Schaltfläche *Weitere*, dargestellt mit den drei Punkten, stehen Ihnen diverse Einstellungsmöglichkeiten für die Besprechung zur Verfügung. Diese stelle ich nachfolgend in diesem Kapitel vor.
- Zum Verlassen der Besprechung können Sie in der Menüleiste auf die Schaltfläche *Verlassen* klicken. Daraufhin wird das Besprechungsfenster nur für Sie geschlossen, und Sie haben die Besprechung damit verlassen.

- Wenn Sie sich zukünftig als Besprechungsorganisator mit mehreren Teilnehmenden in der Besprechung befinden und diese verlassen, kann die Besprechung ohne Sie weitergeführt werden. Möchten Sie die Besprechung für alle Teilnehmenden beenden, klicken Sie auf den Dropdown-Pfeil hinter der Schaltfläche *Verlassen* und wählen Sie dann den Befehl *Besprechung beenden*. Bestätigen Sie dann das Beenden im nachfolgenden Fenster. Erst dann wird die Besprechung für alle Teilnehmenden beendet.

9.10.2 Den Link zur laufenden Besprechung abrufen

Falls Sie während einer Besprechung mit mehreren Personen feststellen, dass eine oder mehrere Personen kurzfristig per E-Mail eingeladen werden sollen, können Sie über den Teilnehmerbereich den Link zur laufenden Besprechung abrufen und per Chat oder per E-Mail senden. Diese Vorgehensweise eignet sich für Personen, die Teams nicht installiert haben.

1. Sie befinden sich in einer laufenden Besprechung mit mehreren Personen.
2. Lassen Sie sich über die Menüleiste die Teilnehmerliste einblenden, indem Sie auf die Schaltfläche *Personen* klicken.
3. Klicken Sie auf die Schaltfläche *Einladung teilen*. Sie können nun den Besprechungslink kopieren oder den Link per E-Mail an weitere Personen senden. Wählen Sie die gewünschte Schaltfläche aus.
4. Über den abgerufenen oder gesendeten Link haben die Empfänger nun die Möglichkeit, an der Besprechung teilzunehmen, auch wenn bei ihnen Teams nicht installiert ist oder sie kein Microsoft-Konto besitzen. Teilnehmer, die die Teams-App nicht installiert haben, können mit dem Webbrowser an der Besprechung teilnehmen.
5. Verlassen Sie die Besprechung.

9.10.3 Eine Besprechung langfristig planen

Zusätzlich zu einer ungeplanten Ad-hoc-Besprechung besteht selbstverständlich die Möglichkeit, Teams-Besprechungen auch langfristiger zu planen. Das macht vor allem Sinn, wenn Sie Kolleginnen, Kollegen und unternehmensexterne Personen zur Besprechung einladen möchten und deren Zeitpläne nicht einsehen können. Sie können die Teams-Besprechung in Teams oder in Outlook planen und Personen dazu einladen.

Anders als bei der normalen Besprechungsanfragefunktion, die Sie vor Ort in Präsenz durchführen möchten, ermöglichen Ihnen Teams und Outlook, dass zusätzlich automatisch ein Besprechungslink und, wenn bei Ihnen sogenannte Audiokonferenz-Telefonnummern lizenziert wurden, eine Einwahlnummer generiert werden. Diesen Besprechungslink und die Einwahlnummer können Sie in der E-Mail an alle Eingeladenen senden. Das wiederum erleichtert das Zusammentreffen zur richtigen Zeit im Besprechungsfenster von Teams. Informationen zu Audiokonferenz-Telefonnummern finden Sie über diesen Link: *https://learn.microsoft.com/de-de/MicrosoftTeams/phone-numbers-for-audio-conferencing-in-teams.*

1. Öffnen Sie zunächst Teams.
2. Klicken Sie in der linken Navigation auf die Schaltfläche *Kalender*.
3. Klicken Sie im Kalender ganz oben rechts auf die Schaltfläche *Neu*. Alternativ können Sie auch direkt im Kalender auf einen bestimmten Zeitraum klicken, damit sich das Terminformular (siehe Abbildung 9.96) öffnet.
4. Vergeben Sie einen Besprechungstitel, damit Ihre Besprechungsteilnehmer wissen, worum es geht. Schreiben Sie *Eine Teamsbesprechung zum Ausprobieren*.
5. Aktivieren Sie die Schaltfläche *Teams-Besprechung*, dargestellt mit dem Kamera-Symbol.
6. Klicken Sie in das Eingabefeld *Teilnehmer einladen* und geben Sie dort den Namen einer Kollegin oder eines Kollegen, mit der oder dem Sie eng zusammenarbeiten, oder derjenigen Person ein, die Sie einladen möchten und deren Anwesenheit in der Besprechung erforderlich ist. Geben Sie die Namen immer einzeln ein. Bei unternehmensexternen Personen geben Sie zukünftig die jeweilige E-Mail-Adresse ein.
7. Klicken Sie auf die Schaltfläche *Antwortoptionen*, dargestellt mit dem Personen- und Stern-Symbol am Ende der hinzugefügten Personen. Legen Sie fest, ob die Besprechungsanfrage weitergeleitet werden darf oder nicht. Damit verhindern Sie, dass Ihre Besprechungsanfrage an fremde Personen weitergeleitet werden kann. Möchten Sie nicht, dass die Teilnehmernamen beim Öffnen dieser Anfrage von den eingeladenen Personen gesehen werden sollen, aktivieren Sie die Option *Teilnehmerliste ausblenden*. Wählen Sie unten den Befehl *Optionale Teilnehmer hinzufügen* und wählen Sie hier zukünftig Personen aus oder geben Sie die E-Mail-Adressen der Personen ein, die an der Besprechung teilnehmen können, wenn sie möchten. Diese Personen sind nicht zwingend erforderlich. Legen Sie den Zeitraum fest, wann Sie die Besprechung durchführen möchten. Nutzen Sie diese Gelegenheit und führen Sie eine Besprechung mit Ihrer Kollegin oder Ihrem Kollegen durch, um die Teams-Besprechung und die Funktionen auszuprobieren.
8. Klicken Sie auf die Schaltfläche *Planer*, um einen gemeinsamen Termin mit Kollegen zu finden, und legen Sie einen geeigneten Zeitraum fest.
9. Klicken Sie oben auf die Schaltfläche *Zurück*, um erneut in das Terminformular der Besprechungsanfrage zu navigieren.
10. Alternativ zum *Planer* können Sie die Verfügbarkeitsinformation auch im rechten Bildschirmbereich einsehen. Dort werden Ihnen ganz unten die Initialen oder Profilbilder der von Ihnen eingeladenen Personen mit dem jeweiligen Präsenzstatus angezeigt. Falls eine Person zu diesem Zeitpunkt bereits einen Termin im eigenen Kalender eingetragen hat oder abwesend ist,

wird der Präsenzstatus entsprechend angezeigt und in der Kalendervorschau darüber können Sie sehen, ob es an dem von Ihnen ausgewählten Tag eine andere Zeitlücke gibt. Wählen Sie ggf. eine andere Zeit aus.

11. Wenn die eingeladenen Personen nicht verfügbar sind, klicken Sie auf das von Ihnen gewählte Datum und die Uhrzeit. Dort werden Ihnen Termine vorgeschlagen, an denen alle internen Personen Zeit haben. Die Verfügbarkeit von externen Personen können Sie nicht einsehen.
12. Unterhalb der Zeit können Sie im Bereich *Hinzufügen eines Raums oder Standorts* Besprechungsräume Ihres Unternehmens auswählen, wenn Ihre IT-Abteilung diese als Ressourcenpostfach oder Konferenzräume angelegt hat.
13. Wenn Sie zusätzlich einen Raum oder Standort hinzufügen, handelt es sich um eine hybride Besprechung, an der sowohl online als auch vor Ort teilgenommen werden kann.
14. Die Schaltfläche *Optionen* bietet Ihnen die Möglichkeit, bereits vor der Besprechung die Besprechungsoptionen festzulegen. In Abschnitt 9.10.4 gehe ich näher darauf ein.

Wenn Sie in Ihrem Unternehmen Großbild-Devices wie Surface Hub nutzen, können Sie sich dort mit Ihrem Benutzernamen und Ihrem Kennwort anmelden und auf Ihre Online-Apps zugreifen. Wurde dem Surface Hub ein Ressourcenkonto zugeordnet, können Sie auch darin nach Personen suchen und zur Besprechung einladen. Ihre Besprechung können Sie dann an dem Großbild-Device durchführen. Fragen Sie Ihren Administrator, wie bei Ihnen die Großbild-Devices eingerichtet sind.

Abb. 9.96 Das Formular für die neue Besprechungsanfrage

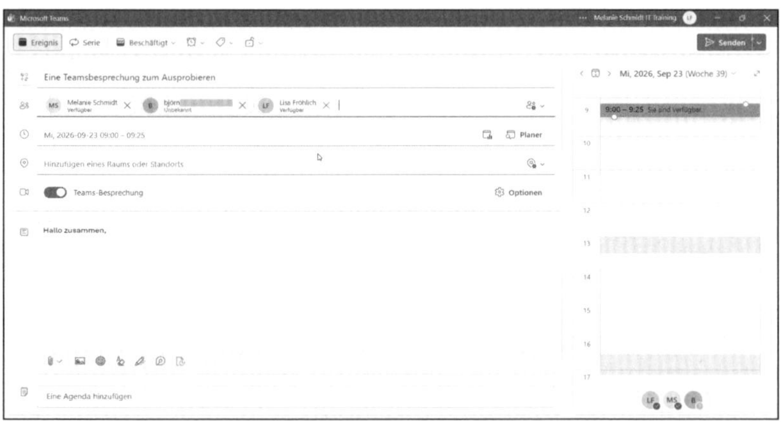

15. Klicken Sie in das große Eingabefeld, wenn Sie weitere Informationen zur Besprechung mitteilen möchten.
16. Erstellen Sie bei Bedarf eine Agenda mit den sogenannten Loop-Komponenten. Klicken Sie dafür ganz unten im Formular auf *Eine Agenda hinzufügen*.

17. Prüfen Sie Ihre Eingaben und senden Sie Ihre Besprechungsanfrage mit einem Klick auf die Schaltfläche *Senden* oben links im Fenster.
18. Der Besprechungstermin wird in Ihrem Kalender eingetragen. Sie können den Termin öffnen und im Formular weitere Vorbereitungen für die Besprechung tätigen (siehe Abbildung 9.97). Sie können im oberen Bereich des Formulars über die Schaltfläche *Apps* weitere Vorbereitungen vornehmen wie ein Whiteboard vorbereiten und hinzufügen, Umfragen oder Abfragen vorbereiten. Über die Schaltfläche *Weitere Optionen*, dargestellt mit den drei Punkten, können Sie Gruppenräume erstellen. Im rechten Fensterbereich können Sie nachverfolgen, ob und wer bereits zur Besprechung zu- oder abgesagt hat. Über den Link zur Besprechung, der erst jetzt im unteren Bereich angezeigt wird, können die eingeladenen Personen, die nicht über Teams verfügen, zum Zeitpunkt der Besprechung teilnehmen.

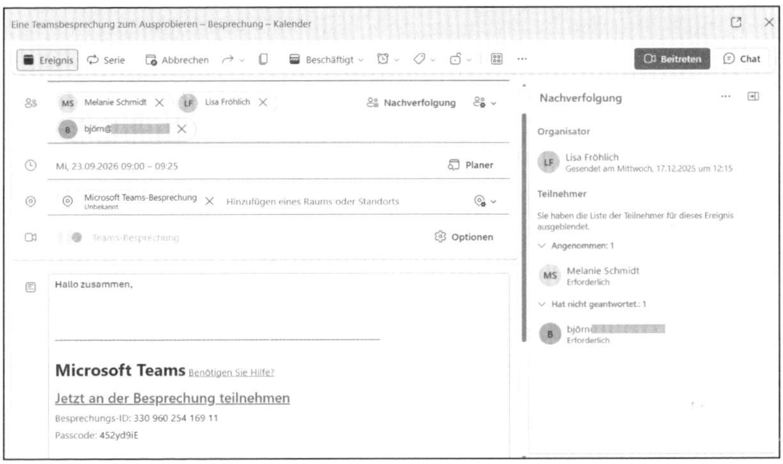

Abb. 9.97
Das Formular nach dem Senden: oben rechts die Schaltfläche *Apps* und *Weitere Optionen*, dargestellt mit den drei Punkten, unten der Besprechungslink

Die eingeladenen Personen erhalten eine Besprechungsanfrage per E-Mail. Erst dann können sie der Besprechung zu- oder absagen. Solange die Eingeladenen weder zu- noch abgesagt haben, wird der Termin in den Kalendern der Teilnehmenden eingetragen. Nur wenn eine Absage von Ihnen erfolgt oder die Person selbst absagt, wird der Termin nicht mehr oder als abgesagt im Kalender der Eingeladenen angezeigt.

9.10.4 Besprechungsoptionen

Die Besprechungsoptionen können nur von Organisatoren oder Mitorganisatoren der Besprechung geöffnet werden.

Es ist wichtig, dass Sie die Besprechungsoptionen kennen. Wenn es um vertrauliche Informationen innerhalb einer Besprechung geht, sollten Sie bestimmen, wer Zugang zur Besprechung erhält und wer Informationen im Nachhinein sehen darf. Da per E-Mail ein Link zur Besprechung versendet wird und dieser von eingeladenen unternehmensinternen Personen und Gästen standardmäßig weitergeleitet werden kann, sollten Sie vor einer vertraulichen Besprechung immer auch die Besprechungsoptionen festlegen, damit eben keine Informationen weitergereicht werden können. Ebenso ist es wichtig, zu wissen, wie Sie festlegen, dass eingeladene Personen den Wartebereich umgehen können, oder wie Sie Mitorganisatoren bestimmen.

Um direkt im Fenster die einzelnen Einstellungen zu erkunden, klicken Sie in Ihren Teams-Kalender und öffnen Sie den zuvor erstellten Besprechungstermin *Eine Besprechung zum Ausprobieren* mit einem Doppelklick. Oder erstellen Sie eine neue Besprechung und aktivieren Sie im Formular die Option *Teams-Besprechung*, damit Ihnen die Schaltfläche *Besprechungsoptionen* in der Menüleiste angezeigt wird. Klicken Sie auf die Schaltfläche *Besprechungsoptionen*.

9.10.4.1 Besprechungszugriff

Wer kann den Wartebereich umgehen?

Stellen Sie sich vor, Sie organisieren mit Outlook oder in Teams eine Onlinebesprechung. Dabei vergibt das Programm eine Zugangs-ID, die eindeutig den sogenannten virtuellen Besprechungsraum bestimmt. Standardmäßig ist festgelegt, dass jeder in Ihrer Organisation und Personen, die von Ihrer IT-Abteilung einen Gastzugriff erhalten haben, an der Besprechung teilnehmen dürfen. Nachfolgend erläutere ich, welche Bedeutung die jeweilige Einstellung des Wartebereichs hat und welche Einstellungen Sie vornehmen können (siehe Tabelle 9.4).

Tab. 9.4 Besprechungsoptionen und Einstellungen für den Wartebereich

Berechtigungen für den Zutritt einer Besprechung	Bedeutung
Personen in meiner Organisation und Gäste (Standardeinstellung)	Alle Mitarbeiterinnen und Mitarbeiter Ihres Unternehmens und externe Personen, die durch Ihre IT-Abteilung einen Gastzugriff erhalten haben, können sich mit dem Besprechungslink in die Besprechung einwählen. Alle anderen Personen müssen im Wartebereich warten und müssen von Ihnen oder anderen Teilnehmenden zugelassen werden.
Jeder (ohne Einschränkungen)	Jeder, der den Einladungslink besitzt, kann sich sofort in die Besprechung einwählen und kann den Wartebereich umgehen. Diese Einstellung kann ich Ihnen nicht empfehlen.
Personen in meiner Organisation, vertrauenswürdigen Organisationen und Gäste	Die gesamte Belegschaft Ihres Unternehmens, Personen, deren Domain von der IT-Abteilung als Partnerverbund festgelegt wurde, und Personen, die von der IT-Abteilung einen Gastzugriff erhalten haben, können mit dem Besprechungslink direkt an der Besprechung teilnehmen. Alle anderen Personen müssen im Wartebereich warten und zugelassen werden. Wenn Sie nicht wissen, welche Unternehmen von Ihrer IT-Abteilung als vertrauenswürdig eingestuft wurden, sollten Sie diese Option nicht auswählen.
Personen in meiner Organisation	Alle Mitarbeiterinnen und Mitarbeiter Ihres Unternehmens dürfen an der Besprechung teilnehmen und können sich mit dem Besprechungslink sofort einwählen. Alle anderen Personen müssen im Wartebereich warten und können nur mit der Zulassung durch die Besprechungsorganisatoren und andere Teilnehmende hineingelassen werden.

→

Berechtigungen für den Zutritt einer Besprechung	**Bedeutung**
Eingeladene Personen	Personen, die Sie explizit über das Kalenderformular als erforderliche oder optionale Personen zur Besprechung eingeladen haben, dürfen den Wartebereich umgehen und teilnehmen. Wird der Besprechungslink an fremde Personen weitergeleitet, werden diese Personen den Wartebereich nicht umgehen können. Personen, die Microsoft Teams nicht verwenden und über den Browser teilnehmen, können den Wartebereich nicht umgehen.
Nur Organisatoren und Moderatoren	Nur Sie als Besprechungsorganisatorin oder -organisator und von Ihnen als Mitorganisatoren festgelegte Personen haben direkten Zugang zur Besprechung. Weitere Personen können nur durch Ihre Zulassung an der Besprechung teilnehmen.
Personen, die sich einwählen, können den Wartebereich umgehen	Wenn bei Ihnen Einwahlnummern zur Besprechung konfiguriert und in der IT-Abteilung angefordert wurden, können sich Personen über diese Festnetznummer und per Telefon einwählen und an der Besprechung teilnehmen. Die Option ist standardmäßig deaktiviert. Anrufer müssen dann im Wartebereich warten und Sie müssen sie zulassen. Sie können die Option aktivieren, wenn Sie wissen, dass sich Personen per Telefon einwählen werden. Im Bereich *Rollen* finden Sie die Einstellungen, dass Personen mit einem Signalton angekündigt werden, wenn sie sich einwählen, hinzukommen oder die Besprechung verlassen. Dieser Signalton kann für Sie während Ihrer Besprechung störend sein und Sie in Ihrer Präsentation unterbrechen. Gegebenenfalls stellen Sie die Option weiter unten aus.
Wer kann aus dem Wartebereich zulassen?	Über diese Option legen Sie fest, wer Personen im Wartebereich zulassen darf. Standardmäßig können Organisatoren, Mitorganisatoren und Referenten zulassen. Das bedeutet, dass zunächst alle Teilnehmenden die wartenden Personen zulassen dürfen. Erst wenn Sie die Referenten-Rolle einschränken, können nur ausgewählte Personen zugelassen werden. Jedoch ist diese Einstellung manchmal sehr hilfreich und praktisch, denn wenn Sie als Organisator keine Mitorganisatoren festgelegt haben und Sie sich in einer Präsentation befinden, müssten Sie Nachzügler zur Besprechung zulassen, was sehr störend ist und Sie in Ihrer Präsentation stark unterbrechen kann.
Nicht verifizierte Teilnehmer müssen ihre Informationen vor dem Beitritt bestätigen.	Teilnehmende Personen, die zum Beispiel über den Webbrowser ohne Teams teilnehmen möchten, müssen sich mit Ihrer E-Mail-Adresse und einem an diese Adresse gesendeten Code verifizieren, wenn Sie diese Option aktivieren.

Im Bereich *Besprechungsinformationen auf dem Bildschirm „Teilnehmen“ anzeigen* können Sie festlegen, dass Ihre Besprechungsteilnehmenden beim Beitritt zur Besprechung sämtliche Besprechungsinformationen und bereits anwesende Personen sehen können.

9.10.4.2 Rollen

Wer unterstützt Sie bei großen Besprechungen?

Sie bestimmen mithilfe der Besprechungsoptionen, wer während der Besprechung referieren und präsentieren darf. Standardmäßig erhalten alle Personen, die sich in der Teams-Besprechung befinden, die Rolle des Referenten. In Teams-Webinaren sind nur Organisatoren und Mitorganisatoren in der Lage, zu referieren, also Inhalte zu präsentieren. Organisatoren und Mitorganisatoren können jedoch Teilnehmenden die Rolle *Teilnehmer* oder *Referent* zuweisen. Ein Organisator oder Mitorganisator hat immer Vollzugriffsrechte und kann somit auch weitere Personen einladen, Änderungen an bestehenden Präsentationsinformationen vornehmen (siehe Tabelle 9.5). Zusätzlich können Sie Dolmetscher im Bereich *Rollen* festlegen.

Tab. 9.5 Wer darf präsentieren und als Referent fungieren?

Wer darf referieren? Wer hat erweiterte Rechte?	Bedeutung
Jeder (ohne Einschränkungen)	Sowohl alle internen als auch externen Teilnehmenden dürfen referieren (Standardeinstellung in Teams-Besprechungen). Das bedeutet aber auch, dass jede Person in der Besprechung weitere Einstellungen vornehmen darf. Jedoch ist diese Einstellung sinnvoll, wenn Sie wissen, dass die Personen in der Besprechung Ihre Inhalte teilen müssen oder werden.
Personen in meiner Organisation und Gäste	Sobald eine Besprechung startet, dürfen alle Mitarbeitenden und Personen, die von Ihrer IT-Abteilung einen Gastzugriff erhalten haben, referieren und erhalten damit erweiterte Rechte.
Bestimmte Personen	Es dürfen nur Personen referieren, Inhalte präsentieren und damit weitere Rechte erhalten, die Sie festlegen und somit berechtigen.
Nur Organisatoren und Mitorganisatoren	Nur Sie als Organisatorin oder Organisator und weitere Mitorganisatoren, die Sie festlegen, können präsentieren.

Mitorganisatoren auswählen

Wenn Sie eine Teams-Besprechung oder ein Teams-Webinar erstellen und andere Personen dazu einladen, übernehmen Sie allein die Rolle der Organisatorin oder des Organisators. Jetzt kann es vorkommen, dass Sie eine sehr umfangreiche Online-Veranstaltung planen, in der Sie gemeinsam mit ein oder zwei Kolleginnen und Kollegen zusätzlich Fragen aus dem oder im Chat beantworten möchten. In so einem Fall ist es hilfreich, wenn diese Personen als Mitorganisatoren festgelegt werden und für Fragen im Hintergrund bereitstehen, während Sie Ihre Präsentation halten. Somit dürfen Mitorganisatoren eine Aufzeichnung und das Transkript in einer Besprechung starten, beenden, die Aufzeichnung mit Personen teilen, das Transkript bearbeiten oder die Aufzeichnung und das Transkript löschen. Zusätzlich können die Mitorganisatoren die Zusammenfassung einer Besprechung starten und abrufen.

Im Bereich *Wählen Sie Mitorganisatoren aus* können interne Kolleginnen und Kollegen als erforderliche oder optionale Personen Ihrer Einladung hinzugefügt werden. Sie können sonst keine Mitorganisatoren auswählen. Es können nur unternehmensinterne Personen und Personen mit Gastzugriff als Mitorganisatoren ausgewählt werden.

Klicken Sie auf den Drop-down-Pfeil bei *Wählen Sie Mitorganisatoren aus: Nach Teilnehmern suchen*. Hier werden Ihnen unternehmensinterne und Personen mit Gastzugriff angezeigt, sofern Sie sie im Besprechungsformular hinzugefügt haben.

Während einer Besprechung kommt es immer mal wieder vor, dass Teilnehmende Ihren Bildschirm oder ein Programmfenster präsentieren müssen. Dafür müssen die Teilnehmenden referieren dürfen.

Dolmetscher aktivieren

Möchten Sie, dass Ihre Besprechung in Echtzeit von bestimmten Kolleginnen und Kollegen in eine andere Sprache übersetzt wird und Ihre Teilnehmenden beim Eintritt der Besprechung eine Sprache wählen können, die sie bevorzugen? Dann aktivieren Sie im Bereich *Dolmetscher aktivieren* die Option. Auch hier können Sie Personen, die Sie als erforderlich oder optional im Formular hinzugefügt haben, auswählen. Wählen Sie die Person aus und legen Sie zuerst die Sprache fest, in der die Besprechung stattfindet (siehe Abbildung 9.98). Wählen Sie daneben die Sprache aus, in die übersetzt werden soll. Sie können an dieser Stelle auch weitere Dolmetscher und Sprachen festlegen. Sobald sich Teilnehmende in die Besprechung einwählen und zugelassen werden, können sie die gewünschte Sprache auswählen (siehe Abbildung 9.99, Abbildung 9.100 und Abbildung 9.101).

Auch während der Besprechung haben die Teilnehmenden die Möglichkeit, eine *Interpretationssprache* auszuwählen. Über die Menüleiste im Besprechungsfenster gelangen Sie über die Schaltfläche *Weitere Aktionen*, dargestellt mit den drei Punkten, zu der *Interpretationssprache*, die dort ausgewählt werden kann (siehe Abbildung 9.101).

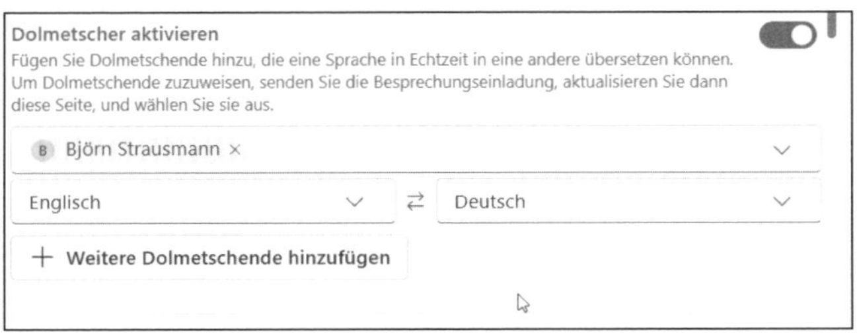

Abb. 9.98
Die Option *Dolmetscher* wurde aktiviert und die Person und die Sprache für die Übersetzungen wurden festgelegt.

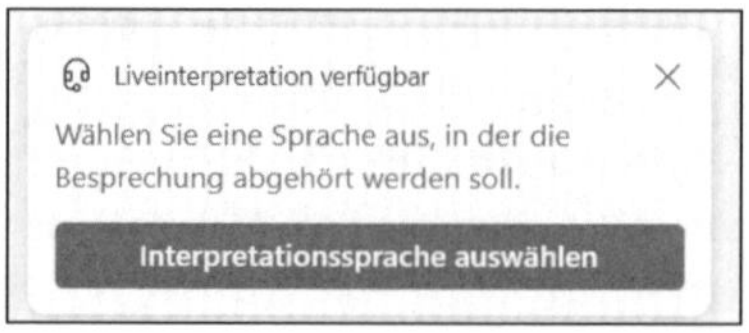

Abb. 9.99 Teilnehmende haben die Möglichkeit, eine Liveinterpretation auszuwählen.

Abb. 9.100 Auswahl der Interpretationssprache

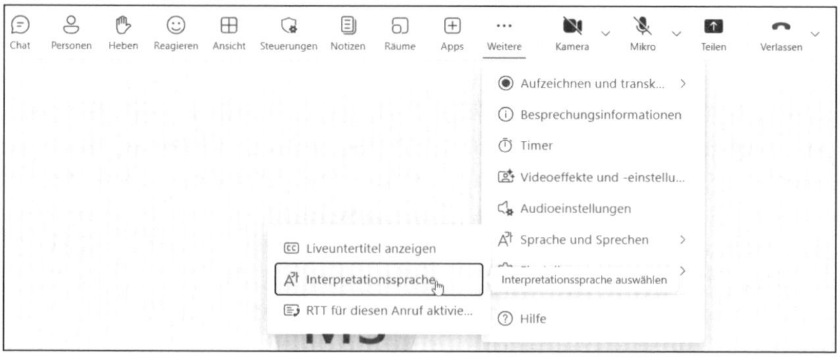

Abb. 9.101 Über die Schaltfläche *Weitere Aktionen* und *Sprache und Sprechen* kann die *Interpretationssprache* ausgewählt werden.

Produktionstools für große Events

Wenn Sie große Live-Events, zum Beispiel Großveranstaltungen mit verschiedenen Sprecherinnen und Sprechern an verschiedenen Standorten, in Teams durchführen, können Sie mit den Produktionstools technische Einstellungen vornehmen. Weitere Informationen finden Sie über folgende Links: *https://learn.microsoft.com/de-de/microsoftteams/teams-live-events/what-are-teams-live-events* und *https://support.microsoft.com/de-de/office/%C3%BCbertragen-von-audio-und-video-aus-microsoft-teams-mit-ndi-und-sdi-technologie-e91a0adb-96b9-4dca-a2cd-07181276afa3.*

9.10.4.3 Teilnahme

Mikrofone und Kameras

Wie können sich Ihre Teilnehmenden bemerkbar machen, wenn Sie alles deaktivieren?

In der Kategorie *Teilnahme* haben Organisatoren und Mitorganisatoren die Möglichkeit, die Mikrofone und Kameras der teilnehmenden Personen für die Besprechung ganz auszuschalten. Die Geräte der Teilnehmenden sollten für die gesamte Besprechung deaktiviert werden, wenn sie sich in Bereichen des Unternehmens befinden, in denen vertrauliche oder geheime Informationen unbeabsichtigt per Audio oder Video übertragen werden könnten. Während der Besprechung können über das Besprechungsfenster einzelne oder alle Mikrofone stumm- sowie die Kameras ausgeschaltet werden. Bedenken Sie bitte, dass sich Teilnehmende nicht verbal oder schriftlich melden können, falls etwas nicht verstanden wird, wenn Mikrofon, Kamera und Chat ausgeschaltet sind. Alternativ können Sie Ihre Teilnehmenden auch bitten, die Mikrofone stummzuschalten und nur zu aktivieren, wenn sie Fragen haben.

Besprechungschats

Damit Sie Textnachrichten während einer Besprechung austauschen können, steht Ihnen die Chatfunktion zur Verfügung. Alle Besprechungsteilnehmenden haben die Möglichkeit, im Chat Nachrichten auszutauschen. Besprechen Sie mit den anderen Teilnehmenden, ob diese Möglichkeit der Kommunikation gewünscht ist. Weisen Sie darauf hin, dass der Chat nicht privat ist und von allen eingeladenen und teilnehmenden Personen gelesen werden kann. Beachten Sie, dass eine Reaktion oder eine Antwort von Ihnen erwartet wird, wenn die Teilnehmenden im Chat Fragen an Sie richten. Weisen Sie die Teilnehmenden ggf. darauf hin, dass Sie die Chats erst nach dem Vortrag beantworten können, wenn Ihnen keine weiteren Mitorganisatoren zur Unterstützung zur Seite stehen. Alternativ können Sie den Chat auch ganz deaktivieren.

Vielleicht möchte eine Person sich lieber schriftlich melden.

Fragen und Antworten in einer Besprechung

Alternativ zum Chat in einer Besprechung, in dem Fragen nicht anonymisiert sind, können Sie mit der Funktion *Fragen und Antworten (F&A)* festlegen, dass Sie die Möglichkeit bieten, anonym Fragen zu stellen, die entweder von anderen Teilnehmenden oder moderiert durch die Organisatoren und Mitorganisatoren beantwortet werden. Sie können selbst auch Fragen oder Diskussionen starten und durch die Teilnehmenden abstimmen oder beantworten lassen.

Reaktionen

Die Funktion *Reaktionen* bietet die Möglichkeit, während der Besprechung zum Beispiel ein Daumen-hoch-Emoji zu senden oder das Applaudieren als Reaktion zu verwenden. Gerade dann, wenn Sie sich in einer Besprechung befinden, in der die Teilnehmer-Kameras nicht verwendet werden oder nicht zugelassen sind, können Sie zumindest anhand der Reaktionen einschätzen, wie die Stimmung ist. Das Handheben und -senken während der Besprechung können Sie nicht deaktivieren.

Anwesenheitsbericht zulassen

Wenn bei Ihnen die Funktion *Anwesenheitsbericht zulassen* durch die IT-Abteilung erlaubt wurde, können Sie sie aktivieren, um nach der Besprechung einen Anwesenheitsbericht der teilnehmenden Personen einzusehen und herunterzuladen. In diesem Bericht wird angezeigt, wer wann zur Besprechung dazugekommen ist und wer sie wann verlassen hat. Dieser Bericht ist nur für Organisatoren und Mitorganisatoren abrufbar.

9.10.4.4 Aufzeichnung und Transkription

Beachten Sie immer die geltenden Datenschutzbestimmungen.

Wenn in Ihrem Unternehmen das Aufzeichnen und Transkribieren (Verschriftlichen) von Gesprächen und Besprechungen gestattet ist, können Sie in den Optionen festlegen, dass die Besprechung automatisch vom System aufgezeichnet wird, sobald sie beginnt, und später als Transkription bereitgestellt wird. Diese Option ist jedoch ohne vorherige Absprache und das Einverständnis jeder teilnehmenden Person nicht zu empfehlen, da die Aufzeichnung nach der Besprechung weiterverwendet und weitergegeben werden kann. Die Option sollte somit nur zum Einsatz kommen, wenn Sie einen Beruf ausüben, bei denen das Aufzeichnen von Telefonaten oder das Filmen von Besprechungen auch in der Vergangenheit, vor dem Einsatz mit Teams, notwendig war. Ein Beispiel ist die Medienbranche, wo Interviews zum Alltag gehören. Beachten Sie auch, dass hier Microsoft Copilot die Zusammenfassung übernimmt. Möchten Sie die Aufzeichnung oder das Transkribieren erst während der Besprechung starten, belassen Sie die Einstellungen an dieser Stelle auf *Nein*. Sie können während der laufenden Sitzung im Besprechungsfenster über das Menü *Weitere Aktionen*, dargestellt mit den drei Punkten, die Aufzeichnung starten.

9.10.4.5 Öffnen und Festlegen der Besprechungsoptionen während einer Teams-Besprechung

Während Sie eine Teams-Besprechung führen, können Sie als Organisatorin oder Organisator jederzeit die Besprechungsoptionen öffnen und Optionen festlegen. Sie können also direkt im Besprechungsfenster von Teams die Teilnehmerberechtigungen vergeben und weitere Einstellungen vornehmen. Voraussetzung ist, dass Sie eine Besprechung geöffnet haben.

1. Klicken Sie in der Menüleiste im Besprechungsfenster auf die Schaltfläche *Weitere Aktionen*, dargestellt mit den drei Punkten.
2. Klicken Sie im Kontextmenü auf die Option *Einstellungen* und dann auf den Befehl *Besprechungsoptionen*. Ihnen wird das Fenster *Besprechungsoptionen* angezeigt.
3. Nehmen Sie die gewünschten Einstellungen vor und bestätigen Sie diese mit einem Klick auf die Schaltfläche *Anwenden*.

9.10.5 Besprechungsinhalte vorbereiten

Bereits vor der Besprechung können Sie in der Teams-App Dateien, Notizen oder andere Inhalte vorbereiten, die Sie präsentieren und für die Besprechungsteilnehmer bereitstellen möchten. Beachten Sie jedoch, dass externe Personen eventuell keine Zugriffsrechte besitzen, um die Dateien zu öffnen. Diese Einstellung wird von Ihren Administratoren festgelegt.

9.10.5.1 Dateien vor der Besprechung an die Teilnehmenden senden

Sie können vor der Besprechung persönliche Dateien zur Besprechung hochladen und bereitstellen. Wenn es sich nicht um eine Besprechung mit dem Team in einem Kanal handelt, werden Dateien in Ihrem OneDrive for Business hochgeladen und im Besprechungschat angezeigt, deshalb sollten Sie direkt vor oder zu Beginn der Besprechung einen kurzen Text in den Besprechungschat eingeben und an alle senden. Die Dateien stehen für Sie und Ihre Kolleginnen und Kollegen im jeweiligen Hauptfenster *Chat* mit dem Namen der Besprechung im Register *Freigegeben* bereit. Beachten Sie, dass unternehmensexterne Personen jedoch nicht auf den Besprechungschat und somit auf die Dateien zugreifen können.

1. Wechseln Sie zu Teams in den Kalender.
2. Erstellen Sie eine neue Besprechung und laden Sie mindestens eine Person aus Ihrem Unternehmen ein.
3. Senden Sie die Besprechung. Die Besprechung wird in Ihrem Teams-Kalender angezeigt.
4. Klicken Sie im Kalender einmal auf den Besprechungstermin, damit Ihnen der Detailbereich angezeigt wird (siehe Abbildung 9.102).
5. Klicken Sie auf die Schaltfläche *Bearbeiten*. Sie werden in das Termin-Formular weitergeleitet.

Abb. 9.102 Durch einen Klick auf den Termin kann die Besprechung bearbeitet werden.

6. Im Menüband des Registers *Ereignis* finden Sie die Schaltfläche *Apps*. Öffnen Sie die Apps.
7. Wählen Sie durch einen Klick die App aus, deren Datei wie docx, xlsx, pptx, pdf etc. Sie zur Besprechung hochladen möchten.
8. Möchten Sie eine Datei von Ihrem System hochladen, klicken Sie auf die Schaltfläche *Hochladen* (siehe Abbildung 9.103).
9. Wählen Sie auf der linken Seite den Speicherort *OneDrive* oder *SharePoint* aus, wenn sich Ihr Dokument bereits in der Microsoft 365-Umgebung befindet, danach wählen Sie das Dokument durch einen Klick aus.

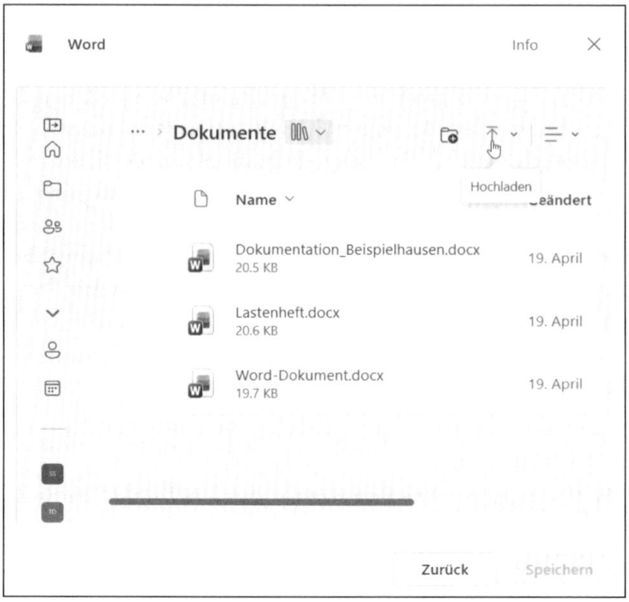

Abb. 9.103 Oben im Fenster finden Sie die Schaltfläche *Hochladen*. Rechts im Fenster können Sie auf Teams/SharePoint oder OneDrive zugreifen.

10. Speichern Sie Ihre Auswahl. Die Datei wird im Besprechungsformular hinzugefügt.

9.10.5.2 Besprechungsnotizen vorbereiten

Besprechungsnotizen können auch erst während der Besprechung aktiviert oder bereits vorher im Besprechungstermin vorbereitet werden, um beispielsweise eine Agenda oder eine Tagesordnung für die Besprechungsmitglieder bereitzustellen. Bei den Besprechungsnotizen handelt es sich nicht um eine Notiz in einem OneNote-Notizbuch. Die Notizen werden mithilfe der Loop-Komponenten erstellt und in Ihrem OneDrive im Ordner *Besprechungen* gespeichert. Beachten Sie, dass unternehmensexterne Teilnehmer nicht auf diese Notizen zugreifen können.

1. Wechseln Sie zu Teams in den Kalender.
2. Erstellen und senden Sie eine neue Besprechung oder öffnen Sie einen von Ihnen erstellten Besprechungstermin, den Sie an Teilnehmer gesendet haben.
3. Klicken Sie dafür im Kalender einmal auf den Besprechungstermin, damit Ihnen der Detailbereich angezeigt wird, und klicken Sie auf die Schaltfläche *Bearbeiten*.
4. Klicken Sie oben im Menüband auf die Schaltfläche *Bearbeiten*, falls Sie eine vorhandene Besprechung geöffnet haben.
5. Scrollen Sie im Terminformular ganz nach unten und klicken Sie dort auf *Besprechungsnotizen* bzw. *Agenda hinzufügen* (siehe Abbildung 9.104).
6. Sie können die Agenda mit den einzelnen Besprechungspunkten hinzufügen sowie Folgeaufgaben erstellen und zuweisen.

7. Über die Menüleiste oben rechts in der Besprechungsnotiz (siehe Abbildung 9.105) können Sie die Notizseite zu einem Ihrer Loop-Arbeitsbereiche hinzufügen, sehen, wer Zugriff auf die Komponente besitzt, und die Besprechungsnotiz auf der Einladung ausblenden.

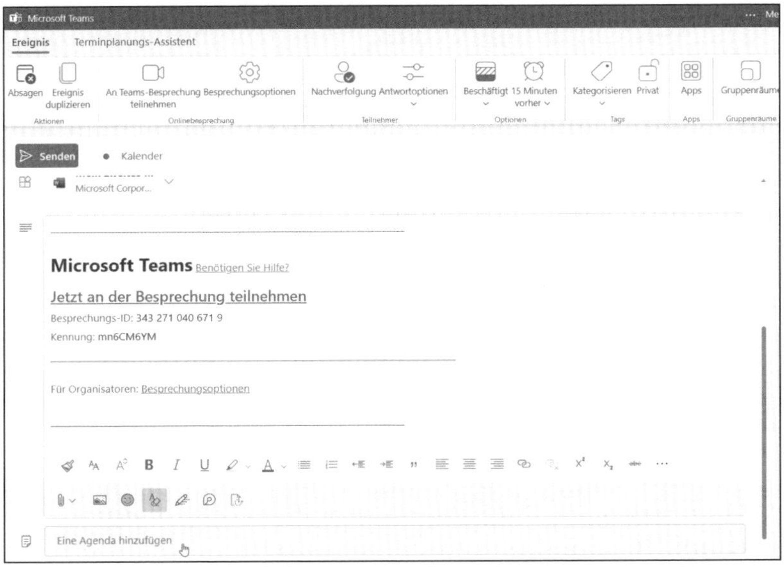

Abb. 9.104
Die Notizseite/Agenda muss einmal angeklickt werden.

Abb. 9.105
Oben befindet sich die Symbolleiste.

8. Klicken Sie unter die Überschrift *Agenda* und fügen Sie dort die Tagesordnungspunkte oder Themen ein.
9. Fügen Sie Besprechungsnotizen ein, die Sie während des Meetings ansprechen möchten.
10. Im Bereich *Folgeaufgaben* können Sie über den Drop-down-Pfeil der Schaltfläche *Ansicht wechseln* die Aufgaben als Board oder Liste darstellen lassen, sodass Sie Aufgaben, die in der Besprechung vereinbart werden, erfassen und bearbeiten können. Sobald Sie Personen zu einer Aufgabe hinzugefügt haben, können Sie auch die Aufgaben-Apps To Do oder Planner öffnen sowie weitere Aufgaben hinzufügen.
11. Wenn Sie neben oder unterhalb der Agenda, von Besprechungsnotizen oder Aufgaben in einen freien Bereich der Besprechungsnotiz und dann auf das Pluszeichen klicken, können Sie weitere Loop-Komponenten (siehe Abbildung 9.106) in die Notiz einfügen.

12. Sobald Sie Ihre Besprechungsnotiz vorbereitet haben, schließen Sie das Besprechungsformular.
13. Sobald Sie nun an der Besprechung teilnehmen, werden Ihnen rechts im Besprechungsfenster die Notizen angezeigt. In der Menüleiste des Besprechungsfensters wird Ihnen die Schaltfläche *Notizen* angeboten.

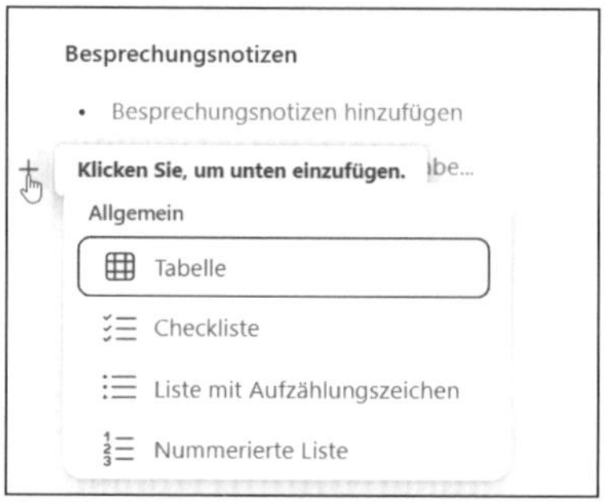

Abb. 9.106
Weitere Loop-Komponenten lassen sich hinzufügen.

9.10.6 Eine geplante Besprechung für alle eingeladenen Personen absagen

Möchten Sie eine von Ihnen geplante Besprechung absagen, gehen Sie folgendermaßen vor:

1. Navigieren Sie in Teams in den Kalender.
2. Klicken Sie auf den gewünschten Termin, den Sie absagen möchten.
3. Klicken Sie im Detailfenster unten auf die Schaltfläche *Absagen*.
4. Schreiben Sie kurz in das Feld *Nachricht hinzufügen (optional)*, warum Sie den Termin absagen.
5. Bestätigen Sie Ihre Eingabe mit einem Klick auf die Schaltfläche *Senden*. Alle Besprechungsteilnehmenden erhalten eine E-Mail über Ihre Absage und können den Termin aus dem Kalender löschen. Bei Ihnen wird der Termin nach dem Senden der Absage automatisch aus dem Kalender entfernt.

9.11 An einer geplanten Teams-Besprechung teilnehmen

Wenn Sie eine Besprechung organisiert oder einer zugesagt haben, werden Sie kurz vor ihrem Beginn daran erinnert. Sie erhalten in Outlook ein Erinnerungsfenster, über das Sie direkt zur Besprechung navigieren können. Aber auch Teams wird Sie darauf hinweisen, dass die Besprechung bald stattfindet. Beachten Sie, dass die Erinnerungsfunktionen und Benachrichtigungen von Outlook und Teams von Ihnen individuell verändert werden können.

9.11.1 Zutritt über die Erinnerungsfunktion von Outlook

Wenn Sie die Erinnerungsfunktionen von Outlook nicht geändert haben, werden Sie 15 Minuten vor Beginn an die Besprechung erinnert. Das Erinnerungsfenster der Desktop-App bieten Ihnen die Schaltfläche *Online beitreten* (siehe Abbildung 9.107) an, um zur Besprechung zu navigieren.

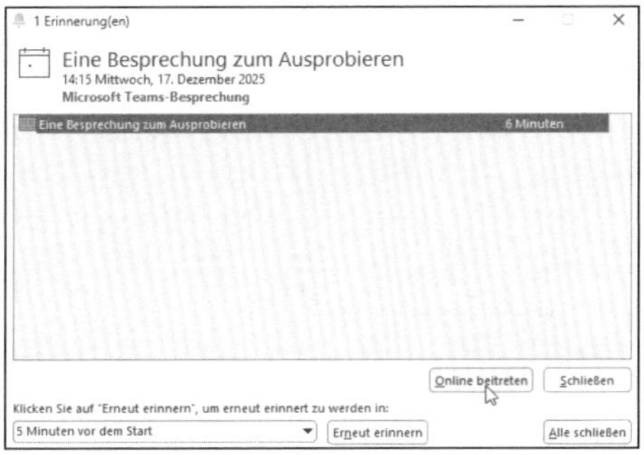

Abb. 9.107
Das Outlook-Erinnerungsfenster mit der Schaltfläche *Online beitreten* in der Desktop-App

In Outlook im Web erhalten Sie ebenfalls eine Erinnerung (siehe Abbildung 9.108), die oben rechts im Fenster angezeigt wird. Sobald Sie auf *Erinnerung* zeigen, können Sie auf das Kamera-Symbol klicken, um an der Besprechung teilzunehmen.

Abb. 9.108
Oben rechts die Erinnerung und das Kamera-Symbol zum Teilnehmen

9.11.2 Zutritt über den Outlook-Kalender

Erhalten Sie kein Erinnerungsfenster von Outlook oder haben Sie es geschlossen, so können Sie über den Outlook-Kalender teilnehmen. Wechseln Sie in den Outlook-Kalender und klicken Sie auf die Schaltfläche *Teilnehmen* oder zeigen Sie auf den Besprechungstermin (siehe Abbildung 9.109). Ihnen wird auch hier die Schaltfläche *Online beitreten* angeboten.

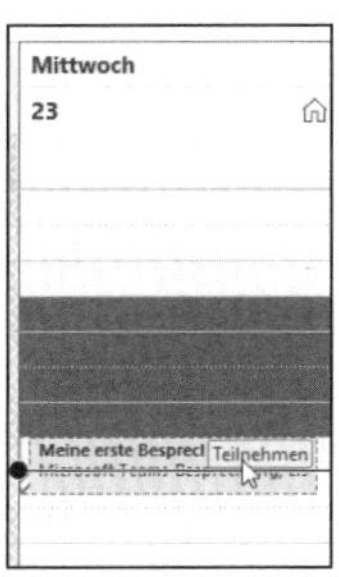

Abb. 9.109
Der Outlook-Kalender in der Desktop-App. Durch Zeigen auf den Besprechungstermin kann an der Besprechung teilgenommen werden.

Im Kalender von Outlook im Web klicken Sie einmal auf den Termin, um ihn auszuwählen. Ihnen wird die Schaltfläche *Beitreten* (siehe Abbildung 9.110) angeboten, damit Sie an der Besprechung teilnehmen können.

Abb. 9.110 Durch einen Klick auf den Besprechungstermin in Outlook im Web wird die Schaltfläche *Beitreten* angeboten.

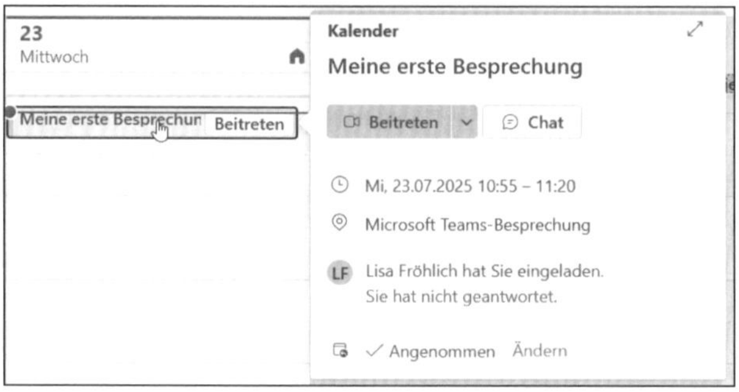

9.11.3 Zutritt über den Teams-Kalender

Über die Schaltfläche *Teilnehmen* können Sie sich nach einer Unterbrechung erneut einwählen.

Sobald Sie auf einen Besprechungstermin im Teams-Kalender klicken, können Sie als Besprechungsorganisator über die Schaltfläche *Teilnehmen* (siehe Abbildung 9.111) direkt zur Besprechung navigieren. Wenn Sie den Besprechungstermin nicht organisiert haben, können Sie zum Zeitpunkt der Besprechung auf den Termin klicken, die Schaltfläche *Teilnehmen* verwenden und damit zur Besprechung navigieren.

Abb. 9.111 Die Schaltfläche *Beitreten* wird kurz vor und während der Besprechung angezeigt.

9.11.4 Zutritt mit dem Webbrowser

Für den Fall, dass Ihre Besprechungsteilnehmer mit einem PC, Mac oder einem mobilen Gerät an der Besprechung teilnehmen möchten, auf dem die Teams-App nicht installiert ist, können sie dennoch mithilfe des Webbrowsers teilnehmen, auch wenn sie nicht über ein Microsoft-Konto verfügen. Wichtig ist, dass die Teilnehmenden den Besprechungslink auf dem Gerät erhalten haben.

1. Die Teilnehmer öffnen die E-Mail mit dem Besprechungslink.
2. Sie klicken auf den Besprechungslink und werden automatisch in den Webbrowser (siehe Abbildung 9.112) weitergeleitet.
3. Im Browser werden zwei Schaltflächen angeboten. Ausgewählt werden muss die Schaltfläche *In diesem Browser fortfahren*.

Abb. 9.112
Die Schaltfläche *In diesem Browser fortfahren*

4. Beim Edge-Browser müssen im oberen, linken Bereich (siehe Abbildung 9.113) das Mikrofon und die Kamera zugelassen werden. Dazu klicken Sie auf die Schaltfläche *Zulassen*.
5. Sie werden in das Fenster *Audio- und Videoeinstellungen* (siehe ebenfalls Abbildung 9.113) weitergeleitet. Dort können Sie Ihren Namen eingegeben und festlegen, ob das Mikrofon und die Kamera eingeschaltet werden sollen. Falls die Aktivierungsschaltflächen für das Mikrofon und die Kamera ausgegraut sind, aktualisieren Sie einmal den Browser.

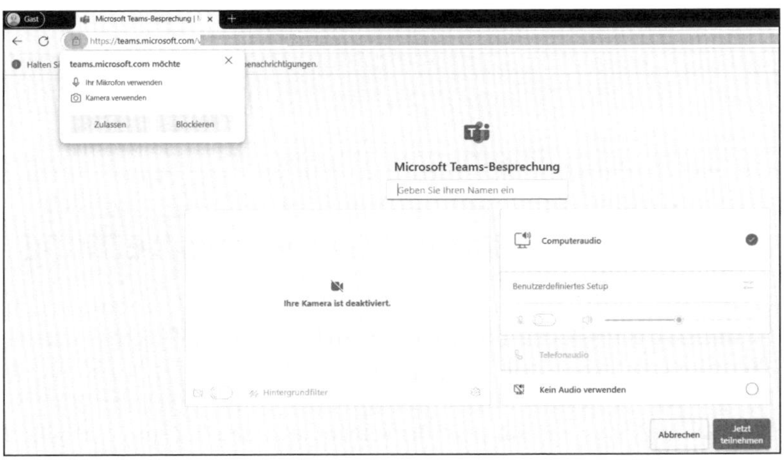

Abb. 9.113
Nicht bei allen Browsern muss das Mikrofon und die Kamera zugelassen werden.

6. Klicken Sie auf die Schaltfläche *Jetzt teilnehmen*.
7. Sie werden in den Wartebereich (siehe Abbildung 9.114) weitergeleitet.

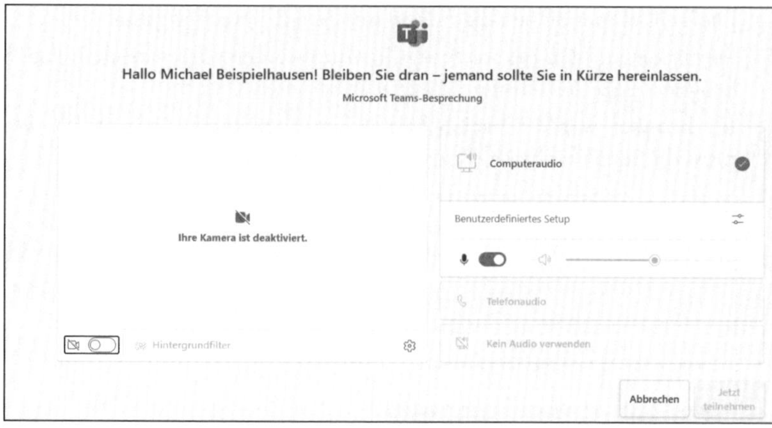

Abb. 9.114
Der Wartebereich für teilnehmende Personen

Sobald Sie zur Besprechung zugelassen wurden, befinden Sie sich im Besprechungsfenster (siehe Abbildung 9.115).

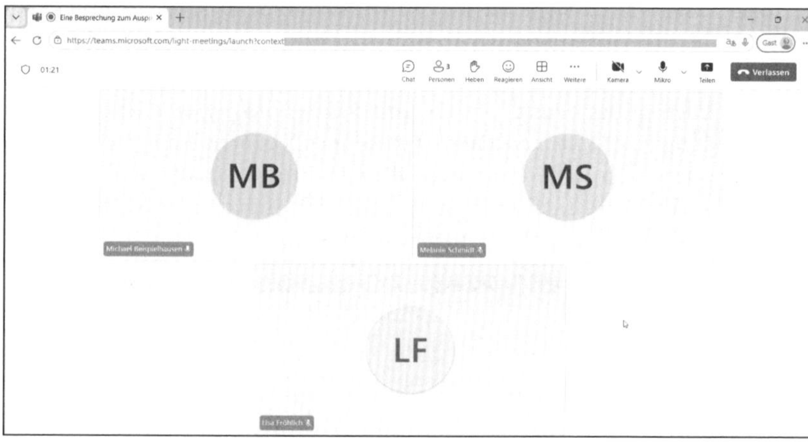

Abb. 9.115
Das Besprechungsfenster im Webbrowser mit drei Teilnehmenden

9.12 Aktionen während einer Besprechung

Probieren Sie die Funktionen aus, laden Sie dazu eine Kollegin oder einen Kollegen ein.

Bei einem Gespräch mit einem Einzelnen können Sie andere Aktionen durchführen als in einer Besprechung mit mehreren Personen. Wer sich in der Besprechung befindet, kann den Teilnehmerbereich für sich selbst öffnen, um zu sehen, wer anwesend ist. Wenn Sie die Besprechung organisiert haben, sind Sie die Besprechungsorganisatorin oder der -organisator und haben die Möglichkeit, weitere Teilnehmeraktionen über den Teilnehmerbereich durchzuführen. Um den Teilnehmerbereich einzublenden, gehen Sie folgendermaßen vor:

1. Zeigen Sie auf die einzelnen Schaltflächen im Besprechungsfenster, damit Ihnen in den Quickinformationen angezeigt wird, welche Befehle dahinterstecken. Klicken Sie in der Menüleiste auf die Schaltfläche *Teilnehmer anzeigen*, dargestellt mit dem Personen-Symbol.

2. Im rechten Fensterbereich wird eine Liste mit den Teilnehmern angezeigt.
3. Sie können hier weitere Personen zur Besprechung hinzuholen oder andere Aktionen durchführen, die ich nachfolgend beschreibe.
4. Möchten Sie den Teilnehmerbereich ausblenden, klicken Sie auf die Schaltfläche *Schließen* oben im Teilnehmerbereich, dargestellt mit dem *X*.

9.12.1 Während der Besprechung in das Teams-Hauptfenster navigieren

Es kann vorkommen, dass Sie während einer Besprechung aus dem Besprechungsfenster zu einem anderen Hauptfenster in Teams wie z. B. den Chat oder den Kalender navigieren möchten. Sie müssen die Besprechung dafür nicht verlassen.

1. Zeigen Sie in der Windows-Taskleiste auf die Teams-Schaltfläche. Ihnen werden zwei Fenster angezeigt: das Besprechungsfenster und das Teams-Hauptfenster.
2. Klicken Sie auf das Hauptfenster. Sie können nun zum Chat oder zu Ihren Teams und Kanälen navigieren.
3. Möchten Sie zurück in das Besprechungsfenster wechseln, zeigen Sie erneut auf die Teams-Schaltfläche unten in der Taskleiste und klicken auf das Besprechungsfenster.
4. Falls Ihnen nur das Besprechungsfenster angezeigt wird, können Sie in der Taskleiste auf die Windows-Schaltfläche klicken und direkt *Teams* schreiben. Öffnen Sie Teams. Ihnen werden nun zwei Fenster in der Taskleiste angezeigt.

9.12.2 Zulassen von Teilnehmern aus dem Wartebereich

Befinden Sie sich in einer Besprechung, die von Ihnen oder Personen Ihrer Organisation organisiert wurde, müssen externe Personen oder Personen, die mit dem Webbrowser teilnehmen, im Wartebereich warten und von Ihnen bzw. Personen Ihrer Organisation oder Gästen zugelassen werden. In den Besprechungsoptionen können die Einstellungen für den Wartebereich festgelegt werden. Sie finden die Informationen in Abschnitt 9.10.4. Möchten Sie wartende Personen zulassen, gehen Sie folgendermaßen vor:

1. Wenn Sie sich noch allein im Besprechungsfenster befinden oder weder Fenster noch Bildschirm teilen, wird Ihnen eine Benachrichtigung angezeigt (siehe Abbildung 9.116), sobald sich eine Person im Wartebereich befindet.
2. Klicken Sie auf die Schaltfläche *Hineinlassen*, um die Person zur Besprechung zuzulassen.
3. Sie können direkt mit der Person kommunizieren. Schalten Sie gegebenenfalls Ihr Mikrofon oben in der Menüleiste an.

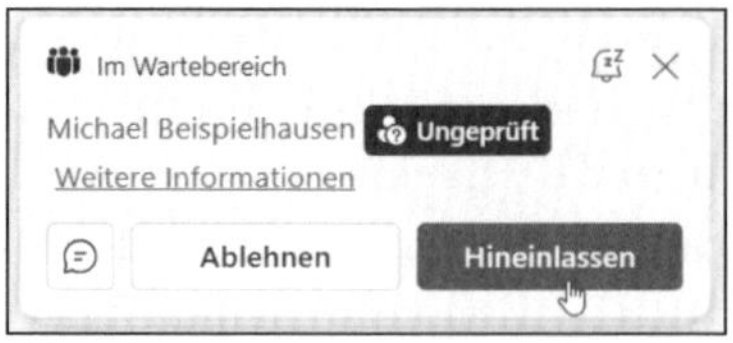

Abb. 9.116 Die Benachrichtigung, dass sich eine Person im Wartebereich befindet

4. Wenn mehrere Personen im Wartebereich warten, können Sie sich auch den Teilnehmerbereich anzeigen lassen und dort die Personen nacheinander zulassen. Klicken Sie in der Menüleiste auf die Schaltfläche *Teilnehmer anzeigen*, dargestellt mit dem Personen-Symbol.
5. Im rechten Fensterbereich werden Ihnen die eingeladenen und anwesenden Personen aufgelistet (siehe Abbildung 9.117). Warten Personen im Wartebereich, wird Ihnen zusätzlich die Kategorie *Warten im Wartebereich* angezeigt. Sie können die einzelnen Personen über das grüne Häkchen zulassen oder das Zulassen mit dem roten *X* verhindern. Lassen Sie die Personen zur Besprechung zu.

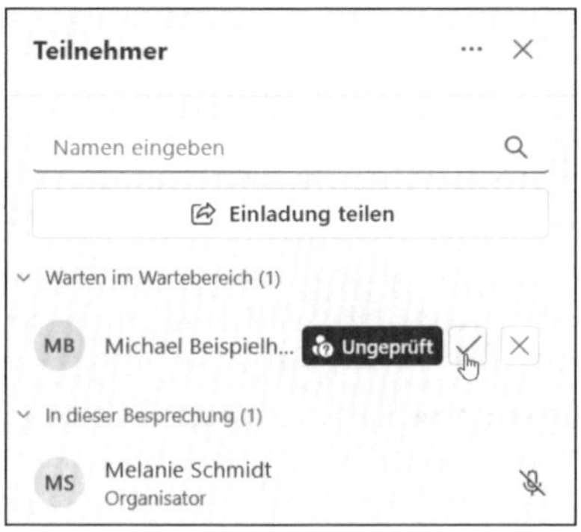

Abb. 9.117 In der Liste *Teilnehmer anzeigen* können wartende Personen zugelassen werden.

9.12.3 Teilnehmer aus der Besprechung entfernen

Entfernen Sie Personen, die nicht zu Ihrem Team im Regeltermin gehören.

Als Besprechungsorganisator können Sie einen Teilnehmenden aus der Besprechung entfernen, etwa wenn sich jemand aus der Besprechung verabschiedet, jedoch vergisst, aufzulegen, oder wenn Sie in einem Regeltermin mit Ihrem Team eine teamfremde Person nur für eine Rückfrage hinzuholen und diese sonst nicht an weiteren Terminen beteiligt ist:

1. Klicken Sie in der Menüleiste auf die Schaltfläche *Teilnehmer anzeigen*, dargestellt mit dem Personen-Symbol. Im rechten Fensterbereich wird die Teilnehmerliste angezeigt.
2. Zum Entfernen einer Person aus der Besprechung zeigen Sie auf ihren Namen und klicken auf das Menü *Weitere Optionen*, dargestellt mit den drei Punkten (siehe Abbildung 9.118).

3. Klicken Sie ganz unten auf die Option *Aus Besprechung entfernen*. Die Person wird aus der Besprechung entfernt und erhält einen Hinweis darüber. Sie könnte über eine von Teams bereitgestellte Schaltfläche erneut an der Besprechung teilnehmen.
4. Schließen Sie den Teilnehmerbereich über die *Schließen*-Schaltfläche, dargestellt mit dem *X*.

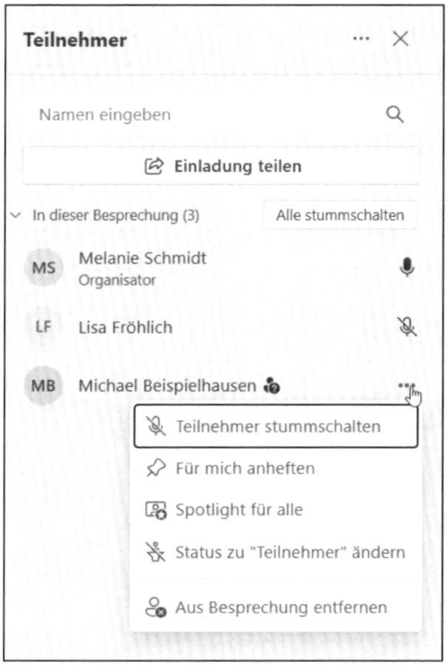

Abb. 9.118
Über den Teilnehmerbereich können Personen aus der Besprechung entfernt werden.

9.12.4 Teilnehmer stummschalten

Während Sie in Besprechungen einen Vortrag halten, können Fragen von Besprechungsteilnehmern oder Geräusche sehr störend sein. Sie können die Mikrofone der Teilnehmenden, also beispielsweise aller Zuhörer, stummschalten. Jedoch sollten Sie alle Beteiligten benachrichtigen, denn diese erhalten direkt nach der Stummschaltung eine entsprechende Information. Sagen Sie, dass Sie nach dem Vortrag gerne bereit sind, zu diskutieren, und dass dann die Mikrofone wieder eingeschaltet werden dürfen.

1. Öffnen Sie während einer Besprechung oben rechts den Teilnehmerbereich durch einen Klick auf das Symbol *Teilnehmer anzeigen*.
2. Möchten Sie einen Teilnehmenden stummschalten, so zeigen Sie auf seinen Namen. Klicken Sie auf das Menü *Weitere Optionen*, dargestellt mit den drei Punkten.
3. Wählen Sie die Option *Teilnehmer stummschalten*. Der Teilnehmer erhält die Information, dass er stummgeschaltet wurde, und kann nur selbst das Mikrofon wieder einschalten.

4. Sie können auch alle Teilnehmenden zeitgleich stummschalten und die Stummschaltung wieder aufheben. Sobald mehrere Personen an der Besprechung teilnehmen, wird Ihnen im Teilnehmerbereich der Link *Alle stummschalten* angezeigt, wenn eine oder mehrere Personen das Mikrofon eingeschaltet haben (siehe Abbildung 9.119). Klicken Sie auf den Link. Alle anwesenden und dazukommenden Teilnehmer sind jetzt stummgeschaltet, Ihr Mikrofon bleibt weiterhin eingeschaltet. Achten Sie also darauf, dass Sie die Informationen gegebenenfalls im Unterhaltungsfenster oder Chat festhalten, damit alle Teilnehmenden informiert sind.

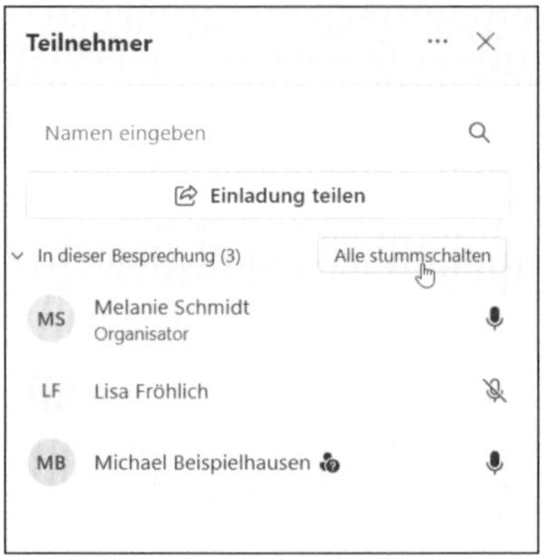

Abb. 9.119 Über den Teilnehmerbereich können alle Teilnehmer stummgeschaltet werden.

Informieren Sie die Teilnehmer darüber, dass sie selbst das Mikrofon zum Einschalten in der Menüleiste im Besprechungsfenster anklicken müssen.

9.12.5 Hintergrundeffekte für Ihr Video einstellen

Sie können vor oder auch während der Teams-Videoübertragung Ihre Webcam so einstellen, dass Ihre Hintergrundkulisse in der Videoübertragung unscharf oder mit einem von Ihnen gewählten Hintergrundbild dargestellt wird:

1. Klicken Sie im Besprechungsfenster neben die Schaltfläche *Kamera* auf den Drop-down-Pfeil.
2. Wählen Sie ganz unten den Befehl *Weitere Videoeffekte und Einstellungen*.
3. Klicken Sie auf die Schaltfläche *Alle anzeigen* unterhalb der angezeigten Videoeffekte.
4. Wählen Sie die gewünschten Hintergrundeinstellungen aus.
5. Klicken Sie rechts unten auf die Schaltfläche *Vorschau*, um die Auswahl zu sehen.
6. Möchten Sie die Hintergrundeinstellung übernehmen, sodass Ihre Gesprächspartner Ihr Video und den Hintergrund sehen, klicken Sie ganz unten im Bereich auf die Schaltfläche *Anwenden und Video aktivieren* bzw. *Übernehmen*.
7. Schließen Sie den rechten Fensterbereich über die Schaltfläche *X*.

9.12.6 Hervorheben von Teilnehmervideos

Während einer Audio- und Videobesprechung erscheinen immer diejenigen im Besprechungsfenster im Vordergrund, die gerade sprechen. Um immer alle Teilnehmer zu sehen, können Sie ihre Videos im Bildschirm anheften und damit fest auf dem Bildschirm platzieren:

1. Zeigen Sie im Besprechungsfenster auf die Person, die Sie auf dem Bildschirm anheften möchten.
2. Klicken Sie auf *Weitere Optionen*, dargestellt mit den drei Punkten.
3. Wählen Sie den Befehl *Für mich anheften* und wiederholen Sie das bei weiteren Teilnehmenden. Hinter ihren Namen wird nun eine Pinnnadel angezeigt.
4. Zum Lösen eines Teilnehmenden klicken Sie im Besprechungsfenster auf die Pinnnadel hinter seinem Namen.

9.12.7 Der Vollbildmodus

Möchten Sie das Besprechungsfenster im Vollbildmodus sehen, gehen Sie folgendermaßen vor:

1. Klicken Sie im Besprechungsfenster in der Menüleiste auf die Schaltfläche *Ansicht*.
2. Wählen Sie ganz unten den Befehl *Weitere Optionen*, im weiteren Menü wählen Sie *Vollbild* aus.
3. Um den Vollbildmodus zu deaktivieren, drücken Sie die [ESC]-Taste.

9.12.8 Audiogeräte während der Besprechung überprüfen oder wechseln

Empfinden Sie die Audioqualität während der Besprechung als nicht ausreichend, können Sie die Audiogeräte überprüfen und gegebenenfalls durch ein anderes installiertes und angeschlossenes Gerät austauschen. Eventuell möchten Sie während der Besprechung von einem Headset auf einen Konferenzlautsprecher umstellen. Sie können die Audiogeräte direkt im Besprechungsfenster prüfen und je nach verwendeten Geräten andere Geräte auswählen:

1. Klicken Sie im Besprechungsfenster neben der Schaltfläche mit dem Mikrofon-Symbol auf den Drop-down-Pfeil (siehe Abbildung 9.120).
2. Sind bei Ihnen weitere Audiogeräte angeschlossen und eingeschaltet, können Sie im oberen Bereich ein Gerät direkt durch einen Klick auswählen.

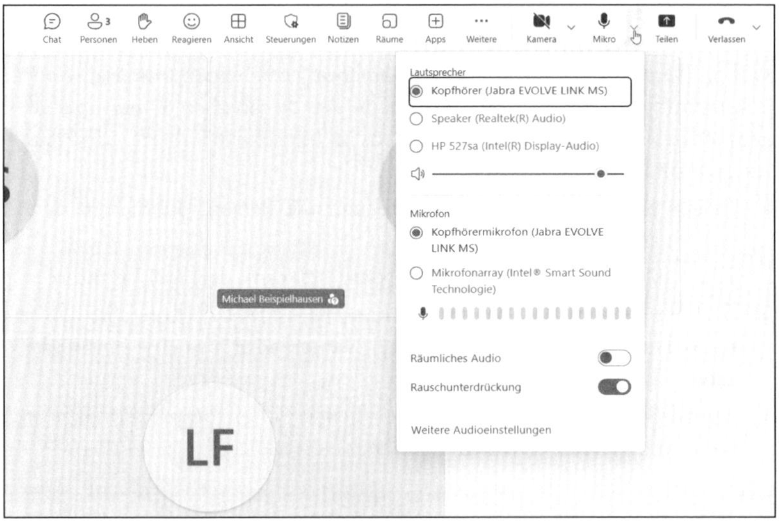

Abb. 9.120 In jeder Besprechung können die Audio- und Videogeräte geändert werden.

9.12.9 Chatunterhaltungen während einer Besprechung bereitstellen

Wenn Sie die Mikrofone in der Besprechung stummgeschaltet haben, da Sie keine störenden Unterbrechungen durch das Sprechen anderer Teilnehmer wünschen, haben die teilnehmenden Personen dennoch die Möglichkeit, sich über den Chat zu verständigen. Beachten Sie jedoch, dass es sehr anstrengend sein kann, wenn Sie einen Vortrag halten und zusätzlich Chatnachrichten beantworten sollen. Sie sollten eine weitere Person dazuholen, die während Ihres Vortrags die Nachrichten beantworten kann. Es macht jedoch Sinn, den Chat kurz zu Beginn einer Besprechung einzublenden, falls es technische Probleme bei Teilnehmern gibt und diese sich verständlich machen sollen. Beachten Sie auch, dass alle Teilnehmer die Chatnachrichten lesen können. Erklären Sie ihnen das unbedingt.

1. Klicken Sie im Besprechungsfenster auf die Schaltfläche *Unterhaltungen anzeigen,* dargestellt mit der Sprechblase (siehe Abbildung 9.121).
2. Geben Sie im unteren rechten Bereich Ihre Chatnachricht ein und senden Sie die Nachricht.
3. Klicken Sie oben rechts auf die Schaltfläche *X* oder in der Menüleiste auf die Schaltfläche *Unterhaltung ausblenden*, dargestellt mit der Sprechblase, um das Unterhaltungsfenster zu schließen.

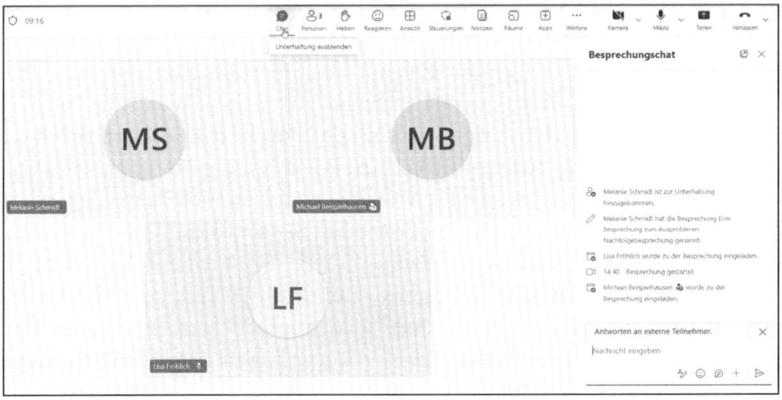

Abb. 9.121
Der Besprechungschat kann von allen Teilnehmern geöffnet, gelesen und beantwortet werden.

9.12.9.1 Chatunterhaltungen mit einer einzelnen Person in einer Besprechung

Möchten Sie während einer Besprechung mit einer bestimmten Person aus der Besprechung Chatnachrichten austauschen, gehen Sie folgendermaßen vor:

1. Sie befinden sich im Besprechungsfenster und sehen die Profilbilder, Initialen oder die Videos der Besprechungsteilnehmer.
2. Zeigen Sie mit der Maus auf die Person, mit der Sie eine persönliche Chatnachricht austauschen möchten, bis Ihnen die Profilkarte angezeigt wird.
3. Klicken Sie in der Profilkarte in das Eingabefeld *Eine schnelle Nachricht senden* (siehe Abbildung 9.122) und schreiben Sie dort Ihre Nachricht hinein.
4. Klicken Sie zum Senden auf die Schaltfläche *Senden*, dargestellt mit dem Pfeil hinter dem Eingabefeld. Ihre Nachricht wird gesendet.

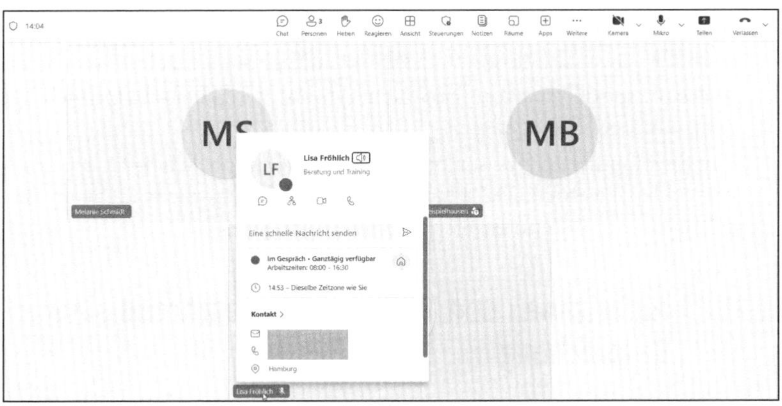

Abb. 9.122
Durch das Zeigen auf eine Person im Besprechungsfenster öffnet sich die Profilkarte.

Alternativ können Sie auch auf die Schaltfläche *Chat*, dargestellt mit der Sprechblase (siehe ebenfalls Abbildung 9.122), innerhalb der Profilkarte klicken. Es wird dann ein separates Chatfenster geöffnet, und Sie können dort die Nachricht schreiben und senden.

9.12.10 Handheben während einer Besprechung

Denken Sie immer daran, die Hand wieder zu senken.

In größeren Besprechungen mit vielen Teilnehmern ist es manchmal hilfreich, eine Möglichkeit anzubieten, sich bemerkbar zu machen. Wenn alle Personen in einer Besprechung gleichzeitig sprechen oder Fragen stellen, kann es schnell zu einem Durcheinander führen. Sie können mit den Gesprächspartnerinnen und -partnern absprechen, dass alle die Möglichkeit haben, sich zu melden, wenn sie etwas beitragen möchten. Dafür verwenden Sie und Ihre Teilnehmenden die Funktion *Handheben* (siehe Abbildung 9.123). Die Reihenfolge der Meldungen wird Ihnen im Besprechungsfenster und in der Teilnehmerliste über die Schaltfläche *Personen* angezeigt. Jede teilnehmende Person kann im Besprechungsfenster die Schaltfläche *Heben*, dargestellt mit dem Hand-Symbol, benutzen, um sich zu melden.

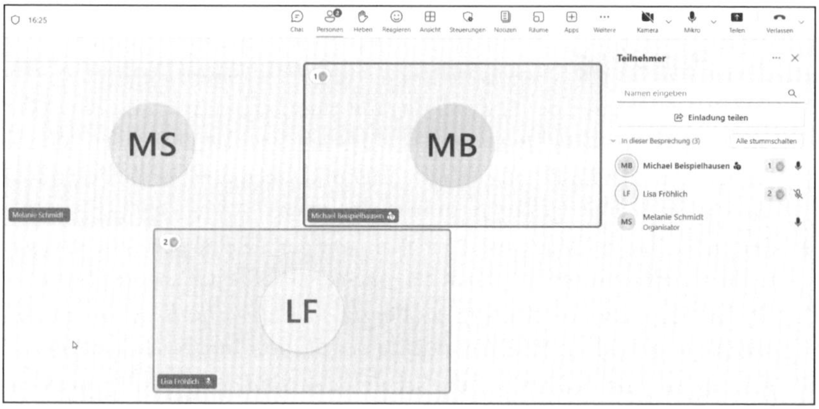

Abb. 9.123 Sobald jemand die Hand hebt, wird es im Besprechungsfenster und im Bereich *Personen* angezeigt.

1. Sobald eine Person die Hand gehoben hat, wird sie im Besprechungsfenster mit einer kleinen Hand und in der Reihenfolge der Meldungen gekennzeichnet (siehe Abbildung 9.123), und auf der Schaltfläche *Teilnehmer anzeigen*, dargestellt mit dem Personen-Symbol, wird ebenfalls farblich signalisiert, dass es Meldungen gibt.
2. Um die Hand wieder zu senken, muss erneut auf die Schaltfläche *Hand senken* geklickt werden. Das Hand-Symbol wird dann nicht mehr im Besprechungsfenster und im Bereich *Teilnehmer* angezeigt.

9.12.11 Aufzeichnen und Transkribieren während einer Besprechung

In einigen Unternehmen ist es erlaubt, Teams-Besprechungen aufzuzeichnen und zu transkribieren. Das ist sinnvoll, wenn Sie beispielsweise im Nachhinein noch einmal alle Informationen aus der Besprechung benötigen oder wenn Sie die Aufzeichnung für Personen bereitstellen möchten, die nicht daran teilnehmen konnten. Aufzeichnungen werden mit dem Dienst *Microsoft Stream* durchgeführt. Die Aufzeichnungen und Transkripte werden entweder in der persönlichen OneDrive-Bibliothek oder in der SharePoint-Teamwebsite gespeichert. Wo genau, ist abhängig davon, welche Konfigurationen von Ihrer IT-Abteilung vorgenommen wurden. Die Einstellungen können so gesetzt werden, dass die Aufzeichnung, egal von wem sie in der Besprechung gestartet wird, immer beim Besprechungsorganisator in OneDrive gespeichert wird. Das System legt einmalig automatisch in OneDrive im Bereich *Eigene Dateien* den Ordner *Aufnahmen* an, wo Sie alle Aufnahmen wiederfinden. Zusätzlich wird die Aufzeichnung im Besprechungschat hinterlegt. Es kann aber auch festgelegt werden, dass die Aufzeichnungen im OneDrive der Benutzerin oder des Benutzers abgelegt werden, die oder der die Aufzeichnung gestartet hat. Werden Besprechungen über einen Teams-Kanal gestartet oder geplant, werden dort gestartete Aufzeichnungen in der dazugehörigen Teamwebsite in der Bibliothek *Dokumente* und im Kanalordner gespeichert. Es wird dann vom System einmalig automatisch ein Ordner mit dem Namen *Recordings* im Kanalordner angelegt, wo auch zukünftige Aufzeichnungen aus dem gewählten Kanal abgelegt werden. Beachten Sie, dass es nicht in allen Unternehmen gestattet ist, Konferenzen aufzuzeichnen und zu speichern. Befragen Sie zuerst Ihre Administratoren oder Ihre Datenschutzbeauftragten beziehungsweise prüfen Sie die aktuell gültigen Datenschutzbestimmungen Ihres Unternehmens. Alle Benutzerinnen und Benutzer mit einem Unternehmensaccount können in einer Besprechung die Aufzeichnungen starten, wenn diese Funktion freigeschaltet ist. Alle Teilnehmenden werden im Besprechungsfenster über die gestartete Aufzeichnung informiert und stimmen durch die Teilnahme an der Besprechung der Aufzeichnung zu (siehe Abbildung 9.124). Es sollten jedoch vorher alle Besprechungsteilnehmenden damit einverstanden sein, wenn Aufzeichnungen vorgenommen werden. Es kann sein, dass sonst Teilnehmende ihre Kamera und Mikrofone ausschalten, während Sie vortragen.

Klären Sie Ihre Teilnehmer unbedingt darüber auf, dass Sie die Besprechung aufzeichnen werden, auch wenn es für jeden in der Besprechung sichtbar ist.

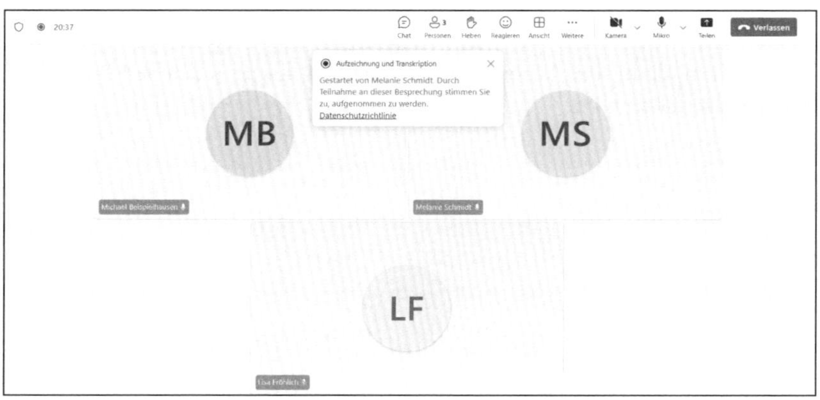

Abb. 9.124 Der Hinweis, dass die Aufzeichnung gestartet wurde. Oben links sehen Sie, dass eine Aufzeichnung läuft.

Gehen Sie folgendermaßen vor, um eine Besprechung aufzuzeichnen:

1. Klicken Sie im Besprechungsfenster in der Menüleiste auf die Schaltfläche *Weitere Aktionen*, dargestellt mit den drei Punkten, wählen Sie dort die Aktion *Aufzeichnen und transkribieren* und im Untermenü den Befehl *Aufzeichnung beginnen*. Sie und die Teilnehmenden erhalten im oberen Fensterbereich eine Information, dass die Aufzeichnung gestartet wurde, und im oberen linken Besprechungsfenster wird die Aufzeichnung angezeigt.
2. Zum Beenden der Aufzeichnung klicken Sie ebenfalls auf die Schaltfläche *Weitere Aktionen* sowie die Aktion *Aufzeichnen und transkribieren*. Wählen Sie im Untermenü den Befehl *Aufzeichnung beenden*.
3. Betätigen Sie das Beenden der Aufzeichnung im nachfolgenden Fenster.

Die Aufzeichnung wird im Chat- oder Beitragsverlauf nach der Besprechung bereitgestellt. Beachten Sie, dass externe Teilnehmende nicht darauf zugreifen können. Sie müssen die aufgezeichnete Datei im Chat oder Teams-Kanal über das Register *Freigegeben* im Ordner *Recordings* auswählen und teilen oder den Link zur Aufzeichnung abrufen und versenden.

9.13 Teilnehmervideos in einer Besprechung

Wenn Sie an einer Teams-Besprechung teilnehmen und Ihre Kamera nicht aktivieren, werden Ihr Profilbild oder Ihre Initialen angezeigt. Sobald Sie und andere Teilnehmer die eigene Kamera aktivieren, sind die einzelnen Videos in der Konferenz für alle Teilnehmer sichtbar. Je mehr Personen online in der Besprechung sind, desto kleiner werden die Videos auf den Bildschirmen dargestellt. Organisatoren oder Moderatoren einer Besprechung können die Darstellung der angezeigten Videos ändern. So können Sie in größeren Besprechungen Ihre Besprechungspartner zusammen in eine von Ihnen gewählte Hintergrundszene setzen, wie zum Beispiel den Hörsaal einer Universität (siehe Abbildung 9.125), ein Amphitheater oder andere Innen- und Außenräume. Administratoren Ihres Unternehmens können sogar eigene Hintergrundszenen erstellen, die dann in den Teams-Besprechungen ausgewählt werden können. Zusätzlich können Sie während einer Besprechung mit einem Spotlight eine bis sieben Personen in den Fokus setzen, damit die Aufmerksamkeit der Zuschauer auf diese Person oder Personen gerichtet wird.

Abb. 9.125
Der virtuelle Hörsaal ist leer, da keine Kameras aktiviert sind.

9.13.1 Hintergrundszenen in einer Besprechung

Wenn Sie sich zusammen mit drei weiteren Personen in einer Besprechung befinden oder über einen Teams-Kanal eine Besprechung starten, können Sie den sogenannten Zusammen-Modus verwenden, um die Hintergrundkulisse für alle zu ändern. So werden nicht mehr die einzelnen Hintergrundbilder der Personen in kleinen Fenstern angezeigt, sondern Sie alle werden einer gemeinsamen Hintergrundszene hinzugefügt. Wichtig ist, dass sich mindestens fünf Personen in der geplanten Besprechung befinden und alle Besprechungspartner die eigenen Kameras aktivieren. Sie können eine gemeinsame Hintergrundszene wie folgt auswählen:

1. Klicken Sie in einer von Ihnen organisierten Besprechung im Besprechungsfenster auf die Schaltfläche *Ansicht*.
2. Wählen Sie die Ansichtsoption *Zusammen-Modus* aus.
3. Ihnen werden verschiedene Hintergrundszenen angezeigt.
4. Wählen Sie einen Hörsaal aus und klicken Sie auf die Schaltfläche *Plätze zuweisen*, wenn Sie den Teilnehmenden einzeln einen Platz zuordnen möchten. Wenn Sie die Schaltfläche nicht anklicken, werden die Besprechungsteilnehmer, die ihre Kamera eingeschaltet haben, automatisch einem Platz zugewiesen. Je mehr Personen an der Besprechung mit eingeschalteter Kamera teilnehmen, desto größer wird der virtuelle Hörsaal dargestellt, sodass auch weitere Teilnehmer sichtbar werden.
5. Klicken Sie ganz unten auf die Schaltfläche *Anwenden* und die gewählte Hintergrundszene wird für Sie übernommen.
6. Möchten Sie diese Szene für alle Teilnehmenden übernehmen, klicken Sie oben in der Menüleiste auf die Schaltfläche *Alle* (siehe Abbildung 9.126) und bestätigen Sie das Dialogfenster *Freigegebene Ansicht im Zusammen-Modus aktivieren?* mit *Ja*.

7. Möchten Sie die Szene nicht mehr mit den Teilnehmenden teilen, klicken Sie erneut auf die Schaltfläche *Alle* und bestätigen Sie das Beenden der freigegebenen Ansicht.

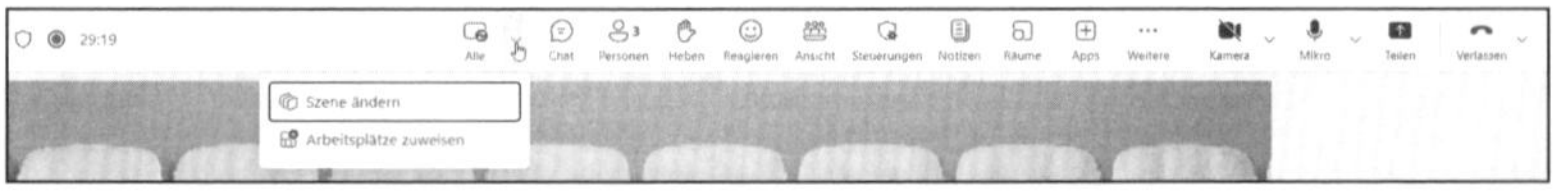

Abb. 9.126 Die Schaltfläche *Alle* und daneben der Drop-down-Pfeil, um das Menü zu öffnen

8. Möchten Sie eine andere Hintergrundszene auswählen oder die einzelnen Personen anders zuweisen, klicken Sie oben in der Menüleiste neben der Schaltfläche *Alle* auf das Drop-down-Menü und wählen die Option *Szene ändern* oder *Arbeitsplätze zuweisen* aus.
9. Sie können über die Schaltfläche *Ansicht* zurück in die Galerieansicht wechseln.

9.13.2 Galerieansichten in einer Besprechung

Die Galerieansicht, die in geplanten oder in Teams-Kanalbesprechungen standardmäßig aktiviert ist, ist praktisch, wenn Sie mit Teilnehmern eine Besprechung durchführen und die Teilnehmervideos aktiviert sind. Die große Galerieansicht steht Ihnen jedoch erst zur Auswahl zur Verfügung, wenn mindestens neun Personen ihre Kamera aktiviert haben. Wenn mehr als 49 Personen mit ihrer Kamera an der Besprechung teilnehmen, werden immer 49 Personen auf einer Seite angezeigt. Durch die einzelnen Seiten können Sie dann mit den Schaltflächen < und > (vor und zurück) unterhalb der Galerieansicht blättern.

1. Klicken Sie im Besprechungsfenster auf die Schaltfläche *Ansicht*.
2. Klicken Sie auf die Option *Max. Galeriegröße auswählen*.
3. Wählen Sie die Anzahl der Personen aus, die Sie für die Galerieansicht benötigen.

9.13.3 Eine oder mehrere Personen in den Fokus setzen

Soll in einer Besprechung die Aufmerksamkeit auf eine oder mehrere Personen gerichtet werden, können Sie diese Personen in den Fokus setzen. Microsoft nennt diese Funktion *Spotlight*, und sie lässt sich im jeweiligen Besprechungsfenster festlegen. Die mit Spotlight ausgewählte Person kann die Funktion auch selbst aktivieren und wieder deaktivieren.

1. Lassen Sie die Kameras der Teilnehmer, die Sie in den Fokus setzen möchten, aktivieren.
2. Klicken Sie im Besprechungsfenster beim angezeigten Namen der Person, die Sie in den Fokus setzen möchten (nicht bei der Initiale oder dem Profilbild), auf das weitere Menü, dargestellt mit den drei Punkten (siehe Abbildung 9.127).
3. Klicken Sie auf die Schaltfläche *Spotlight für alle*. Setzen Sie weitere Personen in den Fokus.

4. Die ausgewählten Personen erhalten in der Menüleiste eine zusätzliche Schaltfläche, mit der sie sich eigenständig wieder aus dem Spotlight entfernen können.

Abb. 9.127
Neben dem Namen der Personen im Besprechungsfenster finden Sie das Menü für weitere Optionen.

Alternativ können Sie das Spotlight auch über die Teilnehmerliste einzeln festlegen:

1. Klicken Sie dafür auf die Schaltfläche *Personen*.
2. Zeigen Sie auf die gewünschte Person und klicken Sie auf die Schaltfläche *Weitere Optionen*, dargestellt mit den drei Punkten.
3. Wählen Sie die Option *Spotlight für alle*.

9.14 Freigeben und Präsentieren von Inhalten

Mit Teams können Sie während eines Teams-Audio- oder -Videoanrufs mit nur einer Person oder in Besprechungen mit mehreren Personen Inhalte freigeben, präsentieren und die Steuerung auf Ihren PC, Mac oder ein bestimmtes Fenster an eine Person übertragen. Sie können PowerPoint-Präsentation im Besprechungsfenster freigeben und an einem zweiten Bildschirm im Referentenmodus präsentieren. Ihre Teilnehmer sehen die Folien, während Sie in der Referentenansicht Ihre Notizen sehen und durch die Folien navigieren können. Für andere Programme können Sie Ihren ganzen Bildschirm freigeben, dann sehen alle Besprechungsteilnehmer alle geöffneten Fenster und die jeweilige Taskleiste des Windows-PCs oder den Dock Ihres Macs. Diese Art der Freigabe eignet sich, wenn Sie während eines Vortrags in verschiedene Fenster navigieren müssen.

Öffnen Sie zuerst die Fenster, die Sie zeigen möchten. Sie können auch nur ein Fenster freigeben, in dem Sie ein Programm geöffnet haben, das Sie präsentieren möchten. Hier wäre ein klassisches Beispiel eine Excel-Tabelle, die Sie während der Besprechung präsentieren wollen. Dann sehen die Besprechungsteilnehmer nur das Fenster mit der von Ihnen geöffneten Excel-Mappe und keine weiteren Inhalte Ihres Systems. Jedoch müssen Sie dann beim Fensterwechsel jedes Mal die Präsentation beenden und ein anderes Fenster neu freigeben.

9.14.1 Den Bildschirm teilen

Während eines Teams-Audio- oder -Videoanrufs können Sie Ihren gesamten Bildschirminhalt mit den anderen Teilnehmern teilen.

Bedenken Sie jedoch, dass während des Teilens des Desktops alle geöffneten Programme sichtbar sind. Schließen Sie zuvor alle für das Teilen nicht relevanten Programme und Fenster oder verwenden Sie einen zweiten Bildschirm.

Folgende Schritte sind notwendig, um den Bildschirm zu teilen:

1. Beginnen Sie einen Teams-Audioanruf oder eine Besprechung mit der Person, mit der Sie den Desktop oder ein Programmfenster teilen möchten.
2. Klicken Sie in der Menüleiste auf die Schaltfläche *Teilen*, dargestellt mit dem Pfeil nach oben (siehe Abbildung 9.128).
3. Falls Sie Inhalte wie zum Beispiel Videos mit Ton präsentieren möchten, müssen Sie die Option *Sound einschließen* aktivieren, damit Ihre Besprechungsteilnehmer auch den Ton des Videos hören können. Falls es eine Rückkoppelung mit Ihren Systemlautsprechern gibt, sollten Sie Ihre integrierten Systemlautsprecher, nicht die vom Headset, für die Präsentation auf lautlos stellen. Fragen Sie hierzu Ihre IT-Abteilung, da es verschiedene Systeme gibt und die Einstellungen unterschiedlich sind.

Abb. 9.128 Die Einstellungen für das Teilen von Inhalten

4. Möchten Sie mit Ihrer Kamera im Vordergrund Ihres gezeigten Bildschirms für alle Besprechungsteilnehmer sichtbar sein, aktivieren Sie Ihre Kamera und zusätzlich im Bereich *Moderatormodus* eine der angebotenen Schaltflächen. Wählen Sie die Schaltfläche *Inhalt im Hintergrund*, um Ihren geteilten Inhalt und Ihr Video zu präsentieren. Sie können auch einen farbigen Hintergrund wählen, auf dem Ihr geteilter Inhalt präsentiert wird. Klicken Sie dafür auf die Schaltfläche *Hintergrund hinzufügen*.
5. Klicken Sie auf die Kachel *Bildschirm*. Falls Sie zwei Bildschirme verwenden, werden Ihnen zwei Kacheln zur Auswahl angeboten. Wählen Sie den Bildschirm aus, den Sie teilen möchten.
6. Microsoft hat angekündigt, dass Inhalte des Bildschirms erst nur für Sie in einer Vorschau angezeigt werden sollen, sobald Sie auf eine Bildschirmkachel klicken. Erst wenn Sie auf die Schaltfläche *Live senden* klicken, werden die Inhalte auch für die Besprechungsteilnehmer sichtbar. Zum aktuellen Zeitpunkt (Januar 2026) ist diese Funktion noch nicht vorhanden und der freigegebene Bildschirm inklusive aller darin befindlichen Leisten wird mit einer roten Linie umrandet direkt dargestellt.
7. Am oberen Bildschirmrand erscheint eine kleine Leiste mit der roten Schaltfläche *Teilen beenden*. Damit können Sie jederzeit die Bildschirm- oder Fensterfreigabe beenden. Diese Leiste besitzt ganz links eine kleine Schaltfläche mit sechs Punkten. Wenn Sie auf diese Punkte klicken und die linke Maustaste gedrückt halten, können Sie die Leiste auf dem Bildschirm verschieben, falls sie Sie stört.
8. Wenn Sie mit der Maus ganz oben auf den geteilten Bildschirm zeigen, verschwindet die kleine Leiste und Ihnen wird eine weitere, größere Referenten-Menüleiste angezeigt. Mit den Schaltflächen dieser Menüleiste können Sie Ihre Kamera und Ihr Mikrofon ein- und ausschalten, die Steuerung übertragen, den Sound einschließen, das Layout bzw. die Position Ihres Kamera-Videos festlegen, die Anmerkungsfunktion aktivieren, zur Teilnehmerliste navigieren oder das Teilen des Bildschirms oder des Fensters beenden. Auch diese Menüleiste besitzt ganz links eine Schaltfläche mit sechs Punkten, damit Sie sie mit gedrückter Maustaste verschieben können.
9. Beenden Sie das Teilen über eine der Menüleisten oder klicken Sie oben im Besprechungsfenster auf die Schaltfläche *Teilen beenden*.
10. Sie können die Besprechung verlassen, wenn Sie die Schaltfläche mit dem roten Hörer-Symbol anklicken.

9.14.2 Programmfenster teilen

Alternativ zum Teilen des gesamten Bildschirms können Sie auch einzelne Programme, wie beispielsweise Excel, teilen. Damit können Sie kurzfristig in einem bestimmten Programm Dateiinhalte anzeigen, um sie mit den Kollegen abzustimmen:

1. Öffnen Sie während eines Gesprächs zunächst das Programm und die Datei, die Sie präsentieren oder besprechen möchten.
2. Klicken Sie in der Menüleiste auf die Schaltfläche *Teilen*, dargestellt mit dem Pfeil nach oben.
3. Legen Sie fest, ob Ihr Computersound für alle Teilnehmer hörbar sein soll. Wählen Sie die Option nur aus, wenn Sie beispielsweise ein Video mit Ton präsentieren möchten.
4. Möchten Sie mit Ihrer Kamera im Vordergrund des gezeigten Bildschirms sichtbar sein, schalten Sie Ihre Kamera an und klicken Sie auf die Schaltfläche *Inhalt im Hintergrund*, dargestellt mit einem Bildschirm und der Person im Bereich *Moderatormodus*.
5. Klicken Sie auf die Kachel *Fenster*. Ihnen werden alle an Ihrem System geöffneten Fenster angezeigt.
6. Klicken Sie das Fenster an, das Sie präsentieren oder besprechen möchten.
7. Besprechen Sie Ihre Inhalte.
8. Zum Beenden der Fensterfreigabe klicken Sie auf die Schaltfläche *Teilen beenden* in der kleinen Menüleiste.
9. Möchten Sie den Anruf oder die Besprechung verlassen, klicken Sie auf die Schaltfläche *Verlassen*. Möchten Sie die Besprechung für alle Teilnehmenden beenden, klicken Sie auf der Schaltfläche *Verlassen* auf den Drop-down-Pfeil und wählen Sie den Befehl *Besprechung beenden*. Beachten Sie, dass der Drop-down-Pfeil und der Befehl *Besprechung beenden* nur Organisatoren und Mitorganisatoren angezeigt wird, Teilnehmende können die Besprechung nicht beenden.

9.14.3 Präsentieren von PowerPoint-Folien mit Teams

Mit Teams können Sie beim Präsentieren einer PowerPoint-Präsentation als Referent die sogenannte Referentenansicht nutzen, damit Sie die in der Präsentation hinzugefügten Notizen sehen können, während den Besprechungsteilnehmern nur die Folien angezeigt werden. Sie als Referent können festlegen, ob Ihre Gesprächspartner eigenständig durch die einzelnen Folien navigieren dürfen oder nicht.

1. Sie befinden sich in einer Teams-Besprechung oder nehmen gleich an einer teil.
2. Zum Teilen Ihrer Präsentation klicken Sie im Besprechungsfenster in der Menüleiste auf die Schaltfläche *Teilen*, dargestellt mit dem Pfeil nach oben.
3. Im Bereich *PowerPoint Live,* unten im Dialog, können Sie auf zuletzt verwendete Präsentationen zugreifen oder ganz unten im Dialog eine vorhandene Präsentation von Ihrem Computer oder aus Ihrem OneDrive öffnen. Öffnen Sie eine Präsentation. Sie werden in den Referentenmodus (siehe

Abbildung 9.129) weitergeleitet. Ihre Besprechungsteilnehmer sehen nur die Folie, die Sie ausgewählt haben, und die Symbolleiste unterhalb der angezeigten Folie (siehe Abbildung 9.130).

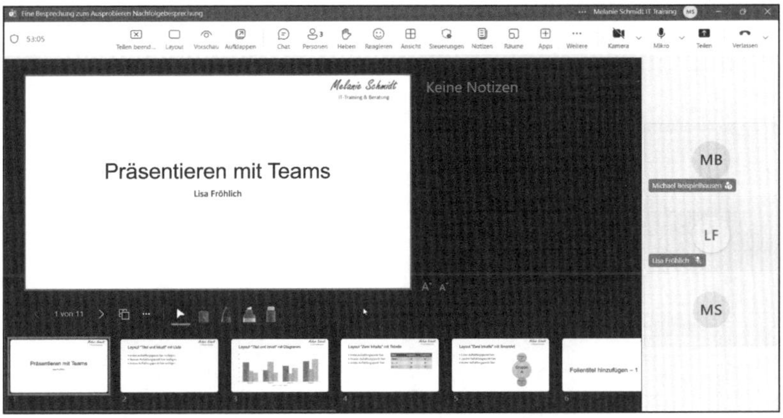

Abb. 9.129 Der Referentenmodus während der Präsentation

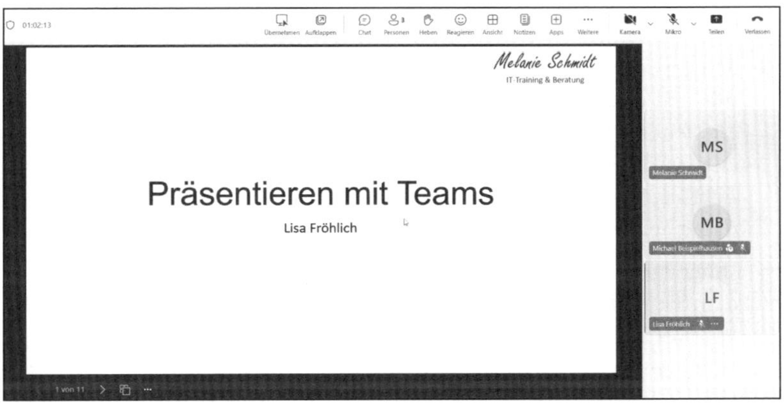

Abb. 9.130 Der Bildschirm der Besprechungsteilnehmer

Die große Folie, die Ihnen in der Referentenansicht angezeigt wird, besitzt einen roten Rahmen, damit Sie sehen, welche Folie gerade präsentiert wird. Im rechten Fensterbereich sehen Sie Ihre Notizen, die Sie zur jeweiligen Folie in PowerPoint hinzugefügt haben. Sie können im Bereich *Notizen* die Schriftgröße verkleinern oder vergrößern. Der Notizbereich wird nur bei Ihnen als Referent angezeigt.

In der Referentenansicht stehen Ihnen weitere Aktionen unterhalb der Folie zur Verfügung:

- Sie können die kleinen Folien anklicken, um in der Präsentation zu navigieren.
- Alternativ können Sie unterhalb der großen Folie mit der Schaltfläche > in der Präsentation vorwärts- oder mit der Schaltfläche < zurückblättern.

- Über die Schaltfläche *Rasteransicht*, dargestellt mit den Fenster-Symbolen, können Sie und die Teilnehmenden alle Folien im Raster (siehe Abbildung 9.131) anzeigen lassen, um damit schnell auf bestimmte Folien zu navigieren. Über das *X* im oberen rechten Fensterbereich können Sie die Rasteransicht verlassen.

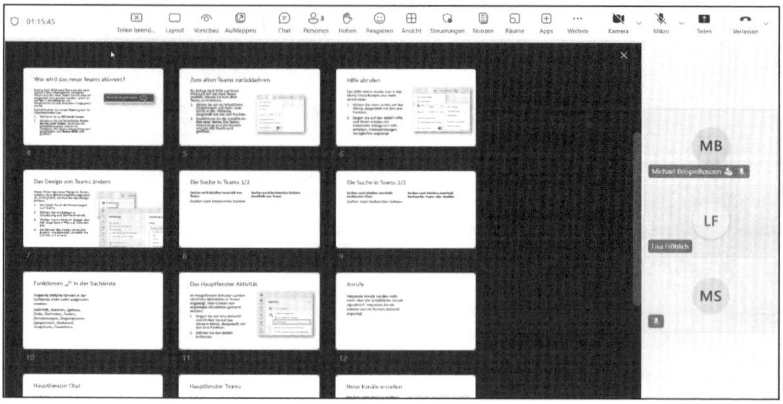

Abb. 9.131 Die Rasteransicht zum schnellen Navigieren in den Folien und rechts im Fenster die Schaltfläche *Schließen*

- Mithilfe der Schaltfläche *Weitere Aktionen*, unterhalb der Folie, dargestellt mit den drei Punkten, können Sie die Referentenansicht aus- und wieder einblenden. Sie und Ihre Besprechungsteilnehmer können für sich die Folien vergrößert oder in hohem Kontrast darstellen oder in eine andere Sprache übersetzen lassen. Erklären Sie Ihren Gesprächspartnern diese Funktionen, damit auch sie davon profitieren können.
- Ihnen steht in der Referentenansicht ein Laserpointer zur Verfügung, mit dem Sie alternativ zur Maus auf Inhalte der angezeigten Folie zeigen können. Um ihn zu verwenden, klicken Sie einmal auf die Schaltfläche *Laserpointer*. Möchten Sie die Farbe ändern, klicken Sie ein zweites Mal auf die Schaltfläche *Laserpointer*. Möchten Sie wieder den Mauszeiger aktivieren, klicken Sie auf die Schaltfläche *Cursor*.
- Möchten Sie bestimmte Wörter umkreisen oder mit dem Marker hervorheben, stehen Ihnen der Stift und ein Textmarker (siehe Abbildung 9.132) zur Verfügung. Klicken Sie einmal auf die Schaltfläche *Stift* oder auf die Schaltfläche *Textmarker*, um ihn zu aktivieren. Klicken Sie ein zweites Mal auf die jeweilige Schaltfläche, um die Strichstärke oder Farbe auszuwählen. Möchten Sie wieder den Mauszeiger aktivieren, klicken Sie auf die Schaltfläche *Cursor*.
- Verwenden Sie die Schaltfläche *Radierer*, um vorgenommene Zeichnungen oder Markierungen zu löschen. Klicken Sie auf die Zeichnung oder Markierung, nachdem Sie den Radierer aktiviert haben. Möchten Sie wieder den Mauszeiger aktivieren, klicken Sie auf die Schaltfläche *Cursor*.

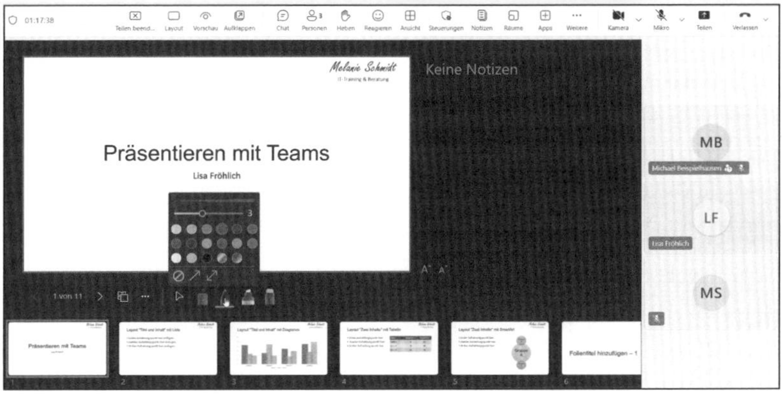

Abb. 9.132 Auswahl der Strichstärke und der Farbe

Alle teilnehmenden Personen dürfen eigenständig durch die Folien navigieren. Dies hat zwar keine Auswirkung auf die Präsentation selbst, kann jedoch störend sein, wenn Teilnehmer die Inhalte der Präsentation durchstöbern, dadurch abgelenkt und eventuell nicht beim Thema der aktuell präsentierten Folie sind. Sie können das eigenständige Blättern der Teilnehmer in der Referentenansicht deaktivieren. Klicken Sie dafür oben in der Menüleiste auf die Schaltfläche *Vorschau*, dargestellt mit dem Auge-Symbol (siehe Abbildung 9.133).

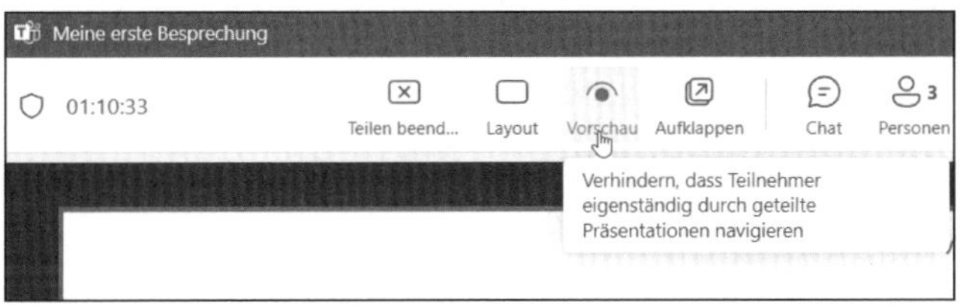

Abb. 9.133 Verhindern Sie, dass Ihre Besprechungsteilnehmer durch die Präsentation navigieren.

Zum Beenden der Präsentation klicken Sie oben in der Menüleiste auf die Schaltfläche *Teilen beenden*. Bestätigen Sie danach den Dialog, dass Sie die Besprechung beenden möchten.

Sie befinden sich weiterhin in der Teambesprechung. Erst durch Auflegen über die Schaltfläche *Verlassen* in der Menüleiste verlassen Sie die Besprechung. Alle anderen Teilnehmer bleiben weiterhin in der Besprechung. Möchten Sie die Besprechung für alle Teilnehmer beenden, klicken Sie auf den Drop-down-Pfeil der Schaltfläche *Verlassen* und wählen dort den Befehl *Besprechung beenden*, wenn Sie die Organisatorin oder der Organisator sind.

9.14.4 Die Steuerung für den Computer oder ein Programm übergeben

Sie können die Steuerung eines Fensters oder gar des ganzen Systems an eine Kollegin oder einen Kollegen übergeben. Somit können Hilfestellungen innerhalb von Anwendungen schnell durchgeführt werden. Möchten Sie beispielsweise einem Administrator Zugriff auf Ihren Computer gewähren, so können Sie ihm dessen Steuerung übertragen. Der Administrator muss somit nicht erst an Ihrem Arbeitsplatz erscheinen, um Systemeinstellungen vorzunehmen.

Die Desktop-Steuerung kann nur durchgeführt werden, wenn in Ihrem Unternehmen die Steuerung zur Freigabe in der Administration konfiguriert wurde.

So übergeben Sie die Steuerung des Desktops:

1. Klicken Sie im Besprechungsfenster in der Menüleiste auf die Schaltfläche *Teilen*.
2. Klicken Sie auf die Kachel *Bildschirm*. Der Administrator kann jetzt auf Ihren Desktop schauen.
3. Zeigen Sie mit der Mausspitze an den oberen Bildschirmrand des Bildschirms, den Sie teilen. Dort sehen Sie eine kleine Steuerungsleiste, die in drei Schaltflächen unterteilt ist. Die Schaltfläche ganz links mit den sechs Punkten, *Sie teilen Ihren Bildschirm* und die rote Schaltfläche *Teilen beenden*. Verwenden Sie die Schaltfläche mit den Punkten, um die Leiste auf dem Bildschirm zu verschieben. Ziehen Sie die Leiste wieder an den oberen Bildschirmrand. Zeigen Sie auf die kleine Steuerungsleiste, bis eine größere graue Menüleiste oben am Bildschirm erscheint. Klicken Sie auf die Schaltfläche *Steuerung übergeben*. Es öffnet sich das Kontextmenü mit allen Namen der Personen, die sich in der Besprechung befinden.
4. Klicken Sie auf den Namen Ihres Administrators. Der Administrator hat sofort Zugriff auf Ihren Computer.
5. Sobald der Administrator den Fehler behoben hat, klicken Sie am oberen Bildschirmrand in der grauen Menüleiste auf die Schaltfläche *Steuerung abbrechen*.
6. Wenn Sie die Schaltfläche *Präsentation beenden* verwenden, wird nur die Präsentation des Desktops beendet. Sie befinden sich weiterhin in der Besprechung. Klicken Sie auf die Schaltfläche *Verlassen* in der Menüleiste des Besprechungsfensters, um den Anruf zu beenden.

Möchten Sie einem Mitarbeiter während eines Anrufs die Steuerung eines einzelnen Programms, etwa einer Excel-Datei, gewähren, so gehen Sie folgendermaßen vor:

1. Öffnen Sie während des Gesprächs das Programm und die Datei, die Sie zeigen möchten.
2. Klicken Sie in der Menüleiste des Besprechungsfensters auf die Schaltfläche *Teilen*.
3. Klicken Sie auf die Kachel *Fenster*; Ihnen werden alle geöffneten Fenster aufgelistet. Klicken Sie auf das gewünschte Fenster.

4. Klicken Sie im oberen Bildschirmbereich in der grauen Menüleiste auf die Schaltfläche *Steuerung übergeben*. Es öffnet sich das Kontextmenü mit allen Namen der Teilnehmer.
5. Klicken Sie auf den Namen des Kollegen, um die Steuerung zu gewähren.
6. Klicken Sie oben im Bildschirm auf die Schaltfläche *Steuerung abbrechen*, sobald Sie die alleinige Steuerung wieder übernehmen möchten.

9.15 Gruppenräume (Breakout Rooms) in einer Besprechung

Gerade in großen Besprechungen mit sehr vielen Teilnehmenden ist es schwierig, konzentriert und fokussiert Themen zu diskutieren und zu erarbeiten. Teams bietet Gruppenräume an, in denen kleine Arbeitsgruppen für den Gesprächsaustausch gebildet werden können. Als Besprechungsorganisator können Sie mit der Teams-Desktop-App Gruppenräume zu einer Besprechung hinzufügen, wenn nicht mehr als 300 Personen an der Besprechung teilnehmen. Sie können festlegen, ob die Besprechungsteilnehmer automatisch oder von Ihnen manuell den jeweiligen Gruppenräumen zugewiesen werden. Die Besprechungsteilnehmer haben dann die Möglichkeit, in kleinen Gruppen fokussiert und gemeinsam Themen zu erarbeiten.

9.15.1 Gruppenräume in einer Besprechung erstellen

Als Besprechungsorganisator können Sie in der Teams-Desktop-App wie folgt Gruppenräume anlegen:

1. Sie befinden sich in einem Besprechungsfenster. Dieses Fenster bezeichne ich nachfolgend als Hauptbesprechungsfenster.
2. Klicken Sie in der Menüleiste auf die Schaltfläche *Räume* (siehe Abbildung 9.134).

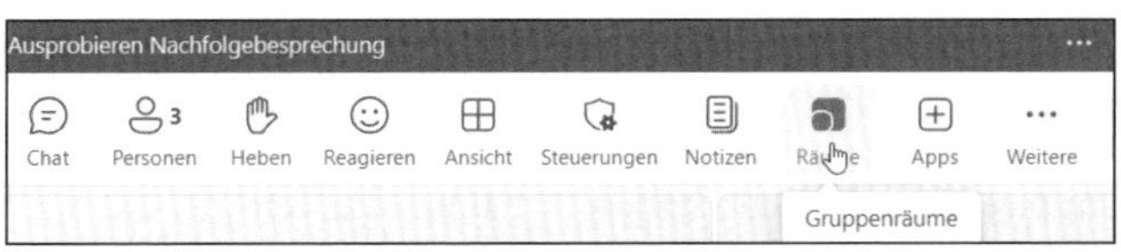

Abb. 9.134 Die Schaltfläche *Räume* wird nur Besprechungsorganisatoren angeboten.

3. Wählen Sie die Anzahl der Gruppenräume aus, die Sie für die Besprechung verwenden möchten. Klicken Sie dafür auf den Pfeil nach oben bei *Wählen Sie die Anzahl der Räume aus, die Sie erstellen möchten* (siehe Abbildung 9.135).
4. Wählen Sie aus, ob die Räume automatisch oder manuell von Ihnen angelegt werden sollen oder ob die Teilnehmenden selbst die Räume auswählen dürfen. Wenn Sie die Option *Automatisch* verwenden, werden die anwesenden Besprechungsteilnehmer automatisch den Gruppenräumen zugeord-

net. Wenn Sie die Option *Manuell* auswählen, können Sie nach dem Erstellen der Gruppenräume eine eigene Zuordnung der Personen in die Räume vornehmen.

5. Bestätigen Sie Ihre Auswahl mit einem Klick auf die Schaltfläche *Räume erstellen*. Es dauert einen kleinen Moment, bis die Gruppenräume erstellt werden. Ihnen werden rechts im Hauptbesprechungsfenster die Gruppenräume angezeigt. Die Besprechungsteilnehmer befinden sich noch im Hauptbesprechungsfenster.

Abb. 9.135 Die Anzahl der Gruppenräume und die Auswahl, wie die Räume erstellt werden sollen

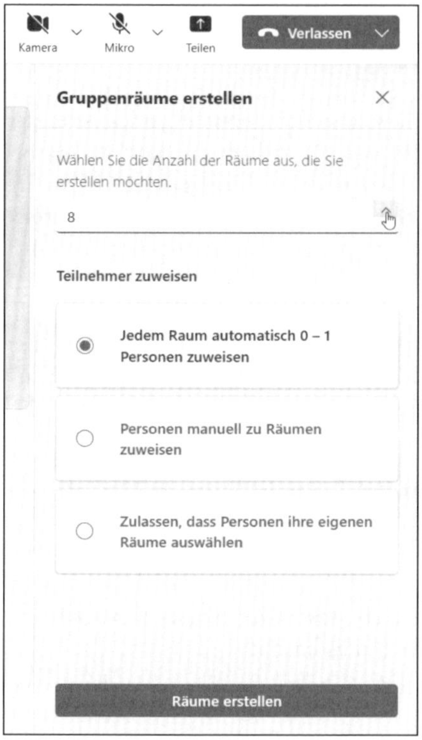

9.15.2 Gruppenräume umbenennen

Sobald Sie Gruppenräume erstellt haben, erhalten die Räume Namen wie *Raum 1*, *Raum 2*. Möchten Sie sie nach Themen oder Arbeitsgruppen benennen, können Sie die Namen so ändern:

1. Zeigen Sie im rechten Fensterbereich *Gruppenräume* auf einen Raum, den Sie umbenennen möchten.
2. Klicken Sie auf das Menü *Weitere Optionen*, dargestellt mit den drei Punkten (siehe Abbildung 9.136).
3. Wählen Sie die Option *Raum umbenennen*.

Abb. 9.136
Das Menü *Weitere Optionen*, dargestellt mit den drei Punkten

4. Es folgt ein Dialog (siehe Abbildung 9.137). Klicken Sie in das Eingabefeld und überschreiben Sie den vorhandenen Raumnamen.

Abb. 9.137
Raumnamen lassen sich überschreiben und umbenennen.

5. Bestätigen Sie den neuen Namen mit einem Klick auf die Schaltfläche *Umbenennen*. Wiederholen Sie die Schritte, um weitere Gruppenräume umzubenennen.

9.15.3 Ein Zeitlimit für die Gruppengespräche festlegen

Sie können einen zeitlichen Rahmen festlegen, in dem die Gruppengespräche stattfinden dürfen. Nach Ablauf dieser Zeit werden die Gruppenräume geschlossen und alle Besprechungsteilnehmer kommen zurück in das Hauptbesprechungsfenster.

1. Klicken Sie im rechten Fensterbereich auf das Zahnradsymbol, um die Einstellungen zu öffnen.
2. Aktivieren Sie die Option *Zeitlimit festlegen* (siehe Abbildung 9.138).
3. Wählen Sie die Zeit in Stunden oder Minuten aus, die Sie den Besprechungsteilnehmern für die Gesprächsrunde geben möchten.

4. Aktivieren Sie die Option *Erlaubt Benutzern, zur Hauptbesprechung zurückzukehren*, falls die Teilnehmenden zwischendurch oder nach Ablauf der festgelegten Zeit wieder zur Hauptbesprechung navigieren können sollen.
5. Bestätigen Sie Ihre Auswahl mit einem Klick auf die Schaltfläche *Speichern*.

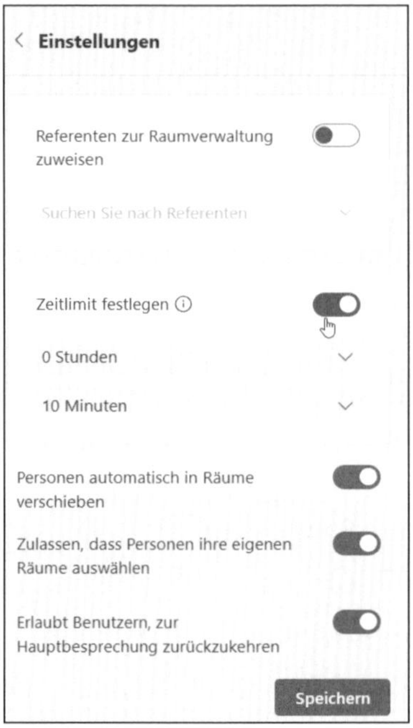

Abb. 9.138
Das Zeitlimit aktivieren und die Zeit festlegen

6. Klicken Sie oben vor *Einstellungen* auf den Pfeil nach links, um wieder in die Übersicht der Gruppenräume zu navigieren.

9.15.4 Besprechungsteilnehmer den Gruppenräumen manuell zuordnen

Nachdem die Gruppenräume erstellt wurden und Sie sich für die manuelle Zuordnung Ihrer Teilnehmer entschieden haben, können Sie nun die anwesenden Personen auswählen und den Räumen zuordnen.

1. Klicken Sie im rechten Fensterbereich *Gruppenräume* auf die Schaltfläche *Teilnehmer zuweisen*.
2. Es werden alle Teilnehmer aufgelistet. Klicken Sie vor eine oder mehrere Personen, um die Personen auszuwählen und einem Raum zuzuweisen (siehe Abbildung 9.139).
3. Klicken Sie oben auf den Drop-down-Pfeil *Raum auswählen*. Ihnen werden alle vorhandenen Räume aufgelistet.

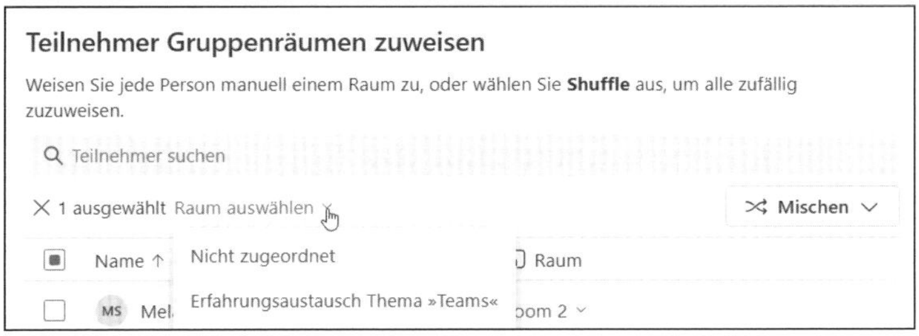

Abb. 9.139 Die Auswahl der Teilnehmer und des Raums

4. Klicken Sie auf den Raum, dem Sie die ausgewählten Personen zuordnen möchten.
5. Wählen Sie erneut Personen aus und weisen Sie diese den anderen Räumen zu. Wiederholen Sie die Schritte, bis alle Besprechungsteilnehmer einem Raum zugeordnet wurden.
6. Speichern Sie Ihre Auswahl.

Die Besprechungsteilnehmer befinden sich weiterhin im Hauptbesprechungsfenster.

9.15.5 Gruppenräume für die Teilnehmer öffnen

Bislang befanden sich die Besprechungsteilnehmer noch im Hauptbesprechungsfenster. Erst wenn Sie die Gruppenräume öffnen, werden sie in die jeweiligen Gruppenräume weitergeleitet. Erst dann können die einzelnen Gruppengespräche stattfinden.

1. Klicken Sie im rechten Fensterbereich *Gruppenräume* auf die Schaltfläche *Räume öffnen*. Die Räume werden jetzt geöffnet (siehe Abbildung 9.140) und die Besprechungsteilnehmer werden in ihre Räume weitergeleitet.

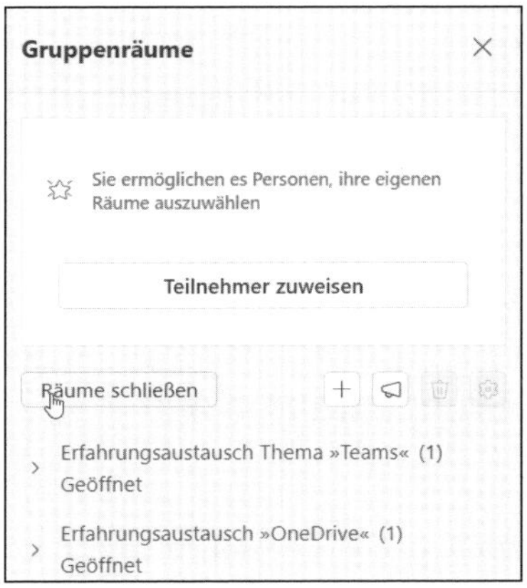

Abb. 9.140 Die geöffneten Gruppenräume und die Schaltfläche *Räume schließen*

2. Sie können auch einzelne Gruppenräume öffnen. Zeigen Sie im rechten Fensterbereich *Gruppenräume* auf den Raum, den Sie öffnen möchten.

3. Klicken Sie auf das Menü *Weitere Optionen* und wählen Sie dort die Option *Raum öffnen* aus.

9.15.6 Als Besprechungsorganisator zwischen den Gruppenräumen hin- und hernavigieren

Als Besprechungsorganisator können Sie, nachdem Sie die Gruppenräume geöffnet haben, zwischen den Räumen hin- und hernavigieren.

1. Zeigen Sie im rechten Fensterbereich *Gruppenräume* auf den Raum, den Sie aufsuchen möchten.
2. Klicken auf das Menü *Weitere Optionen*, dargestellt mit den drei Punkten, und wählen Sie die Option *Teilnehmen*.
3. Möchten Sie den Raum verlassen und einen anderen Raum aufsuchen, klicken Sie oben in der Menüleiste auf die Schaltfläche *Raum verlassen*. Sie werden in das Hauptbesprechungsfenster weitergeleitet.
4. Wiederholen Sie die Schritte 1 bis 3, um einen anderen Raum aufzusuchen und zu verlassen.

9.15.7 Einen weiteren Gruppenraum erstellen

Wenn Sie feststellen, dass die Gruppenräume nicht ausreichen und Sie einen weiteren Gruppenraum benötigen, können Sie diesen wie folgt erstellen:

1. Klicken Sie im rechten Fensterbereich *Gruppenräume* auf die Schaltfläche *Raum hinzufügen*, dargestellt mit dem Plussymbol. Der Raum wird direkt angelegt und unten an letzter Stelle aufgelistet.
2. Möchten Sie den Raum umbenennen, zeigen Sie auf den Raum, klicken Sie auf das Menü *Weitere Optionen*, dargestellt mit den drei Punkten, und wählen Sie die Option *Raum umbenennen*.
3. Überschreiben Sie den vorhandenen Namen und bestätigen Sie mit einem Klick auf die Schaltfläche *Raum umbenennen*.
4. Klicken Sie auf die Schaltfläche *Teilnehmer zuweisen* und wählen Sie die Teilnehmer aus, indem Sie vor die Namen klicken.
5. Weisen Sie Teilnehmenden zu und speichern Sie Ihre Auswahl.

9.15.8 Eine Mitteilung an alle Gruppenräume und Teilnehmer senden

Wenn Sie eine Chatnachricht an alle Räume und alle Personen senden möchten, um beispielsweise auf die verbleibende Zeit im Gruppenraum hinzuweisen, können Sie eine sogenannte Ankündigung senden. Die Ankündigung wird im Chat des jeweiligen Raums und bei allen Teilnehmern im Teams-Chat als *Wichtig* markiert (siehe Abbildung 9.141) angezeigt.

Abb. 9.141
Die Nachricht im Chatfenster einer Gruppe

6. Klicken Sie auf die Schaltfläche *Eine Ankündigung machen*, dargestellt mit dem Megafon.
7. Schreiben Sie Ihre Mitteilung in das Eingabefeld (siehe Abbildung 9.142) und klicken Sie auf die Schaltfläche *Senden*. Die Besprechungsteilnehmer erhalten nun die von Ihnen verfasste Mitteilung im jeweiligen Chatfenster des Raums und in der eigenen Teams-App.

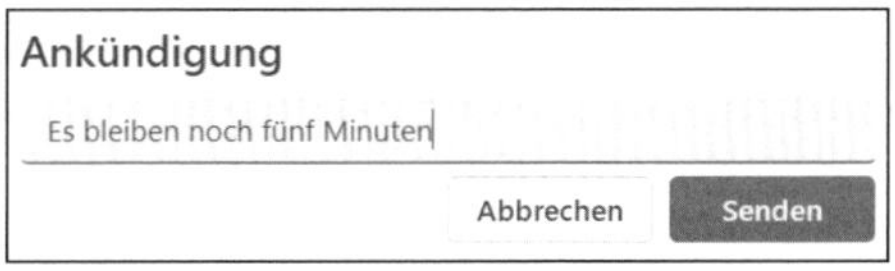

Abb. 9.142
Das Senden einer Nachricht in alle Räume und an alle Teilnehmer

9.15.9 Gruppenräume schließen

Sie können Gruppenräume einzeln oder alle gleichzeitig schließen. Nachdem der Raum oder die Räume geschlossen sind, haben die Teilnehmer einige Sekunden Zeit, um zum Abschluss zu kommen. Danach können die Teilnehmer wieder in das Hauptbesprechungsfenster zurückkehren.

1. Zeigen Sie im rechten Fensterbereich *Gruppenräume* auf den Raum, den Sie schließen möchten.
2. Klicken Sie im Menü *Weitere Optionen*, dargestellt mit den drei Punkten, auf die Option *Schließen*. Die Teilnehmer kehren zum Hauptbesprechungsfenster zurück.
3. Möchten Sie alle Räume gleichzeitig schließen, klicken Sie auf die Schaltfläche *Räume schließen*. Die Räume werden geschlossen, und die Teilnehmer kehren zum Hauptbesprechungsfenster zurück.

9.16 Zusammenarbeit in Teams und Kanälen

Sie haben festgestellt, dass Sie Teams als reine Kommunikationsplattform nutzen können. Zusätzlich bietet Teams die Möglichkeit für die Zusammenarbeit mit Abteilungs-, Fachbereichs- und Projektgruppen. Sie können mit Teams sämtliche Informationen für die jeweiligen Arbeitsteams bereitstellen und abrufen. Innerhalb von Kanälen können Sie teamorientierte Kommunikation wie Chatbeiträge, Teams-Audio- und -Videoanrufe und Besprechungen durchführen. Der Fokus liegt dabei immer auf der Zusammenarbeit mit mehreren unternehmensinternen sowie -externen Personen. Während Sie bislang die persönlichen Vorteile von Teams kennengelernt haben, gehe ich in diesem Abschnitt auf die Möglichkeiten der Teamarbeit ein. Die Zusammenarbeit mit Teams ist eine neue Herausforderung, und es bedarf einiger Absprachen und Vereinbarungen mit dem Team für diese Art der Zusammenarbeit.

9.16.1 Die Struktur und der Aufbau von Teams

Über die Teams-Apps können Sie einem Team beitreten oder, wenn es in Ihrem Unternehmen keinen Beantragungsprozess für die Bereitstellung eines Teams gibt, ein Team erstellen. Ein Team in Microsoft Teams setzt sich aus einem jeweiligen Teamnamen und sogenannten Kanälen zusammen. Ein Team selbst besitzt immer zumindest einen Kanal, der Aktivitäten des Teams anzeigt, zum Beispiel, wer dem Team beigetreten ist oder wer es verlassen hat. Ohne diesen ersten Kanal wäre es nicht möglich, in einem Team in Teams zusammenzuarbeiten. Beim Anlegen eines Teams direkt in Teams können Sie den ersten Kanal nach Ihren Wünschen benennen. Beim Anlegen einer SharePoint-Teamwebsite in Verbindung mit einem Team in Teams wird die Benennung durch das System übernommen und der Kanal wird dann *Allgemein* benannt.

Innerhalb eines Teamkanals führen Sie teamorientierte Unterhaltungen in Beiträgen, Teams-Audio- und -Videoanrufen und teilen und arbeiten gemeinsam mit den Kolleginnen und Kollegen an Ihren Dokumenten oder anderen Informationen. Weitere Kanäle mit unterschiedlichen Benennungen, zum Beispiel nach Themen oder Prozessen, können hinzugefügt und das Team damit gegliedert werden. In jedem dieser Kanäle können Sie zusätzlich zur Kommunikation die Microsoft 365-Apps einsetzen, die Sie bereits im Buch kennengelernt haben (siehe Abbildung 9.143).

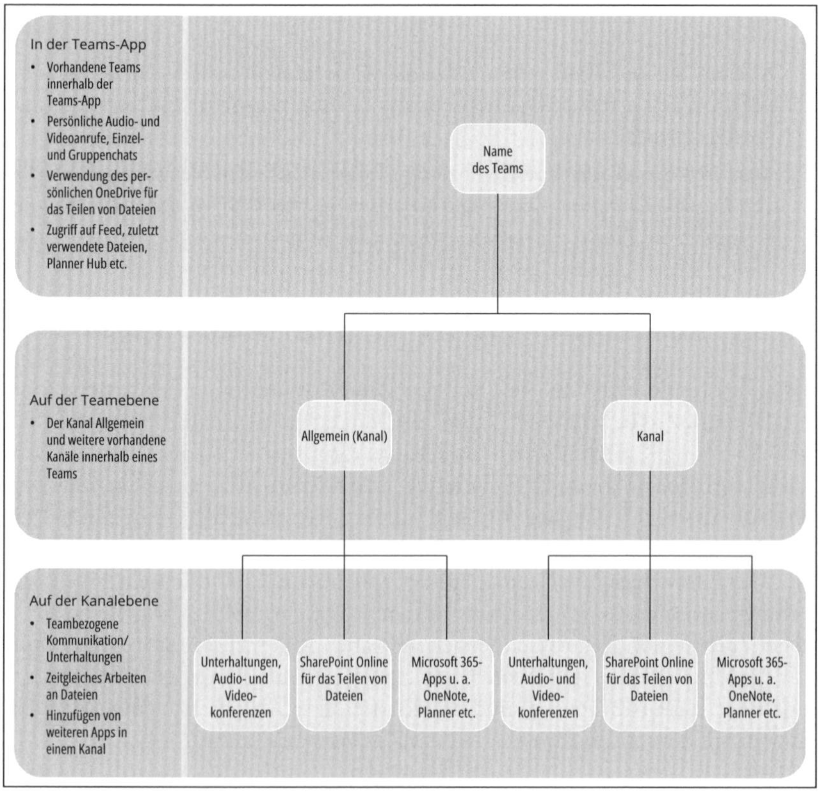

Abb. 9.143 Die einfache Darstellung eines Teams mit zwei Kanälen

In jedem einzelnen Kanal können Unterhaltungen als Beiträge gepostet, Teams-Audio- und -Videoanrufe getätigt, Dateien mit SharePoint Online bereitgestellt und gemeinsam bearbeitet werden. Viele weitere Apps, unter anderem Microsoft Office im Web, Planner und OneNote, können hinzugefügt und eingesetzt werden. Es besteht jedoch keine direkte Verbindung zwischen den einzelnen Kanälen, sodass tatsächlich in jedem einzelnen Kanal separate Unterhaltungen zu Beiträgen stattfinden, unterschiedliche Dateien bearbeitet werden und verschiedene Apps hinzugefügt und benutzt werden können.

Je mehr Themen Sie in einzelne Kanäle gliedern wollen, desto mehr Kanäle werden Sie anlegen. Das scheint auf den ersten Blick eine gute Idee zu sein, doch werden Sie wahrscheinlich zu einem späteren Zeitpunkt den Überblick verlieren, wenn es zu viele Kanäle gibt. In einem Microsoft-Unternehmensplan können insgesamt 500.000 Teams und innerhalb eines Teams 1000 Standard- und 30 private und freigegebene Kanäle angelegt werden, dazu werden auch jeweils gelöschte Kanäle gezählt. Jeder Benutzer kann in 1000 Teams als Mitglied berechtigt werden. Das Anlegen oder Beantragen von Teams und den jeweiligen Kanälen sollte also immer gut überlegt sein, da es schnell chaotisch werden kann. Aktuelle Informationen zu den Grenzwerten finden Sie hier: *https://learn.microsoft.com/de-de/microsoftteams/limits-specifications-teams.*

9.16.1.1 Private und öffentliche Teams

Beim Anlegen eines Teams werden diejenigen, die das Team erstellen oder beantragen, automatisch oder durch die IT-Abteilung als Teambesitzerin oder -besitzer festgelegt. Teambesitzerinnen und -besitzer können festlegen, ob das Team öffentlich und somit für alle Benutzerinnen und Benutzer des Unternehmens oder als privates Team für ausgewählte Personen zugänglich sein soll. Alle Personen aus dem Unternehmen können eine Beitragsanfrage an die Teambesitzerin oder -besitzer eines privaten Teams stellen, wenn beispielsweise ein Teamcode verwendet wurde. Bei öffentlichen Teams können unternehmensinterne Personen, also alle Benutzerinnen und Benutzer mit einem Unternehmensaccount, dem Team beitreten, ohne dass eine Anfrage gestellt werden muss.

9.16.1.2 Standard-, freigegebene und private Kanäle innerhalb eines Teams

Die jeweiligen Teambesitzerinnen und -besitzer können beim Anlegen eines Kanals festlegen, ob der Kanal für alle berechtigten Teammitglieder, -besitzer und Gäste zugänglich sein soll oder ob es sich um einen privaten oder freigegebenen Kanal handelt. Damit können Berechtigungen in einem Kanal nur auf bestimmte Personen aus dem übergeordneten Team (privat) oder auf Abteilungsfremde und externe Personen (freigegebene) reduziert werden. Es können jedoch keine Personen zu einem privaten Kanal hinzugefügt werden, die nicht dem übergeordneten Team zugeordnet sind. Einen privaten Kanal erkennen Sie an dem Schloss-Symbol und ein freigegebener Kanal wird mit einem Schlaufen-Symbol hinter dem jeweiligen Kanalnamen in der Kanalliste gekennzeichnet. Alle Kanäle, die für das gesamte Team zugänglich sein sollen, sind Standardkanäle und besitzen keine Kennzeichnung.

Teams und Kanäle werden nur dann angezeigt, wenn die Sichtbarkeit von privaten Teams und Kanälen in der Administration so konfiguriert wurde. Teams und Kanäle, auf denen Sie keine Zugriffsrechte besitzen, werden standardmäßig nicht bei Ihnen angezeigt.

9.16.1.3 Organisationsweite Teams

Für Unternehmen mit bis zu 5000 Mitarbeitern wird automatisiert ein sogenanntes organisationsweites Team angelegt. Unternehmen mit mehr als 5000 Mitarbeitern können eigenständig weitere organisationsweite Teams erstellen. Ein organisationsweites Team könnte den Firmennamen besitzen und wird vom Administrator bereitgestellt. Alle unternehmensinternen Personen, die über einen Firmenaccount verfügen, werden automatisch dem Team als Mitglieder hinzugefügt. So könnten innerhalb eines organisationsweiten Teams bestimmte Abteilungen oder Geschäftsprozesse als einzelne Kanäle hinzugefügt werden.

Wurden in Ihrem Unternehmen organisationsweite Teams angelegt, werden sie bei Ihnen angezeigt. Da alle unternehmensinternen Personen dem organisationsweiten Team automatisch hinzugefügt werden, sind Sie bereits Mitglied dieser Teams und können die zugehörigen Kanäle öffnen. Auch vorhandene Teams, in denen Sie von Kolleginnen und Kollegen als Teammitglied eingeladen wurden, werden Sie über die Schaltfläche *Chats* in der linken Navigationsleiste und über den Filter *Kanäle* finden.

Gibt es in Ihrem Unternehmen öffentliche Teams, werden Ihnen diese nicht immer angezeigt, und Sie müssen sie eventuell erst einmal ausfindig machen. Verwenden Sie die Suche in Teams, um nach bestimmten Teams zu suchen, falls Ihnen diese einmal nicht angezeigt werden sollten. Alternativ können Sie auch in einer von Teams bereitgestellten Übersicht diesen Teams beitreten. Private Teams, die nur für eingeladene Personen zugänglich sind, werden Ihnen nicht angezeigt.

9.16.2 Der Aufbau eines Teams

Je nachdem, welche Ansichtseinstellungen Sie in Teams wählen, können Sie über die Schaltfläche *Chat* und dort über die Schaltfläche *Kanäle* auf Ihre Kanäle und somit Ihre Teams zugreifen (siehe Abbildung 9.144). Wenn Sie in den Ansichtseinstellungen festgelegt haben, dass die Chats und Teams als Schaltflächen getrennt voneinander in der Teams-Navigationsleiste angezeigt werden sollen, können Sie durch die Auswahl des Teams-Symbols in der linken Navigationsleiste auf Ihre Teams und Kanäle zugreifen (siehe Abbildung 9.145). Wie Sie die Ansichtseinstellungen ändern, habe ich in Abschnitt 9.4.2.5 beschrieben. Es werden Ihnen in beiden Ansichtsvarianten die vorhandenen Teams und die zugehörigen Kanäle in der Team- und Kanalliste aufgelistet. Wenn Sie einen Kanalnamen anklicken und somit auswählen, wird auf der rechten Seite das Unterhaltungsfenster angezeigt, das aus verschiedenen Registerkarten besteht. Je nach Ausstattung eines Teams können hier zusätzlich zu den vorhandenen Registern *Beiträge*, *Freigegeben* und *Notes* weitere Registerkarten angezeigt werden. Die angezeigten Registerkarten und die damit verbundenen und eingesetzten Apps können in jedem Kanal unterschiedlich sein.

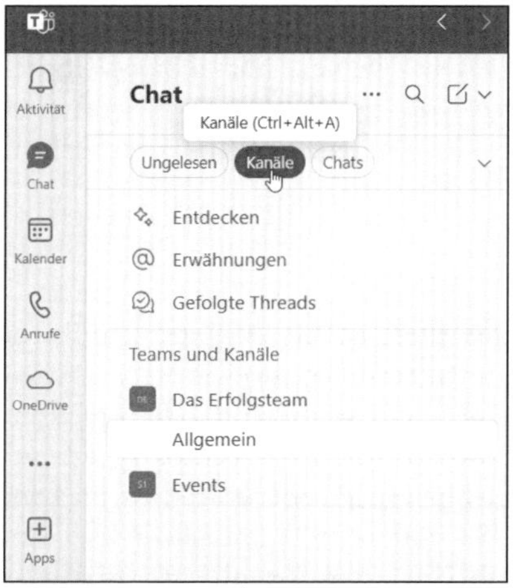

Abb. 9.144
Über die Schaltfläche *Chat* links in der Navigation werden Chats, Teams und Kanäle zusammen in der Ansicht angezeigt.

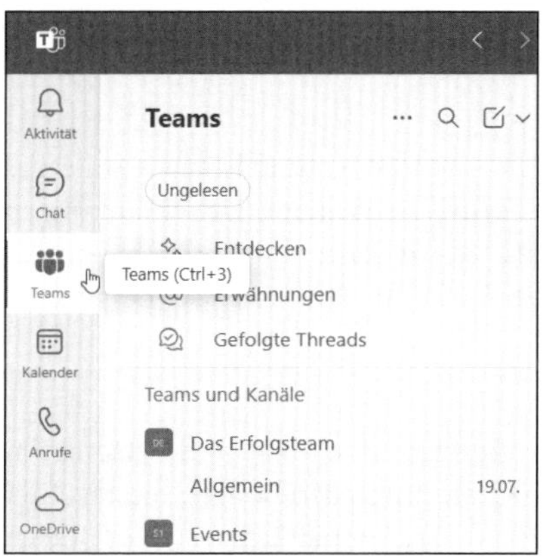

Abb. 9.145
In den Ansichtseinstellungen wurde festgelegt, dass die Schaltflächen *Chat* und *Teams* getrennt in der Navigationsleiste angezeigt werden sollen.

Wenn Sie eine SharePoint-Teamwebsite und ein Team in Teams angelegt haben, wie in Abschnitt 2.8 erklärt, wird dem Team automatisch der Kanal *Allgemein* hinzugefügt. Dieser Kanal lässt sich nicht löschen. Sie können ihn aber in Teams umbenennen. Beachten Sie jedoch, dass die zur Microsoft 365-Gruppe gehörenden Gruppenkalender und Gruppenpostfächer nicht in Outlook angezeigt werden, wenn Sie das Team in Teams und nicht als SharePoint-Teamwebsite in Kombination mit einem Team angelegt haben.

9.16.3 Berechtigungen in einem Team und den Kanälen

Teams kennt nur drei Benutzergruppen: Besitzer, Mitglieder und Gäste.

Da jedes Team, egal ob in Teams oder SharePoint angelegt, in Kombination mit einer Microsoft 365-Gruppe bereitgestellt wird, greifen auch bei Teams die Berechtigungen der Microsoft 365-Gruppe. Es gibt für ein Team und seine Kanäle die beiden Berechtigungsgruppen *Besitzer* und *Mitglieder* sowie den *Gastzugriff* für unternehmensexterne Personen. Beim Anlegen eines privaten oder freigegebenen Kanals wird im Hintergrund jeweils eine neue SharePoint-Websitesammlung erstellt, die es ermöglicht, den Kreis der Besitzer, Mitglieder und Gäste und ihre Berechtigungen in diesem Kanal zu reduzieren oder gänzlich zu verändern.

9.16.3.1 Teambesitzer

Als Teambesitzer dürfen Sie Teams erstellen und löschen, es sei denn, in Ihrem Unternehmen wurde das Erstellen bestimmten Personen zugewiesen. Sie dürfen die Teaminformationen wie den Namen oder die Beschreibung ändern. Sie können Kanäle hinzufügen, bearbeiten und löschen. Sie dürfen weitere Teambesitzer, Teammitglieder und Gäste zum Team hinzufügen oder entfernen. Sie können Apps als Registerkarten hinzufügen. Sie dürfen als Teambesitzer das Team verlassen, sofern es einen weiteren Teambesitzer gibt. Teambesitzer dürfen je nach Richtlinien des Unternehmens eigene Teams archivieren oder löschen.

9.16.3.2 Teammitglieder

Als Teammitglied dürfen Sie Kanäle erstellen, bearbeiten und löschen, sofern es bei Ihnen im Unternehmen oder vom Teambesitzer keine Einschränkungen gibt. Sie können Kanäle erstellen, Apps als Registerkarten hinzufügen und das Team jederzeit verlassen. Der Teambesitzer kann Ihre Rechte einschränken.

9.16.3.3 Teamgäste

Wurde der Gastzugriff für bestimmte externe Unternehmen und Personen in Ihrem Unternehmen konfiguriert, dürfen Gäste durch den Besitzer hinzugefügt werden. Gäste können in allen Kanälen lesen, Dateien hinzufügen, alle Dateien bearbeiten und löschen.

9.16.4 Einen Teamcode anwenden und einem Team beitreten

Als Teambesitzer können Sie einen Teamcode erstellen und der Belegschaft übermitteln. Wie Sie einen Teamcode anlegen, lesen Sie in Abschnitt 9.19.7. Wurde Ihnen ein Teamcode übermittelt, können Sie damit dem Team beitreten:

1. Öffnen Sie Teams und wechseln Sie über die Symbolschaltfläche *Chat* und dann über die Schaltfläche *Kanäle* in die Team- und Kanalliste.

2. Klicken Sie im oberen Bereich der Team- und Kanalliste auf den Drop-down-Pfeil *Neue Elemente* (siehe Abbildung 9.146) und wählen Sie den Befehl *Team beitreten*.
3. Geben Sie auf der Kachel *Einem Team mit einem Code beitreten* den vorhandenen Teamcode ein (siehe Abbildung 9.147).

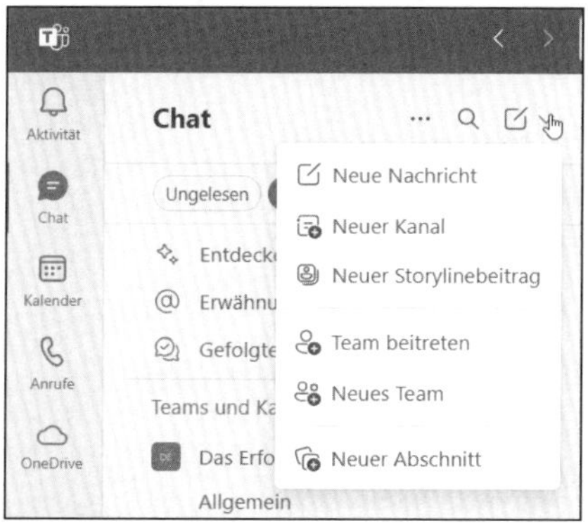

Abb. 9.146 Der Drop-down-Pfeil, um einem Team beizutreten

Abb. 9.147 Eingabe des Teamcodes, um einem Team beizutreten

4. Bestätigen Sie Ihren Beitritt durch einen Klick auf die Schaltfläche *Team hinzufügen*.

In der Team- und Kanalliste wird Ihnen das Team angezeigt und Sie können von nun an darin mitwirken und mit den Teamkollegen zusammenarbeiten.

9.16.5 Ein Team oder einen Kanal aus- und einblenden

Prüfen Sie, ob alle wichtigen Kanäle eingeblendet sind, damit Sie benachrichtigt werden.

Während der Zusammenarbeit mit Teams werden Sie unterschiedlichen Teams und den dazugehörigen Kanälen als Teammitglied beitreten, eigene Teams anlegen oder beantragen. Diese Teams werden alle in Ihrer Team- und Kanalliste angezeigt, und Sie werden zunächst nicht über die Aktivitäten in den ausgeblendeten Kanälen benachrichtigt. Sie erhalten nur Benachrichtigungen über neue Beiträge, wenn Sie die Kanäle einblenden, also anzeigen lassen. Wenn Sie die Kanäle anzeigen lassen, werden Sie auf verschiedene Weise, per E-Mail, über das Banner (siehe Abbildung 9.148) und im Feed (siehe Abbildung 9.149) über neue Beiträge, Reaktionen oder Antworten informiert. Es werden jedoch nicht alle Benachrichtigungen aus allen Teams und Kanälen für Sie relevant sein. Vielleicht gibt es einen bevorzugten Kanal innerhalb eines Teams, dessen Aktivitäten Sie interessieren, während die anderen Kanäle im Augenblick eher irrelevant für Sie sind. Durch das Ein- und Ausblenden von Teams und Kanälen können Sie den Informationsfluss steuern. Wenn Sie ein Team oder einen Kanal ausblenden und es handelt sich nicht um persönliche @-Erwähnungen in einem Beitrag, werden Sie nicht über die Aktivität per E-Mail, über den Desktop oder im Feed informiert.

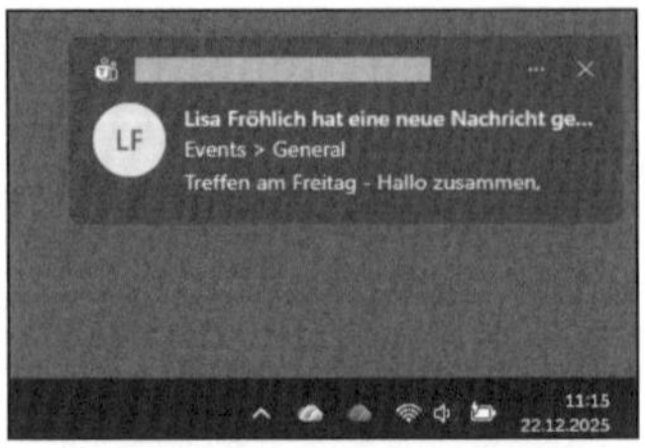

Abb. 9.148 Die Banner-Benachrichtigung am Bildschirm

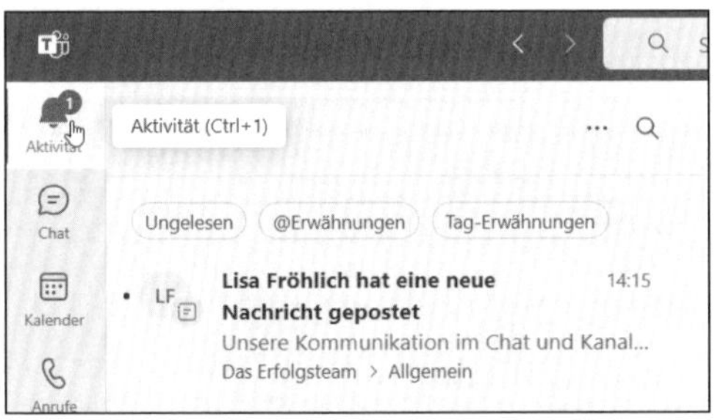

Abb. 9.149 Die Benachrichtigung im Aktivitäten-Feed

9.16.5.1 Ein Team aus- oder einblenden

1. Zeigen Sie in der Team- und Kanalliste auf ein Team, z.B. auf unser Team *Das Erfolgsteam* oder ein Team, das Sie ausblenden möchten.
2. Ihnen wird das Menü *Weitere Optionen*, dargestellt mit den drei Punkten, hinter dem Teamnamen angezeigt. Klicken Sie auf das Menü (siehe Abbildung 9.150).

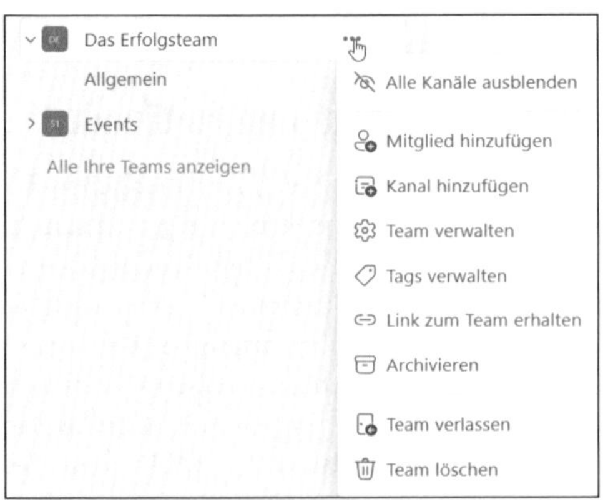

Abb. 9.150 Das Menü *Weitere Optionen*, dargestellt mit den drei Punkten

3. Klicken Sie auf die Option *Alle Kanäle ausblenden*. Ein ausgeblendetes Team wird in der Team- und Kanalliste nicht mehr angezeigt. Es wird in den Bereich *Alle Ihre Teams anzeigen* verschoben.

Möchten Sie das Team wieder einblenden, gehen Sie folgendermaßen vor:

1. Navigieren Sie in der Team- und Kanalliste ganz nach unten und klicken Sie auf den Link *Alle Ihre Teams anzeigen* (siehe Abbildung 9.151).

Abb. 9.151
In der Teams- und Kanalliste finden Sie den Link *Alle Ihre Teams anzeigen*. Auf der linken Seite sehen Sie alle Teams, denen Sie zugehören.

2. Filtern Sie bei Bedarf oben über die Schaltfläche *X mehr* oder klicken Sie auf das ausgeblendete Team, Sie erkennen es an dem Symbol mit dem durchgestrichenen Auge hinter dem ausgeblendeten Team.
3. Ihnen werden nun die ausgeblendeten Kanäle angezeigt. Sie müssen mindestens einen Kanal anzeigen, damit das Team in der Team- und Kanalliste eingeblendet wird.
4. Klicken Sie rechts im Fenster hinter dem Kanalnamen *Allgemein* auf die Schaltfläche *Anzeigen*. Das Team wird wieder in der Team- und Kanalliste angezeigt.
5. Ziehen Sie das Team bei Bedarf mit gedrückter Maustaste weiter nach oben in der Teams- und Kanalliste.

9.16.5.2 Einen Kanal ein- oder ausblenden

Möchten Sie nur einzelne Kanäle ausblenden, können Sie das jederzeit durchführen, denken Sie aber daran, dass Sie dann nicht mehr über Aktivitäten im Kanal benachrichtigt werden. Sie können ausgeblendete Kanäle jederzeit wieder einblenden. Prüfen Sie immer zwischendurch, ob es neue Kanäle gibt, die für Sie relevant sind.

1. Wählen Sie für dieses Beispiel ein Team, das mehrere Kanäle besitzt. Zeigen Sie in der Team- und Kanalliste auf den Kanal, den Sie ausblenden möchten.
2. Ihnen wird das Menü *Weitere Optionen* (siehe Abbildung 9.152), dargestellt mit den drei Punkten, hinter dem Kanalnamen angezeigt. Klicken Sie darauf.
3. Wählen Sie die Option *Ausblenden*. Der Kanal wird ausgeblendet.

Möchten Sie den Kanal wieder einblenden, gehen Sie wie folgt vor:

1. Klicken Sie unterhalb des Teams auf den Link *Alle Kanäle anzeigen*.
2. Klicken Sie hinter dem Kanalnamen ganz rechts auf die Schaltfläche *Anzeigen*.

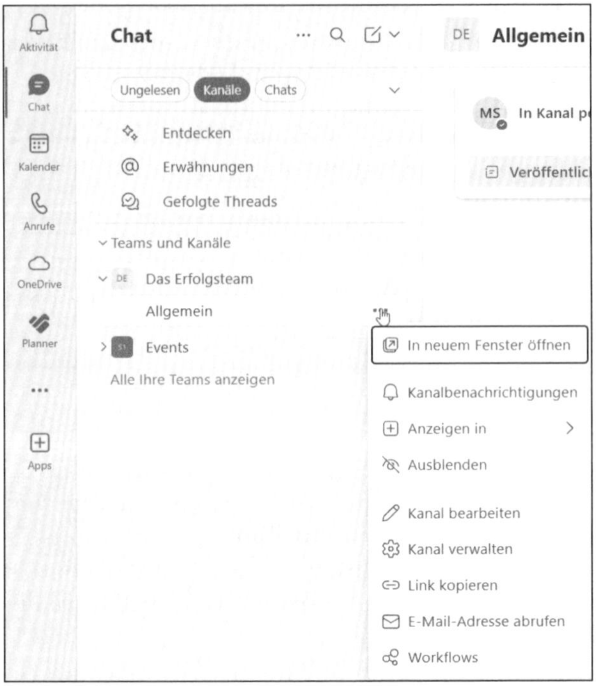

Abb. 9.152 Das Menü *Weitere Optionen* hinter dem Kanalnamen

9.16.6 Individuelle Kanalbenachrichtigungen festlegen

Lassen Sie sich für wichtige Kanäle direkt benachrichtigen.

Sie können allgemeine Kanalbenachrichtigungen in den Teams-Einstellungen konfigurieren. Dann werden diese Benachrichtigungen jedoch für alle Teams und Kanäle übernommen. Möchten Sie individuelle Benachrichtigungseinstellungen für einen bestimmten Kanal festlegen, können Sie die Kanalbenachrichtigungen überprüfen und Änderungen daran vornehmen, falls Ihnen zum Beispiel auffällt, dass Sie nicht oder zu viel über Aktivitäten im Kanal informiert werden.

1. Zeigen Sie auf einen Kanalnamen, dessen Benachrichtigungen Sie einstellen möchten.
2. Klicken Sie hinter dem Kanalnamen auf das Menü *Weitere Optionen*, dargestellt mit den drei Punkten.
3. Wählen Sie die Option *Kanalbenachrichtigungen* aus.
4. Nehmen Sie die gewünschten Änderungen (siehe Abbildung 9.153) an den Kanalbenachrichtigungen vor und speichern Sie diese.

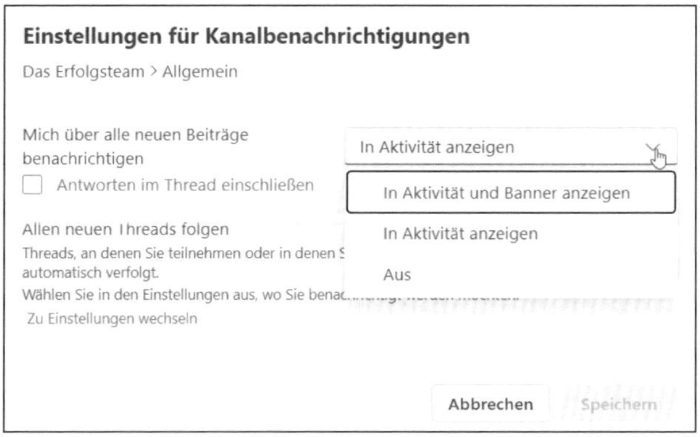

Abb. 9.153
Sie können für jeden Kanal festlegen, wie Sie benachrichtigt werden möchten.

9.16.7 Ein Team verlassen

Möchten Sie ein Team verlassen, da sich Ihre Zuständigkeiten geändert haben, können Sie das als Teammitglied jederzeit tun. Falls Sie jedoch die Besitzerin oder der Besitzer des Teams sind, müssen Sie erst eine andere Person mit der Besitzerrolle festlegen. Wie Sie Personen berechtigen, habe ich in Abschnitt 9.19.8 beschrieben. Zum Verlassen eines Teams gehen Sie wie folgt vor:

Wenn Sie ein Team verlassen, müssen Sie bei Bedarf neu berechtigt und eingeladen werden.

1. Wechseln Sie zu Teams in die Teams- und Kanalliste.
2. Zeigen Sie auf das Team, das Sie verlassen möchten.
3. Klicken Sie hinter dem Teamnamen auf das Menü *Weitere Optionen*, dargestellt mit den drei Punkten, und wählen Sie dort die Option *Team verlassen*.
4. Es folgt ein Dialogfenster, in dem Sie auf die Schaltfläche *Team verlassen* klicken.

9.16.8 Der Aufbau eines Kanals

Jeder Kanal besteht aus einem Unterhaltungsfenster für Beiträge, über das Sie mit Ihren Teammitgliedern kommunizieren können. Zusätzlich besitzt jeder Kanal weitere Registerkarten, in denen weitere Anwendungen beziehungsweise Apps verwendet und als Registerkarten angezeigt werden. So können Sie direkt in einem Kanal auf Anwendungen wie Word, Excel, SharePoint, OneNote und viele weitere Apps zugreifen, ohne die jeweilige App separat zu öffnen.

9.16.8.1 Die Registerkarte »Beiträge«

Über die Registerkarte *Beiträge* findet die teamorientierte Kommunikation in einem Kanal statt. Sie können Beiträge als Unterhaltungen, Ankündigungen und Diskussionen mit allen Personen des Teams inklusive der Gäste führen und Inhalte posten. In freigegebenen und privaten Kanälen kommunizieren Sie mit den jeweils berechtigten Personen. Auf alle Beiträge können die Beteiligten mit Antworten oder Likes reagieren. Zusätzlich stehen Ihnen die Teams-Audio- und -Videoanrufe für den ausgewählten Kanal zur Verfügung. Durch das An-

Bevor Sie eine E-Mail an das Teams senden, überlegen Sie, ob Sie die Informationen nicht als Beitrag senden können.

zeigen des Präsenzstatus der einzelnen Personen können Sie kurzfristig Besprechungen und Konferenzen mit allen Teambesitzern, -mitgliedern und Gästen führen, die sich gerade online befinden, ohne erst alle vorher zu kontaktieren. Sie können mit den Beiträgen Abstimmungen treffen und die Ergebnisse direkt über die Registerkarte *Beiträge* mitteilen. Die Unterhaltungen müssen nicht gelöscht werden, sodass Personen, die im Urlaub waren oder neu im Team sind, die Möglichkeit haben, auf vergangene Beitragsunterhaltungen, Diskussionen und Ankündigungen zuzugreifen und sich eigenständig die für sie wichtigen Informationen abzurufen. Alle Kanäle innerhalb eines Teams erhalten eine eigene Registerkarte *Beiträge*. Damit ist gewährleistet, dass in jedem Kanal, der für ein bestimmtes Thema, einen Geschäftsprozess oder eine Abteilung steht, eigenständige Kanalunterhaltungen geführt werden können.

9.16.8.2 Die Registerkarte »Freigegeben«

Die Dateien in einem Teamkanal werden immer auf der SharePoint-Teamwebsite gespeichert.

Bei der Anlage eines Teams wird im Hintergrund immer eine eigene SharePoint-Teamwebsite angelegt, die über eine Dokumentenbibliothek namens *Dokumente* verfügt. Für jeden Standardkanal, der in einem Team bereitgestellt wird, wird in der SharePoint-Dokumentenbibliothek ein Ordner mit dem Kanalnamen angelegt. So wird für den Kanal *Allgemein*, der gegebenenfalls bei Ihnen angezeigt wird, ein Ordner namens *General* in der SharePoint-Bibliothek *Dokumente* erstellt (siehe Abbildung 9.154). Der jeweilige Ordner wird mit dem Namen *Freigegeben* im dazugehörigen Kanal als Registerkarte verknüpft und angezeigt (siehe Abbildung 9.155).

Für private und freigegebene Kanäle wird im Hintergrund jeweils eine eigene SharePoint-Teamwebsite erstellt, die nur für den privaten oder freigegebenen Kanal gedacht ist. Somit finden Sie in solch einer SharePoint-Bibliothek keine weiteren Kanalordner.

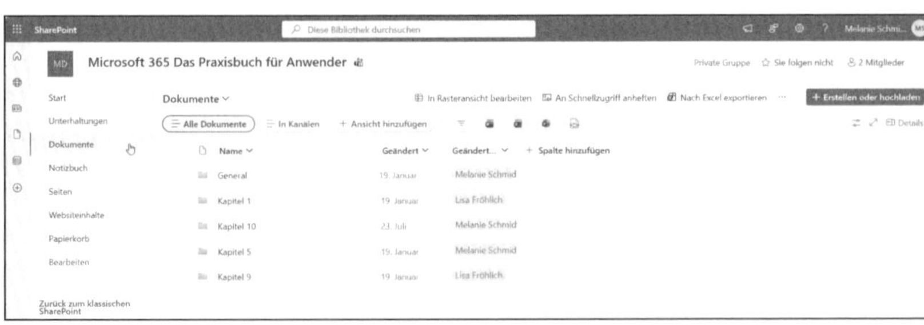

Abb. 9.154 Die SharePoint-Teamwebsite und die geöffnete Dokumentenbibliothek *Dokumente* mit den Ordnern für jeden Standardkanal

Abb. 9.155
Die Registerkarte *Freigegeben* in einem Teamkanal und die Standardkanäle in der Teams- und Kanalliste

9.16.8.3 Die Registerkarte »Site«

Die zum Team gehörende SharePoint-Teamwebsite wird im Register *Site* angezeigt, wenn Sie die Website und das Team in Teams über die SharePoint-Startseite, wie in Abschnitt 2.8 gezeigt, bzw. von Ihrer IT-Abteilung über SharePoint bereitgestellt wurde. Falls Sie das Register nicht sehen, können Sie die Teamwebsite über die Schaltfläche *Registerkarte hinzufügen*, dargestellt mit dem Plus-Symbol, hinzufügen. Um die Website zu öffnen, klicken Sie auf das Register *Site*. Möchten Sie zur SharePoint-Teamwebsite im Browser wechseln, klicken Sie auf den Drop-down-Pfeil neben dem Register *Site* (siehe Abbildung 9.156) und wählen Sie im Menü *Im Browser öffnen*. Falls Sie die Site als Registerkarte hinzugefügt haben, klicken Sie mit der rechten Maustaste auf das Register *Site* und wählen dann den Befehl. Da SharePoint eine webbasierte Plattform ist, lässt sich die Website nur im Browser oder auf dem Smartphone oder dem Tablet in der mobilen App öffnen.

Das Register *Site* wird nur angezeigt, wenn Sie das Team in SharePoint angelegt haben, nicht in Teams.

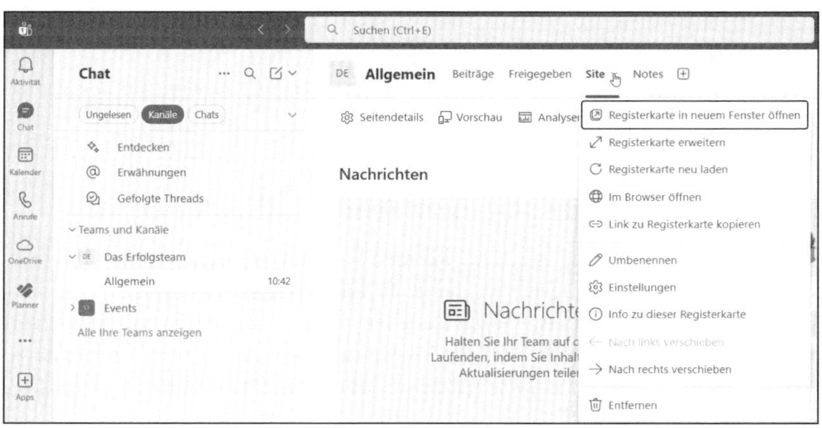

Abb. 9.156
Der Drop-down-Pfeil wird angezeigt, wenn Sie das Register angeklickt haben.

9.16.8.4 Die Registerkarte »Notes«

Beim Anlegen einer SharePoint-Teamwebsite bzw. eines Teams wird im Hintergrund immer auch ein OneNote-Notizbuch auf der dazugehörigen SharePoint-Teamwebsite angelegt. Dieses Notizbuch wird als Register in Teams angezeigt (siehe Abbildung 9.156).

9.16.8.5 Die Schaltfläche »Registerkarte hinzufügen«

Über die Schaltfläche *Registerkarte hinzufügen*, dargestellt mit dem Pluszeichen (siehe Abbildung 9.156), können Sie weitere Apps zu Ihrem Teams-Kanal hinzufügen. So ist es möglich, jeden einzelnen Kanal mit jeweils den Apps auszustatten, die Sie für die Zusammenarbeit mit Ihrem Team benötigen.

9.16.8.6 Die Schaltfläche mit dem Kamera-Symbol

Innerhalb eines Kanals können Sie einen Audio- oder Videoanruf mit allen Teambesitzern, -mitgliedern und -gästen über das Kamera-Symbol (siehe Abbildung 9.157) starten, sodass alle beteiligten Personen direkt von Ihnen angerufen werden. Alternativ können Sie auf den Drop-down-Pfeil hinter dem Kamera-Symbol klicken, um eine Besprechung mit allen beteiligten Personen des Teams zu planen. In den nachfolgenden Abschnitten gehe ich auf dieses Thema noch genauer ein.

Abb. 9.157 Oben rechts die einzelnen Schaltflächen

9.16.8.7 Die Schaltfläche »Agents und Bots«

Wenn Ihre IT-Abteilung es zulässt, können Sie auch in einem Teams-Kanal KI-gesteuerte Apps hinzufügen, um damit Team-Prozesse zu automatisieren oder um damit die eigene Arbeit, wie das Erstellen von Dateien, das Zusammenfassen von Teams-Besprechungen oder die Verwaltung von Aufgaben zu erleichtern. Sie finden die Schaltfläche zwischen dem Kamera- und dem Lupen-Symbol (siehe oben Abbildung 9.157).

9.16.8.8 Die Schaltfläche mit dem Lupen-Symbol

Möchten Sie innerhalb des Kanals nach bestimmten Informationen in Beiträgen, Dateien oder geteilten Links suchen, können Sie auf das Lupen-Symbol (siehe oben Abbildung 9.157) klicken und das Suchfeld auf der rechten Seite im Fenster nutzen. Alternativ können Sie auch die Tastenkombination [STRG]+[F] verwenden. Das Lupen-Symbol wird Ihnen im Register *Beiträge* bzw. *Unterhaltungen* angezeigt.

9.16.8.9 Die Schaltfläche »Kanaldetails«

Möchten Sie wissen, welche Personen zu Ihrem Team gehören, oder möchten Sie die letzten Aktualisierungen des Kanals einsehen, klicken Sie im Kanal *Allgemein* im Register *Beiträge* auf die Schaltfläche *Kanaldetails* (siehe oben Abbildung 9.157). Die Details werden im rechten Fenster angezeigt. Sobald Sie erneut auf die Schaltfläche klicken, wird der Bereich wieder ausgeblendet.

9.16.8.10 Die Schaltfläche »Weitere Kanaloptionen«

Die Schaltfläche *Weitere Kanaloptionen* wird Ihnen mit den drei Punkten dargestellt (siehe ebenfalls Abbildung 9.157). Hier finden Sie die Optionen zum Kanal, die Sie zum Teil auch sehen, wenn Sie auf einen Kanalnamen zeigen und dort die *Weiteren Optionen* über die drei Punkte öffnen.

9.17 Kommunikation in einem Kanal

Über die Registerkarte *Beiträge* bzw. *Unterhaltungen* in einem Kanal führen Sie team- und themenorientierte Beiträge oder Unterhaltungs-Threads. Sie erstellen Threads, Beiträge, Ankündigungen oder führen Diskussionen zu Themen innerhalb des jeweiligen Kanals. Sie können Audio- und Videoanrufe führen oder Konferenzen mit allen Personen starten, die dem Kanal angehören. Die Threads und Beiträge eines Kanals können von allen Teammitgliedern zu jeder Zeit gelesen, bewertet und beantwortet werden. Verabreden Sie und Ihr Team, wie die Kommunikation in Ihren Kanälen stattfinden soll. Klären Sie unbedingt, ob der jeweilige Kanal *Allgemein* bzw. welcher Kanal in einem Team für allgemeine Unterhaltungen genutzt werden soll. Klären Sie, ob Gäste, also externe Personen, im Team dabei sind und ebenfalls alle Beiträge lesen, beantworten und bewerten dürfen.

Klären Sie mit Ihrem Team, ob Sie Audio- und Videoanrufe im Kanal durchführen möchten.

9.17.1 Threads, Beiträge und Ankündigungen in Kanälen

Es gibt zwei Kommunikations-Layouts, die Sie in einem Kanal im Beitragsfenster für alle beteiligten Teammitglieder wählen können. Sie können das *Thread-Layout* verwenden, wenn Sie in Ihrem Teams-Kanal eher chatbasiert in einem fließenden Verlauf in der Gruppe diskutieren möchten. Stellen Sie mit Ihrem Team eher Informationen strukturiert mit Betreffzeilen und Texten als Beitrag

Teambesitzerinnen und -besitzer können Funktionen für Mitglieder und Gäste einschränken.

oder Ankündigung bereit, können Sie das *Beitrags-Layout* wählen. Teambezogene Threads oder Beiträge und Ankündigungen können Sie in jedem Kanal starten. Achten Sie immer darauf, dass Sie den richtigen Kanal ausgewählt haben, in dem Sie einen Thread, Beitrag oder eine Ankündigung an alle Teamkollegen und gegebenenfalls Gäste senden möchten. Kanalübergreifende Threads, Beiträge oder Ankündigungen sind ebenfalls möglich. So erstellen Sie in einem Kanal eine Ankündigung und posten sie zusätzlich an von Ihnen ausgewählte Kanäle Ihres Unternehmens. Threads sind mit Chatnachrichten vergleichbar, während Beiträge eher der geschriebenen E-Mail entsprechen, die im Beitragsfenster des Kanals mit einer Betreffzeile versehen sind. Eine Ankündigung können Sie erstellen, wenn Sie sich für das Beitrags-Layout entscheiden, und sie unterscheidet sich durch ihr Format, womit sie mehr Aufmerksamkeit erhalten kann. Ankündigungen können Sie beispielsweise verwenden, wenn Sie neue Themen, wichtige Informationen, Probleme etc. innerhalb des Beitragsfensters ordnen möchten. Alle Teamkollegen und Gäste können sich an den einzelnen Threads, Beiträgen oder Ankündigungen aktiv beteiligen, indem sie sie beantworten oderdarauf reagieren. Wenn Sie sich für das Beitrags-Layout entscheiden, werden immer die Beiträge oder Ankündigungen oben im Fenster angezeigt, auf die zuletzt geantwortet bzw. reagiert wurde.

9.17.2 Einen neuen Beitrag erstellen

Standardmäßig wird beim Anlegen des Teams der Kanal *Allgemein* erstellt und vom System das Kommunikations-Layout *Beiträge* verwendet. Wechseln Sie in unser Team *Das Erfolgsteam*, um eine Beitrags-Unterhaltung in einem Kanal zu starten.

1. Sie befinden sich auf der Registerkarte *Beiträge*. Im oberen Teil des Beitragsfensters sehen Sie die Schaltfläche *Mit einem neuen Beitrag beginnen*. Klicken Sie darauf.
2. Es folgt das Eingabefeld, in das Sie eine Betreffzeile schreiben können. Schreiben Sie *Willkommen im Erfolgsteam*.
3. Klicken Sie in das Eingabefeld *Nachricht eingeben* und schreiben Sie dort *Willkommen Erfolgsteam! Hier werden wir zukünftig unsere Teamkommunikation führen.*
4. Markieren Sie den Text *Willkommen Erfolgsteam!* und heben Sie den Text durch das Format *Fett* hervor.
   - Verwenden Sie unten im Beitragsfeld die Schaltfläche *Emojis, GIFs und Aufkleber* (siehe Abbildung 9.158), wenn Sie Ihrer Nachricht diese hinzufügen möchten. Verwenden Sie im kleinen Dialogfenster die Register *Emoji*, *GIFs* oder *Aufkleber*, um einen besseren Überblick der vorhandenen Elemente zu erhalten.

Abb. 9.158 Die Schaltfläche *Emojis, GIFs und Aufkleber* und oben im kleinen Fenster die Registerkarten

- Mithilfe der Schaltfläche *Loop-Komponenten* können Sie persönliche Komponenten im Nachrichtentext neu hinzufügen. Möchten Sie Loop-Komponenten erstellen, die im Team gespeichert werden, verwenden Sie die Schaltfläche *Aktionen und Apps*, dargestellt mit dem Pluszeichen, und wählen dort *Mit Loop zusammenarbeiten.*
- Über die Schaltfläche *Aktionen und Apps* (siehe Abbildung 9.159) können Sie die Zustelloption festlegen. Damit kennzeichnen Sie einen Beitrag als *Wichtig*. Sie können Dateien hinzufügen, nutzen Sie dafür die Schaltfläche *Dateien anhängen*. Die Dateien werden im Register *Freigegeben* angezeigt und im Kanalordner auf der SharePoint-Teamwebsite gespeichert. Möchten Sie einen Beitrag vorbereiten und zu einer anderen Zeit senden, verwenden Sie die Aktion *Nachricht planen* (siehe Abbildung 9.160). Sie können auch eigene Videoclips aufzeichnen und im Beitrag senden.

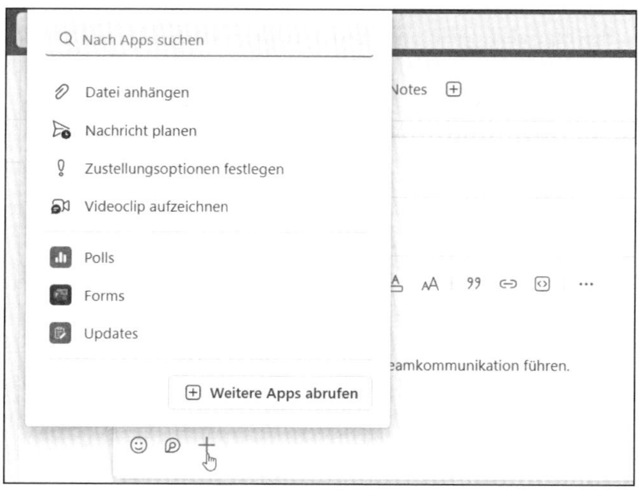

Abb. 9.159 Die Schaltfläche *Aktionen und Apps*

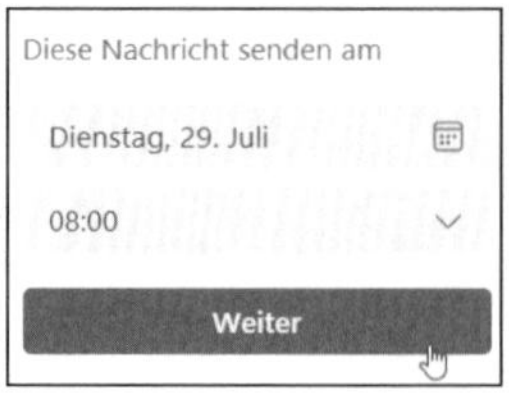

Abb. 9.160 Bereiten Sie einen Beitrag vor und planen Sie seine Zustellung zu einem anderen Zeitpunkt.

5. Durch einen Klick auf die Schaltfläche *Veröffentlichen* senden Sie die Nachricht, und alle Teamkolleginnen und -kollegen können sie im Beitragsfenster sehen (siehe Abbildung 9.161).

Abb. 9.161 Der gesendete Beitrag, hier als wichtig gekennzeichnet

9.17.3 Einen eigenen Beitrag bearbeiten, löschen und weitere Optionen erkunden

Standardmäßig können Sie Ihre eigenen Beiträge bearbeiten oder löschen. Sie können alle Beiträge als ungelesen markieren, per Outlook teilen, übersetzen lassen und viele weitere Optionen durchführen. Hat die Besitzerin oder der Besitzer des Teams jedoch Änderungen an den Einstellungen des Teams vorgenommen, stehen Ihnen die Optionen gegebenenfalls nicht oder nur eingeschränkt zur Verfügung.

Zeigen Sie auf eine im Beitragsfenster stehende Nachricht, bis Ihnen rechts die Emoji-Symbolleiste angezeigt wird.

- Verwenden Sie die Schaltfläche *Bearbeiten*, dargestellt mit dem Buntstift-Symbol, um die von Ihnen gesendete Nachricht im Nachhinein zu bearbeiten. Sie können nur Ihre eigenen Texte bearbeiten.
- Klicken Sie auf das Menü *Weitere Optionen*, dargestellt mit den drei Punkten (siehe Abbildung 9.162). Hier können Sie weitere nützliche Optionen für Ihre Nachricht entdecken. Wenn beispielsweise zu viele Personen auf einen Beitrag reagieren oder antworten, können Sie die Benachrichtigungseinstellungen für diesen deaktivieren. Sie können Nachrichten im Verlauf für später speichern und abrufen. Ihnen wird oberhalb der Teams- und Kanalliste nach dem Speichern einer Nachricht die Schaltfläche *Gespeichert* an-

gezeigt. Verwenden Sie ganz unten im Menü *Weitere Optionen* die Schaltfläche *Weitere Aktionen*, um Ihren Beitrag zum Beispiel übersetzen zu lassen oder daraus eine Aufgabe in Planner oder To Do zu generieren.

Abb. 9.162
Die weiteren Optionen, dargestellt mit den drei Punkten. Unten finden Sie die weiteren Aktionen.

9.17.4 Auf einen Beitrag reagieren oder antworten

Auf gesendete oder erhaltene Beträge in einem Teamkanal können Sie unterschiedlich reagieren.

Sprechen Sie mit Ihrem Team ab, ob Beiträge gelikt werden sollen, um sie als »gelesen« zu kennzeichnen.

Zeigen Sie auf eine im Unterhaltungsfenster stehende Nachricht, bis Ihnen rechts die Emoji-Symbolleiste angezeigt wird.

- Klicken Sie auf eines der Symbole, wie beispielsweise *Diese Nachricht mit »Gefällt mir« markieren*, um eine Reaktion oder Bewertung für die Nachricht abzugeben. Sie zeigen dem Team damit, dass Ihnen die Nachricht gefällt oder dass Sie sie zur Kenntnis genommen haben. Verwenden Sie in der Emoji-Symbolleiste das Menü *Weitere Optionen*, um den Beitrag zu pinnen oder als ungelesen zu markieren.
- Möchten Sie auf den Beitrag antworten, klicken Sie auf die Schaltfläche *Antworten* unterhalb des Beitrags und geben Sie Ihre Antwort ein und statten sie gegebenenfalls mit Emojis, Loop-Komponenten oder weiteren Apps und Aktionen aus.

9.17.5 @-Erwähnungen in einem Beitrag

Adressieren Sie mit der @-Erwähnung Beiträge direkt an eine Personen.

Sie können in einem Beitrag wie im Chat Personen erwähnen (siehe Abbildung 9.163). In einem Beitrag im Teamkanal können Sie auch den gesamten Kanal (siehe Abbildung 9.164) oder übergeordnet das gesamte Team erwähnen (siehe Abbildung 9.165). Wenn die Teambesitzerin oder der Teambesitzer sogenannte Tags hinzugefügt hat, können Sie Personen darüber direkt im Beitrag ansprechen (siehe Abbildung 9.166). Dann sprechen Sie nicht nur eine Person an, sondern alle Personen, die einem Tag hinzugefügt wurden. Setzen Sie im Eingabefeld das @-Zeichen und geben Sie den Namen der Person, des Kanals, des Teams oder des Tags ein. Schreiben Sie dahinter Ihre Nachricht und senden Sie diese. Personen, die den Kanal oder das Team nicht ausgeblendet haben, werden über Ihre Nachricht im Banner und im Feed unter *Aktivität* benachrichtigt. Personen, die Sie direkt adressieren, erhalten eine Banner-Benachrichtigung und, wenn Teams geschlossen ist, zusätzlich eine E-Mail-Nachricht darüber, dass Sie versuchen, sie zu erreichen. Wenn Sie sich in Ihrem Team duzen, können Sie auch die Nachnamen beim eingefügten Namen löschen. Wenn Sie beispielsweise »Hallo« und »@Das« in unserem Team *Das Erfolgsteam* im Beitrag schreiben, können Sie das Team durch einen Klick auswählen. Nun können Sie den Namen auf *Erfolgsteam* ändern. Löschen Sie dafür das Wort *Das* im eingefügten Teamnamen. Hinter den gesendeten Nachrichten wird jeweils das rote Zeichen für die Kanal-, Team- oder die direkte @-Erwähnung angezeigt. Probieren Sie es aus. Erwähnen Sie den Kanal und das Team. Wie Sie Tags erstellen, beschreibe ich in Abschnitt 9.19.5.

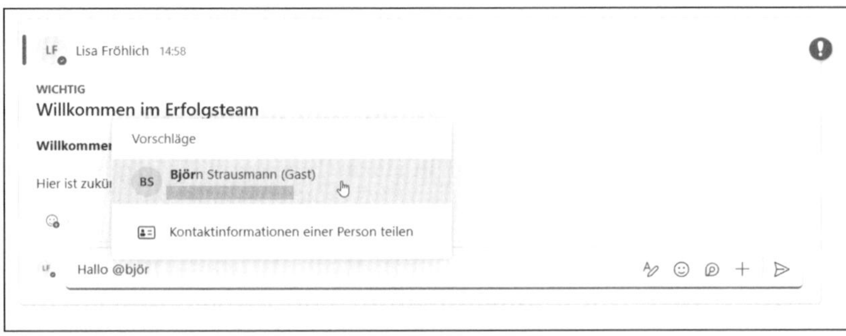

Abb. 9.163 Erwähnung einer Person im Antwortfeld

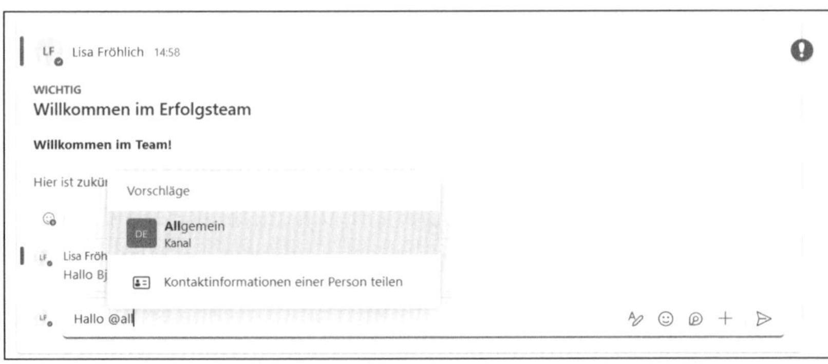

Abb. 9.164 Die @-Erwähnung des Kanals *Allgemein*

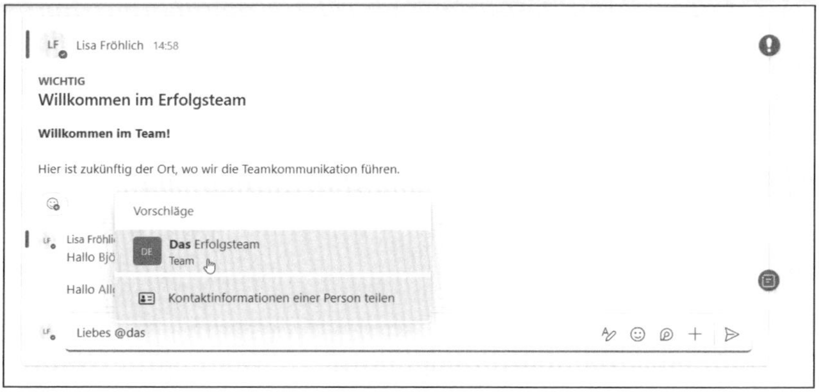

Abb. 9.165 Die @-Erwähnung des ganzen Teams

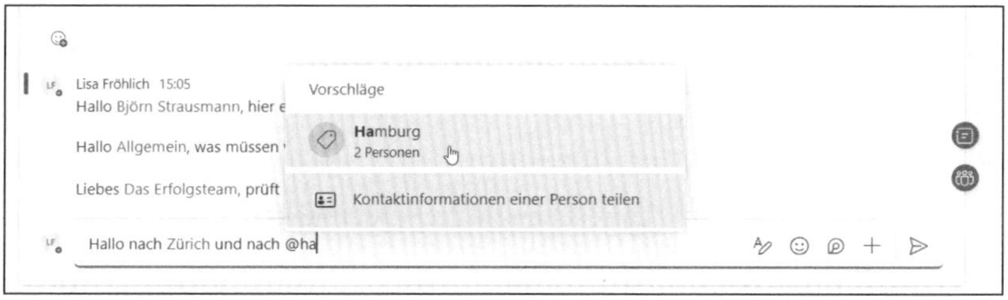

Abb. 9.166 Die @-Erwähnung zweier Tags, hier als Standorte festgelegt

9.17.6 Eine Ankündigung starten

Heben Sie wichtige Informationen in einer Ankündigung hervor.

Mit dem Beitragstyp *Ankündigung* können Sie Ihren Post optisch hervorheben und von den anderen Unterhaltungen abgrenzen, indem Sie eine Überschrift und/oder ein Hintergrundbild einfügen. Sie können Ankündigungen auch dafür verwenden, neue Themen innerhalb der Unterhaltungen zu ordnen. Beiträge und Ankündigungen können auch team- oder kanalübergreifend, also an mehrere und Teams-Kanäle gesandt werden.

1. Sie befinden sich in unserem Team *Das Erfolgsteam* im Kanal *Allgemein* und in der Registerkarte *Beiträge*.
2. Klicken Sie auf die Schaltfläche *Ankündigung* oben neben der Schaltfläche *Veröffentlichen* bei einem neuen Beitrag. Das Formular für die Ankündigung wird geöffnet.
3. Die Ankündigung besitzt eine Beschriftung, die Sie überschreiben können. Schreiben Sie *Meine erste Ankündigung* bei *Überschrift eingeben*.
4. Möchten Sie das Farbschema der Überschrift ändern, klicken Sie auf die Schaltfläche *Farbschema* unten im Überschriftenbereich (siehe Abbildung 9.167).
5. Anstelle eines Farbschemas können Sie auch eine Bilddatei als Hintergrundbild für Ihre Ankündigung einbringen. Klicken Sie dafür auf das Bild-Symbol rechts neben der Schaltfläche *Farbschema*.

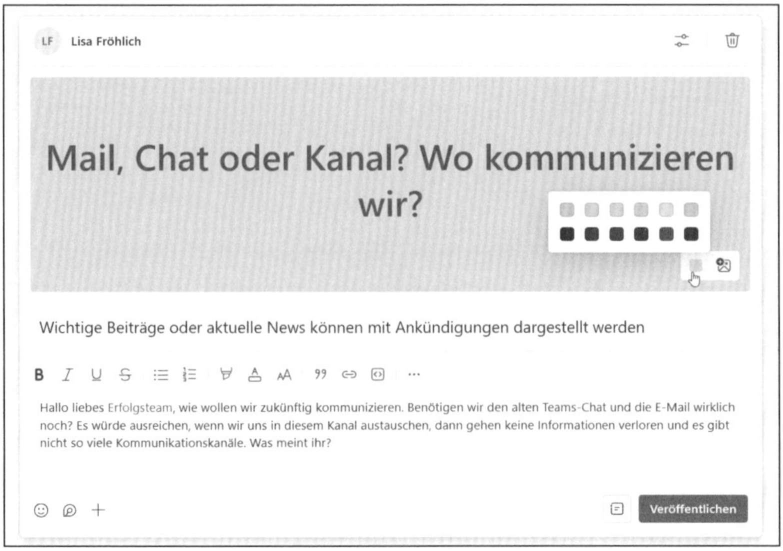

Abb. 9.167 Sie können das Farbschema der Überschrift ändern oder eine Bilddatei als Hintergrundbild verwenden.

6. Fügen Sie immer einen Unterüberschriftentitel und einen Nachrichtentext für Ihre Ankündigung ein. Schreiben Sie für dieses Beispiel *Wichtige Beiträge oder aktuelle News können mit Ankündigungen dargestellt werden.*
7. Schreiben Sie im großen Nachrichtenfeld *Hallo liebes @das Erfolgsteam,* und wählen Sie den Teamnamen aus den Vorschlägen aus. Löschen Sie das Wort *das* vor *Erfolgsteam*. Vervollständigen Sie den Text mit Ihren eigenen Worten.
8. Formatieren Sie bei Bedarf bestimmte Textstellen in Ihrem Nachrichtentext. Verwenden Sie dafür die Symbolleiste *Format*.
9. Verwenden Sie weitere Apps und Aktionen oder auch Loop-Komponenten, wenn Sie möchten.
10. Sie können die Ankündigung in Ihrem Teamkanal oder übergreifend in anderen Teams und Kanälen posten. Wählen Sie dafür oben die Schaltfläche *Einstellungen* (siehe Abbildung 9.168) und klicken Sie unten bei *Veröffentlichen in* auf die Einstellung *mehreren Kanälen*.

Abb. 9.168 Die Einstellungen in einem Beitrag oder einer Ankündigung

11. Der Name des Kanals, in dem Sie sich gerade befinden, wird oberhalb der Überschrift hinzugefügt. Davor klicken Sie auf die Schaltfläche mit dem Pluszeichen (siehe Abbildung 9.169), um weitere Teams-Kanäle auszuwählen.
12. Wählen Sie bei Bedarf ein anderes Team und den Kanal, in dem Ihr Beitrag zusätzlich angezeigt werden soll.

Abb. 9.169
Über das Pluszeichen können weitere Kanäle ausgewählt werden.

13. Wenn Ihre Ankündigung keiner Antworten bedarf, können Sie das Antworten auf sich selbst und andere Besitzer reduzieren. Ihren Teamkolleginnen und -kollegen wird dann die Schaltfläche *Antworten* unterhalb der Ankündigung nicht angezeigt. Klicken Sie dafür erneut auf die Schaltfläche *Einstellungen* oberhalb der Überschrift und wählen Sie im Menü bei *Wer kann antworten?* die Option *Sie und Mitorganisatoren*.
14. Senden Sie Ihre Ankündigung über die Schaltfläche *Veröffentlichen*. Schauen Sie sich Ihren Beitrag in den Teams-Kanälen an.
15. Damit Sie die nächste Übung durchführen können, klicken Sie im Bereich *Mit einem neuen Beitrag beginnen* auf die Schaltfläche *Veröffentlichen*, damit Sie einen Beitrag und nicht erneut eine Ankündigung erstellen.

9.17.7 Dokumente und Links im Kanal teilen

Teilen Sie Links, statt E-Mails mit Anhängen zu versenden.

1. Sie können in Ihrem Kanal Dateien vom Computer, aus anderen Teamkanälen oder aus Ihrem OneDrive-Speicher hochladen, mit Ihren Teamkollegen teilen und gemeinsam, zeitgleich, an diesen Dateien arbeiten. Anders als beim privaten Chat werden die Dateien in einem Teamkanal in der SharePoint Online-Bibliothek *Dokumente* im jeweiligen Kanalordner gespeichert und stehen allen Personen des Teams oder bei einem privaten oder freigegebenen Kanal den ausgewählten Personen über die Registerkarte *Freigegeben* zur Verfügung. Sie können auch Links zu Dateien, die sich in Ihrem Portal befinden, Internetwebsites oder andere Bereiche des Portals in Unterhaltungen senden.

Beachten Sie dabei, dass die Personen des aktuellen Kanals auch über entsprechende Berechtigungen zu den von Ihnen geteilten Inhalten verfügen müssen. Sonst senden Sie Links, die zwar von Ihren Teamkollegen angeklickt werden können, der Zugriff jedoch wegen fehlender Rechte verweigert wird.

---

2. Starten Sie einen neuen Beitrag und fügen Sie eine Betreffzeile hinzu. Schreiben Sie *Verwendung von Links in einem Beitrag*.

3. Im Eingabefeld des Beitrags können Sie unten über die Schaltfläche *Aktionen und Apps*, dargestellt mit dem Pluszeichen, Dateien vom Computer, aus anderen Teamkanälen oder aus Ihrem persönlichen OneDrive (Clouddateien) hochladen und so in die Nachricht einbinden. Die Teamkollegen können direkt im Unterhaltungsfenster oder über die Registerkarte *Freigegeben* darauf zugreifen.
4. Öffnen Sie Ihre Firmenwebsite im Internet und kopieren Sie die URL. Klicken Sie dafür in die URL-Adresszeile Ihres Browsers, markieren Sie die URL und kopieren Sie sie mit einem Rechtsklick.
5. Möchten Sie den Link der Internetwebsite im Beitrag senden, wechseln Sie zu Teams in den Beitrag zurück. Sie können die kopierte URL über die Schaltfläche *Link einfügen* (siehe Abbildung 9.170) dem Beitrag hinzufügen. Schreiben Sie im Feld *Anzuzeigender Text* die Wörter *Unser Internetauftritt* und fügen Sie die URL des Links bei *Adresse* mit einem Rechtsklick ein.

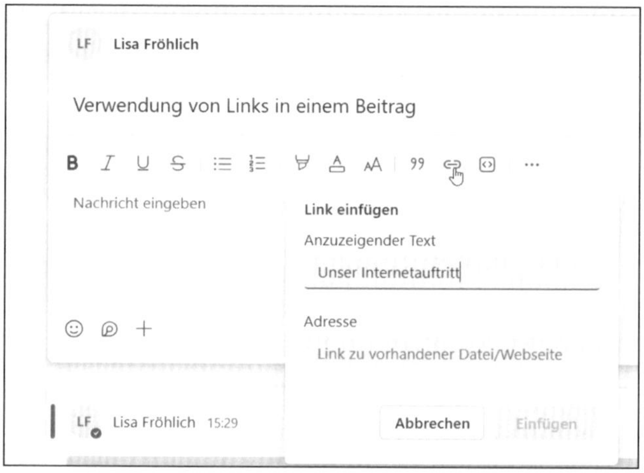

Abb. 9.170 Sie können in Ihrer Unterhaltung Links zu anderen Inhalten Ihres Portals oder Internetwebseiten einfügen.

6. Zum Senden der Nachricht klicken Sie auf die Schaltfläche *Veröffentlichen*.

Alternativ können Sie auch die URL zu einem Dokument oder Ordner abrufen und direkt im Beitragsfeld einfügen. Auch so wird das Dokument im Register *Freigegeben* abgelegt und für die Teamkolleginnen und -kollegen bereitgestellt.

9.17.8 Beiträge in Threads umstellen und anwenden

Damit Sie die Funktionen von Threads kennenlernen, werden wir in diesem Abschnitt das Kommunikations-Layout umstellen. Sie können beim Anlegen eines neuen Kanals das Kommunikations-Layout *Beiträge* oder *Thread* auswählen oder auch im Nachhinein umstellen. In diesem Abschnitt werden wir die vorhandenen Beiträge in Threads umwandeln und ich gehe kurz auf die Anwendung ein. Da Threads ähnlich wie der Teams-Chat aufgebaut ist, wird Ihnen im jeweiligen Thread-Beitrag nicht direkt eine Betreffzeile angeboten, erst über die

Schaltfläche *Formatierungsoptionen einblenden* können Sie eine Betreffzeile hinzufügen, so wie im Teams-Chat auch. Der Thread-Verlauf ist damit nicht so strukturiert, wie Sie es in den vorherigen Abschnitten, in den Beiträgen, feststellen konnten. Funktionen, die Sie mit den Beiträgen bereits kennengelernt haben, können Sie auch im Thread anwenden. Jedoch lassen sich im Thread keine Ankündigungen erstellen.

1. Sie befinden sich in unserem Team *Das Erfolgsteam* und im Kanal *Allgemein*.
2. Zeigen Sie auf den Namen des Kanals *Allgemein* und klicken Sie auf das *Weitere Menü*, dargestellt mit den drei Punkten.
3. Klicken Sie auf den Befehl *Kanal bearbeiten*.
4. Wählen Sie im Dialogfenster die Option *Threads* im Bereich *Layout* aus.
5. Speichern Sie Ihre Änderungen. Das Register *Beiträge* wurde nun umbenannt in *Unterhaltung* und der Beitragsverlauf wird wie im Chat dargestellt.
6. Klicken Sie ganz unten im Verlaufsfenster in das Eingabefeld *Nachricht in [Kanalname]* und schreiben Sie dort *Mein erster Thread zum Ausprobieren* und senden Sie die Nachricht.
7. Zeigen Sie auf die Nachricht, damit Ihnen die Symbolleiste angezeigt wird. Klicken Sie auf den Befehl *Antwort im Thread*, dargestellt mit den Sprechblasen. Im rechten Fensterbereich öffnet sich ein weiteres Fenster, wo Sie im unteren Bereich auf den Thread antworten können.
   - Sie können im Antwortfeld auswählen, ob Sie die Antwort nur im Thread oder im Thread und im Kanal senden möchten. Wenn Sie im Thread und im Kanal senden, wird Ihre Antwort nicht nur im Thread, sondern auch als eigene Nachricht im Verlaufsfenster dargestellt. Wenn Sie nur im Thread senden, wird Ihre Antwort erst angezeigt, wenn im Verlauf unterhalb der Nachricht auf die Schaltfläche *Antwort* geklickt wird. Wenn Sie auf einen Thread zeigen, der beantwortet wurde, können Sie ihm folgen oder entfolgen.
   - Einige Funktionen, wie das Senden eines Hyperlinks im Thread, finden Sie, wenn Sie die Formatsymbolleiste einblenden und das *Weitere Menü*, dargestellt mit den drei Punkten, öffnen.
   - Folgen Sie einem oder mehreren Threads, können Sie oberhalb der Teams- und Kanalliste auf *Gefolgte Threads* klicken, um sich über Neuigkeiten in den einzelnen Threads zu informieren.

9.17.9 Eine Audio- und Videokonferenz spontan im Kanal starten

Während Sie in einem Kanal mit Ihren Teammitgliedern in den Beiträgen oder Threads diskutieren, stellen Sie fest, dass es in diesem Moment besser wäre, wenn Sie kurz zu diesem Thema telefonieren würden. In solch einem Fall können Sie in einem Kanal kurzfristig eine Besprechung per Teams-Audio- und/

Es werden alle Teammitglieder direkt angerufen, planen Sie lieber eine Besprechung.

oder -Videoanruf starten. Informieren Sie Ihre Teamkollegen über Ihr Vorhaben. Die Besprechung startet als Beitrag im Teamkanal, und die Anwesenden können durch einen Klick auf die Schaltfläche *Teilnehmen* daran teilnehmen.

1. Klicken Sie im Verlaufsfenster oben rechts auf die Schaltfläche *Jetzt besprechen*, dargestellt mit der Kamera.
2. Geben Sie bei Bedarf einen Betreff für die Besprechung ein (siehe Abbildung 9.171).
3. Ihr Video wird nicht automatisch gestartet. Sie können die Videoübertragung ein- oder ausschalten und nur einen Audioanruf führen; möchten Sie die Kamera verwenden, aktivieren Sie sie unten im Fenster.
4. Klicken Sie auf die Schaltfläche *Jetzt teilnehmen*. Sie werden in das Besprechungsfenster weitergeleitet.

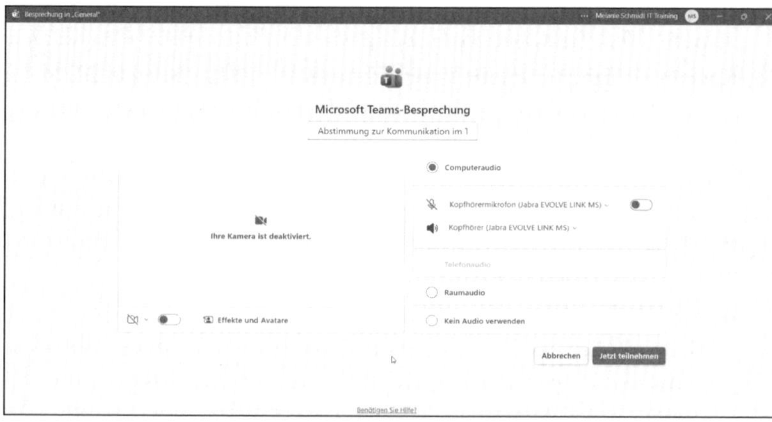

Abb. 9.171 Der Titel der Besprechung kann geändert werden. Die Kamera ist nicht angeschaltet.

5. Die Teamkollegen können über den Kanal auf die Beitragsnachricht klicken, um an der Besprechung teilzunehmen (siehe Abbildung 9.172). Selbst Personen, die kurze Zeit später den Kanal aufsuchen, können teilnehmen, sofern die Besprechung noch aktiv ist. Solange die Besprechung aktiv ist, wird links in der Kanalliste das Kamera-Symbol angezeigt. Wenn die Besprechung beendet ist, wird im Kanal angezeigt, dass eine Besprechung stattgefunden hat, und das Kamera-Symbol wird nicht mehr angezeigt.

Sie und Ihre Kolleginnen und Kollegen können eine Benachrichtigung über gestartete Besprechungen erhalten, wenn Sie in den Teams-Einstellungen/Benachrichtigungen und Aktivitäten/Besprechungen die Option *Benachrichtigungen zum Starten von „Jetzt besprechen“* aktivieren. Damit werden Sie dann per Banner-Benachrichtigung informiert, wenn in einem Kanal eine spontane Besprechung stattfindet.

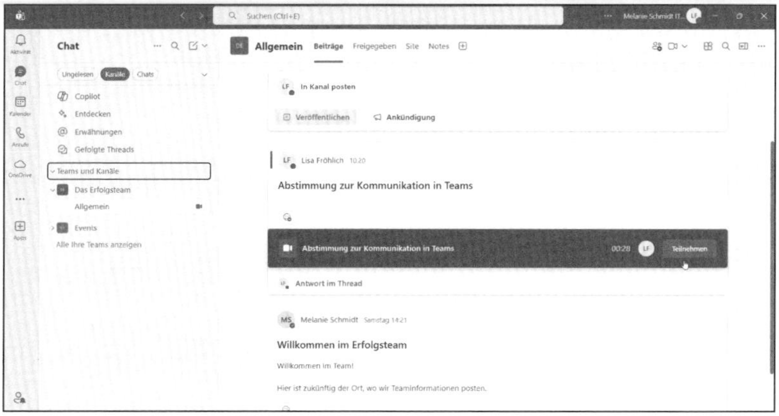

Abb. 9.172
Über das Beitragsfenster können alle Teamangehörigen an der Besprechung teilnehmen.

Sie können im Beitragsfenster oben rechts hinter dem Kamera-Symbol auf den Drop-down-Pfeil klicken und von dort aus eine Besprechung mit den Mitgliedern des Kanals planen. Klicken Sie dort auf *Eine Besprechung planen*. Im Kalenderformular wird der Kanalname hinzugefügt und Sie können auswählen, dass alle beteiligten Personen eine E-Mail-Einladung erhalten sollen.

9.17.10 E-Mails an einen Teamkanal senden

Sie können E-Mails, die Sie erhalten haben, an einen Teamkanal weiterleiten und als Beitrag für Ihre Teammitglieder bereitstellen. In dem Augenblick, in dem Sie zum ersten Mal eine E-Mail an einen Kanal senden, werden in der SharePoint-Dokumentenbibliothek *Dokumente* die Ordner und Unterordner *Apps/ Microsoft Teams Mailhook/[Kanalname]/ EmailMessage_[Monat]_ [Jahr]* für die empfangenen E-Mails eingerichtet, auf die Sie und Ihre Teammitglieder jederzeit zugreifen können. Sprechen Sie mit Ihrem Team ab, ob Sie E-Mails an den Kanal senden möchten. Beachten Sie, dass ein Teams-Kanal nicht als alternatives E-Mail-Postfach verwendet werden sollte. Stellen Sie wie nachfolgend beschrieben die Sicherheitseinstellungen für den Empfang von E-Mails für den Kanal ein:

Der Teams-Kanal ist kein Postfach-Ersatz, aber in Teams kann man gut gemeinsam über eine E-Mail diskutieren.

1. Zunächst müssen Sie die E-Mail-Adresse zum Kanal abrufen. Jeder Kanal besitzt eine eigene E-Mail-Adresse. Öffnen Sie dafür die Teams- und Kanalliste.
2. Klicken Sie auf das Menü *Weitere Optionen*, dargestellt mit den drei Punkten hinter einem Kanalnamen, an den Sie E-Mails senden möchten.
3. Wählen Sie die Option *E-Mail-Adresse abrufen* (siehe Abbildung 9.173).

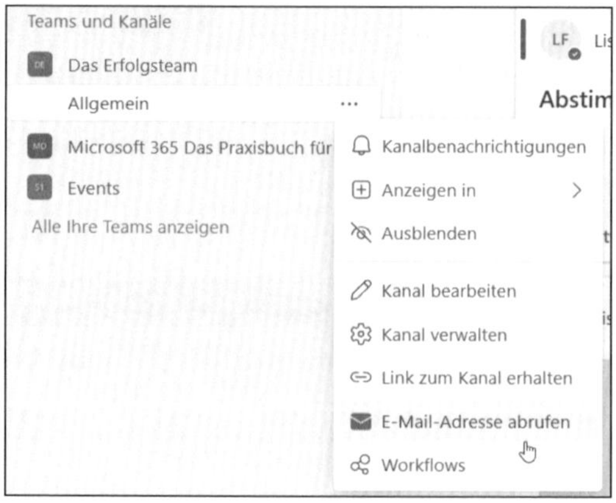

Abb. 9.173 Jeder Kanal hat eine eigene E-Mail-Adresse, die abgerufen werden kann.

4. Es öffnet sich ein weiterer Dialog. Beim ersten Verwenden der E-Mail-Adresse klicken Sie auf den Link *Erweiterte Einstellungen*, um Sicherheitseinstellungen für das Empfangen von E-Mails vorzunehmen (siehe Abbildung 9.174).

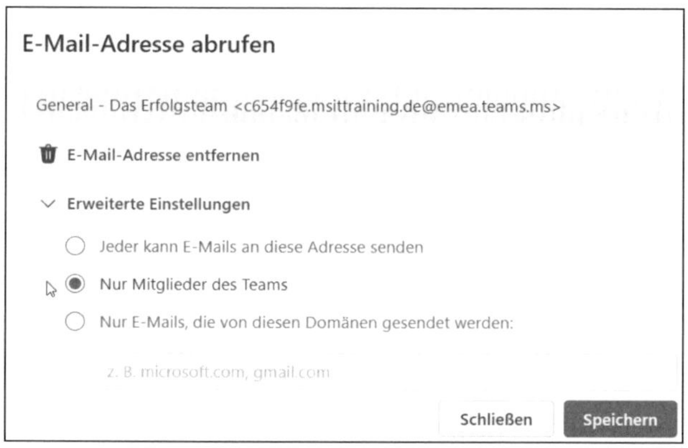

Abb. 9.174 Die *erweiterten Einstellungen* für die Sicherheitseinstellungen

Folgende Optionen können Sie auswählen:

- *Jeder kann E-Mails an diese Adresse senden.* Damit legen Sie fest, dass jede Person, die diese E-Mail-Adresse besitzt, E-Mails an den Teamkanal und somit auch an die SharePoint-Bibliothek senden kann. Beachten Sie, dass damit auch Spam-Mails ankommen können.
- *Nur Mitglieder des Teams.* Verwenden Sie diese Option, damit nur Ihre Teammitglieder E-Mails an den Kanal und somit auch an die SharePoint-Bibliothek senden können. Beachten Sie, dass Gäste nicht dazugehören.

- *Nur E-Mails, die von diesen Domänen gesendet werden.* Nur Personen mit einer bestimmten Domäne können E-Mails an den Kanal und damit an die SharePoint-Bibliothek senden. Trennen Sie die Domänen jeweils mit einem Komma, falls Sie diese Option für mehrere Domänen auswählen.

5. Nachdem Sie eine Option ausgewählt haben, speichern Sie Ihre Einstellung.
6. Öffnen Sie erneut das Menü *Weitere Optionen* hinter dem Kanalnamen.
7. Wählen Sie erneut die Option *E-Mail-Adresse abrufen*.
8. Klicken Sie auf die Schaltfläche *Kopieren*, damit die E-Mail-Adresse in die Zwischenablage kopiert wird.
9. Öffnen Sie eine E-Mail-Nachricht in Outlook, die Sie an den Teamkanal weiterleiten möchten.
10. Fügen Sie im Feld *An* die in der Zwischenablage gespeicherte E-Mail-Adresse des Kanals ein.
11. Ergänzen Sie gegebenenfalls den Betreff und den Nachrichtentext. Erklären Sie Ihren Teammitgliedern, wie E-Mails an den Kanal gesendet werden können. Damit sparen Sie das Verteilen von team- und projektbezogenen Mails an viele Empfänger.
12. Fügen Sie eine Testdatei als Anlage hinzu.
13. Senden Sie die Nachricht. Outlook merkt sich die E-Mail-Adresse. Sobald Sie zukünftig im Feld *An* anfangen, den Kanalnamen zu schreiben, wird Ihnen dieser in der Autovervollständigung vorgeschlagen.
14. Wechseln Sie in die Beiträge des Teams-Kanals, in den Sie die E-Mail gerade gesendet haben, und prüfen Sie den Eingang Ihrer E-Mail.

9.17.11 Allgemeine Benachrichtigungen einstellen

Während Sie Teams in Ihren Alltag integrieren, werden Sie feststellen, dass Sie auf verschiedene Arten in Teams benachrichtigt werden. Sie werden über Beiträge und Reaktionen aus angezeigten Teams-Kanälen, in denen Sie mit Ihren Kolleginnen und Kollegen zusammenarbeiten, über Team- und Kanal-Erwähnungen, verpasste Chats und Anrufe etc. per Banner, über die Schaltfläche *Aktivität* im Feed und Kennzeichnungen auf den Schaltflächen informiert. Zusätzlich erhalten Sie bei persönlichen @-Erwähungen eine E-Mail. Es können Sie somit zu viele oder – wenn Sie alle Benachrichtigungen ausschalten – zu wenige Informationen erreichen. Ich empfehle Ihnen, zunächst einige Tage aktiv mit Teams zu arbeiten, bevor Sie Einstellungen für die Benachrichtigungen festlegen. Sie werden in dieser Zeit feststellen, welche Benachrichtigungen Sie stören und auf welche Sie verzichten können oder wo Sie Benachrichtigungen vermissen. Beachten Sie auch, dass Chats stummgeschaltet, Teams-Kanäle ausgeblendet und individuelle Kanalbenachrichtigungen festgelegt werden können, wenn Sie nicht benachrichtigt werden möchten.

Ändern Sie diese Einstellungen erst, wenn Sie genau wissen, welche Benachrichtigungen Sie stören.

In diesem Abschnitt gehe ich auf die Benachrichtigungseinstellungen ein. Falls Sie Teams auf einem mobilen Gerät verwenden, müssen Sie die Benachrichtigungen darauf separat einstellen. Sie können die Einstellungen für die Benachrichtigungen für Teams folgendermaßen ändern:

1. Öffnen Sie die Einstellungen, indem Sie auf das Menü *Einstellungen und mehr*, dargestellt mit den drei Punkten (siehe Abbildung 9.175), klicken.

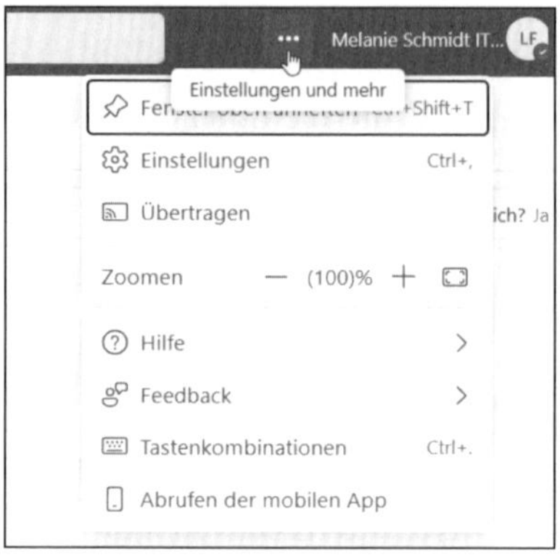

Abb. 9.175 Die Einstellungen können über das Menü *Einstellungen und mehr* geöffnet werden.

2. Klicken Sie auf die Schaltfläche *Einstellungen*.
3. Wählen Sie links die Kategorie *Benachrichtigungen und Aktivitäten* aus. Sie können folgende Einstellungen vornehmen (siehe Tabelle 9.6). Beachten Sie bei der Auswahl, dass die Änderungen sofort übernommen werden. Einige Einstellungen lassen sich am Mac nicht vornehmen. Ich empfehle daher, die Einstellungen in der Teams-App im Web vorzunehmen.

Tab. 9.6 Die Einstellungen für Benachrichtigungen

Unterkategorie *Allgemein*	
Alle Benachrichtigungen stummschalten (mit Ausnahme von Anrufen und Besprechungen)	Sie werden für Anrufe und Besprechungen, die gestartet sind, weiterhin per Banner und Kennzeichnungen auf den Schaltflächen informiert. Alle anderen Benachrichtigungen in Teams sind ausgeschaltet.
Option: Dringende und vorrangige Kontaktbenachrichtigungen immer zulassen	Wenn Sie Personen einen Prioritätszugriff gewähren, werden Sie von diesen Personen weiterhin per Banner, Aktivität und Sound benachrichtigt. Wie Sie einen Prioritätszugriff festlegen, lesen Sie in Abschnitt 9.7.2.
Unterkategorie *Audio*	
Sounds mit Benachrichtigungen wiedergeben	Alle Benachrichtigungen werden mit einem Sound wiedergegeben. Legen Sie einen Sound für alle Benachrichtigungen fest.
Sounds für dringende und vorrangige Kontaktbenachrichtigungen wiedergeben	Wenn Sie Personen einen Prioritätszugriff gewähren, können Sie für diese Personen einen speziellen Sound einstellen oder den Sound deaktivieren.

→

Sounds bei eingehenden Anrufen, Beitrittsanfragen und Benachrichtigungen zum Starten von Besprechungen wiedergeben	Legen Sie einen speziellen Sound für die genannten Aktionen fest oder lassen Sie grundsätzlich keinen Sound zu. Entfernen Sie dann das Häkchen.
Sounds abspielen, wenn ich beschäftigt oder in einer Besprechung bin	Möchten Sie die Sounds für eingehende Aktionen ausschalten, wenn Sie sich in einer Besprechung befinden oder Ihr Präsenzstatus *Beschäftigt* anzeigt, dann entfernen Sie das Häkchen. Beachten Sie: Wenn Sie in Outlook einen Termin eintragen, wechselt Ihr Status automatisch auf *Beschäftigt*, sobald Ihr Termin beginnt.
Unterkategorie *Anzeigen*	
Nachrichten- und Inhaltsvorschau in Benachrichtigungen anzeigen	Chatnachrichten werden Ihnen im Banner mit einer Vorschau auf den Inhalt der Nachricht gezeigt. Möchten Sie verhindern, dass Texte und Inhalte im Banner angezeigt werden, entfernen Sie hier das Häkchen aus dem Kontrollkästchen.
Benachrichtigungen während Anrufen und Besprechungen anzeigen	Möchten Sie sich während eines Audio- oder Videoanrufs oder einer Teams-Besprechung nicht durch die Banner-Benachrichtigungen ablenken lassen, können Sie die Option an dieser Stelle deaktivieren.
Benachrichtigungen auf dem Desktop anzeigen, wenn die Teams-Registerkarte nicht angezeigt wird (Teams im Web)	Wenn Sie mit Teams in der Webversion arbeiten und sich in einem anderen Tab Ihres Webbrowsers befinden, können Sie festlegen, dass Ihnen die Benachrichtigungen auf dem Desktop angezeigt werden.
E-Mails zu verpassten Aktivitäten	Wenn Sie Teams während Ihrer Abwesenheit geschlossen haben, werden Sie per E-Mail über verpasste Aktivitäten benachrichtigt. Legen Sie über den Drop-down-Pfeil fest, wie schnell Sie die Mitteilungen über die verpassten Aktivitäten erhalten möchten.
Unterkategorie *Chats und Kanäle*	
Chatnachrichtenbenachrichtigungen	Möchten Sie für Chatnachrichten grundsätzlich keine Banner-Benachrichtigung erhalten, können Sie diese ausstellen. Über die Kennzeichnungen auf den Schaltflächen werden Sie weiterhin über neue Nachrichten informiert.
@Erwähnungen	Sie können die Banner-Benachrichtigungen für alle @Erwähnungen deaktivieren. Sie werden dennoch im Feed *Aktivität* über persönliche @Erwähnungen informiert.
Kanal- und Team-@Erwähnungen	Wenn ein Team oder ein Kanal erwähnt wird, werden Sie im Banner und über die Aktivität darüber benachrichtigt. Sie können einstellen, dass Sie nur im Feed *Aktivität* über diese Erwähnungen informiert werden, oder die Benachrichtigungen für diese Erwähnungen ausstellen.

→

@Erwähnungens-Tags	Wenn ein Tag erwähnt wird, werden Sie im Banner und über die Aktivität darüber benachrichtigt. Sie können einstellen, dass Sie nur im Feed *Aktivität* über diese Erwähnungen informiert werden, oder die Benachrichtigungen für diese Erwähnungen ausstellen.
Jeder im Chat @Erwähnungen	In einem Gruppenchat können Sie alle Personen mit *@jeder* erwähnen, sodass alle Personen im Gruppenchat angesprochen werden. Wenn Sie jedoch keine Banner-Benachrichtigungen oder Informationen im Feed sehen möchten, können Sie das an dieser Stelle festlegen.
Persönliche @Erwähnungen	Sie können die persönlichen Erwähnungen nicht gänzlich ausschalten. Sie können nur festlegen, dass Sie für persönliche @Erwähnungen keine Banner-Benachrichtigungen erhalten möchten. Sie werden über den Feed informiert, und wenn Teams geschlossen ist, werden Sie zusätzlich per E-Mail benachrichtigt.
Antworten auf meine Kanalbeiträge und -antworten	Wird auf Beiträge, die Sie oder andere Personen in einem Teams-Kanal erstellt haben, geantwortet, werden Sie per Banner und im Aktivitätsfeed darüber informiert. Sie können Einstellungen vornehmen, damit Ihnen die Informationen nur im Aktivitätsfeed angezeigt werden.
Unterkategorie *Likes und Reaktionen*	Stören Sie die Banner-Benachrichtigungen, wenn andere Teamkolleginnen und Kollegen auf von Ihnen gepostete Beiträge mit Likes und Emoticons reagieren, können Sie sie an dieser Stelle ausschalten oder nur im Aktivitätsfeed anzeigen lassen.
Unterkategorie *Beiträge in allen angezeigten Kanälen*	Belassen Sie diese Einstellungen, wenn Sie über neue Beiträge innerhalb Ihrer wichtigen Kanäle benachrichtigt werden möchten. Voraussetzung ist, dass alle Ihre wichtigen Kanäle in der Teams- und Kanalliste angezeigt sind. Wie Sie Kanäle einblenden, erfahren Sie in Abschnitt 9.16.5.
Option: *Antworten einschließen*	Möchten Sie zusätzlich jedes Mal benachrichtigt werden, wenn auf Beiträge in Ihren wichtigen Kanälen geantwortet wird, aktivieren Sie diese Option.
Unterkategorie *Besprechungen*	
Benachrichtigungen über den Beginn einer Besprechung	Wenn Sie eine Teams-Besprechung organisiert oder einer Besprechung zugesagt haben, werden Sie über die Banner-Benachrichtigung über ihren Beginn informiert. Belassen Sie diese Einstellungen, damit Sie sofort reagieren können, wenn vor Ihnen bereits andere Personen zur Onlinebesprechung beigetreten sind oder sich Personen im Wartebereich befinden.

→

Besprechungschat-Benachrichtigungen für Besprechungen, die ich angenommen habe	Werden innerhalb einer Besprechung, der Sie zugesagt haben, Chatnachrichten von anderen Personen geschrieben, ist die Stummschaltung deaktiviert. Sie werden nicht per Banner und akustisch informiert, erhalten aber oben in der Menüleiste des Besprechungsfensters eine Kennzeichnung auf der Schaltfläche *Chat*.
Besprechungschat-Benachrichtigungen für Besprechungen, die als mit Vorbehalt oder ohne Antwort markiert sind	Besprechungschats werden für Sie stummgeschaltet, wenn Sie die Besprechungsanfrage nicht beantwortet oder unter Vorbehalt zugesagt haben. Somit erhalten Sie keine akustische Benachrichtigung und das Banner wird nicht angezeigt, wenn im Besprechungschat Nachrichten der Teilnehmenden ausgetauscht werden.
Benachrichtigungen zum Starten von „Jetzt besprechen"	Wenn aus einem für Sie angezeigten Teams-Kanal, dem Sie angehören, eine Sofortbesprechung gestartet wird, werden Sie darüber informiert, wenn Sie diese Option aktivieren.
Weitere Unterkategorien: Anwesenheit Statusbenachrichtigungen verwalten Verfolgen Sie den Status einer Person und erhalten Sie eine Benachrichtigung, sobald diese als verfügbar oder offline angezeigt wird.	Mit dieser Funktion können Sie Kolleginnen und Kollegen als Kontakte zu einer Liste hinzufügen, die Sie aktiv darüber informiert, wenn sich bei den Personen der Präsenzstatus auf *Verfügbar* oder *Offline* ändert. Auch Kolleginnen und Kollegen können diese Funktion nutzen und Sie zu ihrer Liste hinzufügen. Eigentlich ist diese Funktion dafür gedacht, dass andere nach Ihrer Abwesenheit schnell erfahren, wenn Sie wieder verfügbar sind, sodass sie mit Fragen auf Sie zukommen können. Wenn Sie selbst nicht wünschen, dass andere Personen aus Ihrem Unternehmen informiert werden, sobald Ihr Status auf *Verfügbar* oder *Offline* geändert wird, stellen Sie Ihren Status immer auf *Als offline anzeigen*. So werden Sie immer *Offline* angezeigt und es kann niemand aus Ihrem Unternehmen sehen, ob Sie in Teams arbeiten oder gerade einen ausgedruckten Bericht lesen. Falls Sie zusätzlich Teams auf dem Smartphone nutzen, müssen Sie den Präsenzstatus ebenfalls in *Als offline anzeigen* ändern, damit Sie auf keinem Gerät verfügbar sind. Befragen Sie zusätzlich auch Ihre Vorgesetzten, den Betriebsrat oder Datenschutzbeauftragte, wenn Sie Bedenken haben. Möchten Sie die Statusbenachrichtigungen für bestimmte Kolleginnen und Kollegen ein- oder ausschalten, können Sie dies über die Schaltfläche *Benachrichtigungen verwalten* in der Liste vornehmen. Fügen Sie Personen hinzu oder löschen Sie sie über das *X* aus der Liste.

→

Unterkategorie *Kalender*	
Neue Einladungen, Updates und Stornierungen, die an mich gesendet werden	Standardmäßig werden die hier genannten Aktionen im Aktivitätsfeed angezeigt. Sie können festlegen, dass Sie zusätzlich im Banner darüber informiert werden, oder die Benachrichtigung für die genannten Aktionen generell ausschalten.
Wenn Personen Besprechungen weiterleiten, die ich organisiert habe	Wenn Sie eine Besprechung organisiert haben, werden Sie über den Aktivitätsfeed informiert, sobald die eingeladene Person die Besprechung an andere Personen weiterleitet. Möchten Sie zusätzlich eine Benachrichtigung im Banner erhalten, stellen Sie die Option hier ein.
Unterkategorie *Apps*	
Connections	Die Benachrichtigungen betreffen Aktivitäten innerhalb des SharePoint-Intranets sowie Team- und Kommunikations-Websites. Wenn Sie in Teams die App Connections in der linken Navigation hinzufügen und pinnen, können Sie grundsätzlich festlegen, dass Sie Benachrichtigungen erhalten. Belassen Sie die Schaltfläche im Bereich Connections eingeschaltet. Sie können bei allen nachfolgenden Benachrichtigungen festlegen, ob Sie benachrichtigt werden möchten oder nicht. Zusätzlich können Sie auswählen, ob Sie nur im Aktivitäten-Feed oder im Feed und per Banner benachrichtigt werden möchten.
Neue Ankündigungen werden geteilt	Wenn in Ihrem Unternehmen Microsoft-Connections verwendet wird, können dort Ankündigungen erstellt werden. Legen Sie die Option fest, ob und wie Sie über neue Ankündigungen benachrichtigt werden möchten.
Wöchentliche Erinnerungen an ungelesene Nachrichten	Wurden neue Beiträge auf SharePoint Online-Websites veröffentlicht, können Sie sich benachrichtigen lassen, wenn Sie die Nachrichten noch nicht geöffnet und gelesen haben.
Neuigkeiten werden von Websites gepostet, denen Sie folgen, oder von Personen, mit denen Sie zusammenarbeiten.	Wenn Sie bestimmten SharePoint-Team- oder Kommunikationswebsites folgen oder einer Ihrer Teamkolleginnen oder -kollegen neue Neuigkeitenbeiträge veröffentlichen, können Sie festlegen, ob und wie Sie benachrichtigt werden möchten.
Wichtige Neuigkeiten werden gepostet.	Werden auf unternehmensweiten Websites Neuigkeiten gepostet, werden diese vom System als wichtig kategorisiert. Legen Sie fest, ob und wie Sie dazu benachrichtigt werden möchten.

→

Nachrichtenlinks werden zu Websites hinzugefügt, denen Sie folgen, oder von Personen, mit denen Sie zusammenarbeiten.	Werden Nachrichtenlinks auf von Ihnen gefolgten Websites oder von Kolleginnen oder Kollegen, mit denen Sie in einer Microsoft 365-Gruppe zusammenarbeiten gepostet, können Sie festlegen, ob und wie Sie darüber benachrichtigt werden möchten.
Neue Likes in Ihren Nachrichtenbeiträgen	Werden Beiträge, die Sie auf einer Website gepostet haben von einer Person gelikt, werden Sie sofort darüber benachrichtigt. Sie können die Benachrichtigung ausschalten.
Neue Kommentare zu Ihren Nachrichtenbeiträgen	Erhalten Sie Kommentare zu einem Beitrag, den Sie auf einer Website gepostet haben, werden Sie benachrichtigt. Legen Sie fest, wie Sie benachrichtigt werden möchten. Legen Sie ggf. fest, dass Sie nur im Aktivitäten-Feed darüber informiert werden.
Neue Antworten auf Ihre Kommentare zu Nachrichtenbeiträgen	Haben Sie Beiträge auf einer Website kommentiert und wird auf Ihren Kommentar geantwortet, können Sie entscheiden, wie Sie darüber benachrichtigt werden möchten.
Sie werden in Kommentaren zu Nachrichtenbeiträgen erwähnt	Werden Sie in einem Beitrag auf einer Website erwähnt, erhalten Sie eine Benachrichtigung im Aktivitäten-Feed und per Banner.
Other activities	Werden bei Ihnen weitere Apps verwendet, die mit Benachrichtigungen ausgestattet wurden, können Sie die Benachrichtigungseinstellungen festlegen.

Wenn Sie die Benachrichtigungen für Sounds deaktivieren, werden Sie dennoch mit Kennzeichnungen auf den Schaltflächen informiert.

Bei der Verwendung der mobilen Teams-App müssen Sie auf dem Tablet oder dem Smartphone eigene Benachrichtigungseinstellungen in der Teams-App vornehmen.

Weitere Einstellungen für Audio können Sie direkt an Ihrem Gerät vornehmen oder hier in den Einstellungen in der Kategorie *Geräte*.

9.18 Arbeiten mit Dateien in einem Kanal

Microsoft fügt regelmäßig weitere SharePoint-Funktionen in Teams ein.

Wie bereits erwähnt, wird beim Anlegen eines Teams oder eines privaten und freigegebenen Kanals jeweils automatisch eine eigene SharePoint-Teamwebsite für die Speicherung der Dokumente im Hintergrund erstellt. Sie speichern also Dateien, die Sie im Teamkanal hochladen, in der von SharePoint Online bereitgestellten Dokumentenbibliothek *Dokumente*. Über die Registerkarte *Freigegeben* im Kanal können Sie zur SharePoint-Website navigieren. Zum aktuellen Stand verfügt Teams noch nicht über alle Funktionalitäten, die Sie eventuell aus SharePoint kennen. Möchten Sie die erweiterte Versionierung verwenden, empfiehlt es sich, eine weitere Bibliothek in der SharePoint-Teamwebsite bereitzustellen und sie über SharePoint zu verwenden. Die mit Teams verknüpfte Bibliothek *Dokumente* sollte nur mit den Funktionen verwendet werden, die bei Ihnen derzeit in der Teams-Oberfläche im Kanal möglich sind.

Falls Sie in einem anderen Prozess nur über eine SharePoint-Teamwebsite verfügen und Teams noch nicht damit verbunden haben, sollten Sie vor der Migration der Teamwebsite zu Teams überlegen, ob Sie überhaupt SharePoint-Funktionen in der Bibliothek *Dokumente* Ihrer bestehenden Website verwenden. Denn sobald Sie die SharePoint-Teamwebsite mit Teams verbinden, wird die SharePoint-Bibliothek *Dokumente* für Teams verwendet. Für jeden nicht privaten oder freigegebenen Kanal Ihres Teams, Dateianlagen aus Aufgaben in Planner sowie für E-Mails, die Sie an den Kanal senden, werden dann jeweils Ordner in der Bibliothek *Dokumente* angelegt, die Ihre bereits vorhandenen Dateien- und Ordnerstrukturen enthalten.

9.18.1 Eine SharePoint-Bibliothek in Teams öffnen

Sie können die SharePoint-Teamwebsite auch als Favorit im Webbrowser speichern.

Damit Sie einen Überblick über die Bibliothek *Dokumente* erhalten, sollten Sie wissen, wie Sie aus Teams heraus die Bibliothek in SharePoint öffnen:

1. Navigieren Sie zunächst in unser Team *Das Erfolgsteam* und in den Kanal *Allgemein*.
2. Öffnen Sie die Registerkarte *Freigegeben*.
3. Klicken Sie in der Menüleiste auf das Menü *Weitere Optionen*, dargestellt mit den drei Punkten, und wählen Sie die Schaltfläche *In SharePoint öffnen* (siehe Abbildung 9.176). Sie werden in die Bibliothek auf der SharePoint-Teamwebsite weitergeleitet.
4. Klicken Sie auf der SharePoint-Teamwebsite auf den Link *Dokumente*, links in der Schnellstartnavigation, um alle Ordner einblenden zu lassen. Wenn Sie später mehrere Teamkanäle angelegt haben, wird Ihnen für jeden Kanal jeweils ein Ordner angezeigt (siehe Abbildung 9.177). Der Ordner für den Kanal *Allgemein* besitzt den englischen Namen *General*. In meinem Beispiel habe ich zwei Kanäle in Teams angelegt, dafür wurden automatisch vom

System die beiden Ordner *Kanal 1* und *Kanal 2* in SharePoint erstellt. Zusätzlich habe ich eine E-Mail an den Kanal gesandt. Dafür wurden automatisch der Ordner *Apps* und weitere Unterordner vom System angelegt.

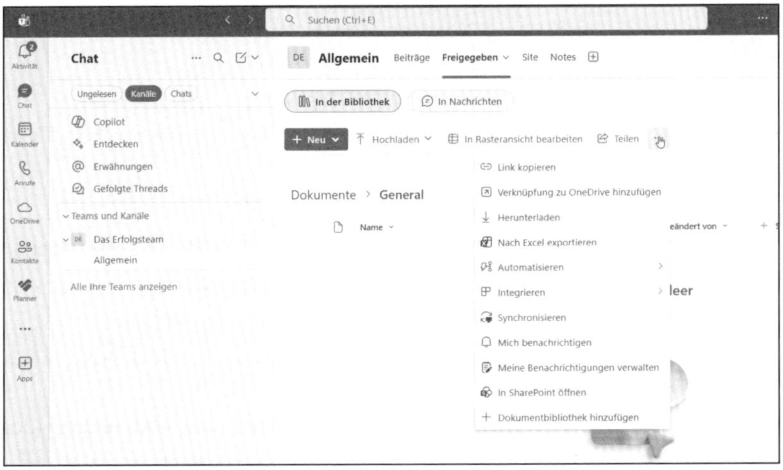

Abb. 9.176
Über die Schaltfläche *In SharePoint öffnen* gelangen Sie in die Bibliothek *Dokumente* der SharePoint-Teamwebsite, die automatisch beim Erstellen eines Teams oder der SharePoint-Website angelegt wird.

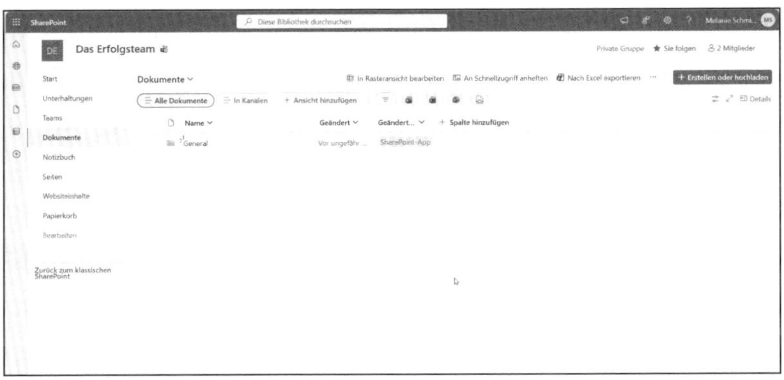

Abb. 9.177
In der Schnellstartleiste von SharePoint kann die Bibliothek *Dokumente* geöffnet werden.

Beachten Sie, dass weitere Ordner, die Sie in der Bibliothek *Dokumente* über die SharePoint-Teamwebsite anlegen, nicht als neue Kanäle in Teams angelegt werden. Innerhalb der angebotenen Ordner wie beispielsweise *General* können Sie aus SharePoint heraus zwar Unterordner erstellen, die dann auch im Teamkanal *Allgemein* im Register *Freigegeben* angezeigt und verwendet werden können, es ist jedoch nicht möglich, neue Kanäle über Ordner in der SharePoint-Bibliothek anzulegen.

Sie können in Teams und SharePoint die Bibliothek öffnen und Dateien erstellen, hinzufügen, bearbeiten und löschen. Zum Wiederherstellen von Dateien müssen Sie in den Papierkorb der Teamwebsite navigieren, den Sie in der Schnellstartnavigation der Teamwebsite finden (siehe ebenfalls Abbildung 9.177).

Beachten Sie auch, dass private und freigegebene Kanäle eine eigene SharePoint-Teamwebsite besitzen und hier nur der private bzw. freigegebene Kanal als Ordner angezeigt wird. Sie finden dort in der SharePoint-Bibliothek *Dokumente* keine anderen Ordner wie zum Beispiel *General*.

9.18.2 Dateien in Teams hochladen

Dateien werden in der Cloud (SharePoint Online) gespeichert

Erstellen Sie für diese Übung eine Datei und speichern Sie diese auf der Festplatte Ihres Geräts oder Ihrem persönlichen Netzlaufwerk.

Sie können in einem Teamkanal Dateien hochladen:

1. Wechseln Sie dazu in den Teamkanal *Allgemein* unseres Teams und klicken Sie auf die Registerkarte *Freigegeben*.
2. Klicken Sie in der Menüleiste auf die Schaltfläche *Hochladen*.
3. Wählen Sie den Speicherort und die Datei aus, die Sie hochladen möchten. Sie können auch mehrere Dateien auswählen.
4. Klicken Sie auf die Schaltfläche *Öffnen,* und die Datei wird hochgeladen.

9.18.3 Dokumente über den Datei-Explorer hochladen

Bei einem großen Ordner- und Datenumzug holen Sie sich Unterstützung in Ihrer IT-Abteilung oder bei Ihrem IT-Dienstleister.

Alternativ können Sie Dateien per Drag & Drop über den Datei-Explorer oder -Finder hochladen.

1. Öffnen Sie den Teamkanal und die Bibliothek über die Registerkarte *Freigegeben*.
2. Zusätzlich öffnen Sie den Datei-Explorer bzw. den Datei-Finder.
3. Verkleinern Sie das Fenster des Datei-Explorers etwas, sodass Sie die Bibliothek im Hintergrund gut sehen können.
4. Suchen Sie die Dateien, die Sie hochladen möchten, und ziehen Sie sie direkt in die Bibliothek.
5. Beachten Sie, dass die Dateien in die Bibliothek kopiert, also nicht verschoben wurden. Sie sind nun doppelt vorhanden: einmal in der Bibliothek und einmal an ihrem ursprünglichen Speicherort. Es sollte jedoch immer nur eine Datei vorhanden sein, um doppelte Ablagen zu vermeiden.

9.18.4 Dokumente in Teams neu erstellen

Sie können direkt in Ihrem Teams-Kanal ein neues Word-, Excel- oder PowerPoint-Dokument erstellen.

1. Wechseln Sie in den Teamkanal *Allgemein* und in die Registerkarte *Freigegeben*.
2. Klicken Sie in der Menüleiste auf die Schaltfläche +*Neu*.
3. Wählen Sie einen Dateityp wie beispielsweise Word aus.

4. Im darauf folgenden Dialogfenster vergeben Sie den Dateinamen *Beispieldokument* für Ihr neues Dokument und bestätigen ihn mit einem Klick auf die Schaltfläche *Erstellen*.
5. Sie werden in das neue Dokument weitergeleitet und können es in Microsoft Teams oder im Webbrowser bearbeiten.
6. Schreiben Sie einen kurzen Text im Dokument. Ihre Eingaben werden automatisch gespeichert.
7. Um den Bearbeitungsmodus in Teams zu verlassen, klicken Sie auf die Schaltfläche *Schließen* (siehe Abbildung 9.178), die im oberen rechten Bereich angezeigt wird.
8. Um den Bearbeitungsmodus im Webbrowser zu verlassen, schließen Sie den Tab.

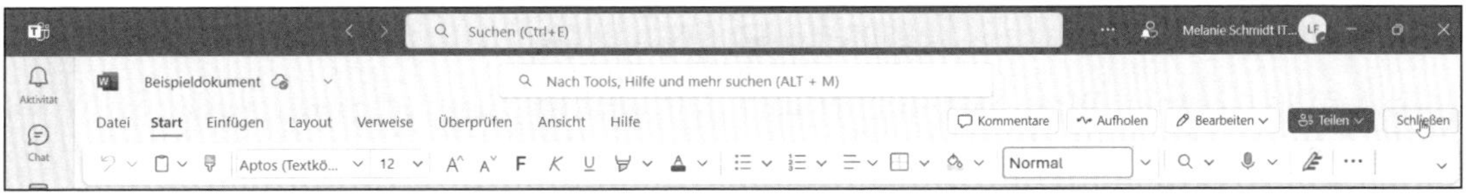

Abb. 9.178 Die Bearbeitung eines Word-Dokuments in Teams, oben die Schaltfläche *Schließen*

9.18.5 Die Standard-App auswählen

Sie können festlegen, welche App sich öffnen soll, wenn Sie in Teams auf eine Office-Datei klicken. Wenn bei Ihnen die Office-Desktop-Apps installiert sind, können Sie zum Beispiel festlegen, dass sich immer die Desktop-App öffnet, egal wo Sie in Teams auf eine Office-Datei klicken. Um die Standard-App festzulegen, gehen Sie folgendermaßen vor:

Legen Sie die Desktop-App als Standard fest.

1. Wechseln Sie in den Teamkanal *Allgemein*, wo Sie zuvor das Beispieldokument erstellt haben.
2. Wählen Sie das Dokument aus, klicken Sie dafür vor das Dokument (siehe Abbildung 9.179).
3. Klicken Sie oben im Menü auf die Schaltfläche *Öffnen* und wählen Sie den Befehl *Standard ändern*.

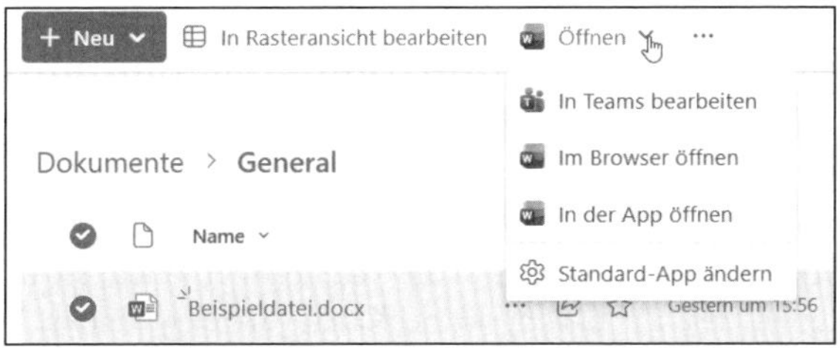

Abb. 9.179 Die Datei ist ausgewählt und oben im Menü kann die Schaltfläche *Öffnen* ausgewählt werden.

4. Wählen Sie die Option *Desktop* aus, damit sich zukünftig Office-Dokumente, die Sie in Teams öffnen, in der jeweiligen Desktop-App öffnen (siehe Abbildung 9.180).

Abb. 9.180 Wenn Office bei Ihnen installiert ist, können Sie *Desktop* auswählen.

9.18.6 Ein Dokument aus der Office-Desktop-App direkt im Teams-Kanal speichern

Speichern Sie Dateien nicht auf dem Desktop, sondern direkt im Teams-Kanal.

Wenn Sie Ihren täglichen Aufgaben im Büro nachgehen, werden Sie Word, Excel oder PowerPoint öffnen, neue Dateien erstellen und bearbeiten. Statt das Dokument auf dem Desktop zu speichern und dann in den Teams-Kanal hochzuladen, können Sie es auch direkt in Teams speichern.

1. Öffnen Sie für dieses Beispiel ein neues Word-, Excel- oder PowerPoint-Dokument.
2. Klicken Sie auf das Register *Datei* und wählen Sie den Befehl *Speichern unter* (siehe Abbildung 9.181).

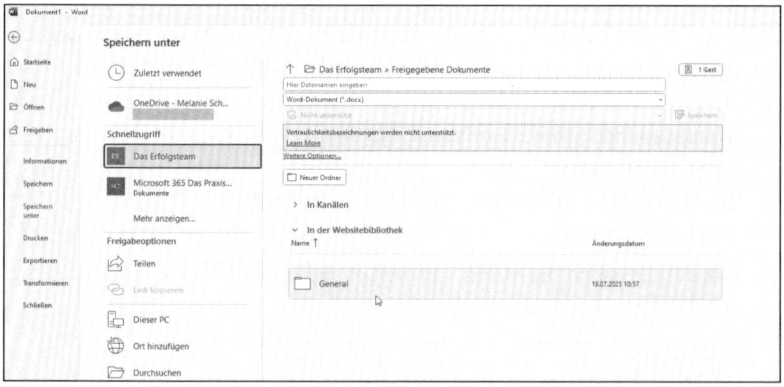

Abb. 9.181 Links der Schnellzugriff und die Teams bzw. SharePoint-Teamwebsites, rechts der Kanalordner *General*, hier noch nicht geöffnet. Oben der Dateiname und die Schaltfläche *Speichern*.

3. Im Bereich *Schnellzugriff* können Sie nun den Ort, zum Beispiel Ihr Team oder Ihre SharePoint-Teamwebsite, auswählen, an dem Sie Ihr Dokument speichern möchten. Wählen Sie unser Team *Das Erfolgsteam* aus.
4. Im rechten Fensterbereich können Sie nun die Kanalordner sehen, die Ihnen zur Verfügung stehen. Da wir bislang keine Kanäle angelegt haben, wird Ihnen der Kanalordner *General* angeboten. Klicken Sie den Ordner einmal an, damit er geöffnet wird.

5. Klicken Sie oben in das Feld *Hier Dateiname eingeben* und benennen Sie das Dokument.
6. Klicken Sie oben rechts im Bereich auf die Schaltfläche *Speichern*. Das Dokument wird nun auf der SharePoint-Teamwebsite in der Bibliothek *Dokumente* im Kanalordner *General* abgelegt.
7. Wechseln Sie in die Teams-App und navigieren Sie dort in unser Team *Das Erfolgsteam*.
8. Im Kanal *Allgemein* wechseln Sie in das Register *Freigegeben*. Hier wird nun das von Ihnen gespeicherte Dokument angezeigt.
9. Wechseln Sie nun auch auf die SharePoint-Teamwebsite. Klicken Sie dafür im Menüband (siehe Abbildung 9.182) auf das Menü *Weitere Optionen*, dargestellt mit den drei Punkten, und wählen Sie dort die Option *In SharePoint öffnen*.

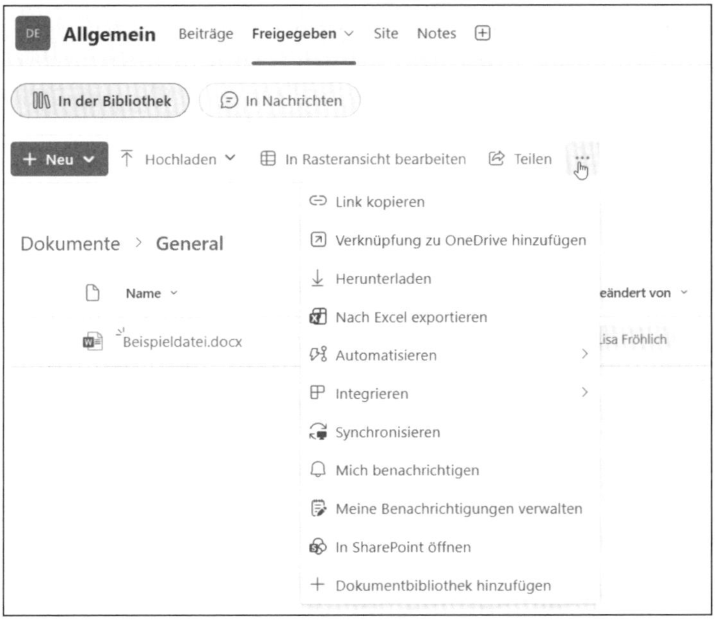

Abb. 9.182
Öffnen Sie die SharePoint-Teamwebsite über die *Weiteren Optionen*.

10. Sie wurden auf die SharePoint-Teamwebsite in die Bibliothek *Dokumente* und in den Kanalordner *General* weitergeleitet und sehen Ihr gespeichertes Dokument.
11. Klicken Sie links in der Schnellstartnavigation auf den Link *Dokumente*, damit Sie sehen, dass in der Bibliothek *Dokumente* die Kanalordner angezeigt werden.

9.18.7 Ordner und Dokumente löschen und wiederherstellen

In der Microsoft 365-Welt finden Sie die Papierkörbe in der Cloud, nicht auf Ihrem Computer.

Auch im Teams-Kanal werden Sie Ordner und Dateien löschen. Sie haben die Möglichkeit, diese innerhalb von 93 Tagen wiederherzustellen. Da für die einzelnen Teams und für freigegebene oder private Kanäle jeweils eine eigene SharePoint-Teamwebsite im Hintergrund angelegt wurde, werden die gespeicherten, aber auch die gelöschten Elemente auf der jeweiligen SharePoint-Teamwebsite aufbewahrt. Gehen Sie wie folgt vor, um Ordner oder Dateien zu löschen und sie wiederherzustellen:

1. Wechseln Sie in unser Team *Das Erfolgsteam* und öffnen Sie das Register *Freigegeben*.
2. Wählen Sie die Datei aus, die Sie bereits als Beispieldokument erstellt haben. Klicken Sie dafür vor das Dokument.
3. Klicken Sie in der Menüleiste auf den Befehl *Löschen*, gegebenenfalls müssen Sie das Menü *Weitere Optionen* öffnen, um den Befehl *Löschen* anzuklicken.
4. Bestätigen Sie das nachfolgende Dialogfeld mit einem Klick auf die Schaltfläche *Bestätigen*.
5. Die Datei wurde gelöscht und in den Papierkorb der SharePoint-Teamwebsite verschoben.
6. Klicken Sie in der Menüleiste auf das Menü *Weitere Optionen* und auf den Befehl *In SharePoint öffnen*. Sie werden in die Bibliothek *Dokumente* auf der SharePoint-Website weitergeleitet.
7. Klicken Sie links in der Schnellstartnavigation auf den Link *Papierkorb*.
8. Wählen Sie das Dokument aus, das Sie wiederherstellen möchten. Klicken Sie dafür vor das Dokument.
9. Zum Wiederherstellen klicken Sie oben in der Menüleiste auf die Schaltfläche *Wiederherstellen*, die erst angezeigt wird, wenn Sie einen Ordner oder ein Dokument ausgewählt haben. Das Dokument wird am Ursprungsort erneut angezeigt.

9.18.8 Eine weitere SharePoint-Bibliothek erstellen und in Teams einbinden

In Teams können keine Bibliotheken erstellt werden.

Sie können auf der SharePoint-Teamwebsite Bibliotheken und Listen erstellen und in Teams einbinden. Weitere Informationen zu Bibliotheken und Listen finden Sie in Kapitel 4. In diesem Abschnitt erstellen Sie eine neue Bibliothek und binden diese in Ihren Teams-Kanal ein.

1. Wechseln Sie zunächst in das Team *Das Erfolgsteam* und öffnen Sie im Teams-Kanal *Allgemein* die Registerkarte *Freigegeben*.
2. Klicken Sie im Menü *Weitere Optionen*, dargestellt mit den drei Punkten, auf den Befehl *In SharePoint öffnen*.

3. Sie werden zur SharePoint-Teamwebsite weitergeleitet. Klicken Sie links in der Schnellstartnavigation auf den Link *Websiteinhalte*. Falls der Link bei Ihnen nicht angezeigt wird, klicken Sie auf das Zahnrad-Symbol oben in der Titelleiste von SharePoint Online. Klicken Sie dort auf den Eintrag *Websiteinhalte*.
4. In den Websiteinhalten klicken Sie in der Menüleiste auf den Drop-down-Pfeil *Neu*.
5. Wählen Sie den Eintrag *Dokumentenbibliothek* aus und klicken Sie oben auf die Schaltfläche *Leere Bibliothek*.
6. Vergeben Sie zukünftig einen aussagefähigen Namen dafür. Schreiben Sie jetzt *Beispieldateien*. Fügen Sie zukünftig auch eine Beschreibung hinzu, damit Ihre Teammitglieder wissen, für welchen Geschäftsfall die Bibliothek verwendet wird. Schreiben Sie *Diese Bibliothek wird für Beispieldateien verwendet*.
7. Lassen Sie das Kontrollkästchen bei *In Websitenavigation anzeigen* aktiviert, damit die Bibliothek in der SharePoint-Schnellstartnavigation angezeigt wird.
8. Bestätigen Sie mit einem Klick auf die Schaltfläche *Erstellen*. Sie werden in die Bibliothek weitergeleitet. In der Schnellstartnavigation finden Sie den Link zur Bibliothek.
9. Da Teams aktuell nicht mit der Bibliothek verbunden ist, wird sie in Teams nicht angezeigt. Diese müssen wir nun einbinden. Wechseln Sie zu Teams.
10. Öffnen Sie erneut den Kanal *Allgemein* unseres Teams, der in Teams noch geöffnet sein sollte.
11. Klicken Sie hinter den vorhandenen Registerkarten auf das Pluszeichen, um die Registerkarten einzublenden.
12. Wählen Sie dort die Registerkarte *SharePoint* aus. Klicken Sie auf die Schaltfläche *Alle anzeigen*, falls SharePoint bei Ihnen nicht direkt angeboten wird.
13. Im Bereich *Inhalte zu Ihrem Teams-Kanal hinzufügen von* ist die SharePoint-Teamwebsite *Das Erfolgsteam* ausgewählt (siehe Abbildung 9.183).
14. Darunter wählen Sie das Register *Dokumentenbibliotheken* aus. Ihnen werden alle auf der SharePoint-Teamwebsite vorhandenen Bibliotheken angezeigt.
15. Klicken Sie auf die Bibliothek *Beispieldateien*, die Sie zuvor angelegt haben.
16. Möchten Sie zukünftig, dass Ihre Teammitglieder in Teams im Beitragsfenster über das neue Register im Kanal informiert werden, können Sie das Häkchen bei *Über diese Registerkarte im Kanal posten* belassen oder, wenn Sie diese Information nicht posten möchten, entfernen. Für dieses Beispiel belassen Sie das Häkchen.

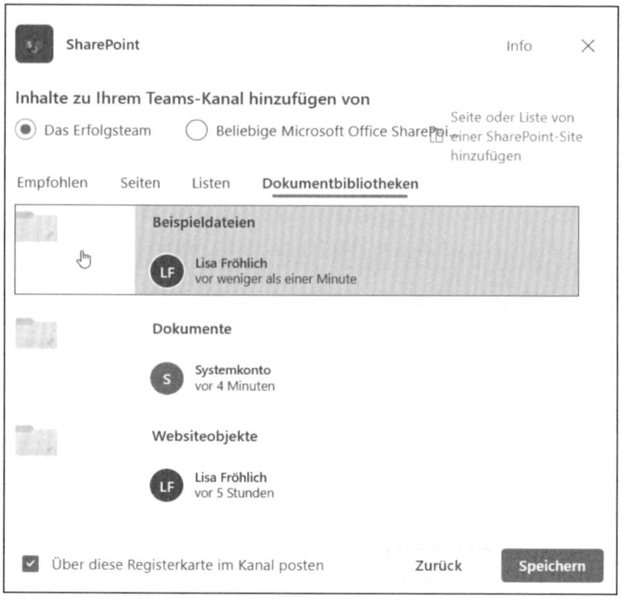

Abb. 9.183
Das Einbinden einer SharePoint-Bibliothek in Teams als Registerkarte

17. Klicken Sie auf die Schaltfläche *Speichern*. Sie werden in die Bibliothek weitergeleitet und sie wird in Teams als zusätzliche Registerkarte angezeigt. Sie können von nun an die Bibliothek in Teams und in SharePoint nutzen.
18. Ziehen Sie die Registerkarte *Beispieldateien* mit gedrückter Maustaste hinter die Registerkarte *Freigegeben* oder verschieben Sie das Register an die Position, die Sie wünschen.
19. Klicken Sie in das Register *Beiträge*. Hier sehen Sie nun einen neuen Beitrag, der auf die neue Registerkarte hinweist, wie in Punkt 15 beschrieben.
20. Möchten Sie eine Registerkarte nicht mehr einblenden, klicken Sie das jeweilige Register an, damit der Drop-down-Pfeil angezeigt wird. Klicken Sie auf den Pfeil und wählen Sie den Befehl *Entfernen*. Damit entfernen Sie die Registerkarte, aber nicht die Bibliothek auf der SharePoint-Teamwebsite.

9.18.9 Einen Kanalordner mit dem Datei-Explorer synchronisieren

Synchronisieren Sie nur Inhalte, die wirklich relevant für Sie sind.

Vielleicht haben Sie in der Vergangenheit viel mit dem Datei-Explorer gearbeitet und möchten auch Ihre Dateien aus einem bestimmten Kanal darin anzeigen und von dort aus mit Ihren Ordnern und Dateien arbeiten. Die OneDrive-Desktop-App, die Sie bereits in Kapitel 3 kennengelernt haben, kann auch für die Synchronisation und im Funktionsumfang für SharePoint-Bibliotheken und Teams-Kanal-Ordner verwendet werden. Um einen Kanalordner zu synchronisieren, gehen Sie wie folgt vor:

1. Wechseln Sie in unser Team *Das Erfolgsteam* und öffnen Sie im Kanal *Allgemein* das Register *Freigegeben*.
2. Klicken Sie in der Menüleiste auf die Schaltfläche *Synchronisieren*. Es folgen Dialogfenster und Sie müssen gegebenenfalls einmal die Schaltfläche *Anmelden* bestätigen.
3. Bestätigen Sie auch die weiteren Dialoge mit der Schaltfläche *Weiter*.
4. Im letzten Dialogfenster klicken Sie auf die Schaltfläche *Meinen OneDrive-Ordner öffnen*. Sie werden in Ihren Datei-Explorer weitergeleitet. Alternativ können Sie diesen unten in der Taskleiste öffnen.
5. Zusätzlich zu Ihrem OneDrive-Speicher mit dem Wolken-Symbol (siehe Abbildung 9.184) wird Ihnen nun zusätzlich in der linken Navigation Ihres Datei-Explorers ein Haus-Symbol mit Ihren aus Teams synchronisierten Kanalordnern angezeigt.

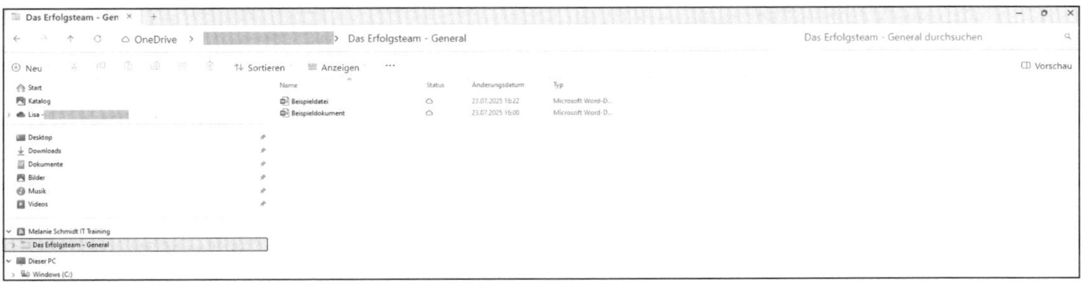

Abb. 9.184 Links in der Navigation sehen Sie den OneDrive-Speicher mit dem Wolken-Symbol. Unten in der Navigation sehen Sie den synchronisierten Kanalordner.

9.18.10 Synchronisation des Kanalordners richtig beenden

Beenden Sie Synchronisationen, wenn die Inhalte nicht mehr relevant sind.

Während Sie verknüpfte Synchronisationen im Datei-Explorer löschen können, müssen Sie die Synchronisation der Kanalordner oder SharePoint-Bibliotheken richtig beenden. Erst dann können Sie die angezeigten Ordner in Ihrem Datei-Explorer löschen. Gehen Sie wie folgt vor, um die Synchronisation eines Kanalordners oder einer SharePoint-Bibliothek zu beenden.

1. Klicken Sie in Ihrer Windows-Taskleiste unten rechts in der Infoleiste auf das blaue Wolken-Symbol (siehe Abbildung 9.185).
2. Klicken Sie oben auf das *Zahnradsymbol* und dann auf *Einstellungen*.

Abb. 9.185
Unten das Wolken-Symbol, oben das Zahnrad und die Einstellungen

3. In den OneDrive-Einstellungen (siehe Abbildung 9.186) klicken Sie links in die Kategorie *Konto*, falls diese nicht ausgewählt ist. Hier werden Ihnen alle Synchronisationen angezeigt. Sie finden Ihre OneDrive-Synchronisation und darunter alle weiteren Synchronisationen, die aus Teams oder SharePoint vorgenommen wurden.
4. Klicken Sie bei der Synchronisation von *Das Erfolgsteam* auf die Schaltfläche *Synchronisierung beenden* und bestätigen Sie das Beenden der Synchronisation.
5. Erst nachdem Sie die Synchronisation beendet haben, können Sie den Kanalordner in Ihrem Datei-Explorer löschen.

Weitere und tiefere Informationen zur Synchronisation mit OneDrive finden Sie in Kapitel 3.

Abb. 9.186
Die Kategorie *Konto* ist ausgewählt und unten sehen Sie den Kanalordner *General* aus dem Team, dessen Synchronisation beendet werden soll.

9.19 Das eigene Team in Teams

Damit die Zusammenarbeit in Ihrem Team erfolgreich und nachhaltig funktioniert, sollten Sie immer erst Vorüberlegungen treffen und Regeln festlegen, bevor Sie direkt durchstarten und Ihre Entscheidungen später vielleicht ungewollte Auswirkungen haben.

Holen Sie sich Ihr Team dazu und entscheiden Sie gemeinsam.

9.19.1 Vorüberlegungen für das eigene Team

Zunächst sollten Sie überlegen, ob Teams mit seiner chatbasierten Zusammenarbeit für Ihren Geschäftsfall wirklich die richtige Lösung ist. Wenn Sie in der Vergangenheit mit E-Mails gearbeitet haben, haben Sie Ihre Kolleginnen und Kollegen, Partner und Kunden darüber mit Informationen versorgt. Auch andersherum erhielten Sie von ihnen E-Mails und konnten die gesamten Informationen für sich selbst nach Prioritäten filtern. Wenn Sie nun mit Teams zusammenarbeiten möchten, muss jedem Beteiligten klar sein, dass die Informationen nicht mehr per E-Mail bereitgestellt werden sollten, sondern in Teams aufzufinden sind. Das hat wiederum zur Folge, dass die Informationen von Ihnen und allen anderen selbstständig in Teams abgerufen werden müssen. Hat jede beteiligte Person die Möglichkeit, zu jeder Zeit, also auch kurzfristig, auf Teams zuzugreifen, um auf Beiträge zu reagieren? Auch dann, wenn ihr von Geschäftspartnern oder Kunden selbst ein Gastzugriff zu deren Teams für die Zusammenarbeit bereitgestellt wird? Zwar können Sie über die Teams-Oberfläche, über Ihr Profilbild beziehungsweise Ihre Initialen auf das jeweilige interne und externe Team zugreifen, jedoch kann es sehr anstrengend sein, wenn Sie sich etwa gerade bei einem anderen wichtigen Termin befinden und Ihre E-Mails mobil auf dem Smartphone prüfen müssen. Wenn Sie dann E-Mails erhalten, weil Sie in einem Teamkanal erwähnt wurden, wie wollen und können Sie darauf reagieren? Was erwarten Sie selbst von anderen, die Sie mit einer Erwähnung in einer Unterhaltung oder einem Beitrag direkt adressieren? Wie schnell soll auf Ihren Beitrag reagiert werden? Was erwarten Ihre Kollegen, Partner und Kunden von Ihnen? Sie sollten hier klare Absprachen mit allen Beteiligten treffen, wenn Sie Teams verwenden möchten. Sind alle Beteiligten davon überzeugt, dass Teams das richtige Werkzeug für die Zusammenarbeit ist, können Sie gemeinsam loslegen.

Prüfen Sie Ihre Prozesse und sprechen Sie mit Ihren Teammitgliedern.

Ein weiterer wichtiger Punkt ist es, darauf zu achten, dass es für ähnliche oder gleiche Geschäftsprozesse nicht mehrere Teams geben sollte. Aufgrund zahlreicher Umstrukturierungen in den Unternehmen kommt es immer wieder vor, dass Geschäftsprozesse und die damit verbundenen Informationen von Mitarbeiterinnen, Mitarbeitern und Abteilungen umverlegt und umorganisiert werden. Deshalb sollten Sie prüfen, ob es in Teams schon eine andere Person oder eine Abteilung gibt, deren Anforderungen mit Ihren übereinstimmen. Stimmen Sie sich mit den Kollegen ab, falls Sie fündig werden, ob es Sinn macht, ein weiteres Team anzulegen. Falls es bereits ein Team für Ihren Geschäftsfall gibt, treten Sie ihm bei oder lassen Sie sich dazu einladen. Stimmen Sie ab, ob Sie für Ihre Informationen einen weiteren Kanal innerhalb des bestehenden Teams erhalten können.

9.19.1.1 Personen einbeziehen

Haben Ihre Teammitglieder gute Ideen?

Wie bereits erwähnt, sollten Sie mit Ihren Kolleginnen und Kollegen besprechen, ob Teams für Ihre Art der Zusammenarbeit geeignet ist. Überlegen Sie gemeinsam mit Ihren Teammitgliedern, welche Informationen Sie in Teams für welchen Zweck austauschen möchten, und legen Sie gemeinsam Regeln für die Zusammenarbeit in Teams fest. Gibt es einen File-Server und Netzlaufwerke, wo Sie aktuell Ordnerstrukturen und Dateien ablegen und abrufen? Was passiert mit diesen Dateien, wenn sie als Kopien in Teams hochgeladen oder gespeichert werden? Doppelte Dateiablagen sind nicht empfehlenswert. In einem Team können sehr viele Kanäle angelegt werden. Überlegen Sie daher immer gut, ob der Kanal, den Sie anlegen möchten, auch wirklich benötigt wird. Mit zu vielen Kanälen in einem Team kann es sehr schnell unübersichtlich und chaotisch werden, was die Arbeit erschwert. Legen Sie unbedingt Regeln für die Kommunikation in einem Team fest. Wie werden neue Themen als Beitrag in einer Unterhaltung eingebracht? Verwenden Sie für neue Diskussionen Ankündigungen, damit im Unterhaltungsfenster etwas Ordnung herrscht? Legen Sie unbedingt Verhaltensregeln fest, denn in einem Teamkanal werden Unterhaltungen gepostet und sind sofort für alle Besitzer, Teammitglieder und auch für Ihre Gäste sichtbar.

9.19.1.2 Beginnen Sie in kleinen Schritten

Das Team wird stetig wachsen und Sie können es jederzeit weiter ausstatten.

Wenn Sie mit Ihrem Team festgelegt haben, welche Inhalte Sie über Teams austauschen möchten, können Sie gemeinsam eine Struktur für Ihr Team ausarbeiten. Überlegen Sie, welche Inhalte und Dateien zu welchem Thema oder Teilprojekt in einem eigenen Kanal eingebunden werden sollen.

Falls Sie bereits mit SharePoint arbeiten und dort eine Teamwebsite nutzen, gibt es SharePoint-Bibliotheken oder OneNote-Notizbücher, die Sie einblenden können und möchten? Haben auch alle Beteiligten im zukünftigen Team die richtigen Berechtigungen in der SharePoint-Bibliothek und den Notizbüchern oder müssen Sie diese anpassen? Beachten Sie, wenn Sie aus einer bestehenden SharePoint Online-Teamwebsite ein Team erstellen lassen, dass die vorhandene Bibliothek *Dokumente* von Teams benötigt wird und dort die jeweiligen Kanäle als Ordner abgelegt werden. Gerade dann, wenn Sie Ihre SharePoint-Teamwebsite bereits länger nutzen und die Bibliothek verwenden, wird deren Nutzung von Teams als Ablageort Sie und Ihre Teammitglieder vielleicht anfänglich irritieren.

9.19.1.3 Externer Zugriff

Klären Sie, ob in Ihrem Team der externe Zugriff gestattet ist. Geben Sie Ihrer Administratorin oder Ihrem Administrator die Informationen über Personen wie Kunden, Partner oder Lieferanten, die einen Gastzugriff erhalten sollen. Informieren Sie Ihre Teammitglieder darüber, dass Gäste die Unterhaltungen im Teamkanal, Dateien und weitere Inhalte lesen und auch bearbeiten können. Legen Sie Regeln fest, welche Informationen in Teams mit externen Personen ausgetauscht werden dürfen und welche nicht. So können Sie entscheiden, ob Sie das gesamte Team oder nur einen freigegebenen Kanal für die unternehmensexternen Personen freigeben.

Gibt es in Ihrem Intranet eine Guideline für die Freigabe für externe Personen?

9.19.2 Ein Team oder eine SharePoint-Teamwebsite erstellen

In vielen Unternehmen gibt es einen Beantragungsprozess für die Bereitstellung eines Teams oder einer SharePoint-Teamwebsite. Gegebenenfalls finden Sie bei sich im Intranet Hinweise für den Vorgang. Überlegen Sie auch, ob Sie ein Gruppenpostfach und einen Gruppenkalender benötigen, worauf Sie in Outlook oder im Teams-Kalender zugreifen möchten. In diesem Fall sollten Sie lieber wie in Abschnitt 2.8 beschrieben eine SharePoint-Teamwebsite erstellen. Wenn es bei Ihnen keinen Prozess für die Anlage neuer Teams gibt und Sie kein Gruppenpostfach und keinen Gruppenkalender benötigen, gehen Sie folgendermaßen vor, um ein Team anzulegen.

Prüfen Sie vor dem Anlegen eines Teams, ob es bei Ihnen bestimmte Vorlagen oder Regeln gibt.

1. Öffnen Sie Teams.
2. Wechseln Sie in der Navigationsleiste in den Bereich *Chat*. Verwenden Sie dafür die Tastenkombination [STRG]+[2].
3. Klicken Sie oben auf die Schaltfläche *Neue Elemente* (siehe Abbildung 9.187), dargestellt mit dem Pfeil nach unten.
4. Klicken Sie auf den Befehl *Neues Team*. Wird Ihnen diese Schaltfläche nicht angezeigt, fragen Sie in Ihrer IT-Abteilung, ob es einen anderen Prozess gibt, um ein Team anzulegen, oder ob Sie berechtigt werden können, ein neues Team anzulegen.

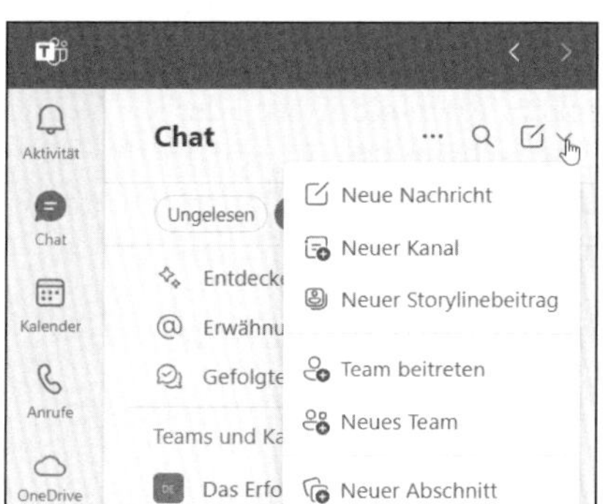

Abb. 9.187 Die Schaltfläche *Neue Elemente*

5. Vergeben Sie einen Namen und eine Beschreibung für das neue Team. Wählen Sie einen kurzen, aber aussagekräftigen Namen und beschreiben Sie, was es mit dem Team auf sich hat.
6. Im Bereich *Teamtyp* können Sie auswählen, ob es sich um ein öffentliches oder ein privates Team handelt. Beim öffentlichen Team werden alle Benutzer, die in Ihrem Unternehmen einen Unternehmensaccount besitzen, als Mitglieder hinzugefügt, auch Schulungsaccounts und gegebenenfalls Dienstleister. Beim privaten Team wählen Sie eigenständig die Mitglieder aus (siehe Schritt 11).
7. Im Eingabefeld *Benennen Ihres Kanals* können Sie den Namen für den ersten Standdardkanal eingeben. In vorherigen Versionen von Teams war das nicht möglich und der erste Kanal wurde automatisiert mit dem Namen *Allgemein* angelegt.
8. Betätigen Sie die Schaltfläche *Erstellen*.
9. Wenn Sie ein privates Team erstellen, können Sie nun Ihre Teammitglieder auswählen. Geben Sie dafür jeweils den Vor- oder Nachnamen des Teammitglieds ein und wählen Sie die Personen nacheinander aus. Bestätigen Sie Ihre Auswahl mit einem Klick auf die Schaltfläche *Hinzufügen* und wählen Sie dann die Berechtigungen für die Mitglieder aus. Sie können diesen Schritt auch überspringen und im Nachhinein Ihre Teammitglieder berechtigen (siehe Abschnitt 9.19.8).

Versuchen Sie immer, mindestens eine zweite Besitzerin oder einen zweiten Besitzer für Ihr Team festzulegen, falls Sie durch Urlaub oder anderweitig verhindert sind. So hat eine weitere Person die Möglichkeit, das Team während Ihrer Abwesenheit zu verwalten.

10. Zum Erstellen des Teams klicken Sie auf die Schaltfläche *Erstellen*. Sie werden in den ersten Kanal Ihres Teams weitergeleitet.

9.19.3 Kanaltypen für die richtigen Berechtigungen

Wer nicht berechtigt ist, sieht den Kanal nicht.

Wenn Sie einen Kanal anlegen, können Sie aus drei verschiedenen Kanaltypen auswählen. Die Kanaltypen unterscheiden sich in ihrer Berechtigung und somit auch in der Sichtbar- und Zugänglichkeit. Auch die Anzahl der Kanäle, die innerhalb des Lebenszyklus eines Teams erstellt, und die Anzahl der Personen, die dem Team und den Kanaltypen hinzugefügt werden können, unterscheiden sich. In Tabelle 9.7 sehen Sie eine Auflistung der Unterschiede:

Tab. 9.7 Die Unterschiede der einzelnen Kanaltypen und deren Einsatzmöglichkeiten

Kanaltyp	Beschreibung	Berechtigung	Einsatzmöglichkeiten
Standardkanal	Standardkanäle sind für alle Teambesitzer, -mitglieder und Gäste sichtbar und zugänglich. Es können während des Lebenszyklus des Teams bis zu 1000 Kanäle in einem Team angelegt werden, dazu zählen auch die gelöschten Kanäle. Für alle Standardkanäle wird auf der zum Team gehörenden SharePoint-Teamwebsite in der Dokumentenbibliothek *Dokumente* jeweils ein Kanalordner angelegt.	Alle Teambesitzer, -mitglieder und Gäste können auf alle Inhalte zugreifen und die Inhalte bearbeiten.	Interne Zusammenarbeit im Team, relevant für alle Teambesitzer und -mitglieder. Es könnten Personen mit Gastzugriff eingeladen werden (nicht empfehlenswert).
Privater Kanal	Private Kanäle sind nur für ausgewählte Teambesitzer, -mitglieder und Gäste des Teams sichtbar und zugänglich. Es können also keine teamfremden Personen hinzugefügt werden. Für jeden privaten Kanal wird jeweils im Hintergrund eine eigene SharePoint-Teamwebsite angelegt, auf der die Ordner und Dateien des Kanals in der Bibliothek *Dokumente* gespeichert werden.	Alle Personen aus dem Team, die dem privaten Kanal hinzugefügt wurden, können auf die Inhalte zugreifen und sie bearbeiten. Es können 5000 Personen dem Kanal hinzugefügt werden.	Projektbezogene oder vertrauliche Zusammenarbeit, die nicht das gesamte Team betreffen. Es könnten Personen mit Gastzugriff eingeladen werden (nicht empfehlenswert).
Freigegebener Kanal	Freigegebene Kanäle sind für alle eingeladenen unternehmensinternen und -externen Personen sichtbar und zugänglich. Für jeden freigegebenen Kanal wird jeweils im Hintergrund eine eigene SharePoint-Teamwebsite angelegt, auf der die Ordner und Dateien des Kanals in der Bibliothek *Dokumente* gespeichert werden.	Alle eingeladenen unternehmensinternen und -externen Personen haben Zugriff auf die Inhalte und können die Inhalte bearbeiten.	Abteilungsübergreifende oder projektbezogene Zusammenarbeit mit internen und externen Personen.

Wenn Sie Kanäle löschen, können diese innerhalb von 30 Tagen wiederhergestellt werden. Wenn Sie die Kanäle nicht mehr benötigen, werden die Kanäle nach 30 Tagen endgültig gelöscht und dann nicht mehr zum Grenzwert der maximalen Kanäle gezählt.

9.19.4 Einen Kanal hinzufügen

Sie können den Kanaltyp später nicht mehr ändern.

Wenn Sie in Ihrem Team oder Ihrer Abteilung ein Vorhaben planen oder eine neue größere Aufgabe auf Sie zukommt, die die Kommunikation, die Dateiablage, das Managen von Aufgaben etc. beinhaltet, jedoch nicht zu den Informationen des vorhandenen Kanals passt, können und sollten Sie dies in einem weiteren Kanal unterbringen. Es kann auch vorkommen, dass Sie mit unternehmensexternen Personen zusammenarbeiten und dafür einen Bereich schaffen möchten. Sie können weitere Kanäle mit unterschiedlichen Kanaltypen (siehe Tabelle 9.7) zu einem Team hinzufügen und diese mit weiteren Apps, die Sie für die Zusammenarbeit benötigen, ausstatten.

Praxisbeispiel

Angenommen, wir sollen die Organisation eines Sommerfestes übernehmen. Die gesamte Kommunikation, die Dateien und Aufgaben betreffen nicht unsere Routineaufgaben, deshalb macht es Sinn, einen zusätzlichen Kanal für dieses Vorhaben zu erstellen:

1. Wechseln Sie zu unserem Team *Das Erfolgsteam*.
2. Zeigen Sie auf den Teamnamen (siehe Abbildung 9.188), damit Ihnen das Menü *Weitere Optionen*, dargestellt mit den drei Punkten, angezeigt wird. Klicken Sie darauf.
3. Wählen Sie dort die Option *Kanal hinzufügen*.

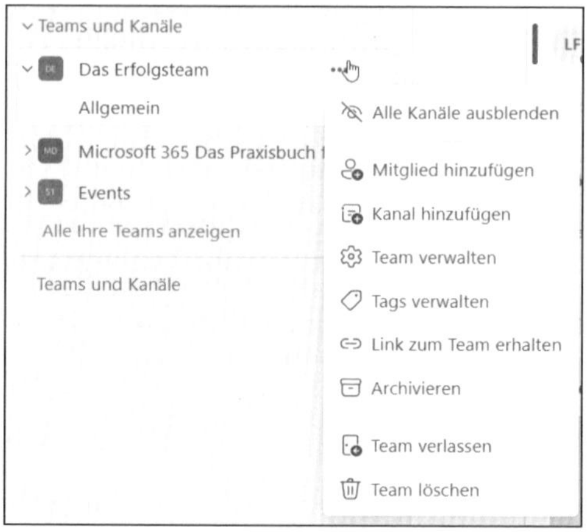

Abb. 9.188 Das Menü *Weitere Optionen* hinter dem Teamnamen, um einen neuen Kanal anzulegen

4. Vergeben Sie einen kurzen und aussagefähigen Namen und eine Beschreibung für den neuen Kanal. Für unser Beispiel schreiben Sie als Kanalnamen *Sommerfest* und beschreiben den Kanal mit *Dieser Kanal dient den Beispielen im Buch*.
5. Im Bereich *Kanaltyp auswählen* wählen Sie zukünftig einen geeigneten Kanaltyp aus. Wählen Sie zwischen Standard-, privatem oder freigegebenem Kanal aus. Für das Sommerfest-Beispiel verwenden Sie den Kanaltyp *Standard*.

6. Aktivieren Sie das Kontrollkästchen bei *Empfehlen Sie, dass andere diesen Kanal in ihren Kanallisten anzeigen*, damit wird den Teammitgliedern im Bereich *Alle Kanäle anzeigen* der Hinweis *Empfohlen* angezeigt, was aktuell (Stand Februar 2026) keine weiteren Auswirkungen hat. Denken Sie immer daran, dass jedes Teammitglied selbst entscheiden kann, welcher Kanal in der Team- und Kanalauflistung angezeigt werden soll.
7. Im Bereich *Layout* können Sie zwischen den Kommunikations-Layouts *Thread* oder *Beiträge* auswählen. Wählen Sie das Layout *Beiträge* aus.
8. Bestätigen Sie über die Schaltfläche *Erstellen*. Der Kanal wird angelegt und in Ihrer Teams- und Kanalauflistung angezeigt.

Alternativ können Sie einen neuen Kanal auch über die Schaltfläche *Neue Elemente*, dargestellt mit dem Pfeil nach unten rechts neben dem Lupen-Symbol, erstellen.

9.19.5 Tags für die schnelle Kommunikation in den Team-Kanälen

Sie können bis zu 200 Tags im Team anlegen.

Sie können dem Team sogenannte *Tags* hinzufügen und damit eine kleine Gruppe von Kolleginnen und Kollegen aus Ihrem gesamten Team ansprechen. Dabei können Sie den Tags zum Beispiel den Namen eines Themas, eines Projekts oder eines Standorts geben und die Personen den Tags zuordnen. Wenn Sie nun Beiträge in einem Teamkanal erstellen, können Sie die Tags einsetzen und damit bestimmte Personen direkt ansprechen. Um Tags im Team anzulegen, gehen Sie folgendermaßen vor:

1. Öffnen Sie unser Team *Das Erfolgsteam* und klicken Sie hinter dem Teamnamen auf das Menü *Weitere Optionen*, dargestellt mit den drei Punkten.
2. Klicken Sie auf die Option *Tags verwalten*.
3. Klicken Sie oben rechts im Fenster auf die Schaltfläche *Tag erstellen*.
4. Geben Sie nun einen Namen, z. B. einen Standort, ein Thema oder eine Benutzerrolle, für das Tag im Eingabefeld *Name des Tags* ein. Für dieses Beispiel geben Sie den Namen Ihres Standorts ein.
5. Beschreiben Sie das Tag im Eingabefeld *Tag-Beschreibung*.
6. Klicken Sie danach im Bereich *Name eines Mitglieds eingeben* in das Eingabefeld *Name eingeben* und schreiben Sie den Namen der Person in das Feld, die Sie diesem Tag zuordnen möchten. Wählen Sie die Person durch einen Klick in der Auswahl an. Für dieses Beispiel schreiben Sie Ihren Namen und wählen sich selbst aus.
7. Wiederholen Sie Schritt 6, bis Sie alle Personen dem Tag hinzugefügt haben.
8. Bestätigen Sie zum Speichern des Tags die Schaltfläche *Erstellen*. Die von Ihnen ausgewählten Personen werden aktuell (Stand Februar 2026) nicht in Teams darüber informiert, dass Sie einem Tag zugeordnet wurden. Informieren Sie Ihre Teammitglieder.

9. Erstellen Sie ein weiteres Tag. Klicken Sie dafür oben rechts auf die Schaltfläche *Tag hinzufügen*.
10. Nachdem Sie die Tags erstellt haben, wechseln Sie in den Teamkanal *Allgemein* Ihres Teams *Das Erfolgsteam*.
11. Erstellen Sie einen neuen Beitrag. Schreiben Sie als Betreff *Wir verwenden in unserem Team Tags*.
12. Klicken Sie in das Nachrichtenfeld, schreiben Sie *Hallo,* und das @-Zeichen direkt gefolgt von dem Tag-Namen, den Sie gerade erstellt haben. Wählen Sie das Tag durch einen Klick aus.
13. Schreiben Sie hinter das Tag eine Nachricht wie z. B. *hier ist ein Beispiel für ein Tag*. Zukünftig schreiben Sie die Nachricht an die Personen, die dem Tag zugeordnet sind, und veröffentlichen diese. Die Personen erhalten dann eine Benachrichtigung über Teams, sofern die Benachrichtigungen nicht ausgeschaltet wurden. Sie selbst erhalten keine Benachrichtigung, wenn Sie ein Tag erwähnen, dem Sie zugeordnet sind.

9.19.6 Weitere Apps als Registerkarten hinzufügen

Löschen Sie nicht benötigte Registerkarten und fügen Sie nur die hinzu, die wichtig sind.

Damit Sie alle für Sie relevanten Informationen an einem Ort wiederfinden, können Sie weitere Anwendungen, also Apps, in Ihren Teamkanal einbinden. Aber auch Dateien, etwa aus Word, Excel oder PowerPoint, lassen sich als Registerkarte einbringen. Angenommen, Sie arbeiten mit Ihrem Team aktuell an einem Dokument, das zeitnah fertiggestellt werden soll, so können Sie es als Registerkarte einbinden, damit alle Teammitglieder schnell darauf zugreifen können. Wenn Sie Aufgaben in Planner erstellt haben oder einen neuen Plan in Ihrem Team verwenden möchten, können Sie den Plan ebenfalls über Teams anlegen und als Registerkarte hinzufügen. Auch Loop-Arbeitsbereiche können Sie als Registerkarte und somit als App in Ihren Kanal hinzufügen.

9.19.6.1 Office-Dateien als Registerkarten zum Kanal hinzufügen

Möchten Sie eine Word-, Excel- oder PowerPoint-Datei, die sich bereits im Kanal unter *Dateien* befindet, als Register hinzufügen, gehen Sie folgendermaßen vor.

1. Öffnen Sie zuerst den Teamkanal *Allgemein* unseres Teams *Das Erfolgsteam*.
2. Wählen Sie im Register *Freigegeben* die Datei aus, die Sie zuvor erstellt haben. Klicken Sie dafür vor die Datei.
3. Klicken Sie nun in der Menüleiste (siehe Abbildung 9.189) auf das Menü *Weitere Optionen*, dargestellt mit den drei Punkten, und wählen Sie dort die Option *Dies als Registerkarte erstellen*.
4. Klicken Sie in das Register, das Sie gerade hinzugefügt haben, das Dokument wird in Teams geöffnet.

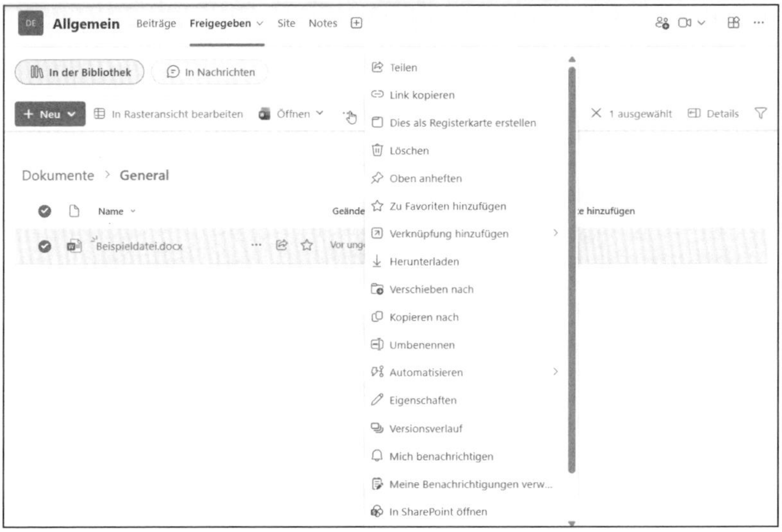

Abb. 9.189
Sie können direkt über das Menü *Weitere Optionen* die ausgewählte Datei als Registerkarte festlegen.

9.19.6.2 Planner dem Team hinzufügen

In Teams lassen sich neue Pläne in Planner erstellen oder vorhandene Pläne einbinden. Beachten Sie, dass Planner über die Teams-App gegebenenfalls eingeschränktere Funktionen hat. Alternativ können Sie jederzeit in den Planner-Hub wechseln, falls Ihnen eine Funktion nicht angezeigt wird. Um einen neuen oder bereits vorhandenen Plan hinzuzufügen, gehen Sie folgendermaßen vor:

Sie können einen Plan auch in verschiedenen Kanälen als Register einblenden.

1. Wechseln Sie in den Teamkanal, wo Sie den Plan hinzufügen möchten. Verwenden Sie dafür *Das Erfolgsteam* und den Kanal *Sommerfest*.
2. Klicken Sie oben hinter den Registerkarten auf das Pluszeichen.
3. Wählen Sie die Planner-App als Registerkarte aus. Falls Planner nicht angezeigt wird, klicken Sie auf die Schaltfläche *Alle anzeigen*.
4. Klicken Sie auf die Schaltfläche *Speichern*. Sie können folgende Optionen wählen:
   - Möchten Sie für den Teamkanal einen neuen Plan erstellen, so wählen Sie die Option *Neuen Plan erstellen*. Sie können dann aus verschiedenen Vorlagen eine Plan-Vorlage auswählen. Klicken Sie unten im Fenster auf die Schaltfläche *Alle Vorlagen anzeigen*, damit können Sie die einzelnen Vorlagen anklicken und ihre Eigenschaften lesen. Wählen Sie eine der Vorlagen aus und klicken Sie auf die Schaltfläche *Vorlage verwenden*. Vergeben Sie dann einen Namen für den Plan und belassen Sie den Teamnamen, der Ihnen unterhalb des Planner-Namens angezeigt wird.
   - Möchten Sie einen vorhandenen Plan in Ihrem Teamkanal einfügen, wählen Sie die Option *Vorhandenen Plan hinzufügen*. Wählen Sie über den Drop-down-Pfeil *Vorhandene Pläne* einen Plan aus, über dessen Zugriff Ihre Teamkollegen verfügen sollen und den Sie als Registerkarte einfügen möchten.

5. Bestätigen Sie dann mit *Erstellen*. Der Plan wird in Teams geöffnet, und die Registerkarte mit dem Plan wird zukünftig angezeigt.

9.19.6.3 Einstellungen, Umbenennen oder Löschen von Registerkarten

Sie können die hinzugefügten Registerkarten umbenennen und entfernen. Es lassen sich auch einige der Einstellungen zu den Apps öffnen. Klicken Sie dafür mit der rechten Maustaste auf die gewünschte Registerkarte und dann auf den Befehl *Umbenennen* oder *Entfernen* oder wählen Sie die *Einstellungen* aus.

9.19.7 Teamverwaltung und Einstellungen des Teams

Es sollten immer zwei Personen über die Rolle »Besitzer« verfügen. Wer ist Ihre Vertretung, wenn Sie nicht anwesend sind?

Sie können festlegen, welche Mitglieder- und Gastberechtigungen für Ihre Teammitglieder und für externe Gäste gelten sollen, und Sie können weitere Personen zum Team einladen und die Mitgliederrolle zur Besitzerrolle ändern oder Personen aus dem Team entfernen. Darüber hinaus können Sie festlegen, welche Apps in Ihrem Team verwendet werden dürfen.

9.19.7.1 Auf die Teamverwaltung und Teamdetails zugreifen

Sie können in der Team- und Kanalliste hinter einem Teamnamen auf das Menü *Weitere Optionen*, dargestellt mit den drei Punkten, klicken und die Option *Team verwalten* auswählen.

Die Teamdetails anpassen

Sie können in den Teamdetails den Teamnamen und die Beschreibung ändern. Zusätzlich besteht hier auch die Möglichkeit, ein privates Team zu einem öffentlichen Team oder ein öffentliches Team zu einem privaten Team zu ändern. Sie können in den Teamdetails außerdem das Teambild ändern, sodass Sie anstelle der Initialen ein eigenes Bild verwenden können. Um diese Einstellungen vorzunehmen, gehen Sie folgendermaßen vor:

1. Öffnen Sie die Teamverwaltung über das Menü *Weitere Optionen*, dargestellt mit den drei Punkten, hinter dem Teamnamen.
2. Klicken Sie auf das Register *Einstellungen*.
3. Klicken Sie im Bereich *Teamdetails* auf die Schaltfläche *Bearbeiten*, um das Team umzubenennen oder den Datenschutz des Teams von *privat* zu *öffentlich* oder umgekehrt zu ändern.
4. Gehen Sie zu dem Eintrag *Teambild* und klicken Sie dann auf den Link *Bild ändern*.
5. Im Dialogfenster *Bild ändern* klicken Sie auf den Befehl *Hochladen*.
6. Wählen Sie das Laufwerk, den Ordner und dann die Datei aus, die Sie als Teambild festlegen möchten.
7. Klicken Sie im Datei-Explorer auf die Schaltfläche *Öffnen*.

8. Klicken Sie in Teams auf die Schaltfläche *Schließen*. Das Bild wird nun als Teambild angezeigt.

Mitgliederberechtigungen einstellen

Als Teambesitzerin oder Teambesitzer können Sie festlegen, was Ihre Mitglieder und Gäste innerhalb des Teams und der Kanäle durchführen dürfen:

1. Wechseln Sie in das Team und in die Teamverwaltung, in dem Sie die Einstellungen vornehmen möchten. Klicken Sie dafür hinter dem Teamnamen auf das Menü *Weitere Optionen*, dargestellt mit den drei Punkten.
2. Klicken Sie auf das Register *Einstellungen* und erweitern Sie die Kategorie *Mitgliederberechtigungen*.

   Folgende Einstellungen können Sie festlegen:

   - Belassen Sie das Häkchen bei *Erstellen und Aktualisieren von Kanälen zulassen*, wenn Ihre Teammitglieder berechtigt sein sollen, weitere Kanäle anzulegen.
   - Belassen Sie das Häkchen bei *Zulassen, dass Mitglieder private Kanäle erstellen*, wenn Ihre Teammitglieder private Kanäle erstellen und eigene Berechtigungen vergeben sollen.
   - Belassen Sie das Häkchen bei *Zulassen, dass Mitglieder Kanäle löschen und wiederherstellen*, wenn Ihre Teammitglieder Kanäle löschen und wiederherstellen dürfen.
   - Wenn der Store für Apps bei Ihnen im Unternehmen freigegeben ist, können Teammitglieder darüber weitere Apps hinzufügen, wenn Sie das Häkchen bei *Zulassen, dass Mitglieder Apps hinzufügen und entfernen* belassen. Ebenso können die Teammitglieder individuelle, für Ihr Unternehmen entwickelte Apps hochladen, wenn Sie das Häkchen bei *Zulassen, dass Mitglieder benutzerdefinierte Apps hochladen* stehen lassen.
   - Sollen Ihre Teammitglieder berechtigt sein, über die Registerkarten innerhalb eines Kanals Anwendungen wie Office-Apps und Planner sowie SharePoint-Bibliotheken einzubinden oder Registerkarten zu löschen, dann belassen Sie das Häkchen bei *Zulassen, dass Mitglieder Registerkarten erstellen, aktualisieren und entfernen*.
   - Sie als Besitzerin oder Besitzer sollten immer in der Lage sein, Beiträge von anderen Personen zu löschen. Belassen Sie das Häkchen bei *Besitzer können alle Nachrichten löschen*.
   - Belassen Sie das Häkchen bei *Zulassen, dass Mitglieder Connectors erstellen, aktualisieren und entfernen*, wenn Teammitglieder berechtigt sein sollen, sich über Connectors mit anderen Diensten zu verbinden.
   - Möchten Sie, dass Ihre Teammitglieder Tags erstellen, ändern und löschen dürfen, belassen Sie das Häkchen bei *Zulassen, dass Mitglieder Tags erstellen, bearbeiten und löschen*.

- Teammitglieder sollten ihre eigenen gesendeten Nachrichten löschen und bearbeiten können, darum belassen Sie die Häkchen bei *Geben Sie Mitgliedern die Möglichkeit, ihre Nachrichten zu löschen* und lassen Sie auch die Bearbeitung der eigenen Nachrichten zu.

Sobald Sie ein Kontrollkästchen ausgewählt oder deaktiviert haben, werden die Einstellungen sofort im Team übernommen. Die vorgenommenen Einstellungen können Sie jederzeit wieder ändern.

Gastzugriffsberechtigung

Sind in Ihrem Unternehmen Gastzugriffe in Teams erlaubt, können Sie externe Gäste einladen und sie in Ihrem Team mitwirken lassen. Gäste können standardmäßig keine Kanäle anlegen oder löschen. Soll ein Gast jedoch dazu berechtigt werden, können Sie die Berechtigungen ändern. Nur Administratoren haben die Möglichkeit, Gäste im Microsoft 365-Portal einzurichten oder Domänen freizugeben. Sprechen Sie mit Ihrer IT-Abteilung, falls Sie keine externen Benutzer als Mitglieder hinzufügen können. Um die Berechtigungen für Gäste zu ändern, gehen Sie folgendermaßen vor:

1. Wechseln Sie in das Team, in dem Sie die Einstellungen vornehmen möchten.
2. Zeigen Sie auf den Teamnamen, um über das Menü *Weitere Optionen* in die Teamverwaltung zu navigieren.
3. Klicken Sie auf das Register *Einstellungen* und erweitern Sie die Kategorie *Gastberechtigungen*.
4. Legen Sie fest, ob die Gäste Kanäle anlegen, bearbeiten und löschen dürfen. Sobald Sie ein Kontrollkästchen ausgewählt haben, werden die Einstellungen sofort im Team übernommen.

Einstellungen für @-Erwähnungen

Standardmäßig ist festgelegt, dass bei @-Erwähnungen eines Team- oder eines Kanalnamens alle Mitglieder darüber informiert werden. Möchten Sie keine @-Erwähnungen mit dem Team- oder dem Kanalnamen gestatten, können Sie dies in den Einstellungen ändern. Wechseln Sie zunächst in das gewünschte Team, für das Sie die Einstellungen ändern möchten.

1. Klicken Sie auf den Teamnamen, um in die Teamverwaltung zu navigieren.
2. Klicken Sie auf das Register *Einstellungen* und erweitern Sie die Kategorie *@Erwähnungen*.
   - Belassen Sie die Option bei *Option für @Team- oder @[Teamname]-Erwähnungen Mitgliedern anzeigen* (damit wird eine Benachrichtigung an jedes Teammitglied gesendet), damit Sie Ihr Team mit der Erwähnung erreichen können.
   - Belassen Sie die Option bei *Geben Sie Mitgliedern die Möglichkeit, Kanäle mit ?@channel? oder ?@[Kanalname]? zu erwähne*n. Damit wird jeder benachrichtigt, der den erwähnten Kanal in der Kanalliste angezeigt hat.

Die Einstellungen werden sofort im Team übernommen.

Einen Teamcode erstellen

Angenommen, Sie haben ein Team erstellt und keine Mitglieder hinzugefügt, da Sie den Kolleginnen und Kollegen selbst die Entscheidung überlassen möchten, dem Team beizutreten. Wenn die Kolleginnen und Kollegen den Namen des Teams nicht wissen, ist es schwer, ihn ausfindig zu machen. Sie können einen Teamcode erstellen und diesen Code an die Belegschaft weitergeben oder im Intranet veröffentlichen. Sobald sich jemand mit diesem Teamcode anmeldet, wird er als Mitglied dem Team hinzugefügt. Gäste können jedoch nicht mit einem Teamcode teilnehmen. Wie Teammitglieder den Teamcode verwenden, lesen Sie in Abschnitt 9.16.4.

1. Wechseln Sie in das Team, für das Sie einen Teamcode erstellen möchten.
2. Zeigen Sie auf den Namen des Teams, um in das Menü *Weitere Optionen* und in die Teamverwaltung zu gelangen.
3. Wechseln Sie in die Registerkarte *Einstellungen* und erweitern Sie die Kategorie *Teamcode*.
4. Klicken Sie auf die Schaltfläche *Erstellen*, um einen Code zu generieren. Der Teamcode wird Ihnen an dieser Stelle direkt angezeigt.
5. Kopieren Sie den Teamcode und übermitteln Sie ihn per privatem Chat, per E-Mail oder lassen Sie ihn im Intranet veröffentlichen.

Er kann später zurückgesetzt, entfernt oder neu generiert werden. Beachten Sie, dass nur der aktuelle Teamcode verwendet werden kann.

Einstellungen für Emojis & Co.

Innerhalb der Unterhaltungen können Sie standardmäßig Emojis, Memes, Giphys und Aufkleber einbinden. Möchten Sie dies als Teambesitzer in Ihrem Team nicht zulassen, können Sie es in der Teamverwaltung ändern:

1. Klicken Sie auf den Teamnamen, um in die Teamverwaltung zu gelangen.
2. Klicken Sie auf die Registerkarte *Einstellungen* und erweitern Sie die Kategorie *Spielereien*.
3. Deaktivieren Sie die Häkchen vor den Einträgen *Giphy*, *Memes*, *Emojis*, *Aufkleber* oder das Hochladen von Memes, wenn Sie diese nicht zulassen möchten. Falls Sie Giphy verwenden möchten, wählen Sie einen Filter bei *Filtern Sie unpassende Inhalte mit einer der folgenden Einstellungen:* aus.
4. Sobald Sie die Häkchen entfernt haben, werden die entsprechenden Änderungen sofort übernommen und die Emojis etc. können nicht mehr in den Unterhaltungen verwendet werden.

Einstellungen für Tags

Wenn Sie in Ihrem Team Tags erstellt haben, um damit bestimmte Personen in den @-Erwähnungen zu erreichen, können Sie in der Teamverwaltung Tags neu erstellen, vorhandene bearbeiten, weitere Personen hinzufügen oder vorhandene Personen entfernen. Außerdem können Sie Tags kopieren und löschen.

9.19.8 Mitglieder im Team managen

Um weitere Personen zum Team einzuladen und neue Besitzer zu bestimmen sowie vorhandene Personen aus dem Team zu entfernen, gehen Sie folgendermaßen vor:

1. Sie können in der Teamverwaltung im Register *Mitglieder* weitere Besitzer und Mitglieder dem Team hinzufügen.
2. Über die Registerkarte *Mitglieder* finden Sie die Schaltfläche *Mitglieder hinzufügen*. Klicken Sie auf die Schaltfläche und geben Sie den Namen der Person ein, die Sie zum Team einladen möchten.
3. Wählen Sie die Person mit einem Klick aus.
4. Wiederholen Sie die Schritte 2 bis 3, bis Sie alle Mitglieder hinzugefügt haben.
5. Wählen Sie jeweils die Berechtigungsrolle *Mitglied* oder *Besitzer* aus, die die Personen erhalten sollen, und klicken Sie dann auf *Hinzufügen*.
6. Sie können die Mitgliedergruppe erweitern und dort ein Mitglied in der Spalte *Rolle* zu einem Besitzer machen und umgekehrt. Verwenden Sie dafür den Drop-down-Pfeil hinter *Mitglied* oder *Besitzer*.
7. Möchten Sie ein Teammitglied entfernen, klicken Sie auf das *X* hinter der Berechtigungsrolle *Mitglied*.
8. Um einen Besitzer zu entfernen, müssen Sie erst die Rolle *Besitzer* auf *Mitglied* ändern, dann können Sie ihn in der Gruppe *Mitglieder* entfernen. Beachten Sie, dass es immer mindestens zwei Besitzer im Team geben muss, um einen entfernen zu können. Es muss also immer mindestens ein Besitzer übrig bleiben. In den Teamdetails des ersten Kanals, den Sie beim Anlegen des Teams benannt haben, oder im Teamkanal *Allgemein* wird das Hinzufügen oder das Entfernen von Personen aus einem Team dokumentiert. Die, die entfernt wurden, erhalten derzeit keine Informationen über diese Aktion.
9. Alternativ können Sie auch hinter dem Teamnamen auf das Menü *Weitere Optionen* klicken und dort die Option *Mitglied hinzufügen* auswählen.

9.19.9 Die Verwendung eines Teams analysieren

In den Analysen werden keine personenbezogenen Daten angezeigt.

Möchten Sie prüfen, ob Ihre Teammitglieder und Gäste das Team und die Kanäle aufsuchen und dort auch aktiv zusammenarbeiten oder ob Sie besser noch einmal mit allen Beteiligten absprechen sollten, das Team und die Kanäle für die Zusammenarbeit zu nutzen, können Sie die Verwendungsstatistik öffnen:

1. Wechseln Sie in das Team, in dem Sie die Statistik einsehen möchten.
2. Zeigen Sie auf den Teamnamen, um über das Menü *Weitere Optionen* in die Teamverwaltung zu navigieren.
3. Klicken Sie auf das Register *Analysen*. Anhand der grafischen Darstellungen können Sie schnell überprüfen, wie viele Benutzerinnen und Benutzer tatsächlich in Ihrem Team und den zugehörigen Kanälen aktiv mitarbeiten.

9.19.10 Einen Kanal löschen

Wenn Sie einen nicht mehr benötigten Kanal löschen, werden alle Unterhaltungen und Beiträge, die dort geführt und erstellt wurden, gelöscht. Die Dateien, die über die Registerkarte *Freigegeben* hinzugefügt wurden, bleiben jedoch auf der SharePoint-Teamwebsite in der Dokumentenbibliothek erhalten.

Beachten Sie, dass Sie 21 Tage lang keinen neuen Kanal mit demselben Namen erstellen können. Benennen Sie den Kanal vor dem Löschen um, damit Sie dann einen neuen Kanal mit dem alten Namen erstellen können. Verwenden Sie dafür das Menü *Weitere Optionen*, dargestellt mit den drei Punkten, hinter dem Kanalnamen.

---

1. Um den Kanal zu löschen, wechseln Sie in die Teamverwaltung des Teams. Zeigen Sie dafür auf den Teamnamen und klicken auf die *Weiteren Optionen*, dargestellt mit den drei Punkten.
2. Klicken Sie in der Registerkarte *Kanäle* hinter dem gewünschten Kanalnamen, hinter der Schaltfläche *Anzeigen* oder der Schaltfläche *Ausblenden* auf das Menü *Weitere Optionen*, dargestellt mit den drei Punkten.
3. Wählen Sie dort den Befehl *Kanal löschen*. Es folgt ein Dialog. Bestätigen Sie den Löschvorgang mit einem Klick auf die Schaltfläche *Löschen*.

Alternativ können Sie auch hinter dem Kanalnamen in der Team- und Kanalliste das Menü *Weitere Optionen* nutzen, um einen Kanal zu löschen.

9.19.11 Einen Kanal wiederherstellen

Einen gelöschten Teamkanal können Sie innerhalb von 21 Tagen wiederherstellen. Während dieser Zeit können Sie jedoch keinen neuen Kanal mit demselben Kanalnamen erstellen.

Zum Wiederherstellen eines Teamkanals wechseln Sie in die Teamverwaltung und wählen die Registerkarte *Kanäle* aus.

1. Filtern Sie oben über die Schaltfläche *Weitere* nach *Gelöscht*.
2. Im unteren Bereich sehen Sie die Ansicht *Gelöscht*.
3. Klicken Sie hinter dem Kanalnamen auf die Schaltfläche *Wiederherstellen*. Es folgt ein Dialog, den Sie über die Schaltfläche *Wiederherstellen* bestätigen müssen. Der Kanal samt Unterhaltungen wird für Sie und Ihre Teammitglieder wiederhergestellt.

9.19.12 Ein Team archivieren

Nach Abschluss eines Projekts werden ein Team und die dazugehörige Teamwebsite im SharePoint meistens nicht mehr verwendet. Es ist jedoch ratsam, das Team und die damit verbundenen Informationen nicht zu löschen. Möglicherweise werden Sie weiterhin auf die Informationen, die sich durch die Teamarbeit ergeben haben, zugreifen wollen. Als Teambesitzer oder Administrator können Sie ein Team archivieren. Folgende Schritte sind dafür notwendig:

1. Klicken Sie hinter dem Namen des Teams, das Sie archivieren möchten, auf das Menü *Weitere Optionen*, dargestellt mit den drei Punkten.
2. Wählen Sie die Option *Archivieren*.
3. Im darauf folgenden Dialog legen Sie fest, dass die zugehörige SharePoint-Teamwebsite ebenfalls archiviert und im Schreibschutz weiterhin bestehen bleiben soll. Aktivieren Sie dafür das Kontrollkästchen bei *SharePoint-Website für Teammitglieder als schreibgeschützt festlegen*.
4. Bestätigen Sie mit einem Klick auf die Schaltfläche *Archivieren*.

9.19.13 Ein archiviertes Team wiederherstellen

Als Teambesitzer oder Administrator können Sie ein archiviertes Team wie folgt wiederherstellen:

1. Klicken Sie unterhalb der Teams-Auflistung auf den Link *Alle Ihre Teams anzeigen*.
2. Wählen Sie oben den Filter *Weitere* und *Archivierte Teams* aus.
3. Zeigen Sie auf das Team, das Sie wiederherstellen möchten. Klicken Sie rechts hinter dem archivierten Team auf das Menü *Weitere Optionen*, dargestellt mit den drei Punkten. Wählen Sie die Option *Team wiederherstellen*. Das Team ist sofort mit allen Inhalten aktiviert und kann von den Teammitgliedern verwendet werden.

9.19.14 Ein Team löschen

Falls Sie ein Team löschen und nicht archivieren, besteht für circa 30 Tage die Möglichkeit, es wiederherzustellen. Die Wiederherstellung eines gelöschten Teams kann nur durch den Administrator erfolgen. Fragen Sie Ihren Administrator, ob es bei Ihnen gesonderte Regelungen bezüglich der Aufbewahrung gibt. Wenn Sie berechtigt sind, ein Team zu löschen, gehen Sie folgendermaßen vor:

1. Wechseln Sie in die Team- und Kanalliste von Teams.
2. Zeigen Sie auf das Team, das Sie löschen möchten.
3. Klicken Sie auf das Menü *Weitere Optionen*, dargestellt mit den drei Punkten, und wählen Sie dort den Befehl *Team löschen*.
4. Es folgt ein Nachfrage-Dialog. Hier aktivieren Sie das Kontrollkästchen *Ich weiß, dass alles gelöscht wird* und bestätigen Sie den Löschvorgang mit einem Klick auf die Schaltfläche *Team löschen*.

9.20 Microsoft Teams mobil

Die mobile App von Teams bietet Ihnen die Funktionen, die Ihnen auch die jeweilige Desktop-App liefert, und wird ständig erweitert. Sie können auf Ihre Kontakte zugreifen, private Chats, Audio- und Videoanrufe oder Beiträge und Besprechungen in Ihrem Teamkanal führen. Sie können auf sämtliche Inhalte eines Teamkanals zugreifen. Über die Navigation am unteren Displayrand gelangen Sie in die jeweiligen Bereiche von Teams.

Sie können Teams mobil und/oder die Teams-Desktop-App verwenden.

Aktivität

Im Bereich *Aktivität* gelangen Sie über Ihr Profilbild oder Ihre Initialen in Ihr Profil und in die Einstellungen (siehe Abbildung 9.190 und Abbildung 9.191). Sie können hier Ihren Präsenzstatus festlegen, die Einstellungen öffnen und für Ihr mobiles Gerät die Benachrichtigungseinstellungen ändern.

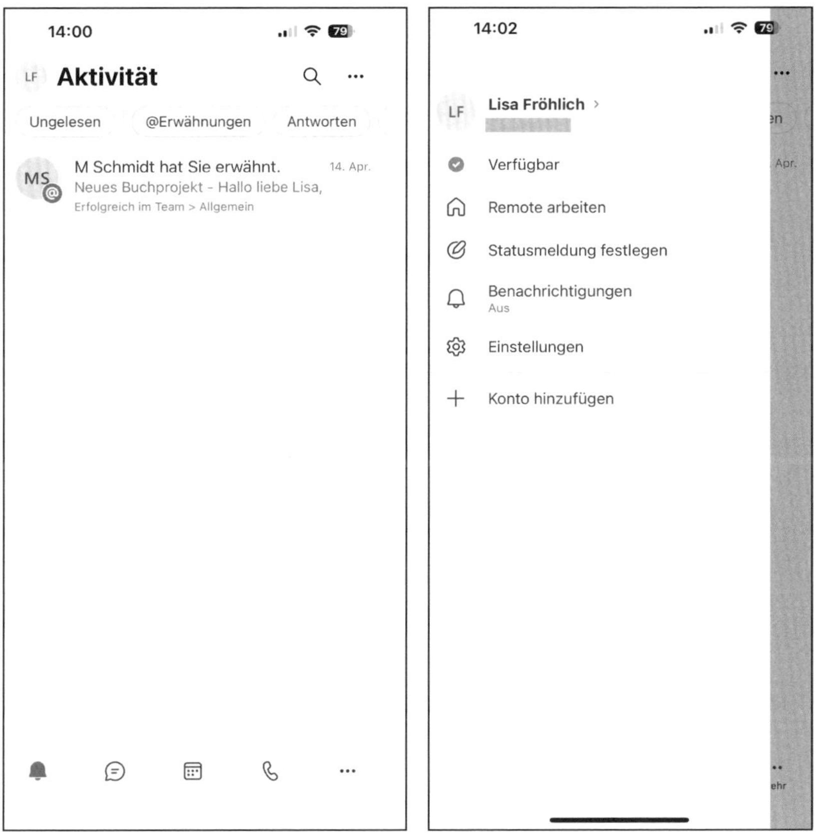

Abb. 9.190 Der Bereich *Aktivität* in der mobilen Teams-App. Tippen Sie oben auf Ihr Profilbild oder die Initialen, um weitere Einstellungen vorzunehmen.

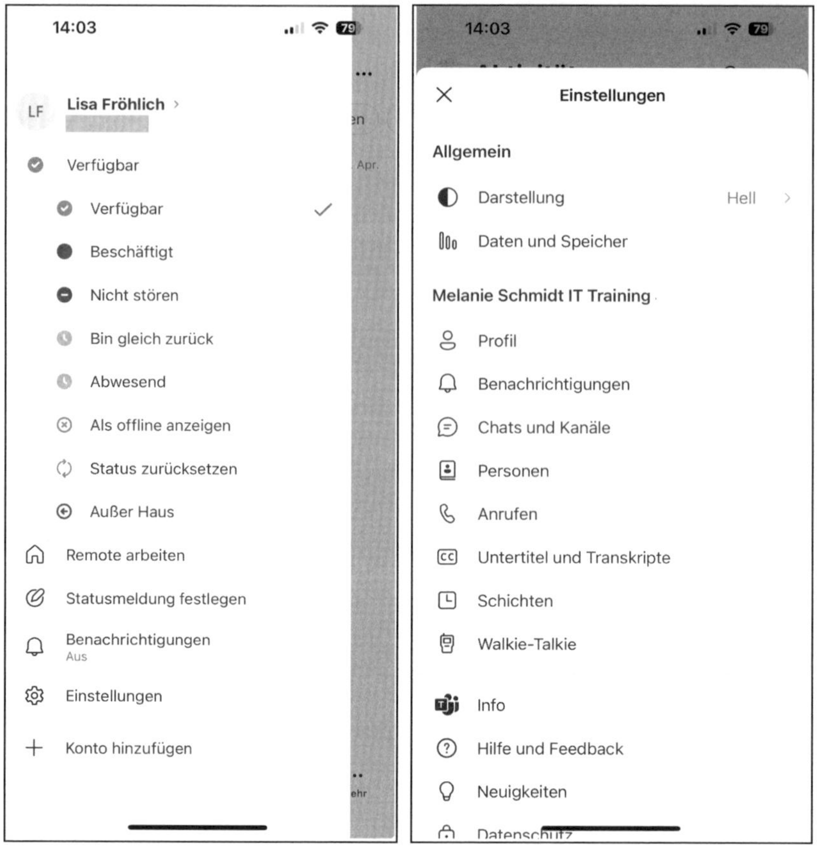

Abb. 9.191
Tippen Sie auf Ihren Präsenzstatus, wie hier *Verfügbar*, um einen manuellen Status zu setzen. Tippen Sie auf *Einstellungen*, um weitere Einstellungen vorzunehmen.

Wenn Sie Ihren Präsenzstatus am Computer auf *Als offline anzeigen* eingestellt und parallel die mobile App von Teams geöffnet haben, kann ein falscher Status für Ihre Kolleginnen und Kollegen angezeigt werden. Stellen Sie daher den Präsenzstatus auch in der mobilen App auf *Als offline anzeigen*.

Chat, Teams und Kanäle

Im Bereich *Chat* (siehe Abbildung 9.192 links) finden Sie Ihre Favoriten und Abschnitte, die letzten Chats und Ihre Teams und Kanäle. Oben können Sie über die Schaltfläche *Kanäle* filtern, sodass Ihnen nur Ihre Teams und Kanäle angezeigt werden (siehe Abbildung 9.192 rechts). Wenn Sie einen Kanal antippen, können Sie auf die Beiträge zugreifen, das Register *Dateien* öffnen und oben über das Pluszeichen Dateien, Bilder und Videos vom Smartphone hochladen und neue Ordner erstellen (siehe Abbildung 9.193). Über das Register *Apps* (siehe Abbildung 9.194) können Sie auf weitere Apps, die in Ihrem Team vorhanden sind, zugreifen.

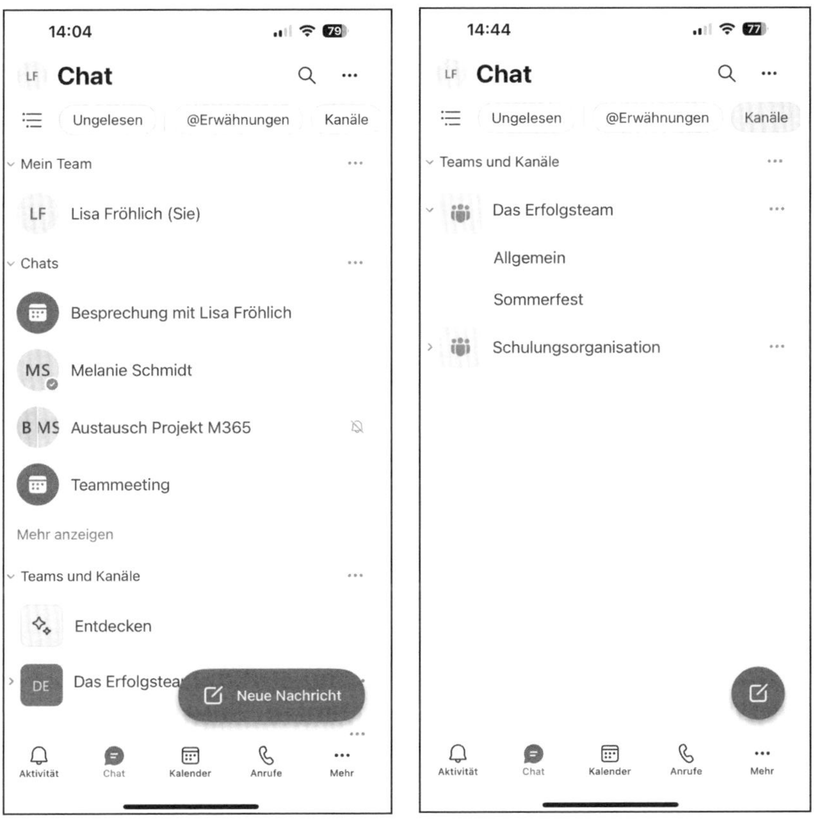

Abb. 9.192 Die Schaltfläche *Chat* und der Chat gefiltert nach Kanälen

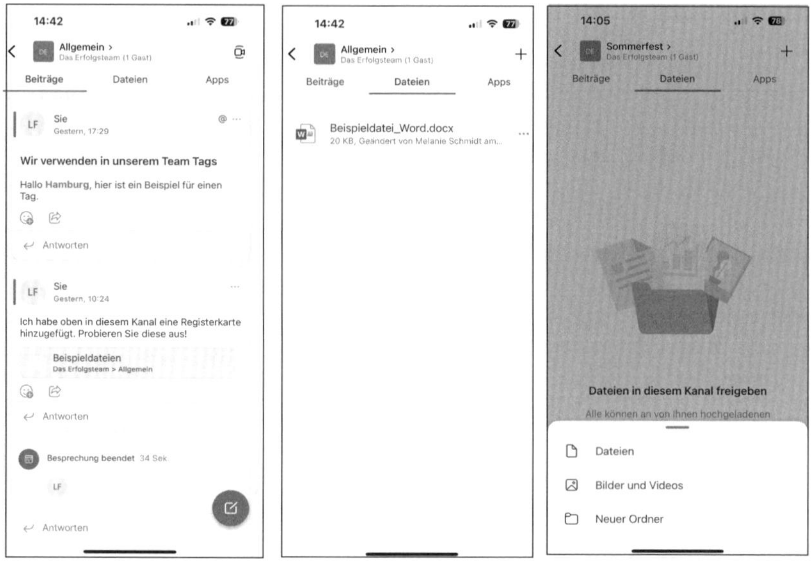

Abb. 9.193 Ein geöffneter Kanal, hier die Register *Beiträge* und *Dateien*. Tippen Sie im Register *Dateien* oben auf das Pluszeichen, um Dateien, Bilder und Videos hochzuladen oder einen Ordner zu erstellen.

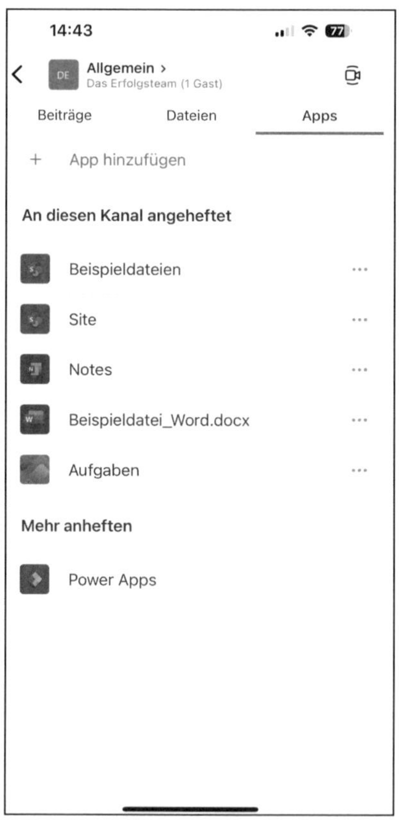

Abb. 9.194 Im Kanal das Register *Apps*

Kalender

Den Teams-Kalender können Sie ebenfalls nutzen: So können Sie von der mobilen App aus Besprechungen planen oder auf vorhandene Besprechungen zugreifen, um sie zu bearbeiten oder neu zu planen.

Wenn Sie in der Navigation den Kalender (siehe Abbildung 9.195) antippen, können Sie oben die Ansicht *Agenda* oder *Tag* auswählen oder eine Monatsansicht durch das Wischen nach unten einblenden. Ihnen werden alle aktuellen Termine und Besprechungen angezeigt, die Sie auch im mobilen Kalender öffnen können. Tippen Sie auf eine Besprechung und Ihnen wird die Schaltfläche *Teilnehmen* angeboten. Oben im Kalender können Sie eine Sofortbesprechung starten. Über die Schaltfläche *+Neue Besprechung* können Sie eine neue Besprechung planen.

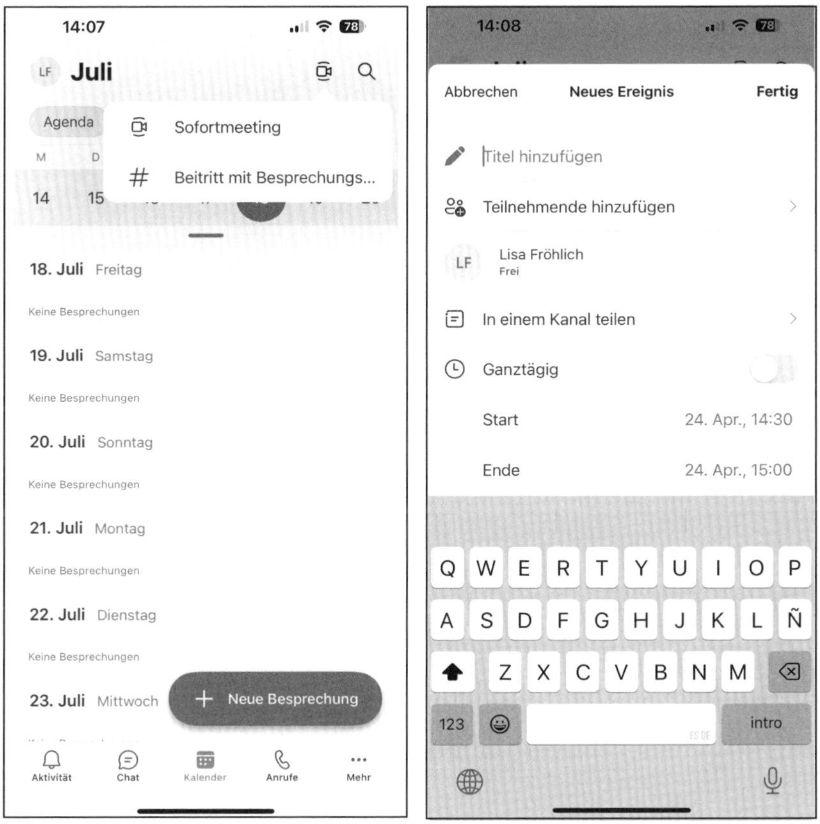

Abb. 9.195
Der Kalender und das Formular für eine neue Besprechung

Anrufe

Über die Schaltfläche *Anrufe* (siehe Abbildung 9.196) sehen Sie die Register Ihrer Kurzwahl-Kontakte und Ihren Anrufverlauf. Sie können oben im Display die Schaltfläche *Voicemail* verwenden, um Ihre Voicemail zu öffnen. Neue Anrufe starten Sie über die Schaltfläche *Neuer Anruf*.

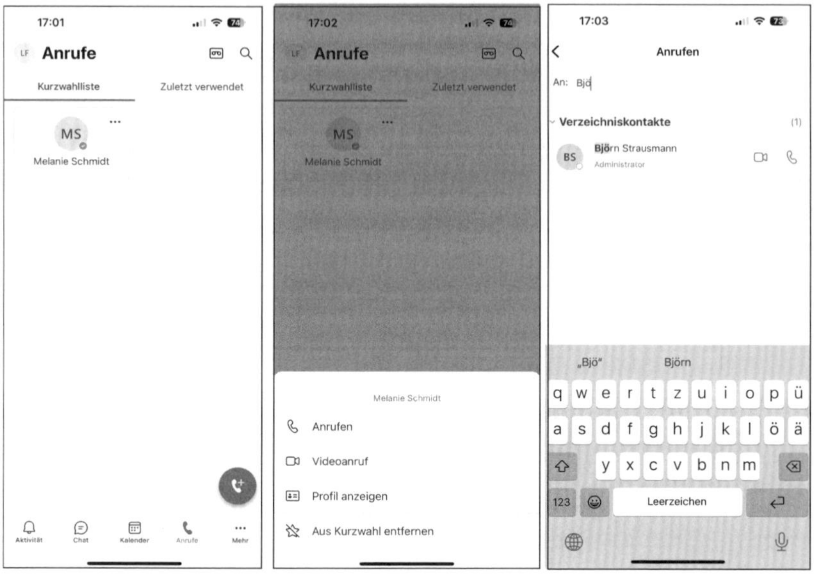

Abb. 9.196 Die Schaltfläche *Anrufe*, ein ausgewählter Kontakt in der Kurzwahl. Ein neuer Anruf kann über das jeweilige Hörer- oder Anrufen-Symbol getätigt werden.

Wenn Sie Teams die Standortfreigabe gestatten, können die Standortdaten für Notrufe verwendet werden. Mit der Standortfreigabe kann auch die IT-Abteilung Fehlerbehebungen an Ihrem Gerät steuern.

Weitere Apps und Navigation anpassen

Das Menü *Mehr*, dargestellt mit den drei Punkten (siehe Abbildung 9.197), bietet Ihnen die Möglichkeit, auf andere App-Inhalte zuzugreifen. Gegebenenfalls können Sie nach links wischen, um weitere Apps zu sehen. Über die Schaltfläche *Neu anordnen* können Sie die Navigation mit Schaltflächen belegen, die für Sie wichtig sind, und ihre Reihenfolge ändern.

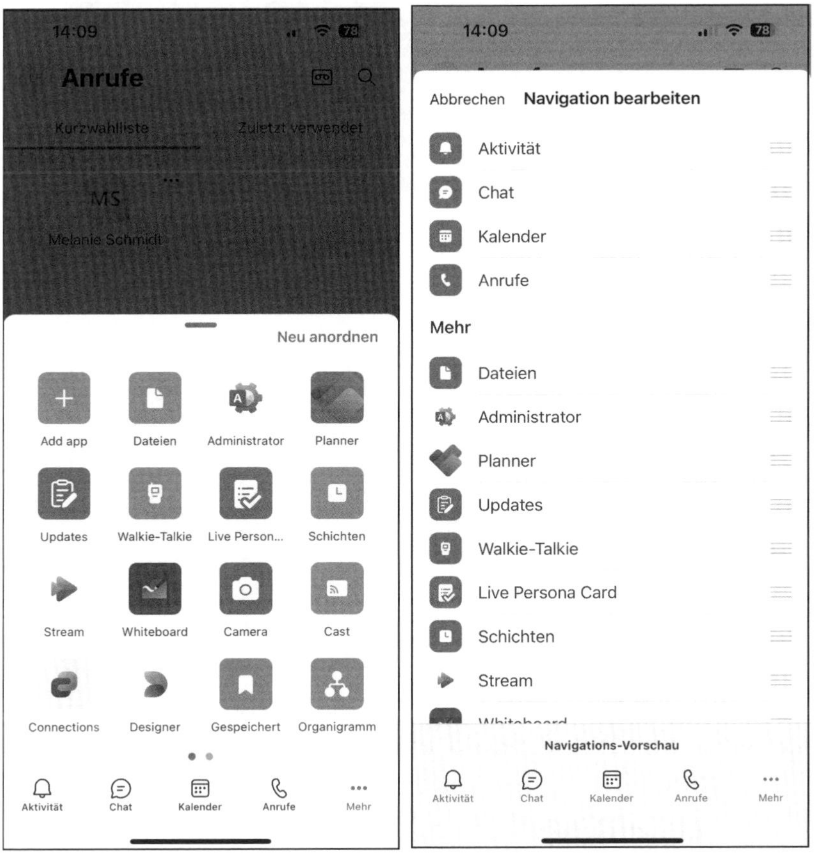

Abb. 9.197
Die Schaltfläche *Mehr* mit weiteren Apps und die Schaltfläche *Neu anordnen*, um die Navigation mit Apps anzupassen

Audio-/Videoanrufe und an Besprechungen teilnehmen

Mit der mobilen App können Sie Teams-Audio- und Videoanrufe starten oder an einer Teams-Besprechung teilnehmen (siehe Abbildung 9.198). In den jeweiligen Bereichen können Sie das Lupen-Symbol verwenden, um innerhalb von Teams nach bestimmten Informationen zu suchen.

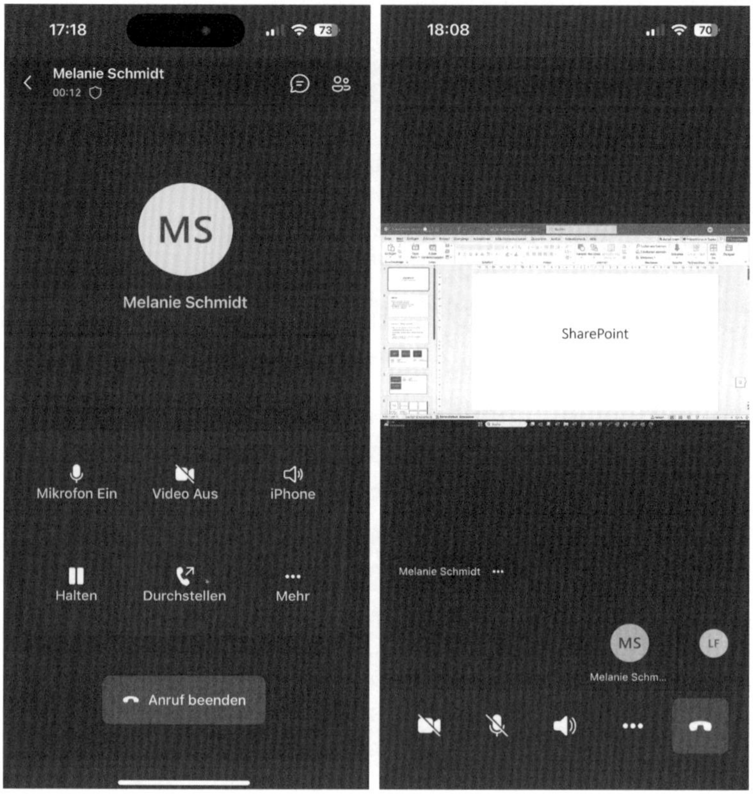

Abb. 9.198 Ein Teams-Audio- und -Videoanruf mit einer Person und eine Besprechung, in der von einer anderen Person das Fenster geteilt wird

9.21 Zusammenfassung

Teams ist eine zentrale Business-Plattform für die unternehmensweite Kommunikation und dient dem täglichen Austausch im Chat, per Audio- und Videotelefonie und Onlinebesprechungen. Arbeits-, Abteilungs- und Projektteams können mit Teams schnell zusammenfinden und zusammenarbeiten. Informationen lassen sich in Kanälen bereitstellen und können gemeinsam bearbeitet werden. Beiträge und Chatnachrichten, Audio- und Videoanrufe und -Konferenzen können im Team, in Gruppen oder auch unabhängig von einem Team als private Unterhaltungen stattfinden. Während einer Unterhaltung ist es möglich, den Bildschirm und Programmfenster zu teilen oder die Steuerung zu übertragen. Chats und Beitragsunterhaltungen helfen auch neuen Teammitgliedern dabei, sich in Themen oder Abläufe einzulesen. Dennoch bedarf es einer guten

Planung mit Vorüberlegungen, Verhaltensregeln und Aufklärung aller Beteiligten, wenn es um die Zusammenarbeit mit Teams geht. Die Struktur der eingebrachten Kanäle in einem Team sollte so gewählt werden, dass Informationen schnell auffindbar sind. Die Bereitschaft aller Beteiligten, mit Teams zu arbeiten, muss gewährleistet sein, und laufende Geschäftsprozesse sollten nicht in Teams eingebunden werden, wenn diese auch ohne optimal funktionieren.

Kapitel 10

Planner

10.1 Ausgangssituation

Im Zeitalter vieler Projekte und Teambildungen in den Unternehmen ist die Aufgabenplanung der Belegschaft zu einer sehr großen Herausforderung geworden. Für die Projektleitung und die Geschäftsführung ist es sehr schwer, einen Überblick über die Projekte und Aufgaben zu behalten oder die Fortschritte zu beobachten. Aber auch für die einzelnen Mitarbeiterinnen und Mitarbeiter, die in verschiedenen Projekten und Teams tätig sind, ist es unter Umständen schwer nachzuvollziehen, wer welche Aufgaben nun wem und wann zugeteilt hat und wie dringend welche der vielen Aufgaben tatsächlich sind. Diese Herausforderung führt dazu, dass auf unterschiedlichste Art und Weise versucht wird, zumindest ansatzweise einen Gesamtüberblick für die Projekt- oder Geschäftsleitung sowie für die Mitarbeiter zu schaffen. Auch umfangreiche Projekt- und Aufgaben-Tools haben in den vergangenen Jahren Einzug in Arbeitsgruppen und Projektteams gehalten. Dabei sind diese Anwendungen teilweise so umständlich und manchmal viel zu umfangreich, um sie in kleinen und mittleren Projekten einzusetzen, sodass am Ende wieder auf altbekannte Methoden wie die beliebte Excel-Datei, das Whiteboard oder die Planwände zurückgegriffen wird. Darüber hinaus gibt es nur wenige in einem Unternehmen, die die zusätzlichen Herausforderungen neben dem beachtlichen Ausmaß der täglichen Arbeit am Aufgabenmanagement und an der Software übernehmen können bzw. wollen. Mit Planner stellt Microsoft jedoch ein einfaches Tool für das Aufgaben- und Ressourcenmanagement für Arbeitsgruppen oder Projektteams bereit.

10.2 Der Einsatz von Microsoft Planner Basic

Planner Basic steht im Microsoft 365-Portal zur Verfügung und unterstützt Sie bei der Planung von Aufgaben mit Deadlines und bei der Verwaltung kleinerer Projekte und Vorhaben. Für Projekte, die erweiterte Projektmanagementfunktionen benötigen, kann der Einsatz von Microsoft Planner Premium mit Lizenzen erworben werden. Weitere Informationen zu den Unterschieden und Preisen der Basic- und Premium-Lizenzen finden Sie unter *https://support.microsoft.com/de-de/office/vergleich-von-microsoft-planner-basic-und-premium-pl%C3%A4nen-5e351170-4ed5-43dc-bf30-d6762f5a6968.* In diesem Kapitel gehe ich auf die Basic-Version ein.

Durch das Verwenden von Buckets in einem Planner-Plan ist ein agiles Vorgehen möglich. Zusätzlich werden Ihnen Diagramme und ein Zeitplan angeboten, sodass Sie einen Gesamtüberblick über den jeweiligen Aufgabenfortschritt eines Teams, eines Projekts oder Vorhaben erhalten.

Die zur Microsoft 365-Gruppe gehörende SharePoint-Teamwebsite stellt die Dokumentenbibliothek *Dokumente* in einem Plan als Dokumentenablage bereit. Über den sogenannten Planner-Hub, der im Web oder in Teams geöffnet werden kann, können die einzelnen Projekt- und Teammitglieder alle eigenen und freigegebenen Pläne einsehen und die ihnen zugewiesenen Aufgaben überblicken, ohne sich durch jeden Plan klicken zu müssen. Die Aufgabenplanung mit Planner unterstützt jedoch keine Abhängigkeiten zwischen den einzelnen Aufgaben, so wie Sie es vielleicht aus Microsoft Project oder anderen Projektmanagement-Tools her kennen. Dennoch lässt sich Planner über Schnittstellen von Microsoft und durch speziell entwickelte Drittanbieter-Tools in Microsoft Project integrieren.

Durch das Einbinden von Microsoft Planner in Microsoft Teams-Kanälen können Sie mit Kommunikations- und Planungswerkzeugen sehr schnell ein Team bilden und gemeinsam an einem Ziel arbeiten. Ein Plan kann somit über den Planner-Hub oder in Microsoft Teams-Kanälen erstellt werden. Auch über die SharePoint-Teamwebsite in Verbindung mit einer Microsoft 365-Gruppe steht Ihnen immer ein Plan für die Zusammenarbeit zur Verfügung. Microsoft Planner kann über die Web-App im Webbrowser am PC und Mac sowie auf den mobilen Geräten mit den mobilen Apps verwendet werden.

10.2.1 Planner und weitere Dienste

Verwenden Sie den vorhandenen Plan.

Wenn Sie eine SharePoint Online-Teamwebsite in Verbindung mit einer Microsoft 365-Gruppe verwenden, wird auf der Website bereits ein Plan mit angelegt. Sie können diesen Plan über ihre Visitenkarte der Teamwebsite öffnen. Zeigen Sie dafür auf den Namen der Website. In Outlook können Sie den Plan ebenfalls über die Visitenkarte der Gruppe öffnen.

Wenn Sie für Planner berechtigt sind, können Sie den Planner-Hub öffnen und als reines Aufgaben-Tool nutzen. Sie können einen persönlichen Plan für sich selbst oder Pläne für Ihre Gruppe erstellen. Sobald über den Planner-Hub ein neuer Plan erstellt wird, können Sie auswählen, ob der Plan ohne Gruppe, also für Sie allein, oder für eine bestehende Gruppe erstellt werden soll.

10.2.2 Der Planner-Hub im Webbrowser

Sie können Planner über das Microsoft 365-Portal im Web, in Teams oder die mobilen Apps öffnen. Eine Planner-Desktop-App ist derzeit nicht erhältlich.

Nutzen Sie Planner im Web auch auf dem Tablet.

1. Öffnen Sie Ihr Microsoft 365-Portal über den Webbrowser.
2. Klicken Sie auf die Schaltfläche *Apps* und wählen Sie die Kachel *Planner*. Sie werden direkt in den Planner-Hub weitergeleitet (siehe Abbildung 10.1).
3. Alternativ können Sie die URL *https://planner.cloud.microsoft* verwenden, um den Planner-Hub im Browser zu öffnen.

Abb. 10.1 Die Startseite des Planner-Hubs mit einem Plan, der automatisch beim Erstellen der SharePoint-Teamwebsite erstellt wurde

Auf der Startseite des Planner-Hubs sehen Sie auf der linken Seite der Benutzeroberfläche die Navigation, die bestehen bleibt, wenn Sie einen Bereich öffnen.

10.2.2.1 Mein Tag

Wenn Sie sich bereits mit der To Do-App beschäftigt und Ihrem aktuellen Tag heute schon Aufgaben in der To Do-App hinzugefügt haben, werden Ihnen diese hier angezeigt. Sie können im Bereich *Mein Tag* auch neue Aufgaben hinzufügen. Oben im Fenster können Sie die Ansichten *Raster* und *Board* auswählen, um Ihre Aufgaben in einer Liste oder in einem Board zu verwalten. Zusätzlich wird Ihnen rechts oben im Board die Schaltfläche *Gruppieren nach* angeboten, worüber Sie Ihre Aufgaben schnell nach Status, Fälligkeitsdatum oder Priorität gruppieren.

10.2.2.2 Meine Aufgaben

Über die Schaltfläche *Meine Aufgaben* erhalten Sie einen Überblick über alle Aufgaben, die Ihnen in den verschiedenen Plänen und geteilten To Do-Listen von anderen Personen zugewiesen sind. Auch Ihre eigenen To Do-Aufgaben und E-Mails, die Sie mit dem Fähnchen als Aufgabe gekennzeichnet haben, werden hier angezeigt. Um einen besseren Überblick zu erhalten, können Sie die Aufgaben über die Schaltflächen *Alle*, *Private Aufgaben*, *Mir zugewiesen* oder *Gekennzeichneten E-Mails* filtern. Im oberen Bereich finden Sie auch hier die

Raster- und Board-Ansicht. Wenn Sie die Board-Ansicht auswählen, steht Ihnen rechts im Fenster ebenfalls die gruppierten Ansichten zur Verfügung.

10.2.2.3 Meine Pläne

Die Schaltfläche *Meine Pläne* zeigt Ihnen alle zuletzt geöffneten oder bearbeitete Pläne und To Do-Listen an, die Sie selbst erstellt haben oder auf die Sie Zugriffsrechte besitzen. Oben im Fenster können Sie die Filter-Schaltflächen verwenden, um freigegebene oder Ihre persönlichen Pläne und To Do-Listen zu filtern. Ihnen müsste der Plan für unser Erfolgsteam angezeigt werden. Der Plan wurde automatisch beim Erstellen unserer SharePoint-Teamwebsite vom System bereitgestellt.

10.2.2.4 Angeheftete Pläne

Sie können Pläne anheften, damit sie Ihnen im Navigationsbereich auf der linken Seite im Planner-Hub angezeigt werden und Sie zukünftig nicht lange danach suchen müssen. Zeigen Sie auf den Plan *Das Erfolgsteam* und klicken Sie einmal auf die Pinnnadel, die Ihnen hinter dem Plannamen angezeigt wird. Der Plan wird nun links in der Navigation angeheftet und angezeigt. Wenn Sie den Plan dort wieder lösen möchten, zeigen Sie in der Navigation auf ihn, klicken auf das Menü *Weitere Optionen*, dargestellt mit den drei Punkten, und wählen dann den Befehl *Lösen*.

10.2.3 Einen neuen Plan erstellen

Sie können vorhandene Pläne auch für einen ähnlichen Anwendungsfall kopieren.

Wenn Sie dazu berechtigt sind, Pläne zu erstellen, wird Ihnen im Planner-Hub in der linken unteren Navigationsleiste die Schaltfläche + *Neuer Plan* angezeigt sowie oben rechts im Fenster in der Ansicht *Meine Pläne*. Falls Ihnen diese Schaltfläche fehlt, sind Sie nicht berechtigt. Sie können einen eigenen Plan erstellen, der nur für Sie bereitgestellt wird. Sobald Sie diesen Plan jedoch mit einer anderen Person teilen und freigeben möchten, müssen Sie ihn einer bestehenden Microsoft 365-Gruppe zuordnen oder eine neue Gruppe erstellen. Sie können Pläne also entweder allein oder in einem Team nutzen. Für unser Beispiel wurden wir mit der Organisation des Firmensommerfests beauftragt. Um die Aufgaben und die Fortschritte festzuhalten, benötigen wir einen Plan in Planner.

1. Klicken Sie im Planner-Hub auf die Schaltfläche + *Neuer Plan*. Sie werden in das Fenster *Neu erstellen* weitergeleitet (siehe Abbildung 10.2).
2. Sie können aus einer Auswahl von Vorlagen, die Microsoft bereitstellt, wählen. Für Microsoft Teams gibt es Basis- und Premiumlizenzen, die sich im Funktionsumfang und in den Kosten unterscheiden. Sie können die einzelnen Vorlagen anklicken und nähere Informationen dazu erhalten. Gehen Sie oben im Fenster wieder zurück zur Gesamtübersicht. Ich verwende die Basislizenz, sodass bei Ihnen gegebenenfalls mehr Vorlagen zur Auswahl angeboten werden. Damit Sie Planner von Grund an kennenlernen, werden wir einen Basisplan erstellen.

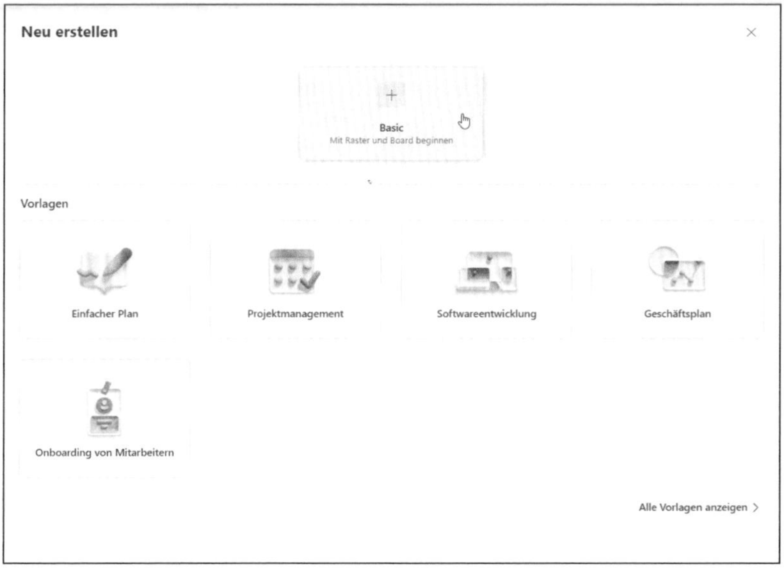

Abb. 10.2
Die Auswahl der Plan-Vorlagen

3. Klicken Sie auf die Vorlage *Basic – Mit Raster und Board*. Sie werden in ein Formular (siehe Abbildung 10.3) weitergeleitet.

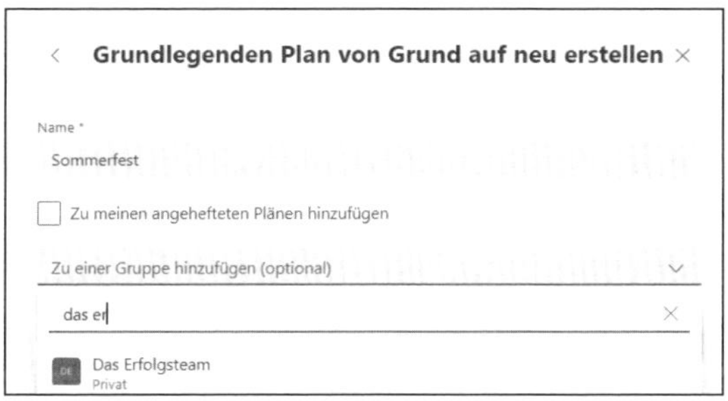

Abb. 10.3
Das Formular für den neuen Plan. Über den Drop-down-Pfeil kann nach einer vorhandenen Gruppe gesucht werden.

4. Nennen Sie den Plan für unser Beispiel *Sommerfest*. Vergeben Sie immer einen aussagekräftigen Namen für einen neuen Plan.
5. Aktivieren Sie das Kontrollkästchen bei *Zu meinen angehefteten Plänen hinzufügen*, damit der Plan links in der Navigation angezeigt wird.
6. Möchten Sie den Plan keiner Gruppe zuordnen, wählen Sie im Bereich *Zu einer Gruppe hinzufügen (optional)* keine Gruppe aus. Für unser Beispiel klicken Sie auf den Drop-down-Pfeil und klicken in das Suchfeld. Suchen Sie nach der Gruppe *Das Erfolgsteam* und wählen Sie sie mit einem Klick aus.
7. Prüfen Sie Ihre Eingaben und Ihre Auswahl und bestätigen Sie mit einem Klick auf die Schaltfläche *Erstellen*. Sie werden direkt in Ihren neuen Plan weitergeleitet (siehe Abbildung 10.4).

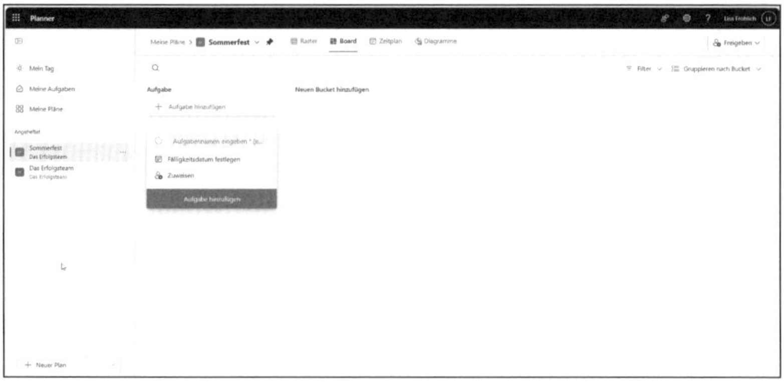

Abb. 10.4 Der neue Plan direkt nach dem Erstellen. Der Plan wurde auch links in der Navigation angeheftet.

10.2.4 Buckets hinzufügen und benennen

Planen Sie mit Ihrem Team zusammen die Benennungen der Buckets.

Um Aufgaben auf einem Board zu ordnen und zu gliedern, stehen Ihnen sogenannte *Buckets* zur Verfügung. Buckets sind Spalten, deren Überschriften Sie individuell benennen können. Je nachdem, für welchen Zweck Sie einen Plan erstellen, können Sie die Bucket-Beschriftungen zum Beispiel in Projektphasen, Arbeitspakete oder für die Abwicklung einer Organisationsplanung in Aktivitäten aufteilen. Beim Anlegen eines neuen Plans wird automatisch der Bucket *Aufgaben* erstellt, den Sie umbenennen können, indem Sie direkt darauf klicken und die Änderung mit der [↵]-Taste bestätigen. Für unser Beispiel benötigen wir einige Buckets (siehe Abbildung 10.5).

1. Klicken Sie auf *Neuen Bucket hinzufügen und* benennen ihn »Planung und Organisation«. Bestätigen Sie mit [↵].
2. Erstellen Sie sechs weitere Buckets und benennen Sie sie wie folgt:
   - »Einladungen und Kommunikation«
   - »Programm und Aktivitäten«
   - »Verpflegung«
   - »Logistik und Ausstattung«
   - »Sicherheit und Genehmigungen«
   - »Nachbereitung«

Abb. 10.5 Der Plan mit den benötigten Buckets für die Organisation des Sommerfestes

10.2.5 Aufgaben in einem Plan erfassen

Es kann hilfreich sein, Aufgaben in einer Art Brainstorming zu erfassen. Geben Sie dafür erst einmal alle Aufgaben ein, die Ihnen spontan zu Ihrem Vorhaben einfallen. Die genaue Zuordnung der Aufgaben zu einem Bucket können Sie auch später im Board per Drag & Drop vornehmen. Gehen Sie dafür folgendermaßen vor:

Aufgaben, die Sie Personen zuweisen, werden in ihrer To Do-App angezeigt.

1. Klicken Sie im Bucket *Aufgabe* auf die Schaltfläche *Aufgabe hinzufügen*.
2. Klicken Sie in das Feld *Aufgabennamen hinzufügen (erforderlich)* und schreiben für unser Beispiel *Musik*, bestätigen Sie mit der [↵]-Taste. Die Aufgabe wird nun in einer kleinen Karte im Bucket *Aufgabe* angezeigt.
3. Geben Sie nacheinander folgende Aufgaben ein, ohne sie im Detail zu bearbeiten:
   - »Wettbewerbe«
   - »Präsentationen«
   - »Bestuhlung«
   - »Bühnen- und Soundkonzept«
   - »Budget festlegen«
   - »GEMA-Genehmigungen einholen«
   - »Erste-Hilfe-Stationen«
   - »Reden«
   - »Dekorationskonzept«
   - »Einladungen«
   - »Termin«
   - »Catering«
4. Um die Details einer Aufgabe zu bearbeiten, klicken Sie eine Aufgabenkarte an. Es öffnet sich das Aufgabenformular.
5. Schließen Sie das Formular über die Schaltfläche *X* oben rechts im Formular.

10.2.6 Eine Aufgabe im Formular zuweisen und eine Zuweisung entfernen

Eine Aufgabe können Sie einer oder mehreren Personen zuweisen. Achten Sie jedoch darauf, dass bei der Zuweisung an mehrere Personen die Aufgabe nicht mehrfach erledigt wird. Sobald jemand die Aufgabe als erledigt markiert, wird sie auch den anderen als erledigt angezeigt. Verwenden Sie in dem Fall besser die Checkliste und teilen Sie die Aufgaben nach Namen auf. Ich gehe später näher darauf ein.

Weisen Sie Personen erst zu, wenn Sie die Details festgelegt haben.

1. Öffnen Sie das Aufgabenformular und klicken Sie auf eine beliebige Aufgabenkarte im Bucket *Aufgabe*.

2. Klicken Sie oben im Formular auf die Schaltfläche *Zuweisen*. Ihnen werden hier immer alle Besitzer und Mitglieder der Microsoft 365-Gruppe zum Auswählen vorgeschlagen (siehe Abbildung 10.6). Sie können bei einer Mehrfachzuweisung auf die gewünschten Personen nacheinander klicken, um sie zuzuweisen.

Abb. 10.6 Die Schaltfläche *Zuweisen* und die Auswahl von Mitgliedern

Da Sie gegebenenfalls noch niemanden in dieser Gruppe berechtigt haben, werden nur Sie vorgeschlagen. Beachten Sie für später, dass bei der Auswahl einer Kollegin oder eines Kollegen beim Anklicken des Namens sofort eine Banner-Benachrichtigung in Teams und eine E-Mail-Nachricht an die Person rausgeschickt werden. Daher ist es besser, Sie bearbeiten die Aufgabe zuerst und weisen die Person am Ende zu, damit sie nicht zur Aufgabe navigiert und diese von Ihnen noch gar nicht fertiggestellt ist. Die Benachrichtigungseinstellungen für Planner finden Sie im Planner-Hub im Web oben über das Zahnrad-Symbol in der Titelleiste.

Wenn Sie Personen zuweisen, die nicht zu Ihren Mitgliedern oder Besitzern der Microsoft 365-Gruppe gehören, vergeben Sie diesen Personen Zugriffsrechte als Mitglieder auf Planner und auf alle anderen zur Microsoft 365-Gruppe gehörenden Apps, Dateien und den in Teams verwendeten Kanälen. Wenn unternehmensexterne Personen als Gäste im Firmenverzeichnis hinterlegt wurden oder Ihre Sicherheitseinstellungen es zulassen, können Sie auch Externen eine Aufgabe zuweisen und sie damit auf Ihre gesamte Microsoft 365-Gruppe berechtigen.

3. Das Aufgabenformular schließen Sie ohne Speichern über die Schaltfläche *Schließen* oben rechts im Fenster. Die Auswahl wird direkt übernommen, also automatisch gespeichert.
4. Zum Ändern der zugewiesenen Person öffnen Sie erneut das Aufgabenformular und klicken auf den Namen. Sie können dort die zugewiesene Person über das *X* entfernen und eine andere Person zuweisen. Alternativ können Sie auch in der Aufgabenkarte auf die zugewiesene Person, die dort mit ihrem Profilbild oder den Initialen angezeigt wird, klicken und sie über das *X* entfernen.

10.2.7 Aufgabendetails bearbeiten

Sie können jederzeit die Aufgabendetails über das Aufgabenformular bearbeiten und einer Aufgabe weitere Details hinzufügen. Die meisten Details werden auf der Aufgabenkarte automatisch angezeigt, da jedoch nicht alle angezeigt werden können, wird Ihnen bei einigen Details das Kontrollkästchen angeboten, das bestimmt, ob das Detail auf der Karte angezeigt werden soll oder nicht.

1. Öffnen Sie hierfür das Aufgabenformular, indem Sie auf die gewünschte Aufgabenkarte klicken.
2. Klicken Sie jeweils in das Feld bei *Start-* und *Fälligkeitsdatum* und legen Sie damit über den Kalender das jeweilige Datum für die ausgewählte Aufgabe fest. Ist das Fälligkeitsdatum überschritten, wird es auf der Karte rot angezeigt.
3. Falls es sich um eine Aufgabe handelt, die sich regelmäßig wiederholt, können Sie eine Serienaufgabe im Bereich *Wiederholen* festlegen.
4. Fügen Sie Notizen zur Aufgabe im Feld *Notizen* hinzu. Sie können die Notizen auf der Karte anzeigen lassen, indem Sie dazu das Kontrollkästchen *Auf Karte anzeigen* aktivieren, nachdem Sie im Eingabefeld Ihren Text eingegeben haben.
5. Möchten Sie einer Aufgabe eine Datei hinzufügen, klicken Sie auf die Schaltfläche *Anlagen hinzufügen* im Bereich *Anlagen.*
6. Möchten Sie eine Aufgabe kommentieren, klicken Sie ganz unten in das Eingabefeld *Kommentare* und geben dort Ihren Text ein. Andere Personen werden erst über die Kommentare informiert, wenn sie selbst einen Kommentar zur Aufgabe hinzugefügt haben.
7. Schließen Sie das Aufgabenformular über die Schaltfläche *Schließen* oder klicken Sie außerhalb des Formulars.

10.2.8 Teilaufgaben und Checkliste

Sprechen Sie mit Ihrem Team, damit jeder weiß, wie Aufgaben erledigt werden.

Sie können jeder Aufgabe weitere Teilaufgaben zuweisen, um damit eine sehr umfangreiche Aufgabe besser zu strukturieren. Wenn Sie mehrere Personen einer Aufgabe zugewiesen haben, können Sie die Checkliste auch dafür nutzen, die einzelnen Teilaufgaben zu erfassen und die Personen für die Teilaufgaben zu benennen. Das hilft Ihnen und Ihren Kolleginnen und Kollegen dabei, die Aufgabe zu erledigen. Besprechen Sie das mit Ihrem Team, damit nicht die Hauptaufgabe von einer zugewiesenen Person als erledigt gekennzeichnet wird, obwohl noch Teilaufgaben vorhanden sind. Diese müssen von den zugewiesenen Kolleginnen und Kollegen als erledigt gekennzeichnet werden.

1. Öffnen Sie eine vorhandene Aufgabe.
2. Für die Darstellung von Teil- und Prüfaufgaben klicken Sie im Bereich *Checkliste* hinter die erste Checkbox (siehe Abbildung 10.7) und geben Sie die Teil- oder Prüfaufgaben für diese Aufgabe hintereinander ein. Bestätigen Sie jede Eingabe mit der [↵]-Taste.

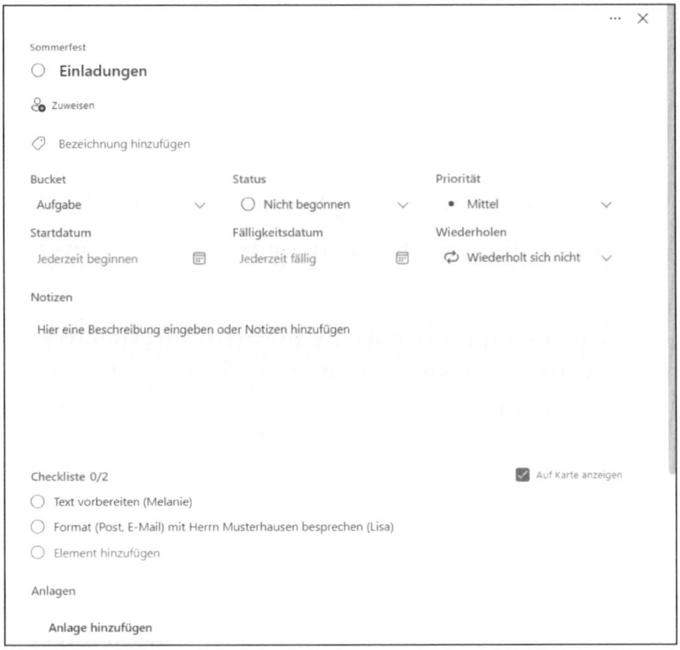

Abb. 10.7 Teil- und Prüfaufgaben können einer Aufgabe hinzugefügt werden: oben die Hauptaufgabe *Einladungen*, darunter die Teilaufgaben.

3. Sie können jederzeit erneut in die Teil- und Prüfaufgabe klicken, um die Eingaben zu ändern.
4. Möchten Sie die Teilaufgaben auf der Aufgabenkarte auf dem Board anzeigen lassen, aktivieren Sie das Kontrollkästchen *Auf Karte anzeigen* (siehe ebenfalls Abbildung 10.7).
5. Prüfen Sie Ihre Eingaben und schließen Sie das Aufgabenformular über die Schaltfläche *Schließen*.
6. Die Teil- und Prüfaufgaben können direkt in der Aufgabenkarte über die Check-Box als erledigt gekennzeichnet werden (siehe Abbildung 10.8).

Abb. 10.8 Darstellung der Teil- und Prüfaufgaben auf der Aufgabenkarte

10.2.9 Eine Teil- oder Prüfaufgabe zu einer Aufgabe höherstufen

Wenn die Teilaufgabe zu umfangreich ist, stufen Sie sie höher.

Falls Sie einmal feststellen, dass eine Teilaufgabe so umfangreich ist, dass sie als eine eigene Aufgabe erfasst werden müsste, können Sie sie zu einer eigenen Aufgabe ändern.

1. Öffnen Sie dafür das Aufgabenformular, in dem sich die Teil- oder Prüfaufgabe befindet, die Sie zur Aufgabe hochstufen möchten.

2. Zeigen Sie auf die Teil- oder Prüfaufgabe.
3. Klicken Sie auf die Schaltfläche *Element höher stufen*, dargestellt mit einem Pfeil nach oben (siehe Abbildung 10.9).

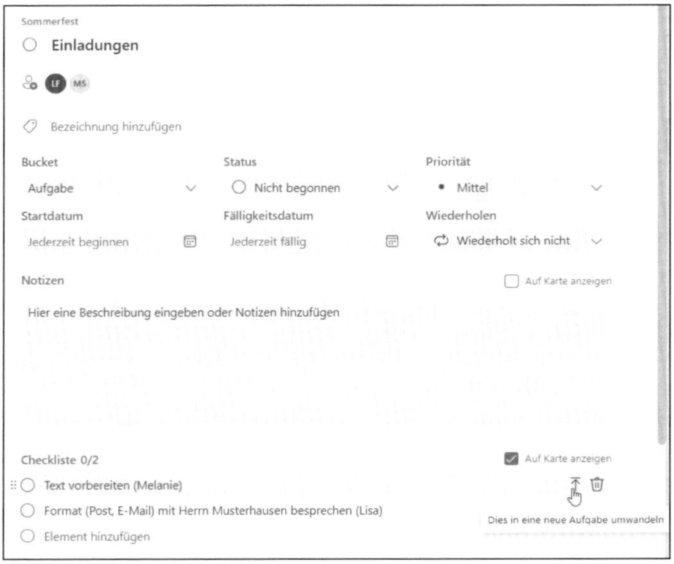

Abb. 10.9
Über die Schaltfläche *Element höher stufen* wird eine Teilaufgabe zu einer eigenen Aufgabe.

4. Schließen Sie die aktuelle Aufgabe über die Schaltfläche *Schließen*.
5. Auf dem Board wird nun eine neue Aufgabenkarte angezeigt.

10.2.10 Dateien oder Links einer Aufgabe hinzufügen

Besitzen Sie Dateien oder stehen in Ihrem Microsoft 365-Portal Informationen zur Verfügung, die zur Erledigung der Aufgabe beitragen könnten, besteht die Möglichkeit, Links zu diesen Dateien oder Websites zur Aufgabe hinzuzufügen:

Laden Sie die Dateien vorher in Ihren Teams-Kanal.

1. Öffnen Sie eine Aufgabe.
2. Klicken Sie auf die Schaltfläche *Anlage hinzufügen*.
3. Wählen Sie den Speicherort aus, wo sich die Datei befindet, die Sie zur Aufgabe hinzufügen möchten. Sie können hier auch einen Link zu einer Website oder zu anderen Inhalten innerhalb Ihres Microsoft 365-Portals hinzufügen.
4. Schließen Sie die Aufgabe über die Schaltfläche *Schließen*.

Wenn Sie Dateien zu einer Aufgabe vom Computer hochladen, werden diese in der zur Gruppe gehörenden SharePoint-Teamwebsite in der Dokumentenbibliothek *Dokumente* und nicht in einem Kanalordner abgelegt. Legen Sie die Datei besser vorher in einem Teams-Kanal ab, damit Sie sie auch über Teams im Kanalordner schnell wiederfinden.

10.2.11 Bezeichnungen für eine bessere Übersicht

Organisieren und kategorisieren Sie Ihre Aufgaben für den besseren Überblick.

Einer Aufgabe können ein oder mehrere farbige Etiketten als Bezeichnungen hinzugefügt werden. Die Bezeichnungen können Sie individuell, zum Beispiel nach Themen oder Prioritäten, festlegen. Die in einer Aufgabe festgelegten Bezeichnungen stehen sofort für den gesamten Plan zur Verfügung. Beachten Sie jedoch, dass sie in jedem einzelnen Plan im Planner-Hub unterschiedliche Bedeutungen haben können. So kann es sein, dass Sie in einem Plan das rote Etikett als hohe Priorität festgelegt haben, während es in einem anderen Plan etwas ganz anderes bedeutet. Besprechen Sie deshalb die Farbauswahl und die Bedeutungen der Etiketten mit Ihrem Team.

1. Um die Bezeichnungen festzulegen, öffnen Sie eine beliebige Aufgabe.
2. Klicken Sie im Aufgabenformular oben links in das Eingabefeld *Bezeichnung hinzufügen* (siehe Abbildung 10.10).
3. Klicken Sie auf das Stift-Symbol und überschreiben Sie die Aufgabe mit der gewünschten Bezeichnung.

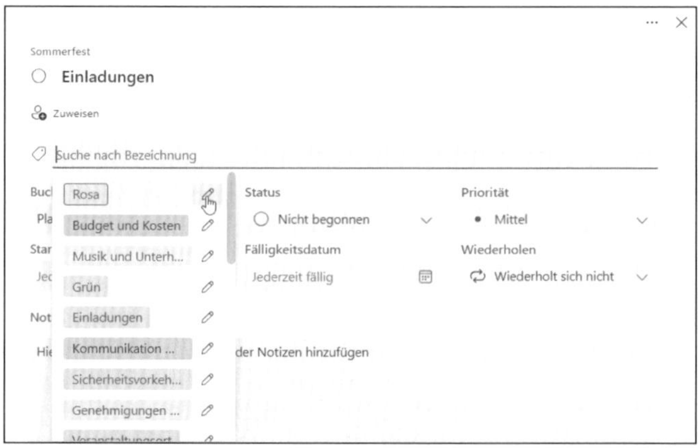

Abb. 10.10 Die Bezeichnungen können überschrieben werden. Durch einen Klick auf das Farb-Symbol wird die Bezeichnung einer Aufgabe hinzugefügt.

4. Bestätigen Sie die Eingabe mit der [↵]-Taste. Die Bezeichnung steht nun für den gesamten Plan zur Verfügung.
5. Wiederholen Sie die Schritte 3 bis 4 für die Bezeichnungen, die Sie für diesen Plan verwenden möchten.
6. Zum Auswählen einer Bezeichnung klicken Sie darauf und sie wird auf der Aufgabenkarte übernommen.
7. Sie können nun Ihren Aufgaben Bezeichnungen zuweisen. Öffnen Sie dafür die jeweilige Aufgabe und klicken Sie oben im Eingabefeld *Suche nach Bezeichnung* und wählen Sie diejenigen aus, die Sie für die Aufgabe verwenden möchten.

10.2.12 Gruppierte Ansichten für die schnelle Zuweisung von Aufgabendetails

Wenn Sie die Aufgaben zum Board hinzugefügt haben, können Sie diese per Drag & Drop in den gewünschten Bucket verschieben. Sie müssen dafür nicht immer erst das Aufgabenformular öffnen. Wenn Sie einen Bucket so verschieben, wird er der Aufgabe zugewiesen. Sie finden rechts oberhalb der Buckets die Schaltflächen *Filter* und *Gruppieren nach Bucket*. Über die Schaltfläche *Gruppieren nach Bucket* können Sie anstatt der von Ihnen festgelegten Buckets die Aufgaben gruppiert nach *Zugewiesen zu*, *Status*, *Fälligkeitsdatum*, *Bezeichnungen* oder *Priorität* anzeigen lassen. Wenn Sie die Aufgaben nach einem dieser Details gruppieren, können Sie ihnen schnell per Drag & Drop ein Detail zuweisen, das dann in der jeweiligen Aufgabenkarte übernommen wird.

Weisen Sie Details per Drag & Drop zu.

1. Klicken Sie oben rechts oberhalb der Buckets auf die Schaltfläche *Gruppieren nach Bucket* (siehe Abbildung 10.11).
2. Wählen Sie die Ansicht *Status* aus. Ihnen werden nun anstelle der von Ihnen erstellten Buckets die Überschriften *Nicht begonnen*, *In Bearbeitung* und *Abgeschlossen* angezeigt.

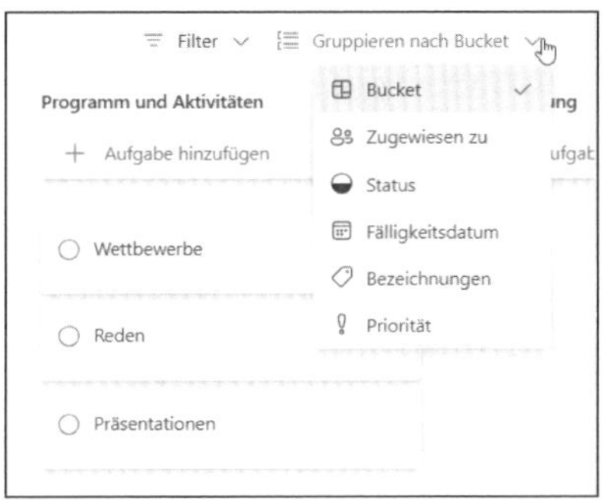

Abb. 10.11 Die Schaltfläche *Gruppieren nach Bucket* wird standardmäßig angezeigt.

3. Ziehen Sie einige Ihrer Aufgaben in den Bereich *In Bearbeitung*. Die Aufgaben erhalten den Status im Aufgabenformular und der Status *In Bearbeitung* wird auf der Aufgabenkarte als kleines Symbol (siehe Abbildung 10.12) angezeigt.
4. Lassen Sie sich die anderen gruppierten Ansichten anzeigen und ziehen Sie die Aufgaben in die jeweiligen Bereiche, um die Details schnell zu vergeben.
5. Verwenden Sie auch die Filter-Schaltfläche, um Aufgaben nach bestimmten Kriterien im Board anzeigen zu lassen.

Abb. 10.12
Der Status *In Bearbeitung* als Symbol auf der Aufgabenkarte

10.2.13 Aufgaben in einen anderen Plan verschieben oder kopieren

Sie können auch ganze Pläne kopieren.

Falls Sie während der Arbeit an einem Plan feststellen, dass Aufgaben einem falschen Bucket oder Plan zugeordnet wurden, können Sie die Aufgaben jederzeit per Drag & Drop einem anderen Bucket zuweisen oder über das Aufgabenformular einen anderen Plan oder Bucket auswählen.

1. Klicken Sie auf die Aufgabe, die Sie verschieben oder kopieren möchten.
2. Im oberen rechten Bereich des Aufgabenformulars, neben der Schaltfläche *Schließen*, finden Sie das Menü *Weitere Optionen*, dargestellt mit den drei Punkten. Klicken Sie darauf.
3. Wählen Sie den Befehl *Aufgabe kopieren* oder *Aufgabe verschieben*. Es folgt ein weiterer Dialog.
4. Wählen Sie über den Drop-down-Pfeil im Bereich *Planname* den Plan aus, in den Sie die Aufgabe kopieren oder verschieben möchten.
5. Wählen Sie im Bereich *Bucket-Name* über den Drop-down-Pfeil den Bucket aus, in dem die Aufgabe angezeigt werden soll.
6. Bestätigen Sie Ihre Auswahl mit einem Klick auf die Schaltfläche *Kopieren* oder *Verschieben*.

10.2.14 Weitere Anzeigen im Raster, Zeitplan und in Diagrammen

Nutzen Sie die Rasteransicht, um in der Liste zu arbeiten.

Sie können die Aufgaben des Plans zusätzlich zur Board-Ansicht in weiteren Ansichten nutzen. So können Sie sie im Raster in einer Liste, über den Zeitplan in einem Wochen- oder Monatskalender oder in Diagrammen anzeigen lassen (siehe Abbildung 10.13). Öffnen Sie dafür oben im Fenster über die Register die jeweilige Ansicht.

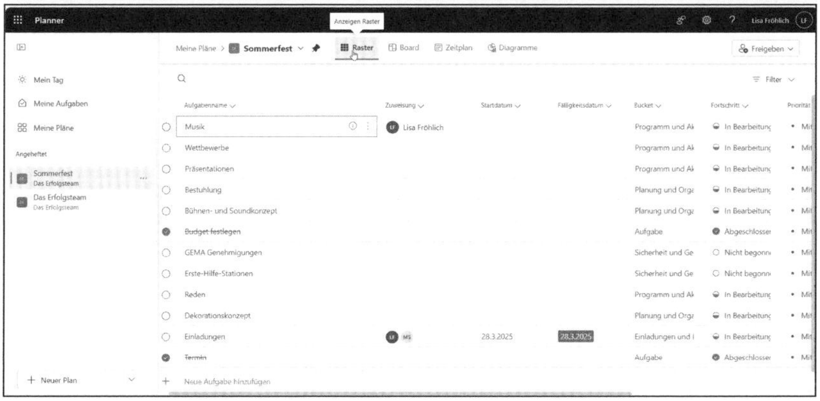

Abb. 10.13
Die Register *Raster*, *Board*, *Zeitplan* und *Diagramme*. Neben dem Plannamen befindet sich ein Dropdown-Pfeil, um in die Plandetails zu navigieren oder Befehle auszuführen.

10.2.14.1 Raster

In der Raster-Ansicht (siehe ebenfalls Abbildung 10.13) werden Ihre Aufgaben in einer Liste dargestellt. Ganz unten in der Liste lassen sich über die Schaltfläche + *Neue Aufgabe hinzufügen* weitere Aufgaben in Ihrem Plan erstellen. Zeigen Sie in der Liste auf einen Aufgabennamen und klicken Sie auf das kleine Infosymbol, das Ihnen dann angezeigt wird, um das Aufgabenformular zu öffnen. Scrollen Sie in der Liste nach rechts zur Spalte *Überblick*. Hier werden Ihnen die Teilaufgaben aus der Checkliste angezeigt. Klicken Sie auf die Teilaufgaben, um das Aufgabenformular zu öffnen. Verwenden Sie oben die Schaltfläche *Filter*, um Aufgaben nach bestimmten Kriterien zu filtern.

10.2.14.2 Board

Über die Ansicht *Board* gelangen Sie wieder zurück zum Board, wo Sie Ihre Aufgaben in Buckets organisieren.

10.2.14.3 Zeitplan

Mit der Ansicht *Zeitplan* werden zwei Kalenderansichten bereitgestellt, in denen die Aufgaben in einer Monats- oder Wochenansicht dargestellt werden. Die Schaltfläche *Zukünftige Serienaufgaben ausblenden* verwenden Sie, wenn Sie Ihrem Plan viele Serienaufgaben hinzugefügt haben und dies die Ansicht des Zeitplans überfüllt. Auf der rechten Seite können Sie neue Aufgaben erfassen oder vorhandene bearbeiten. Oberhalb der Aufgaben auf der rechten Seite finden Sie die Schaltflächen *Gruppierte Ansichten* und *Filter*.

10.2.14.4 Diagramm

In der Ansicht *Diagramm* können Sie den Fortschritt des jeweiligen Plans einsehen. Die Aufgaben werden nach Status, Priorität, Bucket und Mitglieder kategorisiert und in Diagrammen visualisiert. Auf der Seite der Diagramme stehen Ihnen rechts im Fenster die Aufgaben zur Bearbeitung oder der Neuerfassung zur Verfügung. Die Diagramme lassen sich nicht anpassen.

10.2.14.5 Das Menü *Mehr*

Neben dem Plannamen finden Sie das Menü *Mehr*, dargestellt mit dem Dropdown-Pfeil (siehe Abbildung 10.13 oben). Darüber können Sie die Plandetails öffnen, um den Plannamen zu ändern oder einen Hintergrund für den Plan festzulegen. Sie können über das Menü *Mehr* einen Link zum Plan kopieren, den Plan zu Excel exportieren, ihn für ein weiteres Vorhaben oder Projekt kopieren oder ihn verlassen. Beachten Sie, dass Sie beim Verlassen des Plans seine gesamte Gruppe verlassen und bei einer privaten Gruppe neu von der Besitzerin oder dem Besitzer hinzugefügt werden müssen. Verlassen Sie also den Plan nicht.

10.3 Planner in Microsoft Teams hinzufügen

Wenn Sie viel in Teams arbeiten, kann es umständlich sein, zusätzlich den Webbrowser zu öffnen, um darin mit Planner zu arbeiten. Praktischer ist es, Planner als Registerkarte oder als App in Teams hinzuzufügen.

10.3.1 Planner als Registerkarte einem Kanal hinzufügen

Sie können den Plan in verschiedenen Kanälen Ihres Teams einfügen.

Sie können einen Plan direkt in einem Teams-Kanal neu oder einen vorhandenen Plan als Registerkarte hinzufügen. Sie können dann mit dem Plan innerhalb des Teams-Kanals genauso arbeiten, wie Sie es hier bereits in der Weboberfläche kennengelernt haben. Möchten Sie einen Plan einem Teams-Kanal hinzufügen, gehen Sie wie folgt vor:

1. Öffnen Sie Microsoft Teams. Öffnen Sie den Kanal *Allgemein* in unserem Team *Das Erfolgsteam*.
2. Klicken Sie oben am Ende der Registerkarten auf die Schaltfläche *Registerkarte hinzufügen* (siehe Abbildung 10.14), dargestellt mit dem Pluszeichen.

Abb. 10.14 Die Schaltfläche *Registerkarte hinzufügen* in einem Teams-Kanal

3. Falls Ihnen Planner als Schaltfläche nicht angezeigt wird, geben Sie oben in der Suchleiste *Planner* ein. Klicken Sie auf die Schaltfläche *Planner*.
4. Bestätigen Sie das Hinzufügen von Planner und klicken Sie auf die Schaltfläche *Speichern*. Im nächsten Schritt können Sie einen neuen Plan erstellen oder einen vorhandenen hinzufügen.
5. Klicken Sie für unser Beispiel auf die Schaltfläche *Vorhandenen Plan hinzufügen*.
6. Wählen Sie im Drop-down-Menü bei *Vorhandene Pläne* den Plan *Sommerfest* aus. Diesen haben wir in diesem Kapitel in Abschnitt 10.2.3 angelegt.
7. Bestätigen Sie das Hinzufügen mit einem Klick auf die Schaltfläche *Zu Kanal hinzufügen*. Ihnen wird der Plan nun im Kanal als Registerkarte angezeigt und Sie können ihn mit Ihrem Team verwenden (siehe Abbildung 10.15).

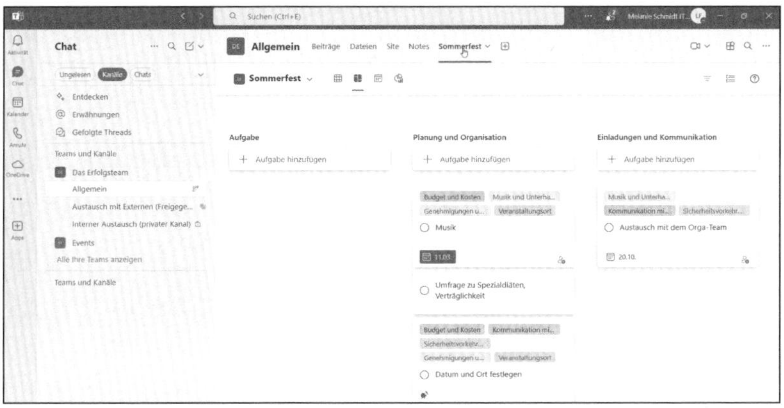

Abb. 10.15 Der Plan wurde der Registerkarte hinzugefügt und kann nun im Kanal verwendet werden.

10.3.2 Den Planner-Hub in Teams für den Schnellzugriff festlegen

Sie können auch den Planner-Hub als Schaltfläche in der Navigation in Teams hinzufügen. Damit können Sie schnell auf alle Ihnen freigegebene Pläne und Ihre persönlichen Aufgaben zugreifen und Sie müssen nicht zum Planner-Hub im Web wechseln.

1. Öffnen Sie Teams.
2. Klicken Sie in der Navigation von Teams auf die Schaltfläche *Weitere Apps anzeigen*, dargestellt mit den drei Punkten.
3. Falls Ihnen an dieser Stelle die Schaltfläche *Planner* nicht angezeigt wird, klicken Sie oben in die Suchleiste und suchen Sie danach.
4. Klicken Sie in der Navigation mit der rechten Maustaste auf die eben hinzugefügte Schaltfläche *Planner* und wählen Sie den Befehl *Pin*, um den Planner-Hub in der Navigation festzupinnen. Zukünftig können Sie nun direkt in Teams auf den Planner-Hub zugreifen.

Um die Benachrichtigungseinstellungen in Planner festzulegen, müssen Sie den Planner-Hub im Web verwenden. Dort können Sie über das Zahnrad-Symbol die Einstellungen festlegen oder ändern.

10.4 Microsoft Planner mobil

Sprechen Sie mit Ihrer IT-Abteilung, falls Sie Planner nicht installieren können.

Die Microsoft Planner-Mobile-App können Sie im jeweiligen Store herunterladen (siehe Abbildung 10.16). Mit der mobilen App stehen Ihnen nicht alle Funktionen wie im Planner-Hub zur Verfügung. Wenn Sie die Planner-App das erste Mal öffnen, müssen Sie die Benutzerdaten Ihres Microsoft 365-Kontos eingeben.

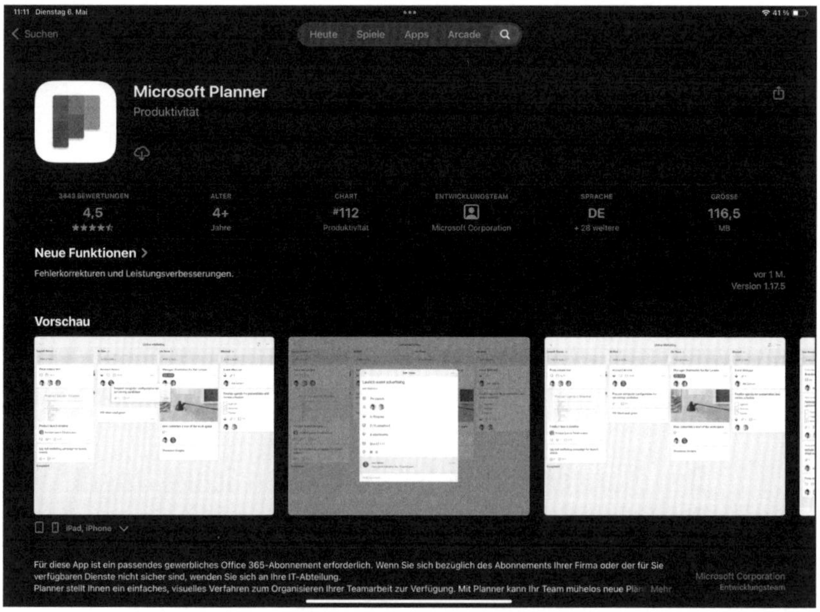

Abb. 10.16 Die iPad-Planner-Mobile-App im App Store

Wie in der Webversion von Planner werden Sie nach dem Öffnen direkt in den Planner-Hub weitergeleitet (siehe Abbildung 10.17).

Um Pläne als Favoriten zu markieren, tippen Sie auf das *Weitere Menü*, dargestellt mit den drei Punkten, hinter einem Plan. Durch das Tippen auf das Pluszeichen oben im Display können Sie einen neuen Plan erstellen.

Im Planner-Hub steht im oberen Bereich des Displays (siehe ebenfalls Abbildung 10.17) die Ansicht *Mir zugewiesen* zur Verfügung, damit Sie alle Ihnen zugewiesenen Aufgaben aus Planner und To Do-Listen sehen.

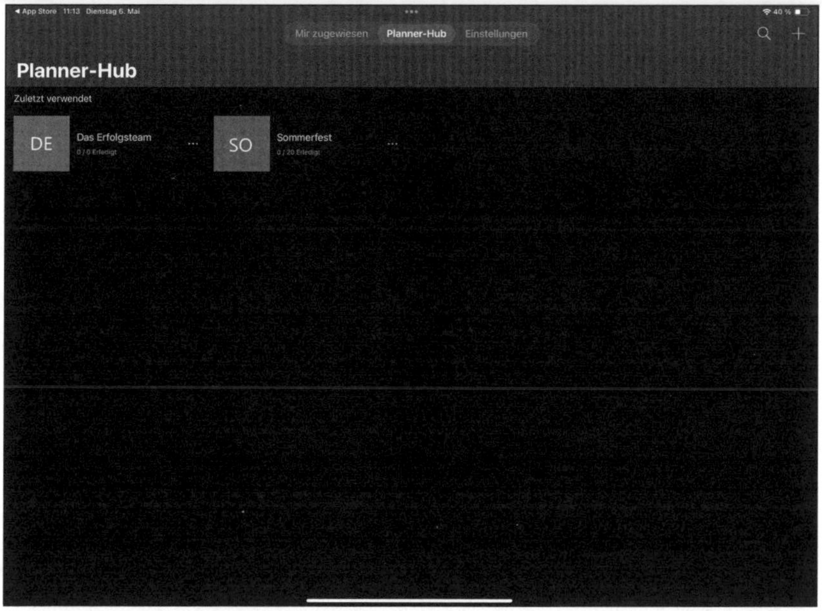

Abb. 10.17 Der mobile Planner-Hub, aufgeteilt in *Favoriten* und zuletzt verwendete Pläne. Unten können alle Pläne angezeigt werden.

Sobald Sie einen vorhandenen Plan öffnen, werden Sie auf das Board weitergeleitet (siehe Abbildung 10.18). Hier werden die Aufgaben nach Buckets dargestellt. Wischen Sie nach links, um alle Buckets zu sehen. Fügen Sie neue Aufgaben hinzu oder tippen Sie eine vorhandene Aufgabe an und nehmen Änderungen im Aufgabenformular vor.

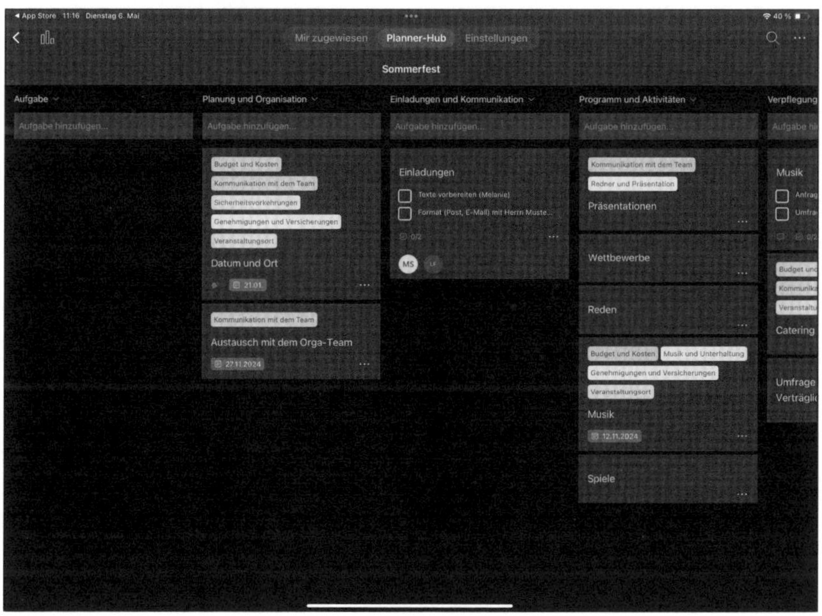

Abb. 10.18 Hier sehen Sie das Board auf dem iPad.

Im oberen linken Bereich des Displays steht Ihnen die Schaltfläche *Diagramme* zur Verfügung. Tippen Sie darauf, um die bekannten Diagramme in Planner anzeigen zu lassen (siehe Abbildung 10.19). Scrollen Sie im Display nach unten, um alle Diagramme zu sehen.

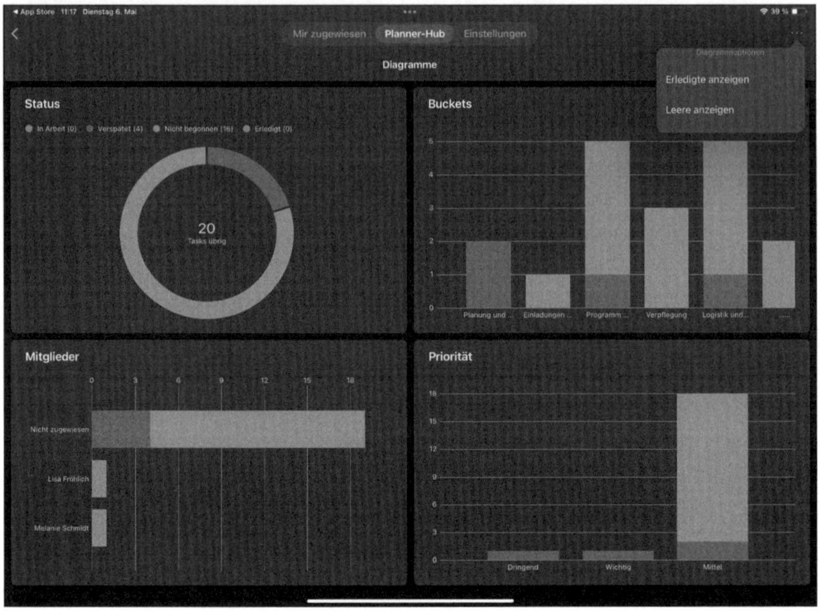

Abb. 10.19 Die Darstellung der Diagramme in der mobilen Planner-App

Falls Ihnen die Funktionen in der mobilen Planner-App nicht zusagen, können Sie sich oben über die Schaltfläche *Einstellungen* von der App abmelden. Sie müssen die App deinstallieren, damit Sie den Webbrowser (siehe Abbildung 10.20) Ihres mobilen Geräts verwenden können, um den Planner-Hub im Web zu öffnen.

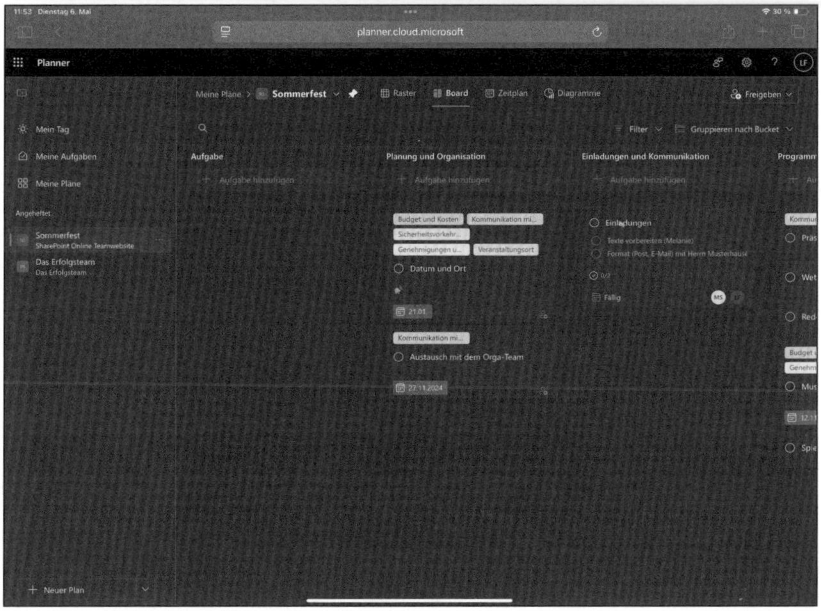

Abb. 10.20
Der Planner-Hub geöffnet im Safari-Browser auf dem iPad. Die mobile App ist nicht auf dem Gerät installiert.

10.5 Zusammenfassung

Planner bietet der Projekt- und Geschäftsleitung sowie allen Teammitgliedern einen guten Überblick über alle bestehenden Pläne für Vorhaben und kleinere Projekte innerhalb eines Unternehmens. Aufgaben lassen sich leicht erstellen. Anhand der Aufgabendetails und Bezeichnungen können Sie schnell den Status und Fortschritt jeder Aufgabe nachvollziehen. Mit den einfachen, jedoch übersichtlichen Diagrammen lassen sich freie, aber auch überlastete Ressourcen schnell identifizieren. Die mobile Planner-App bietet einige Funktionen, die auch am PC ausgeführt werden können.

Kapitel 11

Ein Kurzüberblick über weitere Apps: Forms und Loop

11.1 Unterschied zwischen Microsoft Forms und Microsoft Lists mit Forms

Innerhalb Ihres Microsoft 365-Portals und Ihrer Microsoft-Anwendungen sind Sie vielleicht schon einmal auf Microsoft Forms gestoßen. Mit Microsoft Forms können Sie unternehmensinterne und -externe Umfragen erstellen und innerhalb der Umfrage mit Bedingungen, sogenannten Verzweigungen, ihr Verhalten steuern. Umfragen mit Microsoft Forms können Sie auswerten. Zusätzlich können Sie mit Forms ein Quiz erstellen, mit dem Sie beispielsweise Ihren Mitarbeitern die Möglichkeit geben, ihren Wissensstand zu einem Themengebiet oder Produkt zu ermitteln. Umfragen und Quiz können mit Excel ausgewertet und analysiert werden, was jedoch die Rücksprache mit Ihren verantwortlichen Betriebs- oder Personalräten sowie den Datenschutzbeauftragten in Ihrem Unternehmen voraussetzt. Sofern Sie Microsoft Forms verwenden dürfen, können Sie in den verschiedenen Anwendungen wie OneDrive for Business, OneNote, PowerPoint, Teams und SharePoint Online Quiz und Umfragen erstellen. Sie können auch direkt über die Forms-Plattform ein Quiz oder eine Umfrage erstellen und diese von dort aus mit internen Kolleginnen und Kollegen oder mit unternehmensexternen Personen teilen. Sie können den jeweiligen Link zur Umfrage oder zum Quiz abrufen und in anderen Anwendungen bereitstellen. Mitarbeiter können am Computer oder auf dem mobilen Gerät an der Umfrage teilnehmen.

Umfragen werden mit Forms erstellt und können für interne und externe Personen freigegeben werden.

Microsoft Lists mit Forms bietet Ihnen die Möglichkeit, interne Arbeitsabläufe oder Prozesse in Formularen zu erfassen und in einer zentralen Liste oder Bibliothek innerhalb Ihres Arbeits-, Projekt- oder Organisationsteams zu speichern und in der Liste oder Bibliothek weiterzuverarbeiten. Wenn Sie Microsoft Lists mit Forms verwenden, können Sie für die Eingabe der Daten ein Formular am PC oder den mobilen Geräten verwenden. Wenn Sie Daten zentral in der Liste oder Bibliothek erfassen möchten, die sich jedoch von den Eingabefeldern für Benutzergruppen oder für Themen unterscheiden, wäre ein einzelnes Formular, das alle Benutzerinnen und Benutzer ausfüllen sollen, sehr umfangreich. Wenn

Für strukturierte Datenerfassungen wählen Sie Lists mit Forms.

Sie Lists mit Forms verwenden, können Sie für so einen Anwendungsfall auch mehrere Formulare mit unterschiedlichen Eingabefeldern verwenden und damit die Formulare benutzerfreundlicher gestalten. Dennoch werden alle gesammelten Informationen aus den Formularen in der Liste oder Bibliothek gespeichert. Anders als bei den Umfragen kommt es bei den Eingaben in den Formularen nicht auf Bedingungen an, welches Feld gewählt wurde, um dann eine Verzweigung einzubringen, sondern auf eine strukturierte Datenerfassung für interne Zwecke. Dennoch können Sie auch bei den Formularen die Verzweigungen nutzen, um damit Ihre Prozesse zu optimieren.

11.2 Microsoft Forms für Umfragen und Quiz

In diesem Abschnitt möchte ich näher auf Forms eingehen. Sie erfahren mehr zu den verschiedenen Fragentypen, die Sie in einer Umfrage nutzen, und wie Sie Verzweigungen hinzufügen können. Außerdem lernen Sie, wie Sie die Umfrage für Ihre Kolleginnen und Kollegen oder externe Personen zugänglich machen.

11.2.1 Forms öffnen und die Benutzeroberfläche kennenlernen

Forms steht in einigen Apps des Microsoft 365-Portals zur Verfügung, sodass Sie direkt aus den Apps heraus ein Quiz oder eine Umfrage starten können. Sie können Forms auch direkt über den Webbrowser öffnen.

1. Melden Sie sich in Ihrem Microsoft 365-Portal an. Öffnen Sie einen neuen Tab im Webbrowser und geben Sie die URL *https://forms.office.com* ein.
2. Sie werden direkt zu Forms im Web weitergeleitet (siehe Abbildung 11.1). Eventuell müssen Sie sich mit Ihren Benutzerdaten anmelden.
3. Im oberen Bereich der Seite finden Sie die Schaltflächen *Neues Formular*, *Neues Quiz* und *Schnellimport*.
4. Klicken Sie direkt darunter auf die Schaltfläche *Vorlagenkatalog*, um einen Überblick der Vorlagen zu erhalten. Blättern Sie im Katalog, wählen Sie aber keine Vorlage aus.
5. Klicken Sie oben links im Vorlagenkatalog auf die Schaltfläche *Zurück*, dargestellt mit dem Pfeil nach links, um wieder auf die Forms-Startseite zu gelangen.
6. Unterhalb der angebotenen Vorlagen sehen Sie verschiedene Registerkarten für Ansichten, wie *Zuletzt verwendet* und *Meine Formulare*. Die Ansicht *Meine Formulare* zeigt Ihnen später Ihre Umfragen und Quiz an, die Sie erstellt haben. Mit der Ansicht *Mit mir geteilt* sehen Sie alle Umfragen und Quiz, an denen Sie teilnehmen können.
7. Weiter unten finden Sie die Kategorie *Meine Gruppen*. Dort können Sie auf Ihre Microsoft 365-Gruppen zugreifen und direkt eine Gruppenumfrage erstellen.

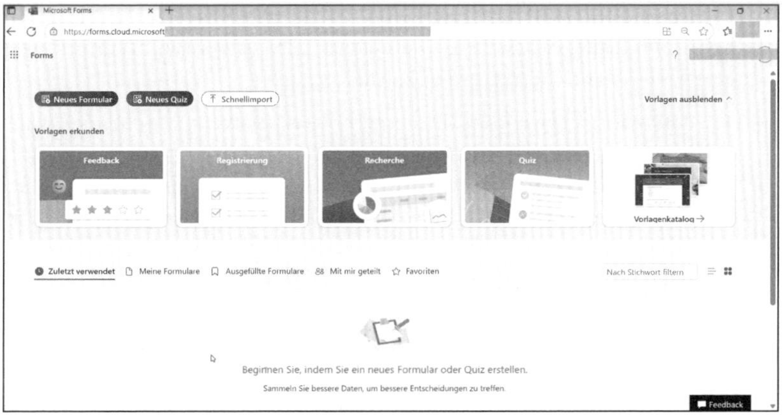

Abb. 11.1
Die Startseite von Forms

11.2.2 Eine Forms-Umfrage erstellen

Nutzen Sie im Zuge Ihrer Umstellung auf Microsoft 365 die Umfragen, um von Ihren Mitarbeitenden ein Feedback zu den eingesetzten Anwendungen einzuholen. So können Sie erfahren, wo und in welchem Umfang Ihre Mitarbeiterinnen und Mitarbeiter zu der einen oder anderen Anwendung zusätzlich geschult oder durch Beratung unterstützt werden sollten.

1. Klicken Sie auf der Forms-Startseite auf die Schaltfläche *Neues Formular*. Sie werden in eine neue Umfrage weitergeleitet. Während Sie die Umfrage erstellen, wird sie automatisch gespeichert.
2. Damit Sie der Umfrage einen Namen und eine Beschreibung hinzufügen können, klicken Sie in den Titel *Unbenanntes Formular*.
3. Benennen Sie das Formular und fügen Sie im Eingabefeld *Formularbeschreibung* eine kurze Einleitung zur Umfrage hinzu (siehe Abbildung 11.2).
4. Auf der rechten Seite hinter dem Titel des Formulars finden Sie eine Schaltfläche, über die Sie Ihr Firmen-Logo oder eine andere Bilddatei einfügen können.
5. Klicken Sie für die erste Frage auf die Schaltfläche *Schnellstart mit*.

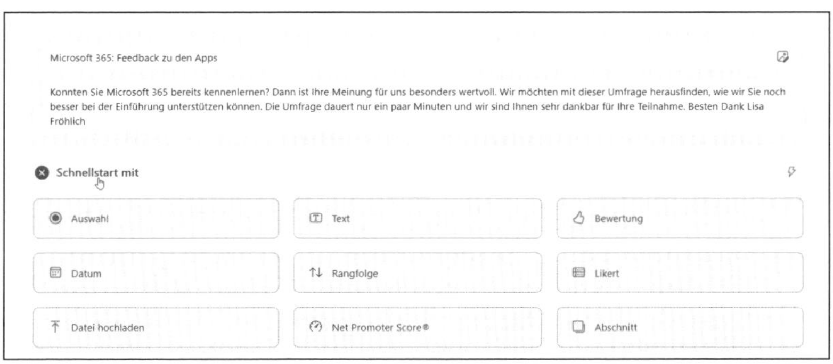

Abb. 11.2
Oben der Titel und die Beschreibung des Formulars und die Schaltfläche *Schnellstart mit*

6. Es folgt die Auswahl des Fragentyps, den Sie pro Frage für die Antwortmöglichkeiten festlegen können. Der ausgewählte Fragentyp bestimmt, wie auf eine Frage geantwortet werden kann:

   - **Auswahl:** Verwenden Sie diesen Fragentyp, wenn Sie eine Auswahl mit verschiedenen Antwortmöglichkeiten bereitstellen möchten (siehe Abbildung 11.3). Sie können hier zwischen einer Einfach- oder Mehrfachauswahl entscheiden. Über die Schaltfläche *Weitere Einstellungen für Frage*, dargestellt mit den drei Punkten, können Sie festlegen, ob die Befragten Optionsfelder oder ein Drop-down-Menü bei der Auswahl erhalten sollen.

Abb. 11.3 Die Mehrfachauswahl kann aktiviert werden.

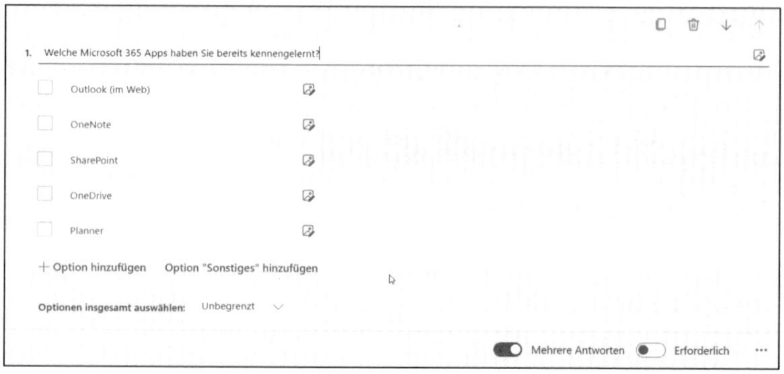

Die Auswahlfrage bei Quizfragen unterscheidet sich hiervon (siehe Abbildung 11.4). Wenn Sie ein Quiz erstellen, können Sie die *Auswahl* verwenden, um Fragen und Antworten festzulegen. Zusätzlich bestimmen Sie, welche der Antworten die richtige ist. Möchten Sie Punkte für richtige Antworten vergeben, können Sie das in den Quizfragen, nicht in den Umfragen vornehmen.

Abb. 11.4 Die Auswahlfrage bei einem Quiz. Hierzu wurde zu Beginn das Formular *Quiz* ausgewählt.

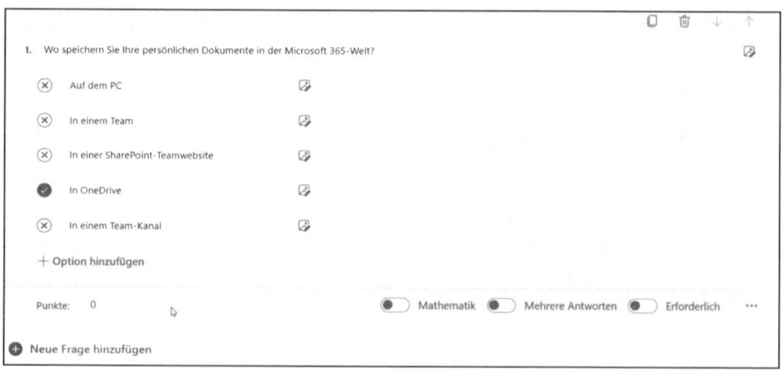

   - **Text:** Über diesen Fragentyp können offene Fragen gestellt werden, bei denen die Antworten von den Befragten frei formuliert werden müssen. Zusätzlich können Sie über den Fragentyp *Text* die Antwort einschränken. Klicken Sie dafür auf das weitere Menü, dargestellt mit den drei

Punkten, und wählen Sie den Befehl *Einschränkungen* (siehe Abbildung 11.5). Auch Zahlengrenzwerte können Sie mithilfe der Einschränkungen festlegen.

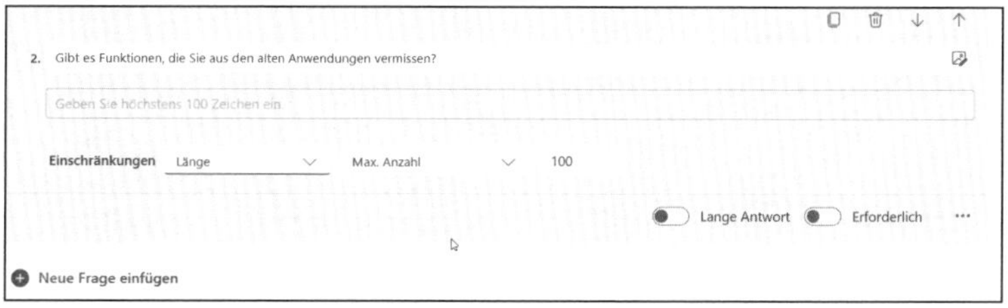

Abb. 11.5
Über das Menü, dargestellt mit den drei Punkten, können Sie *Einschränkungen* festlegen.

- **Bewertung:** Wählen Sie diesen Fragentyp aus, wenn Sie Inhalte Ihrer Frage mit Sternen oder Zahlen (Nummern) in Stufen bewerten lassen möchten (siehe Abbildung 11.6).

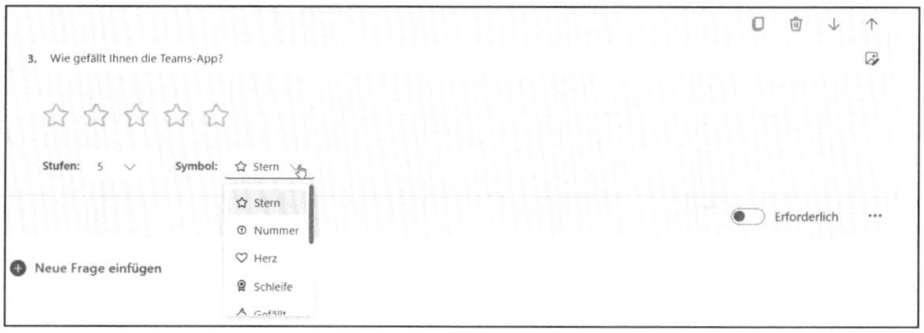

Abb. 11.6
Die Bewertungen können mit Sternen oder Zahlen erfolgen.

- **Datum:** Mit diesem Fragentyp bieten Sie den Teilnehmern die Möglichkeit, ein Datum aus einem Kalenderformular oder manuell anzugeben (siehe Abbildung 11.7).

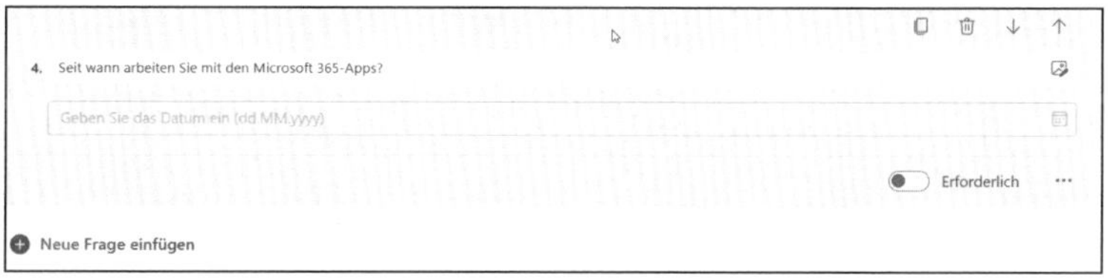

Abb. 11.7
Die Befragten können ein Datum auswählen.

- **Rangfolge:** Diesen Fragentyp wählen Sie aus, wenn Ihre Antwortmöglichkeiten verglichen und in der bevorzugten Reihenfolge durch den Befragten angeordnet werden sollen (siehe Abbildung 11.8). Über die Schaltfläche *Vorschau* oben im Fenster können Sie diese Einstellung testen.

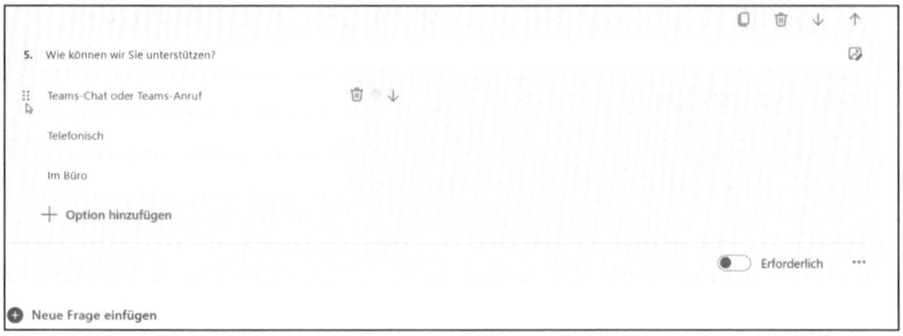

Abb. 11.8
Die Befragten können die Antworten in der Reihenfolge verschieben. Hier wird die Frage in der Vorschau angezeigt.

- **Likert:** Diesen Skalentyp verwenden Sie, um Meinungen und Stimmungen Ihrer Befragten in Form einer Skala abzufragen (siehe Abbildung 11.9).

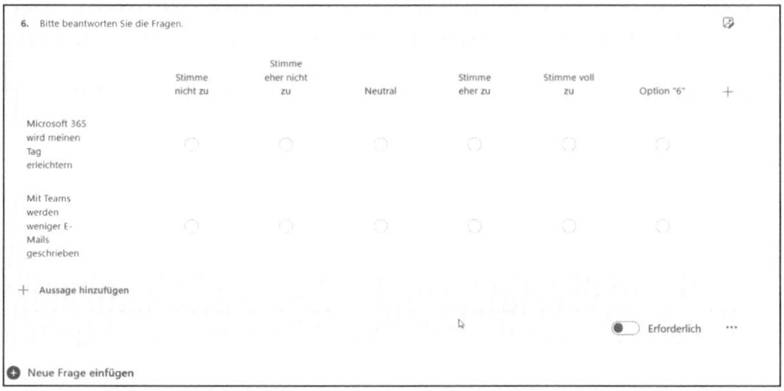

Abb. 11.9
Die Skalenauswertung mit *Likert*

- **Net promoter score®:** Diesen Fragentyp, kurz NPS genannt, setzen Sie ein, um die Weiterempfehlungsrate und somit die Zufriedenheit der Befragten zu ermitteln (siehe Abbildung 11.10).

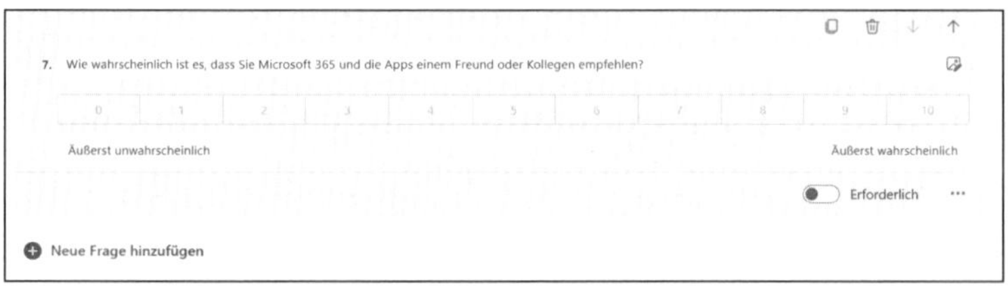

Abb. 11.10
Die Weiterempfehlungsrate kann mit *NPS* ermittelt werden.

Beachten Sie die folgenden Handlungshinweise:

- Wenn eine Antwort erforderlich ist, aktivieren Sie bei der jeweiligen Frage die Option *Erforderlich*.
- Sie können zusätzlich für jede Frage, die erläutert werden muss, einen Untertitel hinzufügen. Klicken Sie dafür rechts unten in der Frage auf das erweiterte Menü mit den drei Punkten.
- Um eine Frage zu kopieren, zu löschen oder zu verschieben, wählen Sie den jeweiligen Befehl in der Symbolleiste in der Frage.

- Möchten Sie zu einer Frage ein Bild oder eine Videodatei hinzufügen, klicken Sie hinter dem Eingabefeld Ihrer Frage auf das Symbol *Medien einfügen*.
- Ihre Umfrage wird automatisch gespeichert. Sie können zwischendurch auf die Schaltfläche *Vorschau* klicken, um die Umfrage in der Vorschau für den Computer oder auf dem Smartphone anzusehen. Sie gelangen immer wieder zurück in die Bearbeitung der Umfrage, wenn Sie oben links im Fenster auf die Schaltfläche *Zurück* klicken.
- In der Titelleiste können Sie über die Schaltfläche *Formatvorlagen* ein anderes Layout sowie Bild- und Videohintergründe für Ihre Umfrage auswählen.

11.2.3 Verzweigungen in Umfrage erstellen

Mit Verzweigungen können Sie die Befragten mit unterschiedlichen weiteren Fragen durch die Umfrage führen. Je nachdem, welche Auswahlantwort gewählt wird, kann so durch die Verzweigung zu verschiedenen Fragen weitergeleitet werden.

1. Wählen Sie die Frage, in die Sie verzweigen möchten. Klicken Sie dafür unten rechts auf die Schaltfläche *Weitere Einstellungen für Fragen*, dargestellt mit den drei Punkten (siehe Abbildung 11.11).
2. Wählen Sie in den Einstellungen den Eintrag *Verzweigungen*.

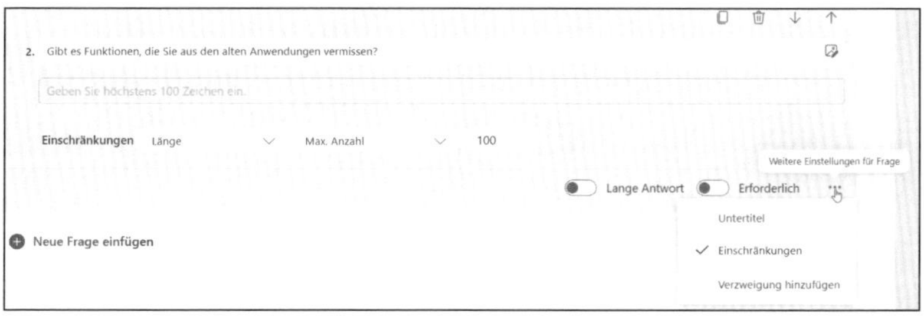

Abb. 11.11 Die Verzweigungen können über das erweiterte Menü aufgerufen werden.

3. Klicken Sie auf die Schaltfläche *Gehe zu* und wählen Sie die Frage aus, zu der die Befragten weitergeleitet werden sollen (siehe Abbildung 11.12).
4. Möchten Sie die Verzweigungen zurücksetzen, klicken Sie erneut auf die Schaltfläche *Gehe zu* und wählen Sie dort *Weiter* aus.
5. Um in die Umfrage zurück zu navigieren, verwenden Sie oben den Pfeil *Zurück*.

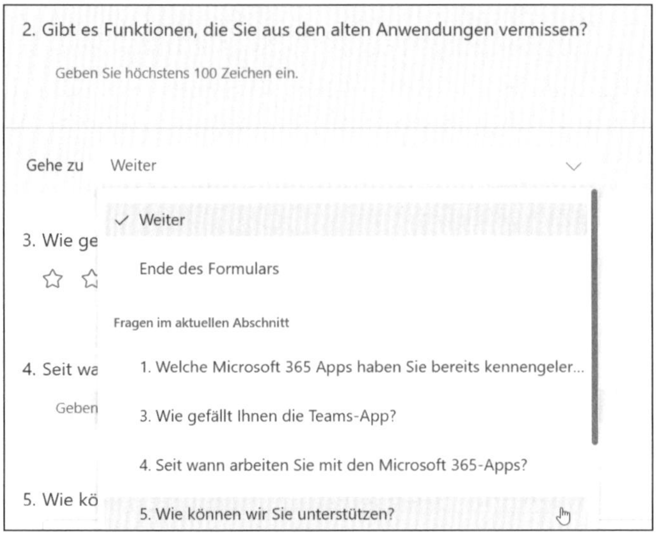

Abb. 11.12 Legen Sie fest, wohin die Befragten weitergeleitet werden sollen.

11.2.4 Bedanken Sie sich für die Teilnahme an der Umfrage

Sie können der Umfrage eine Dankeschön-Nachricht hinzufügen, die an die Teilnehmer gesandt wird.

1. Klicken Sie im oberen Bereich auf die Schaltfläche *Einstellungen*.
2. Aktivieren Sie das Kontrollkästchen bei *Anpassen der Dankeschön-Nachricht*. Es öffnet sich ein Eingabefeld, in das Sie Ihren Text eingeben können. Sobald Sie den Text eingegeben haben, wird er übernommen.

11.2.5 Ein Start- und Enddatum für die Umfrage festlegen

Sie können für eine Umfrage einen Zeitraum festlegen, in dem sie aktiv sein soll, indem Sie ein Start- und Enddatum festlegen:

1. Klicken Sie im oberen Bereich auf die Schaltfläche *Einstellungen*.
2. Aktivieren Sie die Kontrollkästchen bei Start- und Enddatum und legen Sie den gewünschten Zeitraum fest. Ihre Einstellungen werden sofort übernommen.

Standardmäßig ist in den Einstellungen der Umfrage festgelegt, dass nur Personen innerhalb Ihrer Organisation daran teilnehmen können und mit ihrem Namen erfasst werden. Jeder Befragte kann auch nur einmal an der Umfrage teilnehmen. Sie können diese Einstellungen im Menü *Einstellungen* ändern.

11.2.6 Benachrichtigungen für Umfragen

Im unteren Bereich der Einstellungen können Sie die Benachrichtigungseinstellungen für Ihre Umfrage festlegen. Aktivieren Sie das Kontrollkästchen, wenn Sie für jede Antwort eine Benachrichtigung erhalten möchten. Sie können diese Einstellung jederzeit deaktivieren.

11.2.7 Umfrage teilen

Möchten Sie die Umfrage als Link an Ihre Kolleginnen und Kollegen per Teams-Chat oder per E-Mail mit Outlook senden, können Sie einen Link zur Umfrage abrufen und teilen. Sie können auch einen Link erstellen, der es erlaubt, aus Ihrer Umfrage eine eigene Vorlage zu duplizieren. Dabei werden nur die Umfrage und die möglichen Antworten zum Duplizieren angeboten. Bereits getätigte Antworten werden nicht dupliziert. Den Link für das Duplizieren können Sie dann per Teams-Chat oder per E-Mail an die gewünschten Personen senden. Außerdem können Sie die Umfrage für Geschäftspartner und Kunden bereitstellen. Dafür müssen Sie einen Link für die Zusammenarbeit erstellen und ebenfalls per E-Mail senden oder Sie stellen die Umfrage dort im Microsoft 365-Portal bereit, wo unternehmensexterne Personen Zugriff besitzen. Um eine Umfrage zu teilen, gehen Sie folgendermaßen vor:

1. Klicken Sie im oberen Fensterbereich auf die Schaltfläche *Antworten sammeln*.
2. Im Bereich *Antworten senden und sammeln* (siehe Abbildung 11.13) können Sie festlegen, wer an der Umfrage teilnehmen darf. Standardmäßig ist in den Voreinstellungen festgelegt, dass jeder in Ihrer Organisation daran teilnehmen darf.
3. Sie können die Umfrage auch direkt an eine oder mehrere Personen oder Gruppen per E-Mail oder an einen Teams-Kanal senden. Klicken Sie dann in das Eingabefeld bei *An: Personenname, Teams-Gruppen oder Kanal* und geben dort den Namen ein, um die Umfrage zu senden.
4. Überschreiben Sie unten den vom System geschriebenen Nachrichtentext in Ihren Worten.
5. Wählen Sie unten *Outlook* und/oder *Teams* aus.
6. Ihnen wird ganz oben rechts ein Link angezeigt, den Sie kopieren und in einer anderen Anwendung einfügen können.
7. Möchten Sie einen QR-Code senden oder bereitstellen, damit die Befragten mit dem Smartphone die Umfrage öffnen können, klicken Sie auf die Schaltfläche *QR-Code* (das zweite Symbol von links) und kopieren Sie den Link.
8. Sie können einen Link abrufen, der es Ihnen ermöglicht, die Umfrage auf einer Website einzubetten. Klicken Sie dafür auf die Schaltfläche *Einbetten*, das dritte Symbol, und kopieren Sie den Link.

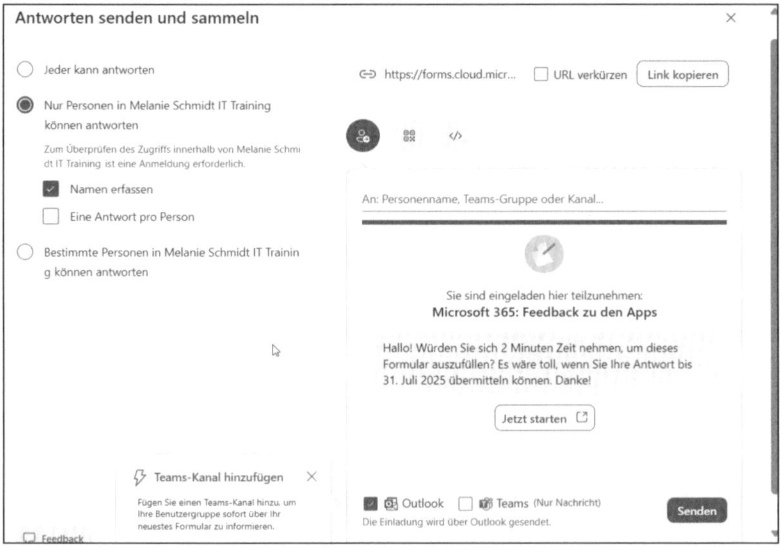

Abb. 11.13 Die Symbolleiste zum Abrufen verschiedener Links zum Teilen

9. Wenn Sie Ihre Umfrage als Vorlage bereitstellen möchten, kopieren Sie im Bereich *Als Vorlage teilen* den Link und senden Sie ihn per E-Mail an die gewünschte Person.
10. Schließen Sie dieses Fenster.
11. Klicken Sie oben links auf die Schaltfläche *Forms*, um wieder auf die Forms-Startseite zu navigieren.
12. Öffnen Sie im unteren Bereich die Ansicht *Meine Formulare.*
13. Zeigen Sie auf die Umfrage, die Sie gerade erstellt haben. Ihnen wird das Menü *Weitere Optionen*, dargestellt mit den drei Punkten, angeboten. Über dieses Menü können Sie die Umfrage kopieren, in eine Gruppe verschieben, favorisieren oder löschen.
14. Möchten Sie die Umfrage erneut öffnen, klicken Sie auf ihre Kachel. Wenn Sie in der Umfrage auf eine vorhandene Frage klicken, können Sie sie bearbeiten.

11.2.8 Eine Umfrage als Registerkarte im Teams-Kanal bereitstellen

Sie können innerhalb von Teams eine Umfrage erstellen oder eine vorhandene Umfrage als Registerkarte bereitstellen.

1. Öffnen Sie Microsoft Teams und navigieren Sie in das Team *Das Erfolgsteam* und öffnen den Kanal *Allgemein*.
2. Klicken Sie oben hinter die letzte Registerkarte auf die Schaltfläche *Registerkarte hinzufügen*, dargestellt mit dem Pluszeichen.
3. Suchen und wählen Sie die Kachel *Forms* aus.

4. Wählen Sie die Option *Vorhandenes Formular hinzufügen*. Es werden alle Umfragen angezeigt, die Sie erstellt haben (siehe Abbildung 11.14).
5. Klicken Sie die Umfrage an, die Sie in der Registerkarte bereitstellen möchten.
6. Um Antworten zu sammeln, belassen Sie alle weiteren Einstellungen so. Möchten Sie stattdessen die Umfrageergebnisse anzeigen lassen, wählen Sie über den Drop-down-Pfeil unterhalb der Auflistung der Umfragen den Befehl *Ergebnisse anzeigen*.
7. Möchten Sie in einem Beitrag im Register *Beiträge* mitteilen, dass Sie eine neue Registerkarte hinzugefügt haben, belassen Sie das Häkchen bei *Über diese Registerkarte im Kanal posten*.
8. Bestätigen Sie mit einem Klick auf die Schaltfläche *Speichern*. Ihre Kollegen können nun an der Umfrage teilnehmen beziehungsweise die Ergebnisse prüfen.

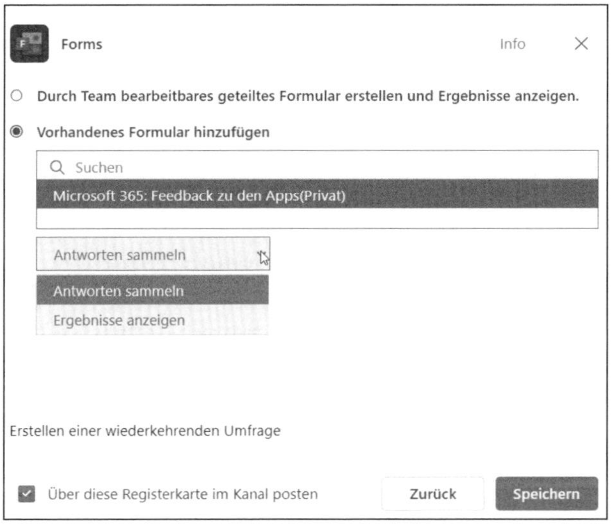

Abb. 11.14
Die Auswahl der Umfrage im Dialog

11.2.9 Eine Forms-Umfrage in SharePoint Online einbinden

Wenn Sie Ihre Umfragen mit Microsoft Forms erstellen und in SharePoint Online bereitstellen möchten, können Sie das wie folgt tun:

1. Öffnen Sie in Forms über die Ansicht *Meine Formulare* Ihre Umfrage. Klicken Sie oben im Fenster auf die Schaltfläche *Antworten sammeln*.
2. Kopieren Sie den Link zur Umfrage.
3. Öffnen Sie Ihre Team- oder Kommunikationswebsite.
4. Erstellen Sie für die Forms-Umfrage einen Neuigkeitenbeitrag, wählen Sie dafür die Vorlage *Leer*.
5. Klicken Sie oberhalb des Titels auf den Bildbereich und klicken Sie auf die Schaltfläche *Bilder durchsuchen*.

6. Klicken Sie auf die Kategorie *Archivbilder* und geben Sie oben in der Suchleiste das Wort *Frage* ein. Wählen Sie ein Bild mit einem oder mehreren Fragezeichen durch einen Klick aus und klicken Sie unten auf die Schaltfläche *Einfügen*.
7. Schreiben Sie einen Titel für die Forms-Umfrage.
8. Klicken Sie unterhalb des Titels im Seitenbereich auf die Schaltfläche *Webpart hinzufügen* (siehe Abbildung 11.15), dargestellt mit dem Pluszeichen.

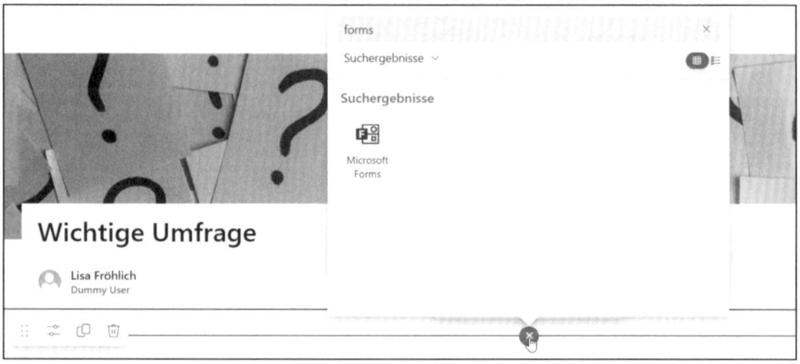

Abb. 11.15 Mit dem Webpart *Microsoft Forms* können Sie neue oder vorhandene Umfragen direkt in einem Neuigkeitenbeitrag erstellen oder einbinden.

9. Geben Sie in der Suchleiste *Forms* ein.
10. Klicken Sie auf die Schaltfläche *Microsoft Forms*.
11. Klicken Sie auf die Schaltfläche *Vorhandenes Formular hinzufügen*.
12. Im rechten Fensterbereich wird der Dialog geöffnet. Klicken Sie in das Eingabefeld *Formularwebadresse* und fügen Sie dort per Rechtsklick den aus Forms kopierten Link ein.
13. Bestätigen Sie mit einem Klick auf die Schaltfläche *OK*.
14. Im oberen Seitenbereich klicken Sie auf die Schaltfläche *Posten und senden*.
15. Klicken Sie unten auf die Schaltfläche *Überspringen*.
16. Wechseln Sie auf die Startseite Ihrer Team- oder Kommunikationswebsite. Sie sehen im Bereich *Nachrichten* den neuen Beitrag. Kolleginnen und Kollegen, die die mobile App von SharePoint nutzen und die Website favorisiert haben, erhalten eine Push-Benachrichtigung und können an der Umfrage teilnehmen. Sobald sie den Beitrag öffnen, können sie an der Umfrage teilnehmen.

11.2.10 Umfragen auswerten

Je nachdem, ob Sie in den Microsoft Forms-Formulareinstellungen die Benachrichtigungseinstellungen festgelegt haben, werden Sie bei Antworten auf Ihre Umfrage informiert. Sie können jederzeit in die Umfrage navigieren und sich die Auswertung anschauen:

1. Öffnen Sie Microsoft *Forms*.
2. Klicken Sie in der Ansicht *Meine Formulare* auf die Umfrage, die Sie einsehen möchten.
3. Wählen Sie im oberen Bereich die Schaltfläche *Antworten anzeigen*. Hier werden zunächst alle bislang eingegangenen Antworten zusammengefasst grafisch angezeigt. Über das erweiterte Menü, dargestellt mit den drei Punkten, können Sie die Auswertung drucken oder einen Zusammenfassungslink erstellen. Falls Sie Ihre Umfrage zunächst selbst getestet haben, können Sie über das Menü die Antworten löschen.
4. Über die Schaltfläche *In Excel öffnen* können Sie die Umfrage beispielsweise in einer Pivot-Tabelle weiter analysieren (siehe Abbildung 11.16).

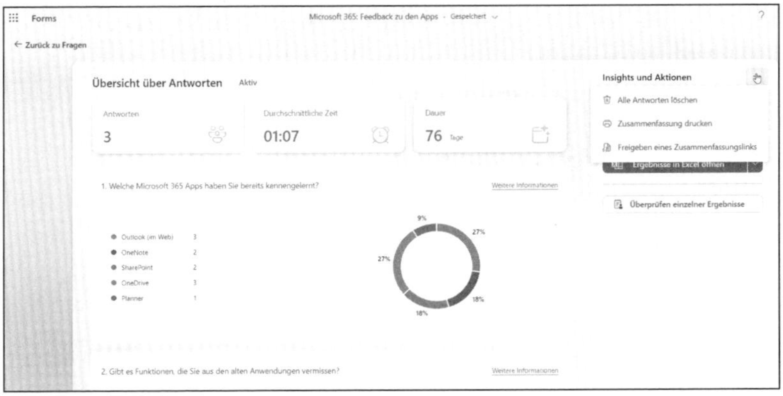

Abb. 11.16 Die grafische Auswertung der Umfrage. Das erweiterte Menü oder die Schaltfläche *In Excel öffnen* finden Sie im rechten Bereich der Auswertung.

5. Über die Schaltfläche *Überprüfen einzelner Ergebnisse* können Sie alle einzelnen Antworten einsehen.
6. Wenn Sie die Ergebnisse anzeigen lassen, können Sie über die Schaltfläche *Zurück*, oben im Fenster, zurück in die Auswertung navigieren.
7. Navigieren Sie in der Auswertung weiter nach unten. Klicken Sie bei einer Frage auf den Link *Weitere Informationen*, um sich die Details zu jeder Antwort einblenden zu lassen (siehe Abbildung 11.17).

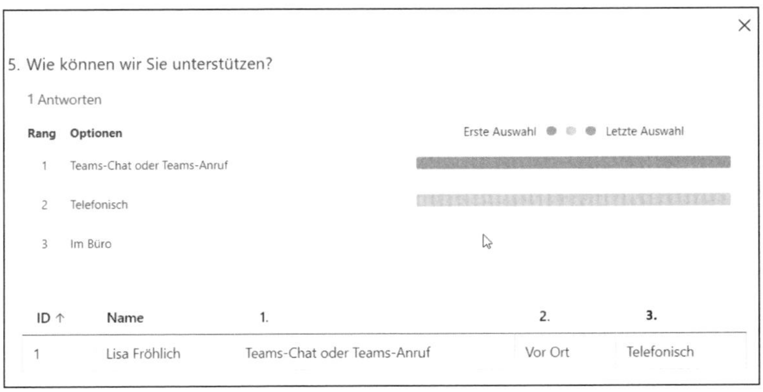

Abb. 11.17 Weitere Details zu den Antworten anzeigen

11.2.11 Forms-Umfragen auf dem mobilen Gerät beantworten

Ihre Kolleginnen und Kollegen oder auch externe Personen können am PC oder mit mobilen Geräten an der Umfrage teilnehmen. Je nachdem, welche Benachrichtigungseinstellungen eine Person in den jeweiligen Apps festgelegt hat, wird sie eventuell per Push-Benachrichtigung über die Umfrage informiert. Verwenden Sie also einen Link zur Umfrage, um diesen mit unternehmensinternen und -externen Personen per Teams-Chat oder per E-Mail zu teilen. Beachten Sie, dass Sie in den Einstellungen der Umfrage festlegen können, wer auf die Umfrage Zugriffsrechte erhalten kann. Standardmäßig dürfen es nur Personen in Ihrem Unternehmen. Anhand der Abbildung 11.18 und Abbildung 11.19 sehen Sie, wie die Umfrage als Neuigkeit in der mobilen SharePoint-App dargestellt wird.

Abb. 11.18 Die mobile Anzeige über *Neuigkeiten* auf der SharePoint-Teamwebsite

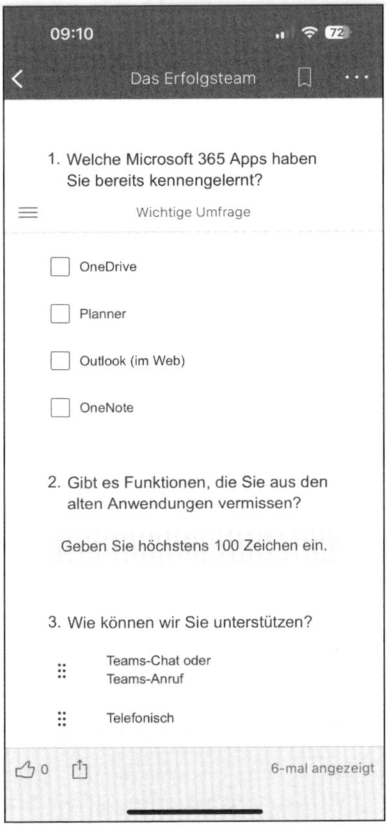

Abb. 11.19
Die Umfrage kann gut auf dem Smartphone beantwortet werden.

11.3 Microsoft Loop

Mit der Loop-App führt Microsoft eine weitere Onlineplattform für die interne Einzel- und Zusammenarbeit ein, in der der KI-gestützte Assistent Copilot integriert ist. Hauptbestandteile von Loop sind die Loop-Komponenten, mit denen Sie interaktive, dynamische Elemente verwenden können, um Notizen, verschiedenste Tabellen und Listen zum Beispiel für Aufgaben und Abfragen zu erstellen, die Sie in Teams-Chats und Beiträgen, in Outlook, OneNote und zukünftig in weiteren Office im Web- und Desktop-Apps nutzen können. Alle eingefügten Komponenten werden in Echtzeit synchronisiert und stehen somit sofort in sämtlichen Teams-, Outlook-, Office-Desktop-, Office-Online- und mobilen Apps zur Verfügung.

Derzeit ist es nicht möglich, unternehmensexterne Personen oder Gäste zu berechtigen.

Ein weiterer Bestandteil von Loop sind die digitalen Loop-Seiten, die sich aus einer Vorlage oder ganz individuell mit Loop-Komponenten und -Informationen strukturieren lassen. Auf den Seiten können Sie mit dem Slash »/« Komponenten ganz leicht einfügen und anwenden.

Damit nun die Seiten mit den Informationen und Komponenten nicht verloren gehen, können sie gebündelt im jeweiligen Loop-Arbeitsbereich gespeichert werden. Sie können eigene, persönliche Arbeitsbereiche anlegen oder gemeinsame Arbeitsbereiche oder Seiten für die Gruppe in Teams nutzen. In Teams können Sie einen Loop-Arbeitsbereich oder eine Loop-Seite als Registerkarte im Kanal hinzufügen.

Persönliche Arbeitsbereiche können Sie löschen. Diese können jedoch nicht wiederhergestellt werden.

Wenn Sie persönliche Loop-Arbeitsbereiche mit Loop-Seiten und -Komponenten anlegen, werden diese im Firmenportal in sogenannten SharePoint Embedded Containers gespeichert, auf die Sie nicht in Ihrem OneDrive zugreifen können. Wenn Sie jedoch in einem Teams-Chat Loop-Komponenten einfügen, werden diese in Ihrem persönlichen OneDrive gespeichert, jedoch keinem Arbeitsbereich zugeordnet. Wenn Sie Arbeitsbereiche für andere Personen freigeben oder Komponenten im Teams-Chat teilen, werden diese benutzerbezogen gespeichert. Sollten Sie das Unternehmen verlassen, können Ihre Kolleginnen und Kollegen oder Ihre Chat-Partnerinnen und -Partner nicht mehr auf die Arbeitsbereiche zugreifen, da Ihr Microsoft-Konto und damit alle benutzerbezogenen Inhalte gesperrt oder gelöscht werden. Falls Sie also Loop-Inhalte mit dem Arbeits-, Projekt- oder Organisationsteam austauschen möchten, sollten Sie von Beginn an einen Arbeitsbereich für die Gruppe erstellen und nutzen. Nutzen Sie dafür einen Teams-Kanal und legen Sie dort eine neue Registerkarte mit einem neuen Loop-Arbeitsbereich an.

11.3.1 Loop im Web öffnen

Fragen Sie Ihr Admin-Team, ob Sie die Desktop-App von Loop installieren dürfen.

Loop lässt sich über das Microsoft 365-Portal öffnen und Sie können über den Webbrowser darauf zugreifen und darin arbeiten. Falls Sie die Desktop-App verwenden, werden die Inhalte direkt mit den jeweiligen Apps synchronisiert.

1. Öffnen Sie das Microsoft 365-Portal über *https://loop.cloud.microsoft*.
2. Sie werden auf die Loop-Startseite weitergeleitet. Hier stehen Ihnen die zwei Registerkarten *Arbeitsbereiche* und *Zuletzt verwendete Komponenten und Seiten* zur Verfügung. Im Register *Arbeitsbereiche* werden Ihnen Ihre persönlichen und Ihre Gruppen-Arbeitsbereiche angezeigt und Sie können über die angezeigten Kacheln zu den jeweiligen Arbeitsbereichen navigieren. Beim ersten Verwenden von Loop wird für Sie ein persönlicher Arbeitsbereich namens *Mein Arbeitsbereich* angelegt.
3. Auf der linken Seite finden Sie die Navigation, die Ihnen reduziert dargestellt wird. Sie können die Navigation erweitern, wenn Sie die Schaltfläche *Registerkarten erweitern* anklicken (siehe Abbildung 11.20, das Symbol unter dem Pluszeichen). Klicken Sie auf die Schaltfläche.

Abb. 11.20
Die Loop-Startseite und die Schaltfläche *Registerkarten erweitern*

11.3.2 Einen Arbeitsbereich erstellen und ausprobieren

Um Loop besser kennenzulernen, können Sie sich einen Arbeitsbereich zum Ausprobieren erstellen, den Sie später wieder löschen.

Sie können pro Person 250 Arbeitsbereiche erstellen, wenn es in Ihrem Unternehmen gestattet ist.

1. Sie befinden sich auf der Loop-Startseite in der Web- oder der Desktop-App. Beide Oberflächen sind fast identisch.
2. Klicken Sie oben links im Fenster auf die Schaltfläche + *Neu erstellen* und dann auf *Neuer Arbeitsbereich*.
3. Vergeben Sie einen Namen für den neuen persönlichen Arbeitsbereich. Nennen Sie ihn *Spielwiese Loop*.
4. Klicken Sie auf die Schaltfläche *Erstellen*. Sie werden in den neuen Arbeitsbereich weitergeleitet.
5. Es wird eine unbenannte Loop-Seite angezeigt. Klicken Sie auf das Wort *Unbenannt* und überschreiben Sie es mit *Meine erste Loop-Seite*.

11.3.3 Die Navigationsschaltflächen

In der linken Navigation können Sie die *Suche* öffnen, um auf bestimmten Loop-Seiten oder allen Arbeitsbereichen nach Begriffen zu suchen. Die Schaltfläche *Benachrichtigungen* zeigt Ihnen sämtliche Aktivitäten in Loop an, wie beispielsweise Erwähnungen, in denen Sie namentlich genannt wurden, oder Aufgaben, denen Sie zugewiesen wurden. Die Schaltfläche *Zuletzt besucht* listet alle Seiten auf, die Sie als Letztes aufgerufen haben. Im Bereich *Persönlich* finden Sie Ihren persönlichen Arbeitsbereich, der automatisch vom System angelegt wurde, als Sie Loop das erste Mal geöffnet haben. Im Bereich *Neueste* sehen Sie alle Arbeitsbereiche, die Sie neu erstellt haben oder die neu zu einer Ihrer Gruppen gehören.

Prüfen Sie, ob es schon Arbeitsbereiche für eine Gruppe gibt.

Reduzieren Sie die Navigation auf der linken Seite. Klicken Sie dafür auf die Schaltfläche *Registerkarten reduzieren*.

11.3.4 Der Loop-Arbeitsbereich

Zeigen Sie auf die Schaltflächen und Ihnen werden die Befehle angezeigt.

Ein Loop-Arbeitsbereich ist so gegliedert, dass Sie auf der linken Seite, rechts neben der Navigation, zukünftig alle Seiten, die zum Arbeitsbereich gehören, sehen. Unterhalb der Seiten finden Sie den Papierkorb, über den Sie gelöschte Loop-Inhalte innerhalb von 93 Tagen wiederherstellen können. Im großen Fensterbereich finden Sie die Inhalte der ausgewählten Seite. Im oberen Bereich können Sie sehen, wer gerade online ist. Oben rechts im Fenster finden Sie die Schaltfläche *Freigegebene Speicherorte für [Name Ihrer Seite]*. Hier können Sie die Seite mit einem anderen Arbeitsbereich verknüpfen, wenn Sie die Schaltfläche *Zum Arbeitsbereich hinzufügen* verwenden. Sie können einzelne Komponenten auf der Seite anklicken und als Loop-Komponente kopieren. Diese können Sie dann in einer anderen App einfügen und synchron darin arbeiten. Über die Schaltfläche *Freigeben* können Sie den ganzen Arbeitsbereich, die aktuelle Seite oder einzelne Komponenten auf der Seite für andere Personen freigeben. Über *Weitere Optionen*, dargestellt mit den drei Punkten, können Sie die Seite sperren, ihren Versionsverlauf öffnen, eine Zusammenfassung der Seite erstellen oder sie löschen.

11.3.4.1 Eine neue Seite zum Arbeitsbereich hinzufügen

Sie können neue Seiten zu Ihrem Arbeitsbereich hinzufügen und unterschiedliche Seitenvorlagen verwenden.

1. Zeigen Sie im Bereich *Seiten* auf die erste Seite, die vorhanden ist.
2. Klicken Sie auf die interaktive Schaltfläche *Neue Seite erstellen* (siehe Abbildung 11.21). Alternativ können Sie auch oben in der Navigation auf die Schaltfläche + *Neu erstellen* klicken, die Ihnen im reduzierten Zustand mit dem Pluszeichen angezeigt wird.
3. Unten können Sie Seitenvorlagen auswählen, die für Ihren Anwendungsfall nützlich sind. Klicken Sie auf die Schaltfläche *Vorlagenkatalog*, um darin zu blättern. Schauen Sie sich die Vorlagen an.

Abb. 11.21 Neue Seiten können in der Navigation oder im Bereich der Seiten hinzugefügt werden. Unten der Vorlagenkatalog.

11.3.5 Loop-Komponenten

Die Loop-Komponenten sind dynamische, interaktive Elemente, die Sie auf Loop-Seiten, in Teams-Chats und -Beiträgen sowie weiteren Apps in der Microsoft 365-Welt einfügen und verwenden können. Fügen Sie Tabellen und Listen hinzu, in denen Sie mit Ihrem Team in Echtzeit zusammenarbeiten. So können Sie schnell Entscheidungen, Aufgaben oder andere Informationen festhalten und weiterverarbeiten.

In Tabelle 11.1 sehen Sie eine Auswahl an Komponentenvorlagen, die für Sie in Meetings und in der Zusammenarbeit mit Ihren Kolleginnen und Kollegen interessant sein könnten.

Tab. 11.1 Eine kleine Auswahl von nützlichen Loop-Komponenten

Komponente	Verwendung
Aufgabenliste	Fügen Sie während eines Meetings eine Aufgabenliste hinzu und weisen Sie die Aufgaben Ihren Teammitgliedern zu. Die Aufgaben werden im To Do der zugewiesenen Person angezeigt.
Abstimmungstabelle	Verwenden Sie die Abstimmungstabelle, wenn Sie in Ihrem Team schnelle Entscheidungen durch Abstimmungen treffen möchten.
Statusnachverfolgung	Diese Tabelle können Sie verwenden, wenn Sie bestimmte Aufgaben, Projekte oder Entscheidungen festhalten und bei einer Statusänderung informiert werden möchten.
Kanban-Board	Erstellen Sie in einem Teams-Beitrag oder auf einer Loop-Seite ein Kanban-Board und organisieren Sie Ihre Arbeitsabläufe oder Prozesse. Fügen Sie Aufgaben hinzu und weisen Sie die Aufgaben den Teammitgliedern zu.
Team-Rückblick	Diese Komponente eignet sich, wenn Sie mit Ihrem Team zum Beispiel ein erledigtes Projekt oder eine andere Herausforderung reflektieren möchten: Was lief gut, was lief nicht so gut, was können wir verbessern?
F&A-Sitzung	Mit dieser Komponente können Teammitglieder Fragen in einer Tabelle eingeben und andere können diese beantworten.
Liste mit Aufzählungszeichen	Diese Liste eignet sich gut, wenn Sie Ideen und Aufgaben in einem Brainstorming festhalten möchten.

11.3.5.1 Loop-Komponenten auf der Loop-Seite verwenden

Fügen Sie mehrere Loop-Komponenten untereinander ein.

Wenn Sie sich einen Arbeitsbereich zum Ausprobieren als »Spielwiese« erstellt haben, empfehle ich Ihnen, die einzelnen Loop-Komponenten dort auf den Seiten hinzuzufügen und selbst einmal die Vorteile der einzelnen Elemente für sich zu testen, vielleicht ist ja die eine oder andere genau das, was Sie bislang in den Apps vermisst haben. Um auf einer Loop-Seite die Komponenten hinzuzufügen, gehen Sie folgendermaßen vor:

1. Öffnen Sie Loop im Web oder in der Desktop-App.
2. Erstellen Sie eine neue Seite und nennen Sie sie *Loop-Komponenten*.

3. Schreiben Sie einen kleinen Beispieltext bei *Beginnen Sie einfach mit der Eingabe*.
4. Klicken Sie unterhalb Ihres Texts. Es erscheint wieder der Bereich *Beginnen Sie einfach mit der Eingabe*. Klicken Sie links daneben auf das Pluszeichen (siehe Abbildung 11.22).
5. Hier werden Ihnen nun die Loop-Komponenten angeboten. Blättern Sie im Menü weiter nach unten, um alle Komponenten zu sehen.
6. Wählen Sie eine einfache Komponente aus, wie z. B. die *Liste mit Aufzählungszeichen*. Schreiben Sie zwei, drei Punkte hinter den Bullet-Points. Sie können sie direkt hintereinander eingeben.
7. Zeigen Sie auf den letzten Punkt, den Sie eingegeben haben, und klicken Sie erneut auf das Pluszeichen, um eine weitere Komponente einzufügen. Wählen Sie die Tabelle aus.
8. Klicken Sie in den Spaltentitel und benennen Sie die Spalte um. Klicken Sie auf den Pfeil nach unten, der Ihnen angezeigt wird, wenn Sie in den Spaltentitel klicken. Sie sehen weitere Befehle, die Sie für die Spalte auswählen können.

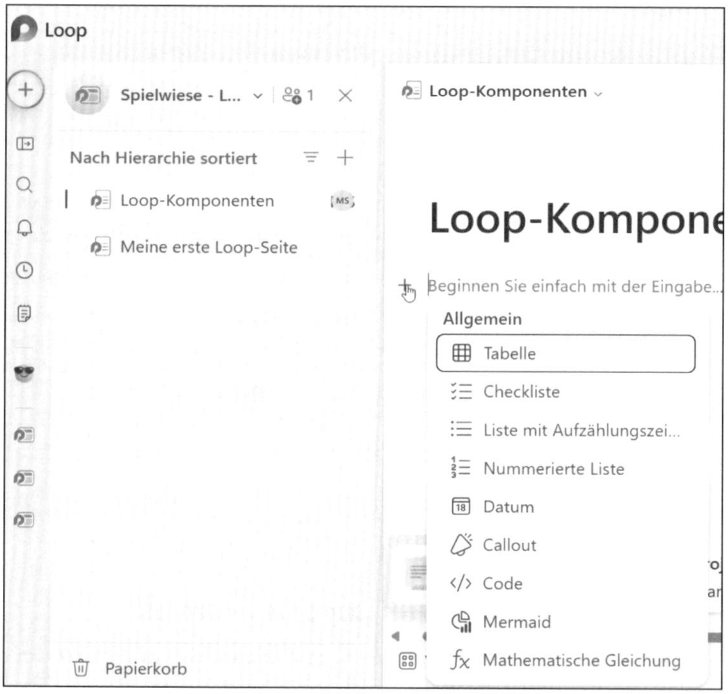

Abb. 11.22 Sie können Loop-Komponenten über das Pluszeichen hinzufügen.

9. Klicken Sie mit der rechten Maustaste in den Spaltentitel. Ihnen werden weitere Befehle für die Spalte und Tabelle angeboten.
10. Klicken Sie unterhalb der Tabelle und der Schaltfläche + *Neu* in einen freien Bereich auf der Seite.

11. Geben Sie einen Slash (/) ein oder verwenden Sie dafür die Tasten [⇧]+[7] (die Taste [7] oben auf der Tastatur, nicht die vom Ziffernblock). Ihnen werden weitere Komponenten angeboten.
12. Probieren Sie die einzelnen Komponenten aus.

11.3.5.2 Loop-Komponenten in Teams

Wenn Sie mit Teams arbeiten, werden Ihnen die Loop-Komponenten in verschiedenen Bereichen angeboten. So können Sie die Komponenten im Teams-Chat und in den Beiträgen eines Teams-Kanals verwenden. Auch bei der Besprechungsplanung können Sie Loop-Komponenten nutzen, um eine Agenda für die Besprechung bereitzustellen oder Besprechungsnotizen festzuhalten. So können Sie während eines Meetings schnell die Komponente *Aufgabenliste* nutzen, um vereinbarte Aufgaben direkt in den Notizen festzuhalten und Personen zuzuweisen.

Sie können Loop-Komponenten auch in E-Mails einfügen.

Loop in Teams-Chat und in Kanal-Beiträgen

1. Öffnen Sie Teams und wechseln Sie in einen Teams-Gruppenchat oder in einem Teams-Kanal in einen Beitrag.
2. Vergeben Sie einen Titel, falls Sie sich für einen Teams-Beitrag entschieden haben.
3. Klicken Sie im Nachrichtenfeld auf die Schaltfläche *Loop-Komponenten* (siehe Abbildung 11.23).
4. Wählen Sie die Komponente *Abstimmungstabelle*. Sie finden sie über das Menü *Weitere Optionen* (siehe Abbildung 11.24), dargestellt mit den drei Punkten.

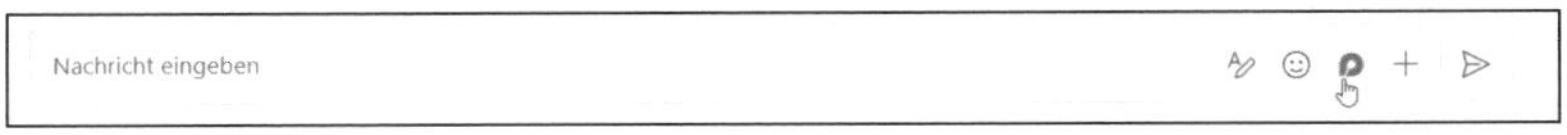

Abb. 11.23 Loop-Komponenten im Chat einfügen

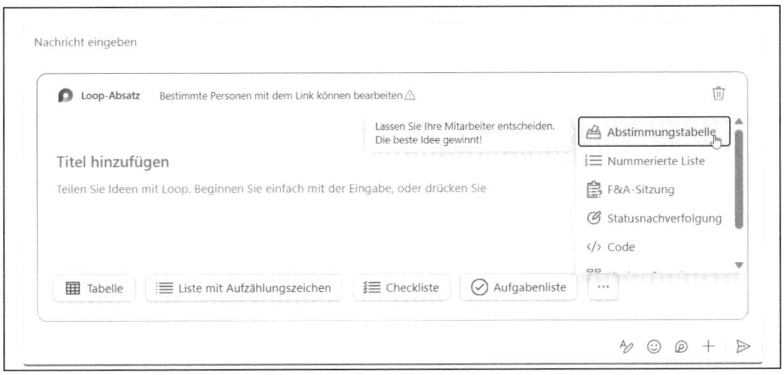

Abb. 11.24 Die Auswahl weiterer Komponenten

Angenommen, Sie möchten einen Termin für ein gemeinsames Vorhaben abstimmen, dann können Sie die Liste mit den vorgegebenen Spalten so ändern, dass die Abstimmung eines gemeinsamen Termins erfolgen kann.

1. Klicken Sie in den Spaltentitel *Idee* und auf den Pfeil nach unten.
2. Wählen Sie *Spaltentyp ändern* aus und wählen Sie den Typ *Datum* (siehe Abbildung 11.25).

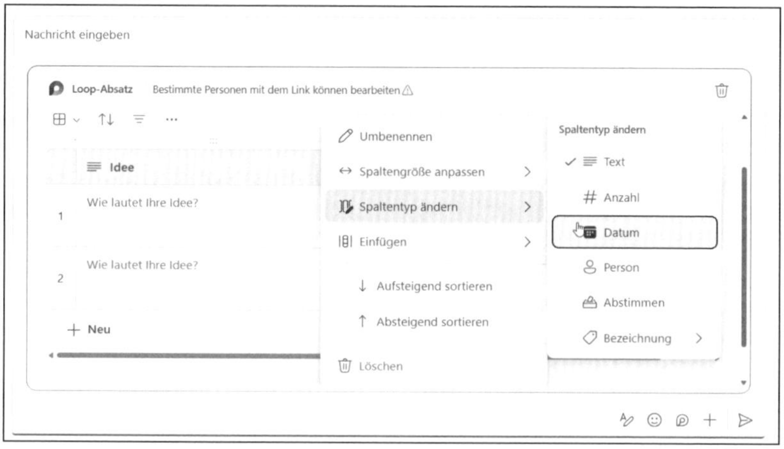

Abb. 11.25 Der Spaltentyp kann geändert werden.

3. Überschreiben Sie den Spaltentitel mit dem Wort *Datum*.
4. Klicken Sie in die Zellen unterhalb von *Datum* und wählen Sie in drei Zeilen jeweils ein Datum in den kommenden Wochen/Monaten aus (siehe Abbildung 11.26).

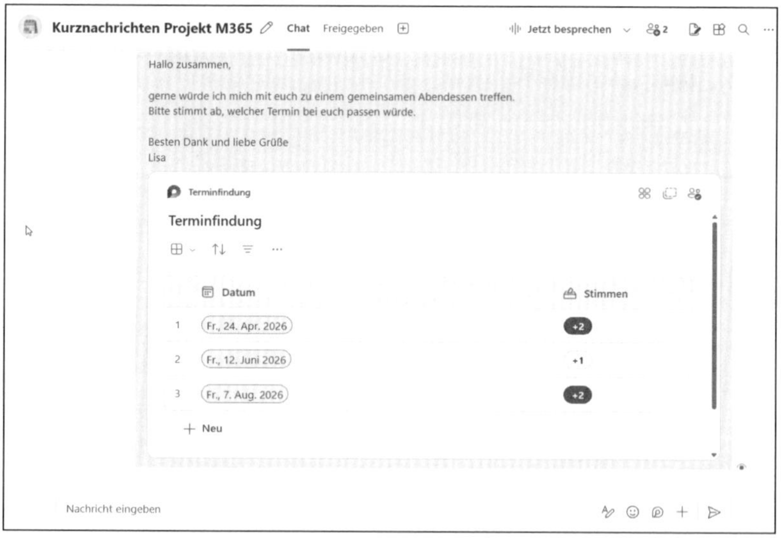

Abb. 11.26 Die gesendete Nachricht mit der Abstimmungstabelle und mit bereits gewählten Terminen

5. Löschen Sie die Spalte *Vorteile*, indem Sie ebenfalls auf den Pfeil nach unten klicken.
6. Klicken Sie mit der rechten Maustaste in den Spaltentitel *Nachteile* und anschließend auf den Befehl *Löschen*. Die Spalte *Nachteile* benötigen wir nicht.
7. Vergeben Sie einen Titel für die Abstimmung. Schreiben Sie *Terminfindung*.

8. Klicken Sie oberhalb der eingefügten Loop-Komponente in das Nachrichtenfeld, schreiben Sie, wofür Sie einen gemeinsamen Termin benötigen, und senden Sie die Nachricht. Probieren Sie die Abstimmung aus.

Loop für die Besprechungsplanung und -notizen

Wenn Sie im Teams-Kalender eine neue Besprechung planen, klicken Sie ganz unten im Formular auf *Agenda*, damit Sie die Loop-Komponenten öffnen und ausprobieren können (siehe Abbildung 11.27). Während der Besprechung können Sie im Besprechungsfenster oben im Menüband die Schaltfläche *Notizen* öffnen, um die Agenda und die Besprechungsnotizen im rechten Fensterbereich einzublenden (siehe Abbildung 11.28). Die Besprechungsnotizen können Sie in der Loop-App in der Navigation über die Schaltfläche *Besprechungen* öffnen und bearbeiten.

Halten Sie Ihre Entscheidungen während der Besprechung mit Loop fest.

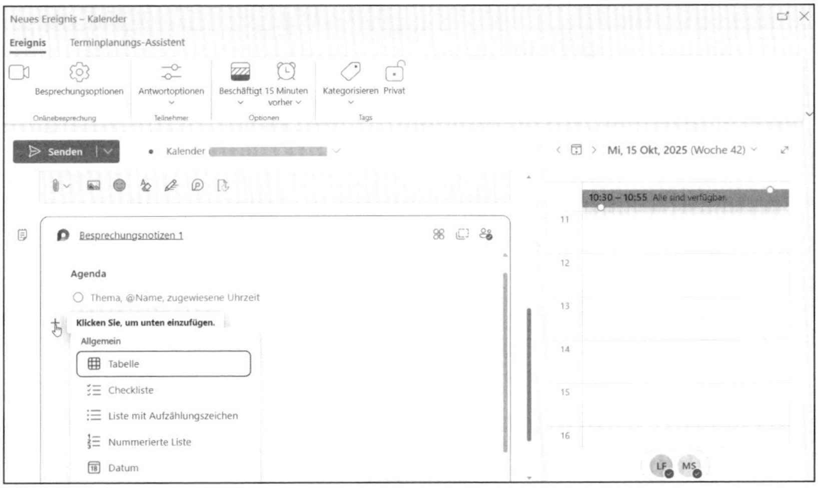

Abb. 11.27 Im Besprechungsformular werden die Loop-Komponenten automatisch für die Agenda und die Besprechungsnotizen angeboten.

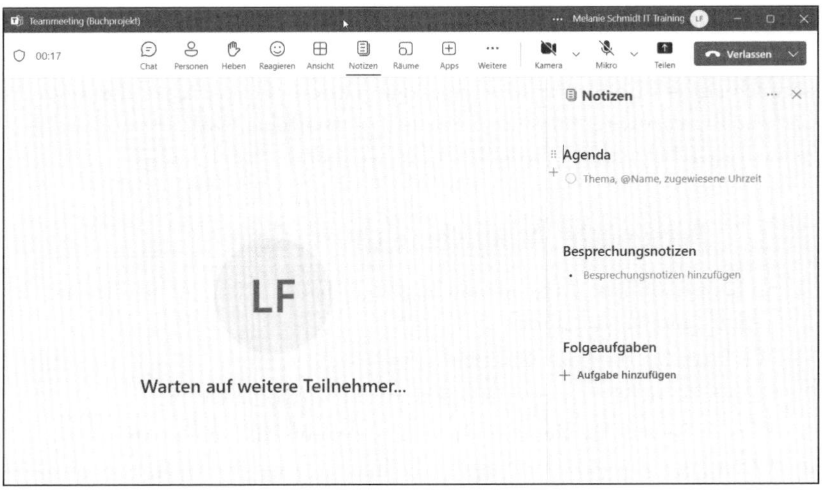

Abb. 11.28 Während einer Besprechung können die Notizen geöffnet und weitere Loop-Komponenten hinzugefügt werden.

Sie können die Loop-Komponenten auch in den Outlook- und den OneNote-Apps verwenden. Öffnen Sie dafür Ihr OneNote-Notizbuch und klicken Sie im Register *Einfügen* auf die Schaltfläche *Loop-Komponenten*. Probieren Sie es aus.

11.3.6 Einen Loop-Arbeitsbereich in einem Teams-Kanal hinzufügen

Gruppenarbeitsbereiche können derzeit nicht gelöscht werden.

Damit Sie mit Ihrem Team gemeinsam einen Loop-Arbeitsbereich in Teams nutzen können, fügen Sie den vorhandenen oder einen neuen Arbeitsbereich als Registerkarte in Ihrem Teams-Standardkanal ein. In privaten und freigegebenen Kanälen ist es nicht möglich, einen Loop-Arbeitsbereich zu erstellen.

1. Wechseln Sie zu Teams und öffnen Sie dort unser Team *Das Erfolgsteam* und den Kanal *Allgemein*.
2. Klicken Sie oben hinter den vorhandenen Registerkarten auf die Schaltfläche *Registerkarte hinzufügen*.
3. Wählen Sie *Apps* aus.
4. Lassen Sie sich ggf. alle Apps anzeigen und klicken Sie auf die Schaltfläche *Loop*.
5. Möchten Sie in einem Beitrag ankündigen, dass Sie eine neue Registerkarte hinzugefügt haben, belassen Sie das Häkchen bei *Über diese Registerkarte im Kanal posten*.
6. Klicken Sie auf die Schaltfläche *Speichern*.
7. Vergeben Sie einen Namen für den Arbeitsbereich. Überschreiben Sie den Namen *General*.
8. Im Bereich *Arbeitsbereichmitglieder und Vertraulichkeitsbezeichnung stammen aus:* wird Ihnen unser Team *Das Erfolgsteam* angezeigt.
9. Klicken Sie auf die Schaltfläche *Erstellen*.

Der Arbeitsbereich wird eingerichtet und Ihnen wird eine unbenannte Seite angeboten. Der neue Arbeitsbereich wird sowohl im Team-Kanal als Registerkarte als auch auf der Loop-Startseite angezeigt. Teammitglieder sehen die Registerkarte in Teams sofort und wenn Sie sie in Teams öffnen, wird der Loop-Arbeitsbereich auch bei den Mitgliedern auf der Loop-Startseite angezeigt.

11.3.7 Persönliche Arbeitsbereiche löschen

Sie können nur persönliche Arbeitsbereiche löschen.

Wenn Sie persönliche Arbeitsbereiche erstellt haben, können Sie diese auf der Loop-Startseite wie folgt löschen:

1. Wechseln Sie zur Loop-Startseite.
2. Zeigen Sie auf die Kachel Ihres persönlichen Arbeitsbereichs.
3. Klicken Sie auf das Menü *Mehr*, dargestellt mit den drei Punkten.
4. Wählen Sie den Befehl *Löschen*. Beachten Sie, dass der Arbeitsbereich nicht wiederhergestellt werden kann.

11.4 Zusammenfassung

Microsoft Forms und Lists mit Forms sind praktische Werkzeuge in der Microsoft 365-Welt, mit denen Sie unkompliziert Umfragen, Quiz und mithilfe von Lists mit Forms Daten in eigenen Formularen erfassen können. Mit Forms lassen sich schnell und einfach Umfragen für interne wie externe Personen erstellen, Bedingungen und Verzweigungen festlegen oder Quiz gestalten, die Ihnen helfen, den Wissensstand Ihrer Mitarbeiterinnen und Mitarbeitern abzufragen. Die Ergebnisse können Sie in Excel auswerten, wobei Sie vorher jedoch mit den Datenschutzbeauftragten Ihres Unternehmens Rücksprache halten sollten, da es sich um personenbezogene Auswertungen handelt. Forms kann in verschiedene Microsoft-Apps wie Teams und SharePoint eingebunden werden, und die Umfragen selbst lassen sich über Links ganz einfach per E-Mail oder im Teams-Chat teilen – egal ob am PC oder mobil.

Microsoft Loop ist eine integrierte Plattform in Microsoft 365, die für die interne Zusammenarbeit bereitgestellt wird und den KI-Assistenten Copilot integriert hat. Mit Loop können Sie dynamische Komponenten wie Notizen, Tabellen oder Listen erstellen, die sich in Microsoft-Apps wie Teams, Outlook, OneNote und zukünftig vielleicht auch in weiteren Office-Anwendungen nutzen und in Echtzeit synchronisieren lassen. Loop-Seiten können Sie aus Vorlagen oder individuell mit Loop-Komponenten gestalten und verwenden. Sie können persönliche oder gemeinsame Arbeitsbereiche erstellen und dort Loop-Seiten hinzufügen und mit verschiedenen Komponenten, die für Sie gerade nützlich sind, ausstatten. In Teams können Sie einen Loop-Arbeitsbereich als eigene Registerkarte hinzufügen und damit einen gemeinsamen Arbeitsbereich anlegen und einrichten. Für die Zusammenarbeit im Team empfiehlt es sich, von Anfang an einen gemeinsamen Arbeitsbereich in Teams zu erstellen, damit die Informationen des Bereichs dem Team zugeordnet werden. Die Loop-App können Sie im Webbrowser über das Microsoft 365-Portal und auch als installierbare Desktop-App nutzen.

Index

B

C

D

H

I

K

O

P

Q

R

S

T

U

V

W

Z